轻烃与芳烃专业委员会
简　介

　　为更好地服务于轻烃与芳烃产业健康发展，贯彻国家有关产业政策，推进相关重大专项工程的实施，做好行业发展的组织、协调和服务工作，积极推动石化行业供给侧改革，2018年5月9日，经中国石油和化学工业联合会四届二次理事会审议通过，决定设立中国石油和化学工业联合会轻烃与芳烃专业委员会。

　　轻烃与芳烃专业委员会在联合会的指导下主要开展以下业务：（1）研究轻烃和芳烃行业整体发展战略、规划，为政府制订产业政策、发展规划提供支撑和建议，引导行业健康可持续发展；（2）根据行业发展需要，参与相关标准研究与制修订工作；（3）协调、整合行业资源，协助有关企业落实乙烷、丙烷等原料资源，推进重大专项的落实；（4）加强行业统计监测，建立健全行业运行监测和预警机制，及时发布行业最新态势，为政府、企业和社会提供信息服务；（5）积极开展国际间经济技术合作，参加国际会议，组织技术交流；（6）凝聚行业力量，反映行业和企业诉求，维护轻烃和芳烃利用及相关企业合法权益；（7）承办政府有关部门和联合会委托的其他工作。

　　轻烃与芳烃专业委员会将坚持专业、独立、广泛、公正的办会宗旨，坚持企业联合、协商合作和专业化、有影响、代表性强的办会方针，紧紧依靠成员单位，围绕行业发展的重要问题开展工作，传达行业信息、反映企业诉求、维护企业利益、实行行业自律、参与行业管理，努力打造轻烃与芳烃行业重要的交流平台、信息平台、协作平台、自律平台。

秘书处联系方式

电 话：010-84885092
传 真：010-84885057
E-mail：qtftcpcia@126.com
通讯地址：北京市朝阳区亚运村安慧里4区16号楼中国化工大厦707室
邮 编：100723

上海卓然工程技术股份有限公司
Introduction

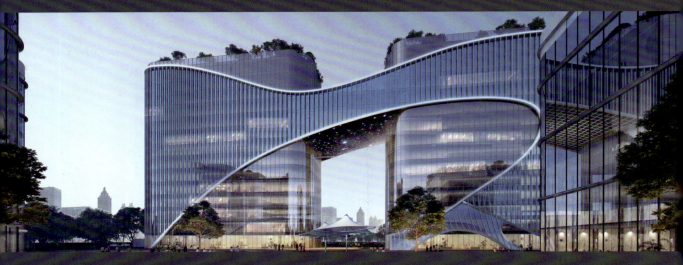

　　上海卓然工程技术股份有限公司（简称"卓然股份"，股票代码688121.SH），是大型石油化工装置集成服务商，通过技术研发创新及全产业链融合发展，形成了石油化工装备集成化、模块化供货的新模式，在工艺技术开发、装置数智化运维等创新应用领域多维发展，为客户提供更为卓越的产品与服务。

　　卓然股份石油化工装备供应与服务项目分布于二十余个省级行政区，以长三角为核心，向全国范围内辐射，形成全国化发展布局。同时，卓然股份积极推动全球化发展进程，足迹遍布亚非欧、南北美洲等16个国家和地区，在海内外石油化工装备服务领域拥有出众的口碑与声誉。公司下设卓然（靖江）设备制造有限公司、江苏博颂能源科技有限公司、上海卓然数智能源有限公司、卓然（浙江）集成科技有限公司等多家子公司。

　　卓然股份厚植于经验基础，发力于创新实践，在商业模式、运营管理、项目管理与数智化等多维度展开创新探索，并在石油化工、天然气化工、节能环保与智能装备等相关业务领域积极与国内外高校、科研院所开展产学研合作，力求在新工艺、新材料、新能源方向拥有更多自主创新成果，突破该领域"卡脖子"技术难题。

　　卓然股份通过技术创新与产业链融合，创新石化设备供货模式，推出了国产石化装备集成制造联合出口的新业态。在产业链融合集成供货新模式推动下，实现裂解炉首台大型模块化供货、中国乙烯裂解工艺与装置联合出口，形成工厂制造与现场安装的整体供货模式，并实现国内大型苯乙烯炉整体模块供货、国内大型乙烯装置项目等十余项国内外重大项目业绩。

　　2021年9月，卓然股份于上海证券交易所科创板正式挂牌上市，在资本蓝海中正式扬帆起航！

　　未来，卓然股份将依托于长三角区域一体化国家发展战略，致力于全面推动数智化服务、构建产业互联生态，紧紧围绕"聚链制造、产融共生"企业发展战略，不断加强技术革新，促进制造、设计与创新三大产业链协同发展，为广大投资者、客户、合作伙伴与员工创造更多价值，为社会创造更多美好！

地址：上海市长宁区临新路268弄3号
电话：021-66220666（总机）
邮箱：supezet@supezet.com

三大产业链
Main Industry Chains

制造产业链:

　　卓然股份依托长三角区域一体化的国家发展战略,立足于江苏靖江、浙江岱山两大基地,将工程设计与传统制造、工艺技术与传统产品相融合,提升企业自主研发、制造与系统集成能力,促进产业协同发展,实现工业炉和石化装备双核制造产业链发展模式。

设计产业链:

　　卓然股份坚持"1+1>2"的理念,将制造与设计深度融合,拓展产学研合作通道,针对化工装置工艺、设备、管道、钢结构等部分形成设计制造一体化,同时大力开发乙烯、丙烯上下游技术,以及石油化工、炼油、节能环保、智能装备等相关新工艺与新技术。

创新产业链:

　　卓然股份遵循技术发展的规律,坚持"中国创造",将创新链与产业链紧密结合,通过石化装置创新联合体,在现有的装置上开发新技术,构建协同创新平台,整合国内外设计资源,重引进、快消化,吸收创新并重,实现产业装备的国产化、专业化、智能化与集成化发展。

山东齐润控股集团有限公司

山东齐润控股集团有限公司，是一家以石油化工为主、跨行业经营的大型综合性企业集团，旗下由齐润化工、同润大酒店、信义汽配等多家子公司组成，员工6000余人，经营业务涉及6大核心领域，每年创造超过500亿元的销售额。连续多年入围中国企业500强、中国制造业企业500强，先后荣获全国五一劳动奖状、全国慈善会爱心企业、山东省富民兴鲁劳动奖状等百余项荣誉称号。

集团公司始终坚持"安全是命、环保是天"发展理念，积极融入"双碳"发展格局。依托齐润化工新材料创新中心等新型研发平台，深化与各高校间战略合作，以科技创新助推企业高质量发展，加快产业转型升级步伐。公司油品质量在山东地炼行业率先达到国VIB标准，有力填补了山东省高端化工行业的空白。

集团公司始终秉承"实业报国、厚泽社会"的发展理念，成立东营市齐润李明刚慈善基金会，以专业化运作方式投身社会公益事业，先后向疫情防控、乡村振兴等领域累计捐款捐物近20亿元人民币，走出了一条企业发展和践行社会责任的融合共进之路。

公司电话：0546-6529456　　销售电话：0546-6605888
邮　　箱：bgs@sdqirun.cn　　网　　址：www.sdqirun.cn
地　　址：山东省黄河三角洲农业高新技术产业示范区东八路（东西段）18号

北京石油化工工程有限公司
BEIJING PETROCHEMICAL ENGINEERING CO.,LTD.

业务联系电话：010-52243095/52243096

北京石油化工工程有限公司成立于1979年，前身为北京市化工研究设计院，在中国经济改革与发展的浪潮中，历经四次重大变革，目前成为陕西建工集团股份有限公司全资子公司，下设西安分公司、山东分公司、榆林能研院、新疆分公司等分支机构。公司以科技领航，秉承"品质为尊，服务至上"的服务理念，四十余载为能源化工产业打造了一系列精品工程。公司项目遍布国内、东南亚、中东、俄罗斯、非洲等众多国家和地区，正朝着国际知名公司迈进。

创 造 价 值 · 奉 献 社 会

公司现有在职人员1200余人。其中，本科及以上学历超90%，中、高级以上职称超70%，已注册各类职业资格250人次，涉及化工工程、建筑工程、电力工程等领域，专业资质配置位居行业前列。凭借化工、石化、医药行业工程设计和工程咨询甲级资质以及项目管理、工程承包境外服务资质，在炼油、石油化工、煤化工、天然气化工、化工新材料、油气田地面工程、储运工程及新能源等领域积累了丰富的技术成果和工程经验，拥有百余项发明专利和实用新型专利。

从总投资200多亿元的延能化煤油气综合利用项目，到全球首套60万吨/年合成气制乙醇工程，公司以EPC总承包模式打造了多个"全球首套"和"行业之最"，多次获得化学工业优质工程奖及国家级奖项。同时，开辟T+EPC新赛道，携手国内顶尖科研院校与国际顶尖工程公司，在新能源和新材料（如EPOE、UHMW-PE）等前沿领域持续创新，取得重大突破和进展。

扎根中国，放眼世界！北油工程以"创造价值，奉献社会"为使命，践行"人本、创新、担当"价值观，用匠心铸就行业标杆，在全球工程蓝海中扬帆远航！

安徽碳鑫科技有限公司60万吨/年乙醇项目

延长炼化公司轻烃综合利用项目

延能化煤油气资源综合利用项目

延长石油靖边LNG项目

东景生物环保科技有限公司28万吨/年BDO项目

榆能化一期填平补齐工程

内蒙古双欣环保材料股份有限公司

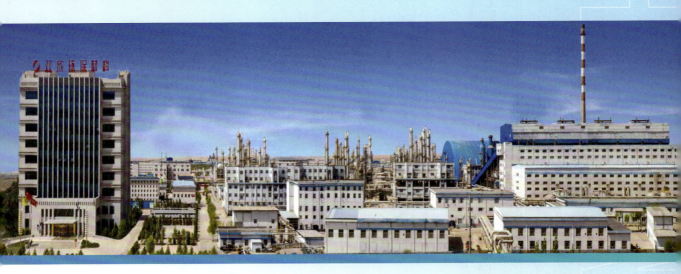

内蒙古双欣环保材料股份有限公司（以下简称"公司"）成立于2009年6月，是一家专业从事聚乙烯醇（PVA）、聚乙烯醇特种纤维、乙酸乙烯酯（VAC）、聚合环保助剂等PVA产业链上下游产品的研发、生产、销售的国家高新技术企业，拥有聚乙烯醇全产业链布局。

公司先后获评国家专精特新"小巨人"企业及新一轮第一批重点"小巨人"企业、"国家首批绿色工厂"、"国家知识产权示范企业"、"化纤行业'十三五'技术创新示范企业"、"化纤绿色发展贡献奖"、自治区"对标达标标杆"示范企业、自治区科技创新领军企业、自治区诚信示范单位、安全生产标准化二级达标企业、鄂尔多斯市长质量奖、内蒙古自治区主席质量奖、鄂尔多斯市先进科技型企业等。

公司加大研发投入，通过自主创新结合产学研合作、与同行业国际领先企业合作等方式，不断开发聚乙烯醇专用料，如汽车挡风玻璃安全夹层膜专用PVA、水溶膜专用PVA、影印纸专用PVA、电子玻纤专用PVA、锂电池隔膜专用PVA和不同醇解度氯乙烯悬浮聚合用PVA等；研发新产品、开发新技术，开拓高附加值产品市场；同时延伸产业链，进行PVA光学膜、PVB树脂及其功能性膜等下游产品的研发和生产装置建设；将质量和品牌紧密融合，争创国际绿色化工新材料一流品牌和一流企业。

打造全球绿色化工新材料一流企业

　　内蒙古鄂尔多斯电力冶金集团股份有限公司氯碱化工分公司，作为鄂尔多斯集团的重要组成部分，依托内蒙古地区丰富的煤炭和石灰石资源，成功构建了一个以电石为基础的多元化产品结构和一体化的产业链布局。年生产能力包括电石120万吨、PVC　80万吨、烧碱60万吨、水泥100万吨及脱硫剂80万吨，是"中国化工行业技术创新示范企业""中国石油和化学工业联合会常务理事单位""中国电石工业协会理事长""内蒙古石油和化学工业协会副会长"单位。

　　氯碱化工分公司年产120万吨电石装置，包括2台60000KVA和20台33000KVA电石炉。自2018年起，通过引入自动出炉机器人和推进自动化升级，实现了生产系统全流程自动化集中操控，进一步提升了电石炉的产量、品质、效率，并降低了能耗。2022年，根据能耗双控政策要求，对电石炉装置进行技术升级，炉气净化效率提升，采用先进的密闭式电石炉技术、自动化技术、炉前自动化验等技术，同时还全面应用OTS和SIS系统，提高了自动化、智能化、信息化、机械化和安全预警水平，成为全国首个实现全生产链条自动化、现场少人化、无人化信息化管理的企业。

　　氯碱化工分公司着力打造本质安全型、绿色环保型、精益运营型、创新驱动型和人文发展型的"五型化工"企业。生产设备先进，技术领先，产能稳步提升，质量、单耗均已步入行业第一方阵，其中电石、PVC产品质量和效益均达到行业领先水平，已实现无汞化生产，是当前国内最具竞争力的一条氯碱化工产业链。

　　氯碱化工分公司自成立以来，先后荣获"全国企业先进文化单位""低碳绩效卓越奖""全国电石行业贡献奖""全国电石行业科技创新奖""中国化工行业技术创新示范企业""能效领跑者标杆企业"等一系列荣誉。公司始终秉持可持续发展理念，以"专注于绿色化工产品智造"为企业愿景，积极推进产业升级，优化环保设施，不断延伸与发展产业结构，大幅提高资源利用率，推动行业绿色高质量发展。

国家能源集团 CHN ENERGY　中国神华煤制油化工有限公司
CHINA SHENHUA COAL TO LIQUID AND CHEMICAL CO., LTD.

中国神华煤制油化工有限公司是国家能源集团的全资子公司，于2008年6月27日成立，前身为2003年6月12日成立的中国神华煤制油有限公司。

现已发展为集产业规划、科研开发、工程建设、生产运营、产品销售"五位一体"产业模式的现代煤制油化工企业。

- 产业规划
- 科研开发
- 工程建设
- 生产运营
- 产品销售

公司建有煤炭直接液化国家工程研究中心，是规模齐全、技术先进的煤直接液化关键技术研发平台。

01 百万吨级煤直接液化示范工程

02 60万吨/年甲醇制烯烃工业化装置

03 10万吨级二氧化碳捕集与封存示范工程

公司积极致力于煤制油煤化工技术的开发利用，在煤直接液化、间接液化制油和煤制化学品等领域取得了多项自主知识产权，掌握了一批煤制油煤化工产业核心技术其中：

- "煤制油品/烯烃大型现代煤化工成套技术开发及应用"获得国家科学技术进步一等奖
- "一种煤炭直接液化的方法"获得第十四届中国专利金奖
- "百万吨级煤直接液化关键技术及示范"获得中国煤炭科学技术特等奖
- "神华包头煤制烯烃示范项目成套工业化技术开发及应用"获得石化联合会科技进步特等奖

联系我们 CONTACT US　地址：北京市东城区安德路16号9、10层　电话：010-5813222

Haiwan海湾集团

青岛海湾集团为中国石油和化工行业500强、中国制造业企业500强、中国制造业综合实力200强，旗下拥有海湾化学、海湾精化、青岛碱业、海湾索尔维、海湾港务、海湾新材料等20余家控股和参股企业。

经营领域涵盖化学原材料及制品制造业、生态环保及环境治理业，主要产品包括烧碱、乙烯法聚氯乙烯、苯乙烯、聚苯乙烯、双酚A、偏硅酸钠、化工中间体及染料、硫酸钾、氯化钙、小苏打、碳酸二甲酯(DMC)、硅酸钠以及高端硅胶等。

聚焦新旧动能转换和产业转型升级，全力推进老城区企业环保搬迁，以"技术国际化、装备大型化、环境生态化、管理现代化"的"四化"理念为引领，引进消化吸收再创新英国英力士等一批国际先进工艺技术，在西海岸新区董家口和平度新河建成两个现代化工产业基地，走出传统产业不传统发展的新路子。

自2018年搬迁一期项目全面投产以来，海湾集团"一南一北"两个基地搬迁项目规模化投产并发挥效益，较搬迁前，企业装备自动化水平大幅提高、本质安全能力全面提升、能耗物耗有效降低，其中，万元产值综合能耗仅0.48吨标煤，不到搬迁后的1/4；烧碱产品连续4年荣获国家工信部、石化行业能效"领跑者"标杆企业第一名。员工人数从近万人精简至4000余人、平均年龄35岁、大中专以上学历占比超过85%，全员劳动生产率提高了10倍以上，核心子企业海湾化学荣获国务院国资委对标世界一流专精特新示范企业称号。

展望"十五五"，海湾集团将继续借助港口、园区优势，瞄准高端化工，大力发展新质生产力，围绕延链补链强链，加速环氧氯丙烷、环氧树脂等增量项目建设，全力向高端新材料及复合材料领域迈进。相信不久的将来，海湾集团将发展成为结构优化、布局合理、效益显著，在国内外同行业具有较强竞争力和重大影响力的大型企业集团。

引领 LEAD THE NEW FUTURE OF GREEN CHEMICAL INDUSTRY
绿色化工 新未来

HSE承诺

海湾集团追求绿色发展、循环发展、低碳发展，在为社会创造价值的同时，将保护环境视为我们神圣的职责；将员工、相关方、社区民众的安全健康放在工作的首位。我们的目标是：零伤害、零事故、零排放，建设环保生态型现代化工企业。

我们坚决做到

遵守国家和地方的法律、法规、规范、标准和其他要求；

通过引进、消化和使用世界上最先进的工艺与装备，推动建立绿色低碳循环发展产业体系，不断减少"三废"排放和有效利用能源，实现可持续发展；

实施智能化控制，打造本质安全，创造安全的工作环境，使员工及公众免受伤害和保护环境。

企业使命

绿色发展 客户至上 造福社会 成就员工

企业愿景

以"四化"为引领，努力成为国际一流、国内领先的现代化工企业集团

核心价值观

安全 健康 环保 消防

创新理念

持续学习 持续改进 持续超越

青岛海湾集团有限公司
QINGDAO HAIWAN GROUP CO.,LTD.

地址：青岛市崂山区海口路62号
Address：No.62 Haikou Road,Laoshan District,Qingdao.

电话：0532-89076010
Telephone:0532-89076010

邮箱：wh@qdhw.com
E-mail:wh@qdhw.com

Huafon 华峰
—— 用新创享生活 ——

企业简介 ◀◀◀

　　重庆华峰化工有限公司是华峰集团于2010年6月在重庆白涛新材料科技城投资注册的子公司，注册资本为12.03亿元，现有员工2800余人，是重庆市100强企业和重庆市优秀民营企业。公司通过ISO9001、ISO14001、ISO45001和两化融合管理体系等认证，成功揭榜工信部2022年度智能制造示范工厂，获评全国五一劳动奖状、工信部"绿色工厂"、重庆市企业创新奖、重庆市智能制造标杆企业等荣誉称号。

　　公司专注于己二酸系列产品的研发、生产和销售，产品获评重庆市"名牌产品"，并通过工信部第四批单项冠军产品认定。目前己二酸产品总产能达150万吨，是全球最大的己二酸生产企业，产品已远销日本、以色列、土耳其、新加坡等几十个国家和地区。2024年，公司实现产值161.6亿元，同比增长23.64%；出口创汇20.9亿元，同比增长21.58%。

　　公司成立14年来，在循环经济、碳减排/碳中和、节能降耗等方面开展了百余项技术攻关和技术创新。其中，自主研发的绿色低碳的己二酸生产新工艺在烷法和烯法技术中拥有专利30余项，实现烷法和烯法绿色高效联产精己二酸的碳综合利用率≥96%，高品质精己二酸居国际先进水平；自主开发的氧化亚氮低温分解消除技术和催化剂，实现氧化亚氮分解率达99%，为助力非二氧化碳温室气体减排提供了重要的技术解决方案。

年产50万吨单套己二酸装置

年产48万吨单套环己醇装置

一步法制己二酸环己烷装置

Chongqing Huafon Chemical Co.,Ltd

用心创享生活

务实为本　创新为魂

成为国际一流的新材料合作伙伴

共同目标　共同创业　共同利益　共同发展

BOHUA
DEVELOPMENT

  天津渤化化工发展有限公司(以下简称:渤化发展)成立于2015年12月,位于天津市滨海新区南港工业区,占地3.05平方公里,隶属于天津渤海化工集团,是一家集氯碱产业与石化产业耦合发展的综合性化工制造企业。

  渤化发展高标准建设渤化南港新材料基地,一期项目于2022年6月全面投产,重点发展石油化工和氯碱化工两大产品链,自主建设码头罐区,充分发挥"港化"一体优势,走"高端化、智能化、绿色化"发展之路,主要装置及产能包括60万吨/年烧碱、80万吨/年氯乙烯、80万吨/年聚氯乙烯、180万吨/年甲醇制烯烃、30万吨/年聚丙烯、20万吨/年环氧丙烷和45万吨/年苯乙烯。同时,配套建设总计吞吐能力780万吨/年的一个10万吨和两个5万吨液体码头,以及仓储能力280万吨/年的商用罐区。二期主要建设30万吨/年烧碱、40万吨/年聚氯乙烯和12万吨/年聚氯乙烯糊树脂项目,建成后,公司各装置总计年产能达到500万吨。

高端化

  渤化发展主动利用国内、外资源,深入推进烯烃原料路线"多元化、轻质化、低碳化",将改造提升传统优势产业与发展现代石化产业有机结合,淘汰了电石法聚氯乙烯、氯醇法环氧丙烷等高耗能、高污染的工艺路线,采用绿色、高效的工艺技术和智慧化管控手段,着力构建现代高端石化产业集群,被认定为国家高新技术企业和天津市技术中心,核心竞争力明显增强。

绿色化

  项目采用国际领先的工艺技术,极大提升安全、环保、节能水平。渤化发展积极引领行业绿色化转型发展,经工信部、发改委、市场监管总局联合认定,聚氯乙烯产品为2023年度重点行业能效"领跑者";经中国石油和化学工业联合会认定,烧碱产品为行业能效领跑者、烧碱和聚氯乙烯产品为行业水效领跑者;并获得了天津市节水型企业、天津市低碳(近零碳排放)示范企业建设、中国工业碳达峰"领跑者"企业。

智能化

  作为天津市智能工厂示范项目,渤化发展以"智能制造2025"为主攻方向,应用大数据、工业物联网和人工智能等新一代信息技术,打造形成了"全维度数字化、全过程可视化、全信息集成化、管理科学化、决策智能化"的智能工厂,促进数字技术和实体经济深度融合。智能制造能力成熟度达到三级,数据管理能力成熟度达到稳健级(3级),并荣获"2024 IDC中国未来数字工业领航者"数字工厂类大奖。同时,取得了HSE应急管理平台等4项国家软著,具备平台输出及业务咨询能力。

 中国 · 天津经济技术开发区南港工业区创新路(东)99号
No.99,chuangxin Road(East),Nangang Industrial Zone,
TEDA,Tianjin China

- 服务电话 Tel:+86-22-8989 8888
- 官 网 Web:www.tjbhcd.com
- 邮 箱 E-mail:info@bcig.cn

COMPANY PROFILE
企业简介

　　天原集团由著名爱国实业家、中国氯碱化工创始人吴蕴初先生于1944年创办，是我国氯碱化工行业龙头企业之一。公司以"为美好生活创造科学奇迹"为企业使命，致力于创建绿色低碳、数字智慧、精细管理、创新元素价值重构的四个新天原。公司产业涉及锂电材料、高分子材料、钛化工、精细化工、资源能源、现代服务等多个领域，现已拥有完整的"资源能源-氯碱化工——化工新材料及新能源电池材料"一体化制造业循环产业链，在加快推动行业绿色高质量可持续发展等方面起到积极示范作用，是全国行业领跑者、行业标杆企业。2010年4月在深交所上市（股票代码：002386）。

PRODUCT APPLICATION
产品应用

高功能新材料
HIGH FUNCTIONAL NEW MATERIALS

- 氯化法钛白粉
- 人造金红石
- 钛系精细化学品

高分子新材料
NEW POLYMER MATERIAL

- PVC改性与加工
- 新型轻质化学建材

新能源先进化学电池材料
NEW ENERGY ADVANCED CHEMICAL BATTERY MATERIALS

- 磷酸铁锂正极材料
- 三元正极材料
- 负极材料

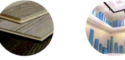

产业布局

氯碱产业 · 高功能新材料 · 高分子新材料 · 生产性服务业务 · 环保产业 · 新能源先进化学电池材料

INNOVATIVE CAPABILITY
创新实力

TONGKUN
桐昆

行纤维之事
利国计民生

企业简介

　　桐昆集团股份有限公司是一家投资石油炼化，以PTA、聚酯和涤纶纤维制造为主业的大型股份制上市企业，地处杭嘉湖平原腹地桐乡市。企业前身是成立于1981年的桐乡县化学纤维厂，经过四十多年的发展，现拥有总资产超千亿元，下辖3个直属厂区和60多家控股企业，员工超3.5万人。2011年5月，桐昆股份（601233）成功登陆资本市场，成为嘉兴市股改以来第一家主板上市企业。

　　在四十多年的发展过程中，企业坚守初心做大做强化纤主业，先后被认定为国家大型企业、国家重点高新技术企业，荣获全国"五一"劳动奖状、全国文明单位、全国模范劳动关系和谐企业、全国质量管理先进企业、国家科技进步二等奖等荣誉称号，并位列2024中国企业500强第145位、中国制造业企业500强第66位、中国民营企业500强第40位、中国制造业民营企业500强第26位。

　　行纤维之事，利国计民生。展望未来，桐昆将坚持"打造百年桐昆，实现永续经营"的梦想，把企业建设成为规模化、差别化、一体化、集约化的先进制造型企业、全产业链企业、绿色智能企业，为中国化纤工业之腾飞和民族产业之振兴做出不懈之努力！

1000万吨
原油加工权益量

1020万吨 | **1300万吨** | **1350万吨**
PTA | 聚合 | 涤纶长丝

18% | **28%**
国际市场 | 国内市场

POY　FDY　DTY　　**六大系列**
复合丝　混纤丝　中强丝　**1000多个品种**

倚德者致远，维信者长兴

内蒙古远兴能源股份有限公司（简称远兴公司）创立于1997年1月23日，并于当年1月31日在深圳证券交易所挂牌上市，股票代码"000683"。公司是一家以天然碱化工为主导，煤化工、新能源化工、精细化工为发展方向的现代化能源化工企业。公司及各子公司主要从事纯碱、小苏打、化肥及其他化工产品的生产和销售。公司旗下的"远兴"牌纯碱和"马兰"牌小苏打是名牌产品。"马兰"牌小苏打是通过"绿色食品标识认证"的碱类产品。2006年国家工商行政管理总局商标局认定"远兴"商标为中国驰名商标。

远兴公司拥有全资、参控股企业40余家，总资产约300亿元，员工6000多人，2024年实现主营业务收入140亿元。截至2023年底，公司纯碱年生产能力650万吨，小苏打年生产能力160万吨，尿素年生产能力175万吨。公司先后荣获"中国石油和化工企业500强""中国石油和化工上市公司500强/市值500强""中国能源企业（集团）500强""中国化工上市公司百强""中国基础化学原料制造业百强""全国氮肥企业合成氨产量20强""全国氮肥企业尿素产量20强"。

公司始终坚持"科技先导"的战略主导思想和经营方针，拥有国家级企业技术中心、内蒙古天然碱工程中心，设有博士后工作站，先后取得50多项科研技术成果，17项获国家或自治区科技进步奖。在天然碱化工领域处于国内领先水平，拥有自主知识产权，拥有专利89项。

"倚德者致远，维信者长兴"，今天的远兴正在用昂扬进取的公众形象、和谐创新的企业文化和过硬的产品质量、良好的经济效益，塑造着远兴能源全新的企业形象；以熔铸长青基业、构建和谐企业为目标的远兴公司正沿着持续、健康、协调的和谐发展之路阔步前行！

邮箱：yxny@berun.cc
电话：0477-8139800
传真：0477-8139833
http://www.yuanxing.com
地址：内蒙古鄂尔多斯市东胜区鄂托克西街博源大厦12层

　　山东天弘化学有限公司是中国 500 强企业——中国万达集团的全资子公司，位于山东省东营市东营港经济开发区，成立于 2012 年 4 月，注册资本 20 亿元。

　　公司拥有整体设计、一次建成、经国家发改委认定的 500 万吨/年炼化装置，在行业内率先引进法国阿克森斯汽油加氢技术和丹麦托普索柴油加氢技术，生产的汽、柴油全部达到国 Ⅵ 标准。取得进口原油使用资质、原油非国营贸易进口资质和燃料油进口资质，通过海关高级认证，连续多年进入"中国石油和化工企业 500 强""中国石油和化工民营企业百强"前列，并被山东省委省政府确定为全省重点支持发展的 5 家石化企业之一。

★ 拥有2300万吨/年综合加工能力和单套500万吨/年原油一次加工能力，设备装置一次性建成，上下游配套，投入成本最低。

★ 100万吨/年连续重整、150万吨/年加氢裂化项目配套国内地炼行业首套异构化装置。

★ 率先引进世界先进的法国阿克森斯汽油加氢技术和丹麦托普索柴油加氢技术，国内同行业首家引进托普索先进WSA酸性气制硫酸工艺。

★ 生产的汽柴油全部达到国六（Ⅵ）标准。

★ 被省委省政府确认为全省重点支持发展的5家石化企业之一。

★ 拥有440万吨进口原油使用资质、原油非国营贸易进口资质及配额、燃料油自主进口资质和成品油批发经营资质等国内油品企业完整的各项资质。

万达天弘利用大数据、智能化助推石化产业转型升级和高质量发展，
实现了全面感知、预测预警、优化协同、分析决策的系统化联动，有效保障装置稳定高效运行，进一步降本增效，加快新旧动能转换，成为行业标杆。被认定为国家制造业与互联网融合发展试点示范项目，荣获中国数字化企业技术示范奖。

打造"国际一流的专业化学品制造龙头企业"

江西黑猫炭黑股份有限公司系景德镇黑猫集团在相关多元化发展背景下，将炭黑作为资源综合利用产品开发，于 2001 年 7 月组建的股份有限公司。2006 年 9 月在深圳证券交易所上市（证券代码：002068），由国有资产控股、通过市场运作单一炭黑产品上市的公司。

公司炭黑产能从最初的 8000 吨跃升至现在的百万余吨，目前公司具备炭黑产能 116.2 万吨/年【其中：25.8 万吨特炭（含差异化产品）】、煤焦油深加工处理能力 95 万吨/年、沉淀法白炭黑 6 万吨/年、气相法白炭黑 2000 吨/年。现有炭黑、白炭黑、特种炭黑、精细化工和新材料产品。广泛应用于橡胶、塑料、油墨、涂料、绝缘材料、饲料等多个领域。

公司拥有八个大型炭黑生产基地、一家特种炭黑企业、五家新材料公司、两个贸易服务公司、一家环保节能公司、三个研发中心和两个省级创新平台。公司主营产品炭黑的产销量连续二十年位居中国行业首位，世界排名前列，成为国内规模领先、技术先进、布局完善、综合利用水平较高的炭黑行业先进企业。多年来，通过不断开发和自主创新，公司目前综合技术水平达到国际先进水平，在国内技术处于领先地位。先后获得发明专利、实用新型专利 400 余项。

黑猫股份坚持走"科技驱动、品牌提升、合作发展、资本护航"的健康、快速发展之路，先后荣获"中国化工 500 强称号"、 "中国精细化工百强"等荣誉称号；荣获 "制造业单项冠军培育企业" 称号； 2023 年荣登专精特新示范企业名单；获得第七批国家级 "绿色工厂" 称号；入选 "科改企业" 名单。

江西黑猫炭黑股份有限公司
JIANGXI BLACKCAT CARBON BLACK INC.,LTD

地址：江西省景德镇市历尧
电话：0798-8391868
网址：http://www.blackcat.com.cn

![SUNION 广东众和化塑股份公司 GUANGDONG SUNION CHEMICAL&PLASTIC CO.,LTD.]

众和丁苯透明抗冲树脂生产装置

广东众和化塑股份公司（以下简称公司）是一家集高新技术研究开发和化工生产经营于一体，拥有自营进出口经营权的国家高新技术企业。现下辖23个分（子）公司，员工4200人。

公司主要从事精细化工产品及高分子材料的生产和销售，兼营工业气体、工程设计、工程建设、仓储货运、油品中转、储油罐机械清洗、海上防污等业务。主要产品有：丁苯透明抗冲树脂、众和弹性体、2-巯基乙醇、碳五树脂、异戊橡胶、炸药专用脂、对位酯、工业气体、FFS重包装膜袋等。产品出口美国、俄罗斯、日本等30多个国家和地区。公司完成25项具有自主知识产权的产品研发和产业化项目，拥有30多项省市科技成果，78件专利，8个广东省名牌产品，主持制定了3项广东省地方标准，参与制定1项国家标准、2项行业标准。

公司先后荣获全国五一劳动奖状、全国幸福企业、全国"专精特新"小巨人企业、中国化工500强、全国厂务公开民主管理示范单位、广东省政府质量奖、广东省制造业单项冠军产品（2-巯基乙醇）等70多项国家和省级荣誉。

未来五年，公司将围绕苯乙烯系高分子材料、有机硫精细化工、染料中间体三大核心技术领域加大研发，努力打造世界一流的生产装置，预计年产值超100亿元，成为国内外具有较强竞争力的高科技民营企业。

企业愿景

努力实现
　　——众和产品成为国际最优质的产品。
努力实现
　　——众和装置成为世界最先进的装置。
努力实现
　　——众和公司成为最有活力的公司。
努力实现
　　——众和员工成为最幸福的员工。

文化理念

人和家和　幸福众和

核心价值观

学习　责任　品牌　创新　和谐

众和2-巯基乙醇生产装置

众和弹性体生产装置

湛江众和碳五生产装置

公司简介 /COMPANY PROFILE

云南解化前身为"驻昆解放军化肥厂"，1958年，由中央军委批准，中国人民解放军陆军第三步兵预备学校全体官兵集体转业建设，是云贵高原上第一座中型氮肥企业，西南最早以褐煤为原料制氨的工厂，全国较早以解放军冠名的化肥企业。公司现在册员工2100余人，各类专业技术人员600余人。六十六年来，解化为云南化工事业输送了大批管理、技术人才，被社会各界誉为云南化工的"摇篮"和"黄埔军校"。

公司致力于煤化工事业的发展，现已形成年产50万吨合成氨、57万吨硝酸、55万吨硝酸铵、50万吨尿素、25万吨甲醇、15万吨二甲醚、100万吨复合肥（含硝磷酸铵）、

Yunnan Jiehua was formerly known as "Kunming PLA Chemical Fertilizer Plant."
It built in 1958 by all officers and soldiers after a collective professional at the PLA Army's Third Infantry Preparatory School, with the approval of the Central Military Commission.It is the first medium-sized nitrogen fertilizer enterprise on the Yunnan.
In southwest China, the earliest factory produced ammonia with lignite as raw material,
and the first fertilizer enterprise named by the People's Liberation Army.
The company currently has over 2100 registered employees,including over 600 professionals of various types.
For more than 60 years,Jiehua has provided a large number of management and technical talents for Yunnan chemical industry, and is regarded by people from all walks of life as the "cradle" and "Huangpu Military Academy" of Yunnan Chemical industry.
The company is committed to the development of coal chemical industry.
The company has formed an annual production capacity of 500,000 tons of synthetic ammonia,550,000 tons of ammonium nitrate,
500,000 tons of urea,250,000 tons of methanol,150,000 tons of dimethyl ether,
1 million tons of compound fertilizer (including ammonium phosphate nitrate),
100,000 tons of urea ammonium nitrate solution (UAN), 75,000 tons of potassium nitrate,
60,000 tons of water-soluble macroelement fertilizer and 200,000 tons of other by-products.

企业发展规划

ENTERPRISE DEVELOPMENT PLANNING

云南解化依托开远小龙潭煤矿资源优势，正全力以赴推进搬迁转型升级建设大型煤化工项目，一期建设50万吨合成氨及下游项目，预计投资73亿元（人民币），占地1543亩，2025年建成投运；一期实施过程中，同步开展二期建设工作。项目投产后能够快速带动材料及电子电池企业的集聚，延长产业链，形成循环经济产业体系，符合国家"东南亚辐射中心"和"一带一路"的发展战略。

Relying on the resource advantages of Kaiyuan Xiaolongtan lignite resources,
Yunnan Jiehua is actively promoting the relocation,
transformation and upgrading of the branch to build a large-scale coal chemical project.
The first phase of the construction of 500,000 tons of synthetic ammonia and downstream projects,
with an estimated investment of 7.3 billion yuan (RMB), covering an area of 103 hectares.
It will be completed and put into operation in 2025.
In the process of implementing the construction of the first phase,
the preliminary work of the second phase of the project will be done at the same time.
After the project is put into operation,
it can quickly drive the agglomeration of materials and electronic battery enterprises extend the industrial chain,
form a circular economy industrial system,
which is in line with the national development strategy of
"Southeast Asia Radiation Center" and "One Belt, One Road".

高性能油田化学剂

厂址　四川省绵阳市绵州大道南段556号附1号
0816-2170606

四川美丰致力于高性能油田化学剂研发和生产，装备技术先进，产品质量优异，是油田化学剂研发成果转化平台，可实现油田化学剂新产品研发和工业化生产有机结合，满足深井、超深井、特殊工艺井及页岩油气水平井钻完井需要，助力国家能源安全。

公司建设油溶性化学剂、水溶性化学剂、合成树脂、合成聚合物等4条生产线，产能规模5万吨，可生产合成树脂类、长链烷基酰胺类、胺基化合物类、合成聚合物干粉类、合成聚合物乳液类、改性天然高分子类等6大类产品。

四川美丰油田化学剂生产基地

油基油田助剂处理剂	改性生物质处理剂	抗高温处理剂	井壁稳定剂	抗温抗盐聚合物
粉状乳化剂PEMUL 液体乳化剂SWMUL	无荧光生物质润滑剂 磺胺基糖苷极压润滑剂 胺基改性合成树脂降滤失剂	乳液聚合物降滤失剂	聚胺抑制剂ZYPA-1 支化聚醚胺PEA-1	AMPS多元共聚物PAMS601 两性离子磺酸共聚物 CPS2000

欢迎品牌合作、联合研发、OEM生产

美丰恒星包装膜材

厂址　四川射洪经济开发区河东大道55号
0825-6192888

四川美丰高分子材料科技有限公司，是《包装用多层共挤膜、袋》行业标准起草单位，拥有两个生产园区，具备年产各类包装材料5万吨的能力，是一家集研发、设计、生产、销售和项目运营为一体的科技型企业。

公司布局"100%可回收材料"以及推动包装板块转型发展，专注于工业包装、软包装基材、绿色环保阻隔材料的研发推广，响应2025《新塑料经济全球承诺书》推出"美丰恒星"全PP/PE单一材质绿色膜材解决方案。

四川美丰高分子材料产业园

工业包装系统解决方案	软包装系统解决方案	绿色膜材系统解决方案
塑编包装 普通袋、涂膜袋、单彩袋 双彩袋、铝膜袋、珠光膜袋、集装袋	**流延膜系列** 复合膜、纸巾膜、蒸煮膜 镀铝级基材膜、其他功能膜	**主推产品** MDOPE膜系列 高性能镀铝膜系列（PET、CPP、BOPP等） 透明高阻隔氧化铝膜系列 全PE结构单一材质高阻隔膜系列
重载膜 三层/五层FFS重载膜、重膜单袋、缠绕膜、热收缩膜	**PE基材系列** 食品级PE基材	

新兴能源科技有限公司简介

新兴能源科技有限公司（简称"新兴公司"）成立于2004年，是由中国科学院大连化学物理研究所、陕西煤业化工集团有限责任公司、正大煤化有限公司和大连中科斯达石化科技有限公司共同组建的一家中外合资公司。作为国家技术转移示范机构、陕西省技术转移示范机构和国家高新技术企业，新兴公司以科技成果转化、技术推广、技术服务和技术咨询为主营业务，是全球煤/甲醇制烯烃及其相关专业领域具有核心影响力的专利专有技术供应商。

新兴能源科技有限公司授权许可的甲醇制烯烃（DMTO）系列技术在全球率先成功实现工业化应用，开辟了非石油资源生产低碳烯烃的新路线，奠定了我国在该技术领域的国际领先地位，引领和带动了中国煤制烯烃产业的快速形成和发展，对于我国石油化工原料替代和保障国家能源安全具有划时代的重要意义。

经过二十多年的开拓与发展，新兴公司授权许可的DMTO系列项目在煤/甲醇制烯烃市场始终占据主导地位，为带动我国煤制烯烃产业快速发展做出了突出贡献。因在科技创新上的巨大贡献和在产业化上的巨大成功，DMTO技术荣获2014年度荣获国家技术发明奖一等奖，公司荣获2017年度国家科学技术进步奖一等奖等一系列荣誉奖项。

新兴公司始终秉持创新驱动发展战略，积极与各大科研院所开展深度合作，大力推进DMTO+产品链和烯烃行业新技术的研发与应用，并取得一系列重大突破。在前沿技术探索、工艺优化升级等方面，不断取得阶段性成果，持续提升行业整体技术水平。未来，新兴公司将进一步发挥自身优势，继续在推动我国自有知识产权创新技术向现实生产力转化过程中发挥更大的作用，以科技创新促进我国新质生产力的发展。

总公司地址：西安市高新区锦业路绿地中央广场第一幢一单元12504室
总公司电话：029-68255479
分公司地址：大连市高新区黄浦路909C
分公司电话：0411-86649777

公司网站：www.syn.ac.cn

Xi'an Wonder Energy Chemical Co., Ltd
西安万德能源化学股份有限公司

证券代码：836419

西安万德能源化学股份有限公司（以下简称"万德股份"）成立于1998年，是专业从事微反应技术工程化和新型功能性材料开发与应用推广的国家高新技术企业、国家级专精特新"小巨人"企业、陕西省制造业单项冠军企业。公司于2023年9月15日在北交所成功上市。（证券代码：836419、证券简称：万德股份）。

万德股份已形成以中国石化、中国石油、中国海油、中国化工、国家能源、延长石油、Exxon Mobil、Reliance、NAYARA、HENGYI和HMEL等大型石油化工企业为主体的客户体系。海外销售规模逐年增加，产品远销欧洲、北美洲、南美洲、亚洲等30多个国家和地区，为企业经营高质量发展奠定了坚实的基础。

万德股份期待与您携手致力清洁环保新理念，共谱碧水蓝天新篇章。

国家级专精特新"小巨人"企业

2 个生产基地
专注于燃料油添加剂/炼油助剂/油田化学品等

33 累计服务多达个国家和地区

1000 合作客户超过余家

产品目录

燃料油添加剂
- 十六烷值改进剂
- 柴油抗磨剂
- 汽/柴油抗静电剂
- 柴油降凝剂
- 柴油分散剂
- 汽油抗爆剂
- 抑钒剂

季铵盐、碱系列
- 四乙基氢氧化铵
- 四丙基氢氧化铵
- 四乙基氯化铵
- 四丙基溴化铵

炼油助剂
- 原油破乳剂
- 中和缓蚀剂
- 金属钝化剂
- 油浆阻垢剂
- 加氢缓蚀剂
- 焦化缓蚀剂
- 焦化消泡剂

油田化学品
- 破乳剂系列
- 缓蚀剂系列
- 咪唑啉系列
- 压裂用稠化剂
- 调驱用纳米级聚合物微球

📍 总部地址：西安市高新区上林苑四路 18 号　　☎ 电话（Tel）：029-84275802
厂 区 A：陕西省兴平市工业园区　　　　　　　　🌐 网址：www.xawonder.com
厂 区 B：山东省淄博市综合保税区

无棣鑫岳燃化有限公司

无棣鑫岳燃化有限公司成立于2013年2月，是无棣鑫岳化工集团有限公司为优化石油产业资源组建的全资子公司，公司经营范围为汽油、柴油、石脑油、燃料油、液化气、焦炭、沥青等的生产和销售，与2016年6月获得国家发改委批复240万吨/年非国营贸易进口原油使用指标。

无棣鑫岳燃化有限公司现有原油一次加工能力为240万吨/年，其中包括240万吨/年重交沥青质量升级改造项目、40万吨/年延迟焦化装置、80万吨/年催化裂化、10万吨/年气分联产1.5万吨/年MTBE装置、150万吨/年催化裂化、150万吨/年加氢裂化、140万吨/年催化重整、60万吨/年汽油加氢、50万吨/年气体分馏、20万吨/年工业异辛烷、10万吨/年MTBE、20万吨/年硫酸、120吨/小时酸性水气体、350吨/小时溶剂再生。

鑫岳燃化在今后发展中，将依托鲁北高新区及北海经济开发区的资源和产业优势，调整形成"油头一化身-高化尾"产业模式，围绕炼化一体化、乙烯、丙烯、芳烃、碳四产业链，打造"鑫岳特色"的高端石化及新材料产业基地。

联系方式：

营销总经理：杜松13406163353

营销部长：郭鹏19954313123

柴油组：

业务经理：张洪峰17661161222

业务经理：付云端13754688905

业务经理：孙建桥19528727795

业务经理：南长治18054338108

汽油组：

业务经理：王文涛15169996968

业务经理：郭洪伟17854370286

业务经理：孟钦鑫17554372666

业务经理：高鑫鹏17854346669

化工组：

业务经理：支建棣18354388958

业务经理：赵玉川15169980807

业务经理：康德松15065243728

地址：山东省滨州市无棣县埕口镇鑫岳工业园区

山东绿霸化工股份有限公司，农化领航者

　　山东绿霸化工股份有限公司成立于1997年，是一家集农药原药合成、精细化工产品制造、制剂加工、产品研发和销售于一体的集团式农化企业，旗下 4 大生产基地，拥有潍坊新绿化工有限公司、潍坊绿霸化工有限公司等6家子公司。多条自动化、智能化生产线有序运转，从农药原药合成，到精细化工产品制造，再到制剂加工，全产业链布局彰显强大实力，活力满满。

多元产品，守护农林万象

　　绿霸具有6千吨百草枯、4万2千吨吡啶系列、4万3千吨氯化吡啶及精草铵膦、2万吨敌草快、300吨苯唑草酮等生产装置，产品功能丰富多样。广泛应用于农、林、牧、仓储等病虫草防治，乃至动物饲料、医药领域，如同忠诚卫士，守护着各个领域的健康与安全。产品畅销国内三十余省区，更远渡重洋，出口至美国、欧洲、澳大利亚等多地，用品质赢得全球信赖。

责任担当，彰显企业风采

　　绿霸化工以规范自律为准则，积极承担行业责任，作为中国农药工业协会常任理事单位，山东省农药工业协会、山东省农药发展与应用协会副会长单位，以促进行业进步为己任，为农化行业发展、生态和谐贡献力量！

主营产品

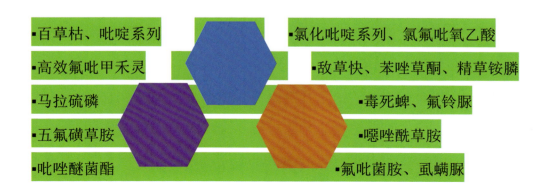

- 百草枯、吡啶系列
- 高效氟吡甲禾灵
- 马拉硫磷
- 五氟磺草胺
- 吡唑醚菌酯
- 氯化吡啶系列、氯氟吡氧乙酸
- 敌草快、苯唑草酮、精草铵膦
- 毒死蜱、氟铃脲
- 噁唑酰草胺
- 氟吡菌胺、虱螨脲

宿迁联盛 股票代码：603065
SUQIAN UNITECH CORP., LTD. —— STOCK CODE ——

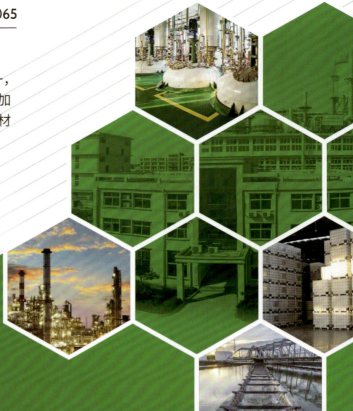

宿迁联盛是全球主要的光稳定剂制造商之一，专业生产以光稳定剂为主的相关聚合物添加剂、阻聚剂等产品，以及为客户提供高分子材料防老化解决方案。

光稳定剂、抗氧剂等产品在聚烯烃、工程塑料上下游制品中广泛应用。

阻聚剂系列产品广泛应用于C5石油树脂、聚苯乙烯，聚丙烯酸酯等单体的反应前处理和储运过程，为其提供安全高效的阻聚效果。

※涵盖 FDA / EU 欧盟 / REACH / HALAL / EC 等相关法律法规。

产品系列：

◆ 受阻胺类光稳定剂、紫外吸收剂。

◆ 受阻酚类抗氧剂、亚磷酸酯类抗氧剂、硫代酯类抗氧剂。

◆ 阻聚剂701、702、706。

让塑料「尽享」阳光

LET YOUR PLASTICS ENJOY SUNSHINE

宿迁联盛科技股份有限公司
SUQIAN UNITECH CORP., LTD.

Unitechem Technology

PLEASE SCAN THE QR CODE.
扫一扫联盛公众号

地址/ Add：江苏省宿迁市生态化工科技产业园扬子路88号
88 Yangzi Road , Suqian Ecological, Chemical & Technological Industrial Park
Suqian City, Jiangsu Province, P. R. China

电话 / Tel：+86 (0)527 8483 6111　电子邮箱 / Mail：market@china944.com
电话 / Fax：+86 (0)527 8482 9777

全国服务热线 / Hot line：

4001-622-944

方圆新材料科技有限公司

方显卓越，圆融未来

方圆新材料科技有限公司成立于 2012 年 4 月，注册资金 11362 万元。公司专注于世界三大纤维新材料之一的芳纶原材料、芳纶聚合物的研发与生产。

▶ 现主营产品为**苯二甲酰氯**、**苯二胺**，均为芳纶合成关键单体。

▶ 目前间苯二甲酰氯已量产销售，对苯二甲酰氯预计 **25** 年建成投产。现有苯二甲酰氯产能 **5000 t**，计划未来扩产到 **70000 t**。苯二胺单体一期规划 **20000 t**。

▶ 全部建成后方圆将是实现**芳纶合成四种单体同时生产**的企业。

公司设有企业技术中心，已通过市级企业技术中心认定，具有完善的研发创新体系，与河北工业大学、天津大学等高校合作，签订"芳纶树脂超临界聚合系列产品新技术研发"技术合作协议。

公司已取得ISO9001、ISO14001、ISO45001体系认证，建立标准化管理体系。

公司研发的"间二甲苯光催化法生产间-苯二甲酰氯"产品经中国石油和化学工业联合会评定为绿色工艺，列入《石化绿色低碳工艺名录（2023年版）》。公司拥有36项国内授权专利，24项国际授权PCT，围绕芳纶行业进行专利布局，为国家高新技术企业。

联系我们
CONTACT US

地址：洪泽县盐化工区台玻大道西侧郭桥路南侧　　　邮政编码：223100　　　电话：0517-83360996

光辉漆

漆彩人生

主营产品:

- 通用型工业防腐材料
- 水性工业防护防腐涂料
- 环保型高固含工业重防腐涂料
- 建筑工程漆
- 工业机械车辆涂料
- 涂装地坪漆

常州光辉化工有限公司
www.ghpaint.com

隆众
始于1988年

能源化工资讯和价格指数供应商
ENERGY AND CHEMICAL INFORMATION AND
PRICE INDEX SUPPLIER

COMPANY PROFILES

- 山东隆众信息技术有限公司（下称"隆众资讯"）前身为中国石化商情网，属中国石化二级信息机构。

自1988年，隆众资讯开始追踪报道全球能源和化工品市场资讯，涉及石油、天然气、炼化、化工、塑料、橡胶、化肥、化纤、聚氨酯、煤化工、氯碱和工业气体等行业，涉及800多种石油化工产品。

隆众资讯总部位于中国重要的石化城市山东淄博，并在北京、上海、广州、青岛、新加坡、纽约、伦敦等商业中心设有分支机构，员工总数超过800人。

数据 DATA

报道 REPORT

咨询 CONSULTING

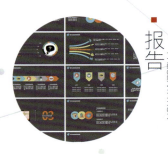
报告 PRESENTATION

会议 CONFERENCE

指数 INDEX

中国石化市场预警报告 2025

中国石油和化学工业联合会
山东隆众信息技术有限公司 ——— 组织编写

EARLY WARNING REPORT
OF
**CHINA PETROCHEMICAL
MARKET 2025**

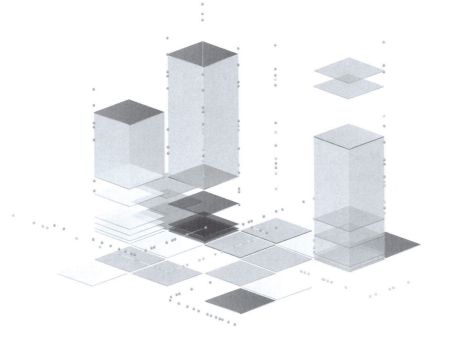

化学工业出版社
·北京·

内容简介

《中国石化市场预警报告（2025）》对52个重点产品，按能源、基本有机原料、合成树脂、合成纤维、合成橡胶、聚氨酯、盐化工、化肥等产业链条分板块进行分析。每个产品主要从2024年度关键指标一览、供需变化、供应和消费现状、价格和生产毛利走势以及2025—2029年发展预期等角度进行论述。

本书不仅可以为政府决策人士、行业从事企业决策及市场分析、发展规划的中高层管理人员以及国内外投资咨询机构、贸易公司、银行、证券、咨询服务部门的管理人员，政府主管部门、行业协（学）会、科研机构、高等院校、制造企业及材料供应商等提供一定的参考，还可以帮助普通读者了解中国石化行业的形势等。

图书在版编目（CIP）数据

中国石化市场预警报告. 2025 / 中国石油和化学工业联合会，山东隆众信息技术有限公司组织编写.
北京 ： 化学工业出版社，2025. 10. -- ISBN 978-7-122-48233-4

Ⅰ. F426.72

中国国家版本馆CIP数据核字第2025L759E7号

责任编辑：赵卫娟　高　宁　　　　　　　　　　　装帧设计：王晓宇
责任校对：王　静

出版发行：化学工业出版社（北京市东城区青年湖南街13号　邮政编码100011）
印　　装：河北延风印务有限公司
787mm×1092mm　1/16　印张48　字数1254千字　2025年10月北京第1版第1次印刷

购书咨询：010-64518888　　　　　　　　　　　售后服务：010-64518899
网　　址：http://www.cip.com.cn
凡购买本书，如有缺损质量问题，本社销售中心负责调换。

定　　价：598.00元　　　　　　　　　　　　　　版权所有　违者必究

Early Warning Report of
China Petrochemical Market
2025

　　2025年是"十四五"规划收官和"十五五"谋篇布局之年，具有十分重要的承前启后作用。中央经济工作会议对今年经济工作作出全面部署，提出一个"根本保证"和五个"必须统筹"，4月25日召开的中央政治局会议分析研究当前经济形势和经济工作，提出"四稳"和"两个坚定不移"，释放了"以高质量发展的确定性应对外部环境急剧变化的不确定性"强烈信号，为石化行业、企业做好各项工作提供了重要遵循，指明了前进方向。

　　2024年石化行业营收达到历史最高的16.28万亿元，主要产品产量、消费量、进出口量稳步增加。但市场有效需求不足，外部风险挑战不断叠加，产品价格持续低位运行，行业盈利能力不强，成为当前经济运行的突出矛盾。2025年，石化行业要按照习近平总书记的要求和中央经济工作会议部署，抓实抓好稳增长一揽子政策措施的贯彻实施，下大气力促投资、拓消费、扩外贸、强创新、调结构、促转型，推动行业稳中有进、以进促稳，夯实行业高质量发展基础。

　　一是调整产品结构。有序实施"减油增化"，优化炼油产品结构，提高低硫船燃、高档润滑油等高附加值产品比重。结合新能源汽车、轨道交通、航空航天、国防军工等重大战略需求，集中力量攻克一批关键化工新材料、高端精细化工、生物化工制备技术。密切关注世界石化行业科技前沿，聚焦新能源、新材料、绿色化工、循环经济、生物制造、人工智能六大重点领域，加强理论创新、基础研究和超前部署，努力形成一批具有自主知识产权、国际领先的原创核心技术，前瞻布局未来产业。

　　二是加快技术改造升级。加强先进工艺、技术、设备的推广应用，引导企业对老旧装置和落后工艺进行绿色化、高端化、智能化改造升级，优化生产流程，提高管理水平，减少能耗排放，增强本质安全，降低生产成本。推动重点领域开展用能设施电气化改造，加强余热、余压、余气等回收与利用。通过强制性标准和差别化价格等手段措施，提高落后产能的运行成本，加速淘汰高能耗、高排放、高安全风险的技术设备，促进产业升级。

三是高标准编制"十五五"规划指南。"十五五"是我国迈向2035年基本实现社会主义现代化的关键五年。认真做好"十五五"发展基础研究，通过总结"十四五"时期石化行业发展取得的显著成效，全面梳理存在的短板问题，为编制"十五五"规划提供基础。认真做好"十五五"形势研究，正确研判行业发展外部环境的深刻复杂变化，准确把握我国石化行业发展的阶段特征和机遇挑战。认真做好重大问题研究，聚焦产业结构调整、科技创新、绿色转型、能源保障等关键重大问题，坚持从实际出发，深入调研、科学分析，在构建现代化石化产业体系的战略方向、任务重点、实施路径和保障措施方面，提出具有科学性、前瞻性和可操作性的政策与规划建议。

四是加强运行监测和产能预警。做好行业运行监测和产能预警，及时发现行业运行中的趋势性和苗头性问题，防范和化解"内卷式"竞争，确保中央一揽子政策措施落实到位，是今年稳增长工作的重要抓手。加强国际油价、航运安全等动态监测，保障油气资源稳定供应。加强重点石化产品生产、贸易、价格等信息统计和分析，定期发布行业运行指数和产能预警报告，为政策调整和企业决策提供支撑。要强化行业自律，维护国内石化市场良好秩序。

为加强对重点石化化工产品生产变化、价格波动、进出口贸易、消费结构等方面的全面监测，客观预测后市发展，从2019年起，中国石油和化学工业联合会组织编制了年度《中国石化市场预警报告》，以期给行业管理部门制定产业政策、企业做好投资发展战略选择以借鉴和参考。借本书即将出版之际，也向参与《中国石化市场预警报告（2025）》编制和出版发行工作的作者、编辑和工作人员表示衷心的感谢！

中国石油和化学工业联合会党委常委、副会长

孙伟善

2025年5月

Early Warning Report of
China Petrochemical Market
2025

2024年，全球经济显示出较强韧性，增长稳定，通胀正逐步回归到目标区间范围内，全球经济实现软着陆的信心进一步增强。受地缘政治局势及石油需求等多种因素影响，国际油价大幅波动，整体价格区间下移，天然气价格较上年同期有所下降。全球成品油需求增长降速，下游石化产业进入深刻调整期，海外老旧产能退出力度逐渐加大。

2024年，面对外部压力加大、内部困难增多的复杂严峻形势，国家部署一揽子增量政策，精准有力实施宏观调控，有效应对风险挑战，有力提振市场信心，经济实现明显回升。我国石油和化工行业经济运行保持基本稳定，营收保持增长，利润和进出口总额下降，价格水平总体回落，行业工业增加值实现较快增长，增速高于全国工业平均水平。主要化学品总产量同比增长 7.2%，表观消费量同比增长 6.1%，市场供需基本平稳。其中，原油加工量萎缩，国内成品油消费迎来下降拐点。乙烯、丙烯产能继续扩增，整体消费增速回落。芳烃产业链处于调整缓和阶段，PX 供应偏紧，PTA-PET 供应过剩趋势犹存，产业链利润集中到原料端。

为了使石化行业从业者深入认识和准确把握我国石化产品市场发展新趋势、新特点，中国石油和化学工业联合会联合山东隆众信息技术有限公司组织编制了《中国石化市场预警报告（2025）》。

我们热切希望大家多提宝贵意见，以利于我们进一步改进工作，不断提高报告质量，为行业主管部门制定产业政策、企业发展战略决策提供参考与借鉴。

编委会
2025年5月

Early Warning Report of
China Petrochemical Market
2025

2024年，全球经济显示出较强韧性，增长稳定，通胀正逐步回归到目标区间范围内，全球经济实现软着陆的信心进一步增强。受地缘政治局势及石油需求等多种因素影响，国际油价大幅波动，整体价格区间下移，天然气价格较上年同期有所下降。全球成品油需求增长降速，下游石化产业进入深刻调整期，海外老旧产能退出力度逐渐加大。

2024年，面对外部压力加大、内部困难增多的复杂严峻形势，国家部署一揽子增量政策，精准有力实施宏观调控，有效应对风险挑战，有力提振市场信心，经济实现明显回升。我国石油和化工行业经济运行保持基本稳定，营收保持增长，利润和进出口总额下降，价格水平总体回落，行业工业增加值实现较快增长，增速高于全国工业平均水平。主要化学品总产量同比增长7.2%，表观消费量同比增长6.1%，市场供需基本平稳。其中，原油加工量萎缩，国内成品油消费迎来下降拐点。乙烯、丙烯产能继续扩增，整体消费增速回落。芳烃产业链处于调整缓和阶段，PX供应偏紧，PTA-PET供应过剩趋势犹存，产业链利润集中到原料端。

为了使石化行业从业者深入认识和准确把握我国石化产品市场发展新趋势、新特点，中国石油和化学工业联合会联合山东隆众信息技术有限公司组织编制了《中国石化市场预警报告（2025）》。

我们热切希望大家多提宝贵意见，以利于我们进一步改进工作，不断提高报告质量，为行业主管部门制定产业政策、企业发展战略决策提供参考与借鉴。

编委会
2025年5月

第三篇　合成树脂

第四篇　合成纤维

第五篇　合成橡胶

第六篇　聚氨酯

第七篇　盐化工

第九篇　其他

绪论 2025 年度重点石化产品产能预警报告

0.1 2024 年石油和化工行业发展情况

2024 年，在以习近平同志为核心的党中央坚强领导下，全国石油和化工行业以习近平新时代中国特色社会主义思想为指导，全面贯彻党的二十大和二十届二中、三中全会精神，深入学习领会习近平总书记在中央经济工作会议上的重要讲话和对石油化工行业的重要指示批示精神，面对外部压力加大、内部困难增多的复杂严峻形势，坚决贯彻落实党中央、国务院统一决策部署，在全行业从业者共同努力下，克服了下游市场需求不足、产品价格低位徘徊、企业效益明显下滑等不利因素的影响，行业经济运行实现总体平稳、稳中有进，在构建新型工业化进程中迈出了坚实步伐，行业高质量发展持续发力、稳步推进，产业优势得到进一步巩固和提升。

国家统计局数据显示，截至 2024 年底，石油和化工行业规模以上企业 32183 家，实现工业增加值同比增长 6.9%，比同期全国工业增加值高 1.1 个百分点，比 2023 年增速下降 1.5 个百分点。实现营业收入 16.28 万亿元，同比增长 2.1%；利润总额 7897.1 亿元，同比下降 8.8%；进出口总额 9488.1 亿美元，同比下降 2.4%。

三大板块的情况为：油气板块全年累计实现营业收入和利润总额分别为 1.49 万亿元和 3360.9 亿元，同比分别增长 1.5% 和增长 12.4%；化工板块累计实现营业收入和利润总额分别为 9.76 万亿元和 4544.4 亿元，同比分别增长 4.6% 和下降 6.4%；炼油板块亏损。

当前，我国石油和化工行业面临部分行业或产品供过于求的突出矛盾。经过多年快速发展，我国大宗基础化学品和通用材料产能、产量稳居世界首位，特别是"十三五"以来，新建炼化一体化装置集中建设、集中投产和化工园区的发展，产业集中度、行业整体竞争力不断提升，使产能、产量快速增加，供给能力大大增强。当面临国际市场低迷、国内有效需求不足的现状时，"内卷"式竞争持续加剧，产品价格自 2024 年以来持续下行，众多企业和全行业效益严重受损，利润大幅下降，2023 年全行业实现利润总额同比下降 20.7%，2024 年再次下降 8.8%。

0.2 2025 年重点预警产品

中国石油和化学工业联合会联合重点专业协会，选择石化行业中产量比较大、对国民经济影响广或当前企业关注多、投资热的行业/产品进行跟踪，提出2025年重点预警的行业和产品名单。

（1）原油加工能力增长，产能利用率下降

2024年全国原油一次加工能力9.3亿吨，比2023年略有增长。受成品油市场收缩和下游需求不旺的影响，2024年国内累计原油加工量同比下降3.58%；产能利用率比2023年下降4.1个百分点。2024年原油进口量5.53亿吨，同比下降1.9%，原油对外依存度下降0.7个百分点，至72.2%。2024年，国内成品油（汽油、煤油、柴油合计，下同）产量同比增长0.3%，增速比2023年回落16.2个百分点。其中，柴油产量同比下降4.0%；汽油产量同比增长1.6%；煤油产量同比大幅增长14.9%。

据统计，目前国内在建炼油装置超过4000万吨，预计将于2025年建成投产。随着新能源汽车产业快速发展，国内成品油消费总量已基本达峰，市场将逐步趋于萎缩，原油加工用作燃料的比重将下降，未来重点是用作化工原料。为保障炼油行业供需平衡，提升产能利用率，未来国家将严控新增炼油产能，并继续淘汰落后的小型炼油厂。原油加工过程中成品油收率将进一步下降，化工原料产出比例将持续提升。

（2）丙烯产能持续扩张，产业链整体呈现供需失衡态势

近年来，丙烯产能快速增长，下游各产品供应量大幅增加，进口量大幅下降，出口量增长，产业链供需矛盾呈放大趋势。从2020—2024年丙烯供需情况来看，企业开工状态被动受制于需求，虽然供需持续保持较快增长，但近两年行业产能利用率降至80%以下。

截至2024年底，国内丙烯总产能同比增长9.1%；丙烯产量同比增长11.7%；平均产能利用率76.6%，比2023年提高1.8个百分点。近5年，中国丙烯产能扩张超过全球其他国家新增产能总和，丙烯进口量逐年下降。2024年丙烯进口量202万吨，较2023年下降15.5%。全年丙烯表观消费量5497万吨，同比增长11.0%。2024年丙烯价格同比下滑，产能继续扩张，但需求增速不及供应，是抑制价格走势的关键因素，全行业呈亏损状态。

未来几年，丙烯产能还将继续保持较快增长。据统计，当前拟在建丙烯装置38套，累计新增产能超过2000万吨。丙烯新增产能将集中于2025—2027年释放，2028年后增速放缓。受多种因素影响，2024年多套待投装置延期，或于2025年正式投放市场，预计2025年丙烯行业将维持投产高峰状态。丙烯产能利用率将呈现回升趋势，尤其是2026年后行业扩能趋缓，产量增长稳定，产能利用率有望得到明显提升。预计2025—2029年，丙烯消费量将以年均4.6%的速度增长，到2029年，全国丙烯消费量约7200万吨，国内产能约9000万吨/年，整体仍呈现供过于求状态。

从丙烯下游来看，多数品种供应已面临饱和，产业链进入发展瓶颈。聚丙烯、环氧丙烷、环氧氯丙烷、丙烯腈等下游产品近年均扩能较快，产能增长远大于需求增长，导致产能利用率低，全产业链利润下滑，甚至亏损。

① 聚丙烯消费放缓，全面亏损

2024年聚丙烯产能利用率比2023年略降；聚丙烯进口量同比下降10.8%；出口量同比增长83.4%；表观消费量同比增长2.8%。价格向下走势明显，全线亏损销售。

根据企业投资项目情况，预计2025年聚丙烯将新增产能近千万吨，2025年之后仍有约1500万吨产能项目即将建设。预计到2029年，全国聚丙烯产能可能达到6800万吨/年，国内消费需求约4400万吨，过剩比较突出。

② 环氧丙烷产能激增，供需失衡

由于近年来的技术突破及丙烯资源大幅增加，造成投资增速过快，全行业整体呈亏损状态。据不完全统计，目前国内在建和规划建设的环氧丙烷项目累计产能达700万吨，到2029年全国环氧丙烷产能将超过1500万吨/年，而需求约700万吨，需求增长远不及供应，供需失衡将进一步加剧。

③ 环氧氯丙烷产能利用率低下，效益不佳

2024年环氧氯丙烷全行业整体处于微利状态。当前行业仍有不少扩建计划，预计2025年环氧氯丙烷产能将达250万吨/年，2029年产能将超过300万吨/年，国内消费需求约155万吨，产能利用率将长期维持在60%以下。

④ 丙烯腈供给扩张过快，整体亏损

2024年由于国内供应增加，进口量大幅下降69.4%，出口量大幅增长30.5%，净出口量16.7万吨。全年多数时间下成本和价格倒挂，整体呈亏损状态。根据企业投资计划，未来几年，国内丙烯腈投资项目仍较多，新增产能超过370万吨/年，如全部建成投产，到2029年，全国丙烯腈总产能将达到800万吨/年，国内消费需求约490万吨，供需差逐年扩大，供需矛盾难有缓解。不过受过去几年行业效益大幅下降影响，部分项目或将搁置或取消。

（3）烧碱盈利良好，耗氯产品效益低迷

① 烧碱下游消费增长较为平稳，但以废盐立项为主的烧碱中长期扩建规划严重超过需求增长

目前市场总体处于供需平衡状态，产能利用率随市场变化有所波动，整体盈利。但是，由于近几年烧碱盈利较好，企业建设烧碱项目的积极性很高。受产业政策限制，目前以废盐立项的烧碱项目较多。据不完全统计，目前拟在建烧碱项目累计产能超1900万吨，严重超过需求增长。同时，尽管烧碱盈利尚可，但烧碱装置联产氯气，目前大宗耗氯产品大多产能过剩，行业基本处于亏损或微利状态，氯气资源的平衡难度较大，成为烧碱项目的客观制约。

② 聚氯乙烯(PVC)市场低迷，效益持续亏损

2024年，我国聚氯乙烯行业效益严重亏损，尤其是电石法聚氯乙烯亏损严重。受房地产市场低迷影响，聚氯乙烯的下游消费连年低迷。当前行业依然存在扩建计划，预计2025年全国聚氯乙烯产能达3050万吨/年，比2024年增长100万吨/年，但国内需求预计保持平稳；2029年产能将达3300万吨/年，国内消费需求不到2500万吨，需求增速不及产能增长，产能利用率可能继续下降。

③ 氯化聚氯乙烯消费乏力，市场有待开发

2024年我国氯化聚氯乙烯（CPVC）效益由2023年的盈利转为亏损。氯化聚氯乙烯是性能良好的工程塑料，但国内下游应用领域有待开发，消费增长乏力，主要依靠出口平衡市场。当前行业依然存在扩建计划，预计2029年产能将达40万吨/年。短期内氯化聚氯乙烯市场增长有限，产能利用率将维持在较低水平。

④ 氯化石蜡供需严重失衡，亏损严重

2024年全国氯化石蜡行业由于产能过大，市场竞争激烈，价格持续低迷，全行业亏损严重。

目前，国内仍有不少氯化石蜡扩能项目，据统计，2025年，全国预计将新增产能35万吨/年，到年底产能将达到345万吨/年，到2029年，氯化石蜡产能可能达到380万吨/年。根据相关国际公约，短链氯化石蜡属于淘汰类产品，中链氯化石蜡正在进行POPS公约谈判，2025年将要正式列入公约淘汰类。未来氯化石蜡市场需求增量有限。

⑤ 三氯乙烯市场萎缩，产能利用率下降

近几年三氯乙烯因下游需求疲软，市场价格大幅下降，2024年价格比2023年下降达1/3，全行业处于亏损状态。预计未来需求仍将进一步萎缩，但仍有扩建计划，未来产能利用率可能进一步下降。

⑥ 氢氧化钾扩能严重，产能利用率大幅下降

2024年，全国氢氧化钾市场价格持续下降，均价约3120元/吨，同比下降15.9%，全行业整体呈微利状态。

目前，国内氢氧化钾仍有大量扩建计划，据统计，2025年，预计将有34万吨/年新增产能投产，2025年总产能将达到225万吨/年，到2029年产能还将再增加40万吨/年，而国内消费需求

约122万吨，增长空间有限，产能利用率将进一步下降。

（4）纯碱行业产能利用率保持高位，但效益大幅下滑

2024年，国内纯碱受房地产行业低迷、光伏行业发展放缓影响，价格大幅下降。2024年轻质纯碱、重质纯碱平均价格分别为1780元/吨、1856元/吨，比2023年分别下降24.6%、26.8%，导致行业效益大幅下滑。

2025年，江苏德邦60万吨/年联碱搬迁项目、江苏连云港碱厂110万吨/年联碱搬迁项目、博源银根化工二期280万吨/年天然碱项目将投产，合计产能450万吨/年，预计2025年纯碱产能比2024年增长12.2%，其中天然碱产能占纯碱总产能的比例将接近1/4。大量新增产能的投放将对市场造成较大冲击，价格继续走低，合成碱企业已全面处于亏损状态。

同时，近年内蒙古通辽奈曼旗发现大型天然碱矿，新疆地区也发现了天然碱资源。天然碱具有显著的成本和绿色低碳优势。随着这些天然碱矿的开发，未来合成碱将受到重大影响，一批纯碱企业可能面临关停。

（5）钛白粉产能增速放缓，出口面临反倾销

近年来，印度、巴西、欧盟、欧亚经济联盟等国家和地区先后对我国钛白粉出口发起反倾销，将对我国钛白粉产业发展产生较大影响。

未来五年，钛白粉产能还将增加82万吨/年，到2029年总体产能规模将达到680万吨/年以上，国内消费需求约360万吨，出口量约200万。随着硫酸法钛白粉联产法工艺政策的出台，以及《钛石膏综合利用技术规范》国家标准（GB/T 45015—2024）落地，硫酸法钛白粉产能将呈现小幅增长的趋势，氯化法产能还将进一步扩增。

（6）BDO产能快速扩张，全行业亏损加剧

近年来，国内BDO(1,4-丁二醇)产能快速扩张，市场大受冲击，价格一度跌破成本底线，2024年BDO呈现连续亏损状态。下半年尤其是三季度价格跌破低位后，BDO行业亏损加重，各企业经营压力较大。

据统计，目前，全国仍有在建BDO项目247万吨，预计2025年投产106.5万吨，到2025年底，全国BDO产能将达到678万吨/年，严重超过需求，BDO供需矛盾将进一步加剧。因严重的供需矛盾及全行业亏损，部分已开工项目暂停建设。

受BDO一体化投资热潮带动，常年产能稳定的电石行业也呈现扩能的势头。据统计，目前全国拟在建电石项目产能331万吨/年，其中预计2025年投产产能100万吨/年。考虑到国家相关政策要求2025年底淘汰产能10万吨/年以下的装置，预计2025年全国电石总产能变化不大，维持在4200万吨/年。受汞公约、碳排放等国际公约和政策影响，未来电石法PVC将趋于萎缩，其他下游领域需求增长有限，电石消费总需求也将整体趋降。

（7）合成树脂产能快速增长，市场风险增大

①尼龙66规划产能远超需求

随着原料己二腈国产化技术的突破，价格出现下行。根据企业披露的资料，目前国内规划尼龙66（PA66）产能超过400万吨/年，是现有产能的3倍，而国内实际消费量年增速预计不超过10%，尼龙66将迅速进入产能结构性过剩阶段。

②ABS需求低迷，连续亏损运行

2024年，由于下游家电景气度不增，全国ABS价格呈现下行，2023—2024年全线亏损销售。预计2025年新增产能230万吨/年，总产能将达到1146万吨/年；2026年之后还将新增产能累计150万吨，总产能将达到1296万吨/年。从需求来看，到2029年，全国消费需求约700万吨，供过于求的态势十分显著。

③ PBAT市场应用不足,产能利用率长期低下

由于国内可降解塑料推广应用严重不及预期,PBAT供需出现严重失衡。PBAT行业连续3年产能利用率在16%上下,供需市场出现错配,价格一路走低,2022—2024年全线亏损销售。未来累计规划产能超过1000万吨,在可降解塑料推广应用没有较大进展的条件下,PBAT产业难以走出亏损困境,部分项目将被搁置。

(8)有机硅产能增长迅速,行业亏损经营

近年来,全国有机硅单体产能迅猛增长,2019—2024年,全国有机硅单体产能增长达1.4倍,年复合增长率达到19.4%。由于供应增长过快,市场价格持续下滑,2024年平均价格比2023年下降6.1%,比2022年下降达41%。从2022年下半年开始,部分企业已进入亏损状态,2023—2024年,大部分企业亏损。

目前,有机硅单体投资积极性仍很高,据统计,2025—2030年,全国拟扩建单体产能达1050万吨/年,折聚硅氧烷产能525万吨/年,远超过当前产能,如全部建成投产,到2030年,全国聚硅氧烷产能将达到881.5万吨,预测届时国内需求仅为241.5万吨,呈供过于求态势。

(9)聚醚多元醇产能利用率维持在较低水平

2024年,聚醚多元醇(PPG)价格继续下跌。

未来几年,国内聚醚多元醇仍将保持扩张趋势,规划产能达600万吨/年,预计2029年全国聚醚多元醇产能将突破1200万吨/年,产量700万吨,产能利用率将持续低迷。

综合评估产能利用率及盈利情况、拟在建产能与当前消费比重以及未来需求增长前景等指标,对上述行业/产品投资风险进行分级预警,见表0-1。

表 0-1 2025 年重点石化产品预警分级

产品名称	预警等级
炼油产品	高风险预警
丙烯	高风险预警
环氧丙烷	高风险预警
环氧氯丙烷	高风险预警
丙烯腈	高风险预警
聚丙烯	较高风险预警
烧碱	较高风险预警
聚氯乙烯	高风险预警
氯化聚氯乙烯	较高风险预警
氯化石蜡	高风险预警
三氯乙烯	高风险预警
氢氧化钾	较高风险预警
纯碱(合成碱)	较高风险预警
尼龙66	较高风险预警
聚硅氧烷	高风险预警
ABS	高风险预警
PBAT	高风险预警
聚醚多元醇	较高风险预警
钛白粉	较高风险预警
BDO	高风险预警
电石	高风险预警

注:数据来自中国氯碱工业协会、中国纯碱工业协会、中国电石工业协会、中国合成树脂协会、中国聚氨酯工业协会、中国涂料工业协会、中国氟硅有机材料工业协会等专业协会,以及石化联合会油气专业委员会、烯烃芳烃专业委员会。

风险警示：列入高风险预警的品种，其投资行为存在很高的风险，建议严慎投资，在建项目放缓建设节奏，规划项目暂缓开工建设；列入较高风险预警的品种，新建项目投资风险较高，建议科学论证后审慎决策。

0.3 投资建议

国家统计局数据显示，2024年，全国工业累计完成固定资产投资额同比增长12.1%，其中，采矿业投资额同比增长10.5%，制造业投资额同比增长9.2%。从行业结构看，主要板块投资额增速回落。石油和天然气开采业累计完成固定资产投资额同比下降1.8%，2023年同期为增长15.2%；化学原料和化学制品制造业累计完成固定资产投资额同比增长8.6%，2023年同期为增长13.0%。整体来看，行业投资额增速回落。

为推进行业高质量发展，必须大力优化行业投资结构，减少低水平重复建设，将宝贵的资金投向高端产业领域、差异化产品领域、绿色制造领域，发展新质生产力。

（1）把控基础大宗化学品集中建设节奏，创新驱动行业高端化、差异化发展

未来新建项目应以高端化、差异化为目标，优化下游产品结构、加快高端化延伸，探索有特色、有竞争力的高端化发展路径。对丙烯、聚丙烯、环氧丙烷、纯碱、有机硅单体等产能过剩风险较大的大宗石化化工产品应审慎投资，提高新建项目的工艺先进性、安全性、环保性，深入分析下游产品链及目标市场，科学评估项目综合竞争力，避免低水平重复建设及产能集中投放对市场造成巨大冲击。重点推进聚乙烯、聚丙烯等大宗合成材料产品牌号及质量高端化升级，推进溶聚丁苯橡胶、稀土顺丁橡胶、低顺顺丁橡胶、卤化丁基橡胶等依赖进口品种的生产技术提升和产业化，以满足国内消费结构不断升级的需要。

全行业高端化、差异化发展的基础是核心技术的创新。加快提升全行业自主创新和特色创新能力，集中目标和优势力量，有针对性地攻克一批"卡脖子"关键技术、前沿颠覆性技术、制高点新兴技术，大力开拓新能源、化工新材料、专用化学品、高端装备制造等高端市场的差异化、高附加值产品，推动产业链不断向高端延伸，提升核心领域技术产品自主可控和安全高效水平，全力保障产业链、供应链稳定，努力建成绿色高效的石油和化工产品供给体系，开创出一个技术升级、结构优化、竞争力提升、经济效益改善的可持续发展新局面。

（2）进一步加强绿色低碳发展投资

大力发展清洁能源产业和循环经济，推动行业绿色低碳转型。一是鼓励绿色低碳工艺技术装备的研发投资和产业化项目建设；二是支持现有产能的绿色低碳化技术改造，用先进绿色工艺技术和装备改造提升现有装置；三是支持采用先进绿色低碳工艺技术、具备资源循环利用能力的新建项目落地建设，提高先进生产力的比重；四是支持新能源产业与石化产业耦合发展；五是鼓励二氧化碳利用制高值化学品。

第一篇

能源

第 1 章

炼油行业

2024 年度
关键指标一览

指标	2024 年	2023 年	涨跌幅
一次产能 /（亿吨 / 年）	9.3	9.18	1.31%
原油加工量 / 万吨	70843.4	73477.8	−3.58%
中国炼厂产能利用率 /%	76.1	80.1	−4 个百分点
原油进口量 / 万吨	55349	56429	−1.91%
汽油进口量 / 万吨	0	0	0
柴油进口量 / 万吨	12	13	−8.33%
汽油出口量 / 万吨	973	1228	−20.77%
柴油出口量 / 万吨	801	1377	−41.83%

1.1　中国炼油行业发展现状及现阶段特点分析

1.1.1　发展现状

中国的炼油行业建立之初以满足国民对能源产品的需求为主要目标。2013年中国成品油实现自给自足，首次出现净出口，伴随着国内对化工产品需求的增加，炼油行业的发展方向转变为淘汰落后低效产能和向炼化一体化转型。

2024年中国共有133家炼厂，总产能9.3亿吨/年，同比上涨1.31%；炼厂平均产能700万吨/年；产能利用率76.1%，同比下跌4.99%；成品油产量（汽柴煤）4.19亿吨，同比下跌2.1%；成品油收率59.01%。中国炼厂对炼油的偏重改变有限，部分炼厂炼油产品收率在90%左右，化工产品收率不足10%，产品竞争力中等或偏低，同质化产品的竞争很大程度上表现为价格竞争，叠加2024年汽柴油、沥青消费加速下滑，部分炼厂利润低位甚至亏损，产能利用率明显下跌，跌幅最大的山东独立炼厂，同比跌幅一度超过15%。

汽油、柴油消费下跌，对偏重炼油的炼厂形成较大压力。炼厂面临销售压力增加、裂解价差大幅回落的双重冲击，导致炼油利润下滑严重、产品销售压力增加，迫使部分炼厂采取降负荷、减产等措施。产业链延伸较长和一体化程度较高的炼厂，能够将过剩的汽柴油转产为其他产品，利润与销售压力可控，整体开工负荷受到影响较小甚至未受影响。2024年，中国炼厂产能利用率呈现明显分化：一体化炼厂维持高负荷运行，传统燃料型炼厂及沥青型炼厂则呈现负荷走低的趋势。2024年，作为炼油核心产品的成品油产量被动跟随需求下跌，连带产能利用率下滑，成品油供需关系的变化亦推动着炼油行业转型发展，但汽柴油整体仍有利润且利润超过多数基础产品，部分企业在降低产能利用率的同时，改换原料以提升汽柴油收率。在中国化工产业规模持续扩张的情况下，成品油收率降幅得到有效控制。

2024年，中国炼厂一体化程度继续提升，但炼厂之间发展不平衡。产品结构过于依赖汽柴油、一体化程度低的炼厂面临极大压力，利润、销量下滑对企业稳定、高负荷开工提出挑战；大多数传统炼厂转型速度慢、转型空间有限；一体化程度高、转型成功的炼厂领先优势更加明显。

1.1.2　行业发展驱动因素及发展趋势

炼油行业的可持续发展主要受到政策、市场、技术影响，政策指引方向，市场影响转型发展的时间与空间，技术为发展提供助力。

《市场准入负面清单》和《产业结构调整指导目录》明确提出"以高质量的炼化一体化为导向，限制新建传统炼油装置和主流基础化工装置规模，不允许建设低于特定规模的单套装置；鼓励投资高附加值的橡胶、塑料、聚酯等化工产业"。这些限制条件，避免了产能无序和盲目扩张，也限制了许多炼厂的产业调整方向。2023年，国家发展改革委提出"引导中小型炼厂向科技型方向发展，做精做特，满足区域市场、细分领域需求"，点明了更适合中国炼油行业现状的方案。具体的行业政策，集中在产能、能耗、税收等方面。

市场的影响主要是汽柴油等产品消费量下跌过快，多数炼厂转型速度慢、转型空间局限，汽柴油的压力无法及时疏导可能引发较普遍的降负荷操作，部分炼厂整体原油加工量、产能利用率有下滑预期；一体化程度高、转型成功、转型速度快的炼厂领先优势更加明显。但炼厂的转型效果并不以炼厂自身意志为转移，众多缺乏独立转型能力的炼厂，参与兼并整合、减量置换将会更加普遍；无整合价值的炼厂退出也会逐渐加快。

炼油生产技术成熟，近年来的重点已从油品质量的提升转变到劣质原料的充分使用、增产化工原料等方面，越过炼油，直接原油制烯烃的工艺装置也开始进入工业化建设阶段。《工业能效提升行动计划》提及石化行业改造升级的重点方向为推广重劣质渣油低碳深加工、合成气一步法制烯烃、原油直接裂解制乙烯等技术，大型加氢裂化反应器、气化炉、裂解炉、压缩机、高效换热器等设计制造技术，特殊催化剂、助剂制备技术，自主化智能控制系统。

行业合规化、炼化一体化是当前中国炼油行业发展的主导方向，也是营造公平的市场环境与解决成品油等炼油产品结构性过剩与部分化工产品短缺的关键，行业合规化程度提升、落后产能淘汰、产业结构优化将持续进行。

汽柴油、沥青等常规炼油产品结构性过剩风险愈加明显，但产能始终处于高位，供需矛盾持续加重，中国炼厂油化转型的速度整体将慢于汽柴油消费下跌的速度，原油加工量、企业产能利用率将受到影响，下跌概率增加。不同企业间转型发展不平衡，部分炼厂已实现全面一体化，竞争力持续提升，但也有部分炼厂转型受到制约，前景不明，更有部分小微炼厂装置及产品单一，不具备转型规划及条件。主要炼油产品消费量因新能源增加、经济增速放缓、基建公路建设逐渐到位而陆续见顶，甚至部分产品需求已进入负增长，这一趋势通常不可逆，解决产能和产品过剩，成为炼油行业供给侧结构性改革的驱动原因之一。

供给侧结构性改革包含落后产能淘汰、产业结构优化等几个方面。新建炼厂和头部炼厂一体化程度较高，产业链条较长，产品丰富、配置协调；主营炼厂有明确的转型规划，因地制宜在各个化工领域均有扩张，重视炼厂内部、炼厂之间、地区之间的大平衡；大多数民营炼厂受限于现有规模和化工原料自给率，转型集中在石脑油的增产和初步加工，深加工有限；部分民营炼厂的化工转型还受到资金限制，只能新增偏终端的个别小型装置，既无规模也无法形成完整链条；同类型炼厂因基础条件相近，常有投资方向接近、产品投产即过剩、亏损的情况；另外，还有较多的小规模炼厂无转型规划，将全部精力用于汽柴油和中间料的生产。竞争力偏低的炼油厂希望通过转型扭转困境，但多受基础条件限制，转型难度大且效益低，又不愿主动淘汰，这一状况将持续较长时间。

1.2　中国炼油行业供应格局及变化趋势分析

1.2.1　2024 年中国炼油企业数量及规模

若不计入常减压规模小于 500 万吨/年的中小型炼厂，中国总炼油能力约为 8 亿吨/年，目前，中国的炼油能力已属于第一梯队，与美国共同领跑全球。

2024 年中国炼厂规模统计见表 1-1。

表 1-1　2024 年中国炼厂规模统计表（一次加工能力）

企业名称	原油一次加工能力/（亿吨/年）	炼厂数量/家	平均单家炼厂规模/（万吨/年）
中国石化	3.05	28	1088
中国石油	2.24	27	831
中国海油	0.38	4	950
其他国有或中央背景炼厂（中化等）	0.65	11	587
独立炼厂	2.98	63	473
合计	9.3	133	700

2024 年，中国三大石油公司一次加工能力约为 5.67 亿吨/年，若加上其他国有或中央背景炼厂，一次加工能力将达 6.3 亿吨/年，占中国总炼油能力的 68%，维持强势地位。

2024年，中国独立炼厂一次加工能力为2.98亿吨/年，若不计入小型炼油企业（常减压催化裂化小于等于200万吨/年），则一次加工能力为2.88亿吨/年。

1.2.2 2020—2024年中国炼油产能趋势分析

1.2.2.1 一次产能趋势分析

2020—2024年，国内炼油产能持续缓慢增长。近5年主营单位的炼油产能增长已经显著放缓，独立炼厂是国内炼油产能新增的主力。2020—2024年，国内炼油产能从8.73亿吨/年增长至9.3亿吨/年。根据目前在建、改扩建和拟建项目，预计我国炼油能力将在2028年左右达峰，峰值为9.8亿吨/年。"十五五"期间炼化行业将加速兼并整合，部分落后产能继续退出，长期来看，炼油行业将进入一个产能调整、优化的阶段。

1.2.2.2 二次产能趋势分析

（1）催化裂化装置

2024年我国催化裂化装置总产能2.42亿吨，较上年涨0.46%，2021—2023年催化裂化装置增速由涨转跌，2024年因裕龙石化装置投产，部分炼厂催化裂化装置转闲置或拆除，抵消后总产能止跌转涨。2024年催化裂化装置排名前三的省份依然是山东、广东、辽宁。山东占比24.32%，广东占比9.59%，辽宁占比9.01%。山东占比小幅增加，广东和辽宁占比均减少。近年来，新投产的炼化一体化企业中催化装置均是选择性采用。四家一体化炼厂中只有浙石化和裕龙石化拥有3套共计1050万吨/年的催化裂化装置，占总产能的4.34%。

2020—2024年中国炼厂催化裂化装置产能变化趋势见图1-1。

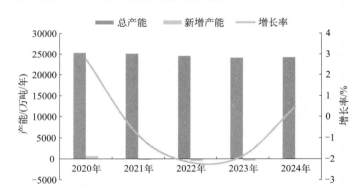

图1-1 2020—2024年中国炼厂催化裂化装置产能变化趋势

（2）延迟焦化装置

2020—2024年中国延迟焦化装置平稳发展，截至2024年底，延迟焦化装置加工能力达到14595万吨/年。而石油焦产能随之小幅变化，至2024年底，石油焦产能为4379万吨/年，复合增长率0.87%。2020—2024年，中国石油焦新增产能以大型延迟焦化装置为主，淘汰产能则集中在产能100万吨/年以下的落后产能。

2019年之前，石油焦新增产能主要来自地方炼化企业原有装置扩能，主要是上游炼化装置进行产业链延伸，山东地方炼厂集中投产。2020年开始，裕龙石化炼化一体化项目在山东地方炼厂产能置换项目较多，延迟焦化产能有退出表现。2022年底国内延迟焦化装置产能到14615万吨/年，同比增加580万吨，增长率为6.27%。具体来看，2022年新增产能主要集中在炼化一体化企业，盛虹石化200万吨/年延迟焦化装置及广东石化一期300万吨/年延迟焦化装置，共计500万吨/年，占新增产能的67.57%。另外，科宇石化120万吨/年延迟焦化装置和瑞科能源120万吨/年延迟焦化装置投产。退出的产能分别是多年闲置的恒邦化学120万吨/年延迟焦化装置拆除；山东海科石化作为山东新旧动能转换企业，40万吨/年的延迟焦化装置拆除。2023年产能基本稳定，仅山东金泰和宁夏宝利分别投产60万吨/年延迟焦化装置，另外盘锦浩业20万吨/年延迟焦化装置退出。2019—2023年，随着浙石化、盛虹炼化、中国石油广东炼化等陆续投产，中国石油焦扩能进入一个高速期，并在2022年达到高峰。2023年根据新增延迟焦化加工能力，折合石油焦新增产能30万吨/年，占当年总产能的6.9%，年产能增速6.9%。2024年石油焦产能增速继续小幅增长，当年新增延迟焦化产能仅200万吨/年，仅占当年总产能的1.4%，产能增速也下降至6.1%。石油焦产能增速在2022年达到高点后于2023—2024年开始下降，这与中国延迟焦化装置扩产周期性一致。

2020—2024年中国炼厂延迟焦化装置产能变化趋势见图1-2。

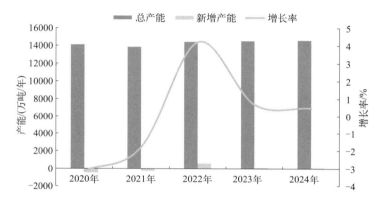

图1-2　2020—2024年中国炼厂延迟焦化装置产能变化趋势

（3）重整装置

2024年，我国重整装置总产能1.69亿吨/年，新增产能520万吨/年，较上年上涨3.43%，重整装置在过去五年经过独立炼厂延伸下游产业链以及千万吨级炼化一体化建设，自2022年开始增速明显放缓。其中，中国石化、中国石油、中国海油重整装置产能占比达到50.5%，独立炼厂以及其他央企重整产能占比49.5%，行业呈现势均力敌态势。

2020—2024年中国炼厂重整装置产能变化趋势见图1-3。

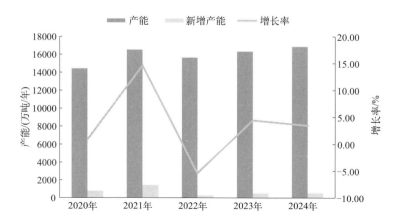

图1-3　2020—2024年中国炼厂重整装置产能变化趋势

（4）重油加氢裂化装置

2024年我国重油加氢裂化装置总产能1.51亿吨，较上年增长5.08%。2021年以来，国家严查炼厂违规扩建，收紧装置审批进度，重油加氢裂化装置跟随总体产能出现增速放缓迹象。2024年增长主要来自山东裕龙石化的投产。2024年前三排名省份不变，但顺序有变，山东省从辽宁省手中接过产能第一名的接力棒。前三名山东、辽宁、广东占比分别为22.46%、20.93%、10.8%。

2020—2024年中国炼厂重油加氢裂化装置产能变化趋势见图1-4。

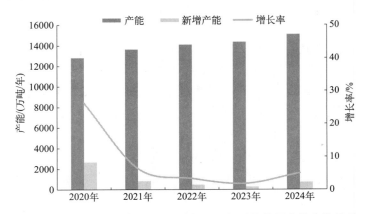

图 1-4　2020—2024 年中国炼厂重油加氢裂化装置产能变化趋势

（5）加氢精制装置

2024年我国加氢精制总产能在5.68亿吨/年，较上年下跌0.32%。前三名依然是山东、辽宁、广东省，占比分别为21.28%、10.48%、10.38%。跌幅主要来自山东和黑龙江闲置产能出清。近五年，受疫情和国家政策影响，炼厂扩建进程趋缓，加氢精制装置增速整体偏低，五年复合增长率仅0.23%。

加氢精制一般指对某些不能满足使用要求的石油产品通过加氢工艺进行再加工，使之达到规定的性能指标，如汽油加氢、柴油加氢、煤油加氢；还可对于那些劣质的蜡油或渣油利用加氢技术进行预处理，主要是为了得到能够被其他二次加工装置所接受的原料，如蜡油加氢、渣油加氢。统计的加氢精制产能中包含以上这些加氢产能之和。

2020—2024年中国炼厂加氢精制装置产能变化趋势见图1-5。

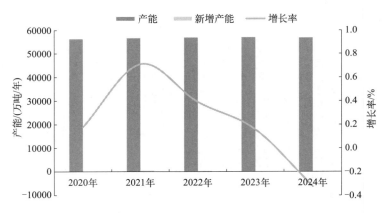

图 1-5　2020—2024 年中国炼厂加氢精制装置产能变化趋势

1.2.3 2024年中国炼油行业供应结构分析

1.2.3.1 区域结构

从地区分布来看，2024年华东、东北和华南位列前三。华东排名榜首，主要由于其是独立炼厂的最大聚集地，区域炼油能力已达中国炼油总能力的43%；东北排名次席，主要由于中国石油的炼厂多聚集此地，且其是原油主产区，原料运输成本相对较低；华南排名第三，因为珠三角是中国经济最发达的地区，属中国成品油的三大消费市场之一，环渤海湾、长三角、珠三角三大炼化产业集群区靠近沿海港口码头，便于原油油轮卸载。华东、东北和华南合计炼油能力约为6.97亿吨，占炼油总能力的75%。

2024年中国炼厂原油一次加工能力按地区分布见图1-6。

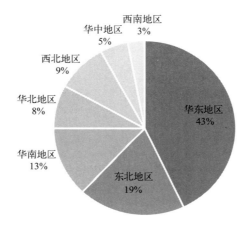

图 1-6 2024 年中国炼厂原油一次加工能力按地区分布

1.2.3.2 企业类型结构

2024年来看，中国石化占据国内炼油能力榜首，占比为33%；地方炼油企业位列第二，占比32%；中国石油排名第三。

2024年中国炼厂原油一次加工能力按企业/集团分布见图1-7。

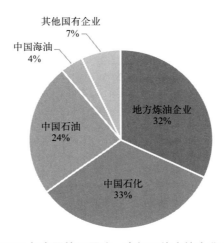

图 1-7 2024 年中国炼厂原油一次加工能力按企业 / 集团分布

1.2.4 2020—2024 年中国炼油行业原油加工量分析

1.2.4.1 加工量

2020—2024 年间，国内炼厂常减压装置原油加工量呈现震荡波动趋势，高点出现在 2023 年，低点出现在 2022 年。回顾过去，"十四五"初的两年，国内原油加工量仍呈现上行趋势，2022 年主要因为疫情影响了能源化工产品消费，导致装置加工量下跌，同比降幅达 3.93%，2023 年后疫情时代能源化工产品消费的恢复性增长，带动加工量同比上涨 8.67%，生产企业利润上涨明显，生产积极性较强。进入 2024 年，随着能源化工行业消费整体不振，多数炼油产品利润跌幅超五成，炼厂生产积极性明显下滑，导致原油加工量同比跌幅达 3.58% 至 70843.4 万吨。

2020—2024 年中国原油加工量变化趋势见图 1-8。

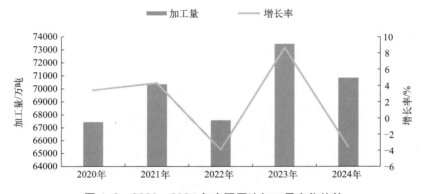

图 1-8 2020—2024 年中国原油加工量变化趋势

1.2.4.2 炼厂产能利用率

2020—2024 年间，国内一次装置产能利用率呈现"M"走势，和加工量同频波动，五年复合增速为 0.66%，高点出现在 2023 年，低点出现在 2022 年。回顾过去五年，一次装置产能利用率走势和炼厂炼油利润整体呈现正相关趋势，2021—2024 年间，炼油利润和产能利用率涨跌同频波动，两者高点均出现在 2023 年，而后随着利润的大幅腰斩和消费的下滑，炼厂开工积极性减弱，2024 年均呈下跌趋势，产能利用率跌幅达 4 个百分点，利润跌幅达 51%。

2020—2024 年中国炼厂产能利用率变化趋势见图 1-9。

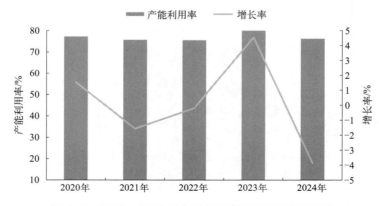

图 1-9 2020—2024 年中国炼厂产能利用率变化趋势

1.2.5　2020—2024 年中国炼油行业主要产品进出口分析

1.2.5.1　原油进口

2024年中国原油进口总量为55349万吨，同比下跌1.91%，2020—2024年的复合增长率为0.50%。近五年来中国进口原油持续增长的趋势被打破，在2021和2022连续两年出现下滑，主要由于疫情对国内需求形成拖累。2023年开始，疫情带来的利空抑制因素彻底消散，炼厂对原油的需求回归正轨，且利润向好的背景下开工积极性受到提振，使得原油进口量创下有史以来的最高纪录。2024年，国内炼厂在高成本和低利润的影响下，开工负荷出现下滑，导致整体原油进口量也出现下降。

2020—2024年中国原油进口量变化趋势见图1-10。

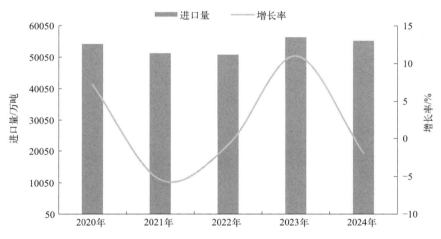

图 1-10　2020—2024 年中国原油进口量变化趋势

1.2.5.2　成品油进口

我国成品油进口遵循自动许可制度，然而伴随国内炼厂产能不断扩充，2020—2024年国内成品油面临供应过剩挑战，叠加成品油进口利润微薄，近五年来成品油进口数量极低且逐年下降，尤其汽柴油进口量已降至近0万吨。

（1）汽油

2020—2024年中国汽油进口依存度维持极低位且呈现下降趋势，波动于0.00%～0.30%，至2024年降至0.00%。2023—2024年汽油进口量降至0万吨。2020—2024年，伴随国内新增产能不断扩充，中国汽油供应量维持高位，且远超国内汽油消费量，同时新能源汽车的迅猛发展冲击汽油需求，造成了中国汽油面临供应过剩局面，同时进口利润多数时间倒挂。

2020—2024年中国汽油进口量变化趋势见图1-11。

（2）柴油

2020—2024年中国柴油进口依存度同样维持极低位，且呈现下降趋势，波动于0.06%～0.52%，至2024年降至0.06%。2024年柴油进口量已降至12万吨，同比下降1万吨，降幅8%。2020—2024年，中国柴油供应量呈整体下降趋势，然而受经济增速放缓影响，柴油需求疲软，拖累柴油消费量亦下滑，中国柴油也面临供应过剩局面，并且进口利润多数时间倒挂。

2020—2024年中国柴油进口量变化趋势见图1-12。

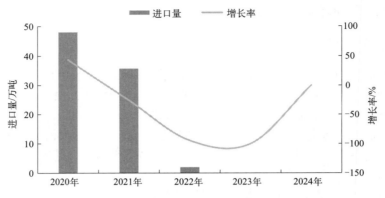

图 1-11   2020—2024 年中国汽油进口量变化趋势

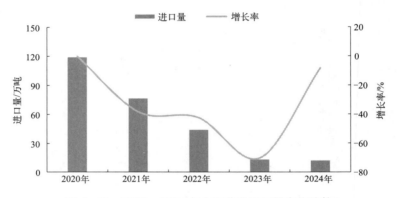

图 1-12   2020—2024 年中国柴油进口量变化趋势

（3）煤油

2020—2024 年中国煤油进口依存度也维持极低位，且呈下降趋势，波动于 0.90%～7.66%，至 2024 年降至 0.91%。2024 年煤油进口量降至 36 万吨，同比小幅增长 6%。2020—2024 年，国内疫情影响消散后，人们出行增多，带动航空业煤油需求强势复苏，刺激中国煤油供应及消费量均增，且供应量增速高于消费量，国内煤油供应显充裕。

2020—2024 年中国煤油进口量变化趋势见图 1-13。

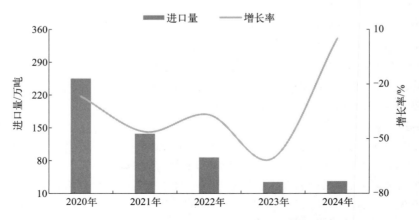

图 1-13   2020—2024 年中国煤油进口量变化趋势

1.2.5.3 成品油出口

2020—2024年中国成品油出口量整体呈下降趋势。为实现国内"双碳"目标,控制成品油大进大出是一大发展趋势,同时全球经济增速放缓背景下,海外成品油需求疲软,成品油出口利润不佳等,也是制约国内成品油出口量下降的因素。2020—2024年,中国成品油出口量由4571万吨下降至3663万吨,复合增长率为-5%。

(1)汽油

2020—2024年中国汽油出口依存度呈现下降趋势,波动于6%～10%,由2020年10%下降至6%,下降4个百分点。汽油出口量由2020年1600万吨,下降至2024年973万吨,年均复合增长率为-12%。2020年出口量及依存度最高,2024年均降至五年来最低水平。疫情影响消散后,国内汽油需求回升,汽油资源优先供应国内为主。叠加亚洲地区新能源汽车发展冲击汽油需求,海外汽油需求疲软,出口利润不佳,均拖累国内汽油出口量下滑。

2020—2024年中国汽油出口量变化趋势见图1-14。

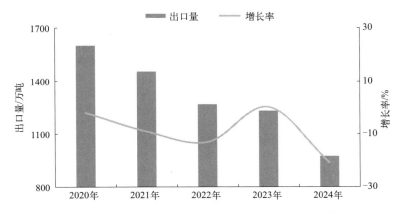

图 1-14　2020—2024年中国汽油出口量变化趋势

(2)柴油

2020—2024年中国柴油出口依存度呈现下降趋势,波动于4%～9%,由2020年9%下降至4%,下降5个百分点。2020—2024年,柴油出口量由2020年1977万吨,下降至2024年801万吨,年均复合增长率为-20%。2020年出口量及依存度最高,2024年均降至五年来最低水平。2020—2024年,伴随新增产能不断扩充,国内炼油产能过剩,而柴油需求延续疲软,为缓解供应过剩矛盾,国内炼油行业推进减油增化进程,促使国内柴油产量下降。叠加国际经济增速放缓背景下,海外柴油需求低迷,拖累柴油出口利润不佳,出口企业出口积极性受挫,同时响应国内"双碳"目标,近五年来国内柴油出口量整体呈下降走势。

2020—2024年中国柴油出口量变化趋势见图1-15。

(3)煤油

2020—2024年中国煤油出口依存度维持高位且呈现增长趋势,波动于23%～48%,由2020年30%升至48%,增长18个百分点。煤油出口量由2020年995万吨,增长至2024年1889万吨,年均复合增长率为17%。2021年出口量及依存度最低,2024年均升至五年来最高水平。2020—2024年,疫情影响消退后,国内国际航空运输业迎来强势复苏,拉动煤油供需均增。同时煤油生产经济性及出口利润也较可观,驱动国内炼厂生产及出口均保持较高的积极性。

2020—2024年中国煤油出口量变化趋势见图1-16。

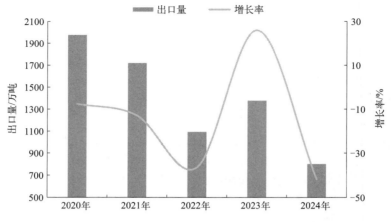

图 1-15 2020—2024 年中国柴油出口量变化趋势

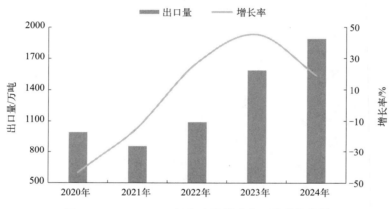

图 1-16 2020—2024 年中国煤油出口量变化趋势

1.3 中国炼油行业产品价格走势分析

1.3.1 原油

国际原油价格在2020—2024年呈现阶段性震荡上行走势。虽然原油具备地缘和金融属性，但供需关系向好仍是长周期价格上涨的核心影响因素，近5年整体来看，原油市场供应增速低于需求增速3.4个百分点，供应端趋紧是支撑价格走高的主要利好。2020—2024年，国际原油布伦特期货均价由43.21美元/桶上涨至79.86美元/桶，涨幅84.8%，年均复合增长率16.6%。年均价格2020—2022年连续上涨，但2023—2024年出现下跌。

近五年来国际原油价格走势大致可分为三个阶段。分别是2020年1—4月的下跌期，2020年下半年至2022年上半年的上涨期，2022年下半年至2024年的下跌期。

2020年1—4月，国际原油价格下跌的主要影响因素是新冠疫情暴发迅速吞噬全球需求，且沙特和俄罗斯开启价格战。受新冠疫情的"黑天鹅"事件冲击，全球需求骤然萎缩，需求弱势对国际油价的拖拽效果极为明显，布伦特期货均价跌至19.33美元/桶，不仅是近5年的最低点，也是2001年后的最低点。且值得一提的是，2020年4月20日是历史上首次出现"负油价"，WTI

价格跌至-37.63美元/桶的罕见低点，当时美国疫情蔓延导致需求骤然转弱，WTI的交割地库欣地区剩余有效库容不足，将原油自产地运送到炼油厂或存储地区的运输成本，已经超过了其本身的商业价值。

2020年下半年—2022年上半年，国际原油价格上涨的主要影响因素是OPEC+减产和俄乌冲突带来的潜在供应风险。2022年第二季度开始，为应对疫情导致的需求萎缩，OPEC+推出史无前例的970万桶/日的庞大减产计划，供应端显著收紧，叠加欧美国家放松管控，疫苗接种持续推进，需求端也出现复苏。2022年第一季度俄乌冲突爆发，叠加欧美国家对俄采取严厉制裁举措，导致供应中断的风险骤增，国际油价在2022年3月8日创下127.98美元/桶的近5年最高点。

2022年下半年至2024年，国际原油价格下跌的主要影响因素是美联储开启激进加息，叠加全球需求忧虑影响。2022年下半年美联储启动近30年来最大加息力度周期，全球央行随之加强加息操作，市场对于全球尤其是欧美经济可能陷入衰退的忧虑持续增强，导致需求预期被拖累。2023年3月美国硅谷银行突发破产，欧洲瑞信股价暴跌，欧美银行业风险骤然凸显，再度严重冲击经济信心及需求前景，需求忧虑阴云从2022年下半年一直持续至2024年，给油价带来显著下行压力。

2020—2024年国际原油（布伦特期货）价格走势见图1-17。

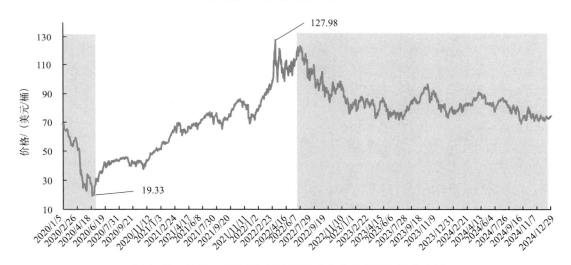

图 1-17　2020—2024 年国际原油（布伦特期货）价格走势

国际油价（布伦特与WTI）2024年月均价格及2020—2024年年均价格分别见表1-2和表1-3。

表 1-2　2024 年国际油价月均

单位：美元/桶

月份	布伦特	WTI
1 月	79.15	73.86
2 月	81.72	76.61
3 月	84.67	80.41
4 月	89	84.39
5 月	83	78.62
6 月	83	78.70

续表

月份	布伦特	WTI
7月	83.88	80.48
8月	78.88	75.43
9月	72.87	69.37
10月	75.38	71.56
11月	73.40	69.54
12月	73.13	69.70

表 1-3 2020—2024 年国际原油年均价格

单位：美元/桶

类别	2020 年	2021 年	2022 年	2023 年	2024 年
布伦特	43.16	70.94	99.09	82.17	79.86
WTI	39.42	68.04	94.39	77.60	75.76

1.3.2 成品油

（1）汽油

汽油价格在 2020—2024 年内走势先低后高。2020—2024 年，汽油均价由 5657 元/吨上涨至 8472 元/吨，涨幅 50%，年均复合增长率 11%。2020—2022 年期间，虽有疫情影响，但成本端涨幅显著，成为影响汽油价格的主导因素，年均价格随原油持续上涨。但自 2023 年起，原油颓势显现，且新能源发展迅速持续施压供需端，汽油价格震荡走低。

周期内价格波动大体可分为 3 个阶段。分别为 2020 年初的下跌周期，2020 年下半年至 2022 年的上涨周期，2023—2024 年的震荡回落周期。

2020 年初，全球受疫情影响，"黑天鹅"事件频发，原油低位震荡，叠加疫情对国内消费的抑制，汽油价格于 2020 年 5 月中旬跌至五年最低点 4973 元/吨，较年初下跌 1849 元/吨或 27%。

2020 年下半年至 2022 年间，汽油市场总体上行。伴随疫情管控政策放宽及地缘政治危机爆发，成本端强势走高，原油一度突破一百美元/桶关口。汽油年均价格亦从 5657 元/吨一路涨至 8986 元/吨，达到五年内峰值。

2023—2024 年，国际油价震荡下跌，且国内面临新旧能源转换，新能源汽车市场渗透率不断突破前高，消费端疲软逐步显现。2023—2024 年汽油均价分别 8766 元/吨和 8472 元/吨，同比分别下跌 2% 和 3%。

2020—2024 年中国汽油价格走势见图 1-18。

（2）柴油

2020—2024 年，柴油均价由 5334 元/吨上涨至 7263 元/吨，涨幅 36%，年均复合增长率 8%。2020—2022 年，柴油年均价格随同原油成本端持续上涨。但自 2023 年起，需求不及预期表象持续干扰市场，柴油做空行为同步增多，淡旺季特征提前透支。

周期内价格波动大体可分为 3 个阶段。分别为 2020—2021 年初的下跌周期，2021—2022 年的上涨周期，2023—2024 年的震荡回落周期。

2020—2021 年初，柴油价格下行的主要影响因素是原油价格破位下跌。2020 年国际油价崩盘引发大宗商品动乱，成本端塌陷带动成品油价格断崖式走跌，柴油价格于 2020 年 11 月初跌至近五年最低点 4756 元/吨，较年初下跌 1875 元/吨，环比跌 28%。

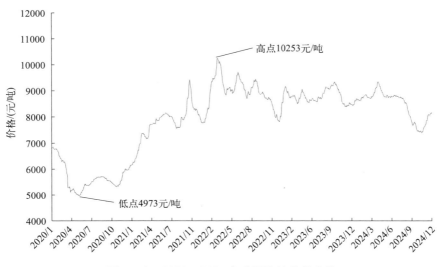

图1-18　2020—2024年中国汽油价格走势

　　2021—2022年间，柴油市场总体上行的大趋势相对明确。伴随原油成本端支撑走强，疫情管控政策放宽，消费预期持续向好发展。两年间，柴油年均价格从6501元/吨一路涨至8402元/吨，同比上涨1901元/吨，增幅29%，完成前期急跌修复。

　　2023—2024年，柴油均价分别为7726元/吨和7263元/吨，同比分别下跌8%和6%。纵观供需层面，2023年伊始业者对疫后消费复苏尚且信心十足，但下游需求增量至今仍未有效跟进，偏空氛围始终笼罩柴油市场，供需及心态对市价的影响进一步增强。

　　2020—2024年中国柴油价格走势见图1-19。

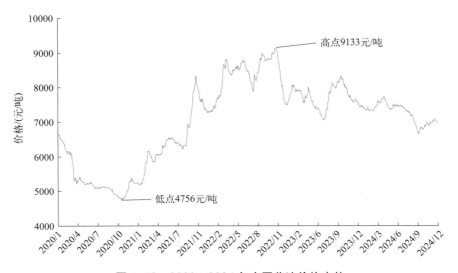

图1-19　2020—2024年中国柴油价格走势

（3）煤油

　　煤油价格在2020—2024年呈现先涨后跌走势。2020—2024年，煤油均价由3924元/吨上涨至6873元/吨，涨幅75%，年均复合增长率15%。年均价格自2020—2022年持续上涨，在2023至2024年因下游柴油需求疲软出现下跌走势。

　　周期内价格波动大体可分为2个阶段。分别为2020年至2022年11月的上涨期，2022年12月至2024年12月回调期。

　　2020年至2022年11月，煤油价格主要影响因素是原油的带动及下游柴油供需变化。疫情期间原油价格跌至20～30美元/桶，煤油价格也受影响跌至2020年内最低点的3350元/吨附近。之后原油价格自低位反弹，煤油价格跟随上涨，然而2022年7月底至9月底，原油价格步入下跌模式，而煤油价格逆势上涨，主要因为2022年8月起柴油出口量大幅增加及9月柴油消费旺季来临，均刺激国内柴油价格上涨，煤油价格跟涨。9月底至11月，在原油价格反弹上涨助力下，煤油价格在2022年11月冲至9190高位，这是自2018—2024年的7年内最高点。

　　2022年12月至2024年12月，除了受原油价格震荡下行拖累煤油价格下跌外，下游柴油需求延续表现疲软走势，也是影响煤油价格步入跌势的关键因素。2023年初至今煤油需求已摆脱疫情影响拖累，且国内国际航空用煤油需求强势复苏。然而市场流通领域煤油却因下游柴油需求弱势，价格开启震荡下行走势，至2024年10月跌至近4年以来新低6374元/吨，11—12月在下游柴油价格坚挺走势下，煤油价格逆势上扬至6729元/吨。

　　2020—2024年中国煤油价格走势见图1-20。

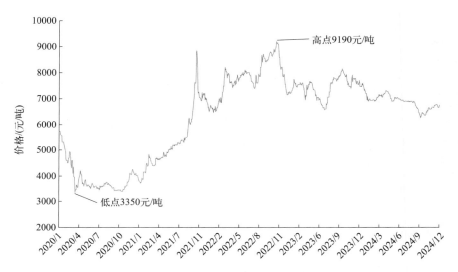

图1-20　2020—2024年中国煤油价格走势

　　中国成品油2024年月均价格及2020—2024年年均价格分别见表1-4和表1-5。

表1-4　2024年中国成品油月均价格统计

单位：元/吨

月份	92# 汽油	0# 柴油	煤油
1月	8664	7393	7132
2月	8785	7341	6928
3月	8782	7516	7079
4月	9180	7640	7222
5月	8829	7411	7007
6月	8779	7467	6995
7月	8792	7415	6909

续表

月份	92# 汽油	0# 柴油	煤油
8 月	8653	7253	6889
9 月	8038	6879	6594
10 月	7585	6832	6374
11 月	7509	6951	6624
12 月	8015	7024	6729

表 1-5　2020—2024 年中国成品油年均价格统计

单位：元/吨

类别	2020 年	2021 年	2022 年	2023 年	2024 年
汽油	5657	7689	8986	8766	8472
柴油	5334	6497	8402	7726	7263
煤油	3924	5384	7848	7458	6873

1.4　中国炼油行业综合成本及毛利分析

原料成本方面，原油成本是炼化行业的首要成本，2024 年国际原油（布伦特期货）均价为 79.86 美元/桶，相较于 2023 年的年度均价 82.17 美元/桶，下跌了 2.31 美元/桶，跌幅达 2.8%，但考虑贴水上涨，实际成本下跌仅在 1.2%。

2020—2024 年中国主营综合炼油成本趋势对比见图 1-21。

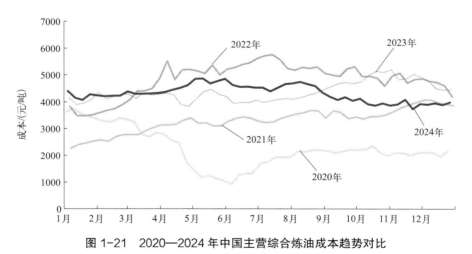

图 1-21　2020—2024 年中国主营综合炼油成本趋势对比

2020—2024 年，国内主营炼油利润五年均值 523 元/吨。从 2024 年表现来看，利润呈现下跌趋势，利润的下跌也加剧了原油加工量的下跌和柴油转产煤油的变化。综合炼油利润方面，除了均和原料原油价格存在高度相关之外，主要产品供需变化及加工成本变化亦是影响利润变化的主要因素。从 2020—2024 年变动趋势来看，2021 年和 2023 年为五年来利润最好的两年，年均利润均超 600 元/吨，2024 年位于近五年利润中位水平，较五年均值高 0.38%。

2024年主营综合炼油利润为525元/吨，同比下跌15.32%，年内呈现前低后高趋势。国内综合月均利润在194～717元/吨之间波动，5月和8月为年内利润的最低水平。一季度平均利润680元/吨，较年平均值高29.5%；二季度中旬开始利润随着国内消费同比的大幅下跌而走弱，而后在400元/吨的水平震荡波动；年底华东、华南现货资源持续紧张，助推产品价格上涨，利润反弹明显。

2020—2024年中国主营炼厂综合炼油生产毛利趋势对比见图1-22。

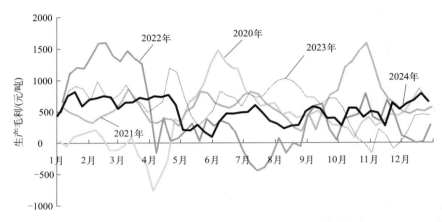

图 1-22　2020—2024 年中国主营炼厂综合炼油生产毛利趋势对比

1.5　2025—2029 年中国炼油行业发展预期

1.5.1　2025—2029 年中国炼油行业拟在建 / 退出产能统计

2025—2029年来看，无论是主营还是民营单位，都有新的大炼化项目陆续落地，伴随着新增产能的投产，落后产能的淘汰也将加速进行，"十五五"期间将是炼化行业加速兼并整合，以集群化、一体化、园区化的规模优势应对外部风险的时期。

2025—2029年中国炼油新增一次加工能力统计见表1-6。

表 1-6　2025—2029 年中国炼油新增一次加工能力统计

省份	城市	企业名称	所属集团	新增原油一次加工能力 /（万吨 / 年）	预计投产时间	类型
浙江	宁波	镇海炼化	中国石化	1100	2025 年	新建
浙江	宁波	宁波大榭	中国海油	600	2025 年	新建
山东	烟台	裕龙石化	南山集团（持股 51%）、山东能源集团（持股 46%）	1000	2025 年	新建
辽宁	盘锦	华锦石化	华锦阿美石油化工	1500	2025 年	新建
合计				4200		

1.5.2　2025—2029 年中国炼油行业产能预测

2023年10月，国家发展改革委等部门发布了《关于促进炼油行业绿色创新高质量发展的指导意见》（发改能源（ 2023 ）1364号），指导意见中明确指出了，到2025年，国内原油一次加工能力控制在10亿吨以内，千万吨级炼油产能占比55%左右。到2030年，产能结构和生产力布局进一步优化，化工原材料和特种产品保障能力大幅提升，能效和环保绩效达到标杆水平的炼油产能比例大幅提升，技术装备实力、能源资源利用效率达到国际先进水平。

1.5.2.1　一次常减压能力预测

2025—2029年来看，民营大炼化项目仍有新增计划，结合浙石化和裕龙石化已经确定的远期规划，未来5年将是新增炼能落地与落后产能淘汰双线并行推进的时期，预计到2028年国内炼油产能将达到峰值，但仍将控制在10亿吨/年的政策红线之内。

1.5.2.2　一次、二次炼油能力结构预测

未来五年，中国炼厂二次装置整体仍将呈现稳步增长趋势。详细来看，呈现扩张趋势的二次装置主要是重整装置和渣油/蜡油加氢装置，这两类装置的共同目的都是进行重质油品组分的轻质化，以获得更多的石脑油等化工原料，符合减油增化的大背景和政策方针。而伴随着原料轻质化的推进，汽柴油加氢这类完全为成品端服务的二次装置规模将有下降，催化裂化作为传统的重质原料轻质化装置，因技术层面竞争优势不及蜡油加氢裂化等，规模也将整体呈现下降趋势。延迟焦化作为传统装置中技术门槛低且污染相对明显的装置，未来5年整体规模将出现明显下滑。

2025—2029年中国炼厂二次装置能力变化趋势预测见图1-23。

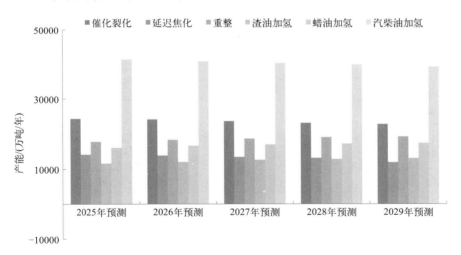

图 1-23　2025—2029 年中国炼厂二次装置能力变化趋势预测

第 2 章

天然气

类别	指标	2024 年	2023 年	涨跌幅	2025 年预测	预计涨跌幅
价格	液化天然气均价 /（元 / 吨）	4544	4839	−6.10%	4416	−2.82%
供应	天然气产量 / 亿立方米	2463.7	2297.1	7.25%	2615	6.13%
	煤层气产量 / 亿立方米	166.6	139.4	19.51%	192	15.25%
	进口量 / 亿立方米	1836	1671	9.87%	2007	9.31%
	对外依存度 /%	41.65	40.7	0.95 个百分点	42.73	1.08 个百分点
需求	表观消费量 / 亿立方米	4260.5	3945	8.00%	4555	6.91%
基础设施	管道里程数 / 万千米	12.8	12.4	3.23%	13.3	3.91%

2.1　中国天然气产业概述

2.1.1　中国能源消费现状分析

2020—2024 年中国一次能源消费总量增加，消费结构进一步优化。根据国家统计局初步测算数据，2024 年全年一次能源生产总量 49.8 亿吨标准煤，比上年增长 4.6%；一次能源消费总量达到 59.6 亿吨标准煤，同比增长 4.3%。

2024 年，能源行业绿色转型加快推进，清洁能源保持增长。随着能源消费绿色低碳转型进程加快，我国能源消费结构持续优化，非化石能源消费占比稳步上升，绿色低碳发展水平显著提升，天然气、水电、核电、风电、太阳能发电等清洁能源消费量占能源消费总量占比为 28.6%，同比上升 2.2 个百分点。煤炭消费量占能源消费总量占比为 53.2%，比上年下降 1.6 个百分点。煤炭消费量增长 1.7%，原油消费量下降 1.2%，天然气消费量增长 8.0%，电力消费量增长 6.8%。

2020—2024 年中国一次能源消费结构见图 2-1。

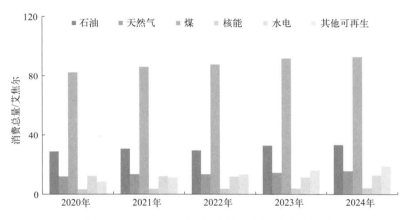

图 2-1　2020—2024 年中国一次能源消费结构

2.1.2　2020—2024 中国天然气在一次能源消费中占比分析

天然气作为我国的主体能源之一，是我国能源结构转型的重要抓手，在"双碳"目标的引领下，城市燃气、工业及发电等领域天然气利用程度均有明显提升。2020—2024 年，我国天然气消费量整体增加。2024 年国际天然气价格保持相对低位，国内天然气消费需求进一步释放，国内天然气表观消费量达到 4260.5 亿立方米，同比增长 8.0%，在一次能源消费中的占比提升至 8.88%，较上年提高 0.35 个百分点。

2020—2024 年中国天然气在一次能源消费中占比见图 2-2。

2.1.3　新政策促进天然气行业健康发展

2024 年 11 月 8 日，《中华人民共和国能源法》（以下简称《能源法》）由十四届全国人大常委会第十二次会议表决通过，2025 年 1 月 1 日起施行。《能源法》重点从以下四个方面推动天然气行业高质量发展：加大国内资源勘探开发力度，增强天然气保供能力；发挥用能场景、技术装备和天然气资源优势，积极开发利用新能源；按照"一结合、两统筹"要求，认真履行储备责任；加强能源保供应急管理，建立健全应急管理体制机制和预案体系。

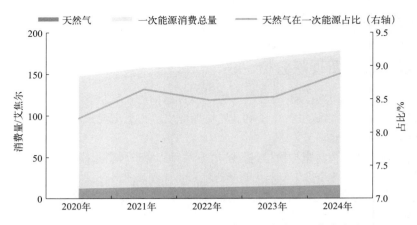

图 2-2   2020—2024 年中国天然气在一次能源消费中占比

2024年，国家更加重视天然气生产，提高天然气自我供给能力是保障能源安全的重要途径。2024年3月，国家能源局发布《2024年能源工作指导意见》，天然气保持快速上产态势，天然气消费稳中有增，强化化石能源安全兜底保障。深入研究实施油气中长期增储上产发展战略，加大油气勘探开发力度，推进老油田稳产，加快新区建产，强化"两深一非一稳"重点领域油气产能建设。2024年7月，中共中央、国务院发布《关于加快经济社会发展全面绿色转型的意见》，要求从生产端加大油气资源勘探开发和增储上产力度，加快油气勘探开发与新能源融合发展。

除法律顶层设计外，2024年国家有关部门重点围绕天然气利用出台了一系列相关政策。1月，国家能源局印发《2024年能源监管工作要点》，提出了"修订出台《油气管网设施公平开放监管办法》"，开展油气管网设施公平开放专项监管，进一步推动油气管网设施公平开放，提高利用效率，规范市场行为等重点工作任务。2月，国家发展改革委、国家能源局联合印发《关于加强电网调峰储能和智能化调度能力建设的指导意见》提出，在气源有保障、气价可承受、调峰需求大的地区，适度布局一批调峰气电项目，充分发挥燃气机组快速启停优势，提升系统短时顶峰和深度调节能力。3月，国家发展改革委、财政部等六部门联合发布《基础设施和公用事业特许经营管理办法》，将燃气特许经营权最长期限延长到40年，鼓励民营企业通过直接投资、独资、控股、参与联合体等多种方式参与特许经营项目。5月，国家能源局发布《2024—2025年节能降碳行动方案》，有序引导天然气消费，优先保障居民生活和北方地区清洁取暖。6月，国家发展改革委等多部门联合印发了《天然气利用管理办法》，明确天然气利用总体原则、适用范围、管理部门及支持方向，进一步引导天然气市场规范有效发展。7月，中共中央、国务院发布《关于加快经济社会发展全面绿色转型的意见》，引导加快构建新型电力系统，鼓励在气源可落实、气价可承受地区布局天然气调峰电站。

2.2   中国天然气供应现状分析

2.2.1   2020—2024 年天然气产量分析

2020—2024年，国内天然气产量持续增长，年度复合增长率为6.6%，年均增幅保持在100亿立方米以上。2024年，国内主要能源企业持续实施"大力提升油气勘探开发力度七年行动计划"，油气勘探开发投入稳步增长，落实了多个千亿立方米级大气田，进一步夯实资源基础，页岩气、煤层气加快上产。其中，在塔里木盆地、四川盆地、准噶尔盆地取得多项重大突破和重要发现, 落实多个亿吨级规模油气储量区, 成功探获首个超深水超浅层千亿方大气田陵水 36-1, 深海一号二期天然气开发项目顺利投产。2024 年天然气产量 2463.7 亿立方米, 同比增加 7.25%, 较 2020 年增长了 30.5%。

2020—2024 年中国天然气产量变化趋势见图 2-3。

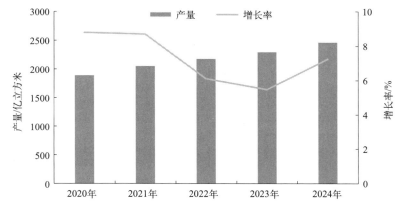

图 2-3　2020—2024 年中国天然气产量变化趋势

2.2.2　2020—2024 年煤层气产量分析

2020—2024 年, 我国煤层气产量快速增长, 累计增产 64.3 亿立方米, 同时, 煤层气在我国天然气总供应中的占比不断提升, 由 2020 年的 5.4% 提升至 2024 年的 6.7%, 共提升 1.3 个百分点。2024 年中国石油、中国石化、中国海油、首华燃气、亚新集团等集团的多个煤层气项目均有较大进展; 其中深层煤岩气年产量仅用 3 年时间快速提升至 25 亿立方米, 成为天然气增产新亮点。2024 年, 我国煤层气全年产量 166.6 亿立方米, 同比增长 19.51%, 较 2020 年增幅达 62.9%。

2020—2024 年中国煤层气产量变化趋势见图 2-4。

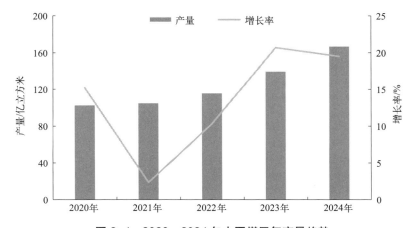

图 2-4　2020—2024 年中国煤层气产量趋势

2.2.3　2024 年天然气供应结构

中国天然气气田多分布在西南和西北地区。2024 年国内天然气产量最大的省份是四川省,产量为654.5亿立方米；其次是新疆维吾尔自治区，产量为423.6亿立方米；第三是陕西省，天然气产量为358.6亿立方米。四至六名分别是内蒙古自治区、山西省、广东省。上述六个省份占到了国内天然气总产量的82.78%。

2024年中国天然气产量分布见图2-5。

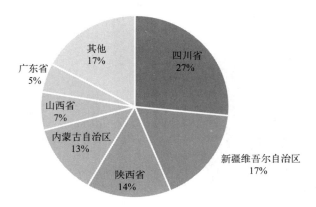

图 2-5　2024 年中国天然气产量分布

2.2.4　2020—2024 年中国天然气进口情况

2020—2024年，我国天然气进口总量整体增加，仅2022年进口略有减少，2023—2024年进口量继续增长。2024年，国内天然气消费需求增加，全年进口天然气1836亿立方米，同比增长9.87%，对外依存度达到41.65%，较上年上涨0.95个百分点。其中，管道气进口量为767亿立方米，同比增长13.1%，占进口总量41.8%，液化天然气（LNG）进口量为7665万吨（1068亿立方米），同比增长7.7%，占进口总量的58.2%。

2020—2024年中国天然气进口量变化趋势见图2-6。

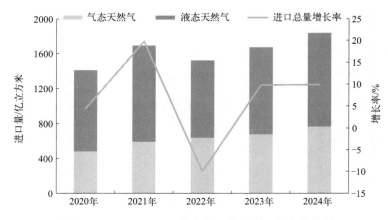

图 2-6　2020—2024 年中国天然气进口量变化趋势

天然气基础设施进一步完善，全国长输管道总里程达到12.8万千米，中俄东线天然气管道全线贯通，西气东输四线、川气东送二线加速推进，南疆天然气管道开工建设。漳州、华瀛、惠州等4座LNG接收站新建投产，国家管网天津、北燃天津、新天唐山等5座LNG接收站扩建完成，合计新增LNG接收能力2350万吨/年，国内LNG接收能力接近2亿吨。

2.3 中国天然气消费现状分析

2.3.1 2020—2024年中国天然气消费趋势分析

2020—2024年，国内天然气表观消费量快速增加。2023年、2024年，天然气消费量年均增速均在7%以上。2024年，全球天然气市场需求恢复增长，资源供需总体宽松，地缘冲突风险敏感性下降，国际气价进一步下跌。国内经济进一步恢复，国内天然气需求快速增长。2024年，国内天然气表观消费量达到4260.5亿立方米，同比增长8.0%。

2020—2024年中国天然气表观消费量变化趋势见图2-7。

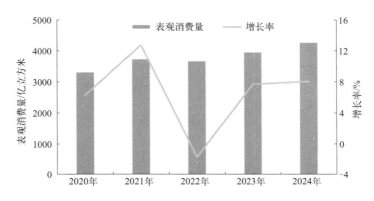

图2-7 2020—2024年中国天然气表观消费量变化趋势

2.3.2 2024年中国天然气行业消费结构分析

2024年城市燃气、工业用气、发电、化工用气分别占比37.6%、37.7%、17.1%和7.6%。2024年工业用气占比37.7%，2024年国内经济政策以"稳增长"为主，对工业生产提供政策支撑，整体产能利用率保持稳定，同时制造业和基建投资力度加大，工业用气持续增加。其次是城市燃气，受到国内气化水平提升、长江流域及以南居民自主采暖增多及交通用气增加，以及极端天气等因素的带动，2024年城市燃气消费占比为37.6%，占比较上年增加4.6个百分点。2024年，多地新投产多座燃气发电项目（不含分布式能源），新增气电装机支撑发电用气需求，燃气发电用气量同比增加15.3%，用气量占比提升至17.1%。

国家持续推进化肥保供稳价，化工用气同比增长3.6%，化工用气占比维持在7.5%左右。在2024年《天然气利用管理办法》中明确了，将"以天然气为原料生产甲醇及甲醇生产下游产品装置、以天然气代煤制甲醇项目"、以天然气为原料的合成氨、氮肥项目，合成氨厂"煤改气"项目，列入限制类，未来化工用气增长将进一步受限。

2.3.3 2024年中国天然气区域消费结构分析

2024年广东省、江苏省和四川省分别为中国天然气消费量前三的省份，年消费量均保持在300亿立方米以上，上述三省消费总量占到全国消费量的26.8%。第二梯队为年消费量超150亿立方米尚未到达300亿立方米的省份，共有7个，分别为河北省、山东省、陕西省、新疆维吾尔自治区、北京市、浙江省、重庆市。第三梯队为年消费量超100亿立方米但尚未到达150亿立方米的省份，共有5个，分别为河南省、上海市、安徽省、山西省、天津市。其他省份年消费量未达到100亿立方米。

2024年中国天然气消费区域分布见图2-8。

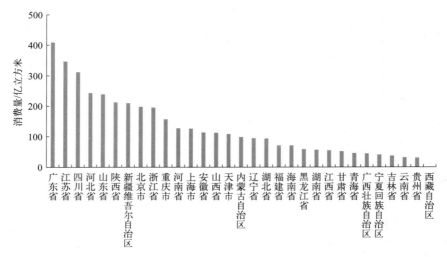

图 2-8 2024 年中国天然气消费区域分布

2.4 中国天然气价格走势分析

2024年中国LNG现货市场价格整体波动收窄，价格稳定性增强。全年均价4544元/吨，较2023年下跌295元/吨，同比跌幅6.1%；其中年内最低点为2月下旬3882元/吨，最高点在1月初为5799元/吨。

2024年国内LNG价格走势与往年相异，呈现非供暖季走高、供暖季下跌的特点，非供暖季价格上涨主要是受到交通用气的用量支撑，2024年，由于LNG相较柴油长期保持低价，LNG的经济性促进了LNG重卡销量大幅增加，LNG交通用气支撑LNG价格在供暖季结束上涨。9月供暖季前夕LNG价格开始下跌，主要由于管道气供应充裕，城燃及储备库LNG补库量少，同时进口LNG船期密集，价格逆势下跌。10月国产工厂产量增加，连续降价刺激出货。11月国内全面供暖开启后，国内LNG市场供应更加宽松，LNG工厂竞争激烈，价格震荡走跌。

2020—2024年中国LNG价格走势见图2-9。

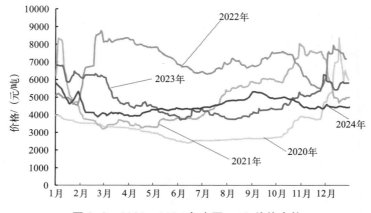

图 2-9 2020—2024 年中国 LNG 价格走势

2024 年中国 LNG 月均价格及 2020—2024 年年均价格分别见表 2-1 和表 2-2。

表 2-1 2024 年中国 LNG 月均价格

月份	1 月	2 月	3 月	4 月	5 月	6 月	7 月	8 月	9 月	10 月	11 月	12 月
月均价格 /（元 / 吨）	5170.0	4232.4	4051.4	4057.1	4316.2	4347.8	4532.4	4867.9	5149.3	4870.4	4402.2	4465.5

表 2-2 2020—2024 年中国 LNG 年均价格

年份	2020 年	2021 年	2022 年	2023 年	2024 年
年均价格 /（元 / 吨）	3337.5	4981.3	6949.8	4838.7	4543.9

2.5 2025—2029 年中国天然气发展预期

2.5.1 2025—2029 年中国天然气供应预测

2.5.1.1 非常规气开采助力天然气产量保持高速

2025—2029 年我国天然气产量将继续保持稳定增长。当前我国常规天然气已经成为天然气"增储上产"的重要力量，预计 2025 年中国天然气产量将会达到 2615 亿立方米，2029 年有望超过 3000 亿立方米。

2025—2029 年中国内天然气产量趋势预测见图 2-10。

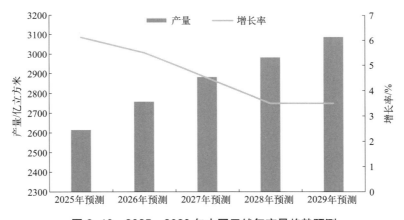

图 2-10 2025—2029 年中国天然气产量趋势预测

2.5.1.2 沿海 LNG 接收站布局加快推进 LNG 进口量继续增长

随着我国 LNG 进口设施布局的不断完善，我国 LNG 进口量将继续增加。2025 年预计有 7 座现有 LNG 接收站扩建项目投入运营，2025 年前将另有 11 座新增 LNG 接收站预计投产，LNG 年接收能力将从目前的 1.5 亿吨增加到"十五五"时期的 2 亿～ 2.5 亿吨。

未来 5 年时间内，中国液化天然气的进口量将会呈现大幅上涨后逐渐趋于平稳的走势。2027 年后，国内新建和扩建接收站项目已基本投产，预计 LNG 进口增速将会有所放缓，进口增速降至 5% 以下。

2025—2029 年中国 LNG 进口量趋势预测见图 2-11。

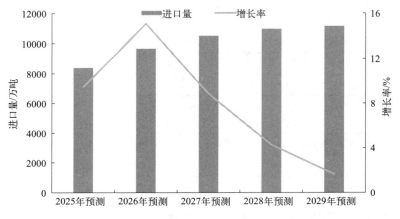

图 2-11 2025—2029 年中国 LNG 进口量趋势预测

2.5.1.3 三大陆上进口通道基本成形我国管道气进口增速将放缓

2024 年 10 月，俄罗斯天然气工业股份公司与中国石油天然气集团有限公司签署了"远东路线"天然气供应协议，预计将于 2027 年 1 月末通过"远东线路"对华供应天然气，年供应量为 100 亿立方米。预计 2027 年管道气进口能力将会再度增加。"远东线路"投产后，预计至 2029 年，我国管道气进口量将会达到 920 亿立方米，较 2024 年累计增加 20.0%。

2025—2029 年中国管道气进口量趋势预测见图 2-12。

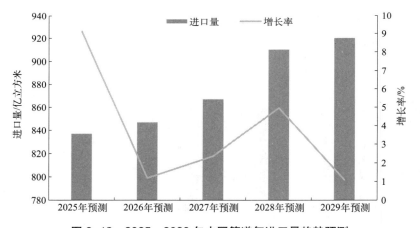

图 2-12 2025—2029 年中国管道气进口量趋势预测

2.5.2 2025—2029 年中国天然气消费预测

天然气作为我国能源转型的关键，其需求前景取决于我国能源安全总体考量以及能源转型进程中的风险挑战，基于当前我国能源消费结构，天然气需求量在未来仍将持续增长，当前国内天然气消费已经度过了快速增长期，年消费增速已经由之前的 10% 以上逐渐下降，预计"十五五"期间，国内天然气表观消费量将进入中速增长期，年消费增速逐步下降至 2%～4% 之间，预计至 2029 年，国内天然气表观消费量将会达到 5300 亿立方米左右。

2025—2029 年中国天然气表观消费量预测见图 2-13。

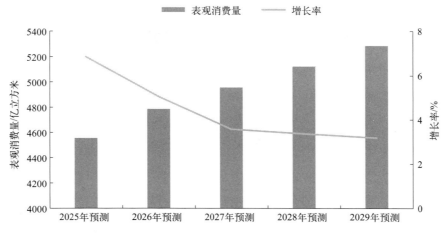

图 2-13　2025—2029 年中国天然气表观消费量预测

第 3 章

氢气

2024 年度
关键指标一览

类别	指标	2024 年	2023 年	涨跌幅	2025 年预测	预计涨跌幅
价格	全国均价 /（元 /m³）	2.6	3.0	−13.3%	2.3	−11.9%
供需	产能 /（万吨 / 年）	60.7	51.1	18.7%	66.2	9.1%
	产量 / 万吨	31.3	28.7	9.0%	34.7	11%
	产能利用率 /%	51.5	56.1	−4.6 个百分点	52.4	0.9 个百分点
	表观消费量 / 万吨	31.3	28.7	9.0%	34.7	11%
进出口	进口量 / 千克	2381	176	1252.8%	180	−92.4%
	出口量 / 千克	6211	6560	−5.3%	6500	4.7%
毛利	天然气制氢 /（元 /m³）	0.29	0.51	−43.1%	0.3	−13.8%
	甲醇制氢 /（元 /m³）	0.25	0.71	−64.8%	0.2	−20%

3.1　中国氢气供需分析

2020—2024 年，中国高纯氢供需量呈增长趋势。

2020—2024 年，氢能源行业在"五大示范城市群"示范应用、"氢进万家"试点、"氢燃料电池汽车纳入《能源法》"等多重政策推动下，新建产能规模趋向大型化、集中化，产能五年复合增长率为 18.9%。但从需求面来看，整体需求处于弱势，全年供大于求情况显著，产量和消费量五年复合增长率均为 9%。

2020—2024 年中国高纯氢供需变化见表 3-1。

表 3-1　2020—2024 年中国高纯氢供需变化

单位：万吨

时间	产量	进口量	总供应量	表观消费量	出口量
2020 年	22.2	0.0	22.2	22.2	0.0
2021 年	25.2	0.0	25.2	25.2	0.0
2022 年	27.5	0.0	27.5	27.5	0.0
2023 年	28.7	0.0	28.7	28.7	0.0
2024 年	31.3	0.0	31.3	31.3	0.0

3.2　中国氢气供应现状分析

3.2.1　高纯氢产能趋势分析

3.2.1.1　2024 年高纯氢产能及新增产能统计

2024 年中国高纯氢产能继续平稳增长，新增以及扩产装置共 22 套，新增产能总计 9.6 万吨/年，总产能提升至 60.7 万吨/年，产能增速为 18.7%，比 2023 增速快 5.1 个百分点（2023 年产能增速为 13.6%）。新增产能逐年上升，但需求增速滞缓，2024 年整体装置产能利用率下滑，为 51.5%。

2023 年中国高纯氢新增产能投产统计见表 3-2。

表 3-2　2024 年中国高纯氢新增产能统计

地区	省市	生产企业	工艺	产能 /（m³/h）	2024 年投产时间
华东	山东淄博	空气化工产品（淄博）有限公司	氯碱副产提纯	3000	5 月
华东	安徽合肥	合肥正帆电子材料有限公司	天然气制氢	1600	5 月
西南	四川成都	东方电气	电解水	500	5 月
华中	湖北荆门	荆门盈德气体有限公司	焦炉煤气提纯	1000	5 月
华东	山东泰安	山东恒信高科能源有限公司	尾气提纯	16000	5 月
华东	安徽滁州	安徽中汇发新材料有限公司	尾气提纯	6000	5 月
华中	河南平顶山	河南神马氢化学	煤制氢提纯	12500	6 月
西南	四川成都	成都成钢梅塞尔气体产品有限公司	电解水	2000	6 月
华东	山东菏泽	莘县信泽科技有限公司	氯碱尾气提纯	2000	6 月
华东	江苏连云港	连云港石化有限公司	裂解副产提纯	15000	7 月
华东	江苏常州	常州盈德气体有限公司	尾气提纯	3000	8 月
华东	山东德州	华邑化工	异丁烷脱氢	2000	8 月
东北	辽宁营口	鞍钢能源科技有限公司	焦炉尾气提纯	3000	9 月

续表

地区	省市	生产企业	工艺	产能/(m³/h)	2024年投产时间
华北	河北石家庄	国家能源集团赤城制氢厂	尾气提纯	5500	9月
西北	甘肃兰州	兰州隆华氢气	尾气提纯	1000	9月
华东	江西九江	江西联悦氢能有限公司	氯碱副产提纯	3000	10月
华北	内蒙古鄂尔多斯	新能能源有限公司	煤制甲醇副产	5000	10月
华东	浙江嘉兴市海盐	美国空气产品公司（AP）	尾气提纯	5000	11月
华东	江苏连云港	金宏气体股份有限公司	尾气提纯	3000	11月
华北	北京房山	燕山石化	工业副产提纯	10000	12月
西北	陕西咸阳	陕西润中清洁能源有限公司	尾气提纯	2880	12月
华东	山东济宁	济宁盈宝气体有限公司	尾气提纯	1000	12月
其他				30000	12月
合计/（m³/h）				133980	
合计/（万吨/年）				9.6	

在2024年投产的装置中，产能约5000m³/h的工业尾气提纯装置居多。

3.2.1.2　2024年高纯氢主要生产企业生产状况

2024年，中国高纯氢新建装置主要集中于华东、华南、华北等区域。以下为隆众资讯统计的市场上活跃度较高且产能大于5000m³/h的部分样本企业氢气装置相关情况，每个区域均有涉及。

2024年中国高纯氢行业主要生产企业产能统计见表3-3。

表3-3　2024年中国高纯氢行业主要生产企业产能统计

生产企业简称	省份	城市	工艺	产能/（m³/h）
鹏飞集团	山西	吕梁	副产氢/尾气提纯	28000
潞宝集团	山西	长治	副产氢/尾气提纯	14000
河南神马	河南	平顶山	副产氢/尾气提纯	12500
空气化工（潍坊）	山东	潍坊	天然气制氢	12000
潞宝集团	山西	长治	副产氢/尾气提纯	11200
华昌化工	江苏	张家港	副产氢/尾气提纯	11000
上海浦江气体	上海	上海	副产氢/尾气提纯	10000
湖北和远气体	湖北	宜昌	副产氢/尾气提纯	10000
临涣焦化	安徽	淮北	副产氢/尾气提纯	10000
东华能源大榭岛	浙江	宁波	副产氢/尾气提纯	8000
滨华新氢能源	山东	滨州	副产氢/尾气提纯	8000
宝泰隆	黑龙江	七台河	副产氢/尾气提纯	8000
广东宝氢科技	广东	韶关	副产氢/尾气提纯	8000
唐山中溶科技	河北	唐山	副产氢/尾气提纯	7500
安徽泉盛皖祯气体	安徽	合肥	副产氢/尾气提纯	7000
旭瑞瑞清洁能源	陕西	渭南	副产氢/尾气提纯	6250
金桥丰益氯碱	江苏	连云港	副产氢/尾气提纯	6000
液化空气（武汉）	湖北	武汉	甲醇裂解	6000
沈阳洪生气体	辽宁	沈阳	甲醇裂解	6000
定州旭阳氢能	河北	定州	甲醇裂解	6000

续表

生产企业简称	省份	城市	工艺	产能 / (m³/h)
金桥丰益	江苏	连云港	副产氢 / 尾气提纯	6000
重庆金苏化工	重庆	重庆	天然气制氢	5600
华久氢能源（洛阳炼化）	河南	洛阳孟津区	副产氢 / 尾气提纯	5180
潞宝集团	山西	长治	副产氢 / 尾气提纯	5000
航锦科技	辽宁	葫芦岛	副产氢 / 尾气提纯	5000
达康实业	内蒙古	阿拉善盟	副产氢 / 尾气提纯	5000
乌海市榕鑫能源实业	内蒙古	乌海	副产氢 / 尾气提纯	5000
格尔氢能（潍坊）	山东	潍坊	副产氢 / 尾气提纯	5000
金宏气体（眉山）	四川	眉山	天然气制氢	5000
中煤旭阳	河北	邢台	副产氢 / 尾气提纯	5000
邯钢华丰能源	河北	邯郸	副产氢 / 尾气提纯	5000
合计 / (m³/h)				252230
合计 / (万吨 / 年)				18

3.2.1.3　2020—2024 年高纯氢产能趋势分析

2020—2024 年，中国高纯氢供应端快速发展，产能、产量均有增加。近五年来，随着数套民营大炼化项目的陆续投产，中国高纯氢产能出现规模化提升，新增产能重心向东部沿海区域倾斜。2020—2024 年中国高纯氢产能保持快速增长，复合增长率高达 18.9%。

2020—2024 年中国高纯氢产能变化趋势见图 3-1。

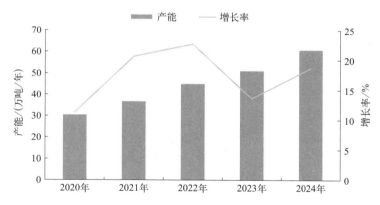

图 3-1　2020—2024 年中国高纯氢产能变化趋势

3.2.2　高纯氢产量及产能利用率趋势分析

高纯氢下游，例如半导体、光伏、医药中间体、燃料电池车等对高纯氢气的需求，是影响高纯氢企业产能利用率的主要因素。近五年高纯氢产能呈现较快增长，但下游需求增速放缓导致产能利用率出现下滑。2020—2024 年，中国高纯氢产能利用率整体呈下滑走势，年均产能利用率由 2020 年的 72.8% 下滑至 2024 年的 51.5%，其中最大的影响因素为需求量减少、供应增长过快导致的供需失衡。

2020—2024 年中国高纯氢产量及产能利用率变化趋势见图 3-2。

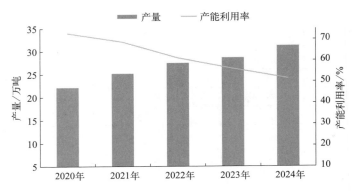

图 3-2   2020—2024 年中国高纯氢产量及产能利用率变化趋势

3.2.3   高纯氢供应结构分析

3.2.3.1   2024 年高纯氢分区域供应结构分析

2024 年中国高纯氢产能主要分布区域前三位仍是华东、华北和西北，分布占比 40.9%、24.7%、11%。其中，华东地区产能新增较快，2024 年投产装置 5.7 万吨/年，总产能高达 24.8 万吨/年。其次，华北地区产能增加 1.6 万吨/年至 15 万吨/年。排名第三的西北大区，因下游需求偏弱，制氢企业布局谨慎，产能仅增加 0.3 万吨/年至 6.7 万吨/年。不过华北、西北、东北"三北"地区自 2023 年开始，绿氢项目规划较集中，但因经济性不佳，其投产时间不断推迟，未来产能或有爆发式增长。

2024 年中国高纯氢区域产能分布见图 3-3。

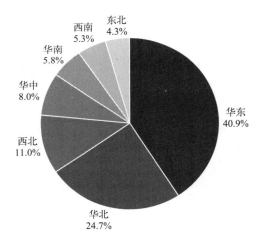

图 3-3   2024 年中国高纯氢区域产能分布

3.2.3.2   2024 年高纯氢分生产工艺供应结构分析

2024 年中国高纯氢制氢工艺路线仍以副产氢/尾气提纯为主，占比 73.6%，较 2023 年增加 2.5 个百分点；其次排名第二的天然气制氢在 2024 年仅投产一套装置，占比降至 12.2%；排名第三的甲醇裂解制氢无新项目投产，占比降至 8.1%。其他电解水制氢虽立项较多，但在 2024 年仅新增投产 2 个项目，占比 4.9%。

2024 年中国高纯氢分生产工艺产能构成见图 3-4。

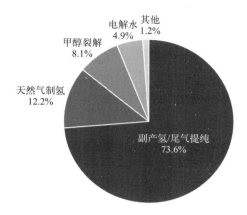

图 3-4　2024 年中国高纯氢分生产工艺产能构成

3.2.4　氢气进口趋势分析

2024 年，中国氢气进口量为 2381 千克，同比上涨 1252.8%。其中 11 月份进口 2380 千克，12 月份进口 1 千克，其余月份进口量均为 0。

2024 年中国氢气月度进口量和进口均价变化趋势见图 3-5。

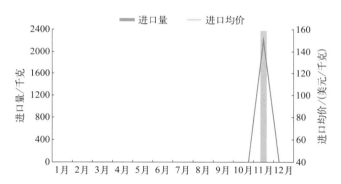

图 3-5　2024 年中国氢气月度进口量和进口均价变化趋势

受储运技术限制及国内氢产能供给充足的影响，我国氢气进口量长期以来保持较低水平，相较产量来说几乎可忽略不计。从我国氢气产量的自给自足情况来看，氢气进口量或将持续保持较低水平。

2020—2024 年中国氢气进口量变化趋势见图 3-6。

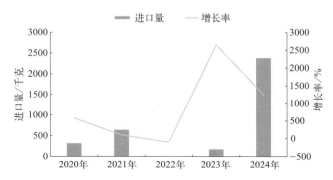

图 3-6　2020—2024 年中国氢气进口量变化趋势

3.3 中国氢气消费现状分析

3.3.1 高纯氢消费趋势分析

2020—2024年，氢气出口量较产量可忽略不计，高纯氢消费以国内市场为主。近年来国内下游消费结构相对稳定，但五大下游消费领域因为自身的行业竞争压力不同，发展速度出现差异。

2020—2024年中国高纯氢年度消费变化趋势见图3-7。

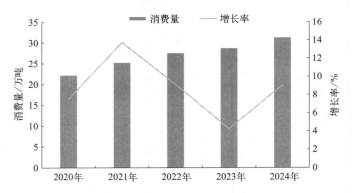

图 3-7 2020—2024 年中国高纯氢年度消费变化趋势

3.3.2 高纯氢消费结构分析

3.3.2.1 2024 年高纯氢消费结构分析

2024年高纯氢下游主要消费领域中，电子、半导体工业消耗高纯氢16.3万吨，精细化工、医药中间体5.8万吨，冶金、浮法玻璃3.9万吨，新能源0.8万吨，其他（航天、食品、清洁剂等）4.5万吨。

2024年中国高纯氢下游消费构成见图3-8。

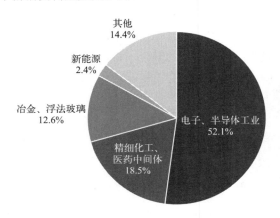

图 3-8 2024 年中国高纯氢下游消费构成

3.3.2.2 2020—2024 年高纯氢消费结构分析

从消费领域的占比情况来看，电子、半导体仍是中国高纯氢下游最主要消费领域，精细化工、医药中间体、冶金、浮法玻璃次之。2020—2024 年，中国高纯氢消费量由 22.2 万吨增长至 31.3 万吨，主要来自电子及半导体行业。

2020—2024 年中国高纯氢下游消费变化趋势见图 3-9。

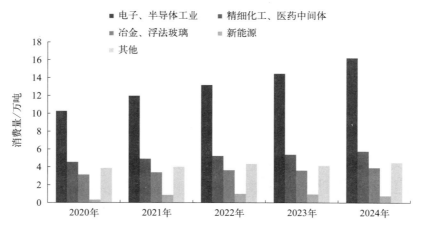

图 3-9　2020—2024 年中国高纯氢下游消费变化趋势

3.3.3　氢气出口趋势分析

2024 年中国氢气的出口量为 6211 千克，较上年同期下滑 5.3%。从全年来看，12 月份出口量为 1089 千克，全年最高，其余月份均在 1000 千克以下。

2024 年中国氢气出口量价变化趋势见图 3-10。

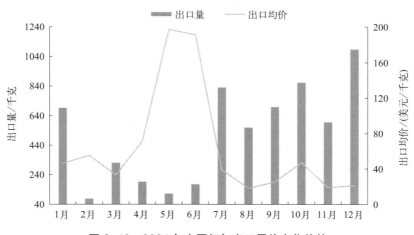

图 3-10　2024 年中国氢气出口量价变化趋势

受储运技术限制和运输成本过高的利空影响，我国氢气出口量长期以来保持较低水平，相较产量来说几乎可忽略不计。从过去 5 年的氢气出口量来看，2020—2023 年氢气出口量保持增长态势，2024 年我国氢气出口量为 6211 千克，较上年同期下滑 5.3%。未来，随着氢气的储运技术的不断突破，液氢、固态储氢等技术成熟或将带来更多出口机会，预计未来氢气出口量或将保持增长趋势。

2020—2024 年中国氢气出口量变化趋势见图 3-11。

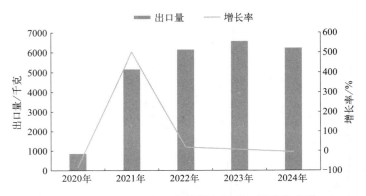

图 3-11　2020—2024 年中国氢气出口量变化趋势

3.4　中国氢气价格走势分析

　　2024年国内高纯氢市场价格总体处于持续下滑的走势，各区域跌势不一，跌幅靠前的大区主要是东北、华南、西南和华东。

　　从隆众资讯价格跟踪数据来看，2024年全国均价自1月2.7元/m³下跌至12月2.5元/m³。主要原因在于：①下游用氢行业需求萎缩造成消费比例失衡，尤其是光伏行业2024年正在经历产能出清的低迷市场调整期，相关用氢企业的采购量缩减达30%以上，因而导致部分地区高纯氢消费压力剧增，价格承压走低；②进入2024年以来，加氢站实际运营率降至40%以下，交通领域需求锐减，高纯氢销售承压，价格下滑；③供应面来看，2024年产能增速继续保持高增长至18.7%，供应增加较快导致供需失衡情况出现，多数企业开工率不足50%，销售价格持续下跌。

　　2020—2024年中国高纯氢市场价格变化趋势见图3-12。

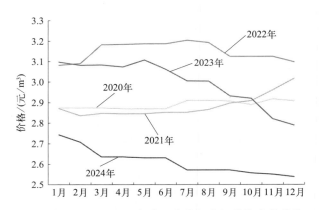

图 3-12　2020—2024 年中国高纯氢市场价格变化趋势

　　中国高纯氢2024年月均价格及2020—2024年年均价格分别见表3-4和表3-5。

表 3-4　2024 年中国高纯氢月均价格

单位：元/m³

月份	华北	华东	华南	东北	华中	西北	西南
1 月	2.6	2.7	2.3	3.5	2.4	2.8	3.0
2 月	2.6	2.7	2.3	3.5	2.4	2.8	2.8

续表

月份	华北	华东	华南	东北	华中	西北	西南
3 月	2.6	2.7	2.3	3.0	2.4	2.8	2.8
4 月	2.6	2.7	2.3	3.0	2.4	2.8	2.8
5 月	2.6	2.6	2.3	3.0	2.4	2.8	2.8
6 月	2.6	2.6	2.3	3.0	2.4	2.8	2.8
7 月	2.6	2.5	2.0	3.0	2.4	2.8	2.8
8 月	2.6	2.5	2.0	3.0	2.4	2.8	2.8
9 月	2.6	2.5	2.0	3.0	2.4	2.8	2.8
10 月	2.6	2.5	2.0	3.0	2.4	2.8	2.7
11 月	2.6	2.5	2.0	3.0	2.4	2.8	2.7
12 月	2.5	2.5	2.0	3.0	2.4	2.8	2.7

表 3-5　2020—2024 年中国高纯氢年均价格

年份	2020 年	2021 年	2022 年	2023 年	2024 年
全国均价 /（元 /m³）	2.9	2.9	3.1	3.0	2.6

3.5　中国氢气生产毛利走势分析

纵观 2020—2024 年天然气、甲醇制氢成本及利润趋势对比，天然气成本先涨后跌，甲醇成本大幅震荡，而高纯氢价格处于下滑通道，因而两种制氢工艺各自利润走势波动较大，但相差不大。天然气制氢方面，2024 年毛利率达到了近五年低点，基本在 7% ～ 15% 之间浮动；甲醇制氢 2024 年毛利率保持较好，基本在 5% ～ 15% 之间浮动。

中国不同原料制高纯氢 2024 年月均生产毛利及 2020—2024 年年均生产毛利分别见表 3-6 和表 3-7。

表 3-6　2024 年中国不同原料制高纯氢月均生产毛利

单位：元/m³

月份	天然气制氢	甲醇制氢
1 月	0.2	0.4
2 月	0.2	0.3
3 月	0.3	0.2
4 月	0.4	0.2
5 月	0.4	0.1
6 月	0.4	0.3
7 月	0.3	0.2
8 月	0.3	0.3
9 月	0.3	0.3
10 月	0.3	0.2
11 月	0.3	0.2
12 月	0.3	0.3

表 3-7　2020—2024 年中国高纯氢年均生产毛利

单位：元/m³

年份	2020 年	2021 年	2022 年	2023 年	2024 年
天然气制氢	0.8	0.7	0.7	0.5	0.3
甲醇制氢	0.9	0.4	0.7	0.7	0.3

3.6　2025—2029年中国氢气发展预期

3.6.1　高纯氢供应趋势预测

3.6.1.1　2025—2029年高纯氢拟在建/退出产能统计

随着氢能写入《能源法》落地，2025—2029年中国高纯氢市场将继续保持增长态势。据目前统计，2025年高纯氢将有10套装置投产，主要位于华东地区，华北地区排名第二，华中、华南都有少量拟建项目；2026年将有8套装置投产，主要位于华北、华南等地区；2027年以后陆续将有新增制氢装置陆续投产，例如工业气体龙头-杭氧、光伏龙头-通威股份等企业跨界进入氢能源行业，纷纷有制氢项目的投资等。

2025—2029年中国高纯氢新增产能统计见表3-8。

表3-8　2025—2029年中国高纯氢新增产能统计

区域	省份	城市	生产企业简称	工艺路线	设计产能/（m³/h）	计划投产日期
华北	天津	天津	法液空（天津）	尾气提纯	4200	2025年
华北	河北	邯郸	德鑫氢能	焦炉煤气提纯	4000	2025年
华东	山东	烟台	烟台明炬气体	氯碱副产提纯	1600	2025年
华东	山东	菏泽	洪达化工	天然气制氢	20000	2025年
华东	浙江	衢州	明深氢能	尾气提纯	19800	2025年
华东	浙江	丽水	正帆科技	天然气制氢	2000	2025年
华中	湖北	潜江	中国石化	尾气提纯	3150	2025年
华东	江苏	连云港	新海石化	工业副产氢	2000	2025年
华中	湖南	株洲	湘钢梅塞尔	天然气制氢	2000	2025年
华南	福建	三明	福建岩兴	电解水	300	2025年
华东	山东	潍坊	山东联盟集团	煤制氢	3000	2026年
西南	贵州	六盘水	贵州美锦	焦炉煤气提纯	5000	2026年
华东	江苏	泰州	延长中燃	尾气提纯	5000	2026年
华北	内蒙古	乌海	中太氢能	焦炉煤气提纯	4400	2026年
华北	河北	唐山	滦州美锦	焦炉尾气提纯	14000	2026年
华北	内蒙古	鄂尔多斯	亿利化学	氯碱副产提纯	500	2026年
华中	湖南	益阳	联悦气体	尾气提纯	2000	2026年
华南	广东	惠州	华达石化	尾气提纯	10000	2026年
华南	浙江	衢州	岩兴气体	氯碱尾气制氢	20000	2027年
华东	浙江	嘉兴	空气化工（浙江）	95%富氢解析气提纯	5500	2027年
华东	江西	九江	江西联悦	天然气制氢	2000	2027年
华中	安徽	合肥	空气化工（合肥）	工业尾气提纯	2000	2027年
华中	安徽	马鞍山	马钢化工	焦炉煤气提纯	6000	2027年
西南	贵州	六盘水	盘江电投	氮氢气提纯	3240	2028年
西南	贵州	六盘水	盘江电投	氮氢气提纯	6480	2028年
华北	山西	太原	美锦华盛化工	焦炉尾气提纯	10000	2028年
华北	河北	张家口	张家口海珀尔	电解水	8000	2028年
华东	浙江	丽水	正帆科技	天然气制氢	2000	2028年
西北	陕西	咸阳	兴化化学	天然气制氢	1000	2028年
华南	广东	韶关	宝氢科技	尾气提纯	10000	2028年

续表

区域	省份	城市	生产企业简称	工艺路线	设计产能 /（m³/h）	计划投产日期
西南	重庆	重庆	重庆朝阳	焦炉尾气提纯	3000	2029 年
目前拟建产能总计					182170	
其他预估					359990	
合计 /（m³/h）					542160	
合计 /（万吨 / 年）					39	

3.6.1.2　2025—2029 年高纯氢产能趋势预测

2025—2029 年中国高纯氢累计新建产能约为 39 万吨/年，年复合增长率预计在 10.9%，较过去五年复合增长率下降 8 个百分点。总供应增速减缓，主要是 2021—2023 年高纯氢产能增加过快，造成国内高纯氢产能过剩情况严重，未来新装置投产力度下降，投建时间陆续推迟，将影响未来高纯氢的供应增幅。预计到 2029 年，中国高纯氢产能将为约 100 万吨/年。

2025—2029 年中国高纯氢产能趋势预测见图 3-13。

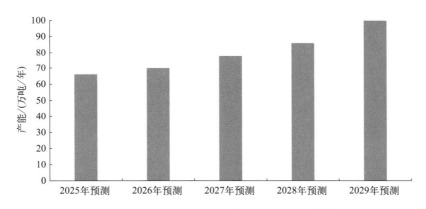

图 3-13　2025—2029 年中国高纯氢产能趋势预测

预计 2025—2029 年中国高纯氢产能、产量复合增长率分别为 11% 和 10%，而产能利用率或将继续维持在 50% ～ 55% 之间。

2025—2029 年中国高纯氢产量及产能利用率趋势预测见图 3-14。

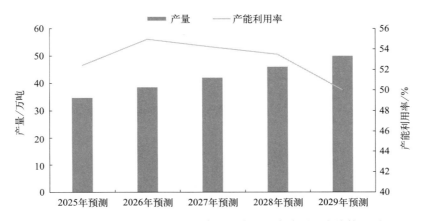

图 3-14　2025—2029 年中国高纯氢产量及产能利用率趋势预测

3.6.2 高纯氢消费趋势预测

目前中国氢气最大的下游依旧是石油化工行业，但高纯氢（包含燃料电池氢）的主要下游有电子、半导体行业、精细化工和医药中间体、冶金、浮法玻璃、新能源、其他（食品、航天、清洁剂）等。预计到2029年，电子、半导体行业占比约为45.52%，精细化工和医药中间体占比约为18.7%，冶金、浮法玻璃行业占比约为15.1%，新能源占比增长至4.5%，其他行业占比16.2%。

2025—2029年中国高纯氢主要下游消费量预测见图3-15。

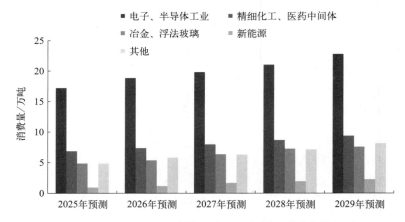

图 3-15 2025—2029 年中国高纯氢主要下游消费量预测

3.6.3 高纯氢供需格局预测

2025—2029年，预计高纯氢年度产能增速在9%～16%之间，产能过剩导致的氢气市场热度下降使得部分氢气投建项目推迟，因而产能增速将表现出下滑态势。但在相关政策面利好推动下，主要气体公司及光伏产业龙头企业等均有氢能产业链的制氢项目规划及投建制氢项目，预计2028年后高纯氢产能增幅或将再度出现上扬趋势；进出口方面，国内产能的投产释放叠加长距离储运技术暂无良好的解决办法，短期内将继续保持低位水平。

2025—2029年中国高纯氢供需预测见表3-9。

表 3-9 2025—2029 年中国高纯氢供需预测

单位：万吨

时间	产量	进口量	总供应量	表观消费量	出口量
2025 年	35	0	35	35	0
2026 年	39	0	39	39	0
2027 年	42	0	42	42	0
2028 年	46	0	46	46	0
2029 年	50	0	50	50	0

第二篇

基本有机原料

第 4 章

乙烯

2024 年度
关键指标一览

类别	指标	2024 年	2023 年	涨跌幅	2025 年预测	预计涨跌幅
价格	华东均价 /（元 / 吨）	7474.4	6848.8	9.1%	7256	−2.9%
供需	产能 /（万吨 / 年）	5455.0	5135.0	6.2%	6245	14.5%
	产量 / 万吨	4780.0	4681.0	2.1%	5378	12.5%
	产能利用率 /%	88	91	−3 个百分点	86	2 个百分点
	表观消费量 / 万吨	4995	4878	2.4%	5561	11.3%
进出口	进口量 / 万吨	222.5	212.7	4.6%	188	−15.5%
	出口量 / 万吨	7.8	15.9	−50.9%	5	−35.9%
毛利	石脑油裂解制 /（美元 / 吨）	−119.1	−122.0	2.4%	−110	7.6%
	甲醇制 /（元 / 吨）	−382.0	−645.0	40.8%	−350	8.4%

4.1 中国乙烯供需分析

2019—2024年，国内乙烯正处于产能快速扩张的周期，新增产能共计投放2553万吨，累计增长87.97%，年均复合增速高达13.45%，截至2024年，乙烯全国年产能已达到5455万吨/年。

2024年，化工行业的"绿色"与"高端"政策将加速推动烯烃产业向多领域布局。同时，随着产业链纵深延伸和精细化率提升，诸多新材料产品的生产壁垒已被突破，乙烯市场正面临着新的突破契机。新型小众下游消费领域开始崛起，主力下游聚乙烯消费占比自62%下降至58%；乙烯法聚氯乙烯在政策面的扶持之下，新装置陆续投产。我国乙烯年进口量突破210万吨的大关。炼化一体化项目集中落地，成本面优势逐步凸显，中国在现货市场中的话语权不断加重，行业利润逐渐修复。2024年，石脑油一体化企业生产毛利较2023年同比上涨2.4%。

2020—2024年中国乙烯供需变化见表4-1。

表 4-1 2020—2024 年中国乙烯供需变化

单位：万吨

时间	产量	进口量	出口量	表观消费量	当量消费量
2020 年	3162	198	9	3350	6264
2021 年	3752	207	19	3939	6142
2022 年	4168	207	15	4359	6299
2023 年	4681	213	16	4878	6910
2024 年	4780	223	8	4995	6942

4.2 中国乙烯供应现状分析

4.2.1 乙烯产能趋势分析

4.2.1.1 2024 年乙烯产能及新增产能统计

2020—2024年中国乙烯产能快速发展，民营大炼化是这一阶段新增产能的主力，新建产能集中于华东区域，行业集中度先增后降。生产企业不断向下游延伸以形成产业链配套，期望提升自身的竞争优势，使得中国炼化一体化程度逐年提升。整体看中国外销量主要来自上下游装置的不匹配以及短期的下游装置投产未跟进。

2024年中国乙烯新增产能统计见表4-2。

表 4-2 2024 年中国乙烯新增产能统计

企业名称	地址	企业形式	产能/(万吨/年)	工艺类型	装置投产时间	下游配套
中石化英力士（天津）石化有限公司	天津	国企	120	一体化	2024 年 12 月 1 日	LDPE、POE、α 烯烃、UHMWPE
裕龙岛炼化一体化项目	烟台	国企	150	合成气	2024 年 12 月 1 日	FDPE、UHMWPE、SM、EO
内蒙古宝丰煤基新材料有限公司	内蒙古	民企	50		2024 年 11 月 1 日	PE
合计			320			

4.2.1.2 2024年乙烯主要生产企业生产状况

2020—2024年中国乙烯产能高速发展，截至2024年底，总产能达到5455万吨/年，复合增长率12.0%。

乙烯产能主要集中在中国石化、中国石油、合资及外企以及其他国企，这部分占比达到54.6%。以恒力石化、盛虹石化、浙石化为代表的炼化一体化装置进入市场后，民营企业的占比得到提升，这部分占比为32.6%。随着大型炼化装置的逐步投产，乙烯生产规模呈现出大型化、集中化的趋势。不过在大型炼化企业中，乙烯更多的是作为中间产品被自用消费，外销占比较低。

2024年中国乙烯行业主要生产企业产能统计见表4-3。

表4-3 2024年中国乙烯行业主要生产企业产能统计

企业名称	地址	简称	产能/（万吨/年）	工艺路线
浙江石油化工有限公司	浙江	浙石化	420	NCC
连云港石化有限公司	江苏	卫星石化	250	乙烷裂解
中国石油化工股份有限公司镇海炼化分公司	浙江	镇海炼化	250	NCC
中海壳牌石油化工有限公司	广东	中海壳牌	220	NCC
恒力石化（大连）有限公司	大连	恒力石化	150	NCC
山东裕龙石化有限公司	山东	裕龙石化	150	NCC
盛虹炼化（连云港）有限公司	江苏	盛虹炼化	140	NCC
中沙（天津）石化有限公司	天津	天津中沙	130	NCC
中国石油天然气股份有限公司独山子石化分公司	新疆维吾尔自治区	独山子石化	132	NCC+乙烷裂解
中国石油天然气股份有限公司大庆石化分公司	黑龙江	大庆石化	138	NCC
中国石油天然气股份有限公司广东石化分公司	广东	广东石化	120	NCC
合计			2107	

4.2.1.3 2020—2024年乙烯产能趋势分析

2020—2024年，中国乙烯产量随着产能的增长持续增长，因此2020—2024年乙烯产能利用率在88%～90%之间，整体波动不大。

2020—2024年中国乙烯产能变化趋势见图4-1。

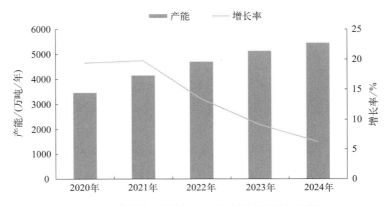

图4-1 2020—2024年中国乙烯产能变化趋势

4.2.2　乙烯产量及产能利用率趋势分析

4.2.2.1　2024年乙烯产量及产能利用率趋势分析

2020—2024年周期乙烯产量由3162万吨增长至4780万吨，增幅51.2%。虽然乙烯行业近年来盈利能力大幅下滑，但乙烯装置开工仍具有边际效益，行业总体保持较高的开工率。2024年，由于多套装置于年底投产，影响了全年总体开工率。2024年月度产量对比来看，2024年全年产量均高于2023年，且除4—6月因检修集中导致产能利用率略有下滑外，其余时间开工率均处于高位，2024年月产量与2023年同月相比均有显著增长。由于2024年上半年乙烯并无新增装置，故2024年上半年产能利用率较2023年有显著提升，除2024年4月份之外，全年开工率均位于85%以上。

2024年中国乙烯产量及产能利用率变化趋势见图4-2。

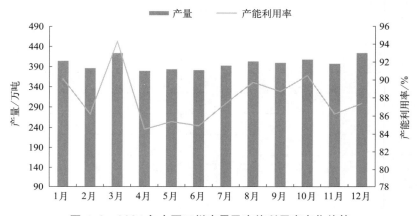

图 4-2　2024年中国乙烯产量及产能利用率变化趋势

4.2.2.2　2020—2024年乙烯产量及产能利用率趋势分析

2020—2024年国内炼化一体化装置集中新建，新建大型炼化装置在经过开工调试稳定生产后，其乙烯产能利用率往往能维持在90%左右，有效拉高了整个行业产能利用率。2024年年底3套装置集中投产，一定程度上影响了行业平均产能利用率。

2020—2024年中国乙烯产量及产能利用率变化趋势见图4-3。

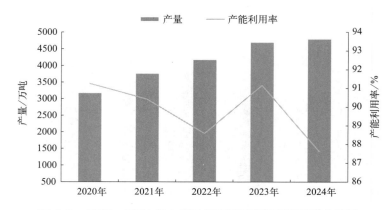

图 4-3　2020—2024年中国乙烯产量及产能利用率变化趋势

4.2.3 乙烯供应结构分析

4.2.3.1 2024 年乙烯分区域供应结构分析

2024年乙烯及下游衍生物分区域的供需结构具体表现为华东、华南地区缺口较大,通过进口和其他地区货源流入满足需求缺口。东北地区炼化一体化装置、西北地区煤制烯烃装置产能较大,而该两个区域的需求却有限,为乙烯的净流出区域,是主要货源流出区域。其他区域也存在一定供应缺口。

2024年中国乙烯分区域产能分布见图4-4。

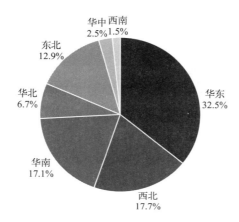

图 4-4 2024 年中国乙烯分区域产能分布

4.2.3.2 2024 年乙烯分生产工艺供应结构分析

新建乙烯项目均需纳入国家规划,由于烯烃行业整体盈利能力不佳且下游多产品市场竞争日趋激烈,部分已纳入规划项目建设进度放缓,乙烯产能的增速逐步放缓。近年来受到"双碳"政策及行业竞争形势影响,煤/甲醇制烯烃产能增长放缓。目前仍有较大量在建的乙烯产能,未来石脑油裂解制和煤制烯烃产能均将有所增长。

2024年中国乙烯按工艺产能构成见图4-5。

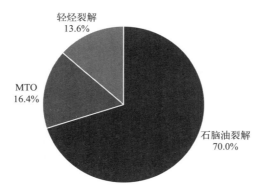

图 4-5 2024 年中国乙烯按工艺产能构成

4.2.3.3 2024 年乙烯分企业性质供应结构分析

乙烯产能主要集中在中央企业和地方国企,占比约54.6%。近年来恒力石化、浙石化、盛虹石化为代表的炼化一体化装置进入市场后，民营企业的占比得到提升，占比达到32.6%。合资和外资企业合计占比约12.8%，未来随着埃克森美孚、巴斯夫、中海壳牌等一批项目的投产，外资和合资企业产能占比将有所提升。2024年乙烯产能在100万吨/年及以上的企业产能约占总产能的53.0%，比2020年增加了1个百分点。

2024年中国乙烯按企业性质产能构成见图4-6。

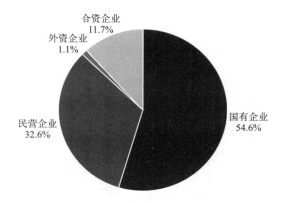

图4-6 2024年中国乙烯按企业性质产能构成

4.2.4 乙烯进口趋势分析

乙烯进口主要来自沿海没有配套上游装置的乙烯法聚氯乙烯、苯乙烯生产企业。中国乙烯进口量由固定长协进口量和获利盘进口量组成。长协进口量每月相对固定，获利盘则取决于亚美、亚中套利窗口的开关。2024年中国乙烯进口量的变化主要受到国内检修装置的情况以及国内外价差影响。

2024年中国乙烯进口量价变化趋势见图4-7。

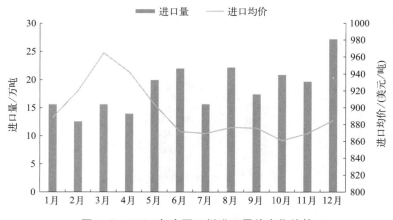

图4-7 2024年中国乙烯进口量价变化趋势

从月度进口看，2024年中国乙烯月度进口量在1—4月份保持较低水平，首先这期间我国乙烯市场价格处于较低水平，整体套利空间不大，其次东北亚有检修情况，日韩可贸易的乙烯量呈下滑趋势。4月份开始，国内乙烯装置检修计划增多，开始带动乙烯进口量上行。上半年进口量高峰出现于6月份，单月进口22万吨。7月份阶段性的价格、进口量下滑主要受到中国与东北亚价差影响。下半年进口量高峰出现在12月份，单月进口量27万吨。11—12月份国内多套一体化装置投产，由于上下游装置投产时间的不匹配性，导致12月份进口乙烯量出现明显增加。进口均价与国内市场价格走势趋同，进口货源价格受国内市场行情影响较为明显，但与美国等海外供需基本面也存在较强关联。

2020—2024年中国乙烯进口量变化趋势见图4-8。

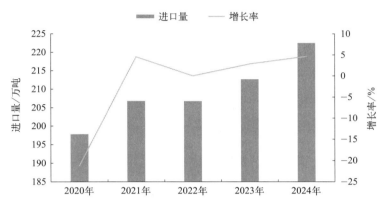

图 4-8　2020—2024年中国乙烯进口量变化趋势

4.3　中国乙烯消费现状分析

4.3.1　乙烯消费趋势分析

4.3.1.1　2024年乙烯月度消费趋势分析

2024年中国乙烯下游消费量在4995万吨，较2023年上涨5.9%。月度消费情况来看，2024年中国乙烯消费量呈波浪形走势，下半年需求整体优于上半年。2024年乙烯各主流工艺产能利用率与产量相关性存在较大分化，其中石脑油裂解及MTO工艺因新投产能较少，产能利用率与产量波动基本匹配。

2024年中国乙烯月度表观消费量及价格变化趋势见图4-9。

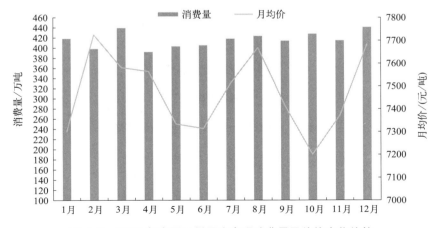

图 4-9　2024年中国乙烯月度表观消费量及价格变化趋势

4.3.1.2　2020—2024年乙烯年度消费趋势分析

2020—2024年，中国乙烯自给率不断提升。乙烯作为基础化工原料，其生产和加工能力被视为一个国家工业能力的指标之一。我国作为全球最大的工业国，乙烯生产和消费能力均位居全球首位。近五年来国内乙烯更多依靠自产，同时需要年均200万吨左右的进口量。同时，我国乙烯下游的聚乙烯、乙二醇等产品仍大量依赖进口，乙烯当量进口量超过2000万吨，乙烯当量自给率约69%。

2020—2024年中国乙烯年度表观消费量变化趋势见图4-10。

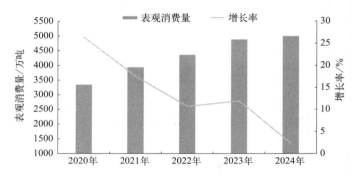

图 4-10　2020—2024 年中国乙烯年度表观消费量变化趋势

4.3.2　乙烯消费结构分析

4.3.2.1　2024年乙烯消费结构分析

2020—2024年中国乙烯消费呈逐年递增趋势，近五年年均复合增长率在10.5%。下游消费结构方面，聚乙烯、苯乙烯、乙二醇及环氧乙烷下游占比较大，其中苯乙烯及乙二醇是需求增速较快的品种，主要承担近年来乙烯消费端的增长。

2024年中国乙烯下游消费构成见图4-11。

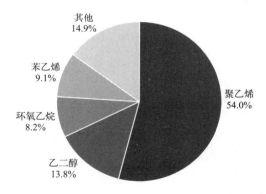

图 4-11　2024 年中国乙烯下游消费构成

4.3.2.2　2020—2024年乙烯消费结构分析

近五年来，乙烯下游整体高速增长，不同品种发展存在差异性。

聚乙烯作为核心下游，周期内占据乙烯总消费量的54%～57%。一般聚乙烯作为乙烯的主要配套下游，需求增速与乙烯基本同步，但由于装置开工的时间错配，以及聚乙烯产能爬坡速度问题，2024年占比出现了大幅下滑的情况，同时这也是由于乙二醇近年来新增装置众多、国产替代率快速走高、挤压聚乙烯消费占比所致。

受国产化进程加快影响，乙二醇2023年及2024年产能、产量快速增加，2023年消费量超过苯乙烯成为第二大消费下游。乙二醇下游聚酯需求量庞大，新增产能近年来增加尤为明显。

第三大下游苯乙烯的扩能及需求增量主要体现在2023年，受下游需求表现不及预期的影响，2024年苯乙烯对乙烯的需求支撑力度呈下滑趋势。

2020—2024年中国乙烯下游消费变化趋势见图4-12。

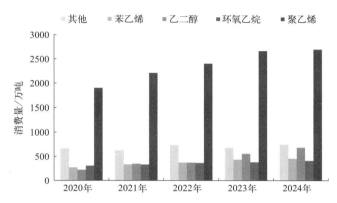

图 4-12　2020—2024 年中国乙烯下游消费变化趋势

4.3.2.3　2024 年乙烯区域消费结构

2020—2024年中国乙烯区域消费结构保持了以华东为主要消费区域的高速增长。2024年华东区域消费量1498万吨，较2023年增幅10%，领先于全国消费量5.7%的增长水平。

乙烯主要消费增长区域增速集中于经济相对发达地区。其中，华东区域是最主要的消费市场，承接了30%的下游消费能力，且近年来持续扩大。东北近年消费发展相对缓慢，炼化一体化项目增加有限，下游新增装置也少，对乙烯新增消费量有限，当地富余乙烯外销流入华东区域。山东、华南、华东借助于港口条件和下游市场优势是未来一体化项目投产数量最多的区域，预计未来山东、华南、华北的消费量还将保持较快增速。

2024年中国乙烯分地区消费构成见图4-13。

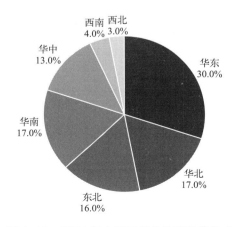

图 4-13　2024 年中国乙烯分地区消费构成

4.4 中国乙烯价格走势分析

乙烯价格在2020—2024年呈现阶段性震荡上行走势。供需关系是长周期价格变化的核心影响因素，除了中国内地市场的供需基本面变化，海外的装置波动与需求增量也成为影响内盘价格的关键。从年均价看，2020—2024年乙烯均价由6178.0元/吨上涨至7474.4元/吨，涨幅21.0%，年均复合增长率4.9%。年均价格自2020年整体呈现上涨趋势，仅在2023年因突发事件影响导致的阶段性供应过剩出现年均价下跌的情况。

2024年乙烯需求端增量明显大于供应端增量，供应紧张的局面长周期内未能得到缓解，加之海外装置运行不稳定，进一步推动国内乙烯价格走高。

2022—2024年华东市场乙烯价格走势见图4-14。

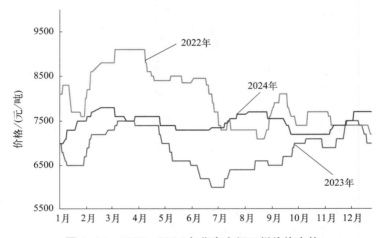

图 4-14　2022—2024 年华东市场乙烯价格走势

华东市场乙烯2024年月均价格及2020—2024年年均价格分别见表4-4和表4-5。

表 4-4　2024 年华东市场乙烯月均价格

月份	1月	2月	3月	4月	5月	6月	7月	8月	9月	10月	11月	12月
华东挂牌均价/(元/吨)	7300.0	7723.5	7581.0	7563.6	7333.3	7313.2	7510.9	7668.2	7411.9	7200.0	7371.4	7683.3

表 4-5　2020—2024 年华东市场乙烯年均价格

年份	2020 年	2021 年	2022 年	2023 年	2024 年
华东挂牌均价/(元/吨)	6178.0	7804.0	7969.2	6848.8	7474.4

4.5 中国乙烯生产毛利走势分析

纵观2020—2024年乙烯成本及利润趋势对比，原料走势表现偏强，成本呈现逐年走高态势。利润方面，传统的石脑油裂解生产工艺整体利润变化不大，延续亏损状态；MTO装置利润在甲醇价格走弱以及产品价格上涨推动之下，修复明显；乙烷裂解装置延续其良好的盈利状态，年内整体利润同比上涨828元/吨。

2024年中国不同原料制乙烯生产毛利对比见图4-15。

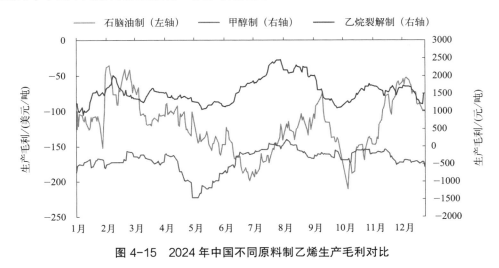

图 4-15　2024年中国不同原料制乙烯生产毛利对比

中国不同原料制乙烯2024年月均生产毛利及2020—2024年年均生产毛利分别见表4-6和表4-7。

表 4-6　2024年中国不同原料制乙烯月均生产毛利

月份	石脑油制/（美元/吨）	甲醇制/（元/吨）	乙烷裂解制/（元/吨）
1 月	−114.6	−473.0	1273.9
2 月	−58.5	−389.0	1706.7
3 月	−102.2	−372.3	1429.2
4 月	−108.2	−604.3	1460.2
5 月	−144.1	−1091.0	1225.6
6 月	−165.0	−396.4	1330.4
7 月	−164.0	−57.4	1973.4
8 月	−122.7	−69.5	2234.7
9 月	−114.5	−238.6	1705.9
10 月	−161.4	−195.9	1339.4
11 月	−99.6	−263.3	1642.9
12 月	−80.0	−469.6	1542.0

表 4-7　2020—2024年中国不同原料制乙烯年均生产毛利

年份	2020 年	2021 年	2022 年	2023 年	2024 年
乙烷裂解制/（元/吨）	—	—	—	754.5	1574.1
甲醇制/（元/吨）	735.1	−492.9	−731.0	−645.0	−382.0
石脑油制/（美元/吨）	47.9	71.8	−89.5	122.0	−119.1

4.6 2025—2029年中国乙烯发展预期

4.6.1 乙烯供应趋势预测

2025—2029年中国乙烯继续保持增长，预计新建30套装置，并无已明确的淘汰装置。

2025年中国乙烯预计新建9套装置，合计新增产能为790万吨/年，装置主要集中于山东、华南、西北、东北以及华东区域，其中最大产能是预计于2025年3月出产的埃克森美孚，其产能160万吨/年，装置完全配套下游聚乙烯等产品。另外还有两套大型一体化装置投产，包括裕龙岛150万吨/年乙烯装置和巴斯夫100万吨/年乙烯装置。从装置原料及工艺看，以大型一体化装置为主，故仍以油制石脑油裂解工艺居多，合计产能为650万吨/年，CTO/MTO工艺产能为120万吨/年，催化裂解工艺产能为20万吨/年。

2026年是未来5年计划新增产能最多的一年，合计产能预计达到1267万吨/年，油制工艺仍为新增类型最多的工艺，其中包含古雷石化、华锦阿美两个大的炼化一体化项目，这部分工艺单个装置产能均在100万吨/年及以上；2026年乙烯装置如期投产后，国内乙烯供应量将有大幅增加。

2027—2029年乙烯新增产能数量呈现减少趋势，预计三年合计新增产能为625万吨/年，其中中海壳牌计划于2028年投产的160万吨/年装置为2027—2029年计划新增的最大装置。随着炼化一体化项目的逐步投产，2027年后新增产能中油制工艺的产能占比下滑，不再具有绝对的体量优势；煤基乙烯产能及占比上升。

2025—2029年中国乙烯新增产能统计见表4-8。

表4-8 2025—2029年中国乙烯新增产能统计

区域	企业名称	工艺	产能/(万吨/年)	投产时间
西北地区	内蒙古宝丰煤基新材料有限公司	CTO	50	2025年
西北地区	内蒙古宝丰煤基新材料有限公司	CTO	50	2025年
华南地区	埃克森美孚（惠州）化工有限公司	石脑油裂解	160	2025年3月
山东地区	万华化学集团股份有限公司	石脑油裂解	120	2025年3月
东北地区	中国石油天然气股份有限公司吉林石化分公司	石脑油裂解	120	2025年6月
山东地区	裕龙岛炼化一体化项目	石脑油裂解	150	2025年12月
山东地区	联泓新材料科技股份有限公司	MTO	20	2025年12月
华东地区	中海石油宁波大榭石化有限公司	催化裂解	20	2025年12月
华南地区	巴斯夫一体化基地（广东）有限公司	石脑油裂解	100	2025年12月
2025年总计			790	
西北地区	中国石化塔河炼化有限责任公司	石脑油裂解	80	2028年
华南地区	广西华谊新材料有限公司	MTO	52	2027年
华南地区	中国石油天然气股份有限公司广西石化分公司	石脑油裂解	120	2026年

续表

区域	企业名称	工艺	产能/(万吨/年)	投产时间
华中地区	中国石油化工股份有限公司洛阳分公司	石脑油裂解	100	2027 年
华南地区	中沙古雷乙烯项目	石脑油裂解	150	2027 年
东北地区	华锦阿美石油化工公司	石脑油裂解	165	2026 年
华南地区	福建古雷石化有限公司二期项目	石脑油裂解	150	2029 年
华南地区	中国石油化工股份有限公司茂名分公司	石脑油裂解	100	2027 年
华东地区	中国石油化工股份有限公司镇海炼化分公司	石脑油裂解	150	2027 年
西北地区	新疆东明塑胶有限公司	CTO	40	2028 年
山东地区	中国石油化工股份有限公司齐鲁分公司	石脑油裂解	100	2028 年
西北地区	中煤陕西榆林能源化工有限公司	CTO	30	2026 年
西北地区	国能包头煤化工有限责任公司二期	CTO	30	2028 年
2026 年总计			1267	
华东地区	中国石化扬子石油化工有限公司	石脑油裂解	100	2028 年
西北地区	内蒙古荣信化工有限公司	CTO	40	2027 年
华中地区	中国石油化工股份有限公司岳阳分公司	石脑油裂解	100	2027 年
2027 年总计			240	
西北地区	新疆山能化工有限公司	CTO	40	2028 年
华南地区	中海壳牌石油化工有限公司三期	石脑油裂解	160	2028 年
西北地区	国能榆林二期	CTO	65	2028 年
华东地区	中国石化上海石油化工股份有限公司	—	120	2028 年
2028 年总计			385	
2025—2029 年合计			2682	

4.6.2　乙烯产品主要下游发展前景预测

以产能扩增为维度，未来五年下游聚乙烯行业中仍是乙烯行业新投产装置最多，预计2025—2029 年累计新建产能2674 万吨，2029 年产能较2024 年增量72.3%；其次是环氧乙烷行业，计划及规划投产预计279 万吨/年，增幅31.3%；第三是乙二醇行业，计划及规划投产预计354 万吨/年，增幅20.4%。

以消费量增长维度，聚乙烯预计增加对乙烯消费量1767 万吨，增量居首，增幅57.5%。苯乙烯预计增加对乙烯消费量147万吨,增幅30.1%。下游产能及对乙烯预期消费量增幅不匹配,既与下游部分品种工艺占比转变造成非苯法工艺上升有关,也反映了不同下游之间行业竞争压力不同,产能产量转化率不同。

从拟在建产能看,一般新建的一体化乙烯装置首选配套聚乙烯,故聚乙烯未来的新增产能远超其他下游应用领域,除聚乙烯外,乙二醇和苯乙烯未来拟在建总量高于环氧乙烷以及PVC领域。其中苯乙烯在2025年保持较快发展,在2026—2029年新增产能及规模减量;乙二醇新增产能主要集中在2025—2026年。主要由于2020—2024年苯乙烯和乙二醇均经历了高速扩能周期,国产化占有率[国内产量/(国内产量+进口量)×100%]已得到明显的提升,其中乙二醇由47.1%提升至81.3%,苯乙烯由81.2%提升至98.5%。

4.6.3 乙烯供需格局预测

根据已公布乙烯上下游投产计划以及潜在供应和消费增量计算。虽然未来新增乙烯装置均会考虑下游配套,但预计2025—2029年终端带来的负反馈会一定程度上削弱下游产品的实际产能利用率。综合评估预计2025—2029年周期内乙烯供应缺口有望收窄,乙烯市场供应紧平衡的趋势逐步得到缓解。

第 5 章

丙烯

2024 年度
关键指标一览

类别	指标	2024 年	2023 年	涨跌幅	2025 年预测	预计涨跌幅
价格	山东均价 /（元 / 吨）	6898	6960	−0.9%	6850	−0.7%
	CFR 中国 /（美元 / 吨）	853	859	−0.7%	850	−0.4%
供需	产能 /（万吨 / 年）	6973	6391	9.1%	8030	15.2%
	产量 / 万吨	5341	4782	11.7%	5920	10.8%
	产能利用率 /%	76.6	74.8	1.8 个百分点	73.70	−2.9 个百分点
	下游消费量 / 万吨	5497	4953	11.0%	6077	10.6%
进出口	进口量 / 万吨	202	239	−15.5%	170	−15.8%
	出口量 / 万吨	7	3	133.3%	10	42.9%
毛利	石脑油制 /（元 / 吨）	−825	−488	−69.1%	−658	20.2%
	MTO 制 /（元 / 吨）	−378	−704	46.3%	−305	19.3%
	PDH 制 /（元 / 吨）	−335	−273	−22.7%	−210	37.3%

5.1　中国丙烯供需分析

近年来中国丙烯供需矛盾呈放大趋势，行业产能快速增长，市场供应趋于宽松。从2020—2024年丙烯供需情况来看，企业开工状态被动、受制于需求，虽年总供应量及总需求量的复合增长率均在9%的持平状态，但近两年行业产能利用率降至80%以下，行业供需关系由紧平衡转向宽松。

2020—2024年中国丙烯供需变化见表5-1。

表 5-1　2020—2024 年中国丙烯供需变化

单位：万吨

时间	产量	进口量	总供应量	下游消费量	出口量	总需求量
2020 年	3704	251	3955	3962	1	3963
2021 年	4150	249	4399	4461	9	4470
2022 年	4334	234	4568	4567	4	4571
2023 年	4782	239	5021	4953	3	4956
2024 年	5341	202	5543	5497	7	5504

5.2　中国丙烯供应现状分析

5.2.1　丙烯产能趋势分析

5.2.1.1　2024 年丙烯产能及新增产能统计

2024年国内丙烯产能维持增长趋势。截至2024年底，国内丙烯总产能提升至6973万吨/年，同比增长9.1%。2024年国内有12套丙烯装置投产，涉及产能695万吨/年。8套装置产能退出，涉及产能85万吨/年，其中装置拆除的有2套，产能34万吨/年；装置停车超过两年的有6套，产能51万吨/年。1套装置技改，装置产能由70万吨/年PDH技改为42万吨/年混烷脱氢，丙烯产能减除28万吨/年。

2024年中国丙烯新增产能统计见表5-2。

表 5-2　2024 年中国丙烯新增产能统计

企业名称	地址	企业形式	产能/（万吨/年）	工艺类型	装置投产时间	下游配套
台塑工业（宁波）有限公司	浙江	港澳台法人独资	60	PDH	2024 年 1 月	配套 PP
宁波金发新材料有限公司	浙江	民企	60	PDH	2024 年 3 月	配套 PP
中国石化扬子石油化工有限公司	江苏	国企	20	催化裂化	2024 年 3 月	无
福建美得石化有限公司	福建	民企	100	PDH	2024 年 4 月	配套 PP
山东中海精细化工有限公司	山东	民企	40	PDH	2024 年 5 月	无
青岛金能化学有限公司	山东	民企	90	PDH	2024 年 6 月	配套 PP

续表

企业名称	地址	企业形式	产能/（万吨/年）	工艺类型	装置投产时间	下游配套
振华石油化工有限公司	山东	民企	75	PDH	2024 年 8 月	无
山东金诚石化集团有限公司	山东	民企	36	轻烃裂解	2024 年 10 月	暂无
山东裕龙石化有限公司	山东	国企	24	催化裂化	2024 年 10 月	配套 PP、丙烯腈
山东裕龙石化有限公司	山东	国企	65	石脑油裂解	2024 年 12 月	配套 PP、丙烯腈
中石化英力士（天津）石化有限公司	天津	合资	55	石脑油裂解	2024 年 11 月	配套 PP、丙烯腈
内蒙古宝丰煤基新材料有限公司	内蒙古	民企	50	MTO	2024 年 12 月	配套 PP
浙江石油化工有限公司	浙江	民企	20	石脑油裂解	2024 年 12 月扩能	无
合计			695			

5.2.1.2　2024 年丙烯主要生产企业生产状况

2024 年，丙烯行业占比前十位的企业产能合计 1865 万吨/年，占全国总产能的 27%。碳三产业链多数品种供应已面临饱和，行业进入发展瓶颈，虽仍不乏行业新进入者，但多数为油转化、新旧动能转换驱动。中国丙烯的发展朝着一体化、规模化的趋势发展。此外，随着丙烷脱氢产能比重的不断提升，丙烯行业原料轻质化特点也更加明确。

2024 年中国丙烯行业主要生产企业产能统计详见表 5-3。

表 5-3　2024 年中国前十位丙烯生产企业产能统计

企业名称	地址	简称	产能/（万吨/年）	工艺路线
浙江石油化工有限公司	浙江	浙石化	330	一体化
东华能源新材料有限公司	广东、江苏、浙江	东华能源	252	一体化
金发科技股份有限公司	浙江、辽宁	金发科技	180	一体化
金能化学（青岛）有限公司	山东	青岛金能	180	一体化
福建美得石化有限公司	福建	福建美得	175	一体化
江苏盛虹石化产业集团有限公司	江苏	盛虹石化	165	合成气
宁夏宝丰能源集团股份有限公司	宁夏	宁夏宝丰	163	一体化
国家能源集团宁夏煤业有限责任公司	宁夏	国能宁煤	160	一体化
中国石油化工股份有限公司镇海炼化分公司	江苏	镇海炼化	133	合成气
万华化学集团股份有限公司	山东	万华化学	127	MTO
合计			1865	

5.2.1.3　2020—2024 年丙烯产能趋势分析

2020—2024 年中国丙烯产能增长相对匀速，整体保持在中等偏高的增长水平，行业供应趋向于区域集中化、企业规模化。2020—2024 年国内丙烯产能复合增长率为 12%。

2020—2024年中国丙烯产能变化趋势见图5-1。

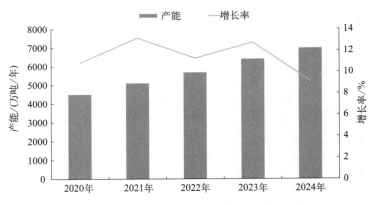

图 5-1 2020—2024 年中国丙烯产能变化趋势

5.2.2 丙烯产量及产能利用率趋势分析

5.2.2.1 2024 年丙烯产量及产能利用率趋势分析

2024年国内丙烯总产量5341万吨,同比增长12%。2024年国内丙烯装置运行稳定性较高,月度产量基本呈现持续上升趋势,仅在4月份因集中检修而出现产量、产能利用率双双回落的状态。

2024年中国丙烯产量及产能利用率变化趋势见图5-2。

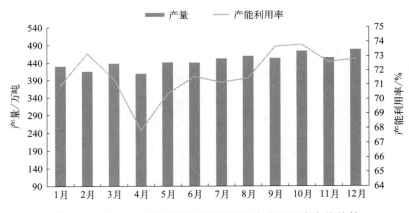

图 5-2 2024 年中国丙烯月度产量及产能利用率变化趋势

5.2.2.2 2020—2024 年丙烯产量及产能利用率趋势分析

2020—2024年,中国丙烯产量随着产能的增产而自然增长,但产量增速整体不及产能增速。2024年丙烯行业总产能达到6973万吨/年,但产量仅5341万吨,年产能利用率为76.6%。

2020—2024年国内丙烯新产能高速投放,行业供应由紧平衡向宽松状态转变,自2022年起,丙烯行业陷入长周期亏损状态,导致企业开工积极性下降,虽一体化装置多数仍保持稳定运行,但以外销丙烯为主的部分企业陷入较长时间的停车状态。2024年受亏损影响部分新建装置未能如期投产,加之老旧产能减退等因素,丙烯行业产能利用率较2023年窄幅提升1.8个百分点,至76.6%。

2020—2024 年中国丙烯产量及产能利用率变化趋势见图 5-3。

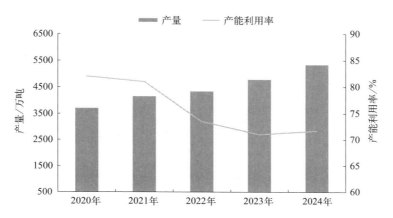

图 5-3　2020—2024 年中国丙烯产量及产能利用率变化趋势

5.2.3　丙烯供应结构分析

5.2.3.1　2024 年丙烯分区域供应结构分析

2020—2024 年，丙烯产能增长主力是以华东及华南沿海区域为主，属于原料资源导向与消费市场导向的结合。2024 年，华东及华南区域丙烯产能占国内总产能的 65.6%。目前华东地区（除山东）丙烯产能供应仍占据首位，占比 30.1%；山东省丙烯产能供应位居第二位，占比 19.5%；华南地区丙烯产能跃居第三位，占比 16.0%；西北地区丙烯产能下移至第四位，占比 15.7%。

2024 年中国丙烯分区域产能分布见图 5-4。

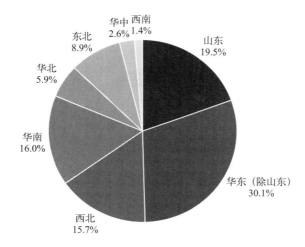

图 5-4　2024 年中国丙烯分区域产能分布

5.2.3.2　2024 年丙烯分生产工艺供应结构分析

中国丙烯生产工艺有丙 / 混烷脱氢、煤 / 甲醇制丙烯、石脑油裂解、轻烃裂解以及催化裂化等。从国内丙烯工艺结构来看，2024 年丙 / 混烷脱氢工艺产能占比超过石脑油裂解，占比升至 32.3%，成为国内丙烯主要供应来源；石脑油裂解工艺产能占比略降至 30.3%，仍是目前国内丙烯供应最稳定的生产路径；催化裂化工艺丙烯产能位居第三位，占比降至17.6%；MTO/CTO工艺丙烯产能占比16.4%；轻烃裂解工艺产能占比仅为3.4%。

2024年中国丙烯按生产工艺产能构成见图5-5。

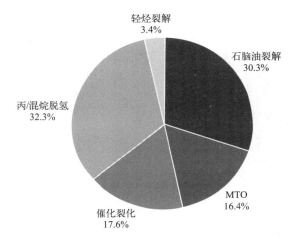

图5-5　2024年中国丙烯按生产工艺产能构成

5.2.3.3　2024年丙烯分企业类型供应结构分析

2024年，国内丙烯生产企业按性质分布来看，民营企业丙烯产能占比升至首位，产能为3380万吨/年，占比48.5%；国有企业产能占比落至第二位，产能为3173万吨/年，占比45.5%；中外合资企业产能343万吨/年，占比4.9%；港澳台及外商独资企业产能共计78万吨/年，占比仅为1.2%。

2024年中国丙烯分企业类型产能构成见图5-6。

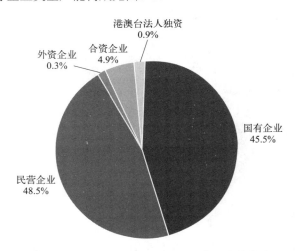

图5-6　2024年中国丙烯分企业类型产能构成

5.2.4　丙烯进口趋势分析

2024年丙烯进口量为在202万吨，较2023年下降37万吨，其主要原因是国内自给率增加导致进口刚需减少。其中，9月份进口量为全年最低水平，主要原因是国内丙烯装置开工率提升，下游企业对进口资源买入需求下滑。

2024年中国丙烯月度进口量价变化趋势见图5-7。

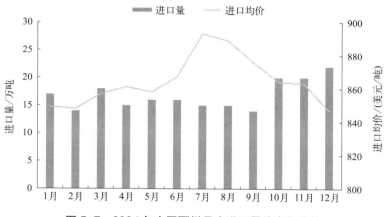

图 5-7　2024 年中国丙烯月度进口量价变化趋势

2020—2024年，中国丙烯供应增速超过需求增速，国内供应缺口逐渐缩小。近5年，中国丙烯产能扩张超过全球其他国家新增产能总和，丙烯进口量逐年下降。

2020—2024年中国丙烯进口量变化趋势见图5-8。

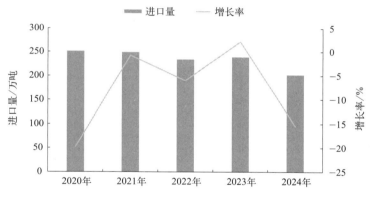

图 5-8　2020—2024 年中国丙烯进口量变化趋势

5.3　中国丙烯消费现状分析

5.3.1　丙烯消费趋势分析

5.3.1.1　2024 年丙烯消费趋势分析

2024年丙烯下游产品产能扩增速度较快，部分行业出现亏损，产能利用率略降，整体对丙烯消费呈涨势，但需求增速不及丙烯产量增速。2024年丙烯消费量在2月、4月份出现了两个低谷，4月份的消费低谷与PP粒及丙烯腈行业装置检修高峰相关。10月份丙烯消费量增幅相对较大，则是由于9月末丙烯价格跌至全年低位，下游多数产品盈利得到修复，企业生产积极性提高，带动10月丙烯消费量增长。

2024年中国丙烯月度消费量及价格变化趋势见图5-9。

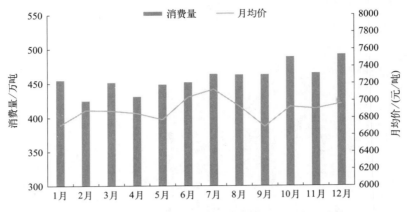

图 5-9 2024 年中国丙烯月度消费量及价格变化趋势

5.3.1.2 2020—2024 年丙烯消费趋势分析

2020—2024年中国丙烯消费呈逐年递增趋势，近4年年均复合增长率为8.5%，2024年全年丙烯消费量5497万吨，同比上涨11.0%，低于产能增速。

2020—2024年中国丙烯年度消费量变化趋势见图5-10。

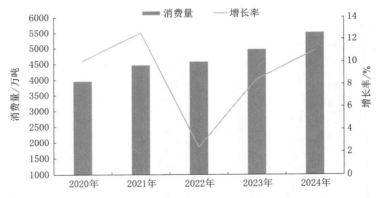

图 5-10 2020—2024 年中国丙烯年度消费变化趋势

5.3.2 丙烯消费结构分析

5.3.2.1 2024 年丙烯消费结构分析

近年来，丙烯下游除PP外其余行业均高速增长，不同品种发展存在差异性。PP行业为丙烯的核心下游，对丙烯消费占比为61.7%，相关装置多为"丙烯-PP"一体化，企业可根据产品经济性调配丙烯外销量，是丙烯价格波动趋势的主导因素之一；PP粉行业近年受环保及粒料替代等因素影响，对丙烯消费占比降至6.0%，目前在山东区域内PP粉企业的外采生产边际仍影响丙烯价格，但其余地区内相关影响已逐步弱化。其余几大主体下游如环氧丙烷、丁辛醇及丙烯腈产品近年行业扩能较快，对丙烯消费占比在7%上下，此三类行业刚需消费增量较为乐观，对丙烯市场存在一定支撑。

2024年中国丙烯下游消费构成见图5-11。

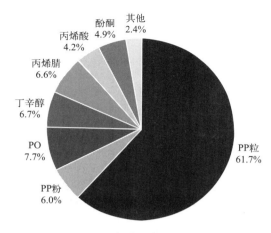

图 5-11　2024 年中国丙烯下游消费构成

5.3.2.2　2020—2024 年丙烯消费结构分析

2020—2024年国内丙烯消费量逐年递增，受下游各行业发展进程差异化影响，丙烯消费结构存在一定变化。分行业来看，2020—2024年对丙烯消费增速较快的品种有酚酮、环氧丙烷、丙烯腈及丙烯酸，年复合增长率分别为23.2%、15.2%、12.7%及11.1%；其次为PP粒及丁辛醇，对丙烯需求复合增长率在7.5%及7.7%。受环保以及PP粒料对其替代等因素影响，PP粉成为唯一消费增速下滑的行业。

2020—2024年中国丙烯下游消费变化趋势见图5-12。

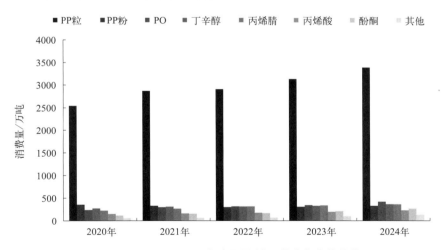

图 5-12　2020—2024 年中国丙烯下游消费变化趋势

5.3.2.3　2024 年丙烯区域消费结构分析

根据各区域对丙烯实际消费情况看，华东地区仍是国内丙烯消费最为集中的区域，其丙烯消费量占全国总消费量的32.8%，位列第一位；华南地区对丙烯消费量升至第二位，目前占比在18.1%；西北地区丙烯消费量占比位列第三，在16.9%；山东省丙烯消费量占比在15.6%，列第四位。华南及西北地区丙烯多以上下游配套为主，丙烯流通量较少，目前华东及山东仍然是国内丙烯流通量最大的区域。

2024年中国丙烯分地区消费构成见图5-13。

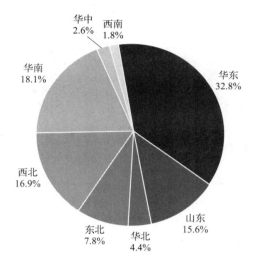

图 5-13　2024年中国丙烯分地区消费构成

5.3.3　丙烯出口趋势分析

2024年中国丙烯出口总量在7万吨，位居前三位的贸易伙伴是中国台湾、墨西哥以及马来西亚，其总量占出口总量的76%。其中，出口至中国台湾丙烯货源3万吨，占总出口量42%；出口至墨西哥及马来西亚两地的丙烯货源均在1万吨以上，占总出口量3成左右。

2024年中国丙烯月度出口量价变化趋势见图5-14。

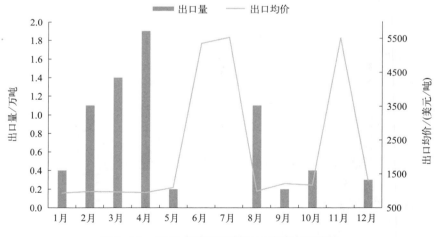

图 5-14　2024年中国丙烯出口量价变化趋势

2020—2024年，中国丙烯年出口量由1万吨增长至7万吨，复合增长率68%。由于国内丙烯产能不断扩充，国内竞争压力明显增加。大型生产企业增加出口以缓解出货压力，提高盈利。目前华东、华南、山东以及华北已有近10家企业已成功实现丙烯出口操作，其中3家已实现冷冻丙烯出口。

2020—2024年中国丙烯出口量变化趋势见图5-15。

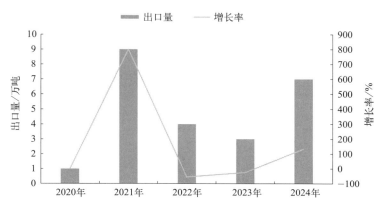

图 5-15　2020—2024 年中国丙烯出口量变化趋势

5.4　中国丙烯价格走势分析

2024年丙烯价格整体呈现先抑后扬走势，国内丙烯产能继续扩张，但下游增速不及供应，进一步加剧供需错配矛盾，是抑制价格走势的关键因素。同时原料高位带来的盈利承压影响依旧明显，装置波动频繁成为影响价格走势主要因素，尤其二季度丙烯装置集中检修，价格一度突破7000元/吨关口继续上探。但进入三、四季度，随着检修装置陆续复工、新增产能释放，供应承压影响占据主导。不过装置意外临停以及下游阶段性支撑提振等影响因素仍然存在。其中，四季度受多套装置临停、检修装置复工延迟以及下游传统旺季提振影响，主流价格再现7015元/吨高点。

整年看来，上半年市场变化多围绕装置波动展开，尤其春季检修集中季，货源紧缺成为驱动价格持续攀升的关键点。下半年市场变化更多回归供需基本面，其中上下游装置波动，给予供需矛盾阶段性缓解，行情再现反转向上走势。

2020—2024年山东市场丙烯价格趋势变化见图5-16。

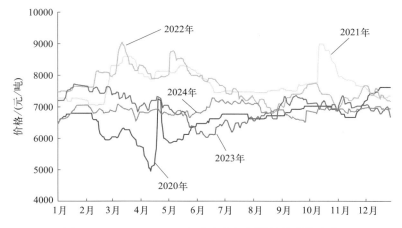

图 5-16　2020—2024 年山东市场丙烯价格趋势变化

山东市场丙烯2024年月均价及2020—2024年年均价分别见表5-4和表5-5。

表 5-4　2024 年山东市场丙烯月均价格

月份	1月	2月	3月	4月	5月	6月	7月	8月	9月	10月	11月	12月
山东均价/（元/吨）	6716	6889	6881	6853	6780	7041	7131	6935	6697	6929	6906	6966

表 5-5　2020—2024 年山东市场丙烯年均价格

年份	2020 年	2021 年	2022 年	2023 年	2024 年
山东均价/（元/吨）	6598	7769	7671	6960	6898

5.5　中国丙烯生产毛利走势分析

2024年丙烯三大主流工艺利润依旧维持负值。首先，石脑油裂解工艺亏损程度最大，年度生产毛利值在-825元/吨，一方面原油价格走势向下传导顺畅，叠加需求支撑，石脑油价格处于偏高位置。另一方面丙烯产品受供应过剩局面拖累，价格支撑减弱。其次为PDH工艺，年均生产毛利值在-335元/吨，主要受制于原料丙烷价格居高不下，同时丙烯企业争夺市场份额，不惜以低于成本的价格销售产品，进一步压缩利润空间。MTO工艺年度生产毛利值在-378元/吨，该工艺年均生产毛利虽依旧维持负值运行，但考虑该工艺为联产装置，相关联产品乙烯走势表现坚挺，年均价格较2023年上涨10.4%，给予盈利较大修复空间。

2024年山东不同工艺制丙烯生产毛利变化趋势见图5-17。

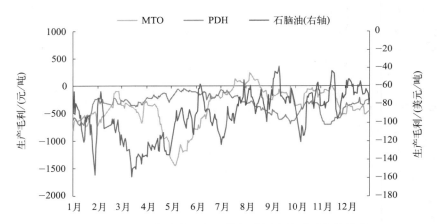

图 5-17　2024 年山东不同工艺制丙烯生产毛利变化趋势

2024年山东不同工艺制丙烯月均生产毛利及2020—2024年年均生产毛利分别见表5-6和表5-7。

表 5-6　2024 年山东不同工艺制丙烯月均生产毛利

月份	MTO/（元/吨）	PDH/（元/吨）	石脑油裂解/（美元/吨）
1月	-612	-550	-103
2月	-395	-286	-95
3月	-431	-314	-135

续表

月份	MTO/（元／吨）	PDH/（元／吨）	石脑油裂解／（美元／吨）
4 月	−620	−193	−127
5 月	−1110	−92	−95
6 月	−412	−169	−87
7 月	−48	−174	−92
8 月	13	−385	−77
9 月	−161	−570	−63
10 月	−162	−339	−83
11 月	−202	−614	−74
12 月	−437	−312	−63

表 5-7　2020—2024 年山东不同工艺制丙烯年均生产毛利

年份	2020 年	2021 年	2022 年	2023 年	2024 年
MTO/（元／吨）	906	−84	−737	−704	−378
PDH/（元／吨）	1425	499	−566	−273	−335
石脑油裂解／（美元／吨）	192	139	−57	−59	−91

5.6　2025—2029 年中国丙烯发展预期

5.6.1　丙烯供应趋势预测

5.6.1.1　2025—2029 年丙烯拟在建／退出产能统计

2025—2029 年中国丙烯产能将继续保持增长，无明确的淘汰装置。据调研，未来几年拟在建丙烯装置38套，产能合计2170万吨/年，主要集中在华南、华东区域，西北地区待投产能上升至第三位，山东区域扩能步伐稍有放缓。

2025—2029 年中国丙烯新增产能统计见表5-8。

表 5-8　2025—2029 年中国丙烯新增产能统计

企业简称	产能／（万吨／年）	预计投产时间	地址
内蒙古宝丰煤基新材料有限公司	100	2025 年一季度	内蒙古
万华化学（蓬莱）有限公司	90	2025 年一季度	山东
泉州国亨化学有限公司	66	2025 年一季度	福建
山东京博石油化工有限公司	39	2025 年	山东
浙江圆锦新材料有限公司	75	2025 年	浙江
山东裕龙石化有限公司	145	2025 年	山东
中国石油天然气股份有限公司吉林石化分公司	60	2025 年	吉林
福建美得石化有限公司三期	100	2025 年	福建

续表

企业简称	产能/（万吨/年）	预计投产时间	地址
埃克森美孚（惠州）化工有限公司	85	2025 年	广东
中国石油化工股份有限公司镇海炼化分公司	60	2025 年	浙江
中海石油宁波大榭石化有限公司	40	2025 年	浙江
联泓新材料科技股份有限公司	17	2025 年	山东
中国石油化工股份有限公司镇海炼化分公司	60	2025 年	浙江
万华化学集团股份有限公司	60	2025 年	山东
中国石油天然气股份有限公司广西石化分公司	60	2025 年	广西
2025 年总计	1057		
中国石油化工股份有限公司洛阳分公司	50	2026 年	河南
北方华锦化学工业集团有限公司	50	2026 年	辽宁
巴斯夫湛江一体化项目	50	2026 年	广东
中海壳牌石油化工有限公司三期	75	2026 年	广东
广西华谊新材料有限公司	30	2026 年	广西
中煤陕西榆林能源化工有限公司二期	30	2026 年	陕西
神华包头煤化工有限责任公司二期	30	2026 年	内蒙古
兖矿集团内蒙古荣信化工有限公司	40	2026 年	内蒙古
江苏丰海高新材料有限公司	60	2026 年	江苏
新浦化学（泰兴）有限公司	90	2026 年	江苏
武汉联科能源有限公司	17	2026 年	湖北
庆阳同欣石油科技股份有限公司	21	2026 年	陕西
国家能源集团宁夏煤业有限责任公司	35	2026 年	宁夏
2026 年总计	578		
福建古雷石化有限公司二期	75	2027 年	福建
中国石化股份有限公司齐鲁分公司	50	2027 年	山东
广西桐昆石化有限公司	60	2027 年	广西
中国石化扬子石油化工有限公司	50	2027 年	江苏
中国石化塔河炼化有限责任公司	50	2027 年	黑龙江
河北鑫海化工集团有限公司	60	2027 年	河北
新疆东明塑胶有限公司	40	2027 年	新疆
2027 年总计	385		
中石化湖南石油化工有限公司	50	2028 年	湖南
海南华盛新材料科技有限公司	60	2028 年	海南
宁夏庆华煤化集团有限公司	40	2028 年	宁夏
2028 年总计	150		

5.6.1.2　2025—2029 年丙烯产能趋势预测

2025—2029 年中国丙烯产能年复合增长率预计在 3%，较 2020—2024 年年复合增长率下降 9 个百分点。根据目前已公布的产能扩建计划统计，未来几年丙烯新增产能集中于 2025—2027 年，2028 年后增速放缓。2025—2027 年，预计丙烯年度产能增速在 4% ～ 15% 之间，受经济性等因素影响，2024 年多套待投装置延期，或于 2025 年正式投放市场，预计 2025 年丙烯行业将维持投产高峰状态。但 2026 年后，行业新建项目减少，新产能多以国有炼化企业转型升级为主导，民营企业参与度明显下滑，丙烯产能增速骤降。

2025—2029 年中国丙烯产能预测见图 5-18。

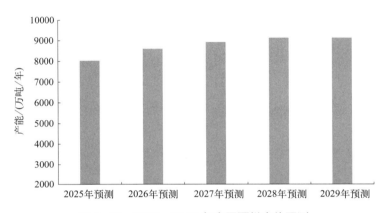

图 5-18　2025—2029 年中国丙烯产能预测

2025—2029 年中国丙烯产量年均复合增速预计在 4.6%，高于产能增速。丙烯产能利用率呈现向上修复趋势，尤其是 2026 年后行业扩能趋缓，产量增长稳定，产能利用率得到明显提升。

2025—2029 年中国丙烯产量及产能利用率趋势预测见图 5-19。

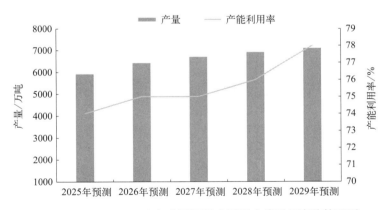

图 5-19　2025—2029 年中国丙烯产量及产能利用率趋势预测

5.6.2　丙烯消费趋势预测

2025—2029 年，丙烯下游增速较 2020—2024 年放缓。消费量年均复合增长率预计在 4.6%，2029 年国内丙烯消费量预计达到 7263 万吨。

预计 2025—2029 年 PP 粒增加对丙烯消费量 1211 万吨，增量居首，增幅 36%；其次为丙烯腈行业，未来预计对丙烯消费量增加183万吨，增幅50%；丁辛醇行业居于第三位，未来对丙烯消费增量预计在168万吨，增幅46%。

2025年和2029年中国丙烯主要下游消费量预测见图5-20。

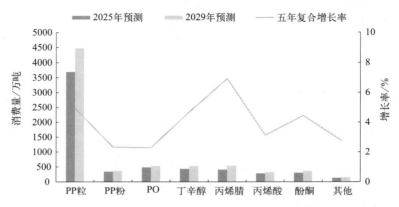

图 5-20　2025 年和 2029 年中国丙烯主要下游消费量预测

5.6.3　丙烯供需格局预测

预计2025—2030年丙烯供需差呈震荡收窄趋势。2025—2026年丙烯供需差震荡下滑，2027—2029年，丙烯下游各行业产能利用率逐步回升，行业供需差成为负值，丙烯行业供应存在一定理论缺口。

2025—2029年中国丙烯供需预测见表5-9。

表 5-9　2025—2029 年中国丙烯供需预测

单位：万吨

时间	产量	进口量	总供应量	下游消费量	出口量	总需求量
2025 年预测	5920	170	6090	6077	10	6087
2026 年预测	6420	165	6585	6558	12	6570
2027 年预测	6700	155	6855	6850	12	6862
2028 年预测	6920	150	7070	7065	15	7080
2029 年预测	7100	150	7250	7262	16	7278

第 6 章

纯苯

2024 年度
关键指标一览

类别	指标	2024 年	2023 年	涨跌幅	2025 年预测	预计涨跌幅
价格	华东均价 /（元 / 吨）	8298.6	7248.5	14.5%	7600	−8.4%
供需	石油苯产能 /（万吨 / 年）	2573.0	2406.5	6.9%	2829.00	9.9%
	石油苯产量 / 万吨	2092.8	1911.7	9.5%	2361.00	12.8%
	石油苯产能利用率 /%	81.3	79.4	1.9 个百分点	83.5	2.2 个百分点
	加氢苯产能 /（万吨 / 年）	905.0	907.5	−0.3%	945.00	4.4%
	加氢苯产量 / 万吨	408.2	399.3	2.2%	424.60	4.0%
	加氢苯产能利用率 /%	45.1	44	1.1 个百分点	44.9	−0.2 个百分点
	下游消费量 / 万吨	2926.1	2617.1	11.8%	3197.00	9.3%
进出口	进口量 / 万吨	431.3	336.4	28.2%	430.00	−0.3%
	出口量 / 万吨	0.02	3.1	−99.4%	0.00	0
库存	主港库存 / 万吨	19.2	10.1	90.1%	15.00	−21.9%
毛利	石油苯 /（美元 / 吨）	2129.0	1310.7	62.4%	1400.00	−34.2%

6.1 中国纯苯供需分析

2020—2024年，国内纯苯行业供需双双增长，国内石油苯产量不能满足市场需求，需要加氢苯及进口纯苯进行补充。2020—2024年石油苯产能、产量复合增长率分别在11.4%、13.5%，加氢苯产量增长率也达到4.5%。2024年中国石油苯总产能达到2573.0万吨/年，同比增长6.9%，产量2092.8万吨，同比增长9.5%。加氢苯产量408.2万吨，同比增长2.2%。2024年主要受到下游新增产能集中投放影响，纯苯需求量大幅增加至2926.1万吨，同比增长11.8%。伴随着国内需求的持续增长，2024年纯苯进口量上升至431.3万吨，同比增长28.2%。

2020—2024年中国纯苯供需变化见表6-1。

表6-1 2020—2024年中国纯苯供需变化

单位：万吨

时间	石油苯产量	加氢苯产量	进口量	总供应量	下游消费量	出口量	总需求量
2020年	1260.0	342.0	210.0	1812.0	1768.5	0.3	1768.8
2021年	1452.5	347.0	296.0	2095.5	2100.4	1.2	2101.6
2022年	1554.2	371.0	332.2	2257.4	2257.2	0.7	2257.9
2023年	1911.7	399.3	336.4	2647.4	2614.0	3.1	2617.1
2024年	2092.8	408.2	431.3	2932.3	2926.1	0.0	2926.1

6.2 中国纯苯供应现状分析

6.2.1 纯苯产能趋势分析

6.2.1.1 2024年纯苯产能及新增产能统计

2024年国内纯苯产能保持高速增长，年内新增及装置改造扩充产能172.0万吨/年，另有约5.5万吨/年产能因长期停车不再计入统计。年内新增装置的情况来看，重整、裂解、歧化以及综合上述工艺的芳烃联合装置均有投产，部分装置下游延伸配套苯乙烯、苯酚产品，产业链完善度提升。

2024年中国纯苯新增产能统计见表6-2。

表6-2 2024年中国纯苯新增产能统计

企业名称	地址	企业形式	产能/（万吨/年）	工艺类型	装置投产时间	下游配套
河南濮阳中汇二期	河南	民企	24	甲苯歧化/粗苯加氢精制	2024年3月	无
山东金诚石化有限公司	山东	民企	10	裂解	2024年5月	无
中国石油锦州石化二期	辽宁	国企	5	重整	2024年9月	苯乙烯
中国石油锦西石化二期	辽宁	国企	5	重整	2024年6月	苯乙烯
中石化英力士（天津）石化	天津	合资	20	裂解	2024年10月	无
山东裕龙石化（部分装置）	山东	民企	45	芳烃联合	2024年10月	苯乙烯
大连恒力石化装置改造	辽宁	民企	40	芳烃抽提	2024年7月	苯乙烯、苯酚、己二酸
浙江石化重整改造扩能	浙江	民企	29	重整	2024年12月	苯乙烯、苯酚
总计			172			

6.2.1.2 2024年纯苯主要生产企业生产状况

2024年中国纯苯前十位生产企业产能达1066.0万吨/年，占全国总产能的41.4%，行业集中度相对较高。从生产工艺的分布来看，前十位的企业均为复合工艺，包含了裂解、歧化、重整等，且多数为芳烃联合装置。从区域分布来看，华东区域为主，产能656.0万吨/年，占比61.5%。主要因为纯苯下游领域消费较为集中于江苏、浙江地区，同时华东地区便利的海运条件也有利于企业以船运的形式进行原料采购，华东区域兼顾了消费端与原料获取双重便利。

2024年中国纯苯行业主要生产企业产能统计见表6-3。

表 6-3 2024年中国纯苯行业主要生产企业产能统计

企业名称	地址	简称	产能/（万吨/年）	工艺路线
浙江石油化工有限公司	浙江	浙石化	300	重整、裂解、歧化
恒力石化（大连）炼化有限公司	辽宁	大连恒力石化	180	重整、裂解、歧化
盛虹炼化（连云港）有限公司	江苏	盛虹石化	137	重整、裂解、歧化
中海油惠州石化有限公司	广东	中海油惠州新能源	95	重整、歧化
中国石油天然气股份有限公司广东石化分公司	广东	广东炼化	80	重整、裂解、歧化
东营威联化学有限公司	山东	山东富海集团威联化学	60	重整、歧化
中国石化上海石油化工股份有限公司	上海	中国石化上海石化	63.15	重整、裂解、歧化
中国石油化工股份有限公司镇海炼化分公司	浙江	中国石化镇海炼化	68.49	重整、裂解、歧化
中国石化海南炼油化工有限公司	海南	中国石化海南炼化	58.25	重整、裂解、歧化
中国石化扬子石油化工有限公司	江苏	中国石化扬子石化	62.06	重整、裂解、歧化
宁波中金石化有限公司	浙江	宁波中金石化	48	重整、歧化
中国石油天然气股份有限公司辽阳石化分公司	辽宁	中国石油辽阳石化	49.1	重整、裂解、歧化
中海壳牌石油化工有限公司	广东	中海油壳牌石化	46	裂解
中化泉州石化有限公司	福建	中化泉州石化	45	重整、裂解
中国石油四川石化有限责任公司	四川	中国石油四川石化	46	重整、裂解、歧化
福建联合石油化工有限公司	福建	福建联合石化	50.22	重整、裂解、歧化
山东裕龙石化有限公司	山东	裕龙石化	45	重整、裂解
合计			1387	

6.2.1.3 2020—2024年纯苯产能趋势分析

2020—2024年，国内石油苯产能累计增加903.0万吨，增幅54.1%。

2019年之前，纯苯新增产能主要来自地方炼化企业，主要是上游炼化装置进行产业链延伸，新建重整装置产出纯苯。受油头化尾、减油增化的政策性引导，山东地方炼化企业集中投产，新投纯苯装置多为催化重整工艺。

2019—2023年，随着恒力石化、浙石化、盛虹炼化、中石油广东炼化等芳烃联合装置的陆续投产，中国纯苯扩能进入一个高速期。

2024年纯苯产能增速出现了明显的下降，当年新建产能仅有172万吨/年，仅占当年总产能的6.7%。

2020—2024年中国石油苯产能变化趋势见图6-1。

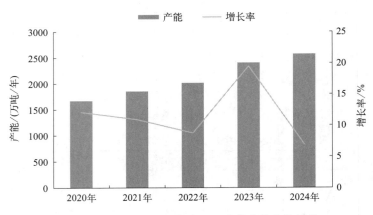

图 6-1　2020—2024 年中国石油苯产能变化趋势

6.2.2　纯苯产量及产能利用率趋势分析

6.2.2.1　2024 年纯苯产量及产能利用率趋势分析

2024年中国石油苯年度总产量2092.8万吨，同比提升9.5%，月均产量提升至174.4万吨附近。产量变化来看，年内增量明显，年尾相较年初，月度产量增加13万吨以上。年内产能利用率在二季度出现一波明显的下行后反弹，主要受二季度装置集中检修影响。由于年内大型装置集中于下半年投产，因而下半年产量普遍高于上半年。甲苯歧化装置下半年盈利好转，拉高了行业整体产能利用率，因此下半年产能利用率高于上半年。

2024年中国石油苯产量及产能利用率变化趋势见图6-2。

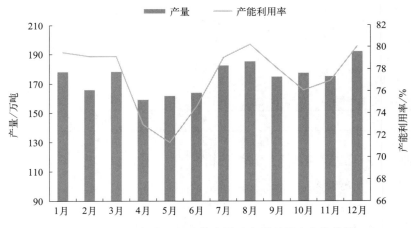

图 6-2　2024 年中国石油苯产量及产能利用率变化趋势

2024年加氢苯产量408万吨，较2023年399万吨增加9万吨。从月度产量来看，1—3月呈现持续上升的趋势，因2月到3月中旬，加氢苯企业开始盈利，企业开工积极性提升，3月加氢苯产能利用率和产量双双创下年内最高，4—5月因集中检修而出现产量、产能利用率双重下降。6月，加氢苯价格攀升至年内最高，加氢苯产能利用率和产量修复回升，但价格高位大幅下跌，加上利润亏损，至9月份加氢苯产量和产能利用率一直处于下降趋势。10—12月份加氢苯亏损幅度减小，停车的加氢苯装置陆续开工，加氢苯产能利用率和产量提升。

2024年中国加氢苯产量及产能利用率变化趋势见图6-3。

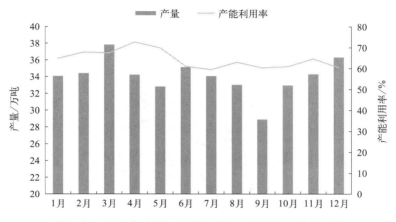

图 6-3　2024 年中国加氢苯产量及产能利用率变化趋势

6.2.2.2　2020—2024 年纯苯产量及产能利用率趋势分析

2020—2021年中国石油苯产能利用率保持在75.4% ～ 81.3%之间。2023—2024年，由于国内成品油消费达峰，以及甲苯因税务政策调整而被更多产出，甲苯供大于求态势逐步显现，与纯苯价差拉宽，国内歧化装置大部分时间保持高负荷生产，拉高了整个行业的产能利用率达到79.4% ～ 81.3%之间。

2020—2024年中国石油苯产量及产能利用率变化趋势见图6-4。

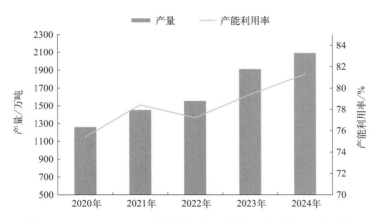

图 6-4　2020—2024 年中国石油苯产量及产能利用率变化趋势

6.2.3　纯苯供应结构分析

6.2.3.1　2024 年纯苯分区域供应结构分析

2024年中国石油苯产能区域分布集中于华东地区，区域内总产能1361.0万吨/年，占比52.9%；其次为东北地区，产能460.1万吨/年，占比17.9%；第三为华南区域，产能360.0万吨/

年，占比14.0%。第四为西北地区，产能126.2万吨/年，占比4.9%；第五位华北，产能127.7万吨/年，占比5.0%；排名第六的为华中地区，产能81.0万吨/年，占比3.1%；最后为西南区域，产能57.0万吨/年，占比2.2%。

2024年中国石油苯分区域产能分布见图6-5。

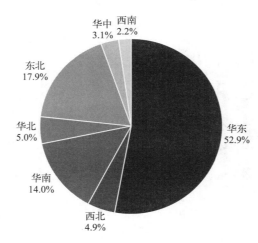

图 6-5　2024 年中国石油苯分区域产能分布

6.2.3.2　2024 年纯苯分企业性质供应结构分析

2024年，中国纯苯供应呈现"民企与国企协同发展"趋势。国内民营炼厂石油苯总计产能1102.9万吨/年，占比42.9%，其中浙石化的产能最大，其一期二期已投产总产能已达300万吨/年，其货源除自用外，交由中国石化代销。国有企业石油苯总产能1248.2万吨/年，占比48.5%。主要包括中国石化、中国石油、中国海油及其他国企。中国石化总产能570.1万吨/年，占全国总产能22.2%，其纯苯由销售公司进行统销，其华东结算价格是国内应用最广泛的长协基准价。中国石油总产能448.6万吨/年，占全国总产能17.4%，其产能主要分布在东北、西北、西南地区，由销售公司进行统销。中国海油总产能194.0万吨/年，占全国总产能7.5%，其产品主要是自用，需要采购额外纯苯以满足生产。合资企业方面，总产能221.9万吨/年，占比8.6%，代表企业有福建联合石化及青岛丽东等。

6.2.4　纯苯进口趋势分析

2024年，中国纯苯进口量431.3万吨，同比增加28.2%。据海关统计数据，2024年中国纯苯月度进口量在二季度出现了明显的低谷，这一进口低谷与国内纯苯集中检修期重叠，造成4月、5月、6月国内产量、进口量双减，引发国内纯苯供应紧缩，价格上涨。年内进口量高峰出现于8到12月份，单月进口超过40万吨。4月、5月进口量为年内低点，平均进口量仅26.4万吨。进口均价来看，与国内市场价格走势趋同，进口货源价格受国内市场行情影响较为明显，与美国等海外供需基本面也存在较强关联。

2024年中国纯苯进口量价变化趋势见图6-6。

2020—2024年中国纯苯进口呈现持续增长的走势。主要由国内需求缺口变化决定。2020年开始，国内进口量持续增加，主要是海外疫情影响下游需求，中国长期成为全球纯苯价格高地，进口商谋取进口低价，海外纯苯套利，因此进口量再度增加，造成港口库存长期居高不下。

2021—2024年，中国下游集中扩产，需求缺口进一步扩大，致使进口量大幅增加。

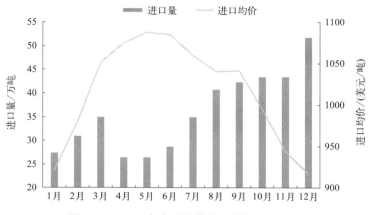

图 6-6　2024 年中国纯苯进口量价变化趋势

2020—2024年中国纯苯进口量变化趋势见图6-7。

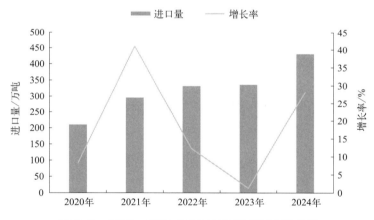

图 6-7　2020—2024 年中国纯苯进口量变化趋势

6.3　中国纯苯消费现状分析

6.3.1　纯苯消费趋势分析

6.3.1.1　2024 年纯苯消费趋势分析

　　2024年中国纯苯消费总量为2926.1万吨，较2023年上涨11.8%。年内纯苯下游装置投产降速，然而装置投产进程并不平均，上半年因纯苯价格处于高位，部分下游投产延期至三、四季度，造成下半年的消费量较上半年明显提升。年内月均消费量接近243.8万吨，较2023年月均消费量上升25.8万吨。

　　2024年中国纯苯消费量在1月维持高位后，2—4月出现了一个消费量的低谷。其中2月属于自然日少的正常影响，而苯乙烯装置的3月集中检修，苯酚4月的装置停车，是当月消费量下降的主要原因。5—8月期间苯胺装置计划性检修，己二酸装置经济性检修，造成了纯苯消费量的波动，但被三大下游的消费增量所弥补，周期内消费量变化平缓。9—12月随着下游新建装置的稳定消费，以及终端抢出口带来的消费量提升，纯苯消费量得以实现月度的均匀增量。

2024年中国纯苯月度消费量及价格变化趋势见图6-8。

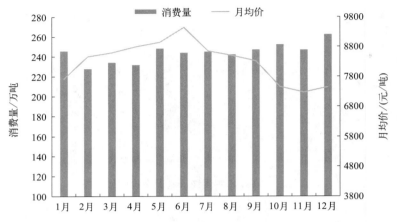

图 6-8　2024 年中国纯苯月度消费量及价格变化趋势

6.3.1.2　2020—2024 年纯苯消费趋势分析

2020—2024年中国纯苯消费呈逐年递增趋势，近五年年均复合增长率在13.4%，2024年纯苯（包括加氢苯）消费量达到2926.1万吨，较2023年增长11.8%。因下游苯乙烯、己内酰胺、苯酚等装置的快速投产，纯苯消费量持续快速增加。

2020—2024年中国纯苯年度消费变化趋势见图6-9。

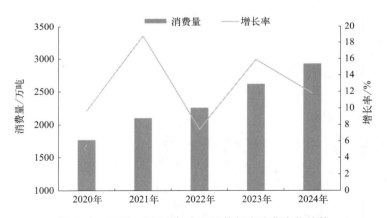

图 6-9　2020—2024 年中国纯苯年度消费变化趋势

6.3.2　纯苯消费结构分析

6.3.2.1　2024 年纯苯消费结构分析

纯苯下游行业较多，从行业下游消费结构来看，对纯苯消费量较大的产品有苯乙烯、己内酰胺、苯酚、苯胺、己二酸等。目前苯乙烯是纯苯下游最大的产品，消费量占比达到41.6%。其次是己内酰胺、苯酚、苯胺、己二酸，占比分别为18.7%、16.4%、12.2%以及6.3%。其他下游行业中，主要包括烷基苯、氯化苯、顺酐等对纯苯消费量相对较小的产品。

2024年中国纯苯下游消费构成见图6-10。

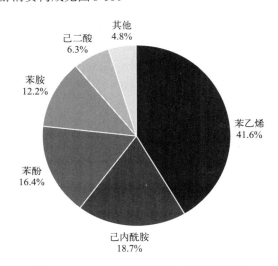

图 6-10 2024 年中国纯苯下游消费构成

6.3.2.2 2020—2024 年纯苯消费结构分析

2020—2024年，苯乙烯作为纯苯最大下游的地位始终没有动摇。2022—2024年，中国苯乙烯进入扩产能的集中期，但其下游终端消费领域增长缓慢，苯乙烯新增产能伴随着老旧产能的长期停车，整体对纯苯消费增量弱于其自身的产能增量，对纯苯消费占比在2024年出现了下降。

己内酰胺作为纯苯第二大下游，在2021—2024年，己内酰胺扩产能速度增速，对纯苯的消费占比有所提高。随着山东利华益、浙石化等新增大型项目的陆续投产，苯酚超过苯胺，成为纯苯第三大下游产品。苯胺是纯苯的第四大下游，新增工厂多为苯胺-MDI联产工厂，苯胺对纯苯消费量持续增长，但自身外销量增长有限。己二酸是纯苯的第五大下游，近年来发展较慢，整体对纯苯消费增速不明显。

2020—2024年中国纯苯下游消费变化趋势见图6-11。

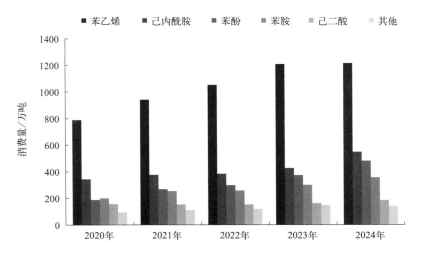

图 6-11 2020—2024 年中国纯苯下游消费变化趋势

6.3.2.3 2024年纯苯区域消费结构

中国纯苯区域消费结构来看，华东地区是纯苯消费最集中的地区，占总消费量的64.39%左右，该区域纯苯下游分布相对多样化，且大型装置分布密集；华南地区是纯苯第二大消费区域，约占国内总消费量的8.75%，该地区纯苯消费以苯乙烯为主，近年来纯苯消费发展快速；华北地区主要消费加氢苯，整体消费占全国的8.68%；东北地区纯苯下游消费能力有限，当地出产的纯苯主要外销至华东、华北地区，东北消费占比约8.07%；华中、西南、西北地区消费量分别占据5.09%、3.49%、1.54%。

2024年中国纯苯分地区消费构成见图6-12。

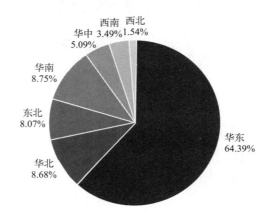

图 6-12 2024年中国纯苯分地区消费构成

6.3.3 纯苯出口趋势分析

2024年，中国纯苯出口量0.02万吨。中国纯苯出口量仅占纯苯总消费量的百万分之八，对国内消费基本无影响。

2024年中国纯苯出口量价变化趋势见图6-13。

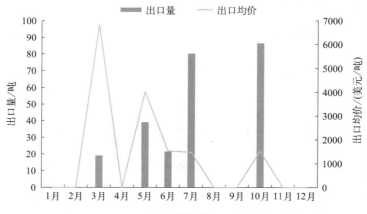

图 6-13 2024年中国纯苯出口量价变化趋势

2020—2024年中国纯苯出口量始终低位徘徊。究其原因，一是国内长期处于供不应求状态，无出口的必要性；二是由于中国需求良好，是全球纯苯价格高地，国内纯苯在价格上缺乏出口优势。

2020—2024年中国纯苯出口量变化趋势见图6-14。

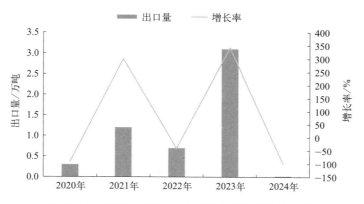

图 6-14　2020—2024 年中国纯苯出口量变化趋势

6.4　中国纯苯价格走势分析

2024年华东纯苯整体价位相对2023年上涨，全年均价8298.6元/吨，同比上涨14.5%；其中年内最高点出现在6月为9650.0元/吨，最低点在11月为7105.0元/吨，年内最大振幅34.1%。

纯苯2024年均价格较2023年上涨，供需错位造成相对紧张的基本面，是支撑高价的核心要素。在下半年供需矛盾缓解后，价格随即快速下跌。

2024年上半年，随着国内芳烃联合装置扩能高峰期结束，纯苯产能增速落后于下游新增消费的增速，行业紧平衡的特征显著，且在纯苯集中检修的二季度尤为突出，价格一度逼近万元关口。下游产品利润受纯苯的高价格影响，出现了不同程度的开工负反馈，纯苯高价也影响了部分下游装置的投产计划。进入下半年后，纯苯产量、进口量增量，但需求端因下游装置的延迟投产而表现不佳，市场供需面转向阶段性充裕，引发下半年的价格下跌。

2024年上半年纯苯市场行情主要聚焦供应端变化，特别是在4—6月期间，供需缺口持续为负且隐性库存去库规模超50万吨。下半年，市场供需矛盾缓和，单月供需差波动收窄，原油、苯乙烯价格对纯苯价格的影响因素明显超过上半年。

2020—2024年华东市场纯苯价格走势见图6-15。

图 6-15　2020—2024 年华东市场纯苯价格走势

华东市场纯苯2024年月均价格及2020—2024年年均价格分别见表6-4和表6-5。

表6-4 2024年华东市场纯苯月均价格

月份	1月	2月	3月	4月	5月	6月	7月	8月	9月	10月	11月	12月
华东均价/（元/吨）	7728.4	8466.8	8595.5	8798.9	8948.8	9450.5	8654.8	8503.2	8320.5	7460.3	7269.8	7448.0

表6-5 2020—2024年华东市场纯苯年均价格

年份	2020年	2021年	2022年	2023年	2024年
华东均价/（元/吨）	3948.2	7142.1	8102.2	7259.3	8298.6

6.5 中国纯苯生产毛利走势分析

2024年纯苯利润先涨后落，利润变化的周期与纯苯-下游供需关系变化的周期一致。2024年纯苯利润良好归功于2024年全年供应偏紧的结构导致的高价格。年内纯苯检修集中，且有多套下游装置投产，供需面的显著变动与上下游供需变化的时间差，致使年内纯苯价格涨多跌少，利润因此表现丰厚。

2024年中国纯苯生产毛利走势见图6-16。

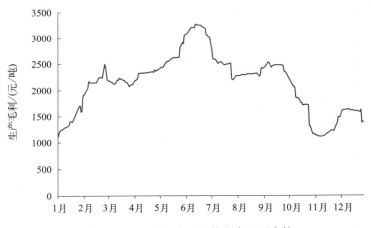

图6-16 2024年中国纯苯生产毛利走势

中国纯苯2024年月均生产毛利及2020—2024年年均生产毛利分别见表6-6和表6-7。

表6-6 2024年中国纯苯月均生产毛利

月份	1月	2月	3月	4月	5月	6月	7月	8月	9月	10月	11月	12月
生产毛利/（元/吨）	1375.6	2158.6	2163.6	2326.3	2624.2	3159.6	2481.0	2311.6	2455.1	1698.9	1206.4	1569.8

表6-7 2020—2024年中国纯苯年均生产毛利

年份	2020年	2021年	2022年	2023年	2024年
生产毛利/（元/吨）	12.0	1657.0	1378.0	1307.7	2135.9

6.6　2025—2029 年中国纯苯发展预期

6.6.1　纯苯供应趋势预测

6.6.1.1　2025—2029 年纯苯拟在建 / 退出产能统计

据调研，2025—2029 年纯苯行业拟在建产能将达到 990.0 万吨 / 年，暂无退出产能计划。新增产能多来自乙烯裂解项目，配套下游多种衍生物，产业链规模化发展。新增产能主要分布在华东、华南地区。

2025—2029 年中国纯苯新增产能统计见表 6-8。

表 6-8　2025—2029 年中国纯苯新增产能统计

企业简称	产能 /（万吨 / 年）	预计投产时间	地址
山东裕龙石化（重整、裂解）	45	2025 年一、二季度	山东
山东京博石化有限公司	10	2025 年二季度	山东
中海石油宁波大榭石化有限公司	10	2025 年二季度	浙江
中国石化湖南石化	6	2025 年二季度	湖南
中国石油吉林石化分公司	18	2025 年二季度	吉林
万华化学（烟台）石化有限公司	15	2025 年二季度	山东
中国石化镇海炼化	18	2025 年二季度	浙江
埃克森美孚（惠州）化工有限公司	20	2025 年二季度	广东
中国石油广西石化乙烯	18	2025 年四季度	广西
中国石化广州石化	8	2025 年三、四季度	广东
中国石油独山子石化乙烯	18	2025 年四季度	新疆
河北盛腾石化有限公司	20	2025 年四季度	河北
浙石化二线装置改造	25	2025 年三、四季度	浙江
浙石化三线装置改造	25	2025 年三、四季度	浙江
山东裕龙石化（歧化）	50	2026 年	山东
山东友泰化工有限公司	6	2026 年	山东
北方华锦联合石化有限公司	65	2026 年	辽宁
巴斯夫一体化基地（广东）有限公司	15	2026 年	广东
中国石化洛阳分公司	15	2026 年	河南
中国石化石家庄炼化分公司	40	2026 年	河北
天津南港得川石化	10	2026 年	天津
中国石化九江石化	40	2026 年	江西
浙石化四线装置改造	25	2026 年	浙江
唐山迪牧化工有限公司	25	2026 年	河北
天津渤化化工发展有限公司	25	2026 年	天津
鲁西化工集团有限公司	25	2026 年	山东
濮阳中汇新能源科技有限公司	30	2026 年	河南

续表

企业简称	产能/（万吨/年）	预计投产时间	地址
中国石化茂名石化裂解项目改扩建	12	2027 年	广东
中国石化镇海炼化有限公司三期乙烯	18	2027 年	浙江
中国石化塔河炼化有限责任公司乙烯	15	2027 年	新疆
福建中沙石化有限公司	30	2027 年	福建
中国石化湖南石化（巴陵石化）	43	2027 年	湖南
福建古雷石化有限公司	98	2027 年	福建
中国石化扬子石化芳烃	20	2027 年	江苏
中海油壳牌石油化工有限公司三期乙烯	24	2028 年	广东
中国石油乌鲁木齐石化分公司	8	2028 年	新疆
南京扬子扬巴烯烃有限公司	15	2028 年	江苏
中国石油兰州石化乙烯	18	2028 年	甘肃
中国石油大连石化	18	2028 年	辽宁
中国石化齐鲁石化升级改造项目	18	2028 年	山东
山东富海集团三期芳烃	30	2028 年	山东
中化泉州二期乙烯	22	2029 年	福建
中科广东炼化二期	18	2029 年	广东

6.6.1.2　2025—2029 年纯苯产能趋势预测

　　未来五年随着炼化项目陆续投放，国内纯苯产能仍将继续快速增长，预计2025—2029年中国纯苯产能复合增长率达5.9%。产能投放的因素一方面是新建乙烯等装置投产带来的纯苯能力增加；另一方面是随着中国新能源汽车的发展，国内汽油市场需求萎缩，调油芳烃组分减少从而导致纯苯供应量增加。

　　2025—2029年中国纯苯产能预测见图6-17。

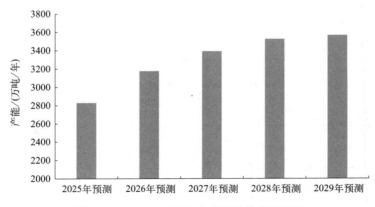

图 6-17　2025—2029 年中国纯苯产能预测

　　2025—2029年中国纯苯产量平均增速预估值为4.7%。

　　由于2024—2025年成品油需求达峰，甲苯二甲苯等芳烃组分在调油领域的消耗有所下降；此外，根据2023年6月30日发布的《关于部分成品油消费税政策执行口径的公告》，对混合芳烃、重芳烃等按照石脑油征收消费税，未来国内混合芳烃将更多地加工成甲苯二甲苯，进而推动纯苯等芳烃的供应量。预计2025—2029年周期，中国歧化装置开工率上升将拉高纯苯装置开工率。

预计2029年中国石油苯产量突破2800万吨，而产能利用率预计保持在8成左右。

2025—2029年中国石油苯产量及产能利用率趋势预测见图6-18。

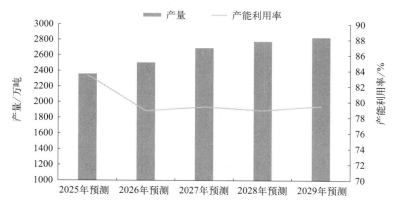

图 6-18　2025—2029 年中国石油苯产量及产能利用率趋势预测

6.6.2　纯苯消费趋势预测

苯乙烯在2025—2029年仍将保持快速发展，保持纯苯下游消费量第一的排名，预计2029年苯乙烯消费纯苯量占据总消费量的36.9%，较2024年相比下降4.7个百分点。

己内酰胺在2025—2029年扩能，苯酚在2025—2029年产能增速逐年放缓，预计至2029年，己内酰胺与苯酚占据纯苯消费量的第二、第三大下游，消费比例分别为18.7%、16.4%。

苯胺在2025—2028年有数套产能投建，但在2029年无新增产能，预计2029年苯胺占据纯苯下游消费的12.2%，维持第四大下游的定位。

己二酸2025—2029年均有投产预期，但新建项目目前多在规划阶段，以其2024年长期亏损的表现，届时能否如期投产存疑。以现有理论数据计算，预计2029年己二酸占据纯苯消费量的6.3%。

2025年和2029年中国纯苯主要下游消费预测见图6-19。

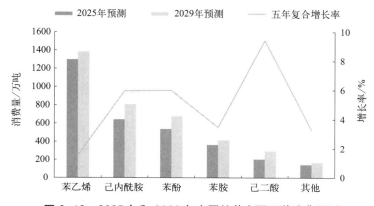

图 6-19　2025 年和 2029 年中国纯苯主要下游消费预测

6.6.3 纯苯供需格局预测

展望未来，2025—2029年纯苯产业链上下游同步扩产，纯苯供不应求的格局将继续维持，加氢苯依旧会是国内纯苯的有效补充，而国内纯苯供应不足的情况下，预计出口依旧稀少，进口量则有望保持在400万吨以上。

2025—2029年中国纯苯供需预测见表6-9。

表 6-9　2025—2029 年中国纯苯供需预测

单位：万吨

时间	石油苯产量	加氢苯产量	进口量	总供应量	下游消费量	出口量	总需求量
2025 年预测	2361	424.6	450	3235.6	3197	0	3197
2026 年预测	2505	440	410	3355	3348	0	3348
2027 年预测	2693	450	400	3543	3512	0	3512
2028 年预测	2780	450	420	3650	3666	0	3666
2029 年预测	2832	450	440	3722	3749	0	3749

第 7 章

苯乙烯

 **2024** 年度
关键指标一览

类别	指标	2024 年	2023 年	涨跌幅	2025 年预测	预计涨跌幅
价格	华东均价 /（元 / 吨）	9211.9	8412.3	9.5%	8790	−4.6%
供需	产能 /（万吨 / 年）	2129.2	2129.2	0.0%	2249	5.6%
	产量 / 万吨	1562.8	1551.4	0.7%	1644	5.2%
	产能利用率 /%	73.4	72.9	0.5 个百分点	73.1	−0.3 个百分点
	下游消费量 / 万吨	1584.1	1600.1	−1.0%	1624	2.5%
进出口	进口量 / 万吨	40.8	79.1	−48.4%	25	−38.7%
	出口量 / 万吨	24.8	36.6	−32.2%	36	45.2%
库存	主港库存 / 万吨	3.84	5.88	−34.7%	5	30.2%
毛利	非一体化装置 /（元 / 吨）	−261.9	−133.9	−95.5%	−100	61.8%
	一体化装置 /（元 / 吨）	1682.1	847.2	98.5%	1450	−13.8%

7.1　中国苯乙烯供需分析

过去五年间，国内苯乙烯行业产能增幅多大于需求增幅，并且受疫情影响较大，行业景气度整体欠佳。中国是全球最大的苯乙烯生产国，虽然2024年新投和淘汰退出产能相当，产能保持不变，然而2020—2023年期间产能快速扩张的影响尚未完全消化，供应过剩的局面仍未缓解，因此出口和延伸产业链依旧是国内苯乙烯企业的优先选择。

2020—2024年中国苯乙烯供需变化见表7-1。

表 7-1　2020—2024 年中国苯乙烯供需变化

单位：万吨

时间	产量	进口量	总供应量	下游消费量	出口量	总需求量
2020 年	1002.0	283.0	1285.1	1280.0	2.7	1282.7
2021 年	1216.9	169.1	1386.0	1380.0	23.5	1403.5
2022 年	1356.6	114.3	1470.9	1410.6	56.3	1466.8
2023 年	1551.4	79.1	1630.4	1600.1	36.6	1636.7
2024 年	1562.8	40.8	1603.5	1584.1	24.8	1608.9

7.2　中国苯乙烯供应现状分析

7.2.1　苯乙烯产能趋势分析

7.2.1.1　2024 年苯乙烯产能及新增产能统计

2024年国内苯乙烯产能保持稳定，新增与淘汰装置产能均为45万吨/年，截至2024年底苯乙烯总产能保持在2129.2万吨/年，产能快速增长态势明显放缓。2024年原计划投产装置新增产能202万吨/年，实际上仅有一套新装置投产运行，其他三套装置投产时间推迟至2025年后。

2024年中国苯乙烯新增产能统计见表7-2。2024年新投产装置工艺路线为PO/SM联产，大型化趋势依旧明显。

表 7-2　2024 年中国苯乙烯新增产能统计

企业名称	地址	企业形式	产能/（万吨/年）	工艺类型	装置投产时间	下游配套
盛虹石化集团有限公司	江苏	民企	45	PO/SM	2024 年 10 月	无
合计			45			

7.2.1.2　2024 年苯乙烯主要生产企业生产状况

2024年底国内苯乙烯主要生产企业产能合计达1046万吨/年，占全国总产能的49.13%。从生产工艺分布看，使用乙苯脱氢工艺路线的产能为657万吨/年，占比62.81%；而PO/SM工艺路线产能为389万吨/年，占比37.19%。从区域分布看，生产企业分布比较分散，但仍以华东地区为主，其产能为1363.5万吨/年，占全国总产能的64.04%。华东地区特别是山东、江苏和浙江等省是苯乙烯的主要消费地，生产企业靠近苯乙烯消费端的分布特点凸显。

2024年中国苯乙烯行业主要生产企业产能统计见表7-3。

表 7-3 2024 年中国苯乙烯行业主要生产企业产能统计

企业名称	地址	简称	产能 /（万吨 / 年）	工艺路线
浙江石油化工有限公司	浙江舟山	浙石化	240	180 万吨 / 年乙苯脱氢，60 万吨 / 年 PO/SM
中海壳牌石油化工有限公司	广东惠州	中海壳牌	140	PO/SM
宁波镇海炼化利安德化学有限公司	浙江宁波	镇利化学	124	PO/SM
中国石油天然气股份有限公司广东石化分公司	广东揭阳	广东石化	80	乙苯脱氢
利华益利津炼化有限公司	山东东营	山东利华益	80	乙苯脱氢
恒力石化（大连）炼化有限公司	辽宁大连	恒力石化	72	乙苯脱氢
上海赛科石油化工有限责任公司	上海	上海赛科	65	乙苯脱氢
万华化学集团股份有限公司	山东烟台	山东万华	65	PO/SM
福建古雷石化有限公司	福建漳州	古雷石化	60	乙苯脱氢
连云港石化有限公司	江苏连云港	连云港石化	60	乙苯脱氢
新阳科技集团有限公司	江苏常州	常州新阳	60	乙苯脱氢
合计			1046	

7.2.1.3 2020—2024 年苯乙烯产能趋势分析

2020—2024 年中国苯乙烯产能复合增长率为 15.31%。2020—2023 年，所规划的项目陆续投产，国内苯乙烯行业迎来产能投放的爆发期，并且这一时期石化行业一体化发展战略也在推动着苯乙烯产能快速增长。然而苯乙烯下游整体需求跟进较慢，2021—2024 年苯乙烯产能过剩问题日益凸显，行业利润率缩水，甚至出现长时间亏损。此期间行业产能虽快速增长，但产能增速却逐年放缓，到 2024 年产能零增长。

2020—2024 年中国苯乙烯产能变化趋势见图 7-1。

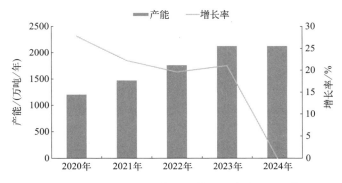

图 7-1 2020—2024 年中国苯乙烯产能变化趋势

7.2.2 苯乙烯产量及产能利用率趋势分析

7.2.2.1 2024 年苯乙烯产量及产能利用率趋势分析

2024 年中国苯乙烯全年总产量为 1562.75 万吨，同比增加 0.7%，产能利用率约 73.4%，同比增 0.5 个百分点。

2024 年月产量最低值出现在 3 月份，产能利用率最低，为 59.4%。主要因为 3 月装置检修多，理论产销亏损问题较重，叠加没有新装置投产。4—5 月，随着检修装置复产，苯乙烯产量提升。

6—11月，由于生产利润低，虽然有新产能释放，然而计划外装置检修增多，月度产量整体低迷。12月受企业产销盈利提升、宏观消息带动等影响，企业装置检修重启后表现较好，整体产量和产能利用率明显提升。

2024年中国苯乙烯月度产量及产能利用率变化趋势见图7-2。

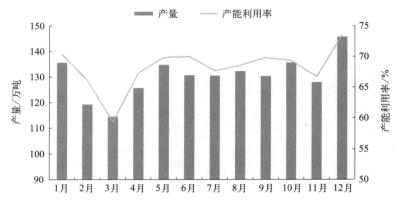

图7-2　2024年中国苯乙烯月度产量及产能利用率变化趋势

7.2.2.2　2020—2024年苯乙烯产量及产能利用率趋势分析

2020—2024年中国苯乙烯产量复合增长率为11.8%，呈逐年稳步上涨态势。2020—2023年期间产量增加尤为明显，平均每年增产172万吨；2024年受需求萎靡影响，产量仅微增长。2020—2023年中国苯乙烯产能利用率呈现逐年递降的态势。

2020—2024年中国苯乙烯产量及产能利用率变化趋势见图7-3。

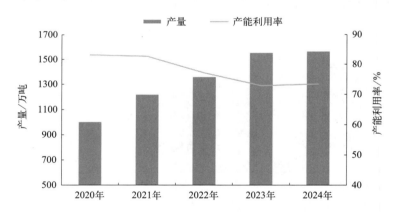

图7-3　2020—2024年苯乙烯产量及产能利用率变化趋势

7.2.3　苯乙烯供应结构分析

7.2.3.1　2024年苯乙烯分区域产能构成

2024年国内苯乙烯产能区域分布依然较为广泛，六大行政区域分布有苯乙烯装置。华东地区苯乙烯装置最为集中，区域内苯乙烯总产能1363.5万吨/年，全国占比64.0%；其次为华南地区，产能307万吨/年，占比14.4%；第三位为东北地区，产能216.2万吨/年，占比10.2%；第四位为华北地区，产能147.2万吨/年，占比6.9%；第五位为西北地区，产能80.5万吨/年，占比3.8%；第六位为华中地区，产能14.8万吨/年，占比0.7%。西南地区尚无苯乙烯生产装置。

2024年中国苯乙烯分区域产能分布见图7-4。

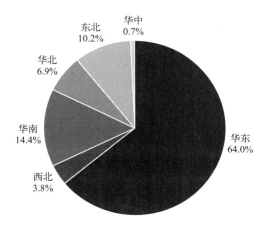

图 7-4　2024 年中国苯乙烯分区域产能分布

7.2.3.2　2024 年苯乙烯分生产工艺产能构成

当前国内苯乙烯工艺路线以乙苯脱氢法为主，PO/SM法为辅，C8抽提法占比最低。2024年乙苯脱氢法总产能1574.5万吨/年，占比73.9%；PO/SM法产能524万吨/年，占比24.6%；C8抽提法总产能30.7万吨/年，占比1.4%。

7.2.4　苯乙烯进口趋势分析

2024年国内苯乙烯进口量为40.8万吨，同比降低48.4%。10月进口量最大，为8.5万吨，占全年进口量的20.9%。3月进口量最小，仅1.5吨。2024年国内苯乙烯内供仍有小幅增长，货源相对充裕，进口货源继续减少。

2024年中国苯乙烯月度进口量价变化趋势见图7-5。

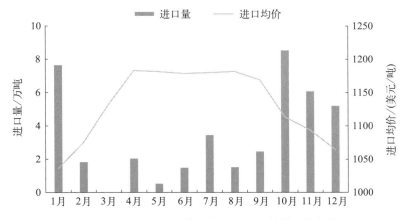

图 7-5　2024 年中国苯乙烯月度进口量价变化趋势

图中3月价格按另外11个月均价来作做图参考。因3月仅进口1.532吨，均价为3597.26美元/吨，实际意义不大，但对市场价格图影响极大

2020—2024年中国苯乙烯进口量呈现逐年下降趋势。2020年进口量283万吨，为5年间最高。2021—2024年国内苯乙烯产能大幅扩增，国产自给率逐年提升，进口量逐年降低。

2020—2024年中国苯乙烯进口量变化趋势见图7-6。

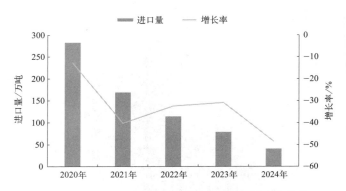

图 7-6　2020—2024 年中国苯乙烯进口量变化趋势

7.3　中国苯乙烯消费现状分析

7.3.1　苯乙烯消费趋势分析

7.3.1.1　2024 年苯乙烯月度消费趋势分析

2024年中国苯乙烯消费总量为1584.1万吨，同比下降1.0%。按月度分析，苯乙烯消费量呈窄幅震荡态势。2月自然日较少，又适逢春节长假，苯乙烯消耗明显减量，成为消费量低点。自3月份开始，苯乙烯和下游装置短时检修增多，下游呈现强刚需而现货需求较弱的格局，总体消费量呈现小幅震荡波动的态势。下半年苯乙烯消费量保持较高位置，消费情况整体好于上半年。

2024年中国苯乙烯月度消费量及价格变化趋势见图7-7。

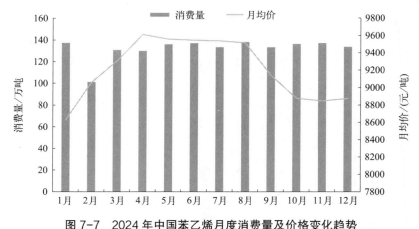

图 7-7　2024 年中国苯乙烯月度消费量及价格变化趋势

7.3.1.2　2020—2024 年苯乙烯年度消费趋势分析

2020—2024年中国苯乙烯消费量先增后减，五年年均复合增长率为5.47%。2020—2023年苯乙烯下游产能持续增加，其产量也呈增长态势，对苯乙烯的消费量也在提升。而2024年下游产品盈利状况大多不佳，市场运营压力增大，对苯乙烯需求整体小幅缩量。

2020—2024年中国苯乙烯年度消费变化趋势见图7-8。

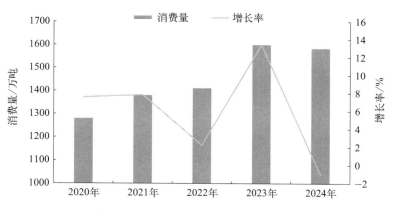

图7-8 2020—2024年中国苯乙烯年度消费变化趋势

7.3.2 苯乙烯消费结构分析

7.3.2.1 2024年苯乙烯消费结构分析

苯乙烯用途广泛，下游行业较多。2024年国内苯乙烯需求仍主要来自可发性聚苯乙烯（EPS）、聚苯乙烯（PS）和ABS生产，其合计消费量占苯乙烯总消费量的73.6%。其中，PS生产仍居于苯乙烯消费量首位，占比达26.8%；EPS居第二位，占比25.0%；ABS位于第三，占比21.8%。苯乙烯消费仍以硬胶下游为主，且暂无新增产品需求。

2024年中国苯乙烯下游消费构成见图7-9。

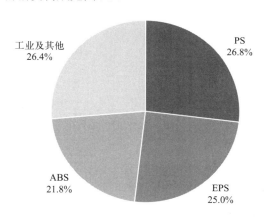

图7-9 2024年中国苯乙烯下游消费构成

7.3.2.2 2020—2024年苯乙烯消费结构分析

苯乙烯下游行业主要有PS、ABS、EPS、UPR、SBS、SBR、SBL、SIS、SEBS等。其中，PS、EPS、ABS为传统的苯乙烯三大下游。在监测范围内的下游企业中，近五年对苯乙烯需求呈逐年递增趋势，而主流三大下游需求也呈现小幅递增趋势。2024年，由于PS新增产能较多，叠加其生产投料中苯乙烯单吨消耗占比最多，苯乙烯消费量同比增长8%，导致PS对苯乙烯消费占比增幅最明显；EPS对苯乙烯的消费量同比增长4.8%，但是ABS及其他领域的苯乙烯消费量同比下降较明显。

2020—2024年中国苯乙烯下游消费变化趋势见图7-10。

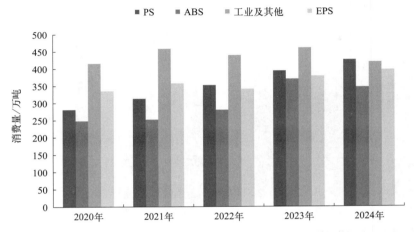

图 7-10　2020—2024 年中国苯乙烯下游消费变化趋势

7.3.3　苯乙烯出口趋势分析

2024年国内苯乙烯出口量为24.8万吨，较2023年减少32.2%。其中5月因国外苯乙烯装置检修较多，且国外苯乙烯价格远高于国产苯乙烯价格，导致中国产苯乙烯成为国外市场苯乙烯缺口的临时补充，当月出口量为年内最高，达7.46万吨；10月、11月，内外盘价差不适宜国产苯乙烯出口，出口量均在千吨以下。

2024年中国苯乙烯月度出口量价变化趋势见图7-11。

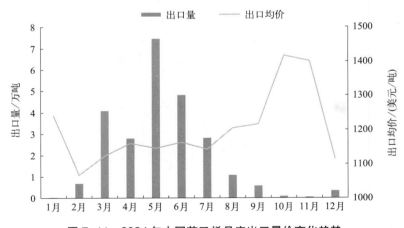

图 7-11　2024 年中国苯乙烯月度出口量价变化趋势

2020—2024年中国苯乙烯出口量呈先增后减趋势，2020年苯乙烯满足内需为主，出口处于初期试探，渠道欠缺，出口较少。2021—2023年中国苯乙烯产能高速增长，同期海外苯乙烯装置受天气及成本影响，检修相对频繁，叠加中国内供趋向饱和，外销需求提升，且人民币货源出现一定价格优势，从而促使中国苯乙烯出口增长较快。但是，国际市场竞争激烈，中国苯乙烯出口之路坎坷，2023年、2024年中国出口苯乙烯量下滑。

2020—2024年中国苯乙烯出口量变化趋势见图7-12。

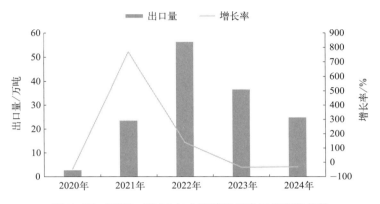

图 7-12　2020—2024 年中国苯乙烯出口量变化趋势

7.4　中国苯乙烯价格走势分析

2024年国内苯乙烯市场呈先涨后跌的倒"V"走势，年均价为9211.9元/吨，较2023年增加799.6元/吨，增幅达9.5%。其中，年内最低点出现在1月上旬，为8280元/吨；最高点在5月底，为9880元/吨，年内最大振幅19.02%。

2024年上半年，苯乙烯市场需求恢复虽然不及预期，但在原油价格持续上涨及强劲的成本逻辑的共同推动下苯乙烯价格呈现出震荡上行的趋势。2024年下半年，苯乙烯市场价格震荡下行，价格下跌阶段，除了油价、纯苯价格下降带来的成本端走弱外，在新装置投产延期、持续去库存以及需求稳定增长等因素支撑博弈下，苯乙烯价格下跌过程相对较平缓。

2020—2024年华东市场苯乙烯价格变化趋势见图7-13。

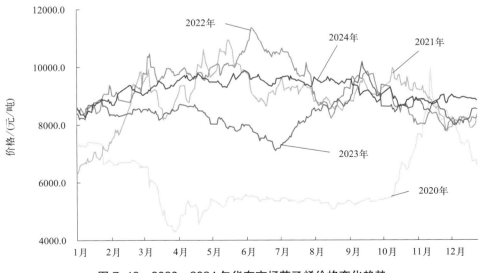

图 7-13　2020—2024 年华东市场苯乙烯价格变化趋势

华东市场及CFR中国2024年苯乙烯月均价及2020—2024年年均价分别见表7-4和表7-5。

表 7-4   2024 年中国苯乙烯月均价格

月份	华东均价 /（元 / 吨）	CFR 中国 /（美元 / 吨）
1 月	8631.9	1060.9
2 月	9059.4	1119.6
3 月	9306.4	1149.1
4 月	9612.3	1173.8
5 月	9559.8	1159.2
6 月	9546.8	1139.8
7 月	9539.6	1126.9
8 月	9516.7	1142.7
9 月	9141.2	1099.7
10 月	8876.8	1072.6
11 月	8848.3	1024.3
12 月	8874.0	1015.5

表 7-5   2020—2024 年华东市场苯乙烯年均价格

年份	2020 年	2021 年	2022 年	2023 年	2024 年
华东均价 /（元 / 吨）	6073.3	8896.1	9304.6	8412.3	9211.9

7.5   中国苯乙烯生产毛利走势分析

苯乙烯企业按生产原料来源分为一体化装置企业（即所有生产原料均为自供）和非一体化装置企业（即生产原料有外采）。2024年，一体化装置企业理论产销盈利增加，而非一体化装置企业理论产销盈利下降。根据年内数据分析，非一体化装置企业的生产毛利多数时间处于亏损状态，甚至在传统的"金九"旺季，苯乙烯理论产销仍维持亏损态势。2024年一体化装置企业生产毛利理论上均保持在950元/吨以上。

2024年中国不同原料来源苯乙烯生产毛利对比见图7-14。

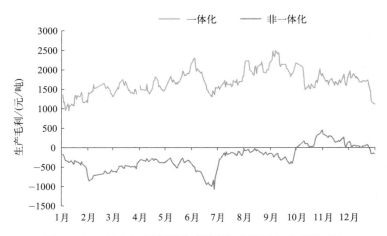

图 7-14   2024 年中国不同原料来源苯乙烯生产毛利对比

中国苯乙烯生产企业2024年月均生产毛利及2020—2024年年均生产毛利分别见表7-6和表7-7。

表 7-6 2024 年中国苯乙烯月均生产毛利

单位：元/吨

月份	一体化装置	非一体化装置
1 月	1196.8	−378.4
2 月	1481.3	−693.2
3 月	1515.8	−514.4
4 月	1551.6	−334.3
5 月	1825.8	−377.6
6 月	1711.4	−775.5
7 月	1643.3	−194.7
8 月	2054.4	−107.3
9 月	2153.5	−270.0
10 月	1704.6	185.0
11 月	1694.7	200.7
12 月	1648.7	10.8

表 7-7 2020—2024 年中国苯乙烯年均生产毛利

单位：元/吨

年份	2020 年	2021 年	2022 年	2023 年	2024 年
一体化装置	1105.5	2548.5	998.1	847.2	1682.1
非一体化装置	426.0	148.4	−197.7	−134.0	−261.9

7.6 2025—2029 年中国苯乙烯发展预期

7.6.1 苯乙烯供应趋势预测

7.6.1.1 2025—2029 年苯乙烯拟在建 / 退出产能统计

据调研，2025—2029 年中国拟在建苯乙烯项目累计产能达到510 万吨（计划投产时间仅供参考）。拟在建项目中，苯乙烯产能在 40 万吨/年及以上的有 8 个，占拟在建项目总产能的95.5%，拟在建项目主要分布在华东地区，其次是东北和华南地区。

2025—2029 年中国苯乙烯新增产能统计见表7-8。

表 7-8 2025—2029 年中国苯乙烯新增项目统计

企业简称	产能/（万吨/年）	预计投产时间	地址
山东中泰石化	67	2025 年	山东
山东万华	3	2025 年上半年	山东

续表

企业简称	产能 /（万吨 / 年）	预计投产时间	地址
山东裕龙岛石化	50	2025 年 1 月	山东
山东菏泽中信	20	2025 年	山东
吉林石化	60	2025 年四季度	吉林
中油广西石化	60	2026 年一季度	广西
中海壳牌三期	90	2027 年	广东
华锦阿美	70	2027 年	辽宁
东明盛海	45	2028 年	山东
福建海泉	45	2029 年	福建
合计	510		

7.6.1.2　2025—2029 年苯乙烯产能趋势预测

未来五年随着炼化项目陆续投放，国内苯乙烯产能预期仍有增长，预计 2025—2029 年中国苯乙烯产能复合增速在 2.4%。刺激新产能投放的因素，一方面是现有苯乙烯一体化装置良好的产销盈利；另一方面是苯乙烯成熟的生产工艺以及完整的产业结构，是大炼化项目中优秀的下游配套选项。随着供应饱和甚至过剩，预计未来国内苯乙烯产能增速有所下降，预期 2025—2029 年苯乙烯新投产能陆续释放完毕后，2029 年国内苯乙烯产能或将达峰。

2025—2029 年中国苯乙烯产能趋势预测见图 7-15。

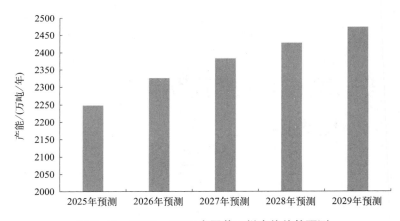

图 7-15　2025—2029 中国苯乙烯产能趋势预测

注：考虑拟在建/扩建装置投建时间以及兑现情况的不确定性，上图数据较拟在建统计表数据有所修正

2025—2029 年中国苯乙烯产量复合增速将达到 1.6%，低于产能复合增速。产能产量预测增长率出现偏差的主要原因有两点，一方面受装置投产时间所致，装置利用并非全年；另一方面预计苯乙烯产品逐步进入过剩周期，企业产销盈利状况大概率将恶化，部分企业亏损或常态化，可能采取停车或限产措施。预计 2025—2029 年产能、产量虽递增，然而产能利用率将有所下降。

2025—2029 年中国苯乙烯产量及产能利用率趋势预测见图 7-16。

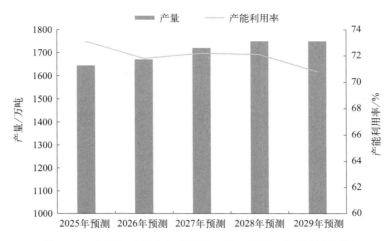

图 7-16　2025—2029 年中国苯乙烯产量及产能利用率预测

7.6.2　苯乙烯消费趋势预测

目前，中国苯乙烯下游主要集中在工程塑料领域，三大主要下游是：EPS、PS 及 ABS，三者合计消费量保持占苯乙烯总消费量的70%以上。2025—2029年国内三大主要下游产品产能均将递增，其中 EPS、PS 及 ABS 项目预投计划相对集中在2025年。但产能持续增长导致未来供需有失衡可能，部分预投计划或有可能延期。预期到2029年 EPS、PS、ABS 对苯乙烯需求量将分别增至427.8万吨、490.1万吨、387.5万吨，仍是苯乙烯需求面的主体支撑。其余苯乙烯下游产品整体产能增幅明显低于三大主要下游。

2025年和2029年中国苯乙烯主要下游需求量预测见图7-17。

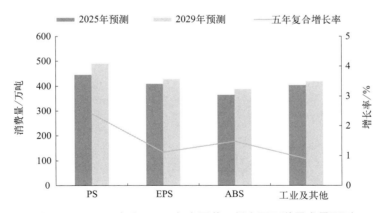

图 7-17　2025 年和 2029 年中国苯乙烯主要下游需求量预测

7.6.3　苯乙烯供需格局预测

预计2025年国内苯乙烯产量将新增81.2万吨达到约1644万吨，是全球苯乙烯贸易中最关键的一环。从供应端或需求端来看，中国苯乙烯市场的蓬勃发展，将加快全球苯乙烯供需格局的转变，进一步提升中国在全球苯乙烯市场的定价权。

预计未来五年国内苯乙烯产量年均复合增速为1.6%，国内下游需求量复合增长率为1.5%。

考虑到上下游装置投产时间不匹配，预计下游需求增速慢于苯乙烯产量增速，届时中国苯乙烯市场现货供应量将稳步提升，对外依存度逐年下降。

2025—2029年中国苯乙烯供需预测见表7-9。

表 7-9   2025—2029 年中国苯乙烯供需预测

单位：万吨

时间	产量	进口量	总供应量	下游消费量	出口量	总需求量
2025 年预测	1644	25	1669	1624	36	1660
2026 年预测	1670	25	1695	1656	38	1694
2027 年预测	1720	20	1740	1697	40	1737
2028 年预测	1750	20	1770	1725	43	1768
2029 年预测	1750	20	1770	1724	45	1769

第 8 章

苯酚

2024 年度
关键指标一览

类别	指标	2024 年	2023 年	涨跌幅	2025 年预测	预计涨跌幅
价格	华东均价 /（元 / 吨）	7914.2	7733.5	2.3%	8000.0	1.1%
供需	产能 /（万吨 / 年）	639.0	632.0	1.1%	747.0	16.9%
	产量 / 万吨	542.6	424.3	27.9%	584.0	7.6%
	产能利用率 /%	84.9	67.1	17.8 个百分点	78.2	−6.7 个百分点
	下游消费量 / 万吨	552.0	449.6	22.8%	589.0	6.7%
进出口	进口量 / 万吨	25.0	36.7	−31.9%	20.0	−20.0%
	出口量 / 万吨	7.6	2.9	162.1%	8.0	5.3%
库存	港口库存量 / 万吨	1.4	1.8	−22.2%	1.2	−14.3%
毛利	生产毛利 /（元 / 吨）	−376.6	2.1	−18033.3%	−386.0	−2.5%

8.1　中国苯酚供需分析

2020—2024年中国苯酚供需快速增长，产量年均复合增速为23.0%，消费量年均复合增长率为16.5%。中国苯酚产量随着产能的增加而增长，2023年苯酚产能高速扩增，部分新产能在2024年释放产量，以至于2023年苯酚产能增速高于产量增速，而2024年恰好相反。苯酚下游需求增长主要来自双酚A领域，而酚醛树脂行业供需基本平衡，对苯酚需求增速放缓。

2020—2024年中国苯酚供需变化见表8-1。

表 8-1　2020—2024 年中国苯酚供需变化

单位：万吨

时间	产量	进口量	总供应量	下游消费量	出口量	总需求量
2020 年	237.0	71.0	308.0	299.4	1.6	301.0
2021 年	320.8	52.2	373.0	351.7	13.5	365.2
2022 年	345.0	40.9	385.9	373.5	3.6	377.1
2023 年	424.3	36.7	461.0	449.6	2.9	452.5
2024 年	542.6	25.0	567.6	552.0	7.6	559.6

8.2　中国苯酚供应现状分析

8.2.1　苯酚产能趋势分析

8.2.1.1　2024 年苯酚产能及新增产能统计

2024年中国苯酚产能增速放缓，截至年底全国总产能达到639万吨/年，同比增长1.1%。全行业仅1套装置技改扩能新增年产能7万吨/年。

2024年中国苯酚新增产能统计见表8-2。

表 8-2　2024 年中国苯酚新增产能统计

生产企业	地址	企业形式	产能 /（万吨 / 年）	工艺类型	装置投产时间	下游配套
万华化学集团股份有限公司	山东烟台	国企	7	异丙苯	2024 年 8 月	双酚 A
合计			7			

8.2.1.2　2024 年苯酚主要生产企业生产状况

2024年，中国苯酚总产能639万吨/年，产能前十位的企业合计产能达440万吨/年，占全国总产能的68.9%。全国所有酚酮生产装置均采用异丙苯法生产工艺。从区域分布来看，产能前十的企业中，华东地区有8家。华东地区交通便利，是苯酚货源的主产区和主销区，货物除区域内消化外，可流向河南、河北等地，此外，华东地区生产企业具备沿海的便利优势，便于进出口及内贸船货操作。

2024年中国苯酚生产企业产能统计见表8-3。

表 8-3　2024 年中国苯酚生产企业产能统计

企业名称	省市	简称	产能 /（万吨 / 年）
浙江石油化工有限公司	浙江舟山	浙石化	80
万华化学集团股份有限公司	山东烟台	万华化学	47

企业名称	省市	简称	产能/（万吨/年）
惠州忠信化工有限公司	广东惠州	惠州忠信	45
利华益维远化学股份有限公司	山东东营	利华益维远	44
江苏瑞恒新材料科技有限公司	江苏连云港	江苏瑞恒	40
盛虹炼化（连云港）有限公司	江苏连云港	盛虹炼化	40
恒力石化（大连）新材料科技有限公司	辽宁大连	大连恒力	40
台化兴业（宁波）有限公司	浙江宁波	宁波台化	39
西萨化工（上海）有限公司	上海	上海西萨	35
长春化工（江苏）有限公司	江苏苏州	长春化工	30
上海中石化三井化工有限公司	上海	中石化三井	25
中沙（天津）石化有限公司	天津	天津石化	22
中海壳牌石油化工有限公司	广东惠州	中海壳牌	22
黑龙江省龙江化工有限公司	黑龙江大庆	龙江化工	22
实友化工（扬州）有限公司	江苏扬州	扬州实友	20
青岛海湾集团有限公司	山东青岛	青岛海湾	20
中国石化集团北京燕山石油化工有限公司	北京	燕山石化	18
广西华谊新材料有限公司	广西钦州	广西华谊	17
中国石化上海高桥石油化工有限公司	上海	上海高桥	15
中国石油天然气股份有限公司吉林石化分公司	吉林吉林	吉林石化	9
中国蓝星哈尔滨石化有限公司	黑龙江哈尔滨	蓝星哈尔滨	9
合计			639

8.2.1.3 2020—2024 年苯酚产能趋势分析

2020—2024 年中国苯酚产能快速发展，复合增长率为 17.4%，产能增长主要集中在 2020 年、2022 年和 2023 年。其中 2023 年新增产能高达 211 万吨/年，同比增长 50.1%。民营大炼化企业是这一阶段新增产能的主力，新增产能集中于华东地区。生产企业不断寻求向下游延伸，形成产业链配套以提升自身的竞争优势，使得中国苯酚一体化程度逐年提升。

2020—2024 年中国苯酚产能变化趋势见图 8-1。

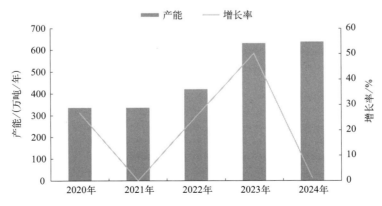

图 8-1 2020—2024 年中国苯酚产能变化趋势

8.2.2　苯酚产量及产能利用率趋势分析

8.2.2.1　2024 年苯酚产量及产能利用率趋势分析

2024年中国苯酚全年总产量为542.6万吨，同比增长27.9%，月均产量提升至45.2万吨，产能利用率则同比增长17.8个百分点至84.9%。

2024年一季度受2023年四季度新投产装置产能释放带动，苯酚产量环比增长24.8%至137.0万吨；二季度国内酚酮装置迎来集中检修期，产量环比下降9.0个百分点，为124.6万吨；三季度国内酚酮装置受开停及开工负荷调整影响，产量环比增长8.2%；四季度检修损失量减少，产量较高，达146.3万吨。

2024年中国苯酚月度产量及产能利用率变化趋势见图8-2。

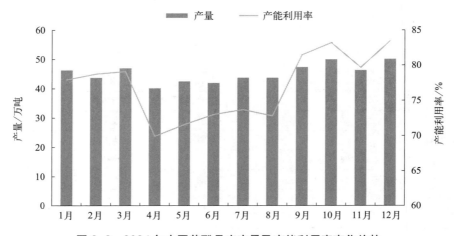

图 8-2　2024 年中国苯酚月度产量及产能利用率变化趋势

8.2.2.2　2020—2024 年苯酚产量及产能利用率趋势分析

2020—2024年，中国苯酚产量随着产能的增加而自然增长，2023年苯酚产能扩增加速，部分新产能释放量在2024年，故2023年苯酚产能增速高于产量增速，产能利用率被拉低；2024年苯酚新增产能7万吨/年，产量增速高于产能增速，年度产能利用率明显提升。

2020—2024年中国苯酚产量及产能利用率变化趋势见图8-3。

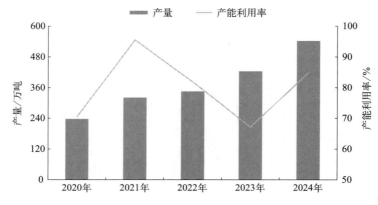

图 8-3　2020—2024 年中国苯酚产量及产能利用率变化趋势

8.2.3 苯酚供应结构分析

8.2.3.1 2024年苯酚分区域供应结构分析

2024年，中国苯酚产能区域分布较为集中，华东地区苯酚总产能435万吨/年，全国占比最大，为68.1%；其次是华南地区，苯酚产能84万吨/年，占比13.1%；排第三位的是东北地区，苯酚产能80万吨/年，占比12.5%；华北地区苯酚产能为40万吨/年，占比为6.3%；西南、西北、华中地区苯酚生产空白。

2024年中国苯酚分区域产能分布见图8-4。

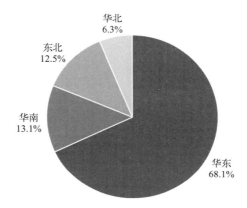

图 8-4　2024 年中国苯酚分区域产能分布

8.2.3.2 2024年苯酚分企业类型供应结构分析

2024年，中国苯酚生产企业按企业性质分，民营企业总产能204万吨/年，占比31.9%，其中浙石化苯酚产能最大，达到80万吨/年；国有企业总产能197万吨/年，占比30.8%，其中中国石化总产能55万吨/年，所产苯酚由其销售公司进行统销；外资企业苯酚总产能169万吨/年，占比26.5%，近年来外资企业无新装置投产，上海西萨装置技改扩能成为外资企业产能的唯一增长点；合资企业苯酚产能稳定在69万吨/年，占比10.8%。

2024年中国苯酚分企业类型产能构成见图8-5。

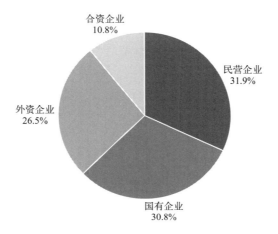

图 8-5　2024 年中国苯酚分企业类型产能构成

8.2.4　苯酚进口趋势分析

8.2.4.1　2024 年苯酚进口分析

2024年，中国苯酚进口量为25.0万吨，同比减少31.9%。按月度分析，2—4月为明显的低谷期，主要因为沙特拉比格酚酮装置检修期间，长协船货暂不供应；5月长约船货正常抵达，部分船运货物延迟抵港，于6月初补充；后因装置运行不稳、装船或船运延迟等影响，导致7月和9月无货物补充，7月进口量创年内最低；10月进口船货集中抵达，进口大增。从进口均价来看，与国内市场价格走势趋同性不强，主要因为进口货物的操作周期长，且可进行美元或转出口操作。

2024年中国苯酚月度进口量价变化趋势见图8-6。

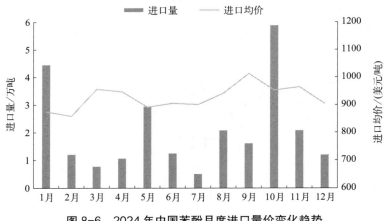

图 8-6　2024 年中国苯酚月度进口量价变化趋势

8.2.4.2　2020—2024 年苯酚进口分析

2020—2024年中国苯酚进口量年均增长率为−23.0%。近五年来，中国苯酚供需同步增长，国产苯酚话语权不断提升，供应缺口收窄，进口量呈逐年下降趋势。中国苯酚进口量在2020年增长至71.0万吨后逐年递减，随着中国新增扩能步伐加快，国内供应增量，海外可用于向中国出口的潜在货物减少。中国苯酚产能增速领先于全球其他国家，产量增速远超海外苯酚进口量增速，进口依存度连续四年下降。

2020—2024年中国苯酚进口量变化趋势见图8-7。

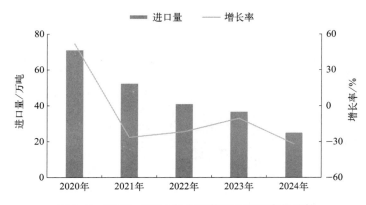

图 8-7　2020—2024 年中国苯酚进口量变化趋势

8.3 中国苯酚消费现状分析

8.3.1 苯酚消费趋势分析

8.3.1.1 2024年苯酚消费趋势分析

2024年,中国苯酚消费量在1月维持高位后,2—8月呈现消费低谷期。其中2月属于自然日少的正常反应,3月双酚A生产所消费的苯酚虽有增量,然而下游在春节后需求复苏缓慢,整体需求并未有效复苏。4月双酚A装置集中检修,拉低对苯酚的需求。6—8月双酚A领域的需求未有较大波动,酚醛树脂领域迎来高温淡季,周期内消费量变化较为平缓。9—10月,双酚A生产整体运行水平提升,对苯酚消费呈增长趋势。11—12月,部分双酚A装置停车检修操作,消费量有所下降。

2024年中国苯酚月度表观消费量及价格变化趋势见图8-8。

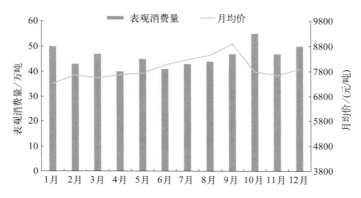

图8-8 2024年中国苯酚月度表观消费量及价格变化趋势

8.3.1.2 2020—2024年苯酚消费趋势分析

2020—2024年,中国苯酚年度消费量呈逐年递增趋势,年均复合增长率在16.5%。随着一体化进程加快,中国苯酚消费量增速明显,2024年中国苯酚消费量增速为五年内最快,同比增长22.8%,达到552.0万吨。2021年苯酚两大主要下游双酚A和酚醛树脂行业均有新增扩能,下游消费增速加快;2022—2024年酚醛树脂领域新增产能放缓,双酚A新装置大多配套酚酮装置投产,对苯酚的需求增量贡献较大。

2020—2024年中国苯酚年度消费变化趋势见图8-9。

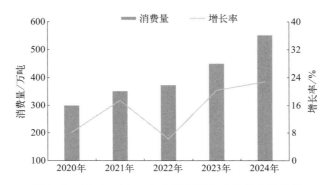

图8-9 2020—2024年中国苯酚年度消费变化趋势

8.3.2   苯酚消费结构分析

8.3.2.1   2024年苯酚消费结构分析

2024年，中国双酚A新增产能总计105.6万吨/年，全年对苯酚的消费量占比提升至66.7%；酚醛树脂供需基本平衡，对苯酚需求增量有限，消费占比略有下降；环己酮领域，因上半年苯酚价格持续低于纯苯价格，拉动对苯酚的需求增长，对苯酚需求占比提升至5.8%；其他下游领域对苯酚需求变量不大，占比波动较小。

2024年中国苯酚下游消费构成见图8-10。

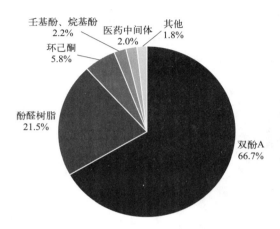

图 8-10   2024年中国苯酚下游消费构成

8.3.2.2   2020—2024年苯酚消费结构分析

中国苯酚两大主要下游为双酚A和酚醛树脂，此外苯酚还用于环己酮、壬基酚、烷基酚、医药中间体及其他领域。双酚A是苯酚下游中占比最大、需求增速较快的品种，承担了近年来苯酚消费端增长的主力，其产能在2022—2024年高速发展，对苯酚的消费量增长最大，2024年在苯酚需求占比中超过65%。酚醛树脂作为苯酚第二大下游，在2020年行业扩增后新增速度放缓，目前已然是供需平衡状态，产能扩增主要集中在龙头企业，小型企业面临被整合的风险。

2020—2024年中国苯酚下游消费变化趋势见图8-11。

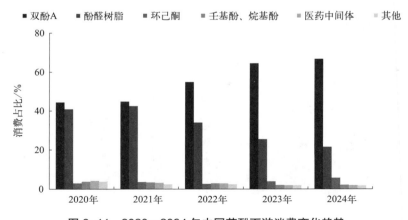

图 8-11   2020—2024年中国苯酚下游消费变化趋势

8.3.3 苯酚出口趋势分析

2024年中国苯酚出口量7.6万吨，同比增长162.1%。出口量高峰出现于6月份，单月出口1.9万吨；10月出口量为年内最低，不足0.1万吨；1月、3月和4月出口量也相对偏低，围绕0.1万～0.2万吨波动。从出口均价来看，与国内市场价格走势趋同性不强，一般出口操作需要考虑运输等问题，存在一定的时间差。

2024年中国苯酚月度出口量价变化趋势见图8-12。

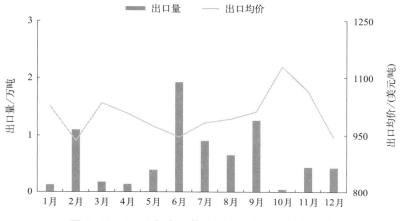

图 8-12 2024 年中国苯酚月度出口量价变化趋势

2020—2024年中国苯酚出口量年均增长率为47.6%，苯酚出口操作规律性不强。2021年欧美极寒天气影响下，印度转向欧美出口苯酚，导致其国内苯酚短缺，中国苯酚借机大量出口至印度，在自然灾害影响下，中国出口量创历史高位。之后中国苯酚出口恢复常态，2023年中国苯酚新增产能211万吨/年，并于2024年完全释放，国内供应增速加快，促进出口目的地扩增和出口量增长。

2020—2024年中国苯酚出口量变化趋势见图8-13。

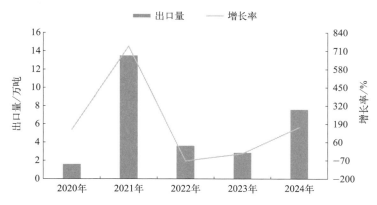

图 8-13 2020—2024 年中国苯酚出口量变化趋势

8.4 中国苯酚价格走势分析

2024年，华东市场苯酚价格波动幅度收窄，供需和成本交替成为影响价格的主导因素。华东市场苯酚价格波动区间在7000～9075元/吨，振幅28%。年度价格高点出现于9月，低点出现于1月。年均价格7914元/吨，相较于2023年的年度均价7734元/吨，上涨180元/吨，涨幅为2.3%。

2024年国内苯酚产量增速高，主要因为2023年新增扩能多，其中四季度新增的109万吨/年产能于2024年一季度集中释放，酚酮与双酚A装置投产错配，阶段性供应充裕导致价格跌多涨少。二季度虽迎来酚酮装置集中检修期，但需求不振，苯酚价格难以在8000元/吨上方站稳。6月下旬起，下游双酚A大户招标频率增加、苯酚进口船货减少、内贸船货抵港多有延迟，现货供应偏紧，苯酚价格一路推升至9000元/吨以上。后期因终端向下转嫁高价不畅，苯酚行情回落并围绕7500～8000元/吨区间波动。10月下旬至11月上旬期间，远洋船货补充量较多，业者心态受挫，苯酚价格出现超跌行情。后期因很多内贸船货延迟抵港，进口船货补充量减少，现货供应趋紧，苯酚价格恢复涨势。

2020—2024年华东市场苯酚价格变化趋势见图8-14。

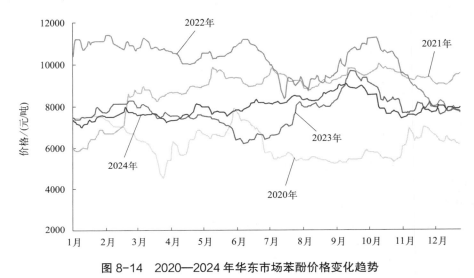

图 8-14　2020—2024 年华东市场苯酚价格变化趋势

华东市场苯酚2024年月均价及2020—2024年年均价分别见表8-4和表8-5。

表 8-4　2024 年华东市场苯酚月均价汇总

月份	1月	2月	3月	4月	5月	6月	7月	8月	9月	10月	11月	12月
价格/（元/吨）	7314	7654	7535	7668	7730	8057	8269	8451	8899	7788	7649	7892

表 8-5　2020—2024 年华东市场苯酚年均价汇总

年份	2020年	2021年	2022年	2023年	2024年
价格/（元/吨）	6228.1	8859.1	10022.9	7733.5	7914.2

8.5　中国苯酚生产毛利走势分析

2024年酚酮价格走势弱于成本，异丙苯法成本12652.4元/吨，环比上涨8.6%，盈利走势表现趋弱，生产毛利为−376.6元/吨，而2023年生产毛利为2.1元/吨。2024年，酚酮生产处于负盈利状态，年度酚酮新增扩张步伐虽有放缓，但2023年新增产能完全释放，导致产量增速超过产能，供需表现偏弱。苯酚价格近8个月时间低于主原料纯苯价格，丙酮价格阶段性超越苯酚以补偿亏损。下半年重新回到"苯酚＞纯苯/丙酮"的正轨，而丙酮价格跌幅超过2000元/吨后震荡，酚酮企业生产毛利转盈利时间较为短暂，亏损仍占据主导。

2024年中国酚酮企业生产成本及毛利对比走势见图8-15。

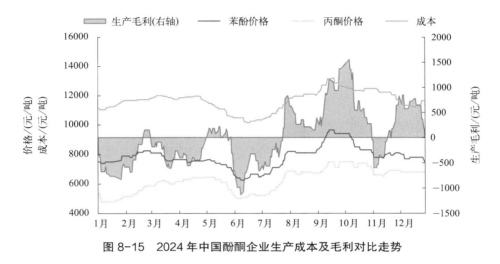

图8-15　2024年中国酚酮企业生产成本及毛利对比走势

中国异丙苯法酚酮2024年月均生产毛利及2020—2024年年均生产毛利分别见表8-6和表8-7。

表 8-6　2024年酚酮月均毛利汇总

月份	1月	2月	3月	4月	5月	6月	7月	8月	9月	10月	11月	12月
生产毛利/(元/吨)	−326	−702	−674	−584	−338	−552	−118	−247	−119	−381	−255	−330

表 8-7　2020—2024年酚酮年均毛利汇总

年份	2020年	2021年	2022年	2023年	2024年
生产毛利/(元/吨)	2154.6	971	737.6	2.1	−376.6

8.6　2025—2029年中国苯酚发展预期

8.6.1　苯酚供应趋势预测

8.6.1.1　苯酚拟在建/退出产能统计

据调研，未来五年苯酚行业拟在建项目合计产能为235万吨/年，其中规模为40万吨/年的项目有3个。新建项目集中于华东和东北地区，在华中也有1个项目。2025—2028年新增产能将集中投放，且多数项目配套下游进行一体化延伸。2029年暂无新建项目计划报出。根据行业供需演变及盈利变化，中国苯酚产能或转向低速发展期。

2025—2029年中国苯酚新增产能统计见表8-8。

表 8-8　2025—2029 年中国苯酚新增产能统计

地区	省市	企业名称	产能/(万吨/年)	工艺	投产时间
华东	浙江宁波	中石化宁波镇海炼化有限公司	40	异丙苯法	2025 年
华东	山东东营	山东富宇化工有限公司	15	异丙苯法	2025 年
东北	辽宁大连	恒力石化（大连）新材料科技有限公司	9	异丙苯法	2025 年
东北	吉林	中国石油天然气股份有限公司吉林石化分公司	22	异丙苯法	2025 年
华东	山东淄博	山东睿霖高分子材料有限公司	22	异丙苯法	2025 年
华东	浙江宁波	荣盛新材料（舟山）有限公司	40	异丙苯法	2026 年
华中	湖南岳阳	中石化湖南石油化工有限公司	22	异丙苯法	2026 年
华东	福建漳州	福建中沙石化有限公司	25	异丙苯法	2027 年
东北	黑龙江哈尔滨	江苏三木集团有限公司	40	异丙苯法	2028 年
合计			235		

8.6.1.2　2025—2029 年苯酚产能趋势预测

2025—2029 年中国苯酚新建项目产能合计 235 万吨/年，年均复合增长率预计在 4.0%，较过去五年复合增长率下降 13.4 个百分点。

未来五年苯酚新增产能集中于 2025—2028 年，2029 年增速将放缓。2025—2028 年，预计苯酚年度产能增速在 3%～17% 之间。2025 年，大连恒力技改扩能，镇海炼化、富宇化工、吉林石化和山东睿霖项目集中投产，将成为未来五年的扩产高峰年，预计 2025 年新增产能占年底总产能的 14.5%。

2025—2029 年中国苯酚产能预测见图 8-16。

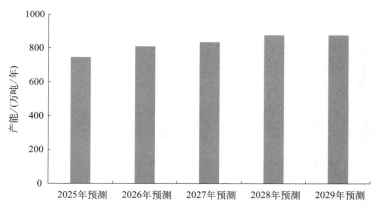

图 8-16　2025—2029 年中国苯酚产能预测

2025—2029 年中国苯酚产量平均增速预计达到 6.0%，高于产能平均增速。预测的产能与产量增长率出现偏差的主要原因是新装置投产时间存在不确定性，部分装置产能利用率未覆盖全年，此外还需考虑企业计划内与计划外检修，以及装置开工变化等影响，预计 2029 年全国苯酚总产量达到 737 万吨。

2025—2029年苯酚中国产量及产能利用率趋势预测见图8-17。

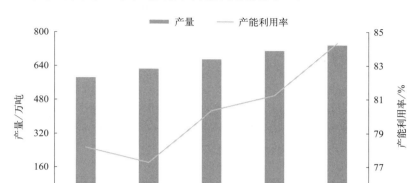

图 8-17　2025—2029 年苯酚中国产量及产能利用率趋势预测

8.6.2　苯酚消费趋势预测

预计未来五年中国苯酚消费量稳步增长。随着产业链一体化进程发展，新酚酮装置多配套下游双酚A，双酚A将提供最大消费增量，增幅在产业链内处于偏高水平，在苯酚消费中占比略有提升。未来五年，预计国内苯酚供需关系逐步转向平衡状态，进口合约或保持一定常量影响国内苯酚市场价格变化，出口竞争压力较大，预计2025—2029年中国苯酚消费量变化依旧以国内消费变化为主。

2025年和2029年中国苯酚主要下游消费量预测见图8-18。

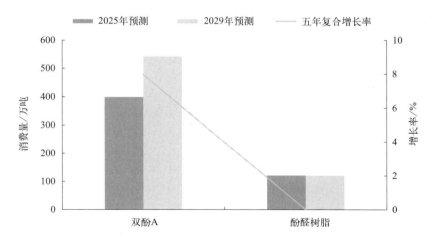

图 8-18　2025 年和 2029 年中国苯酚主要下游消费量预测

8.6.3　苯酚供需格局预测

未来五年，苯酚行业一体化趋势愈加明显，产量年均增速在6.0%，下游需求年均增速在5.6%。结合上下游投产周期看，2025—2028年苯酚主要下游双酚A扩能增速高于苯酚，平衡两者之间行业装置运行率，供需整体呈稳步增长趋势，至2028年苯酚市场逐步进入供需平衡状态。

预计至2029年，国内苯酚产量有望增至737万吨，下游消费量有望增至733万吨，消费量增量较产量增量少13万吨，意味着国内理论供应缺口缩小，苯酚净进口量预期逐年下降，市场向供过于求过渡。

2025—2029年中国苯酚供需预测见表8-9。

表 8-9　2025—2029 年中国苯酚供需预测

单位：万吨

时间	产量	进口量	总供应量	下游消费量	出口量	总需求量
2025 年预测	584	20	604	589	8	597
2026 年预测	625	18	643	628	8	636
2027 年预测	670	16	686	672	8	680
2028 年预测	710	15	725	710	8	718
2029 年预测	737	12	749	733	8	741

第 9 章

丙酮

2024 年度
关键指标一览

类别	指标	2024 年	2023 年	涨跌幅	2025 年预测	预计涨跌幅
价格	华东均价 /（元 / 吨）	6854.6	6193.5	10.7%	5750.0	−16.1%
供需	产能 /（万吨 / 年）	397.0	391.0	1.5%	464.0	16.9%
	产量 / 万吨	336.8	262.9	28.1%	371.0	10.2%
	产能利用率 /%	84.8	67.2	17.6 个百分点	80.0	−4.8 个百分点
	下游消费量 / 万吨	359.0	292.8	22.6%	386.0	7.5%
进出口	进口量 / 万吨	32.3	42.0	−23.2%	26.0	−19.5%
	出口量 / 万吨	3.5	2.7	29.6%	4.0	14.3%
库存	港口库存量 / 万吨	2.5	2.0	23.2%	2.2	−12.0%
毛利	生产毛利 /（元 / 吨）	−376.6	2.1	−18033.3%	−386.0	−2.5%

9.1　中国丙酮供需分析

2020—2024年中国丙酮供需呈现递增趋势，产量年均复合增速为23.1%，消费量年均复合增长率为14.2%。丙酮产量增速较快的原因主要是产能增长较快。丙酮下游消费领域广泛，其中双酚A、甲基丙烯酸甲酯（MMA）、异丙醇、甲基异丁基酮（MIBK）等下游产业近年来扩能明显，对丙酮消费量增长贡献较大。异丙胺、医药中间体等行业对丙酮的需求也有不同程度的提升，其他行业包括溶剂对丙酮的需求量呈现下降态势。

2020—2024年中国丙酮供需变化见表9-1。

表 9-1　2020—2024 年中国丙酮供需变化

单位：万吨

时间	产量	进口量	总供应量	下游消费量	出口量	总需求量
2020 年	147.2	70.7	217.9	211.5	0.0	211.5
2021 年	198.2	62.3	260.4	245.0	6.6	251.6
2022 年	212.0	71.5	283.5	273.7	0.4	274.1
2023 年	262.9	42.0	304.9	292.8	2.7	295.5
2024 年	336.8	32.3	369.1	359.0	3.5	362.5

9.2　中国丙酮供应现状分析

9.2.1　丙酮产能趋势分析

9.2.1.1　2024 年丙酮产能及新增产能统计

截至2024年底，中国丙酮产能达到397万吨/年，产能同比增长1.5%。产能增长来源于一个丙酮技改扩能项目，新增产能6万吨/年。当年没有明确的淘汰产能。

2024年中国丙酮新增产能统计见表9-2。

表 9-2　2024 年中国丙酮新增产能统计

企业名称	地址	企业形式	产能/（万吨/年）	工艺类型	装置投产时间	下游配套
万华化学集团有限公司	山东烟台	国企	6	异丙苯	2024 年 8 月	双酚 A
合计			6			

9.2.1.2　2024 年丙酮主要生产企业生产状况

截至2024年底，国内丙酮总产能397万吨/年，产能24万吨/年以上的企业有8家，这8家企业合计产能达236万吨/年，占全国丙酮总产能的59.4%。从区域分布看，华东地区丙酮产能最大，华南地区次之，华东地区也是丙酮的主要消费地区。

2024年中国丙酮生产企业产能统计见表9-3。

表 9-3　2024 年中国丙酮生产企业产能统计

企业名称	省市	简称	产能 /（万吨 / 年）
浙江石油化工有限公司	浙江舟山	浙石化	50
惠州忠信化工有限公司	广东惠州	惠州忠信	30
利华益维远化学股份有限公司	山东东营	利华益维远	26
万华化学集团股份有限公司	山东烟台	万华化学	31
恒力石化（大连）有限公司	辽宁大连	恒力石化	25
江苏瑞恒新材料科技有限公司	江苏连云港	江苏瑞恒	25
盛虹炼化（连云港）有限公司	江苏连云港	盛虹炼化	25
台化兴业（宁波）有限公司	浙江宁波	宁波台化	24
西萨化工（上海）有限公司	上海	上海西萨	21
长春化工（江苏）有限公司	江苏苏州	长春化工	18
上海中石化三井化工有限公司	上海	中石化三井	15
中沙（天津）石化有限公司	天津	天津石化	13
中海壳牌石油化工有限公司	广东惠州	中海壳牌	13
黑龙江省龙江化工有限公司	黑龙江大庆	龙江化工	13
实友化工（扬州）有限公司	江苏扬州	扬州实友	12
中国石化集团北京燕山石油化工有限公司	北京	燕山石化	12
青岛海湾化学股份有限公司	山东青岛	青岛海湾	12
广西华谊新材料有限公司	广西钦州	广西华谊	11
中国石化上海高桥石油化工有限公司	上海	上海高桥	9
中国石油天然气股份有限公司吉林石化分公司	吉林吉林	吉林石化	6
中国蓝星哈尔滨石化有限公司	黑龙江哈尔滨	蓝星哈尔滨	6

9.2.1.3　2020—2024 年丙酮产能趋势分析

2020—2024 年，中国丙酮产能复合增长率为 17.8%。2020 年是酚酮装置大型一体化进程发展的初期，浙石化一期 25 万吨 / 年丙酮装置顺利投产，利华益维远二期 13 万吨 / 年丙酮装置投产。

2022—2023 年，随着浙石化二期、万华化学、江苏瑞恒、盛虹炼化、恒力石化等大型一体化酚酮装置陆续投产，中国丙酮生产进入高速发展期，并在 2023 年达到高峰。2023 年丙酮新增产能 132 万吨 / 年。

2024 年丙酮产能增速放缓，新增产能仅 6 万吨 / 年，占总产能的 1.5%，产能增速下降至1.5%。丙酮产能增速在 2023 年达到峰值后转向缓慢期。

2020—2024 年中国丙酮产能变化趋势见图 9-1。

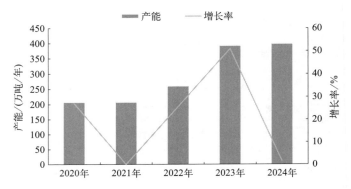

图 9-1　2020—2024 年中国丙酮产能变化趋势

9.2.2 丙酮产量及产能利用率趋势分析

9.2.2.1　2024 年丙酮产量及产能利用率趋势分析

2024 年，中国丙酮总产量达到 336.8 万吨，同比增长 28.1%，月均产量约 28.1 万吨。按月度对比，2024 年全年各月产量均高于 2023 年。产量大幅增长的主要原因是 2023 年高达 132 万吨/年的新增产能在 2024 年得到充分利用。2024 年，随着新装置顺利运行，丙酮产能利用率提升。但其产能利用率变化还受到计划内和突发状况导致装置停车检修及负荷调整的影响。2024 年国内多数丙酮装置保持稳定生产，月度产量呈现持续上升的趋势。仅在 4—8 月因集中检修期间而出现产量、产能利用率的双双回落，其他月份维持相对偏高的负荷运行。

2024 年中国丙酮月度产量及产能利用率变化趋势见图 9-2。

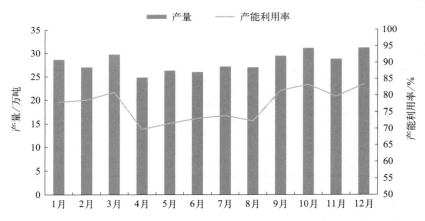

图 9-2　2024 年中国丙酮月度产量及产能利用率变化趋势

9.2.2.2　2020—2024 年丙酮产量及产能利用率趋势分析

2020—2024 年丙酮产量由 147 万吨增长至 336.8 万吨，增幅 129%。受新装置投产及产能释放的影响，产能利用率从 2020 年的 71.5% 增长到 2024 年的 84.8%。

2020—2024 年国内酚酮一体化发展进程加快，一般有新增投产装置集中的年份，产能利用率往往会被拉低，2020 年和 2023 年表现较为明显，酚酮新装置投产时间大多在三四季度，对全年产能利用率影响较大。2024 年丙酮产能增速放缓，行业整体开工相对稳定，产量增速加快，产能利用率提升。

2020—2024年中国丙酮产量及产能利用率变化趋势见图9-3。

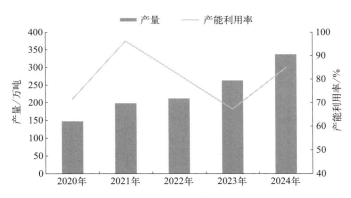

图 9-3　2020—2024 年中国丙酮产量及产能利用率变化趋势

9.2.3　丙酮供应结构分析

9.2.3.1　2024 年丙酮分区域供应结构分析

　　2024年，从国内丙酮产能区域分布看，华东地区仍是国内丙酮产能最集中、增长速度最快的地区，东北、华北、华南地区在近年来扩增步伐加快。从绝对值来看，华东地区丙酮产能位居全国第一，产能占比高达67.5%，该地区是中国丙酮的主要供应地亦是主要消费地，其便利的交通以及良好的水运条件便于原料的输入及产品的输出，新建一体化项目多选址在华东地区。华南地区产能位居全国第二，随着广西华谊和惠州忠信二期装置建成投产，产能占比在13.6%。东北地区，随着恒力石化和龙江化工酚酮一体化装置建成投产，区域内丙酮供应量明显增多，东北地区丙酮产能在全国占比约12.6%。另外6.3%的丙酮产能在华北地区，而华中、西南、西北地区目前还没有丙酮产能。

　　2024年中国丙酮分区域产能分布见图9-4。

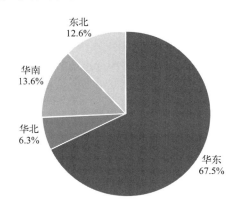

图 9-4　2024 年中国丙酮分区域产能分布

9.2.3.2　2024 年丙酮分企业类型供应结构分析

　　2024年，中国丙酮生产企业按企业性质分析，民营企业产能超越国有企业，攀升至第一位，产能达到126万吨/年，占比31.7%；第二位是国有企业，产能125万吨/年，占比31.5%；第三位是外资企业，产能105万吨/年，占比26.4%；合资企业产能为41万吨/年，占比10.3%。

2024年，国内民营企业中浙石化丙酮产能最大，其一期二期总产能达到50万吨/年，产品除自用外，可船运至江阴、张家港、南通、常熟等地。国有企业中，中国石化丙酮总产能为34万吨/年，产品由其下属华东、华北销售公司进行统销。近年来外资企业暂无新装置投产，仅有上海西萨进行了装置技改扩能。合资企业丙酮产能暂无扩张。

2024年中国丙酮分企业类型产能构成见图9-5。

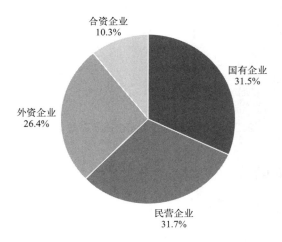

图 9-5 2024 年中国丙酮分企业类型产能构成

9.2.4 丙酮进口趋势分析

2024年，中国丙酮进口量为32.3万吨，同比下降23.2%。按月度统计，2月进口量最低，甚至整个上半年各月进口量均维持在低位，主要因为沙特拉比格酚酮装置检修时间较长，长协货源供应有限。5月长协合约供应，部分货物因船货延期到港，导致我国2—7月进口量维持较低。随着国外装置陆续恢复正常运行，长协货源及来料加工的货源正常运抵国内，丙酮进口量从8月份开始呈现上升趋势，9月份达到峰值4万吨左右。进口均价与国内市场价格走势相互关联，但进口船货运输周期较长，套利的窗口期难以把控。尤其是遇到台风天气或其他突发情况时，进口货源不能按预定时间抵达国内，也会影响国内现货市场的价格波动。

2024年中国丙酮月度进口量价变化趋势见图9-6。

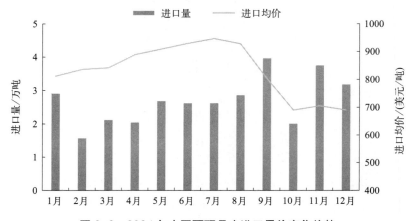

图 9-6 2024 年中国丙酮月度进口量价变化趋势

2020—2024年中国丙酮进口量年均增长率为−17.8%。2020—2022年，丙酮进口量在62万～72万吨之间，自2023年开始丙酮进口量大幅下降，由2022年的72万吨下降至42万吨。2024年进口量继续萎缩至32.3万吨，同比下降23.2%，国内市场自给率在2024年提升至92%的水平。未来国内丙酮产能仍有增长的预期，中国市场丙酮自给率有望继续提升。

2020—2024年中国丙酮进口量变化趋势见图9-7。

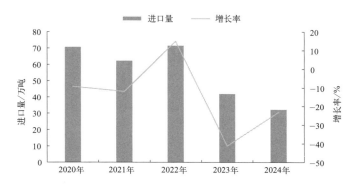

图 9-7　2020—2024 年中国丙酮进口量变化趋势

9.3　中国丙酮消费现状分析

9.3.1　丙酮消费趋势分析

9.3.1.1　2024 年丙酮消费趋势分析

2024年，丙酮下游装置建设投产主要依托于双酚A、MMA行业迅速发展。年内消费量增加更多体现于2023年四季度下游装置集中投产后在2024年对丙酮的消费贡献量，以及2024年新增下游装置的消费量释放。按月度分析，丙酮消费量在12月达到最高水平，2月、4—8月处于消费量低谷。其中，2月属于自然日少的正常现象，4月双酚A装置集中停车检修，拉低了对丙酮的需求。6—8月溶剂类领域迎来高温雨季的传统丙酮需求淡季，消费量表现低迷。9—12月，下游行业整体运行水平提升，丙酮消费量呈现增长趋势。2024年，丙酮月均消费量在29.9万吨。

2024年中国丙酮月度消费量及价格变化趋势见图9-8。

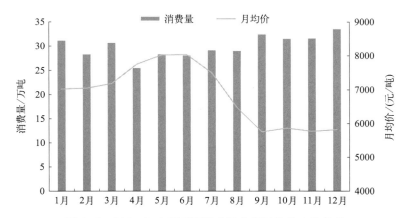

图 9-8　2024 年中国丙酮月度消费量及价格变化趋势

9.3.1.2 2020—2024 年丙酮消费趋势分析

2020—2024 年中国丙酮消费量呈逐年递增趋势，年均复合增长率为14.2%。2024年丙酮消费量达到359万吨，较2023年增长22.6%。

丙酮消费结构中，双酚A、丙酮氰醇法MMA消费丙酮量较大且增速较快，对近年来丙酮消费端的增长做出较大贡献。

双酚A作为丙酮的核心下游产品，五年来一直占据丙酮总消费量的19%～33%，其产能在2022—2024年高速发展，主要是为酚酮装置配套，对丙酮消费量增长贡献较大。

丙酮氰醇法生产MMA是丙酮的第二大消费领域，五年来一直占据丙酮总消费量的21%～27%，其产能在近五年内增长也较为明显，但相比双酚A来说略逊一筹，对丙酮的需求增长贡献也很大。

2020—2024 年中国丙酮年度消费变化趋势见图9-9。

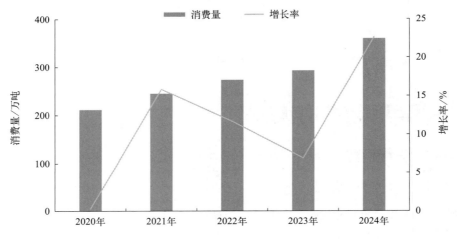

图9-9 2020—2024 年中国丙酮年度消费变化趋势

9.3.2 丙酮消费结构分析

9.3.2.1 2024 年丙酮消费结构分析

2024年，主要丙酮深加工行业包括双酚A、MMA/丙酮氰醇、丙酮加氢法异丙醇、MIBK等生产，其中双酚A、丙酮氰醇法MMA在丙酮消费中的份额不断提升，近两年两者份额合计保持在58%以上；直接用作溶剂的丙酮的需求呈现萎缩状态。

2024年丙酮总消费量中，双酚A受下游扩张的引领，产能扩张至593万吨/年，对丙酮的需求占比提升至32.6%；MMA/丙酮氰醇对丙酮的需求量增多，约占总消费量的27.2%；溶剂对丙酮的需求量呈现下降趋势，约占丙酮总消费量的15.2%；异丙醇、异丙胺生产约占16.8%；MIBK占4.6%；制药占3.7%。

2024年中国丙酮下游消费构成见图9-10。

9.3.2.2 2020—2024 年丙酮消费结构分析

丙酮主要用于生产双酚A、丙酮氰醇/MMA、异丙醇、异丙胺，此外还用于生产醛醇化学品（主要包括MIBK、甲基异丁基醇和异佛尔酮）、制药以及直接用作溶剂等。

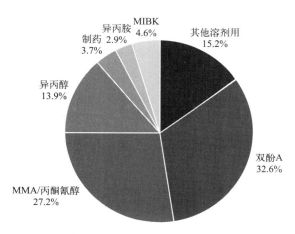

图 9-10　2024 年中国丙酮下游消费构成

据统计，2024 年中国双酚 A 产量约 433 万吨，折合丙酮消耗量 116.9 万吨。年内有多套双酚 A 新装置投产，对丙酮的消耗量提升明显。2024 年，中国丙酮氰醇法 MMA 产量约 126 万吨，用于 MMA 以外的丙酮氰醇产量约 6 万，合计对丙酮的折合消耗量约 89.8 万吨。2024 年，中国丙酮加氢法异丙醇产量约 50 万吨，对丙酮的需求量增加。随着安徽中汇发和河南瑞柏 MIBK 装置投产，国内 MIBK 产量提升至 12.6 万吨，对丙酮的消耗量约 16.5 万吨。

2020—2024 年中国丙酮下游消费变化趋势见图 9-11。

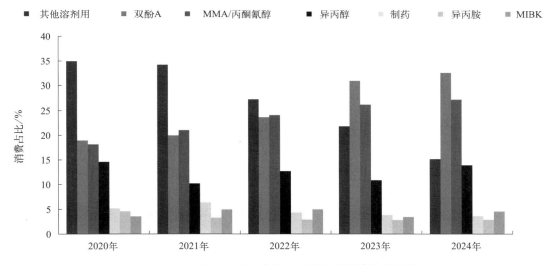

图 9-11　2020—2024 年中国丙酮下游消费变化趋势

9.3.3　丙酮出口趋势分析

2024 年，中国丙酮出口量约 3.5 万吨，同比增长 31.6%。其中，10 月份出口量较大，约 1.03 万吨。6 月出口量最少，仅有 0.06 万吨。出口均价与国内市场价格走势趋同性不强，一般出口操作需要考虑找船的时间和运费以及套利窗口等问题，存在一定的时间差，跟国内市场价格存在差异。

2024 年中国丙酮出口量价变化趋势见图 9-12。

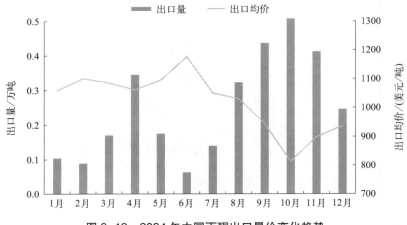

图 9-12　2024 年中国丙酮出口量价变化趋势

2020—2024 年中国丙酮出口规律性不强。2021 年，欧美某些丙酮生产装置受不可抗力影响造成产能利用率下降，造成供应缺口，需要从中国进口补充，当年中国丙酮出口量达到 6.6 万吨，创历史新高。2022 年，中国丙酮出口量骤减，主要是国内外市场需求疲软，欧美丙酮生产装置开工率提升，减少了从亚洲进口，因此中国丙酮出口通道再次被封。2023—2024 年随着国产资源的增多，除了满足内需外，套利空间刺激出口，出口目的地扩增和出口量增长。

2020—2024 年中国丙酮出口量变化趋势见图 9-13。

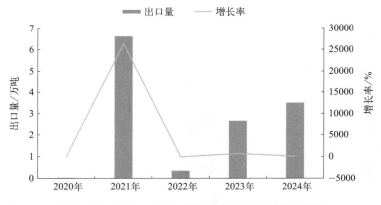

图 9-13　2020—2024 年中国丙酮出口量变化趋势

9.4　中国丙酮价格走势分析

2024 年，随着国内酚酮装置扩能高峰期后产能释放，丙酮产量增速明显，下游双酚 A、MMA 装置虽有扩能，但投产时间存在错配期，加之现有酚酮装置检修及降负荷造成阶段性货源紧张，支撑上半年丙酮价格高企。下半年，随着进口货源到港，港口库存提升，且国内酚酮装置产能利用率提升，出现累库现象，从 7 月下旬开始，丙酮价格重心不断回落，下游用户多持观望态度，主动补货者有限，完全是为了满足刚性需求。而且夏季也是丙酮的传统需求淡季，导致市场价格顺势走低。四季度，山东富宇新增丙酮装置投产在即，且远洋进口船货抵达补充量增多，加重买家观望情绪，丙酮价格低位徘徊。

总之，上半年供应面因素为主，丙酮市场价格坚挺；下半年市场供需矛盾凸显，价格下行。2020—2024年华东市场丙酮价格变化趋势见图9-14。

图 9-14　2020—2024 年华东市场丙酮价格变化趋势

华东市场丙酮2024年月均价及2020—2024年年均价分别见表9-4和表9-5。

表 9-4　2024 年华东市场丙酮月均价汇总

月份	1月	2月	3月	4月	5月	6月	7月	8月	9月	10月	11月	12月
华东市场均价 /（元 / 吨）	7022	7050	7183	7752	8024	8036	7505	6475	5757	5866	5772	5823

表 9-5　2020—2024 年华东市场丙酮年均价汇总

年份	2020 年	2021 年	2022 年	2023 年	2024 年
华东市场均价 /（元 / 吨）	7029	6525	5542	6194	6855

9.5　中国酚酮生产毛利走势分析

苯酚与丙酮生产是联产装置，中国丙酮生产毛利走势分析见第8章8.5中国苯酚生产毛利走势分析。

9.6　2025—2029 年中国丙酮发展预期

9.6.1　丙酮供应趋势预测

9.6.1.1　2025—2029 年丙酮拟在建 / 退出产能统计

据调研，2025—2028年丙酮拟在建项目合计产能高达145万吨/年，目前暂无产能退出计划。拟在建项目中，规模在25万吨/年以上的有3个。新项目主要分布在华东、东北及华中地区。此外，多个拟建项目配套了下游装置，产业链规模化发展是必然趋势。2029年暂无新建项目计划报出。分析行业供需演变及行业盈利变化，中国丙酮产能高速发展期已过，将向成熟期转变。

2025—2029年中国丙酮新增产能统计见表9-6。

表9-6 2025—2029年中国丙酮新增产能统计

地区	省市	企业名称	产能/(万吨/年)	工艺	投产时间
华东	浙江宁波	中石化宁波镇海炼化有限公司	25	异丙苯法	2025年
华东	山东东营	山东富宇化工有限公司	10	异丙苯法	2025年
东北	辽宁大连	恒力石化（大连）新材料科技有限公司	6	异丙苯法	2025年
东北	吉林吉林	中国石油天然气股份有限公司吉林石化分公司	13	异丙苯法	2025年
华东	山东淄博	山东睿霖高分子材料有限公司	13	异丙苯法	2025年
华东	浙江宁波	荣盛新材料（舟山）有限公司	25	异丙苯法	2026年
华中	湖南岳阳	中石化湖南石油化工有限公司	13	异丙苯法	2026年
华东	福建漳州	福建中沙石化有限公司	15	异丙苯法	2027年
东北	黑龙江哈尔滨	江苏三木集团有限公司	25	异丙苯法	2028年
合计			145		

9.6.1.2 2025—2029年丙酮产能趋势预测

2025—2029年中国丙酮新建项目合计产能145万吨/年，预计年均复合增长率为4.0%，较过去五年复合增长率下降13.9个百分点。预期到2029年国内丙酮产能达到542万吨/年。

2025—2029年中国丙酮产能预测见图9-15。

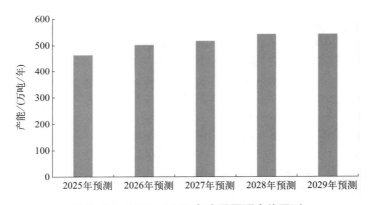

图9-15 2025—2029年中国丙酮产能预测

2025—2029年，因新项目投产时间存在不确定性，丙酮供应格局将不断发生变化，行业竞争压力较大。2025—2029年中国丙酮产量增速预计将达到5.4%，略高于产能增速。产能产量预测增长率出现偏差的主要原因是新项目建成投产时间的不确定性，新装置产能利用率并非在全年内发挥作用，实际产量相对滞后。此外还需考虑企业计划内与计划外检修等情况的发生，预计2029年丙酮产量将达到457万吨。

2025—2029年中国丙酮产量及产能利用率趋势预测见图9-16。

9.6.2 丙酮消费趋势预测

2025—2029年中国丙酮市场需求量将保持增长态势，预计复合增长率将达到4.6%。未来五年，国内丙酮供求关系从供不应求向供需紧平衡过渡，进口量将呈现逐年下降的态势。随着国产货的增多，积极拓展出口市场势在必行。但国外市场竞争压力较大，出口之路需要艰难探索。国产丙酮的消费量变化依旧以国内消费市场为主导。

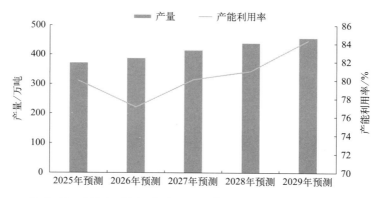

图 9-16 2025—2029 年中国丙酮产量及产能利用率趋势预测

2025 年和 2029 年中国丙酮主要下游消费量预测见图9-17。

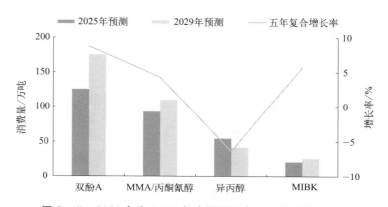

图 9-17 2025 年和 2029 年中国丙酮主要下游消费量预测

9.6.3 丙酮供需格局预测

展望未来，根据已公布的丙酮及下游产品拟在建项目计划以及潜在供应和需求增量计算，预计2025-2029年丙酮产能年平均增速为4.0%，产量年平均增速为5.4%，需求量年平均增速为4.6%，供应增速高于需求增速，净进口将逐年下降，市场供需将逐步趋于平衡。

2025—2029 年中国丙酮供需预测见表9-7。

表 9-7 2025—2029 年中国丙酮供需预测

单位：万吨

时间	产量	进口量	总供应量	下游消费量	出口量	总需求量
2025 年预测	371	26	397	386	4	390
2026 年预测	387	24	411	396	5	401
2027 年预测	414	22	436	422	6	428
2028 年预测	439	20	459	444	6	450
2029 年预测	457	18	475	458	7	465

第 10 章

双酚 A

2024 年度
关键指标一览

类别	指标	2024 年	2023 年	涨跌幅	2025 年预测	预计涨跌幅
价格	华东均价 /（元 / 吨）	9639.0	10004.0	−3.6%	9590	−0.5%
供需	产能 /（万吨 / 年）	593.1	487.5	21.7%	659.10	11.1%
	产量 / 万吨	433.0	341.0	27.0%	470.00	8.5%
	产能利用率 /%	73.0	69.9	3.1 个百分点	71.00	−2 个百分点
	下游消费量 / 万吨	427.2	354.5	20.5%	447.00	4.6%
进出口	进口量 / 万吨	5.1	17.1	−70.2%	3.50	−31.4%
	出口量 / 万吨	2.5	0.45	455.6%	7.20	188.0%
库存	社会库存量 / 万吨	10.5	13.9	−24.5%	12.00	1429.0%
毛利	生产毛利 /（元 / 吨）	−849.8	−242.0	−251.2%	−440.00	48.2%

10.1　中国双酚 A 供需分析

2020—2024 年我国双酚 A 市场供需快速增长，进口大幅萎缩，出口量震荡增长。

2020—2024 年中国双酚 A 供需变化见表 10-1。

表 10-1　2020—2024 年中国双酚 A 供需变化

单位：万吨

时间	产量	进口量	总供应量	下游消费量	出口量	总需求量
2020 年	147	59.5	206.5	195.7	1.3	197.0
2021 年	181	49.6	230.6	228.6	0.5	229.1
2022 年	241	43.2	284.2	280.6	1.2	281.8
2023 年	341	17.1	358.1	354.5	0.4	354.9
2024 年	433	5.1	438.1	427.2	2.5	429.7

10.2　中国双酚 A 供应现状分析

10.2.1　双酚 A 产能趋势分析

10.2.1.1　2024 年双酚 A 产能及新增产能统计

2024 年国内双酚 A 新增产能 105.6 万吨/年，总产能提升至 593.1 万吨/年，产能增速高达 21.7%。新增产能多为一体化项目配套，其中，惠州忠信实业、万华化学为扩能，恒力石化、青岛海湾化学为新建。

2024 年中国双酚 A 新增产能统计见表 10-2。

表 10-2　2024 年中国双酚 A 新增产能统计

企业名称	地址	企业形式	产能/（万吨/年）	工艺类型	装置投产时间	下游配套
恒力石化（大连）新材料科技有限公司	辽宁	民营	48	离子交换树脂	2024 年 1 月、5 月	聚碳酸酯
青岛海湾化学股份有限公司	山东	国企	24	离子交换树脂	2024 年 1 月	环氧树脂
惠州市忠信实业有限公司	广东	外资	24	离子交换树脂	2024 年 7 月	环氧树脂
万华化学集团股份有限公司	山东	国企	9.6	离子交换树脂	2023 年 11 月	聚碳酸酯
合计			105.6			

10.2.1.2　2024 年双酚 A 主要生产企业生产状况

2024 年国内双酚 A 生产企业约 20 家。双酚 A 主要用于生产聚碳酸酯和环氧树脂，产能分布呈现明显"近消费端"的特点。

2024 年中国双酚 A 行业主要生产企业产能统计见表 10-3。

表 10-3 2024 年中国双酚 A 行业主要生产企业产能统计

企业名称	地址	简称	产能/（万吨/年）	工艺路线
浙江石油化工有限公司	浙江	浙石化	48	离子交换树脂
科思创聚合物（中国）有限公司	上海	上海科思创	60	离子交换树脂
江苏瑞恒新材料科技有限公司	江苏	江苏瑞恒	48	离子交换树脂
万华化学集团股份有限公司	辽宁	万华化学	57.6	离子交换树脂
恒力石化（大连）新材料科技有限公司	辽宁	恒力石化（大连）	48	离子交换树脂
长春化工（江苏）有限公司	江苏	长春化工	40.5	离子交换树脂
南亚塑胶工业（宁波）有限公司	浙江	南亚塑胶（宁波）	32	离子交换树脂
惠州市忠信实业有限公司	广东	惠州忠信	28	离子交换树脂
青岛海湾化学股份有限公司	山东	青岛海湾	24	离子交换树脂
利华益维远化学股份有限公司	山东	利华益维远	24	离子交换树脂
海南华盛新材料科技有限公司	海南	海南华盛	24	离子交换树脂
中沙（天津）石化有限公司	天津	中沙天津	24	离子交换树脂
合计			350.1	

10.2.1.3　2020—2024 年双酚 A 产能趋势分析

据统计，2020—2024 年中国双酚 A 产能复合增长率在 31%。2020—2021 年伴随着国内炼化一体化战略的推进，下游聚碳酸酯、环氧树脂需求增长驱动，并受双酚 A 行业利润丰厚驱使，自 2022 年开始国内双酚 A 产能迎来爆发式增长，2022—2024 连续三年产能增长均在 100 万吨/年以上。

2020—2024 年中国双酚 A 产能变化趋势见图 10-1。

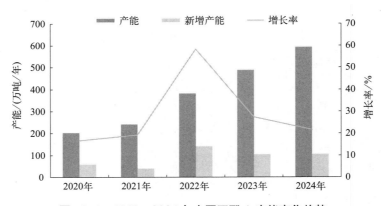

图 10-1　2020—2024 年中国双酚 A 产能变化趋势

10.2.2　双酚 A 产量及产能利用率趋势分析

10.2.2.1　2024 年双酚 A 产量及产能利用率趋势分析

2024 年中国双酚 A 产量在 433 万吨，同比增长 27%；产能利用率至约 69.6%，基本与 2023 年持平。受双酚 A 行业效益不佳影响，2024 年双酚 A 装置经济性停车、检修延长情况增多，三季度产能利用率创阶段新低。恒力石化、青岛海湾、万华化学等新装置投产，且双酚 A- 聚碳酸酯一体化装置产能利用率高，2024 年双酚 A 整体产量明显提升。

2024 年中国双酚 A 产量及产能利用率变化趋势见图 10-2。

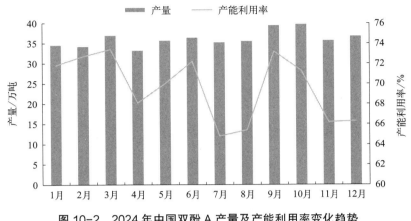

图 10-2　2024 年中国双酚 A 产量及产能利用率变化趋势

10.2.2.2　2020—2024 年双酚 A 产量及产能利用率趋势分析

2020—2024 年双酚 A 产量逐年递增、产能利用率整体呈现先降后升趋势。2020—2022 年产能利用率呈现下降趋势，主要因国内双酚 A 新装置投产密集，且新装置投产时间多在后半年或年末，加之新装置调试周期长、装置不稳定等因素影响，导致整体装置利用率下降。2023—2024 年行业产能利用率窄幅提升，近两年双酚 A- 聚碳酸酯一体化产能占比提升，2023 年下半年至 2024 年，聚碳酸酯行业产能利用率明显提升，推动双酚 A- 聚碳酸酯一体化装置负荷提升。

2020—2024 年中国双酚 A 产量及产能利用率变化趋势见图 10-3。

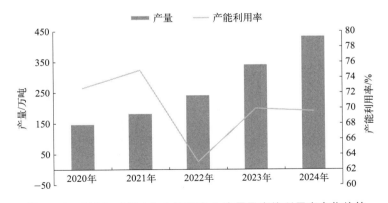

图 10-3　2020—2024 年中国双酚 A 产量及产能利用率变化趋势

10.2.3　双酚 A 供应结构分析

10.2.3.1　2024 年双酚 A 分区域供应结构分析

国内双酚 A 产能集中度较高，主要分布在华东、华南、东北、华北和华中地区，2024 年上述各区产能占比分别为 64.26%，12.14%、11.47%、9.95% 和 2.19%。因双酚 A 装置与下游聚碳酸酯配套率高，且呈现显著的贴近消费终端市场特点，故近年来双酚A新增产能主要集中在华东和华南地区。同时，伴随炼化一体化加快推进，以及各区域产业政策引导，东北地区新装置规模有明显突破。

2024年中国双酚A分区域产能分布见图10-4。

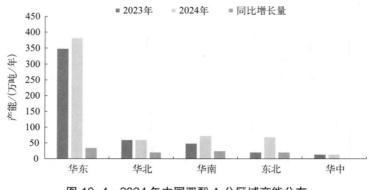

图 10-4　2024 年中国双酚 A 分区域产能分布

10.2.3.2　2024 年双酚 A 分企业性质供应结构分析

从双酚A生产企业性质来看，国有企业产能253.6万吨/年，占比42.6%，位居第一；第二位是外资企业，产能160.5万吨/年，占比27.1%；第三是民营企业，产能144万吨/年，占比24.3%；合资企业产能36万吨/年，占比6.1%。伴随着双酚A产业的发展和技术常态化，近年双酚A民营企业、国企快速崛起；外资企业因为历史发展原因，仍占据重要位置；但合资企业近年几无增量。

2024年中国双酚A分企业性质产能构成见图10-5。

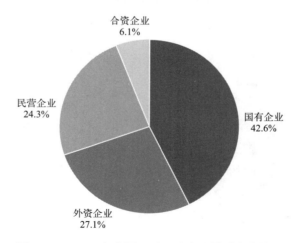

图 10-5　2024 年中国双酚 A 分企业性质产能构成

10.2.4　双酚 A 进口趋势分析

2024年双酚A国产供应量持续增加，且国产价格多数时间低于进口价格，市场套利窗口长期关闭，导致双酚A进口大幅骤降。2024年中国双酚A进口量5.1万吨，同比下降70.1%。月均进口量在 0.43 万吨，年内呈现前高后低的趋势，7—11 月单月进口量降至 3000 吨之内。

2024 年中国双酚 A 进口量价变化趋势见图 10-6。

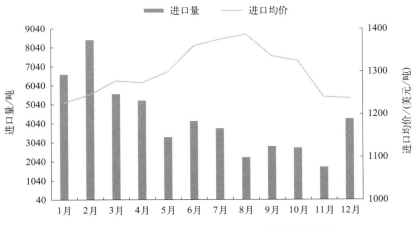

图 10-6 2024 年中国双酚 A 进口量价变化趋势

2020—2024 年中国双酚 A 进口量呈现下行趋势。2020 年，国内双酚 A 产能变化有限，而下游聚碳酸酯行业快速扩张，市场供不应求矛盾凸显，对进口需求量较为稳健；2021—2024 年双酚 A 国内自给率提升，特别 2022—2024 年国内产能急剧扩张，日本、东南亚及周边市场需求增长，亚太主力出口商在出口方向也有所倾斜，导致中国双酚 A 进口量逐年下降。

2020—2024 年中国双酚 A 进口量变化趋势见图 10-7。

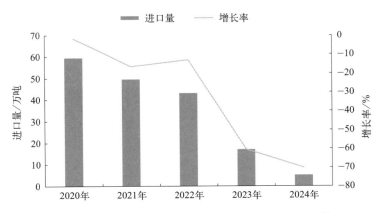

图 10-7 2020—2024 年中国双酚 A 进口量变化趋势

10.3 中国双酚 A 消费现状分析

10.3.1 双酚 A 消费趋势分析

10.3.1.1 2024 年双酚 A 月度消费趋势分析

2024 年中国双酚 A 消费总量在 427.2 万吨，较 2023 年上涨 20.5%。从月度消费情况来看，年初适逢春节假期因素，下游开工负荷下降，对其消费影响明显。6—8 月份双酚 A 下游停车检修相对集中，消费量在35万～36.5万吨/月波动。9—10月份，下游集中检修季结束，对双酚A消费量逐步回升。11—12月个别聚碳酸酯工厂技改停车，对双酚A消费量整体收缩。但从数据看，下半年整体消费情况明显高于上半年。

2024年中国双酚A月度消费量及价格变化趋势见图10-8。

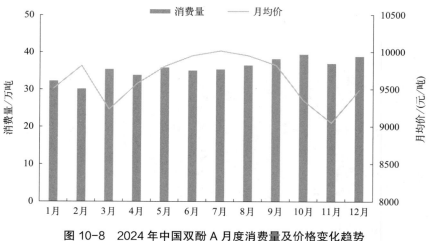

图10-8　2024年中国双酚A月度消费量及价格变化趋势

10.3.1.2　2020—2024年双酚A年度消费趋势分析

2020—2024年中国双酚A消费呈逐年递增趋势，年均复合增长率约22%，增量主要来自聚碳酸酯和环氧树脂消费双轮驱动。特别是聚碳酸酯，前期产能扩张明显，后期行业利润改观产能利用率提升，对双酚A消费大幅增长。

2020—2024年中国双酚A年度消费变化趋势见图10-9。

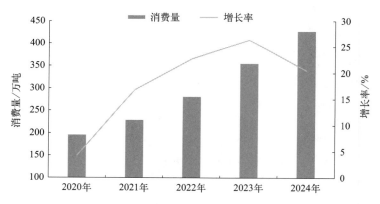

图10-9　2020—2024年中国双酚A年度消费变化趋势

10.3.2　双酚A消费结构分析

10.3.2.1　2024年双酚A消费结构分析

2024全年聚碳酸酯、环氧树脂消费占比分别在67.7%、29.9%，其他占比约2.4%。2024年聚碳酸酯新产能释放，叠加生产企业经营状况好转，整体产能利用率创近年新高，对双酚A消费显著增长，全年消费双酚 A 约 289 万吨；而环氧树脂下游终端消费增长不及预期，但刚需仍在，对双酚 A 消费环比维持窄幅增长，2024 年消费双酚 A 约 128 万吨。

10.3.2.2　2020—2024 年双酚 A 消费结构分析

2020—2024 年聚碳酸酯和环氧树脂行业对双酚 A 的消费复合增长率分别在 31% 和 9%，2019 年聚碳酸酯消费量首次超过环氧树脂，后一直稳坐双酚 A 下游消费量第一位置。据统计，2020—2024 年聚碳酸酯产能由 185 万吨/年增至 381 万吨/年，环氧树脂产能从 221 万吨/年增至 345 万吨/年，聚碳酸酯产能增速明显快于环氧树脂。

2020—2024 年中国双酚 A 下游消费变化趋势见图 10-10。

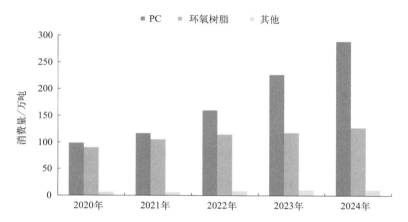

图 10-10　2020—2024 年中国双酚 A 下游消费变化趋势

10.3.2.3　2024 年双酚 A 区域消费结构

从双酚 A 区域消费结构来看，华东、华中、华北是双酚 A 主要消费区，三个大区消费占比约 88.2%。华东地区是我国聚碳酸酯和环氧树脂主要生产区域，双酚 A 的消费量占比最大；华中消费量增长主要来自平煤神马聚碳酸酯以及湖南环氧树脂扩能项目；华北地区聚碳酸酯需求表现强劲，主要为沧州大化、中沙天津石化需求带动。

2024 年中国双酚 A 分地区消费构成见图 10-11。

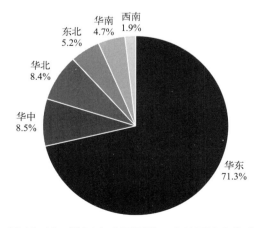

图 10-11　2024 年中国双酚 A 分地区消费构成

10.3.3　双酚 A 出口趋势分析

2024年中国双酚A出口量约2.5万吨，同比增长超过400%。其中5月、7月、10月、12月出口量保持相对较高水平，其他时段较低。

2024年中国双酚A出口量价变化趋势见图10-12。

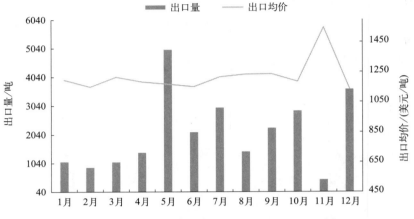

图 10-12　2024 年中国双酚 A 出口量价变化趋势

2020—2024年中国双酚A出口量呈现波动走势，2024年出口量创历史新高。2020年伴随国产供应量增加，出口量有所提升；2021年国内外需求强劲，国内双酚A市场长期处于紧平衡状态，且价格高企，出口量较2020年大幅下降至0.46万吨，降幅约66%；2022年国内双酚A产能大幅扩张，出口逐步恢复；2023年海外需求不佳且外部竞争激烈，出口受阻；2024年行业进一步扩增，国内市场竞争加剧，生产商积极拓展出口渠道，双酚A出口有明显增长。

2020—2024年中国双酚A出口量变化趋势见图10-13。

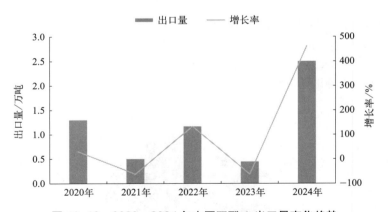

图 10-13　2020—2024 年中国双酚 A 出口量变化趋势

10.4　中国双酚 A 价格走势分析

2024年国内双酚A市场整体呈现震荡下行趋势。华东双酚A价格波动区间在9050～10175元/吨，振幅10.6%。年度高点出现于7月，低点出现于10月。年均价格9639元/吨，相较于

2023年的年度均价10004元/吨，下跌了365元/吨，跌幅3.6%。

2024年双酚A现货价格震荡下行，国内新产能持续扩张，下游消费增长不及供应增量，市场供大于求矛盾凸显，特别是部分区域失衡明显，各区域价格参差不齐。尤其是一季度，双酚A新产能集中释放产出后，库存提升，竞价激烈，华东主流市场价格一度跌至9150元/吨附近。二、三季度，伴随市场阶段去库存，各生产商亏损加剧，普遍减产降负荷，加之原料苯酚、丙酮价格居于高位，双酚A市场价格窄幅回升。之后市场伴随供需及成本面多空博弈，华东均价在9600～10175元/吨震荡。四季度，双酚A集中检修相继结束，双酚A供应量窄幅回升，加之原料产品价格震荡回调，双酚A供需与成本博弈，市场震荡下行整理，截至12月末，华东主流商谈降至9525元/吨。

2020—2024年华东市场双酚A价格走势见图10-14。

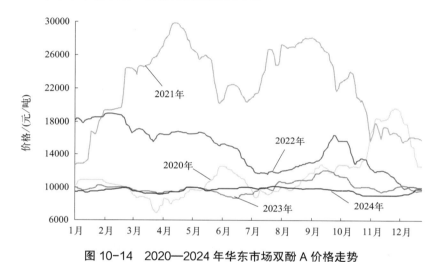

图10-14　2020—2024年华东市场双酚A价格走势

华东市场双酚A2024年月均价格及2020—2024年年均价格分别见表10-4和表10-5。

表10-4　2024年华东市场双酚A月均价格

月份	1月	2月	3月	4月	5月	6月	7月	8月	9月	10月	11月	12月
华东均价 /（元/吨）	9513.6	9816.2	9325.0	9575.0	9806.0	9950.0	10016.3	9952.3	9821.4	9348.7	9051.2	9489.8

表10-5　2020—2024年华东市场双酚A年均价格

年份	2020年	2021年	2022年	2023年	2024年
华东均价/（元/吨）	11542.7	22357.6	14496.5	10004.0	9639.0

10.5　中国双酚A生产毛利走势分析

2024年国内双酚A平均生产毛利在-849.8元/吨，较2023年大幅下降251.2%。2024年国内双酚A处于亏损态势。二、三季度亏损较大，年内单日最大亏损超过1250元/吨。双酚A市场供需矛盾增加及原料成本高企是2024年双酚A生产毛利大幅收缩的主要因素。

2024年中国双酚A生产毛利走势见图10-15。

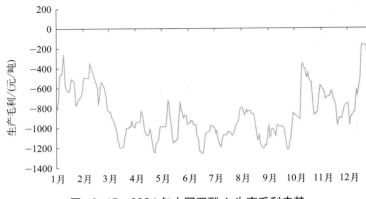

图 10-15 2024 年中国双酚 A 生产毛利走势

中国双酚 A 2024 年月均生产毛利及 2020—2024 年年均生产毛利分别见表 10-6 和表 10-7。

表 10-6 2024 年中国双酚 A 月均生产毛利

月份	1月	2月	3月	4月	5月	6月	7月	8月	9月	10月	11月	12月
生产毛利/(元/吨)	−603.0	−580.5	−1020.0	−1059.2	−933.2	−1060.6	−1037.4	−979.7	−1045.8	−594.7	−758.8	−524.2

表 10-7 2020—2024 年中国双酚 A 年均生产毛利

年份	2020 年	2021 年	2022 年	2023 年	2024 年
生产毛利/(元/吨)	2244.0	10983.0	2480.0	−242.0	−849.8

10.6 2025—2029 年中国双酚 A 发展预期

10.6.1 双酚 A 供应趋势预测

10.6.1.1 2025—2029 年双酚 A 拟在建 / 退出产能统计

据调研，未来几年双酚 A 行业拟在建产能将达到 277 万吨 / 年，惠州忠信 4 万吨产能存退出计划。拟在建产能规模基本在 24 万吨 / 年之上，新增产能主要分布在华东、华南及东北等地区。另外，未来双酚 A 拟在建项目中多数为上下游配套，产业链规模化发展是主趋势。

2025—2029 年中国双酚 A 新增产能统计见表 10-8。

表 10-8 2025—2029 年中国双酚 A 新增产能统计

企业简称	产能/(万吨/年)	预计投产时间	省份
山东富宇化工	18	2025 年一季度	山东
镇海炼化	24	2025 年二季度	浙江
吉林石化	24	2025 年四季度	吉林
山东睿霖化工	24	2026 年一季度	山东
荣盛新材料（舟山）	48	2026 年 /2027 年	浙江
陕西渝能能化	24	2027 年	陕西

企业简称	产能/（万吨/年）	预计投产时间	省份
福建中沙	27	2027年	福建
中海壳牌	24	2027年	广东
湖南石化	24	2027年	湖南
辽宁三木化工	40	2027年	辽宁
合计	277		

10.6.1.2 2025—2029年双酚A产能趋势预测

未来五年我国双酚A仍处于产能扩张周期中，预计2025—2029年中国双酚A产能复合增长率在7.8%，推动产能、增长主要因素：一方面是过去几年双酚A一体化规划项目建成投产；另一方面为现有下游企业延链、补链，或者区域优化产业布局，调整产业结构。

2025—2029年中国双酚A产能趋势预测见图10-16。

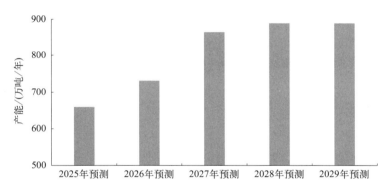

图 10-16 2025—2029 年中国双酚 A 产能趋势预测

2025—2029年中国双酚A产量随产能同步上涨，预计产量年均复合增长率在8.4%，行业平均产能利用率在65% ~ 73%之间。

2025—2029年中国双酚A产量及产能利用率趋势预测见图10-17。

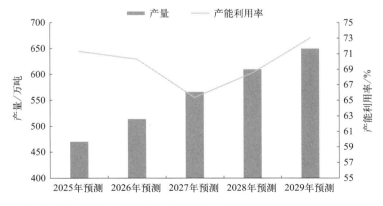

图 10-17 2025—2029 年中国双酚 A 产量及产能利用率趋势预测

10.6.2 双酚 A 消费趋势预测

中国双酚 A 下游主要集中在聚碳酸酯和环氧树脂，二者占比97%之上，其他领域波动不大，对双酚 A 需求量维持微幅增长趋势。2025—2029年下游扩张主要集中在环氧树脂领域，聚碳酸酯扩能速度放缓，未来几年环氧树脂复合增长率略高于聚碳酸酯。预计到2029年，环氧树脂对双酚 A 消费量将达到205.6万吨，2025—2029年复合增长率在10.4%；2029年聚碳酸酯对双酚 A 消费量将达到394.2万吨，2025—2029年复合增长率在7.3%。

2025 年和 2029 年中国双酚 A 主要下游消费增量预测见图10-18。

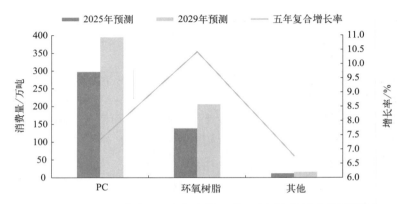

图 10-18　2025 年和 2029 年中国双酚 A 主要下游消费增量预测

10.6.3 双酚 A 供需格局预测

伴随中国双酚 A 上下游产业链逐步完善，行业一体化趋势愈加明显，中国双酚 A 供需仍呈现快速增长，但供应过剩情况较前期或有所缓解。国产供应大增，双酚 A 进口将大幅收缩，出口将成为转嫁供应过剩压力的重要举措。

2025—2029 年中国双酚 A 供需预测见表10-9。

表 10-9　2025—2029 年中国双酚 A 供需预测

单位：万吨

时间	产量	进口量	总供应量	下游消费量	出口量	总需求量
2025 年预测	470	3.5	474	447	7.2	454.2
2026 年预测	514	3	517	490	18	508
2027 年预测	566	2.8	569	528	26	554
2028 年预测	610	3	613	571	30	601
2029 年预测	650	2.5	653	615	27	642

第 11 章

甲醇

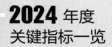

2024 年度
关键指标一览

类别	指标	2024 年	2023 年	涨跌幅	2025 年预测	预计涨跌幅
价格	太仓均价 /（元 / 吨）	2563	2465	4.0%	2590	1.0%
供需	产能 /（万吨 / 年）	10286.5	10131.5	1.5%	11454	11.3%
	产量 / 万吨	9198.9	8403.8	9.5%	10114	9.9%
	产能利用率 /%	89.4	83.0	6.4 个百分点	88.3	−1.1 个百分点
	下游消费量 / 万吨	10334.8	9349.7	10.5%	11369	10.00%
进出口	进口量 / 万吨	1349.4	1455.3	−7.3%	1430	6.0%
	出口量 / 万吨	15.7	14.9	5.4%	12	−23.6%
库存	港口库存量 / 万吨	95.8	90.5	5.9%	85	−11.3%
毛利	煤制 /（元 / 吨）	−239	−444.9	46.3%	−231	10.9%
	天然气制 /（元 / 吨）	−72	−57.4	−25.4%	−21	70.8%
	焦炉气制 /（元 / 吨）	365.0	571	−36.1%	338	−7.4%

11.1 中国甲醇供需分析

据统计,2020—2024年甲醇行业龙头企业新产能陆续投放,产能处于扩张周期中,随着下游新增产能的投产,下游消费量也呈现逐年递增趋势。2021年疫情影响减弱,需求恢复幅度大于供应,供需差略有缩小;2023年受国际市场需求疲软影响,我国甲醇进口量持续增加,而同期需求复苏力度明显不足,致使供需缺口快速扩大;2024年随着国际甲醇消费回暖叠加进口货源缩减,市场供需矛盾将显著缓解。

2020—2024年中国甲醇供需变化见表11-1。

表 11-1　2020—2024 年中国甲醇供需变化

单位:万吨

时间	产量	进口量	总供应量	下游消费量	出口量	总需求量
2020 年	7217.8	1294.5	8512.3	8089.4	12.1	8101.5
2021 年	7900.0	1119.8	9019.8	8592.5	39.3	8631.8
2022 年	8122.1	1219.3	9341.4	8919.6	17.3	8936.9
2023 年	8403.8	1455.3	9859.1	9349.7	14.9	9364.6
2024 年	9198.9	1349.4	10548.3	10334.8	15.7	10350.5

11.2 中国甲醇供应现状分析

11.2.1 甲醇产能趋势分析

11.2.1.1 2024 年甲醇产能及新增产能统计

2024年国内甲醇总产能达到10286.5万吨/年,全年新建产能仅有410万吨/年,产能增速下降至1.5%。甲醇制烯烃一体化及焦炉气制甲醇是这一阶段的新增主力,新建产能集中于西北、华北区域,行业集中度增加。生产企业不断寻求向下游延伸以形成产业链完整性以提升自身的竞争优势,使得中国甲醇一体化程度逐年提升。

2024年中国甲醇新增产能统计见表11-2。

表 11-2　2024 年中国甲醇新增产能统计

生产企业	地址	企业形式	产能/(万吨/年)	工艺类型	装置投产时间	下游配套
江苏索普化工股份有限公司	江苏镇江	国企	20	煤制	2024 年 1 月	醋酸
内蒙古君正化工有限责任公司	内蒙古乌海	民企	40	焦炉气	2024 年 3 月	BDO
山西盛隆泰达新能源有限公司	山西临汾	民企	10	焦炉气	2024 年 4 月	
内蒙古君正化工有限责任公司	内蒙古乌海	民企	15	矿热炉尾气	2024 年 6 月	BDO
河南晋开集团延化化工有限公司	河南新乡	国企	20	煤单醇	2024 年 7 月	无
介休市昌盛煤气化有限公司	山西临汾	民企	25	焦炉气	2024 年 11 月	
内蒙古宝丰煤基新材料有限公司	内蒙古鄂尔多斯	民企	280	煤单醇	2024 年 11 月	100CTO
合计			410			

11.2.1.2　2024 年甲醇主要生产企业生产状况

2024 年国内甲醇行业总产能 10286.5 万吨/年，产能增速下降至 1.53%。全年新建产能 410 万吨/年；有递补装置，如新疆美克 17 万吨/年、江苏华昌 10 万吨/年、万华化学（宁波）20 万吨/年；有装置扩能，如陕西渭化产能由 40 万吨/年扩增至 46 万吨/年；有装置修正，如中煤远兴装置产能由 80 万吨/年修正为 60 万吨/年；有剔除装置，如陕西焦化 20 万吨/年、青海桂鲁 80 万吨/年、湖北三宁 8 万吨/年、华强化工 10 万吨/年、山东联盟 25 万吨/年、阳煤恒通 20 万吨/年、山西悦安达 20 万吨/年、山西光大 15 万吨/年、中石化川维 10 万吨/年、神华蒙西 10 万吨/年、内蒙古金诚泰 30 万吨/年、云南昆钢 10 万吨/年、贵州开磷 30 万吨/年。甲醇制烯烃一体化及焦炉气制甲醇是这一阶段的新增主力，新建产能集中于西北、华北区域，行业集中度增加。生产企业不断寻求向下游延伸以形成产业链完整性以提升自身的竞争优势，使得中国甲醇一体化程度逐年提升。

2024 年中国甲醇主要生产企业产能统计见表 11-3。

表 11-3　2024 年中国甲醇主要生产企业产能统计

企业名称	区域	简称	产能单位/（万吨/年）	工艺路线
宁夏宝丰能源集团股份有限公司	宁夏	宁夏宝丰	680	煤制/焦炉气制
陕西延长中煤榆林能源化工有限公司	陕西	延长中煤	360	煤制/天然气制
中天合创能源有限责任公司	内蒙古	中天合创	360	煤制
国家能源集团宁夏煤业有限责任公司	宁夏	神华宁煤	352	煤制
内蒙古宝丰煤基新材料有限公司	内蒙古	内蒙古宝丰	280	煤制
内蒙古久泰新材料有限公司	内蒙古	久泰新材料	200	煤制
中煤陕西榆林能源化工有限公司	陕西	中煤榆林	200	煤制
国能包头煤化工有限责任公司	内蒙古	国能包头	180	煤制
陕西延长石油延安能源化工有限责任公司	陕西	延安能化	180	煤制/天然气制
蒲城清洁能源化工有限责任公司	陕西	蒲城清洁能源	180	煤制
国能榆林能源有限责任公司	陕西	国能榆林	180	煤制
广西华谊能源化工有限公司	广西	广西华谊	180	煤制
国家能源集团新疆能源有限责任公司	新疆	神华新疆	180	煤制
内蒙古荣信化工有限公司	内蒙古	内蒙古荣信	180	煤制
合计			3692	

11.2.1.3　2020—2024 年甲醇产能趋势分析

据监测统计，2020—2024 年，中国甲醇新增产能趋向大型化，生产工艺仍以传统工艺为主、新兴工艺为辅。2020 年市场迎来产能投产的爆发期，新增大型甲醇产能多为 MTO 及其他相关下游的配套装置，以作为下游产业链提供原料为主的装置投建，导致这一年内新增产能达 862 万吨/年，产能增速更是高达 7.0%。而 2021 年新增产能只有 447 万吨/年，产能增速下降至 3.5%。2022 年，新增产能进一步减少至 431 万吨/年，产能增速下降至 2.8%。2023 年，国内疫情管控结束，但整体经济恢复缓慢，新增产能兑现情况略有恢复，新增产能 547.5 万吨/年，但产能增长率大幅下滑至 1.9%。2024 年甲醇产能增速进一步下降，当年新建产能仅有 410 万吨/年，仅占当年总产能的 4%，产能增速也下降至 1.5%。甲醇产能增速在 2020 年达到高点逐年降低，这与中国甲醇制烯烃一体化装置扩产周期性一致。

2020—2024年中国甲醇产能变化趋势见图11-1。

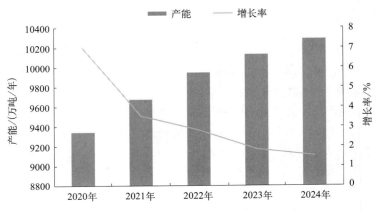

图 11-1   2020—2024 年中国甲醇产能变化趋势

11.2.2   甲醇产量及产能利用率趋势分析

11.2.2.1   2024 年甲醇产量及产能利用率趋势分析

2024年中国甲醇年度总产量在9198.9万吨，环比提升9.5%，月均产量提升至766.6万吨。从各月产量变化来看，仅在4—7月因集中检修而出现产量、产能利用率的双重回落。2024年下半年产能利用率普遍高于上半年，特别是9月份之后市场产能利用率提升至85%以上的水平，四季度整体都在高位运行状态，除检修减少外，也有企业要完成全年产销任务等原因。

2024年中国甲醇产量及产能利用率变化趋势见图11-2。

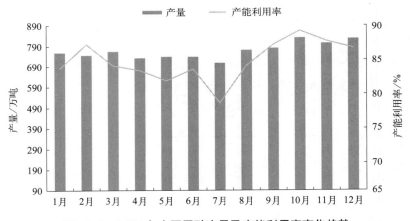

图 11-2   2024 年中国甲醇产量及产能利用率变化趋势

11.2.2.2   2020—2024 年甲醇产量及产能利用率趋势分析

2020—2024年中国甲醇产品产量整体呈增长态势，年产量由7217.8万吨增长至9198.9万吨，增幅27.5%。产能利用率逐年增强，由77.3%增至89.4%。2020—2024年国内甲醇集中新建，新建大型装置在经过其开工调试期，稳定生产后，其甲醇产能利用率往往能维持在90%以上，个别甲醇装置因调整进料，产能利用率超过100%，有效拉高了整个行业产能利用率。2024年，虽然产能增速放缓，但原料煤炭价格整体走低并趋于平稳运行，煤制甲醇企业生产成本降低，利润好转，导致产能利用率提升，但炼焦企业盈利水平下降，并且天然气价格上涨，导致焦炉气制、天然气制工艺生产企业利润下降，产能利用率走低，拉低了国内甲醇产能利用率整体水平。但由于煤制工艺产能占比高达75.87%，造成2024年产能利用率较2023年呈现显著增长。

2020—2024年中国甲醇产量及产能利用率变化趋势见图11-3。

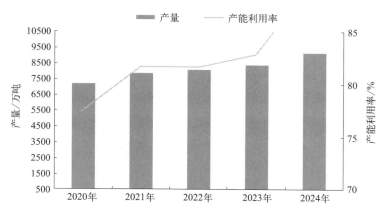

图 11-3　2020—2024 年中国甲醇产量及产能利用率变化趋势

11.2.3　甲醇供应结构分析

11.2.3.1　2024 年甲醇分区域供应结构分析

2024年国内甲醇产能区域分布依然较为广泛，七个地理区域都有甲醇装置的分布。详细分析来看，西北地区最为集中，区域内总产能3678万吨/年，占比35.8%；其次为华北地区，产能3360.5万吨/年，占比32.7%；第三为华东地区，产能1687万吨/年，占比16.4%；第四为西南地区，产能572万吨/年，占比5.6%；第五为华中地区，产能559万吨/年，占比5.4%；排名第六的为华南地区，产能320万吨/年，占比3.1%；最后为东北地区，产能110万吨/年，占比1.1%。

2024年中国甲醇分区域产能分布见图11-4。

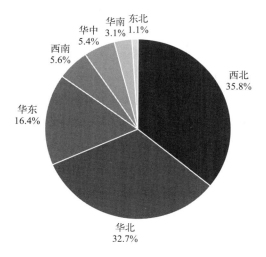

图 11-4　2024 年中国甲醇分区域产能分布

11.2.3.2　2024年甲醇分原料类型供应结构分析

当前国内甲醇生产的原料仍以煤制为主，产能7804万吨/年，占比75.9%，其中煤单醇产能为6638万吨/年，占比64.5%，煤联醇产能为1166万吨/年，占比11.3%；焦炉气制甲醇企业产能1361万吨/年，占比约13.2%；天然气制甲醇企业产能1043万吨/年，占比10.1%；矿热炉尾气制甲醇企业产能57.5万吨/年，占比0.6%；而新兴工艺二氧化碳加氢制甲醇目前占比只有0.2%。

2024年中国甲醇按工艺产能构成见图11-5。

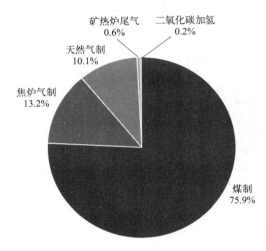

图 11-5　2024年中国甲醇按工艺产能构成

11.2.3.3　2024年甲醇分企业性质供应结构分析

2024年甲醇生产企业按性质分布来看，第一位的是国有企业，产能为6219万吨/年，占比60.5%；第二位是民营企业，产能3747.5万吨/年，占比36.4%；第三为合资企业，产能254万吨/年，占比2.5%；最后一位是外资企业，产能66万吨/年，占比0.6%。甲醇虽技术工艺较为成熟，但单套产能投入较高，并且多为一体化装置，因此整个行业的企业性质仍以规模或实力型的国有企业为主，但近几年随着国家对民营炼化扶持力度的加强，民营企业也对甲醇生产起到有力支撑。另外合资、外资企业在甲醇生产中也有一定占比，但整体份额占比较小。

11.2.4　甲醇进口趋势分析

2024年，中国甲醇进口量1349.4万吨，同比减少7.3%，其中，1月份进口量最大，达138.33万吨。到港量在1月攀升至高位后，2—3月均有宽幅下降。造成这一现象的原因主要是伊朗寒潮导致当地甲醇装置开工率如期下滑；另外非伊可售货物货权集中，从而导致当时外盘计价重心表现出相对人民币偏强的支撑力度；同时周边下游工厂主要依托于进口，商业库到船减少，国内价格也得以上涨。一季度后，随着国外装置的陆续重启，进口量回归至正常水平。2024年7—9月国际新增产能释放，产量及开工均有一定提升，同时配合国际航线运力的恢复对进口供应回升带来一定支撑，主要增量多表现在伊朗货源。年尾天然气供应紧张也大力影响了部分区域装置的供应情况，与此同时，欧洲需求稳健，从而导致了2024年中欧价差不断拉大，区域传导下，导致了中国非伊货源抵港的大幅回落。

2024年中国甲醇进口量价变化趋势见图11-6。

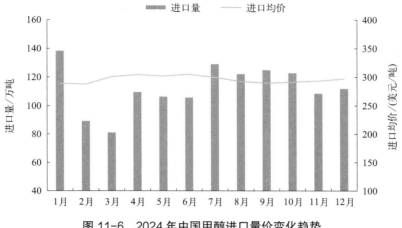

图 11-6　2024 年中国甲醇进口量价变化趋势

2020—2024 年中国甲醇进口呈现"N"字形走势。2020 年疫情暴发影响全球需求，国际主流区域货源多发往中国进行套利，使得 2020 年进口甲醇达到高位；随后全球需求复苏下美金重回倒挂格局，同时沿海区域烯烃下游开工负荷下降，需求亦有缩减；2022 年国际甲醇虽未有新增装置，但前期伊朗投产装置多在 2023 年稳定装船发货，另外国内烯烃下游新增投产，对于进口货源亦有需求支撑，但迫于长时间美元倒挂以及年内部分区域开始采用季度合约形式，整体增幅有限；2023 年中国国内需求恢复快于国际需求，部分货源转至中国，加之伊朗开工相对稳定，运力较好，进口增幅明显。因国外装置波动频繁，同时运力在部分时间段受到影响，国内甲醇产能产量增速远超海外甲醇可进口量的增速，进入 2024 年后，甲醇进口量出现下降。

2020—2024 年中国甲醇进口量变化趋势见图 11-7。

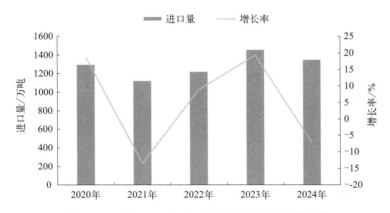

图 11-7　2020—2024 年中国甲醇进口量变化趋势

11.3　中国甲醇消费现状分析

11.3.1　甲醇消费趋势分析

11.3.1.1　2024 年甲醇消费趋势分析

2024 年中国甲醇消费总量在 10334.8 万吨，较 2023 年上涨 10.5%。2024 年由于 4 月 MTO/P 产能利用率高位、甲醛产能利用率恢复上涨至高位，消费量在4月涨至高位，而后6—7月出现了一个消费量的低谷，MTO/P装置因亏损停车，是对应阶段消费量下降的主要原因。8月以后，随着其他下游装置新增产能的投产，以及MTO/P利润好转产能利用率恢复上涨，甲醇月度消费量也逐步恢复上涨。

2024年中国甲醇月度消费量及价格变化趋势见图11-8。

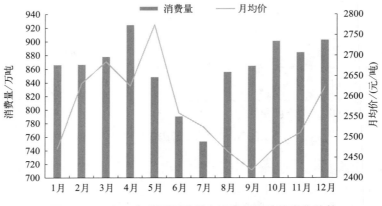

图 11-8　2024 年中国甲醇月度消费量及价格变化趋势

11.3.1.2　2020—2024 年甲醇消费趋势分析

2020—2024年中国甲醇消费呈逐年递增趋势，近五年年均复合增长率在6.3%。下游消费结构方面，MTO/P、甲醇燃料、甲醛、冰乙酸、MTBE、BDO是下游占比较大、增速较快的品种，承担了近年来甲醇消费端的增长。

2020—2024年中国甲醇年度消费变化趋势见图11-9。

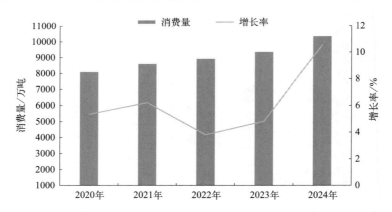

图 11-9　2020—2024 年中国甲醇年度消费变化趋势

11.3.2　甲醇消费结构分析

11.3.2.1　2024 年甲醇消费结构分析

2024年中国甲醇消费结构延续传统格局，各下游行业之间占比波动幅度较窄，MTO行业依然处于甲醇最大下游需求的位置，占比50.5%，并且在未来三年也是甲醇行业主要发展下游，主流企业装置开工运行波动，对甲醇市场带来明显影响。冰乙酸行业2024年产能增速继续提升，在甲醇下游行业消费结构占比中小幅增长0.5个百分点至6.1%，并且未来三年随着各地区新增产能的继续落地，冰乙酸行业在甲醇下游行业消费结构占比将继续增加。MTBE行业2024年甲醇需求消费占比降低0.5个百分点至5.8%，主要原因来自2024年7月之后中国MTBE出口骤减，国内市场竞争加剧导致行业开工走低，被动甲醇需求量顺势减少，不过未来两年MTBE仍有新增产能落地，预期需求占比将有提升。甲醛、氯化物、BDO、二甲醚等行业近年来行业规模较为稳定，在甲醇下游需求占比波动微小，影响相对有限。

2024年中国甲醇下游消费构成见图11-10。

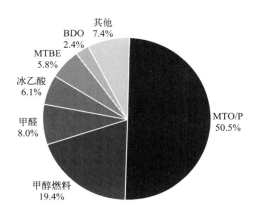

图 11-10　2024 年中国甲醇下游消费构成

11.3.2.2　2020—2024 年甲醇消费结构分析

2020—2024年中国甲醇消费结构延续多年传统，以MTO/P为主，且占比逐年递增。传统下游近年来发展逐渐饱和，随着近五年甲醛、冰乙酸、甲烷氯化物等项目的陆续落地，虽然对于甲醇需求有增加，但处于匀速增长状态，消费结构占比变化有限。MTBE行业前期在甲醇下游消费结构占比逐渐降低，2024年起新增项目陆续落地，甲醇消费需求以及消费结构变化占比有所增长。碳酸二甲酯、BDO等行业近年来新增产能走缓以及行业产能利用率降低，在甲醇消费结构中占比也有所缩窄。

2020—2024年中国甲醇下游消费变化趋势见图11-11。

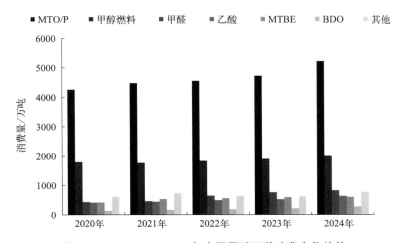

图 11-11　2020—2024 年中国甲醇下游消费变化趋势

11.3.3　甲醇出口趋势分析

2024年，中国甲醇出口量在15.7万吨，同比增加5.4%，其中11月份达到年内出口高点至5.90万吨，主要原因是非伊装置问题频发，供应端明显减量，受国际区域价差影响，套利空间短暂开启。尤其中欧价差已扩大至近三年高点150美元/吨附近，转口贸易增加明显，同时韩国地区因部分合约补货而有一定中国货源转口发往。其余时间段出口量变化不大。

2024年中国甲醇出口量价变化趋势见图11-12。

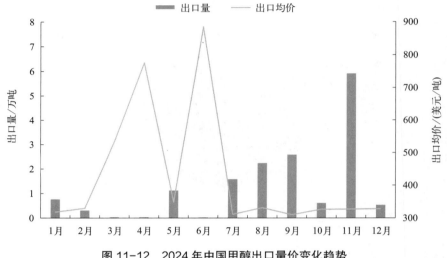

图 11-12　2024 年中国甲醇出口量价变化趋势

2020—2024年，中国甲醇年出口量变化不大，2020年国际需求疲软以及进口量回归，出口量不断下滑，进入2021年，后疫情时代，国际需求复苏良好，与周边区域套利空间打开，再度支撑国内主流贸易进行转出口操作，甚至部分货源去往印度以及少量发往欧美区域；2022—2023年国内需求支撑良好，但反观国际需求表现一般，年内仅部分时间套利窗口打开，转出口至周边区域，同比走势缩减；2024年仍然以转出口至周边国家套利为主，年内部分时间段欧洲价格攀升，少量货源发往，出口同比小幅增量。

2020—2024年中国甲醇出口量变化趋势见图11-13。

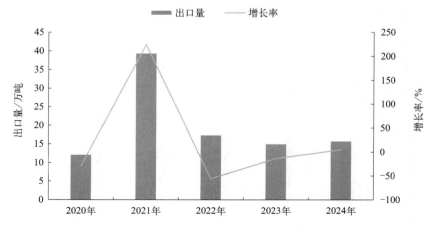

图 11-13　2020—2024 年中国甲醇出口量变化趋势

11.4　中国甲醇价格走势分析

2024年国内甲醇市场高开低走。全球甲醇新增产能偏少并且普遍推迟投产导致国内进口偏低，同时需求增速高于供给，供需关系有所改变。基本面利好在二季度变现尤为突出。地缘政治波动及国内政策利好致使宏观驱动导向加重。然下游需求利润不佳仍是制约上游的重要因素。甲醇市场仍在负重前行。

整年来看，上半年基于海外开工大幅下降，进口到港持续低位，港口MTO需求相对稳固，港口库存小幅反弹后再度加速去化，于5月下旬创阶段性新低。内地与港口区域供需差异一定程度上致东西部市场价差拉大，内地货物流入沿海套利时有发生。且下游消费量同比增长，供需两端同步扩张，下游消费量的增速大于供应量增速，价格重心延续走高。下半年随着下游行业特别是外采甲醇烯烃装置亏损不断加重，多套MTO装置陆续停产或降负，需求负反馈影响被触发，国内外供给逐渐恢复，沿海及内地库存转而回升，甲醇供应开始由偏紧转向宽松。"旺季不旺"且受高库存压制下，价格在9月达到年内新低。四季度受伊朗能源危机影响，市场传出提前限气消息，中东开工率较往年提前降低，进口大幅缩量预期下叠加盘面大幅拉升，市场价格再度回到高位。2024年全年，甲醇太仓价格多数时间保持在2400～2850元之间区间呈震荡走势。

2020—2024年中国甲醇太仓市场价格走势见图11-14。

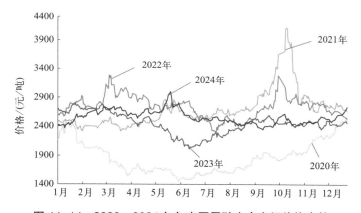

图 11-14　2020—2024 年年中国甲醇太仓市场价格走势

太仓市场甲醇2024年月均价格及2020—2024年年均价格分别见表11-4和表11-5。

表 11-4　2024 年太仓市场甲醇月均价格

月份	1月	2月	3月	4月	5月	6月	7月	8月	9月	10月	11月	12月
价格/（元/吨）	2472	2632	2685	2626	2775	2559	2525	2465	2419	2477	2511	2623

表 11-5　2020—2024 年太仓市场甲醇年均价格

年份	2019 年	2020 年	2021 年	2022 年	2023 年
价格/（元/吨）	1876	2694	2734	2445	2563

11.5　中国甲醇生产毛利走势分析

2024年甲醇三大主流工艺利润盈利状态不一。其中煤制工艺盈利亏损程度最大，年度生产毛利在-239元，主要因为煤制甲醇价格下跌幅度大于原料煤炭价格下跌幅度，甲醇生产量的扩张是导致价格下跌的关键因素，市场供应量大幅增加，超过了需求增长的速度。从各工艺对比来看，焦炉气制工艺与煤制工艺生产毛利对比上涨253%，焦炉气制工艺年均生产毛利在365元。焦炉气工艺盈利能力最强，居于三种工艺盈利排名第一位，主要因为原料焦炉气成本低廉，属于一种副产原料类型，成本优势显著，是扩大盈利空间的主要因素。而天然气制工艺生产毛利与煤制工艺盈利值对比上涨70%，年均生产毛利值在-72元。天然气工艺利润亏损程度较低，2024年国内天然气制装置产能释放有限，但是由于原料天然气价格走高，以及甲醇价格弱势低迷，使得天然气工艺在2024年也面临较大利润压力。

2024年中国不同原料制甲醇生产毛利走势见图11-15。

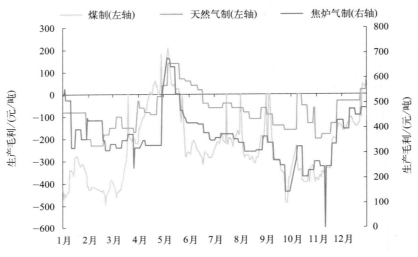

图 11-15　2024 年中国不同原料制甲醇生产毛利走势

中国不同原料制甲醇2024年月均生产毛利及2020—2024年年均生产毛利分别见表11-6和表11-7。

表 11-6　2024 年中国甲醇月均生产毛利

单位：元/吨

月份	1月	2月	3月	4月	5月	6月	7月	8月	9月	10月	11月	12月
煤制	-358	-427	-318	-19	-32	-263	-207	-254	-315	-355	-282	-101
焦炉气制	424	377	339	341	554	397	365	318	262	259.5	288.6	448.2
天然气制	-91	-196	-141	-54	103	-5	-54	-87	-130	-72.6	-144.3	-14.1

表 11-7　2020—2024 年中国甲醇年均生产毛利

单位：元/吨

月份	2020年	2021年	2022年	2023年	2024年
煤制	-113.1	-285.1	-511.1	-444.9	-239.0
焦炉气制	0.8	466.8	282.1	-57.4	-72.0
天然气制	-42.0	755.1	832.2	571.0	365.0

11.6　2025—2029 年中国甲醇发展预期

11.6.1　甲醇供应趋势预测

11.6.1.1　2025—2029 年甲醇拟在建产能统计

据调研，未来五年甲醇产品行业累计拟在建产能将达到3101万吨，拟在建产能中，其中规模在100万吨/年以上的企业有11家，新增产能主要分布在华北、西北及华中地区。此外，多个拟建企业配套有上下游产品装置，产业链规模化发展，降低采购及运输等经营成本。

建议将绿色甲醇与传统甲醇增量分开统计，绿色甲醇项目建设的不确定性较大。并阐述绿色甲醇的目标市场定位。去除规划中的绿色甲醇项目后，实际规划传统甲醇产能将大幅减少。

基于绿色甲醇下游需求包含在传统甲醇下游需求里，不建议将绿色甲醇装置新增与传统甲醇装置新增分开统计。

2025—2029 年中国甲醇产品新增产能统计见表11-8。

表 11-8　2025—2029 年中国甲醇产品新增产能统计

地区	企业简称	产能/（万吨/年）	地址	投产时间	配套下游
华北	内蒙古宝丰（二期）	280	内蒙古	预计 2025 年 1 月	MTO
	内蒙古宝丰（三期）	280	内蒙古	预计 2025 年 3 月	MTO
	中车山东风电有限公司	5	内蒙古	预计 2025 年	
	赤峰新木园	60	内蒙古	预计 2025 年 7 月	
	赤峰绿色氢链	30	内蒙古	预计 2025 年 12 月	
	中广核兴安盟	80	内蒙古	预计 2025 年	
	乌海榕鑫	30	内蒙古	预计 2025 年	
	中煤鄂尔多斯	10	内蒙古	预计 2026 年	
	金风绿能化工	50	内蒙古	预计 2026 年	
	内蒙古液态阳光能源	550	内蒙古	预计 2026 年	
	内蒙古卓正煤化工	120	内蒙古	预计 2027 年	醋酸
	鄂尔多斯市元鲲能源	70	内蒙古	预计 2027 年 12 月	
	远景通辽	30	内蒙古	预计 2028 年底	
	国能包头二期	200	内蒙古	预计 2028 年	MTO
西北	新星惠尔绿色科技	20	新疆	预计 2025 年	
	新疆中泰化学	100	新疆	预计 2025 年 3 月底	
	甘肃刘化	10	甘肃	预计 2025 年二季度	
	新疆中和合众	120	新疆	预计 2025 年四季度	醋酸
	新疆利泽鸿庆	10	新疆	预计 2025 年	
	中煤榆林二期	220	陕西	预计 2025 年底	MTO
	宁夏冠能	40	宁夏	预计 2025 年	BDO
	新疆东明塑胶	220	新疆	预计 2026 年	
	中车山东风电	40	新疆	预计 2027 年	
	新疆利泽鸿庆	100	新疆	预计 2028 年	BD、PBS、DMC、氨纶
	吉利控股集团	12	新疆	预计 2028 年	

续表

地区	企业简称	产能/(万吨/年)	地址	投产时间	配套下游
东北	中能建氢能源	6	吉林	预计2025年	
	吉林电力四平第一热电	20	吉林	预计2025年底	
	大安吉电绿氢能源有限公司	20	吉林	预计2025年底	
	三一重能股份有限公司	32.7	吉林	预计2025年	
	华电辽宁能源有限公司	20	辽宁	预计2026年	
	北京能见科技发展有限公司	15	吉林	预计2027年	
	中国能建中电工程	20	吉林	预计2027年	
	中国电力工程顾问集团	20	吉林	预计2027年	
	上海电气集团	5	上海	预计2028年	
	中国电力工程顾问集团	80	吉林	预计2028年	
	上海电气集团	20	吉林	预计2028年	
华中	隆基生物能源有限公司	12	河南	预计2027年	
	宜都兴发化工有限公司	105	湖北	预计2028年	
华东	中化学赛鼎绿能科技有限公司	38	上海	预计2025年	
	合计	3101			

11.6.1.2 2025—2029年甲醇产能趋势预测

2025—2029年，甲醇装置或将进入新旧装置转换期，周期内传统工艺产能扩增速度较2020—2024周期放缓，新工艺增长速度或将加快，同时技术落后、高能耗等产能或加速淘汰。未来产能供应增量多集中于华北、西北、东北区域，且多数配套下游进行一体化延伸。隆众资讯预计2025—2029年国内甲醇产品产能增长缓慢，产能复合增长率5.0%。

2025—2029年中国甲醇产能趋势预测见图11-16。

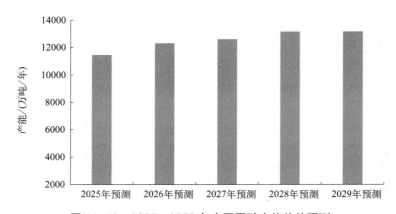

图11-16 2025—2029年中国甲醇产能趋势预测

2025—2029年随着国内甲醇产能稳步增加，同时仍将持续面临进口货源冲击国内市场，以及下游新增装置投产情况，预计产量及产能利用率或将处于较为稳定状态。并且全球政治局势、国内经济发展情况等外围因素仍将继续影响甲醇市场产量。

2025—2029年中国甲醇供应趋势预测见图11-17。

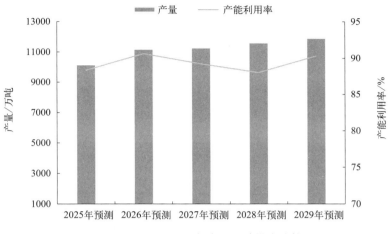

图 11-17　2025—2029 年中国甲醇供应趋势预测

11.6.2　甲醇消费趋势预测

未来五年，中国甲醇下游主要发展行业依然以MTO、甲醇燃料、冰乙酸、MTBE为主，MTO未来三年新增产能预计陆续落地，不过多数企业配套原料甲醇，市场需求增量影响有限；冰乙酸、MTBE行业未来三年产能增速继续增长，但由于传统行业国内外需求有限，虽然新增产能陆续落地，但行业内部竞争加剧，实际带来需求增量支撑较为理性。甲醇行业多数下游产品近年来都处于产能增速阶段，甲醛、碳酸二甲酯、BDO、DMF等行业随着供应量的不断增加，内部竞争加剧导致多数行业生产进入亏损状态，限制了未来甲醇需求量的发展，在MTO、冰乙酸、MTBE行业未来需求占比不断增加预期之下，甲醛、碳酸二甲酯、BDO、DMF等行业的占比将受到压缩。

2025年和2029年中国甲醇主要下游消费量预测见图11-18。

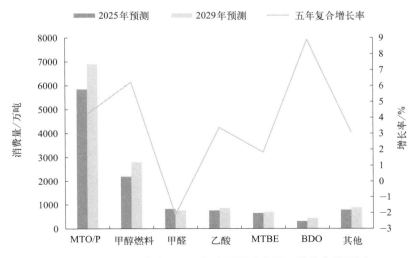

图 11-18　2025 年和 2029 年中国甲醇主要下游消费量预测

11.6.3　甲醇供需格局预测

2025年，预计我国产量提升至10114万吨，同比涨9.9%；进口量增加至1430万吨，同比涨6.0%；下游消费量提升至11369万吨，同比涨10.0%。2025—2029年，国内新增甲醇装置的陆续投产，国产供应呈震荡上涨趋势，国际新增装置的投产，进口至中国的量呈逐年递增趋势，除二甲醚外，下游产能多逐年递增，下游消费量也呈逐年递增趋势，主要增量在MTO、冰乙酸、MTBE等。

2025—2029年中国甲醇供需预测见表11-9。

表 11-9　2025—2029 年中国甲醇供需预测

单位：万吨

时间	产量	进口量	总供应量	下游消费量	出口量	总需求量
2025 年预测	10114	1430	11544	11369	12	11381
2026 年预测	11145	1520	12665	12412	15	12427
2027 年预测	11239	1580	12819	12689	8	12697
2028 年预测	11578	1600	13178	12967	6	12973
2029 年预测	11875	1600	13475	13333	10	13343

第 12 章

乙酸

2024 年度
关键指标一览

类别	指标	2024 年	2023 年	涨跌幅	2025 年预测	预计涨跌幅
价格	华东均价 /（元 / 吨）	2952.9	3231.0	−8.6%	2600.0	−12.0%
供需	产能 /（万吨 / 年）	1215.0	1205.0	0.8%	1735.0	42.8%
	产量 / 万吨	1172.1	969.5	20.9%	1300.1	10.9%
	产能利用率 /%	96.5	80.5	16 个百分点	74.9	−21.6 个百分点
	下游消费量 / 万吨	1026.0	854.1	20.1%	1094.3	6.7%
进出口	进口量 / 万吨	3.3	4.8	−31.3%	3.1	−6.1%
	出口量 / 万吨	112.3	83.8	34.0%	140.3	24.9%
库存	企业库存 / 万吨	10.5	13.3	−21.1%	15.7	49.5%
毛利	生产毛利 /（元 / 吨）	245.8	410.7	−40.2%	50.2	−79.6%

12.1　中国乙酸供需分析

国内乙酸近五年的供需处于逐年递增阶段，供需格局由紧平衡向宽松方向发展。国内乙酸一直处于扩能态势，五年间累计扩能达335万吨，产能的扩增带动产量的同步提升。企业扩能主要源于三方面：一是国外装置故障频发，国内新增装置投产带动工厂出口意愿增强，推升出口规模至百万吨级别；二是国内下游消费量逐年提升，主力下游以及新型下游例如乙酸制己内酰胺等需求量增加；三是乙酸企业盈利水平尚可，吸引企业新建乙酸装置。

2020—2024年中国乙酸供需变化见表12-1。

表 12-1　2020—2024 年中国乙酸供需变化

单位：万吨

时间	产量	进口量	总供应量	下游消费量	出口量	总需求量
2020 年	768.2	5.8	774.0	711.3	42.6	753.9
2021 年	819.7	0.0	819.7	718.4	99.2	817.6
2022 年	923.4	0.0	923.4	782.2	109.4	891.6
2023 年	969.5	4.8	974.3	854.1	83.8	937.9
2024 年	1172.0	3.3	1175.3	1026.0	112.3	1138.3

12.2　中国乙酸供应现状分析

12.2.1　乙酸产能趋势分析

12.2.1.1　2024 年乙烯产能及新增产能统计

2024年中国乙酸产能继续增长，截止到年底行业总产能提升至1215万吨/年，产能增速达0.8%。新增投产装置集中在华东、华北区域，分别为江苏索普20万吨/年装置、河北建滔扩产10万吨/年装置；淘汰上海华谊20万吨/年装置。

2024年中国乙酸新增产能统计见表12-2。

表 12-2　2024 年中国乙酸新增产能统计

企业名称	地址	企业形式	产能/（万吨/年）	工艺类型	装置投产时间	下游配套
江苏索普（集团）有限公司	江苏	国企	20	甲醇羟基合成法	2024 年 5 月	无
河北建滔能源发展有限公司	河北	民企	10	甲醇羟基合成法	2024 年 5 月	无
合计			30			

12.2.1.2　2024 年乙酸主要生产企业生产状况

截止到2024年底，国内乙酸行业总产能1215万吨/年，其中自建甲醇原料配套装置的乙酸产能935万吨/年，占比77.0%。从区域分布来看，企业主要集中在华东、华中区域，两地产能合计785万吨/年，占比64.6%。主要原因是PTA、乙酸乙烯等下游领域多集中在交通便利的华东区域特别是江浙为主，近消费端的生产分布特点体现明显。

2024年中国乙酸行业主要生产企业产能统计见表12-3。

表 12-3 2024 年中国乙酸主要生产企业产能统计

企业名称	地址	简称	产能/（万吨/年）	工艺路线
江苏索普（集团）有限公司	江苏	江苏索普	140	甲醇羟基合成法
兖矿煤化供销有限公司	山东	兖矿鲁南	120	甲醇羟基合成法
塞拉尼斯（南京）化工有限公司	江苏	塞拉尼斯	120	甲醇羟基合成法
广西华谊能源化工有限公司	广西	广西华谊	120	甲醇羟基合成法
华鲁恒升（荆州）有限公司	山东	荆州华鲁	100	甲醇羟基合成法
恒力石化（大连）有限公司	辽宁	大连恒力	85	甲醇羟基合成法
华鲁恒升化工股份有限公司	山东	华鲁恒升	60	甲醇羟基合成法
河北建滔能源发展有限公司	河北	河北建滔	60	甲醇羟基合成法
上海华谊能源化工有限公司	上海	上海华谊	50	甲醇羟基合成法
河南龙宇煤化工有限公司	河南	河南龙宇	50	甲醇羟基合成法
合计			905	

12.2.1.3　2020—2024 年乙酸产能趋势分析

2020—2024年国内乙酸产能处于快速增长阶段。受益于主力下游行业快速扩张以及出口量增加，行业供应紧张局面逐渐加剧，推动乙酸行业产能新一轮增长。2021—2023年间国内乙酸产能累计新增305万吨，2022年国内乙酸产能突破千万吨级别，2023年国内新增产能在150万吨/年，增长率高达14.2%，创五年内增长率最高。2024年新增产能合计30万吨/年，国内乙酸供应格局继续提升。

2020—2024年中国乙酸产能变化趋势见图12-1。

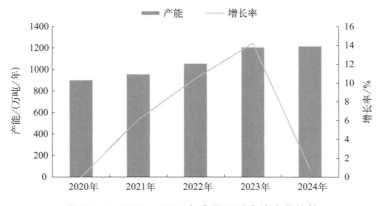

图 12-1 2020—2024 年中国乙酸产能变化趋势

12.2.2　乙酸产量及产能利用率趋势分析

12.2.2.1　2024 年乙酸产量及产能利用率趋势分析

2024年乙酸产量为1172.1万吨，同比提升20.9%。从产量变化来看，全年产量低点出现在8月，受国内生产企业集中性检修影响，供应量走低；全年产量峰值出现在10月，随着前期检修装置恢复，以及下游需求逐步恢复，工厂加大马力生产，叠加冬季来临装置意外故障率降低，因此月产量高达107.7万吨。整体来看，下半年乙酸企业意外故障率降低以及下游需求行业新增装置增多，带动下半年产量高于上半年。

2024年中国乙酸产量及产能利用率变化趋势见图12-2。

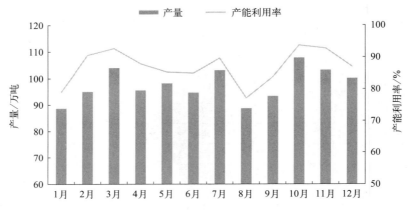

图 12-2　2024 年中国乙酸产量及产能利用率变化趋势

12.2.2.2　2020—2024 年乙酸产量及产能利用率趋势分析

在2020—2024年期间，国内乙酸产量实现了显著增长，并且产能利用率也同步大幅提升。主要因为近五年内国内新增乙酸产能持续释放，有力地推动了产量的稳步上升。同时，由于工厂利润率表现良好，企业的生产积极性高涨，进一步促进了乙酸行业的繁荣发展。在此期间，乙酸行业的产能利用率从2020年的85.4%显著提升至2024年的96.5%，五年间共提升了11.1个百分点。

2020—2024年中国乙酸产量及产能利用率变化趋势见图12-3。

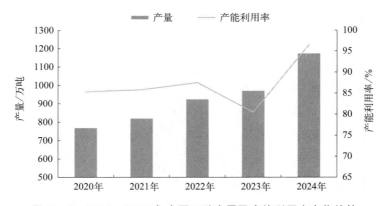

图 12-3　2020—2024 年中国乙酸产量及产能利用率变化趋势

12.2.3　乙酸供应结构分析

12.2.3.1　2024 年乙酸分区域供应结构分析

2024年国内乙酸产能区域分布依然较为广泛，七个行政区域都有乙酸装置的分布。从区域来看，华东地区仍以590万吨/年产能排在第一位，占比48.6%；其次为华中地区，产能195万吨/

年，占比16.0%；第三为华南地区，产能120万吨/年，占比9.9%；第四为华北地区，产能95万吨/年，占比7.8%；第五、六为东北、西北地区，产能各85万吨/年、80万吨/年，占比分别为7.0%、6.6%；最后为西南地区，产能50万吨/年，占比4.1%。

2024年中国乙酸分区域产能分布见图12-4。

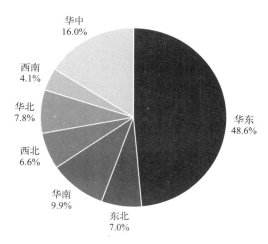

图 12-4　2024 年中国乙酸分区域产能分布

12.2.3.2　2024 年乙酸分企业类型供应结构分析

2024年从乙酸企业性质方面来看，国有企业总计产能850万吨/年，占比70.0%，其中华谊集团占比最大为18.1%，装置分布于上海、安徽、广西三地；其次是华鲁集团、索普，产能分别占比13.2%、11.5%。民营企业总产能145万吨/年，占比11.9%，代表企业有大连恒力、河北建滔等。外资企业仅塞拉尼斯一家，产能120万吨/年，占比9.9%。合资企业总产能100万吨/年，占比8.2%。

2024年中国乙酸分企业类型产能构成见图12-5。

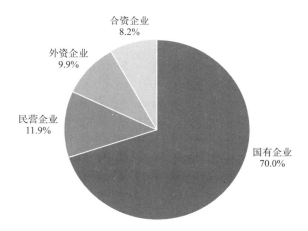

图 12-5　2024 年中国乙酸分企业类型产能构成

12.2.4　乙酸进口趋势分析

2024年中国乙酸进口量在3.3万吨，环比减少31.3%。其中，8月进口量最大，进口量1.0万吨，占2024年总进口量的30.3%。2024年中国乙酸月度进口量在1—5月出现了明显的低谷，主要受国内供应充足影响，因此进口量有所减少，6月后国内部分下游及贸易商考虑到国内工厂8—9月集中检修较多，担心出现2023年价格大幅攀升情况，因此导致进口量阶段性提升。

2024年6—10月中国乙酸进口量价变化趋势见图12-6。

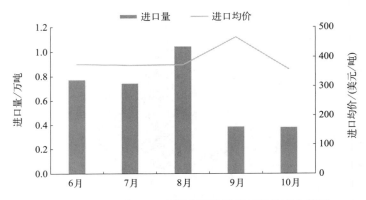

图 12-6　2024 年 6—10 月中国乙酸进口量价变化趋势

2020—2024年中国乙酸进口量呈现"凹"型走势。2020年中国乙酸进口量达到了一个相对较高的水平，当时国内疫情得以控制，但装置集中检修导致短期供应紧张，加之传统需求旺季的加持，国内乙酸价格攀升，而国外由于疫情恢复缓慢，部分货源发往国内进行套利。然而，从2021年开始，中国乙酸进口量逐渐回归正常水平。2023—2024年期间，国内装置故障频繁以及计划内检修，造成短时间内供应偏紧局面，因此从周边进口乙酸量阶段性提升。

2020—2024年中国乙酸进口量变化趋势见图12-7。

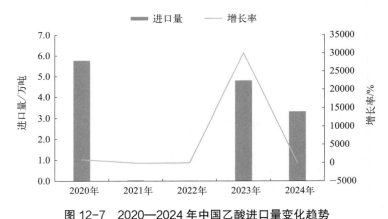

图 12-7　2020—2024 年中国乙酸进口量变化趋势

12.3　中国乙酸消费现状分析

12.3.1　乙酸消费趋势分析

12.3.1.1　2024 年乙酸月度消费趋势分析

2024年乙酸下游装置投产较多，新增消费量多集中在上半年，但行业总消费量下半年高于上半年，月度消费量呈现波浪式走势。其中，最低消费量出现在2月，主要受春节假期影响，物流受限叠加部分下游装置检修，因此整体需求量有限；最高消费量在12月，一方面受PTA、乙酸乙酯下游新增装置提前备货原料投产影响，另一方面，临近年底终端需求尚可，带动下游产品产能利用率高位，因此整体需求量较好。

2024年中国乙酸月度消费量及价格变化趋势见图12-8。

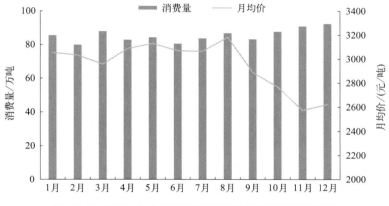

图 12-8　2024 年中国乙酸月度消费量及价格变化趋势

12.3.1.2　2020—2024 年乙酸年度消费趋势分析

2020—2024年中国乙酸消费呈现增长态势。2020—2021年，受全球疫情的影响，终端生产活动受到限制，导致乙酸的需求量在这一阶段内窄幅波动。2022—2023年终端行业的需求量开始回升，同时主力下游行业的新增装置大量投产，共同推动了国内乙酸消费量的提升。2024年乙酸产业链受全线价格走低影响，带动终端行业用量逐步增多，主力下游扩张明显及部分小型下游用量提升，进一步带动了乙酸消费量的大幅走高。

2020—2024年中国乙酸年度消费变化趋势见图12-9。

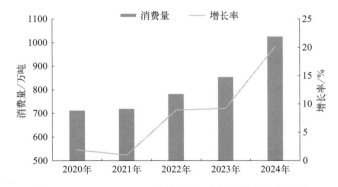

图 12-9　2020—2024 年中国乙酸年度消费变化趋势

12.3.2　乙酸消费结构分析

12.3.2.1　2024 年乙酸消费结构分析

从乙酸下游消费结构来看，PTA持续稳坐第一大下游的位置，其占比高达24.3%。紧随其后的是乙酸乙烯和乙酸乙酯，分别占据17.2%和13.1%的市场份额。进入2024年，随着PTA和乙酸乙烯领域新装置的陆续投产，这两个行业对乙酸的需求量持续攀升，成为支撑乙酸消耗量的核心动力。同时，乙酸酯类受益于终端行业需求的增长以及出口量的提升，特别是乙酸甲酯、乙酸仲丁酯等在国内用于调油，进一步推动了冰乙酸需求量的增加。此外，尽管氯乙酸、醋酐、乙腈等其他行业的利润状况各异，但它们对乙酸的消耗量也呈现出同步增长趋势。

2024年中国乙酸下游消费构成见图12-10。

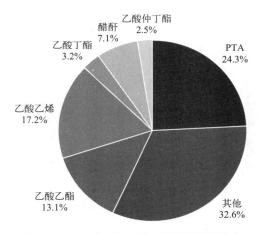

图 12-10   2024 年中国乙酸下游消费构成

12.3.2.2   2020—2024 年乙酸消费结构分析

2020—2024年中国乙酸消费量稳步上涨。其中，PTA作为乙酸的核心下游，在2020—2024年期间产能高速发展，始终占据乙酸总消费量的24% ～ 26%。乙酸乙烯在2022—2024年期间对乙酸的消费增幅明显提速，这一增长主要得益于2021年之后光伏行业的快速发展，带动了乙酸乙烯需求量的提升。乙酸酯行业2020—2022年期间受疫情影响，对乙酸的消耗量增幅不大，2023年后随着终端需求好转，以及部分酯类出口利好带动，国内新增装置增多，整体消费量逐步提升。此外，其他下游领域近几年也呈现出增幅较多的态势，例如乙酸制己内酰胺、乙酸正丙酯、乙酸制乙醇等产品对乙酸的消费量均有所提升。

2020—2024年中国乙酸下游消费变化趋势见图12-11。

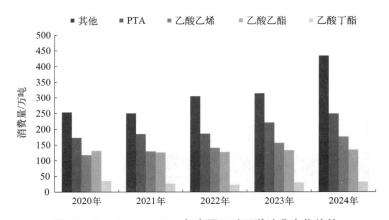

图 12-11   2020—2024 年中国乙酸下游消费变化趋势

12.3.3 乙酸出口趋势分析

2024年中国乙酸的出口量112.3万吨，与去上年同期相比增长34.1%。其中5月出口量最大，出口量为13.7万吨，占2024年总出口量的12.2%。这一显著增长主要得益于国外乙酸生产装置的计划性检修与故障频发，为中国的乙酸产品提供了出口机会。然而在7月份出现了乙酸的出口量年内最低点，仅为5.6万吨，占全年总出口量的5.0%。主要因为国内8—9月份国内乙酸生产装置集中检修，导致短期内货源供应偏紧，在此情况下，工厂对于出口的积极性有所减弱，从而使得7月份成为全年乙酸出口量最低的月份。

2024年中国乙酸出口量价变化趋势见图12-12。

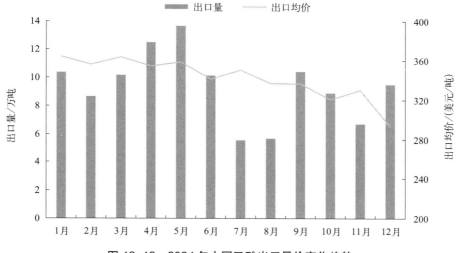

图 12-12　2024 年中国乙酸出口量价变化趋势

2020—2024年，中国乙酸消费增长低于供应增长，造成了中国供需差逐年放大，因此国内工厂逐步寻求出口最大化，中国出口量逐年上升，导致2023—2024年出口量增加但出口依存度较2021年有所下降。2021年国外装置意外故障频繁、国内新增装置，导致供应量增加，因此工厂出口机遇增多，出现出口量翻倍式增加现象，2022—2024年整体出口量保持在高位水平，预计未来随着国内工厂供应量充足，出口量预计在百万吨以上。

2020—2024年中国乙酸出口量变化趋势见图12-13。

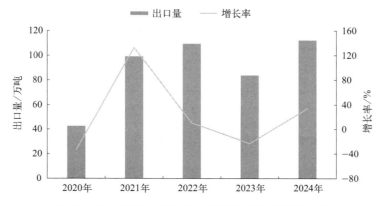

图 12-13　2020—2024 年中国乙酸出口量变化趋势

12.4　中国乙酸价格走势分析

2024年国内乙酸市场价格多保持在区间震荡运行，下游新增装置投产，逐步缓解市场供应面走高局面，国外装置故障频发形成出口利好，国内市场供需格局逐步向供需弱平衡发展。1—8月市场价格震荡走高运行，受下游新增及出口较多等利好影响，叠加工厂集中在8—9月检修，业者心态有所支撑，8月中旬价格攀升至年内新高水平。8月下旬后，前期价格上涨导致部分下游盈利水平欠佳，国内整体需求转弱以及出口减少，叠加业者对河北建滔80万吨/年装置投产预期心态影响下，直至10月底期间，价格一度逼近成本线附近水平。11—12月，由于建滔装置开车不顺，下游新增投产装置集中备货原料，且需求维持中位偏高水平，因此市场再次达到供需平衡阶段，价格逐步回升。

2020—2024年中国乙酸华东市场价格走势见图12-14。

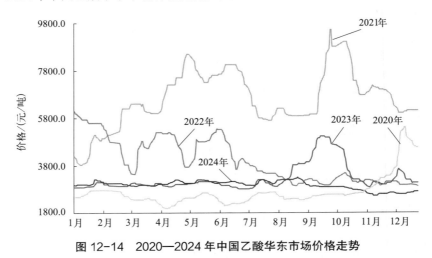

图 12-14　2020—2024 年中国乙酸华东市场价格走势

2024年中国乙酸华东市场月均价汇总及2020—2024年中国乙酸华东市场年均价汇总分别见表12-4和表12-5。

表 12-4　2024 年中国乙酸华东市场月均价格

月份	1 月	2 月	3 月	4 月	5 月	6 月	7 月	8 月	9 月	10 月	11 月	12 月
华东均价/（元/吨）	3053.9	3031.6	2956.2	3087.1	3129.1	3069.0	3063.9	3181.1	2889.5	2768.2	2573.8	2622.5

表 12-5　2020—2024 年中国乙酸华东市场年均价格

年份	2020 年	2021 年	2022 年	2023 年	2024 年
华东均价/（元/吨）	2711.0	6584.1	3967.8	3231.0	2952.9

12.5　中国乙酸生产毛利走势分析

2024年乙酸利润均处于微利状态。主要因为甲醇价格阶段性偏高，而乙酸价格受产能不断扩张及供应量高位影响，各区域间价差缩小，乙酸市场波动幅度有限，所以使得乙酸利润整体波动幅度有限。上半年下游投产装置较多，且国外装置故障较多，出口需求好于前期，因此乙酸保持供需紧平衡局面，利润多跟随甲醇波动。下半年，受工厂 8 月集中检修影响，市场炒涨心态明显，乙酸价格逐步拉升，利润跟随价格变动而上涨，年内月度利润最高达到 549 元 / 吨；随着计划内检修逐步恢复，市场供应面恢复至年内高位水平，"金九银十"传统旺季未能带动终端需求好转，乙酸价格随之走低，利润跟随下滑。

2024 年中国乙酸生产毛利走势见图 12-15。

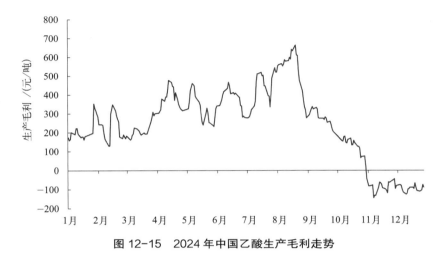

图 12-15　2024 年中国乙酸生产毛利走势

2024 年中国乙酸月均生产毛利汇总及 2020—2024 年中国乙酸年均生产毛利汇总分别见表 12-6 和表 12-7。

表 12-6　2024 年中国乙酸月均生产毛利

月份	1 月	2 月	3 月	4 月	5 月	6 月	7 月	8 月	9 月	10 月	11 月	12 月
生产毛利 /（元 / 吨）	210.4	236.7	213.6	376.1	330.5	375.7	412.1	539.6	282.7	130.6	−82.5	−94.2

表 12-7　2020—2024 年中国乙酸年均生产毛利

年份	2020 年	2021 年	2022 年	2023 年	2024 年
生产毛利 /（元 / 吨）	473.1	3852.6	1009.2	410.7	245.8

12.6　2025—2029 年中国乙酸发展预期

12.6.1　乙酸供应趋势预测

12.6.1.1　乙酸拟在建 / 退出产能统计

据隆众资讯调研，目前拟建、计划和在建的乙酸装置有 19 家，考虑到产品供需、政策以及建设周期等因素，未来实际投产装置或不及预期内，未来五年间确定退出的产能仅上海华谊，主要由于工厂搬迁属于替换产能，因此预计 2025 年实际新增产能在 520 万吨 / 年。2026—2029 年中国乙酸虽拟建装置较多，目前并无新建装置计划报出，因此还需关注后续投产进度。但考虑到乙酸产业链的消费瓶颈，以及 2025 年后市场供需矛盾化明显，预计至 2026 年及以后，中国乙酸新增产能或逐步放缓。

2025—2029 年中国乙酸新增产能统计见表 12-8。

表 12-8   2025—2029 年中国乙酸新增产能统计

企业简称	产能 /（万吨 / 年）	预计投产时间	地址
河北建滔	80	2025 年 1 月	河北
新疆中和合众	100	2025 年	新疆
巨正源	150	2025 年	广东
谦信荆门	60	2025 年	湖北
上海华谊	80（替换上海 50，实际新增 30）	2025 年	上海
浙石化	100	2025 年	浙江
四川瑞柏	100	2026 年	四川
江苏盛虹	100	2026 年	江苏
内蒙古卓正	50	2026 年	内蒙古
河南开祥化工	50	2027 年	河南
福建海辰	50	2027 年	福建
荣盛能源科技（内蒙古）	50	2028 年	内蒙古
福建百宏	35	2028 年	福建
中安联合	60	2028 年	安徽
中天合创	30	2028 年	内蒙古
神木神信	30	待定	陕西
重庆洪庆达	40	待定	重庆
新疆嘉国伟业	35	待定	新疆
龙翔恒宇化工	80	待定	福建
合计	1280		

12.6.1.2   2025—2029 年中国乙酸产能趋势预测

根据目前已公布的拟在建产能统计，未来五年乙酸新增产能集中于2025年，2026年后增速放缓。2025—2029年，预计乙酸年度产能增速在5% ~ 43%之间，2025年因预期多套大型装置投产，成为未来五年内的扩产高峰，当年新建占据年度总产能的30%。2026—2029年，目前已公布的新建项目预期偏少，产能增速及当年新增产能锐减。除目前已公布项目外，考虑到未来五年乙酸的经济性，以及平均2年的建设周期，预计自2026年开始，未来五年内新增装置逐步减少。

2025—2029 年中国乙酸产能趋势预测见图 12-16。

2025—2029 年中国乙酸产量复合增长率达2.9%，国内乙酸产量或持续提升。但考虑到后期新增产能释放较多，下游增速不及新增产能，工厂利润受此压缩，生产积极性有所影响，产能利用率或有所下调，或维持在六七成附近徘徊。

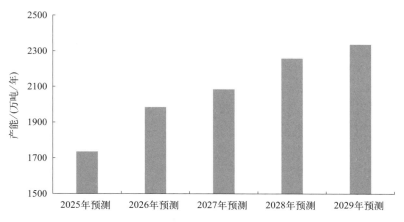

图 12-16　2025—2029 年中国乙酸产能趋势预测

2025—2029 年中国乙酸产量及产能利用率趋势预测见表12-9。

表 12-9　2025—2029 年中国乙酸产量及产能利用率趋势预测

指标	2025 年	2026 年	2027 年	2028 年	2029 年
产能 /（万吨 / 年）	1735	1985	2085	2260	2340
产量 / 万吨	1300	1350	1418	1450	1460
产能利用率 /%	74.9	68.0	68.0	64.2	62.4

12.6.2　乙酸消费趋势预测

乙酸未来消费增长点依旧集中在 PTA、乙酸乙烯、乙酸乙酯行业。从2025—2029年消费量增长维度来看，乙酸乙烯预计增加对乙酸消费量25万吨，增量居首，年均复合增长率2.8%。PTA预计增加对乙酸消费量22万吨，年均复合增长率2.0%。乙酸乙酯预计增加对乙酸消费量11万吨，年均复合增长率1.8%。下游产能产量对乙酸预期消费量增幅不匹配，也反映了不同下游之间行业竞争压力不同，产能-产量转化率不同。

2025年和2029年中国乙酸主要下游消费量预测见图12-17。

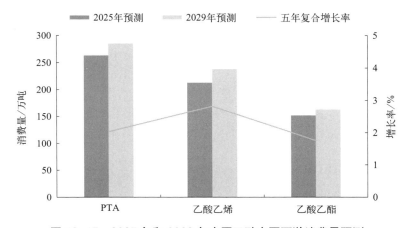

图 12-17　2025 年和 2029 年中国乙酸主要下游消费量预测

12.6.3　乙酸供需格局预测

2025—2029 年周期，乙酸行业仍处于成熟期，上下游投建增速将推动供应持续增加，但下游需求受限，供需矛盾加剧，乙酸价格可能下滑，贸易量或有所上升。

从供需角度来看，国内乙酸的理论供需差距及净出口量可能会逐步增大。在供应端，乙酸行业在此期间将经历显著的产能扩张。而在需求端，尽管主力下游行业的新增投产年限不一，但整体市场需求量却受制于终端需求矛盾，导致产量增长可能无法及时跟上供应的增加。因此，市场供需矛盾将愈发明显，供需差距或逐步扩大。

2025—2029 年中国乙酸供需预测见表 12-10。

表 12-10　2025—2029 年中国乙酸供需预测

单位：万吨

时间	产量	进口量	总供应量	下游消费量	出口量	总需求量
2025 年预测	1300	3	1303	1015	130	1145
2026 年预测	1350	2	1352	1060	132	1192
2027 年预测	1418	1	1419	1095	135	1230
2028 年预测	1450	1	1451	1120	140	1260
2029 年预测	1460	1	1461	1131	140	1271

第 13 章

正丁醇

2024 年度
关键指标一览

类别	指标	2024 年	2023 年	涨跌幅	2025 年预测	预计涨跌幅
价格	华东均价 /（元 / 吨）	8008.0	8171.0	−2.0%	7350.0	−8.2%
供需	产能 /（万吨 / 年）	378.0	324.0	16.7%	436.0	15.3%
	产量 / 万吨	254.8	234.4	8.7%	293.0	15.0%
	产能利用率 /%	67.4	72.3	−4.9 个百分点	67.2	−0.2 个百分点
	下游消费量 / 万吨	256.2	231.9	10.5%	270.0	5.4%
进出口	进口量 / 万吨	13.1	18.9	−30.7%	13.0	−0.8%
	出口量 / 万吨	1.66	0.37	348.6%	4.0	141.0%
毛利	生产毛利 /（元 / 吨）	1680.0	1778.0	−5.5%	1302.0	−22.5%

13.1　中国正丁醇供需分析

从供需平衡差来看，2021年正丁醇平衡差值最小，这与正丁醇产能增速缓慢相关，而下游消费增速较大，造成正丁醇市场在此阶段内供应量难以跟进消费增长。2022年正丁醇供需平衡差最大，主要受全球经济疲软影响，丙烯酸丁酯及乙酸丁酯出口订单下降，且国内消费出现一定程度萎缩。2023—2024年中国正丁醇供需平衡相对稳定，由于2023年开始正丁醇新装置陆续投产，同时也伴随着下游新增产能投产，而下游消费增速相对较小，为此正丁醇市场消费增长低于供应，市场供应紧张局面不断缓解。正丁醇下游消费量近五年来逐步提升，2020—2024年年复合增长率在6.1%，2022—2023年增速较大，主要是因为丙烯酸丁酯、乙酸丁酯及邻苯二甲酸二丁酯（DBP）三大下游近两年均有新装置投产，而前期仅以丙烯酸丁酯为主。

2020—2024年中国正丁醇供需变化见表13-1。

表 13-1　2020—2024 年中国正丁醇供需变化

单位：万吨

时间	产量	进口量	总供应量	下游消费量	出口量	总需求量
2020 年	191.1	27.2	218.4	202.0	0.1	202.1
2021 年	221.1	13.1	234.2	220.0	2.8	222.8
2022 年	215.5	15.9	231.5	200.0	2.2	202.2
2023 年	234.4	18.9	253.3	231.9	0.4	232.3
2024 年	254.8	13.1	267.9	256.4	1.7	258.1

13.2　中国正丁醇供应现状分析

13.2.1　正丁醇产能趋势分析

13.2.1.1　2024 年正丁醇产能及新增产能统计

2024年国内正丁醇有两套新装置投产，均为浙江卫星石化股份有限公司正丁醇装置。

2024年中国正丁醇新增产能统计见表13-2。

表 13-2　2024 年中国正丁醇新增产能统计

企业名称	地址	企业形式	产能/（万吨/年）	装置投产时间
浙江卫星石化股份有限公司	嘉兴	民企	18.0	2024 年 8 月
浙江卫星石化股份有限公司	嘉兴	民企	36.0	2024 年 11 月
合计			54.0	

13.2.1.2　正丁醇主要生产企业生产状况

截止到2024年底，国内正丁醇设计产能达到378万吨/年，较2023年增加54万吨/年，增长16.7%，生产企业从21家增加至22家，其中正丁醇产能占比最大的是浙江卫星，设计产能54万吨/年，占全国总产能的14.3%；第二位是鲁西化工，设计产能41万吨/年，占全国总产能的10.8%；第三位是万华化学，设计产能30万吨/年，占全国总产能的7.9%。据统计，2024年国内产能在20万吨/年及以上的企业增至8家，合计产能240.5万吨/年，占全国总产能的63.6%。

丁辛醇是联合装置，齐鲁石化、鲁西化工、华鲁恒升、南京诚志、江苏华昌二期、天津渤化永利以及浙江卫星等企业的正丁醇装置可切换生产辛醇。2024年，鲁西化工10万吨/年正丁醇装置、华鲁恒升10万吨/年正丁醇装置、江苏华昌二期8万吨/年的正丁醇装置以及南京诚志10万吨/年正丁醇装置均生产辛醇产品，吉林石化辛醇装置产能12万吨/年，其中7万吨/年辛醇装置部分产能转产正丁醇，并未完全转产，宁夏百川11.8万吨/年正丁醇装置在年底转产辛醇，浙江卫星18万吨/年正丁醇装置转产辛醇。由此可见，2024年受辛醇需求量及利润空间相对较好等因素影响，当年正丁醇实际在产产能远远少于设计产能。

2024年中国正丁醇生产企业产能统计见表13-3。

表 13-3　2024 年中国正丁醇生产企业产能统计

企业名称	产能/（万吨/年）
鲁西化工	41.0
万华化学	30.0
扬子巴斯夫	27.5
四川石化	21.0
江苏华昌	20.0
延安能化	20.0
天津渤化永利	17.0
兖矿鲁南	13.5
安庆曙光	12.5
吉林石化	12.0
中海壳牌	10.5
华鲁恒升	10.0
南京诚志	10.0
大庆石化	8.5
利华益	8.5
齐鲁石化	5.0
山东建兰	5.0
山东诺奥	4.0
广西华谊	27.0
宁波巨化	9.0
宁夏百川	12.0
浙江卫星	54.0
合计	378.0

13.2.1.3　2020—2024 年正丁醇产能趋势分析

2020—2024年中国正丁醇产能高速发展，截至2024年底，新增总产能达到106万吨/年，2020—2024年年均复合增长率为9.0%。2021年仅有山东诺奥一套4万吨/年的正丁醇投产。2023年随着宁夏百川、宁波巨化以及广西华谊正丁醇装置的相继投产，中国正丁醇正式进入大规模扩能周期，当年新增产能48万吨/年，新增产能占当年总产能的14.8%，年产能增速达到17.4%。2024年浙江卫星投产36万吨/年正丁醇以及18万吨/年丁辛醇装置各一套，新增产能合计54万吨/年，产能增速16.7%。

2020—2024年中国正丁醇产能变化趋势见图13-1。

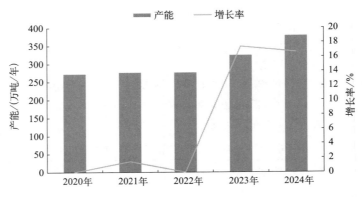

图 13-1　2020—2024 年中国正丁醇产能变化趋势

13.2.2　正丁醇产量及产能利用率趋势分析

13.2.2.1　2024 年正丁醇产量及产能利用率趋势分析

　　2024年，中国正丁醇总产量254.8万吨，同比增长8.7%。年均产能利用率67.4%，同比下滑4.9个百分点。上半年国内正丁醇装置均为短期检修以及短期意外波动，工厂生产相对稳定。进入下半年，部分工厂对市场不看好，选择在8—9月份进行大检，降低自身销售压力。进入8月后，停车检修装置增加，检修时长较长，还有部分装置意外波动减产，另外也由于辛醇货源偏紧，高价格高利润影响下，部分丁醇装置开始转产辛醇，为此8月份正丁醇产量为全年最低点。9月开始有新产能陆续投放，四季度国内产量持续提升，但考虑到新产能均为自用，无外销量，加上部分正丁醇装置持续停车状态，为此市场上供应有限状态未能得到完全缓解。

　　2024年中国正丁醇产量及产能利用率变化趋势见图13-2。

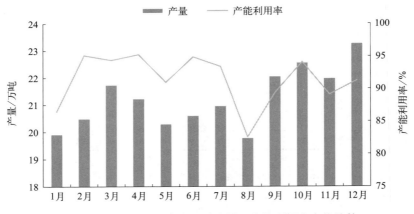

图 13-2　2024 年中国正丁醇产量及产能利用率变化趋势

13.2.2.2　2020—2024 年正丁醇产量及产能利用率趋势分析

　　2020—2024年，中国正丁醇产量随着产能的增长而增长，但整体增长速度较为缓慢，在2020—2022年间正丁醇新增产能有限，2023—2024年产能逐步增大，但由于新产能投产基本在下半年，同时由于丁辛醇差价较大，辛醇利润高于正丁醇，为此部分正丁醇装置转产辛醇，为此正丁醇实际在产产能远远低于设计产能，以至于正丁醇后期产量不断提升，而产能利用率持续下降。

2020—2024年中国正丁醇产量及产能利用率变化趋势见图13-3。

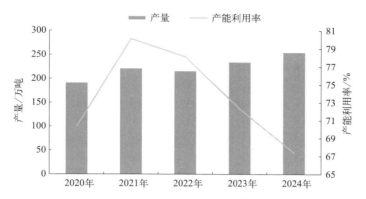

图 13-3　2020—2024 年中国正丁醇产量及产能利用率变化趋势

13.2.3　正丁醇供应结构分析

2024年国内正丁醇新产能主要在华东区域投放，由图13-4可见，华东区域（不计山东）产能总体较2023年增长81%，已超过山东地区总产能，同时也改变了国内正丁醇供应格局。2024年，华东地区（不计山东）产能位居全国第一，占全国总产能的31.9%；而山东地区则退居第二，占全国总产能的31.0%；第三位是华南地区，占全国总产能的9.9%。

2024年中国正丁醇分区域产能分布见图13-4。

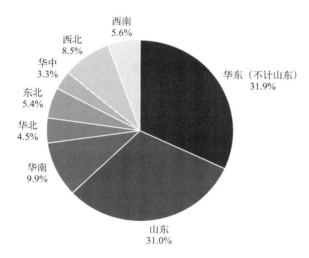

图 13-4　2024 年中国正丁醇分区域产能分布

13.2.4　正丁醇进口趋势分析

13.2.4.1　2024 年正丁醇进口分析

2024年中国正丁醇月度进口量上半年整体表现较强，二月份为全年最高点，进口量为2.6万吨。从三季度开始降至低点，每月进口量不足1万吨，主要是由于新装置陆续投产后，国内产量增加，加上业者对新装置投产后市场不够看好，保持较低刚需为主，为此国内市场价格持续走跌，而进口均价较高，进口套利关闭，下半年国内进口量开始降低。

2024年中国正丁醇进口量价变化趋势见图13-5。

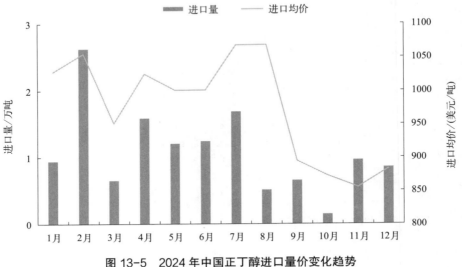

图 13-5 2024年中国正丁醇进口量价变化趋势

13.2.4.2 2020—2024年正丁醇进口分析

2020—2024年中国正丁醇进口依存度逐步下降，在4.9%～12.5%之间波动，整体进口依存度较低。2020年由于国外疫情爆发，国外需求大幅度下滑，中国作为正丁醇需求大国，同时因国内疫情导致供应量较低，正丁醇价格持续走高，进口套利空间打开，吸引了进口货源流入。2021年由于国外装置检修，整体进口水平下滑。2022年及2023年，国内工厂装置集中检修并伴随装置频繁意外停车，市场货源供应紧张，正丁醇价格居高不下，使得进口价差保持打开状态，进口量保持增长。自2023年开始到2024年，随着国内新产能的逐步投放，供应紧张状态有所缓解，同时伴随着国内关税政策的改变，正丁醇进口量开始降低。

2020—2024年中国正丁醇进口量变化趋势见图13-6。

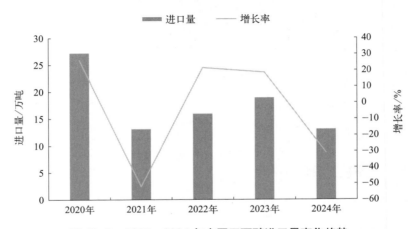

图 13-6 2020—2024年中国正丁醇进口量变化趋势

13.3　中国正丁醇消费现状分析

13.3.1　正丁醇消费趋势分析

13.3.1.1　2024 年正丁醇月度消费趋势分析

2024 年正丁醇下游装置新增产能较少，年内消费量的增量更多的是体现 2023 年四季度下游集中投产后在 2024 年的消费贡献量。2024 年正丁醇消费量在传统淡旺季表现较为明显，年度增长率 10.5%。主要下游丙烯酸丁酯在上半年震荡运行，消费量保持在 52% ～ 56%。下半年丙烯酸丁酯消费占比逐步提升，据悉主要是由于丙烯酸丁酯出口加强，同时下游工厂配套原料装置投放后，丙烯酸丁酯盈利空间加大，丙烯酸丁酯开工负荷提升。分月度来看，由于中国传统新年假期贯穿，下游开工负荷降至低点，2024 年中国正丁醇月度市场消费量全年最低点出现在 2 月。3—7 月下游消费量先增后降，符合由旺季转入淡季规律。下半年消费量淡旺季表现不够明显，主要是由于正丁醇价格一路下滑，下游利润空间加大，同时部分产品出口等因素导致下游整体开工负荷微调，故而下半年消费量整体变动较小。

2024 年中国正丁醇月度表观消费量及价格变化趋势见图 13-7。

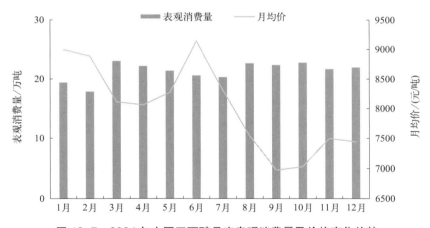

图 13-7　2024 年中国正丁醇月度表观消费量及价格变化趋势

13.3.1.2　2020—2024 年正丁醇年度消费趋势分析

2020—2024 年中国正丁醇消费稳步增长，年均复合增长率在 6.1%，下游消费结构相对稳定，丙烯酸丁酯、乙酸丁酯以及 DBP 是下游占比较大的消费领域，承担了近年来正丁醇消费端的增长。

2020—2024 年中国正丁醇年度消费变化趋势见图 13-8。

13.3.2　正丁醇消费结构分析

13.3.2.1　2024 年正丁醇消费结构分析

2024 年，正丁醇三大下游依次是丙烯酸丁酯、乙酸丁酯以及 DBP，其中丙烯酸丁酯依旧保持消费量第一，消费占比在 54.4% 左右；排在第二位的是乙酸丁酯，对正丁醇消费占比 16.2%；DBP 由于近两年利润较好，开工率保持中等偏高水平，对其正丁醇消费量提升，消费占比在 15.3%；此外，其他领域对正丁醇的消耗占比合计为 14.1%。

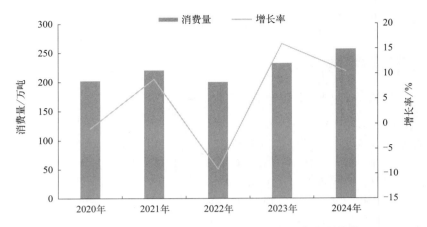

图 13-8　2020—2024 年中国正丁醇年度消费变化趋势

2024 年中国正丁醇下游消费构成见图13-9。

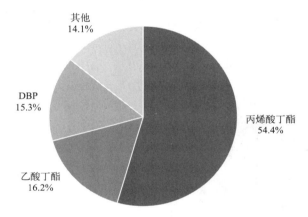

图 13-9　2024 年中国正丁醇下游消费构成

13.3.2.2　2020—2024 年正丁醇消费结构分析

中国正丁醇下游消费结构变化不大。下游产品主要是丙烯酸丁酯、乙酸丁酯、DBP、乙二醇单丁醚等。

丙烯酸丁酯作为核心下游，五年内占据正丁醇总消费量的50%～60%，主要下游丙烯酸乳液归属于环保型产品，逐步替代非环保型产品，发展势头强劲，故而丙烯酸丁酯2020—2024年进入新产能投放高峰期，对正丁醇消费量逐年增加。

近年来，乙酸丁酯对正丁醇的消费量持续缩减，行业近五年发展势头趋缓。在前期经历产能过剩阶段后，叠加下游应用领域加速向溶剂型涂料转型及替代产品不断涌现等因素，行业通过淘汰老旧小产能实现结构性调整，2020—2023年间未出现新增产能。随着原料价格持续下行带动盈利空间扩大，加之企业推进一体化发展战略，2023—2024年新产能陆续投放市场，带动正丁醇消费量逐步回升。

DBP对正丁醇消费量逐步增长，2020—2022年DBP的替代品市场表现不佳，2023—2024年丁辛醇原料差价较大，导致DBP与DOP等产品差价明显，内需稳定发展，使得产品供应量进一步提升，不断提升对原料正丁醇的需求量。

2020—2024年中国正丁醇下游消费变化趋势见图13-10。

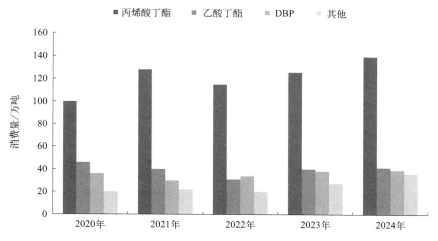

图 13-10　2020—2024 年中国正丁醇下游消费变化趋势

13.3.3　正丁醇出口趋势分析

　　2024年中国正丁醇总出口量1.66万吨/年，同比增长348.6%，出口最多的在7月，出口量0.4万吨，占全年出口总量的23.5%。由于国外装置停车时间较长，国外市场加大从中国采购的力度，导致国内正丁醇出口量增加。

　　2024年中国正丁醇出口量价变化趋势见图13-11。

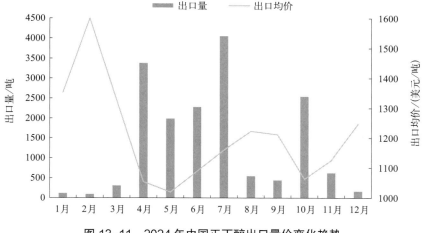

图 13-11　2024 年中国正丁醇出口量价变化趋势

　　2021—2022年国内正丁醇出口量显著增长，主要受海外疫情冲击导致国际装置长时间停产，叠加疫情后国际产能复苏滞后，促使需求转向中国市场。2024年国内出口增量源于两重驱动：一方面国内市场价格快速下行形成套利窗口，另一方面国际装置集中检修加剧海外供应缺口，共同推升跨境采购需求。至第四季度，海运成本攀升导致出口价格优势收窄，叠加国际物流效率下降，正丁醇出口规模出现明显回落。

　　2020—2024年中国正丁醇出口量变化趋势见图13-12。

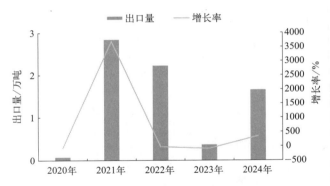

图 13-12　2020—2024 年中国正丁醇出口量变化趋势

13.4　中国正丁醇价格走势分析

2024 年江苏正丁醇均价 8008 元/吨，较 2023 年均价下跌 163 元/吨，跌幅 2%。2024 年年初国内正丁醇价格高开低走，由于初期检修装置以及意外波动装置较多，损失量较大，加上部分区域天气因素导致运输受阻，市场现货供应缩紧，故而国内正丁醇市场高开。后期随着装置逐步恢复生产，下游经过集中补单补仓，原料库存充足，故而对其原料需求量逐步降低，生产工厂为此库存不断提升，销售压力不断加大后，生产工厂采取连续主动让利措施，积极出货从而降低库存，但市场整体效果欠佳。直到 5 月底—6 月，国内正丁醇市场止跌并开始冲高，主要是国内供需平衡被打破、供不应求局面加重所致。首先 5 月底中止海峡两岸关税减免政策后，中国台湾进口正丁醇成本增加。由于中国台湾进口量占国内总出口量的 60% ~ 65%，进口成本上升导致需求企业将不再选择进口产品，无疑进一步加剧了现货市场供应偏紧的局面；其次是正丁醇的装置停车以及意外波动减产，导致市场供应损失量增加，部分区域货源供应缩减后向周边地区采购，带动国内正丁醇市场重心连续大幅拉涨。

进入下半年，国内正丁醇生产面临着新产能投放压力，市场价格也随之开启震荡下行走势。由于正丁醇市场价格在 6 月创历史新高，下游企业因利润由正转负，进入亏损阶段，停车或减产企业不断增加，导致国内整体需求量下降，市场交投气氛转淡，采购意向逐步减弱。另外，新产能试车消息的提前释放，引发市场对供需预期的转变，供应面由于新产投放后，自给率增加，导致市场现货销售量提升，为此生产厂家在出货量下降后，主动连续让利积极出货，保持低库存状态运行，同时下游用户同时也因供应量的增加而看空市场，维持刚需采购为主，原料库存维持一个低位运行状态，整个下半年国内正丁醇市场呈现震荡下行走势。

2020—2024 年华东市场正丁醇价格走势见图 13-13。

华东市场正丁醇 2024 年月均价及 2020—2024 年年均价分别见表 13-4 和表 13-5。

表 13-4　2024 年华东市场正丁醇月均价格

月份	1 月	2 月	3 月	4 月	5 月	6 月	7 月	8 月	9 月	10 月	11 月	12 月
华东均价/（元/吨）	8993	8885	8110	8059	8269	9137	8311	7540	6974	7032	7498	7440

表 13-5　2020—2024 年华东市场正丁醇年均价格

年份	2020 年	2021 年	2022 年	2023 年	2024 年
华东均价/（元/吨）	6347	12487	8798	8171	8008

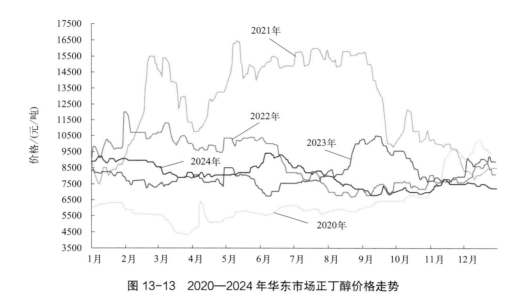

图 13-13　2020—2024 年华东市场正丁醇价格走势

13.5　中国正丁醇生产毛利走势分析

从2024年整体走势来看，正丁醇成本与丙烯相关性较强，而正丁醇价格相关性较弱。正丁醇成本高点6372元/吨，出现在6月，低点5907.5元/吨，出现在10月，与丙烯的高低点相辅相成。上半年由于正丁醇利润居高不下，正丁醇价格涨跌在于供需基本面，而与成本相关性较低。下半年随着新产能的投放，下游需求惨淡，正丁醇价格逐步下探，利润值下降，在成本附近徘徊，后随着部分工厂利润值下降而装置长期停车，导致市场开工负荷下降，货源供应缩减，加上原料丙烯价格低位徘徊，正丁醇利润后期不断回升，为此市场价格与成本的相关度提升。

2024年中国正丁醇企业生产成本及毛利对比走势见图13-14。

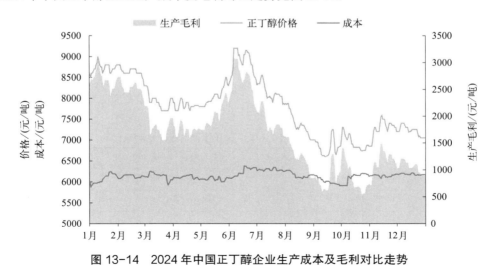

图 13-14　2024 年中国正丁醇企业生产成本及毛利对比走势

华东区域正丁醇2024年月均生产毛利及2020—2024年华东区域年均生产毛利分别见表13-6和表13-7。

表 13-6 2024 年中国正丁醇华东区域月均价格、成本与生产毛利

单位：元/吨

月份	山东正丁醇价格	正丁醇成本	正丁醇生产毛利
1 月	8724	6075	2650
2 月	8633	6128	2505
3 月	7919	6133	1786
4 月	7821	6109	1712
5 月	8055	6066	1989
6 月	8876	6235	2641
7 月	8143	6286	1857
8 月	7386	6162	1224
9 月	6821	6015	805
10 月	6926	6100	825
11 月	7280	6142	1136
12 月	7216	6178	1037

表 13-7 2020—2024 年中国正丁醇华东区域年均价格、成本与生产毛利

单位：元/吨

年份	2020 年	2021 年	2022 年	2023 年	2024 年
山东正丁醇价格	6119	12247	8520	7956	7816
正丁醇成本	5774	6556	6645	6178	6135
正丁醇生产毛利	345	5691	1875	1778	1680

13.6 2025—2029 年中国正丁醇发展预期

13.6.1 正丁醇供应趋势预测

13.6.1.1 2025—2029 年正丁醇拟在建／退出产能统计

2025—2029 年，国内正丁醇进入新的一轮扩产周期，主要在 2025—2026 年建成投放。未来五年内，国内正丁醇新增总产能 139 万吨，集中于华东、华南、西北以及华北地区。

2025—2029 年中国正丁醇新增产能统计见表 13-8。

表 13-8 2025—2029 年中国正丁醇新增产能统计

企业简称	产能／（万吨／年）	预计投产时间	地址
江苏华昌化工股份有限公司	14	2025 年三季度	江苏
湛江巴斯夫中国有限公司	30	2025 年三季度	湛江
宁夏九泓化工科技有限公司	14	2025 年三季度	宁夏
广西华谊新材料有限公司	16	2026 年一季度	广西
龙翔恒宇	25	2026 年底	福建
内蒙古荣盛	40	2029 年	内蒙古
合计	139		

13.6.1.2　2025—2029 年正丁醇产能趋势预测

2025—2029 年中国正丁醇预计新建 6 套装置，其中 2025 年新产能投放最大，共计投放 58 万吨/年，占全部新建产能的 41.7%；2026 年预计投放 41 万吨/年，占全部新建产能的 29.5%；2029 年预计投放 40 万吨/年，占全部新建产能的 28.8%。

2025—2029 年中国正丁醇产能趋势预测见图 13-15。

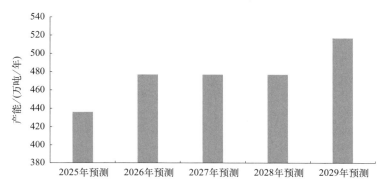

图 13-15　2025—2029 年中国正丁醇产能趋势预测

未来五年是国内正丁醇产能集中投放扩充期，产能增长的同时，产量也随之提升。而未来五年集中投产在 2025—2026 年，有 99 万吨/年新产能投产预期，新产能完全释放，故而 2025—2027 年产量逐年提升，在 2027 年因新产能完全释放而达到高点。2027—2028 年预计将是正丁醇新一轮检修集中期，预计产能利用率呈缓慢下行趋势。2029 年有 40 万吨/年新产能投放预期，产量将再一次提升。

2025—2029 年中国正丁醇产量及产能利用率趋势预测见图 13-16。

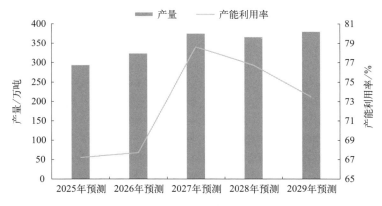

图 13-16　2025—2029 年中国正丁醇产量及产能利用率趋势预测

13.6.2　正丁醇消费趋势预测

未来五年里，丙烯酸丁酯发展趋势影响因素众多，宏观经济对终端存在阶段性提振作用，现有行业政策刺激推动不足。产业链一体化助推产品扩能，成本压力缓解，终端需求增速减缓，出口活跃度增加，国内丙烯酸丁酯供需矛盾进一步深化，预计未来五年丙烯酸丁酯价格或有回落空间，产业链利润或维持在"微利"水平，以修复目前下游全面亏损的现状。

未来五年里，预计乙酸丁酯累计有37万吨新产能投放，因生产企业产业链条延伸，未来乙酸丁酯仍有较多新产能投产计划，但需求端增速较缓，实际投放产能将持续跟进。

未来五年里，预计增塑剂DBP累计有10万吨新增产能投放，随着其他增塑剂因原料价格下降而下滑，DBP在增塑剂下游替代中优势逐步减小，后续开工负荷有所下滑，届时对正丁醇消费逐年减少，占比逐年随之下降。

13.6.3　正丁醇供需格局预测

2025—2029年正丁醇有多套装置投产，加上2024年第四季度投产的正丁醇装置产能将在2025年完全释放到市场，因此预计2025年开始正丁醇国内市场供应量将有大幅度提升，市场价格开始大幅回落，利润出现大幅降低，以至于部分2024—2025年期间拟建正丁醇项目已经取消。2025年下游丙烯酸丁酯及乙酸丁酯有新建产能计划投放，其中丙烯酸丁酯有一套装置投产，但有配套原料正丁醇，乙酸丁酯两套装置计划投放，而产能偏小，在终端内需、出口难有明显提升的预期下，下游新增装置在投产后大概率会压缩行业整体开工率，不排除有拟建计划的项目在后期取消新建，综合来看下游整体增速依旧小于正丁醇增速。

2025—2029年中国正丁醇供需预测见表13-9。

表 13-9　2025—2029 年中国正丁醇供需预测

单位：万吨

时间	产量	进口量	总供应量	下游消费量	出口量	总需求量
2025 年预测	293	13	306	270	4	274
2026 年预测	323	11	334	279	4	283
2027 年预测	375	8	383	288	5	293
2028 年预测	366	6	372	291	7	298
2029 年预测	380	5	385	298	7	305

第 14 章

辛醇

2024 年度
关键指标一览

类别	指标	2024 年	2023 年	涨跌幅	2025 年预测	预计涨跌幅
价格	江苏均价 /（元 / 吨）	9827.0	10720.0	−8.3%	7700	−21.6%
供需	产能 /（万吨 / 年）	321.0	247.0	30.0%	414.00	29.0%
	产量 / 万吨	285.0	250.0	14.0%	345.00	21.1%
	产能利用率 /%	88.8	101.2	−12.4 个百分点	83.30	−5.5 个百分点
	下游消费量 / 万吨	291.0	264.0	10.2%	312.00	7.2%
进出口	进口量 / 万吨	33.7	31.4	7.3%	18.00	−46.6%
	出口量 / 万吨	8.9	2.5	256%	14.00	57.3%
毛利	生产毛利 /（元 / 吨）	2385.0	3158.0	−24.5%	500.00	−77.9%

14.1   中国辛醇供需分析

近五年中国辛醇市场整体处于供应紧张局面，这是推动辛醇价格在高位运行的重要因素。国内辛醇消费量逐年增加，而2020—2023年期间辛醇以消化原有产能为主，产能增加与消费增量时间错配，使得中国辛醇需要进口货源补充国内市场。在较好的盈利空间带动下，2024年中国辛醇迎来一轮集中扩产，2024年产能同比增幅30%，产量同比增幅14%，是近五年以来增幅最大的一年，2024年末供需格局从供不应求向供需平衡过渡，市场价格和盈利亦有回调。

2020—2024年中国辛醇供需变化见表14-1。

表 14-1   2020—2024 年中国辛醇供需变化

单位：万吨

时间	产量	进口量	总供应量	下游消费量	出口量	总需求量
2020 年	210.0	27.0	237.0	227.0	1.0	228.0
2021 年	239.0	23.2	262.2	249.0	2.9	251.9
2022 年	247.0	15.4	262.4	247.0	7.2	254.2
2023 年	250.0	31.4	281.4	264.0	2.5	266.5
2024 年	285.0	33.7	318.7	291.0	8.9	299.9

14.2   中国辛醇供应现状分析

14.2.1   辛醇产能趋势分析

14.2.1.1   2024 年辛醇产能及新增产能统计

2024年国内辛醇市场新增四套装置，合计新增产能达到74万吨/年。其中宁夏百川辛醇产品已于1月份进入正常生产阶段，其他三套新装置均集中在华东（山东除外）地区，产能合计62万吨/年，占2024年新增产能的84%。随着华东（山东除外）三套新装置投产，华东（山东除外）辛醇对其他地区的依赖程度明显下降。此外，宁波巨化设计产能为4.5万吨/年的辛醇装置于12月份试车，在短暂试车运行后停车，未计入本年度新增产能。2024年无淘汰产能。

2024年中国辛醇新增产能统计见表14-2。

表 14-2   2024 年中国辛醇新增产能统计

企业名称	地址	企业性质	产能/（万吨/年）	工艺类型	装置投产时间	下游配套
宁夏百川新材料有限公司	宁夏	民企	12	丙烯羰基合成	2024 年 1 月	无
浙江卫星石化股份有限公司	浙江	民企	18	丙烯羰基合成	2024 年 9 月	配套丙烯酸酯
安庆炼化曙光丁辛醇化工有限公司	安徽	国企	22	丙烯羰基合成	2024 年 10 月	无
南京诚志清洁能源有限公司	江苏	国企	22	丙烯羰基合成	2024 年 11 月	无
合计			74			

14.2.1.2   2024 年辛醇主要生产企业生产状况

截止到2024年末，国内辛醇设计产能321万吨/年，其中国有企业产能占78%，民营企业占18%，合资企业占4%。生产企业数量18家，其中宁夏百川和浙江卫星是该行业的新进入者。2024年在运行中的企业中，辛醇设计产能在20万吨/年及以上的企业有5家，合计产能为159万吨/年，约占总产能的50%。2024年山东建兰辛醇装置仍处于停车状态。国内丁辛醇多数是联产装置，部分装置可以在正丁醇和辛醇之间切换生产。由于2024年辛醇产品盈利大于正丁醇，因此鲁西化工、华鲁恒升、南京诚志、江苏华昌等企业辛醇实际运行产能大于该厂设计产能。

2024年中国辛醇生产企业产能统计见表14-3。

表14-3 2024年中国辛醇生产企业产能统计

企业名称	地址	简称	产能/（万吨/年）	工艺路线
山东鲁西化工集团股份有限公司	山东	鲁西化工	38	丙烯羰基合成
南京诚志清洁能源有限公司	江苏	南京诚志	34.5	丙烯羰基合成
安庆炼化曙光丁辛醇化工有限公司	安徽	安庆曙光	33	丙烯羰基合成
天津渤化永利化工股份有限公司	天津	天津渤化	28	丙烯羰基合成
中国石化齐鲁石油化工公司	山东	齐鲁石化	25.5	丙烯羰基合成
山东建兰化工股份有限公司	山东	山东建兰	21	丙烯羰基合成
浙江卫星石化股份有限公司	浙江	浙江卫星	18	丙烯羰基合成
华鲁恒升化工股份有限公司	山东	华鲁恒升	15	丙烯羰基合成
山东利华益集团股份有限公司	山东	山东利华益	14	丙烯羰基合成
山东蓝帆化工有限公司	山东	山东蓝帆	14	丙烯羰基合成
中国石油大庆石化公司	黑龙江	大庆石化	13	丙烯羰基合成
中国石油吉林石化公司	吉林	吉林石化	12	丙烯羰基合成
中海壳牌石油化工有限公司	广东	中海壳牌	12	丙烯羰基合成
宁夏百川新材料有限公司	宁夏	宁夏百川	12	丙烯羰基合成
山东东明东方化工有限公司	山东	东明东方	10	丙烯羰基合成
中国石油四川石化有限责任公司	四川	四川石化	8	丙烯羰基合成
江苏华昌化工股份有限公司	江苏	江苏华昌	8	丙烯羰基合成
淄博诺奥化工股份有限公司	山东	淄博诺奥	5	丙烯羰基合成
合计			321	

14.2.1.3 2020—2024年辛醇产能趋势分析

2020—2024年中国辛醇产能年均复合增长率在8%左右。

2020—2022年中国辛醇无新增产能。主要是由于在2020年前，辛醇产品盈利微薄，甚至在部分时间段内亏损运行，因此辛醇装置的新建并无吸引力，工厂基本没有对该产品扩建的规划。2020—2022年期间合成气装置的建设受到煤炭指标的阻碍，成为制约辛醇装置扩产的最大阻力。在这个时间段内，虽有部分企业有拟建丁辛醇项目的想法，但因原料合成气装置的建设受到阻碍，限制了该项目的推进。

2020—2022年辛醇原有产能逐步消化后，国内市场因供应紧张带动盈利大幅度增加，从而吸引了业者对该产品的高度关注度，同时2022年以后，煤炭不纳入能源消费总量考核，这对丁辛醇项目另一原料合成气装置的建设起到了有效的推动作用。叠加2021—2022年辛醇产品丰厚的盈利空间，辛醇项目吸引了炼化企业启动对该产品新建和扩建的计划。2022—2024年为该项目的建设周期，行业仍处于供应紧张状态，盈利空间在化工品以及丙烯下游中位居前列。

2020—2024年中国辛醇产能变化趋势见图14-1。

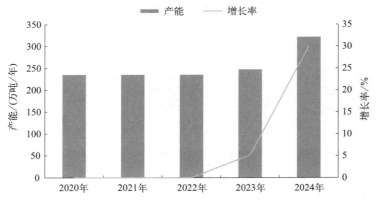

图 14-1   2020—2024 年中国辛醇产能变化趋势

14.2.2   辛醇产量及产能利用率趋势分析

14.2.2.1   2024 年辛醇产量及产能利用率趋势分析

2024年中国辛醇总产量285万吨，同比增长14%。年均产能利用率88.8%，同比下滑12.4个百分点。拉动2024年产量增长的主要原因有以下几点：①辛醇盈利好于正丁醇，丁辛醇大厂调整丁辛醇产品比例，增产辛醇；②在新装置投产前，除计划内检修以及不可抗力因素导致停车期间以外，厂家积极开工以获取更多盈利；③第四季度辛醇新产能平稳运行。

从月度产能利用率对比来看，8—9月份辛醇产能利用率下滑明显。主要是因为辛醇新装置在下半年有投产计划，因此在供应量增加预期指引下，辛醇老装置检修时间定在下半年，以缓解新产能增量带来的供应压力。其次，辛醇老装置重启不顺利影响了8—9月份的产量，拖累开工率下滑至年内低点。2024年辛醇装置运行不够稳定，装置因意外波动造成的损失量较大。尤其是8—9月份辛醇产量、产能利用率降至年内低位。

2024年中国辛醇产量及产能利用率变化趋势见图14-2。

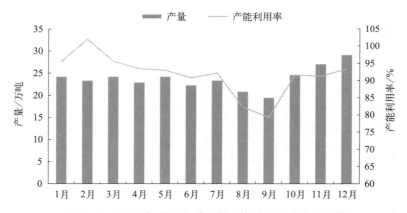

图 14-2   2024 年中国辛醇产量及产能利用率变化趋势

14.2.2.2 2020—2024 年辛醇产量及产能利用率趋势分析

2020—2024 年，中国辛醇产量增长幅度有限，主要受辛醇设计产能增速缓慢影响。2020—2024 年期间，辛醇累计新增产能 86 万吨，但新装置主要在 2024 年第四季度投产，因此 2020—2023 年期间国内辛醇产量增加受到了产能的限制。在下游需求增长带动以及乐观的盈利吸引下，2021—2023 年国内辛醇装置超负荷生产。2024 年辛醇检修损失量少于 2023 年，且第四季度产能增加，因此 2024 年辛醇产量增加幅度最大，产能利用率下降。

2020—2024 年中国辛醇产量及产能利用率变化趋势见图 14-3。

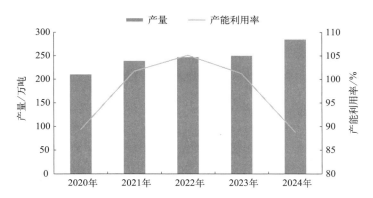

图 14-3　2020—2024 年中国辛醇产量及产能利用率变化趋势

14.2.3 辛醇供应结构分析

辛醇的主要生产集中地在山东省，该地区辛醇设计产能为 142 万吨/年，占全国总产能的 44.4%，分布在山东省聊城、淄博、德州、东营及菏泽地区。除菏泽东方为民营企业外，山东省其他辛醇装置均为央企和地方性国企。除山东外，华东其他地区辛醇设计产能为 93.5 万吨/年，占全国总产能的 29.1%，生产企业有南京诚志、安庆曙光、江苏华昌及浙江卫星石化等，其中前三家企业为地方性国企，卫星石化为民营企业。华北地区辛醇产能在全国排第三位，该地区仅有天津渤化永利一家生产企业，该厂 2 套辛醇装置合计产能为 28 万吨/年，占全国总产能的 8.7%。此外，东北、华南、西北、西南还有少量辛醇生产企业。

山东地区丙烯资源丰富，能够有效降低辛醇生产原料的运输成本，原有的辛醇企业多集中于山东省。在 2024 年前，华东地区（除山东省以外）仅有三家辛醇生产企业，华东（山东除外）地区是辛醇净流入地，除此之外，该地区还需要进口货源补充，因此新建项目集中在华东（山东除外）地区。华南地区也是辛醇消费集中地区之一，目前该地区仅有一套辛醇装置，难以满足当地的需求，华南地区是中国最大的辛醇进口地，该地区有一套辛醇在建项目，截至 2024 年底尚未投产。西北地区有便利的煤炭资源，该地区辛醇新装置在建设中。

2024 年中国辛醇分区域产能分布见图 14-4。

14.2.4 辛醇进口趋势分析

14.2.4.1 2024 年辛醇进口量分析

中国辛醇进口量由固定长协进口量和获利盘进口量组成。长协进口量每月相对固定，获利盘则取决于其他地区和中国市场套利窗口是否开启，以及业者对中国市场走势的预判。2024 年

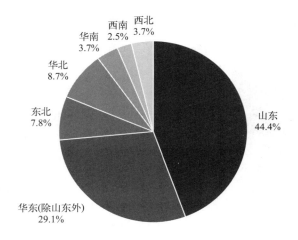

图 14-4 2024 年中国辛醇分区域产能分布

中国供需矛盾尚未显现，因此月均进口辛醇数量在2.8万吨左右。从月度进口看，中国辛醇1月和6月进口数量最低，其他月份进口数量在2万吨以上。业者看好上半年辛醇市场，远洋货物在2—5月份陆续抵达，进口均价跟随国内市场价格下跌。因下半年辛醇检修装置较多，下游客户以及中间商在7—9月份采购进口辛醇仍然较多。第四季度国内辛醇供应预期增量，进口套利辛醇数量将受到挤压，但下游仍有进口合约执行，进口辛醇数量每月降至3万吨以内。

2024年中国辛醇进口量价变化趋势见图14-5。

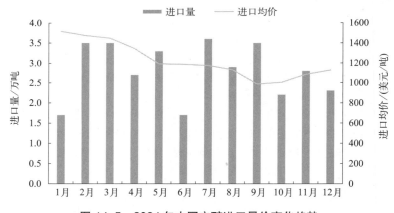

图 14-5 2024 年中国辛醇进口量价变化趋势

14.2.4.2 2020—2024 年辛醇进口量分析

2020—2024年，中国辛醇消费增速大于供应增速，辛醇供应需要进口货源补充。同时因中国辛醇价格高于国际市场，进口套利窗口开启，吸引国外货源流入中国市场。2023—2024年进口量在31万～34万吨，进口量在近五年以来处于较高水平。

2020年中国辛醇进口依存度最高，进口依存度在11%。2021—2022年，随着国内辛醇产量的提升，以及国内需求增长速度放缓，辛醇进口依存度有所下降，2022年辛醇进口依存度仅有3%。2023—2024年在国内辛醇消费刺激下，进口辛醇数量增加，2024年中国辛醇进口依存度提升至8.0%。

2020—2024年中国辛醇进口量变化趋势见图14-6。

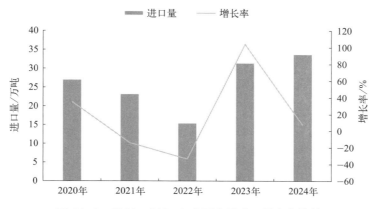

图 14-6　2020—2024 年中国辛醇进口量变化趋势

14.3　中国辛醇消费现状分析

14.3.1　辛醇消费趋势分析

14.3.1.1　2024 年辛醇消费趋势分析

2024年辛醇消费量达到291万吨,较2020年增长28%。2024年前三季度,中国辛醇月度消费量除了2月份由于中国农历春节假期影响下游开工率有较大的降幅外,月消费量稳定在23万～25万吨之间。四季度辛醇市场进入传统需求旺季,辛醇价格跌至近五年以来的低点,下游增塑剂替代品的回归使得辛醇消费量增加。

2024年中国辛醇月度消费量及价格变化趋势见图14-7。

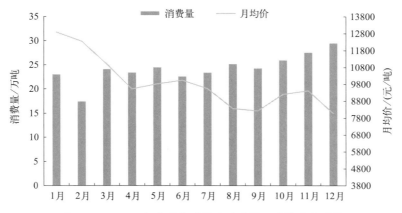

图 14-7　2024 年中国辛醇月度消费量及价格变化趋势

14.3.1.2　2020—2024 年辛醇消费趋势分析

2020—2024年中国辛醇消费呈逐年递增趋势,年均复合增长率在6.4%。下游不同品种发展增速差异较大,精DOTP(对苯二甲酸二辛酯)、DOP(邻苯二甲酸二辛酯)、粗DOTP对辛醇消费占比较大。尤其是精DOTP和粗DOTP增速较快，承担了近年来辛醇消费端的增长。DOTP已经成为辛醇最核心的下游产品，精DOTP和粗DOTP占辛醇消费量的51%。DOP和丙烯酸异辛酯在近五年以来发展增速减缓，伴随着DOP部分产能的淘汰，以及丙烯酸异辛酯部分装置长期停车，这两个产品在辛醇下游消费占比中下降。

2020—2024年中国辛醇年度消费变化趋势见图14-8。

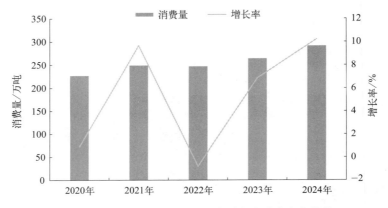

图 14-8　2020—2024 年中国辛醇年度消费变化趋势

14.3.2　辛醇消费结构分析

14.3.2.1　2024 年辛醇消费结构分析

辛醇主要下游产品是精DOTP、DOP、粗DOTP和丙烯酸异辛酯，四种产品对辛醇消费占比分别为41.9%、32.0%、10.0%、6.9%。精DOTP和DOP行业规模较大，但由于增塑剂行业已进入产能过剩周期，因此2024年这两个主要增塑剂产品产能变化不大：DOTP产能较2023年持平；DOP新增2套装置共计产能7万吨/年，淘汰1套6万吨/年装置产能，综合产能较上年仅增加1万吨/年。粗DOTP新增一套6万吨/年产能，于下半年开车后受订单、环保等因素影响运行不够稳定。丙烯酸异辛酯无新增产能。综合来看，辛醇主要下游产品产能增幅较小。

2024年中国辛醇下游消费构成见图14-9。

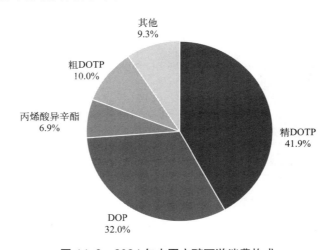

图 14-9　2024 年中国辛醇下游消费构成

14.3.2.2 2020—2024年辛醇消费结构分析

2020—2024年中国辛醇消费呈逐年递增趋势，年均复合增长率在6.4%。下游消费结构方面，精DOTP、DOP、粗DOTP对辛醇消费占比较大。尤其是精DOTP和粗DOTP增速较快，带动了辛醇消费量的增长。

DOTP产品在2020—2021年对辛醇消费大幅增加，主要是疫情带动的PVC手套需求增加，随着疫情防护的逐步放开，PVC手套需求下降导致DOTP进入产能过剩状态，行业竞争增加，2022—2023年该产品对辛醇消费量下降。2024年精DOTP产品对辛醇消费量小幅增加，较2023年增加6%。

2020—2024年，DOP对辛醇消费量先降后涨，2024年占比32%，在辛醇下游消费占比中下降。因国内DOP产品提前进入产能过剩状态，近五年以来DOP产能经过整合，淘汰小产能，2021—2022年该产品对辛醇消费下降，2023—2024年随着国内终端塑料软制品需求的恢复，DOP对辛醇消费量有所向上修复。

粗DOTP在近五年以来发展势头良好，主要得益于该产品原料成本低于精DOTP，价格低于精DOTP，在电线电缆等行业使用有较明显的优势，近五年，粗DOTP对辛醇消费量共计增加7万吨，是推动辛醇消费增加的主要下游产品之一。

丙烯酸异辛酯产品消费增长缓慢，在辛醇下游消费占比中呈下降趋势。辛醇其他消费领域还包括TOTM（偏苯三酸三辛酯）、DOA（己二酸二辛酯）、DOS（癸二酸二辛酯）、异辛酸等。其他小品种增塑剂在近五年产能基本无增加，终端产品对小品种增塑剂的添加需求数量增长不多。

2020—2024年中国辛醇下游消费构成变化趋势见图14-10。

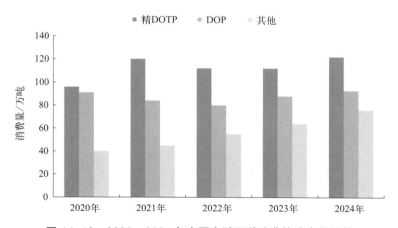

图 14-10 2020—2024年中国辛醇下游消费构成变化趋势

14.3.3 辛醇出口趋势分析

14.3.3.1 2024年辛醇出口量分析

2024年中国辛醇出口总量8.9万吨，出口同比增长249%，出口最多的两个月份是4月和5月，两个月出口量4.7万吨，占全年出口总量的53%。4—5月辛醇价格快速下跌，出口价格有优势。第三季度辛醇出口量相对稳定，在0.4万～0.6万吨之间波动。第四季度国内辛醇价格以下跌走势为主，国外买盘谨慎采购，中国出口订单量下滑，月度出口数量降至0.4万吨以内。

2024年中国辛醇出口量价变化趋势见图14-11。

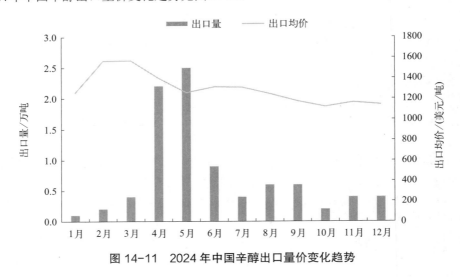

图 14-11　2024 年中国辛醇出口量价变化趋势

14.3.3.2　2020—2024 年辛醇出口走势分析

2020—2024年辛醇出口和国内需求以及价格有关。在国内整体供应偏紧的背景下，辛醇在部分时间段内仍有出口套利空间。2024年出口窗口扩大，是近五年以来出口量最多的一年。

2020—2024年中国辛醇出口量变化趋势图14-12。

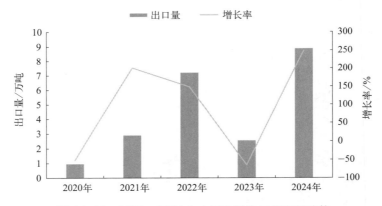

图 14-12　2020—2024 年中国辛醇出口量变化趋势

14.4　中国辛醇价格走势分析

2024年江苏辛醇月度均价波动在8086.4～12879.5元/吨。年度价格高点出现在1月份，1月市场延续2023年末的强势行情。随后国内市场受到进口货源冲击以及新增产能投放等影响，价格以下跌走势为主，价格最低值跌至7575元/吨，最低价格出现在12月份。2024年江苏辛醇年度均价为9827元/吨，相较于2023年年度均价下跌893元/吨，跌幅8%。

2024年辛醇市场重心呈震荡下行趋势，由于第一季度国内辛醇装置暂无新产能释放，因此业者在2023年末看好2024年一季度市场，下游用户提前备货以及采购远洋进口货物以弥补国内市场供应紧张。然而产业链各个环节均有原料储备，导致高价位辛醇向终端传导遇阻，市场重心在第一季度大幅走低。新产能投产前后，产业链内各个产品以及原料均保持低库存操作。

由于在二、三季度辛醇新装置投产计划提前释放，新装置投产预期使得业者对市场供应增加产生担忧，第三季度市场以下跌走势为主。2024年第四季度，国内辛醇新装置陆续投产并稳定运行，导致市场价格在年度低位运行。各地区生产企业为吸引买盘，采取降价销售策略，在现货销售竞争压力下，市场重心持续走低。

2020—2024年江苏市场辛醇价格走势见图14-13。

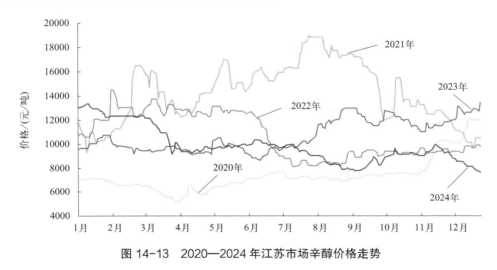

图 14-13　2020—2024 年江苏市场辛醇价格走势

江苏市场辛醇2024年月均价格及2020—2024年年均价格分别见表14-4和表14-5。

表 14-4　2024 年江苏市场辛醇月均价格

月份	1月	2月	3月	4月	5月	6月	7月	8月	9月	10月	11月	12月
江苏均价/（元/吨）	12879.5	12342.6	10991.7	9512.5	9817.9	10031.6	9539.1	8364.8	8232.1	9205.3	9411.9	8086.4

表 14-5　2020—2024 年江苏市场辛醇年均价格

年份	2020年	2021年	2022年	2023年	2024年
江苏均价/（元/吨）	7439.5	14277.2	10676.6	10719.6	9827.4

14.5　中国辛醇生产毛利走势分析

2024年辛醇主流工厂均处于盈利态势。其中规模较大并有配套合成气的生产企业盈利最大，在2385元/吨左右，较2023年下跌773元/吨，在化工品中仍属于较高盈利的产品。原料丙烯价格波动区间较窄，成本面对辛醇价格和盈利空间基本没有影响。2024年度辛醇市场受供应预期增量的消息影响，并且第四季度新产能平稳运行后，行业内竞争压力加大，拖累辛醇价格和毛利逐步走低。12月份辛醇月均盈利最低，在725元/吨。

2024年中国辛醇企业生产成本及毛利对比走势见图14-14。

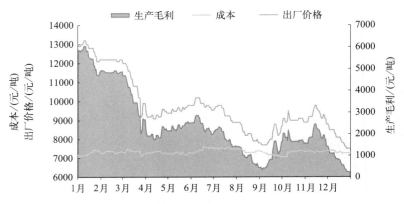

图 14-14　2024 年中国辛醇企业生产成本及毛利对比走势

2024 年山东市场辛醇月均生产毛利及 2020—2024 年年均生产毛利分别见表 14-6 和表 14-7。

表 14-6　2024 年山东市场辛醇月均生产毛利

月份	生产毛利 /（元 / 吨）
1 月	5471.5
2 月	4859.5
3 月	3523.3
4 月	2001.2
5 月	2343.3
6 月	2417.6
7 月	1868.3
8 月	934.5
9 月	913.2
10 月	1738.2
11 月	1910.0
12 月	725.0

表 14-7　2020—2024 年山东市场辛醇年均生产毛利

年份	2020 年	2021 年	2022 年	2023 年	2024 年
生产毛利 /（元 / 吨）	629.0	6425.0	2712.0	3158.0	2385.0

14.6　2025—2029 年中国辛醇发展预期

14.6.1　辛醇供应趋势预测

14.6.1.1　2025—2029 年辛醇拟在建 / 退出产能统计

2025 年中国辛醇将进入集中扩能周期，经过 2024—2025 年两年集中扩产周期后，中国辛醇市场将进入产能过剩阶段。2026—2029 年新增产能将减少，多套拟建计划搁浅。2025—2029 年预计中国辛醇新增总产能 174 万吨，集中于华东（山东除外）、华南、华北地区。

2025 年中国辛醇预计新建 4 套装置，产能共计 93 万吨/年，分别位于华东（山东除外）、华南、华北、西北区域，其中最大产能是预计于2025年第四季度投产的天津渤化永利，其产能45万吨/年，其他三套新增产能装置规模为14万～15万吨/年。

2026年华南地区预计有两套辛醇装置投产，其中广西华谊的辛醇装置于2024年底开始动工，预计2026年上半年完成中交；福建龙翔恒宇化工有限公司计划新增25万吨/年的辛醇装置，建设工期为2025年3月—2026年12月。

2027—2028年辛醇预计以消化2024—2026年新增产能为主。内蒙古荣盛新建40万吨/年的辛醇装置，计划在2029年建成。随着国内新增产能的投放，辛醇规模较小的民营企业以及老装置有被淘汰可能。

2025—2029年中国辛醇新增产能统计见表14-8。

表 14-8　2025—2029 年中国辛醇新增产能统计

企业简称	产能/（万吨/年）	预计投产时间	地址
宁波巨化	5	2025 年 1 月	浙江
江苏华昌	14	2025 年第三季度	江苏
宁夏九泓	14	2025 年第二季度	宁夏
天津渤化永利	45	2025 年第四季度	天津
湛江巴斯夫	15	2025 年第四季度	广东
广西华谊	16	2026 年第三季度	广西
福建龙翔恒宇	25	2026 年底	福建
内蒙古荣盛	40	2029 年底	内蒙古
合计	174		

14.6.1.2　2025—2029 年辛醇产能趋势预测

随着2025年新一轮扩产落地，辛醇将进入产能过剩阶段。部分拟建装置有搁浅的可能性，以及原有的小规模装置有停车可能性。综合来看，2025—2029年辛醇产能年均复合增长率在4.6%，较过去五年复合增长率下降4个百分点。未来五年辛醇复合增长率虽然下降，但2024年下半年投产的新装置产能将集中在2025年释放，因此2025—2026年是新产能集中释放的两年。2027—2028年辛醇产能稳定，辛醇市场进入消化产能周期，随着产能的消化，2029年辛醇或再次有新产能释放。

2025—2029年中国辛醇产能趋势预测见图14-15。

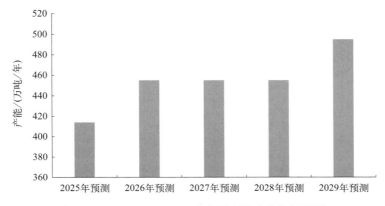

图 14-15　2025—2029 年中国辛醇产能趋势预测

14.6.2   辛醇消费趋势预测

2025—2029年周期，辛醇下游增速较2020—2024年周期放缓。从下游产能扩产情况来看，未来五年下游行业中以精DOTP装置扩产最多，预计2025—2029年新建产能累计49万吨，2029年产能较2024年增长16%；其次是丙烯酸异辛酯行业，2025—2029年规划投产预计累计26万吨，2029年产能较2024年增长53%，新增的丙烯酸异辛酯企业中，基本配套了上游辛醇装置。2025—2029年新增DOP装置累计21万吨，较2024年增长10%。粗DOTP中暂无明确新增产能。

14.6.3   辛醇供需格局预测

综合未来五年辛醇市场供应和需求变化来看，辛醇市场供应面进入高速扩能周期，下游装置虽有扩产预期，但下游消费增速小于辛醇供应量增速，辛醇市场从供应紧张将过渡到供需平衡，预计至2025年底辛醇市场将变为供应过剩格局。随着中国供应格局的转变，辛醇进出口也将发生变化，2025年辛醇净进口预计大幅下跌，我国逐步从净进口国转变为净出口国。

2025—2029年中国辛醇供需预测见表14-9。

表 14-9   2025—2029 年中国辛醇供需预测

单位：万吨

时间	产量	进口量	总供应量	下游消费量	出口量	总需求量
2025 年预测	345	18	363	312	14	326
2026 年预测	365	15	380	325	16	341
2027 年预测	370	10	380	329	17	346
2028 年预测	375	8	383	333	18	351
2029 年预测	390	5	395	334	20	354

第 15 章

环氧乙烷

2024 年度

关键指标一览

类别	指标	2024 年	2023 年	涨跌幅	2025 年预测	预计涨跌幅
价格	华东均价 /（元 / 吨）	6856.0	6509.0	5.3%	6800	−0.8%
供需	产能 /（万吨 / 年）	944.0	883.0	6.9%	983.0	4.1%
	产量 / 万吨	550.0	481.6	14.2%	558.9	1.6%
	产能利用率 /%	58.3	54.5	3.8 个百分点	56.9	−1.4 个百分点
	下游消费量 / 万吨	549.9	481.6	14.2%	558.9	1.6%
进出口	进口量 / 万吨	0.0	0.0	—	0.0	—
	出口量 / 万吨	0.1	0.0	—	0.0	—
毛利	外采进口乙烯法 /（美元 / 吨）	26.4	−98.6	126.8%	46.3	75.4%
	外采国产乙烯法 /（美元 / 吨）	−220.0	−65.8	−234.3%	−142.0	35.5%

15.1　中国环氧乙烷供需分析

2020—2024年，环氧乙烷供应能力持续扩张，产能及产量复合增长率分别为14.5%和7.6%。环氧乙烷的供需数据表现虽为平衡，但在持续扩能及环氧乙烷难以长时间库存及物流运输的条件下，供应过剩压力更多由下游品种承接。随着终端领域需求的持续缩减，环氧乙烷的直接下游被迫消化上下游的双端压力，行业的亚健康发展持续反馈在环氧乙烷环节，具体表现在环氧乙烷扩能增速放缓、产能利用率低及价格低位整理。2020—2022年，市场再度迎来产能投产的爆发期，产能不断释放的主要原因一则是由于消化一体化乙烯；二则是由于前期利润较为可观，驱使产能继续增长；三则是上下游配套发展，一体化装置仍具备较强的成本优势，2023年受产业景气度下降影响，新增产能兑现时间有明显的推迟。2024年具体来看，环氧乙烷产能增速放缓，但受产能固有基数及上游原料放量影响，环氧乙烷供应仍为正增长方向，下游消耗量亦呈被动增长态势。

2020—2024年中国环氧乙烷供需变化见表15-1。

表 15-1　2020—2024 年中国环氧乙烷供需变化

单位：万吨

时间	产量	进口量	总供应量	下游消费量	出口量	总需求量
2020 年	411.0	0.0	411.0	411.0	0.0	411.0
2021 年	446.5	0.0	446.5	446.5	0.0	446.5
2022 年	430.0	0.0	430.0	430.0	0.0	430.0
2023 年	481.6	0.0	481.6	481.6	0.0	481.6
2024 年	550.0	0.0	550.0	549.9	0.1	550.0

15.2　中国环氧乙烷供应现状分析

15.2.1　环氧乙烷产能趋势分析

15.2.1.1　2024 年环氧乙烷产能及新增产能统计

2020—2024年，中国环氧乙烷经历了明显的扩能周期，累计净增产能396万吨，近五年产能的年均复合增速在14.5%，截至2024年底，全国环氧乙烷产能已达到944万吨/年，年内新增产能达67万吨/年，退出产能6万吨/年。

2024年中国环氧乙烷新增产能统计见表15-2。

表 15-2　2024 年中国环氧乙烷新增产能统计

企业名称	地址	企业性质	产能/（万吨/年）	工艺类型	装置投产时间	下游配套
浙石化	浙江	国企	27	石脑油裂解	2024 年 1 月	配套碳酸酯
卫星化学	江苏	民企	10	乙烷裂解	2024 年 7 月	装置优化，暂无新增配套
万华化学	浙江	民企	30	轻烃裂解	2024 年 12 月	单体及表活装置
合计			67			

15.2.1.2　2024 年环氧乙烷主要生产企业生产状况

2024年国内环氧乙烷总产能944万吨/年，产能在30万吨/年及以上的企业合计产能约占总产能的61.5%，比2020年增加了8.1个百分点。随着大型炼化一体化装置的逐步投产，环氧乙烷生产规模呈现出规模化、集中化的趋势。从区域分析来看，华东为产销结合且货源净流出型市场，为国内最大的主产区及主销区，并且是国内企业供应结构及下游需求结构最丰富的大区，多元化的供应结构对当地环氧乙烷的供需平衡起到关键作用。具体来看，华东市场的80%货源自产自用，剩余20%流向华北及其他周边区域。华北市场目前仅一套中沙石化装置稳定出货，本区域50%的需求可自产满足，其他部分需要周边市场（如华东市场）流入补充，主要来自江苏省。华南为净流出市场，福建、广东是该区域供应的两个省份，环氧乙烷供应仅12%用于本地下游，88%货源外销至其他邻近省份。东北需求可由当地货源满足，极少数的情况下，货源会外溢到华北市场，该区域供应以辽宁及吉林为主，两地间货源流通量少，主要是省内自主消化。

2024年中国环氧乙烷行业主要生产企业产能统计见表15-3。

表 15-3　2024 年中国环氧乙烷行业主要生产企业产能统计

企业名称	地址	简称	产能/（万吨/年）	工艺路线
卫星化学股份有限公司	江苏	卫星化学	130	乙烷裂解
三江化工有限公司	浙江	三江化工	120	MTO+乙烷裂解
中国石化宁波镇海炼化有限公司	浙江	镇海炼化	45	石脑油裂解
恒力石化（大连）新材料科技有限公司	辽宁	恒力石化	45	石脑油裂解
中国石化上海石油化工股份有限公司	上海	上海石化	45	石脑油裂解
万华化学集团股份有限公司	山东	万华化学	45	乙烷/混烷
中国石油化工股份有限公司茂名分公司	广东	茂名石化	45	石脑油裂解
中韩（武汉）石油化工有限公司	湖北	武汉石化	42	石脑油裂解
江苏斯尔邦石化有限公司	江苏	江苏斯尔邦	32	MTO+盛虹石脑油裂解
江苏奥克化学有限公司	江苏	扬州奥克	32	外采
合计			581	

15.2.1.3　2020—2024 年环氧乙烷产能趋势分析

据监测统计，2020—2024年中国环氧乙烷产能高速发展，截至2024年底，总产能达到944万吨/年，年均复合增长率为14.5%。阶段性来看，2019年之前，环氧乙烷新增产能主要来自中国石化企业与原有装置技改扩能，主要是上游乙烯装置进行产业链平衡，多数联产乙二醇为主。2020—2023年，随着卫星化学、盛虹炼化、恒力石化等炼化一体化装置的集中释放，中国环氧乙烷进入高速发展期，并在2023年达到高峰。2023年环氧乙烷新建产能137万吨/年，占当年总产能的15.5%，年产能增速达到18.4%。2024年环氧乙烷产能增速出现了明显的下降，当年新建产能仅有67万吨/年，仅占当年总产能的7.1%，产能增速也下降至6.9%。环氧乙烷产能增速在2023年达到高点后在2024年降速，这与中国乙烯炼化一体化装置扩产周期性表现一致。

2020—2024年中国环氧乙烷产能变化趋势见图15-1。

15.2.2　环氧乙烷产量及产能利用率趋势分析

15.2.2.1　2024 年环氧乙烷产量及产能利用率趋势分析

2024年中国环氧乙烷年度总产量在550万吨，同比2023年增加14.2%。年内环氧乙烷装置保持稳定生产，月度产量维持稳定且持续处于高位态势，在4—6月因集中检修而出现产量、产能利用率的双重回落；从月度产能利用率对比来看，2024年与2023年变动趋势基本一致，变化

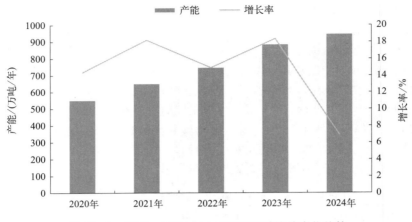

图 15-1　2020—2024 年中国环氧乙烷产能变化趋势

幅度存在差异。2024年除上半年集中检修造成产能利用率基本持平于2023年外，整体高于2023年水平。2023新装置产能投放均主要集中在下半年，使得下半年产能利用率低于上半年，并延续至2024年。2024年下半年产能利用率整体相对平均，这跟年内新增产能有限、存量产能除检修外生产相对稳定有关。

2024年中国环氧乙烷产量及产能利用率变化趋势见图15-2。

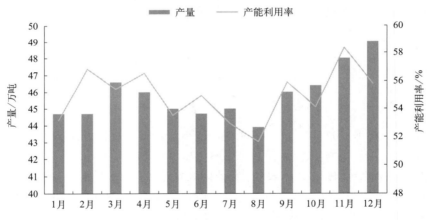

图 15-2　2024 年中国环氧乙烷产量及产能利用率变化趋势

15.2.2.2　2020—2024 年环氧乙烷产量及产能利用率趋势分析

2020—2024年中国环氧乙烷产量由411万吨增长至550万吨，增幅33.8%。产能利用率逐年下滑，由74.9%下滑至58.3%。2020—2024年国内环氧乙烷在大规模扩建过程中，多数装置均为年底或下半年投产，国内有近100万吨/年产能处于停产状态，导致国内环氧乙烷产能利用率一直处于下滑趋势，且处于历史低位运行。2024年，产能增速放缓，虽然行业整体产能利用率仍处于历史低位，但当年环氧乙烷产能利用率同比有所提升，提升主要原因在于年内新增装置产能较小，对整体产能基数影响有限。另外2024年乙二醇行情同比呈上行趋势，支撑环氧乙烷开工负荷。

2020—2024年中国环氧乙烷产量及产能利用率变化趋势见图15-3。

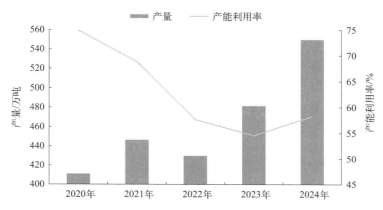

图 15-3　2020—2024 年中国环氧乙烷产量及产能利用率变化趋势

15.2.3　环氧乙烷供应结构分析

15.2.3.1　2024 年环氧乙烷分区域供应结构分析

　　2020—2024 年，国内环氧乙烷产能主要扩增集中于华东地区，占比 71.2%。其次是华南地区与东北地区，占比均为 11%。从绝对值来看，华东环氧乙烷产能位居全国首位，该地区也是国内环氧乙烷的主要消费地，装置靠近下游消费市场。华东地区具备良好的水运及陆运条件，便于原料及产品的运输，新建一体化项目多数选址华东，因此华东地区是国内环氧乙烷主要分布区域。随着海南炼化、中科湛江等大型炼化一体化装置投产，华南成为仅次于华东的产能增长区域。另外华南地区依托珠三角和日化下游消费地，需求相对稳定。东北地区环氧乙烷产能位居前三，受经济及下游结构单一制约，该地区环氧乙烷产能利用率逐步下滑。国内环氧乙烷产能中，华东区域内环氧乙烷总产能 672 万吨/年，占比 71.2%；其次为华南地区，产能为 104 万吨/年，占比 11.0%；东北地区产能同样为 104 万吨/年，占比 11.0%；第四为华中地区，产能 32 万吨/年，占比 3.4%；第五位为西南区域，产能 20 万吨/年，占比 2.1%；最后为华北区域，产能 12 万吨/年，占比 1.3%。

　　2024 年中国环氧乙烷分区域产能分布见图 15-4。

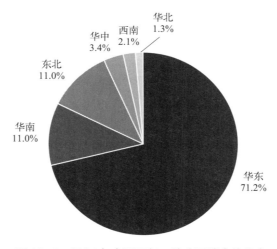

图 15-4　2024 年中国环氧乙烷分区域产能分布

15.2.3.2 2024年环氧乙烷分企业性质供应结构分析

2020—2024年，中国环氧乙烷区域分布占比没有发生较大变化，其中华东区域始终是国内产能分布最集中、增长速度最快的地区。企业性质分布方面，由于民营大炼化的投产，国内环氧乙烷民营产能占比持续上升。2024年，国内环氧乙烷民企产能482万吨/年，占比51.0%，卫星化学是其中最大产能，其一期、二期已投产总产能超过130万吨/年，其货源自用和外销两部分。中国石化总产能245万吨/年，占比26.0%，其环氧乙烷由销售公司进行统销，华东结算价格是国内应用最广泛的长协基准价。中国石油总产能62万吨/年，占比6.6%，其产能主要分布在东北、西南地区，由销售公司进行统销。其他产能包含国企、合资等总产能155万吨/年，占比16.4%，包括北方华锦、万华化学、中化泉州、福建联合石化等。

2024年中国环氧乙烷分企业性质产能构成见图15-5。

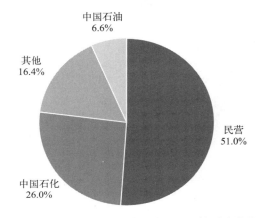

图 15-5 2024年中国环氧乙烷分企业性质产能构成

中国环氧乙烷工艺路线主要是乙烯氧化法，根据乙烯工艺来源不同分为四种路线，分别是石脑油裂解、乙烷/混烷裂解、MTO法和外采乙烯。其中，石脑油裂解工艺路线产能占比最高，产能共计536万吨/年，占比56.8%，代表企业有镇海炼化、茂名石化；乙烷/混烷裂解工艺路线产能共计220万吨/年，占比23.3%，代表企业卫星化学、三江化工；外购乙烯产能共计100万吨/年，占比10.6%；MTO法总产能88万吨/年，占比9.3%。

2024年中国环氧乙烷按乙烯工艺来源产能构成见图15-6。

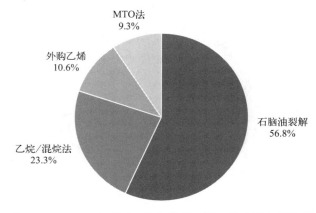

图 15-6 2024年中国环氧乙烷按乙烯工艺来源产能构成

15.3 中国环氧乙烷消费现状分析

15.3.1 环氧乙烷消费趋势分析

15.3.1.1 2024年环氧乙烷月度消费趋势分析

2024年中国环氧乙烷消费量达到550万吨，较2023年增长14.2%。下游品种淡旺季不明显，全年对环氧乙烷稳定消费，月度消费量随着新建装置的投产而自然增长。2024年消费量在1月维持相对高位后，2月进入年内消费低谷，这主要是因为春节期间，上下游工厂停工，需求量锐减的同时，环氧乙烷工厂多降负保证安全出货节奏；3—6月，受年后复工的需求利好驱动，消费量明显增长，随后因阶段性供应过剩及高温雨季背景下主力下游单体缩量明显的影响，环氧乙烷整体消费量持续下滑；8—9月，因其他下游的需求支撑，消费量略回暖；而10—12月，环氧乙烷多集中检修装置，下游品种的原料供应收缩明显，环氧乙烷消费量被动减少。

2024年中国环氧乙烷月度消费量及价格变化趋势见图15-7。

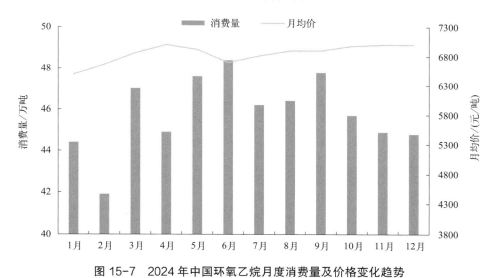

图15-7 2024年中国环氧乙烷月度消费量及价格变化趋势

15.3.1.2 2020—2024年环氧乙烷年度消费趋势分析

2020—2024年，环氧乙烷因易燃易爆的物化性质难长期储存及长途远距运输，因此行业需求结构集中于国内。环氧乙烷四大下游依次是聚羧酸减水剂单体、表面活性剂、乙醇胺、软泡聚醚，但随着终端传统行业的调整，其中最大下游聚羧酸减水剂单体占比持续下滑，为39%。2020年，环氧乙烷市场的消费量仅为411万吨，其中聚羧酸减水剂单体对环氧乙烷消耗量占据主要地位。随着场内产能的不断扩张与市场的不断发展，2021年消费量增加至446.5万吨。但2022年受到疫情因素影响，部分终端下游停工停产情况明显，整体消费量下滑。2023—2024年，环氧乙烷市场继续发力，产量逐渐提升。至2024年，环氧乙烷整体消费量已达到550万吨，下游的消费趋势也逐渐发生变化，较为明显的是聚羧酸减水剂单体在环氧乙烷消费量的占比逐年下降，非离子表面活性剂及乙醇胺的占比逐年增长。此外，碳酸乙烯酯及聚乙二醇等小众品种在环氧乙烷消费结构中占据一定比例，促进了近年来环氧乙烷下游结构的多元化发展。在区域消费上，主力消费区域依然是以华东和华南为主，华北地区为环氧乙烷净流入区域，主要来自华东资源补充。

2020—2024年中国环氧乙烷年度消费变化趋势见图15-8。

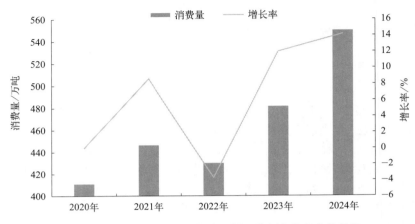

图 15-8　2020—2024 年中国环氧乙烷年度消费变化趋势

15.3.2　环氧乙烷消费结构分析

15.3.2.1　2024 年环氧乙烷消费结构分析

环氧乙烷下游行业较多，从行业下游消费结构来看，对环氧乙烷消费量较大的产品有聚羧酸减水剂单体、非离子表面活性剂、乙醇胺、聚醚多元醇等。目前聚羧酸减水剂单体依旧是环氧乙烷主力下游，占比在38.8%；第二是非离子表面活性剂，占比在21.8%；第三为乙醇胺，占比均为11.8%。2024年，最大终端房地产行业压力下，聚羧酸减水剂单体行业难有起色，整体行业开工率偏低，因此主力下游聚羧酸减水剂单体占环氧乙烷中体消费的比例下降。

2024年中国环氧乙烷下游消费构成见图15-9。

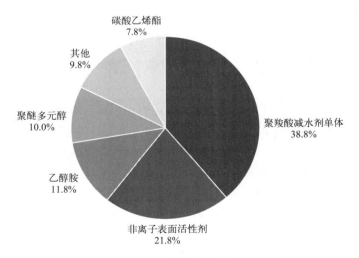

图 15-9　2024 年中国环氧乙烷下游消费构成

15.3.2.2　2020—2024 年环氧乙烷消费结构分析

2020—2024年中国环氧乙烷消费呈逐年递增态势，近五年年均复合增长率在7.6%，截至

2024年环氧乙烷消费量达到549.9万吨，较2023年增长14.2%。下游分行业来看，除聚羧酸减水剂单体对环氧乙烷呈现负增长外，其余下游均有不同程度增加。尽管聚羧酸减水剂单体企业产能利用率偏低，但其仍然位居环氧乙烷最大下游。作为环氧乙烷第二大下游非离子表面活性剂来看，因其下游终端多为日常必需品，因此维持着窄幅但持续不断的增量，近年来随着下游合成洗涤剂市场稳步发展，其对非离子表面活性剂的需求不断增加，加之受环氧乙烷新增产能释放带动，双向促进非离子表面活性剂行业发展。此外环氧乙烷第三大下游乙醇胺市场亦在不断增量中，对环氧乙烷的消耗量逐渐增加。

2020—2024年中国环氧乙烷年度消费变化趋势见图15-10。

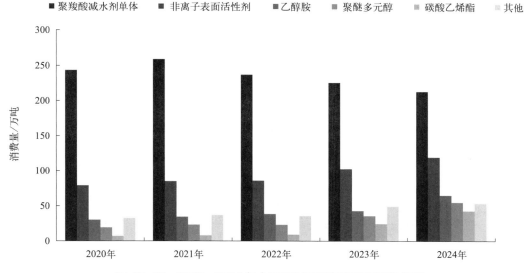

图 15-10 2020—2024 年中国环氧乙烷年度消费变化趋势

15.4 中国环氧乙烷价格走势分析

2024年华东环氧乙烷价格的波动区间在6400～7000元/吨，振幅9%。年度高点出现于上半年的4月初和下半年的10月中旬，低点出现于1月。年均价格6856元/吨，相较于2023年的年度均价6509元/吨，窄幅上涨了347元/吨，涨幅在5%。

年内，2024环氧乙烷行业及主流市场年均价的窄幅反弹主要受供应及原料的双重影响，需求无明显利好驱动。具体来看，供应面，环氧乙烷华东区域市场产量较上年增加33万吨，但净增量更多由同企业的配套下游消耗，外销商品量同比减少。华东市场，年内上海石化、扬子石化等装置长停及其他装置的协调性检修计划较多，年内供应无宽幅增减，维持了相对平稳的供应节奏。2024年拟建装置仅一套，其中万华蓬莱为华东市场的主力装置，于2024年11月投产；卫星化学等工厂的装置增量主要由扩能产生。而原料面，原定2024年集中放量的乙烯装置大部分延迟到2025年放量，故年内环氧乙烷原料成本面支撑明显。整体看来，上半年华东市场主要受乙烯支撑，叠加下游的季节性旺季，环氧乙烷价格上扬特点明显；下半年因乙烯支撑放缓、装置检修影响有限及主力下游的有限提振，华东市场价格虽有涨幅但更多集中在"金九银十"节点，其他月份表现为僵持整理。

2020—2024年华东市场环氧乙烷价格走势见图15-11。

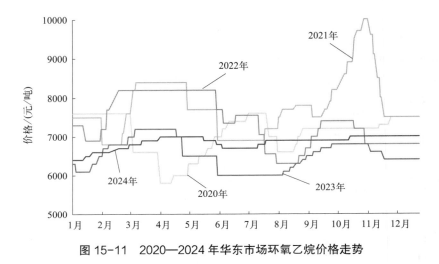

图 15-11   2020—2024 年华东市场环氧乙烷价格走势

华东市场环氧乙烷 2024 年月均价格及 2020—2024 年年均价格分别见表 15-4 和表 15-5。

表 15-4   2024 年华东市场环氧乙烷月均价格

月份	1 月	2 月	3 月	4 月	5 月	6 月	7 月	8 月	9 月	10 月	11 月	12 月
华东均价/（元/吨）	6495.5	6664.7	6861.9	7000.0	6928.6	6705.3	6804.3	6900.0	6900.0	6973.7	7000.0	7000.0

表 15-5   2020—2024 年华东市场环氧乙烷年均价格

年份	2020 年	2021 年	2022 年	2023 年	2024 年
华东均价/（元/吨）	7083.2	7779.6	7353.4	6509.2	6855.6

15.5   中国环氧乙烷生产毛利走势分析

2024 年外采东北亚乙烯路线的环氧乙烷利润平均在 26.4 元/吨，同比上涨 126.8%，高点在 496 元/吨，年内利润差达 1108.5 元/吨。

回顾 2020—2024 年外采进口乙烯制环氧乙烷生产利润来看，2020 年环氧乙烷年均盈利 1066.3 元/吨，为近五年来的利润最高点，主要由于原料乙烯受疫情影响触及近五年来价格低点，乙烯价格整体跌幅大于环氧乙烷价格跌幅，故而 2020 年环氧乙烷利润表现可观；2021 年在东北亚乙烯价格上行及环氧乙烷产能的释放过程中，供过于求格局愈发严重，2021 年环氧乙烷利润较 2020 年同比下跌 65.7%；2022 年原料乙烯东北亚检修季带动下价格涨至高位状态，叠加环氧乙烷在下游终端跟进有限之下市场价格低位，因此年度利润出现倒挂状态，2022 年环氧乙烷年均利润为 −140 元/吨，同比下跌 138.2%；2023 年在环氧乙烷及原料乙烯价格均存在下跌的过程中，原料乙烯的跌幅高于环氧乙烷的跌幅，利润空间尚有好转的迹象，但仍维持倒挂状态；自 2024 年二、三季度外采进口乙烯及外采国产乙烯工艺的利润先后扭亏为盈，环氧乙烷市场价格提升下，利润水平均向好发展。

2020—2024 年及 2024 年中国不同原料制环氧乙烷生产毛利走势见图 15-12 和图 15-13。

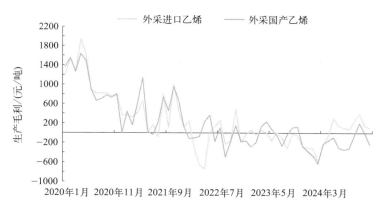

图 15-12　2020—2024 年中国不同原料制环氧乙烷生产毛利走势

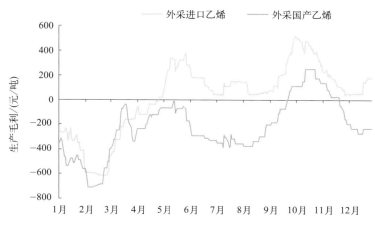

图 15-13　2024 年中国不同原料制环氧乙烷生产毛利走势

2024 年中国环氧乙烷月均生产毛利及 2020—2024 年年均生产毛利分别见表 15-6 和表 15-7。

表 15-6　2024 年中国环氧乙烷月均生产毛利

单位：元/吨

月份	外采进口乙烯	外采国产乙烯
1 月	−320.2	−471.0
2 月	−593.3	−628.5
3 月	−252.0	−223.8
4 月	−52.2	−159.1
5 月	298.0	−88.1
6 月	137.8	−307.6
7 月	108.0	−342.9
8 月	69.9	−319.6
9 月	240.6	−58.9
10 月	396.2	198.4
11 月	145.5	1.8
12 月	103.0	−240.9

表 15-7　2020—2024 年中国环氧乙烷年均生产毛利

单位：元/吨

年份	2020 年	2021 年	2022 年	2023 年	2024 年
外采进口乙烯	1066.3	366.2	−140.0	−98.6	26.4
外采国产乙烯	981.9	455.4	−66.7	−65.8	−220.0

15.6　2025—2029 年中国环氧乙烷发展预期

15.6.1　环氧乙烷供应趋势预测

15.6.1.1　2025—2029 年环氧乙烷拟在建／退出产能统计

2025—2029 年中国环氧乙烷产能继续保持增长，预计新建 11 套装置，共计新增总产能 247 万吨，集中于华东、华南等地。较 2020—2024 周期相比，一体化配套的占比增加。2025—2029 年无已明确的淘汰装置。

2025 年中国环氧乙烷预计新建 5 套产能，位于华东、华南、东北及西北区域，其中最大产能是预计于 2025 年下半年出产的吉林石化，其产能 30 万吨/年，预计其投产会增加环氧乙烷外销量 30 万吨/年，有效增加东北及周边供应。2025 年另有 1 套原有装置的升级改造，位于江苏扬州的远东联石化 20 万吨/年。

2026 年中国环氧乙烷预计新建 4 套产能，位于华南、华中、西北区域，其中最大产能是预计于 2026 年下半年出产的湛江巴斯夫，其产能 28 万吨/年，预计其投产主要自用为主，下游配套了非离子表面活性剂等，华南环氧乙烷下游竞争格局加重。

2025—2029 年中国环氧乙烷新增产能统计见表 15-8。

表 15-8　2025—2029 年中国环氧乙烷新增产能统计

企业简称	产能／（万吨／年）	预计投产时间	地址
远东联石化（扬州）有限公司	20	2025 年 2 月	江苏
中国石油天然气股份有限公司吉林石化分公司	30	2025 年 10 月	吉林
山东裕龙石化有限公司	10	2025 年 5 月	山东
宁夏宝丰能源集团股份有限公司	13	2025 年 12 月	宁夏
华锦阿美石油化工公司	20	2025 年 10 月	辽宁
巴斯夫一体化基地（广东）有限公司	28	2026 年 6 月	广东
中国石油化工股份有限公司洛阳分公司	20	2026 年 10 月	河南
陕西榆能化学材料有限公司	20	2026 年 12 月	陕西
中海壳牌石油化工有限公司	6	2026 年 6 月	广东
中国石化集团齐鲁石油化工公司	20	2027 年 12 月	山东
荣盛石化股份有限公司	60	2027 年 12 月	浙江
合计	247		

15.6.1.2　2025—2029 年环氧乙烷产能趋势预测

2025—2029 年中国环氧乙烷预计累计新建产能 247 万吨，年复合增长率预计在 4%，较过去五年复合增长率下降 10 个百分点。总供应增速减缓，主要是未来新装置投产力度下降，以及环氧乙烷近几年利润率下降，抑制后期对环氧乙烷产能的投产热度。2025—2027 年，预计环氧乙烷年度产能增速在 6% ～ 8% 之间，2027 年因预期荣盛石化等装置集中投产，成为未来五年内的扩产高峰，当年新建产能占据年度总产能的 7%。2028—2029 年，目前已公布的新建项目预期偏少，产能增速及当年新增产能锐减。

除目前已公布项目外，考虑到未来五年环氧乙烷的经济性，预计自 2025 年开始，未来五年有潜在的乙二醇技改至精制环氧乙烷新增装置，具体产能暂不详。

2025—2029 年中国环氧乙烷产能预测见图 15-14。

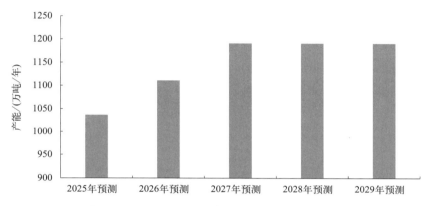

图 15-14　2025—2029 年中国环氧乙烷产能预测

2025 年中国环氧乙烷月度产量预计持续维持高产状态，逐月相对平均的态势，预估 2025 年环氧乙烷产量在 46 万～ 50 万吨 / 月之间，全年总产量预计在 559 万吨左右；2025 年新增产能包括盘锦阿美、裕龙石化、吉林石化等 5 套产能，以及远东联石化 2024 年未释放的技改精制 20 万吨 / 年环氧乙烷产能，2025 年环氧乙烷月均产量 46 万吨，较 2024 年增量 2%；月均产能利用率 54%，较 2024 年下降 4.3 个百分点。

2025—2029 年中国环氧乙烷产量及产能利用率预测见图 15-15。

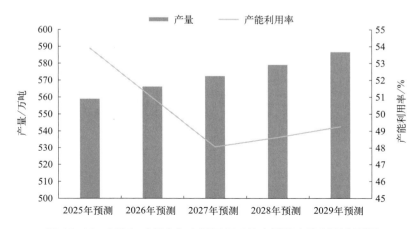

图 15-15　2025—2029 年中国环氧乙烷产量及产能利用率预测

15.6.2   环氧乙烷消费趋势预测

中国环氧乙烷主要下游仍是以聚羧酸减水剂单体、非离子表面活性剂、乙醇胺、聚醚、碳酸乙烯酯等行业为主。

预计未来聚羧酸减水剂单体成本及供需端均存利空机会，但根据行业周期及近几年的新阶段性表现来看，后续随着行业可持续性发展意识的增强，工厂供应端将合理增加议价话语权，低价竞争及利润持续亏损的情况将持续减少。聚羧酸减水剂单体对环氧乙烷需求占比将有所下降，但仍位居第一。

未来中国非离子表面活性剂供应过剩格局较难缓解，供应方面主要关注点在于自给率将进一步提高，市场竞争也将由国内、国际多元化竞争向主要以国内竞争转变；需求方面主要关注点在于出口量规模有不断增长预期，国内消费也有稳定增长预期。积极开拓海外市场，预计会成为供应商应对供应过剩压力的主要方向之一。

未来五年，国内乙醇胺产能增速放缓，行业仅两套新增产能共计30万吨，部分成本较高且产业链延伸不足的小产能或将关停，企业在降负保价及降价去库间寻找新的平衡点，在产能淘汰整合及需求稳步增长情况下，行业再次达到供需平衡。预计未来五年，乙醇胺价格或会长期维持较水平，利润仅在盈亏边缘。

2025年和2029年中国环氧乙烷主要下游产能增量预测见图15-16。

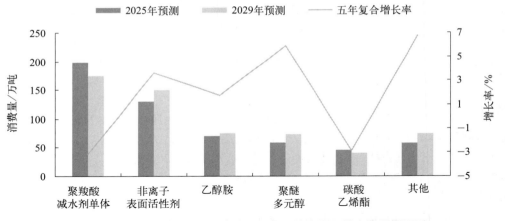

图 15-16   2025 年和 2029 年中国环氧乙烷主要下游产能增量预测

15.6.3   环氧乙烷供需格局预测

预计未来5年，国内环氧乙烷行业将向供应宽松状态持续过渡，下游品种的出口机会持续扩大。主要原因是：①环氧乙烷年产能将突破千万吨，供需矛盾将持续尖锐，叠加行业竞争等因素，环氧乙烷价格持续低位震荡，虽然环氧乙烷出口有限，但在全球范围内供应能力卓越且价格存优势的环氧乙烷下游品种将有机会持续拓宽出口渠道，国内进口的下游品种将进一步减少，乙氧基化环节的平衡差逐步缩窄。②国内环氧乙烷的产能集中度将进一步提升，优胜劣汰与长停长关的局面将维持相对长的一段时间。③主力下游聚羧酸减水剂单体的需求继续萎缩，环氧乙烷的其他下游品种虽然短期难以替代其主力需求地位，但未来环氧乙烷需求结构的多元化特征将逐步凸显。综上，未来五年，环氧乙烷供需增速持续放缓，受供应端竞争加剧及需求端多元化发展的双重影响，未来行业朝着稳健且有序的方向发展。

2025—2029 年中国环氧乙烷供需预测见表15-9。

表 15-9 2025—2029 年中国环氧乙烷供需预测

单位：万吨

时间	产量	进口量	总供应量	下游消费量	出口量	总需求量
2025 年预测	558.9	0	558.9	558.8	0.1	558.9
2026 年预测	566.2	0	566.2	566.1	0.1	566.2
2027 年预测	572.4	0	572.4	572.3	0.1	572.4
2028 年预测	579.1	0	579.1	579	0.1	579.1
2029 年预测	586.7	0	586.7	586.6	0.1	586.7

第 16 章

环氧氯丙烷

2024 年度
关键指标一览

类别	指标	2024 年	2023 年	涨跌幅	2025 年预测	预计涨跌幅
价格	华东均价 /（元 / 吨）	8147.0	8349.0	−2.4%	8800.0	8.0%
供需	产能 /（万吨 / 年）	215.0	207.2	3.8%	252.5	17.4%
	产量 / 万吨	125.3	121.0	3.6%	140.0	11.7%
	产能利用率 /%	58.3	58.5	−0.2 个百分点	55.4	−2.9 个百分点
	下游消费量 / 万吨	116.2	114.3	1.7%	114.5	−1.5%
进出口	进口量 / 万吨	0.06	0.14	−57.1%	0.0	−100.0%
	出口量 / 万吨	8.4	5.8	44.8%	9.0	7.1%
毛利	丙烯高温氯化法 /（元 / 吨）	366.5	693.0	−47.1%	1750.0	377.5%
	甘油法 /（元 / 吨）	363.1	378.0	−3.9%	−165.0	−145.4%

16.1　中国环氧氯丙烷供需分析

2020—2024年中国环氧氯丙烷新增产能陆续投放，产业链一体化程度及生产规模不断提升，装置向下游延伸配套，产业链逐步完善。五年内中国环氧氯丙烷产量年均复合增长率为11.3%，消费量年均复合增长率为10.2%。需求增长主要来自下游环氧树脂，其产能扩张迅速，对环氧氯丙烷消费量贡献度最大，其他行业需求有限。中国环氧氯丙烷供应增速大于下游消费增速，行业持续在供需失衡状态之中。

2020—2024年中国环氧氯丙烷供需变化见表16-1。

表 16-1　2020—2024 年中国环氧氯丙烷供需变化

单位：万吨

时间	产量	进口量	总供应量	下游消费量	出口量	总需求量
2020 年	81.7	0.71	82.4	78.7	2.3	81.0
2021 年	103.3	0.23	103.5	97.7	4.7	102.3
2022 年	107.1	0.18	107.3	98.8	7.2	106.0
2023 年	121.0	0.14	121.1	114.3	5.8	120.1
2024 年	125.3	0.06	125.4	116.2	8.4	124.6

16.2　中国环氧氯丙烷供应现状分析

16.2.1　环氧氯丙烷产能趋势分析

16.2.1.1　2024 年环氧氯丙烷产能及新增产能统计

2024年中国环氧氯丙烷产能保持稳健增长，行业总产能提升至215万吨/年，同比增长3.8%，产能增速保持合理增长态势。年度行业新增及扩能装置共5套，其产能合计25.3万吨/年，新增产能皆投产运行。

2024年中国环氧氯丙烷新增产能统计见表16-2。

表 16-2　2024 年中国环氧氯丙烷新增产能统计

企业名称	地址	企业形式	产能／（万吨／年）	工艺类型	装置投产时间	下游配套
浙江镇洋发展股份有限公司	浙江	国企	2	甘油法	2024 年 3 月	无
丰益油脂科技有限公司	江苏	外资	5	甘油法	2024 年 5 月	无
江西塑星材料有限公司	江西	民企	7	甘油法	2024 年 8 月	无
山东三岳化工有限公司	山东	民企	5	甘油法	2024 年 10 月	配套环氧树脂
惠州市晟达新材料科技有限公司	惠州	民企	6.3	甘油法	2024 年 11 月	无
合计			25.3			

16.2.1.2　2024 年环氧氯丙烷主要生产企业生产状况

2024年中国环氧氯丙烷行业总产能215万吨/年，行业占比前十一位的企业产能达133万吨/年，占全国总产能的61.9%。从生产工艺来看，排名前十一位企业中丙烯高温氯化法的企业有2

家，合计产能为19万吨/年，占全国总产能的8.8%；甘油法的企业有9家，合计产能为99万吨/年，占全国总产能的46%；双氧水法企业有一家，产能15万吨/年，占全国总产能的7%。从区域分布来看，排名前十一位企业全部集中在华东区域。华东地区交通便利，同时也是环氧氯丙烷的主要生产地及消费地，货物除区域内消化外，可向华中、华南等区域流通，此外，凭借沿海运输优势，也是进出口操作的主要地带。

2024年中国环氧氯丙烷主要生产企业产能统计见表16-3。

表 16-3　2024 年中国环氧氯丙烷主要生产企业产能统计

企业名称	地址	简称	产能/（万吨/年）	工艺路线
江苏瑞恒化工材料有限公司	江苏	江苏瑞恒	15	甘油法
江苏瑞祥化工有限公司	江苏	江苏瑞祥	15	双氧水法
丰益油脂科技有限公司	江苏	丰益油脂	15	甘油法
江苏海兴化工有限公司	江苏	江苏海兴	13	丙烯高温氯化法
无棣鑫岳化工有限公司	山东	无棣鑫岳	13	丙烯高温氯化法＋甘油法
浙江豪邦化工有限公司	浙江	浙江豪邦	12	甘油法
山东民基化工有限公司	山东	山东民基	10	甘油法
江西塑星材料有限公司	江西	江西塑星	10	甘油法
淄博飞源化工有限公司	山东	淄博飞源	10	甘油法
衢州巨化锦纶有限责任公司	浙江	衢州巨化	10	甘油法
福建环洋新材料有限公司	福建	福建环洋	10	甘油法
合计			133	

16.2.1.3　2020—2024 年环氧氯丙烷产能趋势分析

据数据监测统计，2020—2024年中国环氧氯丙烷供应稳步增长，产能复合增长率在5.4%。产能增长主要集中在2020—2023年（2023年剔除无效产能），江苏、山东、河北及东北均有新产能释放，主要下游环氧树脂行业的扩张及行业一体化程度提升，是环氧氯丙烷产能稳步增长的主要推动力。2024年新增产能25.3万吨，剔除无效产能17.5万吨/年，截止到2024年底，中国环氧氯丙烷产能达到215万吨/年。

2020—2024年中国环氧氯丙烷产能变化趋势见图16-1。

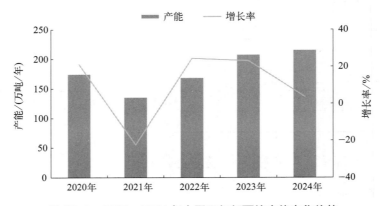

图 16-1　2020—2024 年中国环氧氯丙烷产能变化趋势

16.2.2　环氧氯丙烷产量及产能利用率趋势分析

16.2.2.1　2024 年环氧氯丙烷产量及产能利用率趋势分析

2024 年中国环氧氯丙烷年度总产量 125.3 万吨，同比增长 3.6%，月均产量提升至 10.4 万吨，年度产能利用率在 58.3%，同比减少 0.2 个百分点。

2024 年上半年因山东丙烯高温氯化法装置技改而从总产能中剔除，产能利用率提升至 60% 以上。1 月份春节前下游备货，月度产量增长至 11.6 万吨，达到年内峰值。下半年 8—10 月因华东部分大厂陆续意外停车，行业平均产能利用率下降，月度产量减少至 10 万吨以下。2024 年全年来看，虽然环氧氯丙烷新产能不断释放，产量增加，但供需矛盾仍然存在，只能采取降低产能利用率的措施来维持市场平衡局面。

2024 年中国环氧氯丙烷产量及产能利用率变化趋势见图 16-2。

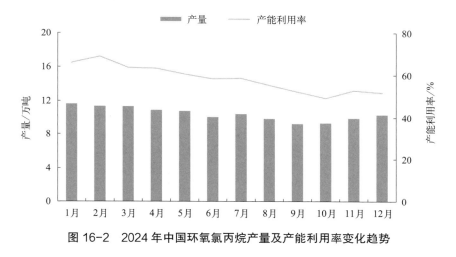

图 16-2　2024 年中国环氧氯丙烷产量及产能利用率变化趋势

16.2.2.2　2020—2024 年环氧氯丙烷产量及产能利用率趋势分析

随着中国环氧氯丙烷新增产能释放及下游需求增长，2020—2024 年中国环氧氯丙烷产量由 81.7 万吨增长至 125.3 万吨，五年复合增长率 11.3%。2021 年，中国环氧氯丙烷新增产能 9 万吨/年，同时剔除长年停车产能 48 万吨/年，2021 年产能 135.2 万吨/年，较 2020 年减少 22.4%；因下游需求增长，产量达到 103.3 万吨，同比增长 26.5%；平均产能利用率提升至 76.4%。2022—2024 年产能、产量逐年增长，随着新产能不断投放，供需矛盾仍然存在，2023 年后行业年产能利用率均在 60% 以下运作。

2020—2024 年中国环氧氯丙烷产量及产能利用率变化趋势见图 16-3。

16.2.3　环氧氯丙烷供应结构分析

16.2.3.1　环氧氯丙烷分区域供应结构分析

2024 年中国环氧氯丙烷产能区域分布相对集中，主要分布在华东、华北及华中。华东区域是中国环氧氯丙烷最主要的生产集中地，同时也是主要消费集中地，其区域内总产能达到 172.5 万吨/年，占比 80.2%；其次为华北区域，产能 17 万吨/年，占比为 7.9%；第三为华中区域，产能 14.2 万吨/年，占比 6.6%；华南区域产能 8.3 万吨/年，占比为 3.9%；占比最小的是东北区域，

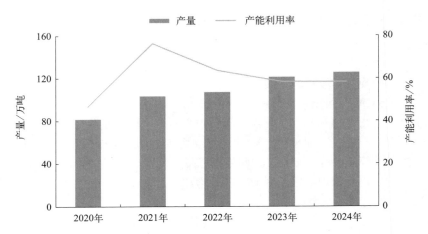

图 16-3   2020—2024 年中国环氧氯丙烷产量及产能利用率变化趋势

产能为 3 万吨/年，占比仅 1.4%。

2024 年中国环氧氯丙烷分区域产能分布见图 16-4。

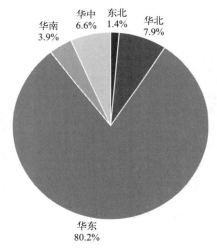

图 16-4   2024 年中国环氧氯丙烷分区域产能分布

注：福建划分为华东地区。

16.2.3.2   环氧氯丙烷分生产工艺供应结构分析

2024 年中国环氧氯丙烷主要生产工艺为甘油法、丙烯高温氯化法以及双氧水法三种。从产能占比来看，中国环氧氯丙烷以甘油法工艺为主，其次为丙烯高温氯化法，双氧水法整体占比最低。2024 年甘油法工艺总产能 162.3 万吨/年，占比 75.5%；丙烯高温氯化法工艺总产能 37.7 万吨/年，占比 17.5%；双氧水法工艺总产能 15 万吨/年，占比 7.0%。虽然丙烯高温氯化法装置工艺成熟，但属于高能耗行业，2023 年底国家发展改革委修订发布的《产业结构调整指导目录（2024 年本）》中，丙烯高温氯化法制环氧氯丙烷在限制类和淘汰类的石油化工中做出明确界定，故未来中国环氧氯丙烷新增产能以甘油法和双氧水法工艺为主。

2024 年中国环氧氯丙烷分生产工艺产能构成见图 16-5。

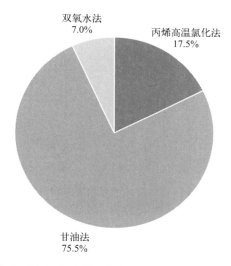

图 16-5 2024 年中国环氧氯丙烷分生产工艺产能构成

16.2.4 环氧氯丙烷进口趋势分析

2024 年，中国环氧氯丙烷进口量在 0.1 万吨，同比持平，年内平均单月进口量仅 53.9 吨。其中 8 月无进口量；6 月进口量最大为 117.9 吨，成为 2024 年内进口量最多的一个月。随着中国环氧氯丙烷新产能不断释放，市场供需失衡凸显，国内以自给自用为主，进口贸易减少，从而导致中国环氧氯丙烷进口量逐年减少。

2024 年中国环氧氯丙烷进口量价变化趋势见图 16-6。

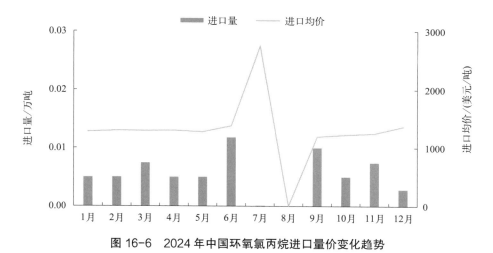

图 16-6 2024 年中国环氧氯丙烷进口量价变化趋势

2020—2024 年中国环氧氯丙烷进口量逐年减少趋势。近年来中国环氧氯丙烷供应增长超过了消费增长，造成了中国供需失衡局面，均以内贸货为主，导致进口量逐年缩量。由于中国环氧氯丙烷产能产量增速领先于全球其他国家，自 2020 年后，环氧氯丙烷进口量持续下降。未来中国仍有多套环氧氯丙烷装置建成投建，供需失衡趋势或将进一步加剧，预计未来中国环氧氯丙烷进口量将继续呈现下降趋势，甚至有存在取缔进口的概率。

2020—2024 年中国环氧氯丙烷进口量变化趋势见图 16-7。

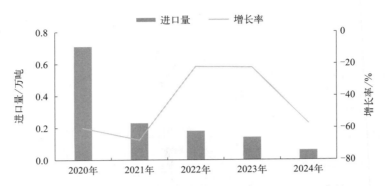

图 16-7　2020—2024 年中国环氧氯丙烷进口量变化趋势

16.3　中国环氧氯丙烷消费现状分析

16.3.1　环氧氯丙烷消费趋势分析

16.3.1.1　2024 年环氧氯丙烷月度消费趋势分析

2024 年中国环氧氯丙烷下游消费总量在 116.2 万吨，同比增长 1.7%。1 月春节前下游集中补货，消费量维持高位；2 月正值春节，部分环氧树脂装置停车或降负度过春节假期，因此消费量出现了最低谷；自 3 月开始环氧树脂装置负荷恢复，从而导致消费量增加，至 6 月度消费量达到 10 万吨及以上，创年内最高；7 月部分环氧树脂装置集中检修，是当月消费量下降的主要原因；8—12 月终端风电行业不断进场招标，环氧树脂接单乐观，产能利用率小幅提升，对环氧氯丙烷月度消费量增长，同时环氧氯丙烷价格也涨至年内高点，12 月份月均价涨至 9427.3 元/吨，创年内最高纪录。

2024 年中国环氧氯丙烷月度消费量及价格变化趋势见图 16-8。

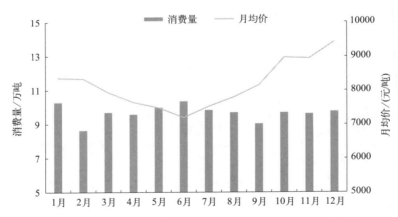

图 16-8　2024 年中国环氧氯丙烷月度消费量及价格变化趋势

16.3.1.2　2020—2024 年环氧氯丙烷年度消费趋势分析

2020—2024 年中国环氧氯丙烷消费呈逐年递增趋势，近五年年均复合增长率 10.2%。近年来，随着风电、电子行业及新基建等行业的发展，环氧树脂新产能亦不断释放，是环氧氯丙烷供应增长的主要动力。据监测数据，2024年环氧树脂产能增加至345.3万吨/年，产量达到185.1万吨，对环氧氯丙烷行业需求驱动可见一斑。其他消费中，包括TGIC（异氰尿酸三缩水甘油酯）及其他小品类下游，受成本及供需面影响，2024年需求量较2023年增长仅1.7%。

2020—2024年中国环氧氯丙烷年度消费量变化趋势见图16-9。

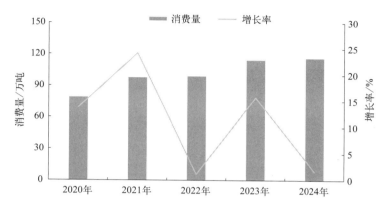

图16-9 2020—2024年中国环氧氯丙烷年度消费变化趋势

16.3.2 环氧氯丙烷消费结构分析

16.3.2.1 2023年环氧氯丙烷消费结构分析

目前中国环氧氯丙烷消费结构较为单一，86.7%的环氧氯丙烷用于生产环氧树脂，而环氧树脂需求主要受下游电子电器、涂料、复合材料、胶黏剂等行业影响。其次为TGIC及其他，近几年TGIC新产能不断释放，对环氧氯丙烷需求量处于增长态势。

2024年中国环氧氯丙烷下游消费构成见图16-10。

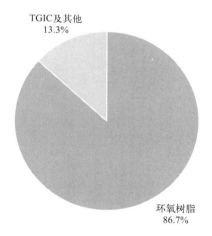

图16-10 2024年中国环氧氯丙烷下游消费构成

16.3.2.2 2020—2024年环氧氯丙烷消费结构分析

中国环氧氯丙烷的主要下游应用领域是环氧树脂、TGIC及其他。2020年环氧树脂受终端风电"抢装潮"的带动，产量增长至130.8万吨，对环氧氯丙烷的需求占比约89%。2021—2023年国内环氧树脂集中扩能，但是行业整体产能利用率相对较低；环氧氯丙烷另一下游TGIC毛利空间可观，产能利用率相对较高，对环氧氯丙烷消耗比例提升，环氧树脂需求占比逐年下降。2024年中国环氧树脂需求占比降至86.7%，较2020年减少2.1个百分点。

2020—2024年中国环氧氯丙烷下游消费变化趋势见图16-11。

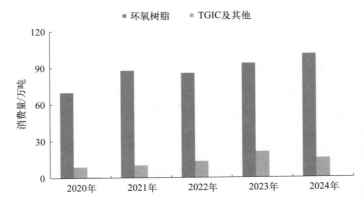

图 16-11　2020—2024 年中国环氧氯丙烷下游消费变化趋势

16.3.3　环氧氯丙烷出口趋势分析

2024年，中国环氧氯丙烷出口量累计总量8.4万吨，同比增长44.8%。从2024年中国环氧氯丙烷月度出口数据来看，月度平均进口量在0.7万吨，其中4月和7月进口量较大，分别为1.6万吨和1.4万吨。4月，航运集装箱运力偏紧且航运费大幅上扬，并且韩国多套环氧氯丙烷装置停车检修，导致当月出口到韩国量达到了1.6万吨，占月度出口量约100%。7月因国内供需失衡态势难改，出口套利窗口开启，中国环氧氯丙烷更具价格优势，厂商出口热情不减，积极开发海外市场，中国环氧氯丙烷出口量较大。从价格方面来看，2024年中国环氧氯丙烷出口价格围绕在1018～1169美元/吨之间，价格整体波动有限。

2024年中国环氧氯丙烷出口量价变化趋势见图16-12。

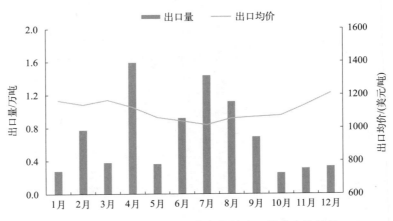

图 16-12　2024 年中国环氧氯丙烷出口量价变化趋势

2020—2024年中国环氧氯丙烷出口量处于不断增长趋势。因中国环氧氯丙烷供需失衡，为缓解国内供应压力，近几年出口明显增长。2020—2022年国产供应不断释放，国外受多种因素影响价高量少，中国环氧氯丙烷出口竞争力增强，2021年出口量增加至4.7万吨，较2020年大幅增长113.6%。2022年中国环氧氯丙烷因价格优势等原因，出口量增加至7.2万吨水平，同比增长53.2%；出口均价为2536美元/吨，同比增长20.4%。2023年全球需求复苏缓慢，国际油价波动频繁以及美元汇率的影响下，出口量不及2022年，同比缩减19.4%。2024年受中国环氧氯丙烷价格低位以及二季度国外装置检修等方面影响，环氧氯丙烷出口增加明显，2024年出口量增至8.4万吨，同比增长44.8%，创五年来新高，但出口均价创五年新低，价格为1089美元/吨，同比下跌9.1%。

2020—2024年中国环氧氯丙烷出口量变化趋势见图16-13。

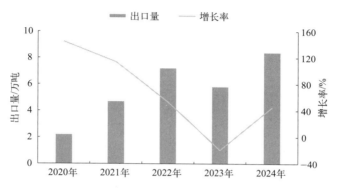

图16-13 2020—2024年中国环氧氯丙烷出口量变化趋势

16.4 中国环氧氯丙烷价格走势分析

2024年，中国环氧氯丙烷价格呈现先跌后涨趋势，成本及供需面是价格波动的主要原因。2024年江苏环氧氯丙烷均价为8147元/吨，同比下跌2.4%。上半年虽无新增装置投放，但需求不及预期，供需矛盾之下环氧氯丙烷市场低位震荡调整，毛利空间亦进一步受到挤压，特别是丙烯高温氯化法环氧氯丙烷从3月至6月底一直处于亏损状态。下半年原料价格处于高位，9—10月江苏、浙江等部分装置连续意外停车，市场可供现货资源偏少，同时终端风电企业不断入市招标，主要下游环氧树脂需求有所好转，市场供需矛盾略有缓和，环氧氯丙烷价格触底反弹，12月中旬价格涨至9800元/吨，超越年初的最高水平，为2024年内最高水平。

2020—2024年江苏市场环氧氯丙烷价格走势见图16-14。

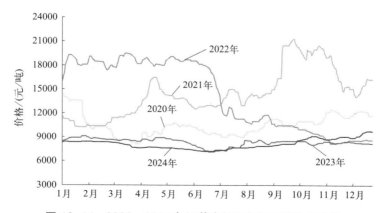

图16-14 2020—2024年江苏市场环氧氯丙烷价格走势

江苏市场环氧氯丙烷2024年月均价和2020—2024年年均价分别见表16-4和表16-5。

表 16-4　2024 年江苏市场环氧氯丙烷月均价格

月份	1月	2月	3月	4月	5月	6月	7月	8月	9月	10月	11月	12月
江苏均价/（元/吨）	8370	8347	7940	7644	7483	7199	7525	7802	8157	8974	8948	9427

表 16-5　2020—2024 年江苏市场环氧氯丙烷年均价格

年份	2020 年	2021 年	2022 年	2023 年	2024 年
江苏均价/（元/吨）	10524.3	14515.0	14108.6	8349.4	8146.9

16.5　中国环氧氯丙烷生产毛利走势分析

2024年，中国环氧氯丙烷新增产能不断释放，产量增速大于下游消费增速，行业供需失衡特征延续全年，市场价格一直处于低位震荡行情之中，价格在7100～9800元/吨之间调整运行。不同工艺生产毛利差异化明显，丙烯高温氯化法环氧氯丙烷平均毛利在366.5元/吨，同比跌47.1%；甘油法环氧氯丙烷平均毛利在363.1元/吨，同比跌3.9%。

2024年中国不同原料环氧氯丙烷生产毛利对比见图16-15。

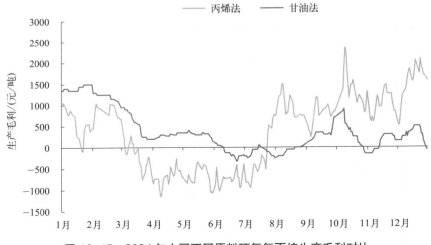

图 16-15　2024 年中国不同原料环氧氯丙烷生产毛利对比

不同原料制环氧氯丙烷2024年月均生产毛利及2020—2024年年均生产毛利分别见表16-6和表16-7。

表 16-6　2024 年中国环氧氯丙烷月均生产毛利

单位：元/吨

月份	1月	2月	3月	4月	5月	6月	7月	8月	9月	10月	11月	12月
丙烯法	576.8	843.2	−145.5	−706.0	−662.7	−751.4	−298.6	930.0	783.3	1379.3	1027.1	1525.3
甘油法	1411.4	1205.9	573.8	287.5	313.1	−109.2	−107.6	−81.8	310.7	289.5	107.1	288.6

表 16-7 2020—2024 年中国环氧氯丙烷年均生产毛利

单位：元/吨

年份	2020 年	2021 年	2022 年	2023 年	2024 年
丙烯法	2056.0	3946.7	5994.0	693.0	366.5
甘油法	2692.0	1467.0	686.0	378.0	363.1

16.6 2025—2029 年中国环氧氯丙烷发展预期

16.6.1 环氧氯丙烷供应趋势预测

16.6.1.1 2025—2029 年环氧氯丙烷拟在建/退出产能统计

据调研，未来五年中国环氧氯丙烷行业拟在建项目众多，目前披露的拟在建项目18个，合计产能169.5万吨拟在建产能中，其中规模在10万吨/年或以上的企业有9家，新增产能主要分布在华东、华北、华中及西北地区。如果这些拟在建项目都能如期投产，预计2029年总产能将达到385万吨/年左右，五年复合增长率在11.1%。2025—2029年新增产能集中投放后，中国环氧氯丙烷进口量萎缩出口增加将更加明显，上下游一体化发展趋势增强。

2025—2029 年中国环氧氯丙烷新增产能统计见表 16-8。

表 16-8 2025—2029 年中国环氧氯丙烷新增产能统计

企业简称	产能/（万吨/年）	预计投产时间	地址
青岛海湾（一期）	7.5	2025 年	山东
东营联成	10	2025 年	山东
山东三岳	5	2025 年	山东
巴陵石化（一期）	5	2025 年	湖南
石家庄炼化	10	2025 年	石家庄
宁波环洋兴华	10	2026 年	浙江
巴陵石化（二期）	5	2026 年	湖南
寿光浩辰	5	2026 年	山东
山东新龙	1	2026 年	山东
浙江三美	9	2026 年	浙江
内蒙古盘古新材料	20	2026 年	内蒙古
建滔（北海）	14	2026 年	广西
河北晋邦（二期）	8	2027 年	河北
青岛海湾（二期）	7.5	2027 年	山东
宁波镇海炼化	10	2027 年	浙江
青岛海湾（四期）	7.5	2028 年	山东
寿光兴鲁	15	2028 年	山东
宁波环洋兴华	10	2028 年	浙江
宁波环洋兴华	10	2029 年	浙江
合计	169.5		

16.6.1.2　2025—2029年环氧氯丙烷产能趋势预测

未来五年随着新项目陆续投放，中国环氧氯丙烷产能继续增长，预计2025—2029年中国环氧氯丙烷产能复合增长率达到11.1%。新增装置的主要动力一方面是主要下游环氧树脂新建项目较多，吸引投资热情；另一方面是成熟的生产工艺以及完整的产业结构，使其成为上下游配套装置的首选之一，支撑中国环氧氯丙烷产能增加。

2025—2029年中国环氧氯丙烷产能预测见图16-16。

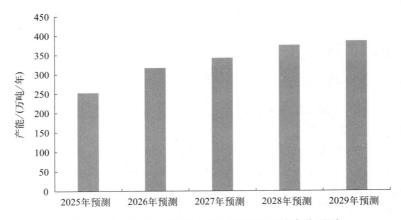

图16-16　2025—2029年中国环氧氯丙烷产能预测

2025—2029年中国环氧氯丙烷产量五年复合增长率将达到7.2%。产能和产量预测增长率出现偏差的主要原因有两点：一方面受装置投产时间分布所致，装置利用率并非全年；另一方面环氧氯丙烷产品已进入过剩周期，价格处于低位或导致企业亏损而采取停车或降负措施。预计2029年产能在385万吨/年，产量185万吨，产能利用率在48%左右。

2025—2029年中国环氧氯丙烷产量及产能利用率趋势预测见图16-17。

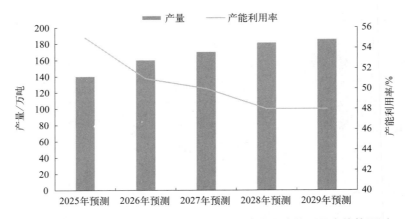

图16-17　2025—2029年中国环氧氯丙烷产量及产能利用率趋势预测

16.6.2　环氧氯丙烷消费趋势预测

环氧氯丙烷主要下游为环氧树脂，2025—2029年环氧树脂产能趋势预测请见第25章25.6.1.2部分内容。

16.6.3 环氧氯丙烷供需格局预测

近年来随着中国环氧氯丙烷新装置的不断投建，国产供应大幅提升，而主要下游环氧树脂装置也在陆续上马，但环氧氯丙烷供应增速大于下游消费增速，供需差有望加宽，因此进口量将进一步受到排挤，出口量有望继续放大。

未来五年，伴随环氧氯丙烷上下游产业链逐步完善，行业一体化趋势愈加明显，中国环氧氯丙烷供需均呈现增长之势。据数据监测，预计未来五年环氧氯丙烷产能年平均增速在11.1%，下游消费增速在7.5%，供应增速明显高于消费增速，届时行业将进入供过于求周期，导致进口依存度预期增加。2025—2029年中国环氧氯丙烷供需预测见表16-9。

表 16-9 2025—2029 年中国环氧氯丙烷供需预测

单位：万吨

时间	产量	进口量	总供应量	下游消费量	出口量	总需求量
2025 年预测	140	0	140	129	9	138
2026 年预测	160	0	160	148	10	158
2027 年预测	170	0	170	156	10	166
2028 年预测	181	0	181	167	10	177
2029 年预测	185	0	185	172	10	182

第 17 章

丙烯酸

2024 年度
关键指标一览

类别	指标	2024 年	2023 年	涨跌幅	2025 年预测	预计涨跌幅
价格	华东均价 /（元 / 吨）	6392.6	6312.5	1.3%	6300	−1.4%
供需	产能 /（万吨 / 年）	408.0	408.0	0.0%	498.00	22.1%
	产量 / 万吨	323.8	277.0	16.9%	397.00	22.6%
	产能利用率 /%	79.4	68.0	11.4 个百分点	79.70	0.3 个百分点
	表观消费量 / 万吨	316.1	276.6	14.3%	386.00	22.1%
进出口	进口量 / 万吨	2.5	3.6	−30.6%	2.00	−20.0%
	出口量 / 万吨	10.8	12.4	−12.9%	13.00	20.4%
毛利	生产毛利 /（元 / 吨）	367.0	178.0	106.2%	430.00	17.2%

17.1 中国丙烯酸供需分析

2020—2024年中国丙烯酸供需均呈现增长态势，产量年均复合增长率为12%，消费量年均复合增长率为11%。丙烯酸产量增长主要是一体化装置投产后，丙烯酸产能释放；需求增长主要来自下游丙烯酸酯及高吸水树脂SAP的扩张。

2020—2024年中国丙烯酸供需变化见表17-1。

表 17-1　2020—2024年中国丙烯酸供需变化

单位：万吨

时间	产量	进口量	总供应量	出口量	表观消费量
2020 年	205.0	6.2	211.2	6.7	204.5
2021 年	229.0	3.6	232.6	11.2	221.4
2022 年	247.0	3.6	250.6	12.9	237.7
2023 年	277.0	3.6	280.6	12.4	268.2
2024 年	323.8	2.5	326.3	10.8	315.5

17.2 中国丙烯酸供应现状分析

17.2.1 丙烯酸产能趋势分析

17.2.1.1 2024年丙烯酸产能及新增产能统计

2024年中国丙烯酸无新增产能释放，总产能为408万吨/年，2020—2024年产能年均复合增长率达6%。

17.2.1.2 2024年丙烯酸主要生产企业情况

2024年，中国丙烯酸行业集中度进一步提升，前五位企业产能合计达237万吨/年，占全国总产能的58%。国内丙烯酸装置均为丙烯氧化法生产工艺。从区域分布来看，华东地区仍然保持着丙烯酸产能第一的地位，产能占比约64%。丙烯酸行业处于成熟期，获利情况受限，生产技术较为稳定，龙头企业话语权不断加强。

2024年中国丙烯酸行业主要生产企业产能统计见表17-2。

表 17-2　2024年中国丙烯酸行业生产企业产能统计

企业名称	地址	简称	产能/（万吨/年）
卫星化学股份有限公司	浙江	浙江卫星	84
泰兴市昇科化工有限公司	江苏	泰兴昇科	48
广西华谊新材料有限公司	广西	广西华谊	40
扬子石化 - 巴斯夫有限责任公司	江苏	扬子巴斯夫	35
台塑工业（宁波）有限公司	宁波	台塑宁波	32

续表

企业名称	地址	简称	产能/（万吨/年）
上海华谊新材料有限公司	上海	上海华谊	32
万华化学集团股份有限公司	山东	烟台万华	30
江苏三木化工股份有限公司	江苏	江苏三木	30
中国海油惠州石化有限公司	广东	中海油惠州	14
山东开泰石化股份有限公司	山东	山东开泰	11
淄博齐翔腾达化工股份有限公司	山东	齐翔腾达	8
山东宏信化工股份有限公司	山东	山东宏信	8
中国石油天然气股份有限公司兰州石化分公司	甘肃	兰州石化	8
山东诺尔生物科技有限公司	山东	山东诺尔	8
福建滨海化工有限公司	福建	福建滨海	6
山东恒正新材料有限公司	山东	山东恒正	6
沈阳石蜡化工有限公司	沈阳	沈阳蜡化	8
合计			408

17.2.1.3　2020—2024年丙烯酸产能趋势分析

近年来，随着PDH装置投建，丙烯酸工厂在上下游产品扩张的支撑下，依托丙烯产业链优势，实现成本摊薄，效益最大化，推动丙烯酸供应持续增长。据统计，2020—2024年中国丙烯酸产能年均复合增长率在6%。

2020—2024年中国丙烯酸产能变化趋势见图17-1。

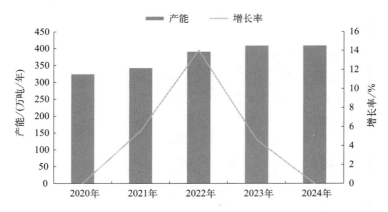

图 17-1　2020—2024 年中国丙烯酸产能变化趋势

17.2.2　丙烯酸产量及产能利用率趋势分析

17.2.2.1　2024 年丙烯酸产量及产能利用率趋势分析

2024年中国丙烯酸总产量在323.8万吨，同比增长16.9%；产能利用率至79.4%，较2023年提升11.4个百分点。

2024年中国丙烯酸产量及产能利用率变化趋势见图17-2。

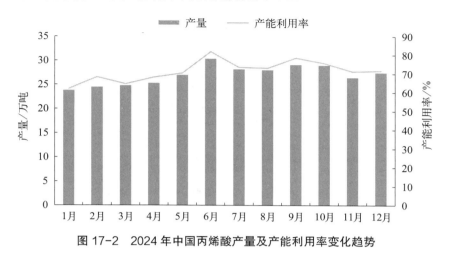

图 17-2　2024 年中国丙烯酸产量及产能利用率变化趋势

17.2.2.2　2020—2024 年丙烯酸产量及产能利用率趋势分析

2020—2024年中国丙烯酸行业处于持续扩张态，产量从212.9万吨增长至324万吨，年均复合增长率为12%；行业产能利用率均值约68%。

2020—2024年中国丙烯酸产量及产能利用率变化趋势见图17-3。

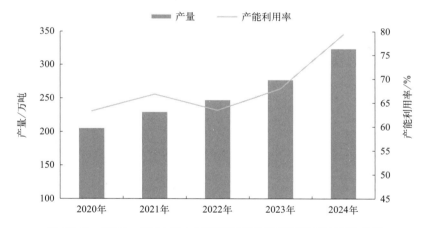

图 17-3　2020—2024 年中国丙烯酸产量及产能利用率变化趋势

17.2.3　丙烯酸供应结构分析

17.2.3.1　丙烯酸分区域供应结构分析

国内丙烯酸产能区域分布较为广泛，其中，华东地区最为集中，区域内丙烯酸总产能261万吨/年，占比64.0%，得益于纺织服装、涂料、胶粘剂等丙烯酸及酯的主要下游行业在华东地区比较集中。

2024年中国丙烯酸分区域产能分布见图17-4。

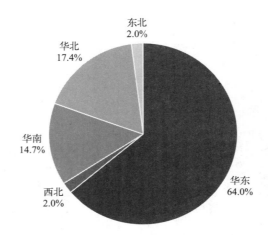

图 17-4　2024 年中国丙烯酸分区域产能分布

17.2.3.2　丙烯酸分企业性质供应结构分析

　　按照企业性质来看，2024 年排名第一位的是民营企业，产能为 185 万吨/年，占比 45.3%；排名第二位的是国有企业，产能为 140 万吨/年，占比 34.3%；第三位是合资企业，产能为 83 万吨/年，占比 20.3%；民营企业和国有企业依然是国内丙烯酸生产的主要力量。

17.2.4　丙烯酸进口量分析

　　2024 年，中国丙烯酸进口量在 2.5 万吨，较 2023 年减少 1.1 万吨，月均进口量为 0.30 万吨。受一季度及三季度工厂集中检修影响，部分时段丙烯酸进口量增多，主要集中在 3 月和 11 月，进口量分别为 0.3 万吨和 0.5 万吨。综合来看，随着国内丙烯酸产能的扩张，丙烯酸进口量或保持稳中下滑态势。价格方面，2024 年丙烯酸进口均价为 802.5 美元/吨，同比上年增加 2.24%。

　　2024 年中国丙烯酸进口量价变化趋势见图 17-5。

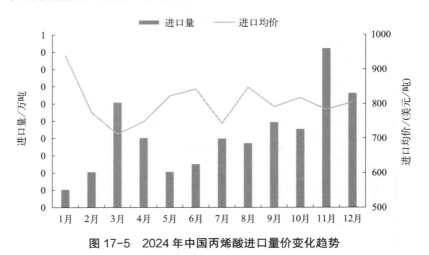

图 17-5　2024 年中国丙烯酸进口量价变化趋势

　　2020—2024 年中国丙烯酸进口量呈现逐渐下降的趋势。2020 年丙烯酸的进口量为 6.2 万吨，之后随着国内丙烯酸装置持续投产，加之基本配套下游，国内丙烯酸对进口的需求持续降低。

　　2020—2024 年中国丙烯酸进口量变化趋势见图 17-6。

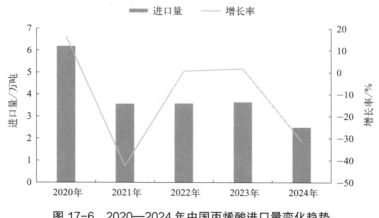

图 17-6 2020—2024 年中国丙烯酸进口量变化趋势

17.3 中国丙烯酸消费现状分析

17.3.1 丙烯酸消费趋势分析

17.3.1.1 2024 年丙烯酸月度消费趋势分析

2024年中国丙烯酸表观消费量316.1万吨,同比增长14.3%,月度表观消费量走势不一。低位出现在1-3月需求恢复缓慢,导致终端采购意向不足,丙烯酸表观消费量表现偏低。高位出现在9—11月,受房地产和建筑行业开工相对走高带动,下游各行业开工平稳,需求稳步增加。其中6月国内丙烯酸总体供应阶段性增加,达到全年产量的最高位,主要原因是2024年中海油丙烯酸装置仅在5—6月运行投产,增加了丙烯酸的总体供应。

2024年中国丙烯酸月度消费量及价格变化趋势见图17-7。

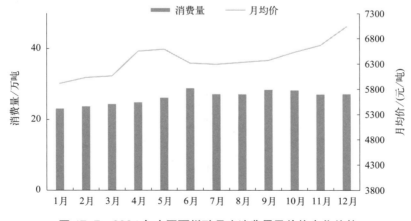

图 17-7 2024 年中国丙烯酸月度消费量及价格变化趋势

17.3.1.2 2020—2024 年丙烯酸年度消费趋势分析

2020—2024年中国丙烯酸表观消费量呈逐年递增趋势,年均复合增长率在10.76%,主要受丙烯酸酯新产能投产带动。

2020—2024年中国丙烯酸年度消费变化趋势见图17-8。

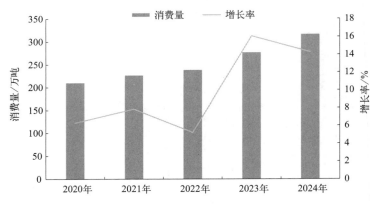

图 17-8 2020—2024 年中国丙烯酸年度消费变化趋势

17.3.2 丙烯酸消费结构分析

17.3.2.1 2024 年丙烯酸消费结构分析

2024年中国丙烯酸消费结构较2023年变化较小，占比最大的仍为丙烯酸酯类，而丙烯酸酯最主要的则是丙烯酸丁酯，主要用于建筑涂料苯丙乳液、纯丙乳液、包装用胶带母卷等产品生产。其次是SAP和减水剂方面。目前SAP主要应用领域为纸尿裤、卫生巾等卫生用品领域。2024年丙烯酸酯、高吸水树脂SAP需求占比较2023年变化不大，分别维持在55%和30%左右。减水剂方面，由于房地产开发投资保持负增长，基建投资增幅放缓，对丙烯酸的需求量较2023年略有缩窄，占比约7%。

2024年中国丙烯酸下游消费构成见图17-9。

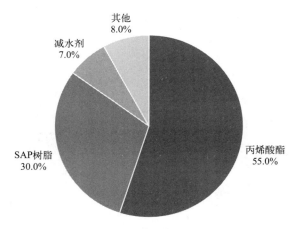

图 17-9 2024 年中国丙烯酸下游消费构成

17.3.2.2 2020—2024 年丙烯酸消费结构分析

2020—2024年，丙烯酸消费量保持增长趋势。其中，丙烯酸酯和SAP是消费量最大的两种产品，主要受益于下游行业，特别是胶黏剂、涂料和SAP等领域的稳定发展，以及卫生用品行业对SAP产品持续增长的需求。丙烯酸酯对丙烯酸需求占比由2020年的58.4%，微幅下降至2024年的55%。SAP的需求占比由2020年的25.9%上涨至2024年的30%。减水剂、水处理等其他行业对丙烯酸的需求占比波动相对较小。

2020—2024年中国丙烯酸下游消费变化趋势见图17-10。

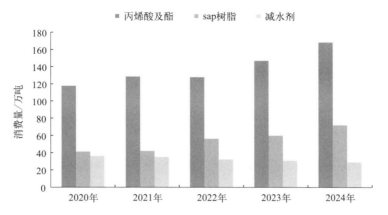

图 17-10　2020—2024 年中国丙烯酸下游消费变化趋势

17.3.2.3　2024 年丙烯酸区域消费结构

分区域来看，2024年丙烯酸需求主要集中在华东、华北及华南地区。其中华东地区（不包括山东省），是全国丙烯酸消费占比最高的地区，占丙烯酸总消费量的43%；其次为华北地区，占丙烯酸总消费量的24%；华南地区丙烯酸消费占比约18%；西北和东北等地区下游企业较少，对丙烯酸消费占比较小。

2024年中国丙烯酸分地区消费构成见图17-11。

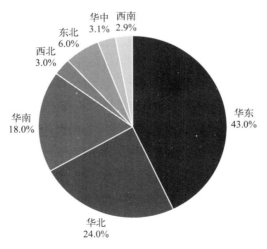

图 17-11　2024 年中国丙烯酸分地区消费构成

17.3.3　丙烯酸出口趋势分析

2024年，中国丙烯酸出口量10.8万吨，同比下降12.9%。年中6月份丙烯酸出口量最多，主要是因为国内丙烯酸装置开工高位，国内下游需求消化有限，出口成为消化国内丙烯酸的主要途径之一。到了四季度，随着国内丙烯酸价格回升，以及季节性影响需求转淡，国际下游接货积极性减弱，出口订单数量明显下降。在价格方面，2024年丙烯酸出口均价在874.7元/吨，较2023年均价下降54.5元/吨。2024年中国丙烯酸出口市场总体表现为外需微幅减弱，价格同比下跌。

2024年中国丙烯酸出口量价变化趋势见图17-12。

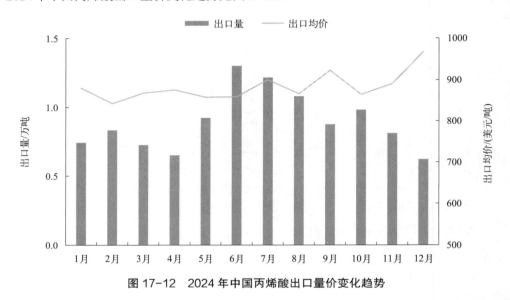

图 17-12　2024年中国丙烯酸出口量价变化趋势

2020—2024年丙烯酸的出口量总体呈现先增后减走势。其中2020年出口量最低为6.7万吨，主要由于国际卫生公共事件全面爆发，部分国家纷纷封闭国门，以至于丙烯酸出口量大幅减少。2022年中美货币政策错位，我国继续实行宽松的货币政策，致人民币持续贬值，有利于丙烯酸出口，2022年出口量增长至12.9万吨，达到近年最高位。2023年世界经济复苏势头不稳，全球贸易发展面临多重压力，叠加2022年高基数影响，我国丙烯酸出口小幅下滑。2024年国外丙烯酸整体下游需求偏弱，叠加出口套利窗口减弱，出口量进一步降至10.8万吨，较2023年减少1.6万吨，同比下滑12.9%。

2020—2024年中国丙烯酸出口量变化趋势见图17-13。

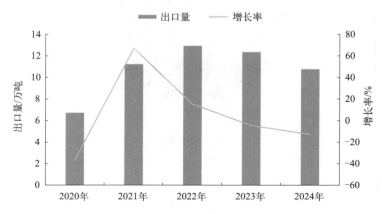

图 17-13　2020—2024年中国丙烯酸出口量变化趋势

17.4 中国丙烯酸价格走势分析

2024年中国丙烯酸市场整体呈现区间震荡后年末上扬趋势，华东丙烯酸全年均价为6398元/吨，同比上涨1.3%，价格波动区间在5825～7800元/吨，其中最高价出现在12月下旬，最低价出现在1月中旬。上半年，宏观与预期主导，春节归来之后受需求恢复缓慢影响，丙烯酸市场价格不断低震荡运行；5月上旬，伴随"五一"假期将至，下游集中备货等利好支撑下，价格阶段上涨至上半年最高值。7—8月伴随下游终端行业传统淡季来临，丙烯酸市场价格进入区间波动阶段，走势趋缓，三季度"金九银十"消费旺季并不理想，市场高开低走。随着天气转冷，四季度丙烯酸市场集中检修装置集中，丙烯酸价格步步攀升，逐步突破上半年最高价，涨至2024年的最高位7800元/吨。

2020—2024年华东市场丙烯酸价格走势见图17-14。

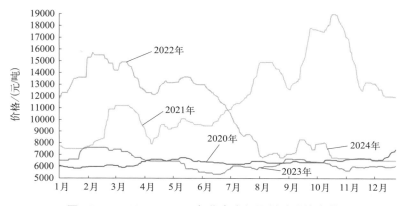

图 17-14 2020—2024 年华东市场丙烯酸价格走势

华东市场丙烯酸2024年月均价格及2020—2024年年均价格分别见表17-3和表17-4。

表 17-3 2024 年华东市场丙烯酸月均价汇总表

月份	1月	2月	3月	4月	5月	6月	7月	8月	9月	10月	11月	12月
华东均价/（元/吨）	5915	6031	6045	6542	6599	6325	6282	6338	6369	6525	6662	7016

表 17-4 2020—2024 年华东市场丙烯酸年均价汇总表

年份	2020 年	2021 年	2022 年	2023 年	2024 年
华东均价/（元/吨）	6961.2	11849.8	10266.0	6312.5	6392.6

17.5 中国丙烯酸生产毛利走势分析

2024年国内丙烯酸生产利润呈现阶段性波动。1—3月受春节假期影响，下游复工延迟导致需求疲软，工厂减产仍难改亏损局面。4—5月节假日带动需求回升，叠加装置集中检修收紧供应，利润阶段性修复。6月进入传统淡季，需求萎缩致利润再度回落。9—11月"金九银十"旺季效应有限，下游采购谨慎使价格区间震荡，利润持稳。12月受供应持续收缩及成本支撑，市场价格明显反弹，行业利润显著回升。全年利润变化受供需博弈主导，季节性因素及产能调整成为关键变量。2024年国内丙烯酸毛利367元/吨，比2023年增加106.2%。

2024年华东市场丙烯酸生产毛利走势见图17-15。

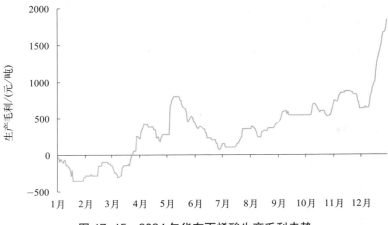

图 17-15 2024 年华东丙烯酸生产毛利走势

中国丙烯酸2024年月均生产毛利及2020—2024年年均生产毛利分别见表17-5和表17-6。

表 17-5 2024 年丙烯酸月均生产毛利

月份	1月	2月	3月	4月	5月	6月	7月	8月	9月	10月	11月	12月
生产毛利/（元/吨）	−189	−218	−112	317	628	273	189	343	539	594	805	1113

表 17-6 2020—2024 年丙烯酸年均生产毛利

年份	2020 年	2021 年	2022 年	2023 年	2024 年
生产毛利/（元/吨）	960.8	5025.5	3634.1	178.0	367.0

17.6 2025—2029 年中国丙烯酸发展预期

17.6.1 丙烯酸供应趋势预测

17.6.1.1 2025—2029 年丙烯酸拟在建/退出产能统计

据调研，2025—2029年丙烯酸行业拟在建总产能合计160万吨。从扩能工厂及地区来看，丙烯酸行业的扩张集中在主要消费地华北和华南。而新入工厂方面主要为现阶段丙烯PDH主要供应方，对现有工厂投建完善自身产业链，实现一体化发展。

2025—2029年中国丙烯酸新增产能统计见表17-7。

表 17-7 2025—2029 年中国丙烯酸新增产能统计

企业简称	产能/（万吨/年）	预计投产时间	地址
万华化学	32	2025 年	山东
巴斯夫	38	2025 年	广东
山东蓝湾	20	2025 年	山东
天津渤化	16	2026 年	天津
卫星化学	9	2026 年	浙江
古雷石化	16	2026 年	福建
陕西榆林石化	8	2026 年	陕西

企业简称	产能/（万吨/年）	预计投产时间	地址
科元控股集团（一期）	5	2026 年	广东
巨正源	16	2028 年	广东
合计	160		

17.6.1.2　2025—2029 年丙烯酸产能趋势预测

　　伴随上下游一体化装置投产释放，2025—2029 年国内丙烯酸产能持续扩张，新增产能不仅包括原有生产企业万华化学、卫星化学，还涉及天津渤化、古雷石化、陕西榆林等新加入的丙烯工厂。因新增装置投产时间存在不确定性，另外考虑丙烯酸市场面临盈利收减、行业竞争、现金链变动、老旧产能淘汰等多个不确定因素影响，供需格局将不断发生变化。

　　2025—2029 年中国丙烯酸产能趋势预测见图 17-16。

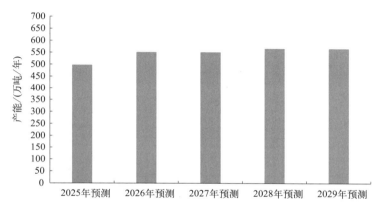

图 17-16　2025—2029 年中国丙烯酸产能趋势预测

　　2025—2029 年丙烯酸产量或保持提升，在现有丙烯酸工厂扩能后，特别是 2026 年丙烯酸行业或将再次迎来整合期，预计此期间丙烯酸产量年均复合增长率为 3.12%，预计 2025—2029 年年均产能利用率约 78.6%，该数值较 2010—2024 年年均值提高 10.42 个百分点。

　　2025—2029 年中国丙烯酸产量及产能利用率趋势预测见图 17-17。

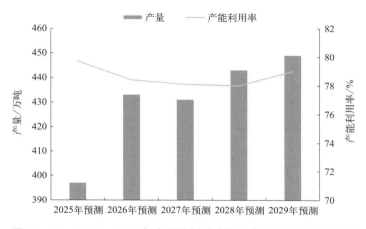

图 17-17　2025—2029 年中国丙烯酸产量及产能利用率趋势预测

17.6.2 丙烯酸消费趋势预测

预计2025—2029年丙烯酸酯在供应方面将持续保持扩张态势，国内丙烯酸酯产量将达到一个新的高度。计划新建丙烯酸装置的企业如万华化学、巴斯夫、天津渤化、山东蓝湾、陕西榆林、巨正源等，都是上下游配套建设。随着我国生育政策放宽及在人口老龄化的背景下，国内SAP高吸水性树脂的消费量将不断扩大。此外，在环保等政策支持下，减水剂、光固化、水处理等其他下游行业需求也在逐步增加。

总体来看，预计2025—2029年丙烯酸酯仍将是丙烯酸最大下游，消费占比将继续保持在55%～60%之间；SAP领域有着良好发展，其占比或保持27%～33%；减水剂受基建、房地产的影响，其占比或将保持6%～12%。

2025年和2029年中国丙烯酸主要下游产能增量预测见图17-18。

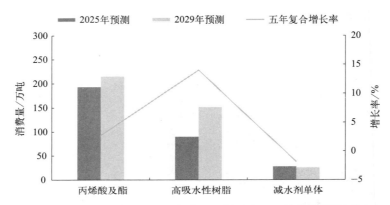

图 17-18　2025 年和 2029 年中国丙烯酸主要下游产能增量预测

17.6.3 丙烯酸供需格局预测

未来，丙烯酸行业扩能热度不减，装置投产及扩能的高峰期主要集中在2025—2026年，万华化学、巴斯夫、天津渤化、山东蓝湾、陕西榆林、巨正源等新建丙烯酸装置均与上下游配套建设。据测算，预计2025—2029年丙烯酸产能年均复合增长率为3.34%，产量年均复合增长率为3.12%，下游表观消费增速为2.01%。下游需求增速仍不及产量增速预期，而为促进供需平衡，预计未来五年丙烯酸的出口将进一步提升。

2025—2029年中国丙烯酸供需预测见表17-8。

表 17-8　2025—2029 年中国丙烯酸供需预测

单位：万吨

时间	产量	进口量	总供应量	出口量	表观消费量
2025 年预测	397	2	399	13	386
2026 年预测	433	2	435	25	410
2027 年预测	431	2	433	25	408
2028 年预测	443	1	444	28	416
2029 年预测	449	1	450	32	418

第三篇

合成树脂

第 18 章

聚乙烯

2024 年度
关键指标一览

类别	指标	2024 年	2023 年	涨跌幅	2025 年预测	预计涨跌幅
价格	华北神华宁煤 LLDPE 均价 /（元 / 吨）	8348	8141	2.5%	8317	−0.4%
供需	产能 /（万吨 / 年）	3571	3241	10.2%	4114	15.2%
	产量 / 万吨	2791.4	2807.4	−0.6%	3018	8.1%
	产能利用率 /%	78.2	86.6	−8.4 个百分点	73.4	−4.8 个百分点
	下游消费量 / 万吨	4094.4	4067.9	0.7%	4270	4.3%
进出口	进口量 / 万吨	1385.2	1344.0	3.1%	1343	−3.0%
	出口量 / 万吨	82.2	83.6	−1.7%	91	10.7%
库存	社会样本仓库库存 / 万吨	38.6	57	−32.3%	40	3.6%
毛利	油制 /（元 / 吨）	−218	−387	43.7%	−57	73.9%
	煤制 /（元 / 吨）	1251	975	28.3%	1431	14.4%

18.1   中国聚乙烯供需分析

近五年我国聚乙烯（PE）供应缺口呈现缩小趋势，自给率提高。2020—2024 年聚乙烯产能年均复合增长率达 11%，进口量年均复合增长率下降 7%，2024 年聚乙烯进口依存度约 34%。近五年我国聚乙烯新增产能达 1605 万吨，预计未来国内市场供应缺口将逐步缩小，且消费增速落后于供应增速，聚乙烯供需平衡差呈现逐步缩小趋势。

2020—2024 年中国聚乙烯供需变化见表 18-1。

表 18-1   2020—2024 年中国聚乙烯供需变化

单位：万吨

时间	产量	进口量	总供应量	出口量	表观消费量
2020 年	2002.0	1853.4	3855.3	25.2	3830.1
2021 年	2328.7	1458.9	3787.6	51.1	3736.5
2022 年	2531.6	1346.7	3878.3	72.3	3806.1
2023 年	2807.4	1344.0	4151.5	83.6	4067.9
2024 年	2791.4	1385.2	4176.6	82.2	4094.4

18.2   中国聚乙烯供应现状分析

18.2.1   聚乙烯产能趋势分析

18.2.1.1   2024 年聚乙烯产能及新增产能统计

2024 年国内新增聚乙烯产能 330 万吨/年，主要集中在华北和西北地区。其中，低密度聚乙烯（也称高压聚乙烯，LDPE）产能新增 65 万吨/年，同比增长 14.0%；高密度聚乙烯（也称低压聚乙烯，HDPE）新增 80 万吨/年，达 1591.5 万吨/年，同比增长 5.3%；线型低密度聚乙烯（LLDPE）新增 185 万吨/年，产能达 1451 万吨/年，同比增长 14.6%。

2024 年中国聚乙烯新增产能统计见表 18-2。

表 18-2   2024 年中国聚乙烯新增产能统计

企业名称	装置类型	产能/（万吨/年）	投产时间	工艺技术
新疆天利高新石化股份有限公司	EVA	20	2024 年 8 月	巴塞尔管式法
宁夏宝丰能源集团股份有限公司	EVA	25	2024 年 11 月	巴塞尔管式法
江苏虹景新材料有限公司	1#EVA	20	2024 年 11 月	巴塞尔管式法
中石化英力士（天津）石化有限公司	LLDPE	30	2024 年 11 月	中石化气液法
中石化英力士（天津）石化有限公司	HDPE	50	2024 年 11 月	英力士 Innovene S 工艺
内蒙古宝丰煤基新材料有限公司	1#FDPE	55	2024 年 12 月	Unipol 气相法流化床技术
山东裕龙石化有限公司	1#FDPE	50	2024 年 12 月	Unipol 气相法
山东裕龙石化有限公司	2#FDPE	50	2024 年 12 月	Unipol 气相法
山东裕龙石化有限公司	1#HDPE	30	2024 年 12 月	ST 双釜淤浆工艺
合计		330		

18.2.1.2　2024年聚乙烯主要生产企业生产状况

2020—2024年，从行业内排名前五（CR5）的企业产能占比口径，聚乙烯行业集中度始终在中国石油企业高位运行。2020—2024年，中国聚乙烯CR5产能中国石油始终保持第一位，宝丰集团2024年新增产能75万吨/年，产能提升明显。2024年CR5第一是中国石油企业，企业占比从2020年的21.85%降至到21.63%，中国石化企业占比从2020年19.54%降至到16.48%，宝丰集团在2024年新增75万吨/年产能投产后，企业占比从2020年2.56%提升至4.9%，荣盛集团从3.20%提升至6.3%，国能集团从5.63%降至到3.7%。

2024年中国聚乙烯生产企业产能统计见表18-3。

表18-3　2024年中国聚乙烯生产企业产能统计

企业名称	所在地	品种	产能/（万吨/年）	乙烯来源
宝来利安德巴赛尔石化有限公司	辽宁省	低压	35	轻烃
		线型	45	轻烃
北方华锦化学工业股份有限公司	辽宁省	低压	7.5	油制
		低压	7.5	油制
		低压	30	油制
福建联合石油化工有限公司	福建省	低压	45	油制
		线型	45	油制
国家能源集团宁夏煤业有限责任公司	宁夏回族自治区	线型	45	煤制
国能包头煤化工有限责任公司	内蒙古自治区	线型	30	煤制
国能新疆化工有限公司	新疆维吾尔自治区	高压	27	煤制
国能榆林化工有限公司	陕西省	高压	30	煤制
黑龙江省海国龙油石化股份有限公司	黑龙江省	低压	40	油制
恒力石化（大连）炼化有限公司	辽宁省	低压	40	油制
江苏虹景新材料有限公司	江苏省	高压	20	油制
江苏斯尔邦石化有限公司	江苏省	高压	10	甲醇制
		高压	20	甲醇制
连云港石化有限公司	江苏省	低压	40	轻烃
		低压	40	轻烃
内蒙古宝丰煤基新材料有限公司	内蒙古自治区	线型	55	煤制
内蒙古久泰新材料科技股份有限公司	内蒙古自治区	线型	28	煤制
宁波华泰盛富聚合材料有限公司	浙江省	线型	40	轻烃
宁夏宝丰能源集团股份有限公司	宁夏回族自治区	低压	30	煤制
		低压	40	煤制
		高压	25	煤制
		线型	30	煤制
蒲城清洁能源化工有限责任公司	陕西省	线型	30	煤制
山东劲海化工有限公司	山东省	低压	40	轻烃

续表

企业名称	所在地	品种	产能/（万吨/年）	乙烯来源
山东寿光鲁清石化有限公司	山东省	低压	35	轻烃
		线型	20	轻烃
		线型	20	轻烃
山东裕龙石化有限公司	山东省	低压	30	油制
		线型	50	油制
		线型	50	油制
陕西延长石油延安能源化工有限责任公司	陕西省	低压	42	煤制
陕西延长中煤榆林能源化工股份有限公司	陕西省	低压	30	煤制
		高压	30	煤制
		线型	30	煤制
上海金菲石油化工有限公司	上海市	低压	13.5	外采乙烯
上海赛科石油化工有限责任公司	上海市	低压	30	油制
		线型	30	油制
沈阳化工股份有限公司	辽宁省	线型	10	油制
万华化学集团股份有限公司	山东省	低压	35	轻烃
		线型	45	轻烃
新疆天利高新石化股份有限公司	新疆维吾尔自治区	高压	20	外采乙烯
扬子石化-巴斯夫有限责任公司	江苏省	高压	20	油制
		高压	20	油制
浙江石油化工有限公司	浙江省	低压	35	油制
		低压	30	油制
		高压	30	油制
		高压	40	油制
		线型	45	油制
		线型	45	油制
中安联合煤化有限责任公司	安徽省	线型	35	煤制
中国石化海南炼油化工有限公司	海南省	低压	30	油制
		线型	30	油制
中国石化上海石油化工股份有限公司	上海市	低压	25	油制
		高压	5	油制
		高压	5	油制
		高压	10	油制
中国石化扬子石油化工有限公司	江苏省	低压	12	油制
		低压	8	油制
		低压	7	油制
		高压	10	油制
		线型	20	油制
中国石化中原石油化工有限责任公司	河南省	线型	26	油制

续表

企业名称	所在地	品种	产能/（万吨/年）	乙烯来源
中国石油化工股份有限公司北京燕山分公司	北京市	低压	7	油制
		低压	7	油制
		高压	6	油制
		高压	6	油制
		高压	6	油制
		高压	20	油制
中国石油化工股份有限公司广州分公司	广东省	线型	10	油制
		线型	10	油制
中国石油化工股份有限公司茂名分公司	广东省	低压	35	油制
		高压	11	油制
		高压	25	油制
		线型	22	油制
中国石油化工股份有限公司齐鲁分公司	山东省	低压	7	油制
		低压	7	油制
		低压	25	油制
		高压	14	油制
		线型	12	油制
中国石油化工股份有限公司天津分公司	天津市	线型	12	油制
中国石油化工股份有限公司镇海炼化分公司	浙江省	低压	30	油制
		低压	30	油制
		线型	50	油制
中国石油四川石化有限责任公司	四川省	低压	30	油制
		线型	30	油制
中国石油天然气股份有限公司大庆石化分公司	黑龙江省	低压	8	油制
		低压	8	油制
		低压	8	油制
		低压	30	油制
		高压	6.5	油制
		高压	20	油制
		线型	25	油制
		线型	8	油制
中国石油天然气股份有限公司独山子石化分公司	新疆维吾尔自治区	低压	30	油制
		低压	8	油制
		低压	30	油制
		线型	15	油制
		线型	30	油制

续表

企业名称	所在地	品种	产能/（万吨/年）	乙烯来源
中国石油天然气股份有限公司抚顺石化分公司	辽宁省	低压	35	油制
		低压	8	油制
		线型	45	油制
中国石油天然气股份有限公司广东石化分公司	广东省	低压	40	油制
		低压	40	油制
		线型	40	油制
中国石油天然气股份有限公司吉林石化分公司	吉林省	低压	30	油制
		线型	28	油制
中国石油天然气股份有限公司兰州石化分公司	甘肃省	低压	8.5	油制
		低压	8.5	油制
		低压	6	油制
		高压	20	油制
		线型	30	油制
中国石油天然气股份有限公司辽阳石化分公司	辽宁省	低压	3.5	油制
		低压	3.5	油制
中国石油天然气股份有限公司塔里木石化分公司	新疆维吾尔自治区	低压	30	轻烃
		线型	30	轻烃
中海壳牌石油化工有限公司	广东省	低压	40	油制
		低压	26	油制
		高压	25	油制
		线型	30	油制
中韩（武汉）石油化工有限公司	湖北省	低压	30	油制
		低压	30	油制
		线型	30	油制
中化泉州石化有限公司	福建省	低压	40	油制
		高压	10	油制
中科（广东）炼化有限公司	广东省	低压	35	油制
中煤鄂尔多斯能源化工有限公司	内蒙古自治区	线型	30	煤制
中煤陕西榆林能源化工有限公司	陕西省	线型	30	煤制
中沙（天津）石化有限公司	天津市	低压	30	油制
		线型	30	油制
中石化英力士（天津）石化有限公司	天津市	低压	50	油制
		线型	30	油制
中国石油兰州石化榆林化工有限公司	陕西省	低压	40	轻烃
		线型	40	轻烃
中天合创能源有限责任公司	内蒙古自治区	高压	25	煤制
		高压	12	煤制
		线型	30	煤制
总计			3571	

18.2.1.3 2020—2024年聚乙烯产能趋势分析

在炼化一体化、减油增化大趋势下，近年来国内聚乙烯产能稳步增长，由2020年的2346万吨/年增加至2024年的3571万吨/年，年均复合增长率在11.07%。

2020—2024年中国聚乙烯产能变化趋势见图18-1。

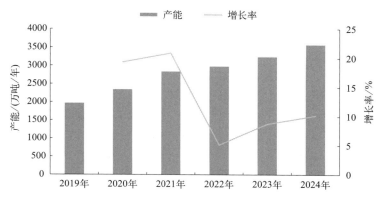

图 18-1 2020—2024年中国聚乙烯产能变化趋势

18.2.2 聚乙烯产量及产能利用率趋势分析

18.2.2.1 2024年聚乙烯产量及产能利用率趋势分析

2024年中国聚乙烯产量较2023年增量有限，聚乙烯产量在12月份有明显的增量主要因为新增产能集中于四季度投产，释放产量。2024年聚乙烯检修季节性规律明显，检修装置依旧偏多，产能利用率下降至78.2%。从检修集中度来看，主要集中于每年的三季度，检修损失量达到139万吨，占比达到28.28%，环比一季度增加41.88万吨，环比三季度增加15.40万吨，环比四季度增加7.26吨。

2020—2024年，聚乙烯产能利用率呈现震荡走低的趋势。2020年产能利用率在85.3%，2022年受地缘政治影响，原油价格走高，聚乙烯利润压缩明显，产能利用率降至84.9%。2024年检修装置偏多，产能利用率下降至78.2%。

2024年中国聚乙烯月度产量及产能利用率变化趋势见图18-2。

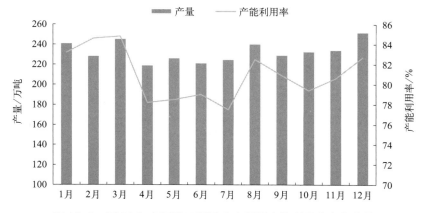

图 18-2 2024年中国聚乙烯月度产量及产能利用率变化趋势

18.2.2.2　2020—2024 年聚乙烯产量趋势分析

近五年聚乙烯产量基本逐年递增，2024年聚乙烯产量由2020年的2001.96万吨提升至2791.4万吨，产量年均复合增长率在8.67%。

2020—2024年中国聚乙烯产量变化趋势见图18-3。

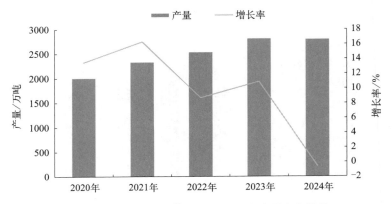

图 18-3　2020—2024 年中国聚乙烯产量变化趋势

2020—2024年，LDPE产量增速整体呈先缓后增趋势，产量年均复合增长率在4.8%。2024年随着新疆天利、宁夏宝丰以及江苏虹景新材料公司EVA装置首次量产LDPE，及部分EVA装置转产LDPE，国内LDPE产能提升至528.5万吨/年，同比增长14.0%；LDPE产量增幅有限，达到338.55万吨，同比增长7.3%。

2020—2024年中国LDPE产量变化趋势见图18-4。

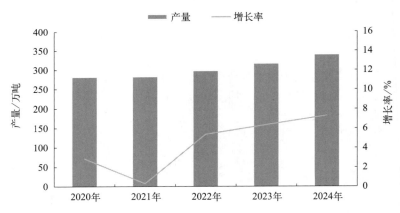

图 18-4　2020—2024 年中国 LDPE 产量变化趋势

2020—2024年HDPE产量年均复合增长率在8.93%。2024年中英石化、裕龙石化等企业装置投产，HDPE新增产能90万吨/年，合计产能达到1591.5万吨/年，同比增长5.3%。由于近年来HDPE装置投产较多，价格下跌明显，生产企业利润缩减，生产积极性不高，企业多以降负停车为主，2024年HDPE产量为1258.12万吨，同比下降3.5%。

2020—2024年中国HDPE产量变化趋势见图18-5。

近年来中国LLDPE产量增长呈现先扬后抑趋势，2022年以来增速明显放缓。2020—2024年产量年均复合增长率在9.6%。2024年新增LLDPE产能185万吨/年，合计产能达到1451万吨/

年，同比增长 14.6%。由于投产装置集中在 2024 年四季度，产量增速明显放缓，LLDPE 产量达到 1194.73 万吨，同比增长 0.5%，通用料竞争更加激烈，生产企业差异化发展，不断提升专用料产品研发。

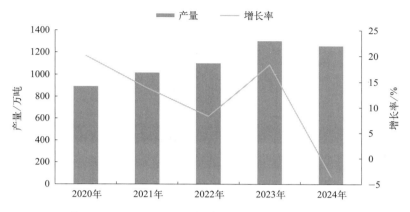

图 18-5 2020—2024 年中国 HDPE 产量变化趋势

2020—2024 年中国 LLDPE 产量变化趋势见图 18-6。

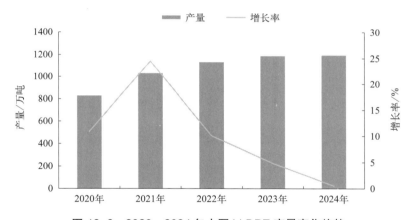

图 18-6 2020—2024 年中国 LLDPE 产量变化趋势

18.2.3 聚乙烯供应结构分析

18.2.3.1 2024 年聚乙烯分生产工艺供应结构分析

聚乙烯原料乙烯的来源目前主要有油制、煤制、轻烃、甲醇制、外采乙烯等五类，其中油制乙烯生产聚乙烯企业产能占主导地位，其次为煤制乙烯生产聚乙烯企业。2024 年裕龙石化、中英石化聚乙烯装置投产，均为油制路线，新增产能 220 万吨/年，油制产能占比进一步提升，达 64.6%；煤制乙烯生产聚乙烯企业新增产能 80 万吨/年，煤制产能占比 18.6%；轻烃制产能占比 15.0%，占比小幅下降；甲醇及外采乙烯制的聚乙烯企业数量少，新疆天利高新外采乙烯的 20 万吨/年 EVA 装置计入聚乙烯产能后，产能占比达 0.9%；甲醇制产能占比 0.8%，同比减少 0.09%。

2024 年中国聚乙烯按乙烯原料来源产能构成见图 18-7。

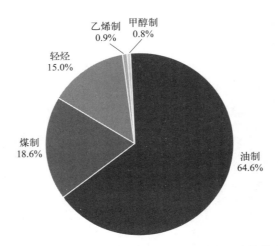

图 18-7　2024 年中国聚乙烯按乙烯原料来源产能构成

18.2.3.2　2024 年聚乙烯分区域供应结构分析

按区域变化来看，西北区域新增产能 100 万吨/年，区域产能达到 975 万吨/年，占比在 27.3%，同比增长 0.3%；华东区域产能在 755.5 万吨/年，占比在 21.2%，同比减少 1.5%；华北区域新增产能 210 万吨/年，跃居区域产能第三位，区域产能达到 594 万吨/年，产能占比 16.6%，同比增长 4.8%，进一步补充了当地需求缺口。

2024 年中国聚乙烯分区域产能分布见图 18-8。

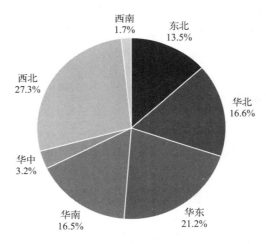

图 18-8　2024 年中国聚乙烯分区域产能分布

18.2.3.3　2024 年聚乙烯分企业类型供应结构分析

目前聚乙烯产能按企业性质划分，主要有中央企业、地方企业、合资与外资独资企业。其中地方企业产能占比最高，随着产能的快速提升，地方企业话语权不断增高。2024 年聚乙烯地方企业新增产能 250 万吨/年，地方企业产能、产量位居第一，产能达 1589 万吨/年，产量达 1136 万吨。中央企业产能主要集中在中国石化及中国石油两家企业，产能占全国总产能的 16.5% 和 21.5%。

2024年中国聚乙烯分企业类型产能构成见图18-9。

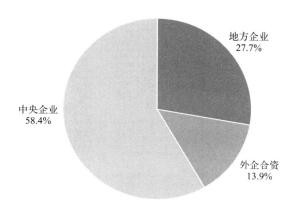

图 18-9　2024 年中国聚乙烯分企业类型产能构成

18.2.4　聚乙烯进口趋势分析

2024年聚乙烯进口量为1385.2万吨，其中7月份单月进口量最高，为130万吨；6月进口量为年内低点，仅101万吨。聚乙烯进口量在二季度出现了明显的低谷，一方面是由于国内需求在第一季度表现不及预期，中国市场价格处于全球价格洼地，进口利润窗口暂未开启，制约外商递盘的积极性；另一方面，红海问题导致航运费高涨及堵港，因此造成部分前期进口货源在7月份集中到港，7月份进口量为年内最高点。此后进口表现相对稳定，不过随着国产供应端的回归，进口市场利润薄弱，整体接盘力度不如2023年。

2024年中国聚乙烯月度进口量价变化趋势见图18-10。

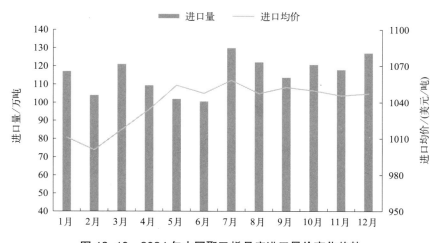

图 18-10　2024 年中国聚乙烯月度进口量价变化趋势

2020—2023年，国内聚乙烯供应增长显著，自给率不断提高，而消费增速减缓，进口意愿相对不足。进入2024年后，聚乙烯进口量出现回升，因近洋国家由于红海事件影响，船只运费高涨，对资源进口增加较多，因而2024年聚乙烯进口量达到1385.2万吨，较2023年同比上涨3%，未来海外可用于出口的潜在调拨量或有所下降。

2020—2024年中国聚乙烯进口量变化趋势见图18-11。

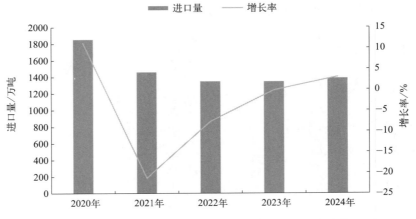

图 18-11　2020—2024 年中国聚乙烯进口量变化趋势

18.3 中国聚乙烯消费现状分析

18.3.1 聚乙烯消费趋势分析

18.3.1.1 2024 年聚乙烯消费趋势分析

2024年聚乙烯消费量在4094.4万吨基本与2023年持平。整体呈现先降后涨趋势。二季度处于传统需求淡季，市场消费量偏低。三季度末到四季度，随着农膜、包装制品需求旺季到来，市场消费量呈现增长态势。

2024年中国聚乙烯月度表观消费量及价格变化趋势见图18-12。

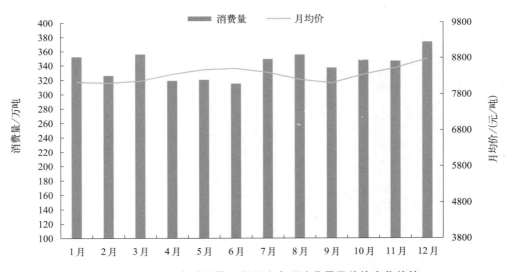

图 18-12　2024 年中国聚乙烯月度表观消费量及价格变化趋势

18.3.1.2 2020—2024 年聚乙烯消费趋势分析

2020—2024年中国聚乙烯年度消费变化趋势见图18-13。

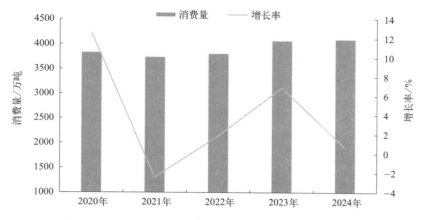

图 18-13　2020—2024 年中国聚乙烯年度消费变化趋势

18.3.2　聚乙烯消费结构分析

18.3.2.1　2024 年聚乙烯消费结构分析

我国聚乙烯五大主要下游依次是薄膜、管材、中空、注塑、拉丝。其中薄膜制品占比最高，在聚乙烯下游消费结构中占比在55%以上。

2024年中国聚乙烯下游消费构成见图18-14。

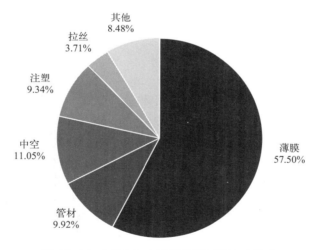

图 18-14　2024 年中国聚乙烯下游消费构成

18.3.2.2　2020—2024 年聚乙烯消费结构分析

随着中国经济的逐步复苏，近年来中国聚乙烯消费量呈逐年递增趋势。薄膜作为核心下游，周期内占据聚乙烯总消费量的55%～58%，且随着产品质量的不断提升，高端膜料的需求不断增加，并一定程度替代了通用性薄膜料。注塑产品虽然2024年较2023年有所增加，但相较于2020年，呈现了明显下滑。由于疫情期间，注塑产品可以用于生产医疗用品，消费量较高。疫情后，市场需求减弱，增长率有所降低。

2020—2024年中国聚乙烯下游消费变化趋势见图18-15。

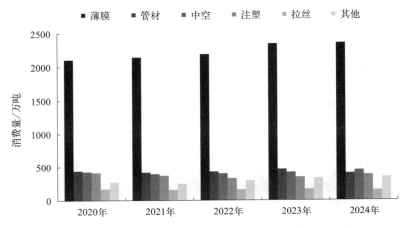

图 18-15　2020—2024 年中国聚乙烯下游消费变化趋势

18.3.2.3　2024 年聚乙烯区域消费结构分析

我国聚乙烯主要消费地区集中于华东、华北、华南等经济相对发达地区。2024 年三大地区聚乙烯消费量占全国总消费的 78%。不同地区消费结构有所差异，华东、华南地区主要以包装膜、中空、注塑、管材领域为主要消费；而华北地区则以农膜、包装膜、管材领域为主；东北地区远离主要消费市场，近五年下游消费增速呈现缩减趋势；西南地区受政策影响，部分工厂从经济发达地区转入本地建厂，带动当地消费，使得该区域消费量占比呈现增加态势，较 2020 年增长 9.4%。

2024 年中国聚乙烯分地区消费构成见图 18-16。

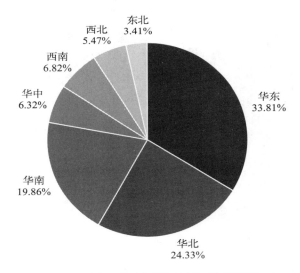

图 18-16　2024 年中国聚乙烯分地区消费构成

18.3.3　聚乙烯出口趋势分析

随着生产企业的不断扩能，2020—2024 年中国聚乙烯出口量呈现增长趋势，2024 年出口总量在 82 万吨，同比小幅减少。2024 年由于海外区域受边缘局势影响，需求端跟进不力，又恰逢中国聚乙烯检修装置偏多，且需求端表现不及往年，随着市场供需矛盾不断突出，价格承压下跌，内外盘持续倒挂，人民币贬值等因素导致更多企业考虑出口，但是受到美国低价货源的冲击，在价格影响下出口表现不及2023年。

2024年中国聚乙烯月度出口量价变化趋势见图18-17。

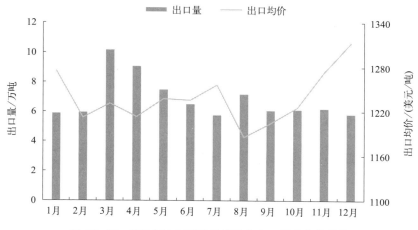

图 18-17　2024 年中国聚乙烯月度出口量价变化趋势

2020—2024年，随着中国新增乙烯装置投产，国内自给率水平提高，聚乙烯产品同质化竞争加剧，企业出口意愿提升，聚乙烯出口量整体以较快的增速增长。2024年，由于船运费上涨，海外需求疲软，聚乙烯出口受阻，出口量以小幅波动为主。2024年聚乙烯出口量为82.2万吨，同比下降1.7%。

2020—2024年中国聚乙烯出口量变化趋势见图18-18。

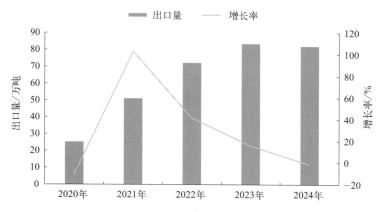

图 18-18　2020—2024 年中国聚乙烯出口量变化趋势

18.4　中国聚乙烯价格走势分析

中国聚乙烯价格在2020—2024年呈现先涨后跌再区间整理趋势，LDPE、HDPE、LLDPE 走势基本一致。需求、成本是长周期价格变化的核心影响因素，但自2023年开始，因聚乙烯持续扩能带来的供应压力开始显现，供需博弈加剧，聚乙烯市场进入再均衡阶段。其中HDPE压力更明显，2022—2024年，HDPE处于扩能周期，且扩能较快，低价进口资源增多，国际原油价格长期维持高位，生产企业经常亏损，减产情况增多，供需博弈加剧，HDPE横盘区间整理为主。LDPE价格在2020—2024年呈现"N"字形走势。2020年、2021年和2024年LDPE检修集中，供应相对减少，所以价格多呈涨势。2024年EVA装置转产LDPE较多，供应增加，LDPE价格涨幅有限。LLDPE仍处于扩能周期，但是随着利润的压缩，新装置投产多推迟延后，生产企业因亏损检修增多。下游需求同比表现不佳，旺季不旺、淡季不淡情况加剧，原料库存压缩，随采随用。市场也以积极出货为主，以价换量呈常态，降低自身库存以减少亏损。基本面支撑较强，推涨动力有限，新装置供应压力长期维持，弱预期强现实现状长期维持，LLDPE波动幅度减小，进入横盘整理的再均衡阶段，走势震荡偏强。

2020—2024年中国聚乙烯现货市场价格趋势变化见图18-19。

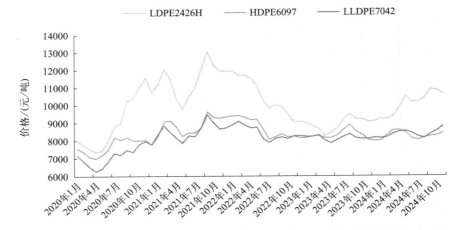

图 18-19　2020—2024 年中国聚乙烯现货市场价格变化趋势

中国聚乙烯2024年月均价及2020—2024年年均价分别见表18-4和表18-5。

表 18-4　2024 年中国聚乙烯月均价格

单位：元/吨

月份	LDPE2426H	HDPE6097	LLDPE7042
1 月	9072.0	7966.0	8145.0
2 月	9219.0	7983.0	8120.0
3 月	9180.0	8278.0	8174.0
4 月	9365.0	8566.0	8356.0
5 月	9861.0	8565.0	8483.0
6 月	10493.0	8428.0	8513.0
7 月	10139.0	8089.0	8407.0
8 月	10161.0	8017.0	8212.0
9 月	10388.0	8142.0	8116.0
10 月	10866.0	8224.0	8346.0
11 月	10813.0	8258.0	8526.0
12 月	10613.0	8409.0	8774.0

表 18-5　2020—2024 年中国聚乙烯年均价格

单位：元/吨

年份	LDPE2426H	HDPE6097	LLDPE7042
2020 年	8922.0	7672.3	7090.7
2021 年	11358.7	8746.3	8477.1
2022 年	10694.4	8787.2	8468.2
2023 年	9365.0	8566.0	8356.0
2024 年	9861.0	8565.0	8483.0

18.5　中国聚乙烯生产毛利走势分析

2020 年聚乙烯及下游衍生品行业景气度较高，聚乙烯各工艺均维持较高的生产利润，随着聚乙烯产能的持续扩张，产业链供应过剩压力加剧，聚乙烯供需格局由紧张陆续向宽松转移。自 2021 年下半年开始，聚乙烯各工艺进入负盈利时代。2024 年聚乙烯主流工艺利润多处于盈利态势，仅有油制工艺处于负盈利状态，全年利润均值 −217.2 元/吨；盈利工艺方面，煤制利润最高，全年均值达 1251 元/吨，其次是轻烃工艺，全年利润均值 956.2 元/吨；最后是甲醇制和外采乙烯工艺，全年利润均值分别为 369.5 元/吨和 244.6 元/吨。

2024 年中国不同原料制线型低密度聚乙烯月度生产毛利见图 18-20。

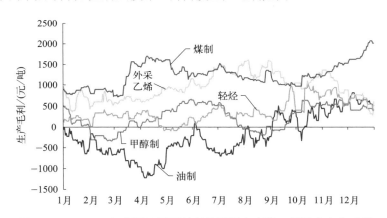

图 18-20　2024 年中国不同原料制线型低密度聚乙烯月度生产毛利

2024 年中国线型低密度聚乙烯月均生产毛利及 2020—2024 年中国聚乙烯年均生产毛利分别见表 18-6 和表 18-7。

表 18-6　2024 年中国线型低密度聚乙烯月均生产毛利

单位：元/吨

月份	油制	甲醇制	外采乙烯	轻烃	煤制
1 月	−332.4	190.0	675.9	199.0	865.8
2 月	−498.3	−270.5	642.7	325.3	864.6
3 月	−754.8	−28.1	646.0	272.7	1141.9
4 月	−1037.6	190.3	722.9	207.0	1601.7

续表

月份	油制	甲醇制	外采乙烯	轻烃	煤制
5 月	−396.6	500.6	919.9	21.9	1368.5
6 月	−336.8	567.0	1098.4	270.7	1293.6
7 月	−537.8	261.0	1384.6	328.2	1314.1
8 月	−243.9	−86.5	1394.9	313.4	1168.5
9 月	248.8	63.3	1180.8	470.5	1047.9
10 月	186.8	507.1	1087.5	703.2	1164.5
11 月	451.1	537.3	1091.7	754.7	1413.4
12 月	633.4	440.3	646.8	614.8	1774.9

表 18-7　2020—2024 年中国聚乙烯年均生产毛利

单位：元/吨

年份	2020 年	2021 年	2022 年	2023 年	2024 年
油制	1258.8	134.0	530.8	974.7	−217.2
甲醇制	700.2	−146.3	−207.3	173.9	241.6
外采乙烯	1373.2	1124.2	642.7	649.9	956.2
轻烃	—	1204.6	−329.9	583.8	369.5
煤制	2049.9	1694.5	−819.3	−386.8	1251.9

18.6　2025—2029 年中国聚乙烯发展预期

18.6.1　聚乙烯供应趋势预测

18.6.1.1　2025—2029 年聚乙烯拟在建 / 退出产能统计

2025—2029 年中国聚乙烯产能复合增长率预计在 11.7%，较过去五年复合增长率增加 0.59%。2025 年预计新增产能 543 万吨 / 年，主要集中于华南、华北和西北区域。2026 年投产最为集中，新增产能预计 1244 万吨 / 年。投产区域主要集中在华北、华东、华南和西北地区，华中和西南地区投产相对较少。主力大区自给率会进一步提升，导致货源流向发生改变。2025 年开始 LLDPE 反超 HDPE 产量，未来供应压力加大。考虑到未来产能增长较多，供需矛盾或进一步加大，产能利用率或将进一步走低。

2025—2029 年中国聚乙烯新增产能统计见表 18-8。

表 18-8　2025—2029 年中国聚乙烯新增产能统计

区域		省份	企业全称	装置类型	产能 /（万吨 / 年）	投产时间	工艺类型
2025 年	华北	山东省	万华化学集团股份有限公司二期	LDPE	25	2025 年	轻烃
	西北	内蒙古自治区	内蒙古宝丰煤基新材料有限公司	2#FDPE（全密度聚乙烯）	55	2025 年	煤制
	西北	内蒙古自治区	内蒙古宝丰煤基新材料有限公司	3#FDPE	55	2025 年	煤制

续表

区域	省份	企业全称	装置类型	产能/(万吨/年)	投产时间	工艺类型
	华南	广东省	埃克森美孚（惠州）化工有限公司	1#LLDPE	73	2025年	油制
	华北	山东省	山东新时代高分子材料有限公司	HDPE	45	2025年	油制
	华北	山东省	山东新时代高分子材料有限公司	LLDPE	25	2025年	油制
	华南	广东省	埃克森美孚（惠州）化工有限公司	2#LLDPE	50	2025年	油制
	华南	广东省	埃克森美孚（惠州）化工有限公司	LDPE	50	2025年	油制
2025年	东北	吉林省	中国石油天然气股份有限公司吉林石化分公司转型升级项目	HDPE	40	2025年	油制
	华北	山东省	山东裕龙石化有限公司	2#HDPE	45	2025年	油制
	华东	浙江省	浙江石油化工有限公司三期	LDPE/EVA	30	2025年四季度	油制
	华南	广东省	巴斯夫一体化基地（广东）有限公司	FDPE	50	2025年	油制
	合计				543		
	华南	广东省	中科（广东）炼化有限公司二期	FDPE	45	2026年	油制
	华南	广西壮族自治区	中国石油天然气股份有限公司广西石化分公司	HDPE	30	2026年	油制
	华南	广西壮族自治区	中国石油天然气股份有限公司广西石化分公司	LDPE/EVA	30	2026年	油制
	华南	广西壮族自治区	中国石油天然气股份有限公司广西石化分公司	FDPE	40	2026年	油制
	华南	广东省	东华能源（茂名）有限公司	FDPE	50	2026年	轻烃
	华东	浙江省	浙江石油化工有限公司三期	LDPE/EVA	10	2026年	油制
	华东	浙江省	浙江石油化工有限公司三期	LDPE	40	2026年	油制
	华东	江苏省	江苏丰海高新材料有限公司	HDPE	22	2026年	轻烃
	华南	福建省	中沙古雷乙烯项目	HDPE	40	2026年	油制
	华南	福建省	中沙古雷乙烯项目	FDPE	60	2026年	油制
2026年	华中	河南省	中国石油化工股份有限公司洛阳分公司	HDPE	35	2026年	油制
	华中	河南省	中国石油化工股份有限公司洛阳分公司	m-LLDPE（茂金属线型低密度聚乙烯）	30	2026年	油制
	华中	河南省	中国石油化工股份有限公司洛阳分公司	LDPE/EVA	25	2026年	油制
	华南	广东省	中国石油化工股份有限公司茂名分公司	2#FDPE	40	2026年	油制
	东北	辽宁省	华锦阿美石油化工公司	HDPE	30	2026年	油制
	东北	辽宁省	华锦阿美石油化工公司	HDPE	20	2026年	油制
	东北	辽宁省	华锦阿美石油化工公司	FDPE	45	2026年	油制
	华北	山西省	中煤平朔集团	PE	40	2026年	煤制
	西北	甘肃省	中国石油天然气股份有限公司兰州石化分公司	LDPE/EVA	14	2026年	油制
	西北	甘肃省	中国石油天然气股份有限公司兰州石化分公司	HDPE	45	2026年	油制

续表

区域	省份	企业全称	装置类型	产能/（万吨/年）	投产时间	工艺类型
2026年	西北	新疆维吾尔自治区	中国石化塔河炼化有限责任公司	PE	44	2026年	轻烃
	西北	新疆维吾尔自治区	中国石化塔河炼化有限责任公司	PE	44	2026年	轻烃
	华北	山东省	东明盛海化工新材料有限公司	FDPE	40	2026年四季度	轻烃
	华北	山东省	东明盛海化工新材料有限公司	HDPE	40	2026年四季度	轻烃
	华东	江苏省	卫星化学股份有限公司	m-LLDPE	50	2026年	轻烃
	华东	江苏省	卫星化学股份有限公司	m-LLDPE	50	2026年	轻烃
	西北	新疆维吾尔自治区	塔里木石化二期	FDPE	45	2026年	轻烃
	西北	新疆维吾尔自治区	塔里木石化二期	FDPE	45	2026年	轻烃
	西北	新疆维吾尔自治区	塔里木石化二期	LDPE	30	2026年	轻烃
	西北	新疆维吾尔自治区	新疆东明塑胶有限公司	PE	40	2026年	煤制
	华北	山东省	山东裕龙石化有限公司	1#LDPE/EVA	20	2026年	油制
	华北	山东省	山东裕龙石化有限公司	2#LDPE/EVA	30	2026年	油制
	华北	山东省	山东裕龙石化有限公司	2#LDPE/EVA	20	2026年	油制
	西北	陕西省	中煤陕西榆林能源化工有限公司二期	FDPE	30	2026年	煤制
	西北	陕西省	中煤陕西榆林能源化工有限公司二期	LDPE/EVA	25	2026年	煤制
	合计				1244		
2027年	华东	浙江省	宁波华泰盛富聚合材料有限公司乙烷三期	FDPE	40	2027年	轻烃
	西北	内蒙古自治区	内蒙古荣信化工有限公司	PE	40	2027年	甲醇制
	华东	江苏省	中国石油蓝海新材料（南通）有限责任公司	FDPE	9	2027年	轻烃
	华东	江苏省	中国石油蓝海新材料（南通）有限责任公司	FDPE	45	2027年	轻烃
	华东	浙江省	荣盛新材料（台州）有限公司	m-LLDPE	45	2027年	油制
	华东	江苏省	中国石化扬子石油化工有限公司	HDPE	35	2027年	轻烃
	华东	江苏省	中国石化扬子石油化工有限公司	LLDPE	30	2027年	轻烃
	西南	湖南省	中国石油化工股份有限公司岳阳分公司	FDPE	40	2027年	油制
	西南	湖南省	中国石油化工股份有限公司岳阳分公司	HDPE	40	2027年	油制
	西北	陕西省	中国石油兰州石化榆林化工有限公司二期	FDPE	50	2027年	轻烃

续表

区域	省份	企业全称	装置类型	产能/（万吨/年）	投产时间	工艺类型
2027年	西北	陕西省	中国石油兰州石化榆林化工有限公司二期	FDPE	50	2027年	轻烃
	西北	新疆维吾尔自治区	新疆宝丰煤基新材料有限公司	FDPE	65	2027年	煤制
	西北	新疆维吾尔自治区	新疆宝丰煤基新材料有限公司	FDPE	65	2027年	煤制
	西北	新疆维吾尔自治区	新疆宝丰煤基新材料有限公司	FDPE	65	2027年	煤制
	华东	浙江省	中国石油化工股份有限公司镇海炼化分公司二期	LDPE	40	2027年	油制
	华东	浙江省	中国石油化工股份有限公司镇海炼化分公司二期	FDPE	40	2027年	油制
	西北	陕西省	国能榆林化工有限公司二期	LDPE	35	2027年	煤制
	西北	内蒙古自治区	国能包头煤化工有限责任公司二期	FDPE	40	2027年	煤制
	合计				774		
2028年	东北	辽宁省	中国石油天然气股份有限公司抚顺石化分公司	FDPE	20	2028年	油制
	华南	广东省	中海壳牌石油化工有限公司三期	LLDPE	60	2028年	油制
	西北	新疆维吾尔自治区	新疆山能化工有限公司	FDPE	45	2028年	煤制
	西北	内蒙古自治区	中国石油呼和浩特石化公司	HDPE	40	2028年	轻烃
	西北	内蒙古自治区	中国石油呼和浩特石化公司	FDPE	40	2028年	轻烃
	合计				205		
2029年	西北	宁夏回族自治区	宁夏煤业	HDPE	30	2029年	煤制
	西北	宁夏回族自治区	宁夏煤业	LDPE	30	2029年	煤制
	合计				60		
总计					2826		

18.6.1.2　2025—2029年聚乙烯产能趋势预测

从产能分布来看，2025—2027年，中国聚乙烯新增产能较为集中，2026年新增产能预计1244万吨，成为未来六年内的扩产高峰。2026年除西南区域尚未有投产装置，其余区域均有投产。2025—2029年西北新增产能预计1100万吨/年，占据新增产能的30%。随着主力区域供应的增加，自给率明显提升，货源流向也会发生相应变化。东北和西北区域流入资源会相应减少，企业会向投产相对较少的西南和华中区域转移以及寻求"一带一路"对外出口。

2029年中国聚乙烯分区域产能趋势预测见图18-21。

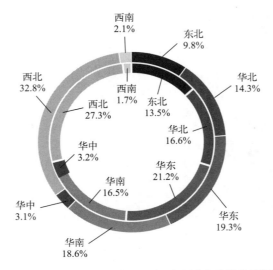

图 18-21　2029 年中国聚乙烯分区域产能趋势预测

注：内圈是 2024 年数据，外圈是 2029 年预测数据

18.6.2　聚乙烯消费趋势预测

从未来消费来看，2029年预计聚乙烯消费量将会达到5187万吨。薄膜料依旧是聚乙烯主要消费领域，随着产能的增加和下游需求的增长，聚乙烯市场竞争将更加激烈，后期，中国消费领域逐步从通用料向专用料进行转变。通用料的消费占比将会减少，而专用料的消费量以及市场占比将会呈现增加态势。而随着下游行业对于产品质量的提升，滚塑、电缆等制品的需求将会增加。

2025 年和2029 年中国聚乙烯主要下游消费量预测见图18-22。

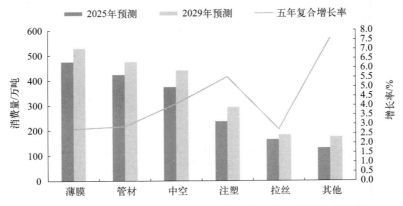

图 18-22　2025 年和 2029 年中国聚乙烯主要下游消费量预测

18.6.3　聚乙烯供需格局预测

2025—2029年中国聚乙烯供应缺口进一步缩小，2029年自给率预计提升至82%，其供应缺

口主要体现在部分高端专用料仍无法完全代替进口料。2025—2029年依旧处于聚乙烯扩能高峰期，预计2029年聚乙烯产能将达到6397万吨/年，综合考虑装置推迟或搁浅情况，预计2029年产量将到达4298万吨，较2024年增长6.71%。届时自给率将大幅提升，从中国整体行业来看，通用料占比较大，市场供应充足，进口货源将在很大程度上被替代，但高端专用料的供应缺口弥补速度会相对缓慢些，2029年进口依存度预计降至20%。

2025—2029年中国聚乙烯供需预测见表18-9。

表 18-9　2025—2029 年中国聚乙烯供需预测

单位：万吨

时间	产量	进口量	总供应量	表观消费量	出口量
2025 年预测	3018	1343	4361	4270	91
2026 年预测	3396	1275	4671	4561	110
2027 年预测	3752	1165	4917	4771	146
2028 年预测	4027	1115	5142	4958	184
2029 年预测	4298	1085	5383	5188	195

第 19 章

聚丙烯

2024 年度
关键指标一览

类别	指标	2024 年	2023 年	涨跌幅	2025 年预测	预计涨跌幅
价格	华东均价 /（元 / 吨）	7552.2	7531.7	0.3%	7193.0	−4.8%
供需	产能 /（万吨 / 年）	4461.0	3976.0	12.2%	5171.0	15.9%
	产量 / 万吨	3446.3	3193.6	7.9%	3784.9	9.8%
	产能利用率 /%	77.3	80.3	−3.0 个百分点	73.2	−4.1 个百分点
	表观消费量 / 万吨	3572.8	3474.1	2.8%	3809.0	6.6%
进出口	进口量 / 万吨	367.1	411.7	−10.8%	321.5	−12.4%
	出口量 / 万吨	240.7	131.2	83.4%	296.6	23.2%
库存	商业库存 / 万吨	59.8	62.6	−4.5%	65.0	8.7%
毛利	煤制 /（元 / 吨）	−249.6	−541.3	53.9%	340.0	236.2%
	甲醇制 /（元 / 吨）	−884.5	−985.8	10.3%	−900.0	−1.8%
	外采丙烯制 /（元 / 吨）	−153.0	−211.9	27.8%	−200.0	−30.8%
	油制 /（元 / 吨）	−816.6	−979.1	16.6%	−679.2	16.8%
	PDH 制 /（元 / 吨）	−814.9	−725.1	−12.4%	−800.0	1.8%

19.1　中国聚丙烯供需分析

2020—2024年国内聚丙烯市场供应增量逐年放大，进口份额受挤压，行业产能利用率逐年下滑，出口增量明显，逐步呈现供过于求态势。同期聚丙烯供应增速明显高于需求增速，产量及表观消费量的复合增长率分别在7%和3%。随着新增需求趋缓，传统需求释放有限，平衡差逐渐缩窄。

2020—2024年中国聚丙烯供需变化见表19-1。

表 19-1　2020—2024 年中国聚丙烯供需变化

单位：万吨

时间	产量	进口量	总供应量	表观消费量	出口量
2020 年	2581.6	655.5	3237.1	3194.6	42.5
2021 年	2926.9	479.8	3406.7	3267.6	139.1
2022 年	2965.5	451.1	3416.5	3289.3	127.2
2023 年	3193.6	411.7	3605.3	3474.1	131.2
2024 年	3446.3	367.1	3813.4	3572.8	240.7

注：总供应量 = 产量 + 进口量；表观消费量 = 总供应量 − 出口量。

19.2　中国聚丙烯供应现状分析

19.2.1　聚丙烯产能趋势分析

19.2.1.1　2024 年聚丙烯新增产能分析

2024年中国聚丙烯新增产能485万吨/年，其中中石化英力士、内蒙古宝丰、裕龙石化等新增产能均集中在年底释放。

2024年中国聚丙烯新增产能统计见表19-2。

表 19-2　2024 年中国聚丙烯新增产能统计

企业名称	地址	企业形式	产能/(万吨/年)	原料路线	装置投产时间	下游配套
福建中景石化有限公司（老线改造升级）	福建	民企	30	PDH 制	2024 年 1 月	配套 BOPP
中国石油天然气股份有限公司广东石化分公司	广东	国企	20	油制	2024 年 1 月	无
惠州立拓新材料有限责任公司	广东	国企	15	外采丙烯	2024 年 3 月	无
福建中景石化有限公司	福建	民企	60	PDH 制	2024 年 3 月	配套 BOPP
安徽天大石化有限公司	安徽	民企	15	外采丙烯	2024 年 5 月	配套塑编
泉州国亨化工有限公司	福建	民企	45	PDH 制	2024 年 6 月	无
金能科技股份有限公司	山东	民企	45	PDH 制	2024 年 6 月	无
金能科技股份有限公司	山东	民企	45	PDH 制	2024 年 8 月	无
中石化英力士（天津）石化有限公司	天津	合资	35	油制	2024 年 11 月	无
山东金诚石化集团有限公司	山东	民企	15	油制	2024 年 11 月	无
内蒙古宝丰煤基新材料有限公司	内蒙古	民企	50	煤制	2024 年 11 月	无
山东裕龙石化有限公司	山东	民企	40	油制	2024 年 12 月	无

续表

企业名称	地址	企业形式	产能/(万吨/年)	原料路线	装置投产时间	下游配套
山东裕龙石化有限公司	山东	民企	40	油制	2024年12月	无
山东裕龙石化有限公司	山东	民企	30	油制	2024年12月	无
合计			485			

19.2.1.2　2024年聚丙烯主要生产企业情况

2020—2024年中国聚丙烯产能持续扩增，新增装置产能主要为民营企业。其中，产能在40万吨/年及以上的企业产能在总产能中的占比震荡上涨，2021—2022年其占比在65%，至2024年占比提升至70%。随着大型炼化装置的逐步投产，聚丙烯新增产能的生产规模呈现大型化、集中化的趋势。

2024年中国聚丙烯行业主要生产企业产能统计见表19-3。

表19-3　2024年中国聚丙烯行业主要生产企业产能统计

企业名称	地址	简称	产能/（万吨/年）	原料路线
福建中景石化有限公司	福建	中景石化	220	PDH制
宁夏宝丰能源集团股份有限公司	宁夏	宝丰能源	160	煤制
浙江石油化工有限公司	浙江	浙石化	180	油制
宁夏煤业有限责任公司	宁夏	神华宁煤	160	煤制
金能化学（青岛）有限公司（公司）	山东	金能化学	135	PDH制
东华能源股份有限公司	浙江	东华能源	160	PDH制
东莞巨正源科技有限公司	广东	东莞巨正源	120	PDH制
山东裕龙石化有限公司	山东	裕龙石化	110	油制
陕西延长中煤榆林能源化工有限公司	陕西	延长中煤	100	煤制
恒力石化股份有限公司	辽宁	恒力石化	85	油制
合计			1430	

19.2.1.3　2020—2024年聚丙烯产能趋势分析

2020—2024年中国聚丙烯行业新增产能持续放量，民营大炼化是这一阶段的新增主力，新建产能集中于华南、华东及华北区域，行业竞争加剧。

2020—2024年中国聚丙烯产能变化趋势见图19-1。

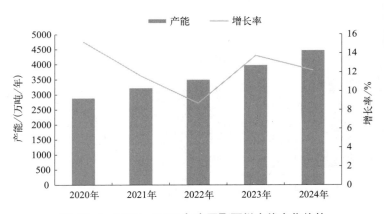

图19-1　2020—2024年中国聚丙烯产能变化趋势

19.2.2 聚丙烯产量及产能利用率趋势分析

19.2.2.1 2024年聚丙烯产量及产能利用率趋势分析

2024年中国聚丙烯总产量3446.3万吨，同比增加7.9%；产能利用率继续下滑，年均产能利用率77.3%，较2023年下降3个百分点。因新增产能持续放量，月度产量数据整体呈震荡上升趋势。

2024年中国聚丙烯产量及产能利用率变化趋势见图19-2。

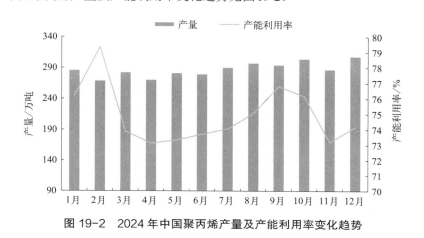

图 19-2 2024年中国聚丙烯产量及产能利用率变化趋势

19.2.2.2 2020—2024年聚丙烯产量及产能利用率趋势分析

随着产能的持续攀升，聚丙烯产量数据亦呈逐年增长趋势。具体来看，2020—2024年国内聚丙烯产能的年均复合增长率高达12.2%，但产量的年均复合增长率在7.9%，明显低于产能增速。行业产能利用率逐年下滑，由2020年的89.6%震荡下滑至2024年的77.3%。

2020—2024年中国聚丙烯产量及产能利用率变化趋势见图19-3。

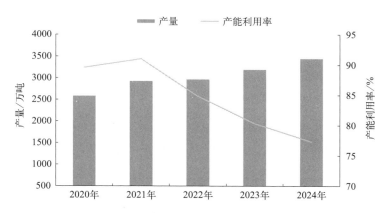

图 19-3 2020—2024年中国聚丙烯产量及产能利用率变化趋势

19.2.3 聚丙烯供应结构分析

19.2.3.1 2024年聚丙烯分区域供应结构分析

2020—2024年，国内聚丙烯产能扩增集中于华北、华南及华东地区，其他地区扩能相对有限。随着裕龙石化、金能化学二期等装置集中投产，华东地区总产能稳居各大区首位。华南地区新增产能同样密集，中景石化、惠州立拓及广东石化等装置投产，使华南地区总产能达到1038万吨/年，位居第二。西北因地理位置优势，煤化工企业集中，近年来扩张速度放缓，但仍位居第三。

2024年中国聚丙烯分区域产能分布见图19-4。

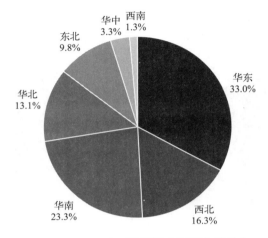

图 19-4   2024 中国聚丙烯分区域产能分布

19.2.3.2   2024 年聚丙烯按原料路线供应结构分析

中国聚丙烯按不同原料路线分为油制、PDH制、煤制、MTO制及外采丙烯制等。其中油制产能占比最高，占国内聚丙烯总产能的52.5%；其次，PDH制产能占比22.2%；煤制产能占比18.4%，MTO及外采丙烯制产能占比较小，分别为3.8%和3.0%。

2024年中国聚丙烯分工艺产能构成见图19-5。

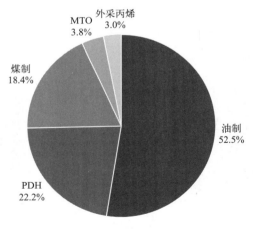

图 19-5   2024 年中国聚丙烯分工艺产能构成

19.2.3.3   2024 年聚丙烯分企业性质供应结构分析

聚丙烯生产企业主要为民营企业、国有企业、外商独资企业和合资企业四大类。2024年国有企业聚丙烯产能在2039万吨/年，占比45.7%，居首位。民营企业产能1970万吨/年，占比44.2%，位居第二，略低于国有企业，其中中景石化是国内产能最大的民营聚丙烯生产企业，其两期已投产装置总产能达220万吨/年。合资企业总产能407万吨/年，占比9.1%。除此之外还有宁波台塑45万吨/年为外商独资企业。

2024年中国聚丙烯按企业性质产能构成见图19-6。

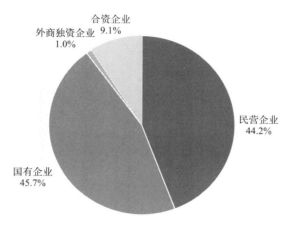

图 19-6　2024年中国聚丙烯按企业性质产能构成

19.2.4　聚丙烯进口趋势分析

2024年中国聚丙烯进口量367.13万吨，同比下降10.80%。从月度进口看，在2月出现了明显的低谷，主要受中东、北美供应减量影响，海外市场价格坚挺，进口套利窗口难有开启，且春节假期港口操作放缓，月度进口量下降明显。进口均价方面，与国内市场价格走势趋同，进口货源价格受国内市场行情影响明显，业者着重聚焦利润，套利空间开启状况决定海外资源进口数量。

2024年中国聚丙烯进口量价变化趋势见图19-7。

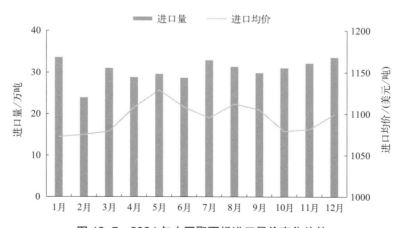

图 19-7　2024年中国聚丙烯进口量价变化趋势

2020—2024年中国聚丙烯进口量呈现持续下降趋势，2020年以655.52万吨为近年来最高点，主要由于国内供应短缺叠加突发疫情引发防护、日用品等需求增加。全球聚丙烯新增产能主要集中于中国，随着国内产量增长，聚丙烯进口量逐年下降，2024年降至367.13万吨。

2020—2024年中国聚丙烯进口量变化趋势见图19-8。

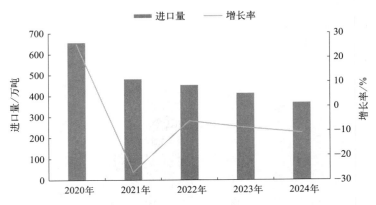

图 19-8　2020—2024 年中国聚丙烯进口量变化趋势

19.3　中国聚丙烯消费现状分析

19.3.1　聚丙烯消费趋势分析

19.3.1.1　2024 年聚丙烯月度消费趋势分析

2024年中国聚丙烯的表观消费量在3572.8万吨，同比增长2.84%。全年消费量呈现下半年高于上半年走势，2—4月出现了消费量的低谷。其中2月除受自然日少的正常影响外，终端企业停工放假导致需求骤降。二季度聚丙烯行情走高但下游采购积极性偏弱，导致聚丙烯需求难以放量。下半年除聚丙烯产量持续增加外，随着美联储降息、央行降准等利好消息推动，终端工厂订单情况出现好转，聚丙烯需求缓慢增加，在12月达到年度峰值322万吨。

2024年中国聚丙烯月度消费量及价格变化趋势见图19-9。

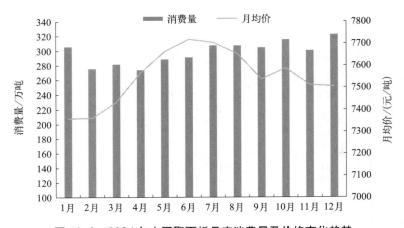

图 19-9　2024 年中国聚丙烯月度消费量及价格变化趋势

19.3.1.2　2020—2024 年聚丙烯年度消费趋势分析

2020—2024年中国聚丙烯消费呈逐年递增趋势，近五年年均复合增长率在2.8%。下游消费结构方面，拉丝、低熔共聚、均聚注塑、高熔共聚等下游占比较大，其中三元共聚CPP、透明料、拉丝是增速较快的品种，拉高了近年来聚丙烯消费端的增速。

2020—2024年中国聚丙烯年度消费变化趋势见图19-10。

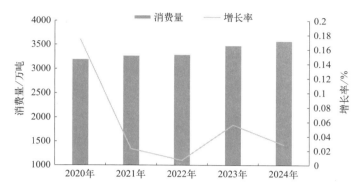

图 19-10　2020—2024 年中国聚丙烯年度消费变化趋势

19.3.2　聚丙烯消费结构分析

19.3.2.1　2024 年聚丙烯消费结构分析

2024年均聚类聚丙烯下游消费多呈现不同程度下降趋势，尤其是中高熔纤维、薄壁注塑等下降趋势更加明显，分别同比下降20%和6%。新能源汽车及食品包装、无规透明类产品均有良好表现，拉动共聚类产品低、中、高熔全线上涨，同比涨幅分别1%、27%、16%。

2024年中国聚丙烯下游消费构成见图19-11。

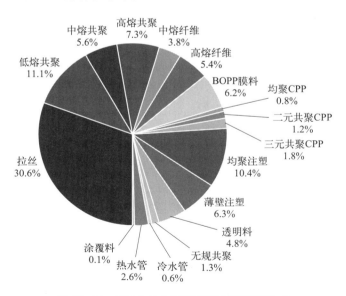

图 19-11　2024 年中国聚丙烯下游消费构成

19.3.2.2　2020—2024 年聚丙烯消费结构趋势

2020—2024年中国聚丙烯下游以拉丝及共聚增量明显。拉丝作为主要下游原料，周期内占据聚丙烯总消费量的28%～32%。汽车、家电行业近年来发展迅速，尤其新能源汽车进入快速发展阶段，市场前景良好，产销稳步上升，中、高熔共聚需求逐步增加，2024年占比分别在5.64%、7.30%。后疫情时代，PP无纺布供需过剩态势明显，2024年中、高熔纤维需求占比分别下降至3.85%、5.41%。

2020—2024年中国聚丙烯下游消费变化趋势见图19-12。

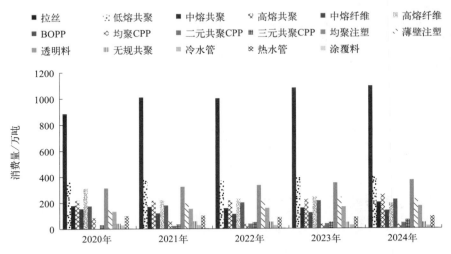

图 19-12　2020—2024 年中国聚丙烯下游消费变化趋势

19.3.2.3　2024 年聚丙烯区域消费结构分析

分区域来看，2024年国内聚丙烯消费主要集中在华东、华南、华北三大区域，约占总消费量的75%以上。其中，华东地区汽车、家电及日用品、包装业发达，对聚丙烯需求呈现持续上升趋势，2024年华东区域聚丙烯消费量1169万吨，较2020年增长23.09%，领先于全国消费量11.84%的增长水平。华南地区的玩具、小家电应用广泛，是聚丙烯的主要消费区域。华北地区消费增速放缓，该区域消费占比有下降趋势。

2024年中国聚丙烯分地区消费构成见图19-13。

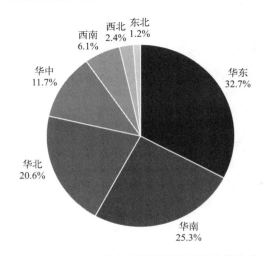

图 19-13　2024 年中国聚丙烯分地区消费构成

19.3.3　聚丙烯出口量分析

2024年中国聚丙烯出口量240.66万吨，同比上涨83.40%。从月度出口量来看，2024年全年最高点为3月份的32万吨，刷新历史出口量的月度最高点，主要原因为北美极端天气及中东季节性检修导致全球主要原料产地供应短缺，叠加红海事件造成运输受限进一步加剧供需错配，为中国聚丙烯出口营造契机。聚丙烯出口量的最低点为1月份的14万吨，受制于海外需求疲弱及价格走低，中国出口套利空间收窄带来出口量下降。

2024年中国聚丙烯出口量价变化趋势见图19-14。

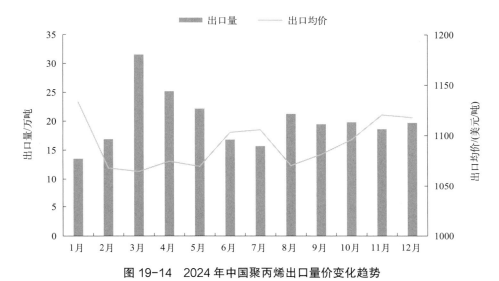

图 19-14　2024 年中国聚丙烯出口量价变化趋势

从2020—2024年中国聚丙烯出口量价走势来看，出口量呈现先涨后稳再度大幅上涨的趋势，而出口价格呈现涨后大幅回落趋势。2021年中国聚丙烯出口量刷新历史新高至139万吨，同比增速227.24%，主要是美国极端天气导致大面积停车带来供应阶段性短缺，为中国聚丙烯出口创造良好的窗口期。随后2022—2023年中国聚丙烯出口缺乏增长亮点，从阶段性高点小幅回落，2024年再度出口量迎来大幅上涨至241万吨，同比增长83.40%。

2020—2024年中国聚丙烯出口量变化趋势见图19-15。

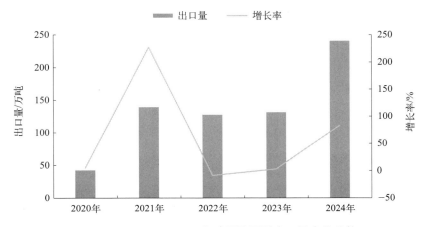

图 19-15　2020—2024 年中国聚丙烯出口量变化趋势

19.4 中国聚丙烯价格走势分析

2024年华东聚丙烯价格在7300～7850元/吨波动。年度高点出现于6月，低点出现于1月。年均价格7552.2元/吨，相较于2023年的年度均价7531.4元/吨，上涨20.8元/吨，涨幅仅0.28%。2024年均价格处历史偏低水平，虽政策利好市场心态然供应宽松格局难改，聚丙烯价格在弱现实与强预期博弈下呈现运行区间收窄态势。

整年看来，上半年市场更多交易政策预期，尤其是在5-6月聚丙烯进入短暂的扩能空窗期，供应利好为需求预期提供支撑。下半年市场面临政策的超预期发力，市场持货意愿转变，使得需求对价格形成正向反馈，然而新扩能压力持续压制市场心态，聚丙烯价格重心弱势走跌。

2020—2024年中国聚丙烯市场价格变化趋势见图19-16。

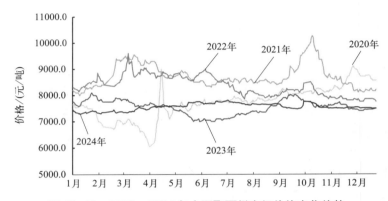

图 19-16　2020—2024年中国聚丙烯市场价格变化趋势

华东市场聚丙烯2024年月均价格及2020—2024年年均价格分别见表19-4和表19-5。

表 19-4　2024年华东市场聚丙烯月均价格

月份	1月	2月	3月	4月	5月	6月	7月	8月	9月	10月	11月	12月
华东均价/（元/吨）	7360.0	7361.8	7433.8	7565.9	7664.3	7718.5	7704.5	7654.7	7536.6	7587.3	7510.6	7503.3

表 19-5　2020—2024年华东市场聚丙烯年均价格

年份	2020年	2021年	2022年	2023年	2024年
华东均价/（元/吨）	7744.8	8698.5	8339.4	7531.4	7552.2

19.5 中国聚丙烯生产毛利走势分析

2024年聚丙烯五大主流原料路线利润均处于负盈利状态。其中油制聚丙烯亏损程度较大，年度利润值−815元/吨，主要因为原油价格处于高位，同时需求复苏缓慢且产能稳步增长，聚丙烯市场供应过剩局面加剧，市场供需失衡，导致产业链面临严峻挑战。PDH制聚丙烯与油制聚丙烯亏损程度相当，年度利润值在−816元/吨。煤制聚丙烯与外采丙烯制聚丙烯亏损程度相对较小，年度利润值分别在−251元/吨与−152元/吨。

2024年中国不同工艺路线聚丙烯生产毛利走势对比见图19-17。

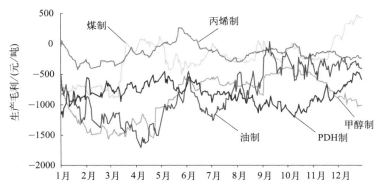

图 19-17　2024 年中国不同工艺路线聚丙烯生产毛利走势对比

中国不同工艺路线聚丙烯2024年月均生产毛利及2020—2024年年均生产毛利分别见表19-6和表19-7。

表 19-6　2024 年聚丙烯月均生产毛利

单位：元/吨

月份	煤制	甲醇制	丙烯制	油制	PDH 制
1 月	−717.2	−1120.2	−211.0	−950.2	−930.5
2 月	−767.9	−1438.4	−317.9	−1149.0	−729.9
3 月	−447.6	−1428.5	−243.5	−1290.7	−750.6
4 月	5.3	−1275.3	−137.3	−1492.2	−664.7
5 月	−326.4	−836.2	93.1	−960.6	−674.8
6 月	−298.1	−643.9	4.9	−907.4	−695.8
7 月	−174.1	−624.4	−199.3	−995.6	−843.0
8 月	−211.6	−700.8	−199.3	−675.6	−932.6
9 月	−182.4	−494.7	−113.9	−245.5	−1001.4
10 月	−167.4	−488.2	−134.3	−393.0	−1076.3
11 月	−166.2	−680.7	−144.8	−395.3	−865.8
12 月	318.1	−926.2	−228.9	−335.3	−628.4

表 19-7　2020—2024 年不同工艺路线聚丙烯年均生产毛利

单位：元/吨

年份	2020 年	2021 年	2022 年	2023 年	2024 年
煤制	1378.4	−416.2	−197.3	−541.3	−249.6
甲醇制	792.7	−871.7	−1272.0	−985.8	−884.5
丙烯制	58.0	−119.7	−269.8	−211.9	−153.0
油制	1692.0	893.1	−1710.2	−979.1	−816.6
PDH 制	1963.7	574.3	−762.7	−725.1	−814.9

19.6　2025—2029 年中国聚丙烯发展预期

19.6.1　聚丙烯供应趋势预测

2025—2029 年中国聚丙烯进入供需再平衡周期，2025—2027 年产能保持高速增长态势，三年累计新增产能预计在 2028.5 万吨，其中 2026 年为扩能最多的一年，新增产能在 848 万吨/年。2028 年之后行业扩能放缓。

2025—2029 年中国聚丙烯新增产能统计见表 19-8。

表 19-8　2025—2029 年中国聚丙烯新增产能统计

企业简称	产能/（万吨/年）	预计投产时间	地址
中国石化镇海炼化分公司 II 期	50	2025 年 2 月	浙江
福建中景石化有限公司	150	2025 年 3 月	福建
内蒙古宝丰煤基新材料有限公司	50	2025 年 3 月	内蒙古
内蒙古宝丰煤基新材料有限公司	50	2025 年 4 月	内蒙古
埃克森美孚（惠州）化工有限公司	47	2025 年 4 月	广东
埃克森美孚（惠州）化工有限公司	48	2025 年 6 月	广东
山东裕龙石化有限公司	40	2025 年 4 月	山东
山东裕龙石化有限公司	40	2025 年 4 月	山东
利华益维远化学股份有限公司	20	2025 年 8 月	山东
中海石油宁波大榭石化有限公司 II 期	90	2025 年 9 月	浙江
山东金诚石化集团有限公司	15	2025 年 12 月	山东
华亭煤业集团有限责任公司	20	2025 年 12 月	甘肃
中国石化镇海炼化分公司 II 期	50	2025 年 12 月	浙江
中国石油天然气股份有限公司广西石化分公司	40	2025 年 12 月	广西
浙江圆锦新材料有限公司	60	2026 年 3 月	浙江
东明盛海化工新材料有限公司	35	2026 年 6 月	山东
中煤陕西榆林能源化工有限公司	30	2026 年 6 月	陕西
独山子石化公司塔里木石化分公司	45	2026 年 6 月	新疆
华锦阿美石油化工有限公司	100	2026 年 9 月	辽宁
福建中沙古雷石化有限公司	95	2026 年 9 月	福建
中国石化股份有限公司齐鲁分公司	25	2026 年 12 月	山东
新浦烯烃（泰兴）有限公司	60	2026 年 12 月	江苏
江苏延长中燃化学有限公司	30	2026 年 12 月	江苏
内蒙古荣信化工有限公司	40	2026 年 12 月	内蒙古
福建永荣新材料有限公司	80	2026 年 12 月	福建
中国石油化工股份有限公司洛阳分公司	30	2026 年 12 月	河南
中国石化长城能源化工（内蒙古）有限公司	53	2026 年 12 月	内蒙古
国能包头煤化工有限责任公司 II 期	35	2026 年 12 月	内蒙古
中国石化塔河炼化有限责任公司	50	2026 年 12 月	新疆
江苏丰海高新材料有限公司	40	2026 年 12 月	江苏

续表

企业简称	产能/（万吨/年）	预计投产时间	地址
新疆东明塑胶有限公司	50	2027 年 5 月	新疆
中国石化镇海炼化分公司 II 期三四线	70	2027 年 12 月	浙江
中科（广东）炼化有限公司 II 期	70	2027 年 12 月	广东
大连铭勃发展有限公司（铭源集团）	60	2027 年 12 月	辽宁
中国石化塔河炼化有限责任公司	30	2027 年 12 月	新疆
海南华盛新材料科技有限公司	40	2027 年 12 月	海南
中国石化扬子石油化工有限公司	40	2027 年 12 月	江苏
宝来利安德巴赛尔石化有限公司 II 期	60	2027 年 12 月	辽宁
埃克森美孚（惠州）化工有限公司	45	2027 年 12 月	广东
四川省能源投资集团有限责任公司	30	2027 年 12 月	广西
福建古雷石化有限公司	35	2028 年 6 月	福建
东华能源（茂名）有限公司	150	2028 年 12 月	广东
中国石化石家庄炼化分公司	50	2028 年 6 月	河北
中海壳牌石油化工有限公司 III 期	45	2028 年 12 月	广东
山东裕龙石化有限公司	60	2028 年 12 月	山东
山东裕龙石化有限公司	90	2029 年 12 月	山东
万华化学（蓬莱）有限公司	50	2029 年 12 月	山东

19.6.2　聚丙烯主要下游产品发展前景预测

预计 2025—2029 年，中国聚丙烯主要消费领域均保持平稳增长，其中拉丝需求增速明显放缓，复合增长率仅为 2%，CPP 和透明料五年复合增长率分别在 14.7%、13.6%，是主要消费领域中增速最快的产品。

2025 年和 2029 年中国聚丙烯主要下游消费量预测见图 19-18。

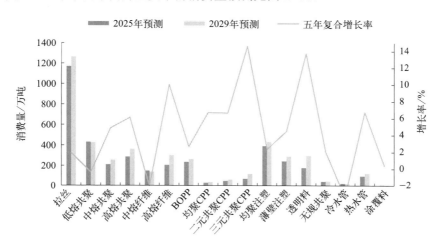

图 19-18　2025 年和 2029 年中国聚丙烯主要下游消费量预测

19.6.3　聚丙烯供需格局预测

2025—2029年聚丙烯产能继续快速扩张，产量随之增加，进口量大幅减少，出口量进一步增加，减"进"扩"出"成为未来几年行业主基调。预计2025—2027年，聚丙烯产能平均增速达11.9%，而消费增速在4.5%，远低于供应增速，2027年国内聚丙烯供需差近340万吨。2028—2029年，随着国内聚丙烯扩能进度放缓，供应量增速明显下降，在需求保持稳定增长支撑下，供需差在2027年达到峰值后缓慢下降。

2025—2029年中国聚丙烯供需预测见表19-9。

表 19-9　2025—2029 年中国聚丙烯供需预测

单位：万吨

时间	产量	进口量	总供应量	出口量	总需求量
2025 年预测	3785	321	4106	297	3809
2026 年预测	4147	272	4419	302	4117
2027 年预测	4342	225	4567	336	4231
2028 年预测	4516	204	4720	366	4354
2029 年预测	4636	198	4834	399	4435

第 20 章

聚苯乙烯

2024 年度
关键指标一览

类别	指标	2024 年	2023 年	涨跌幅	2025 年预测	预计涨跌幅
价格	华东均价 /（元 / 吨）	9580.0	8867.0	8.0%	9346.0	−2.4%
供需	产能 /（万吨 / 年）	693.0	621.0	11.6%	775.0	11.8%
	产量 / 万吨	429.0	400.0	7.3%	450.0	4.9%
	产能利用率 /%	61.9	64.4	2.5 个百分点	58.1	−3.8 个百分点
	下游消费量 / 万吨	457.0	444.0	2.9%	465.0	1.8%
进出口	进口量 / 万吨	50.0	62.0	−19.4%	40.0	−20.0%
	出口量 / 万吨	22.0	19.0	15.8%	25.0	13.6%
库存	企业库存 / 万吨	8.0	7.0	14.3%	9.0	12.5%
毛利	生产毛利 /（元 / 吨）	−31.0	29.0	−206.9%	10.0	132.3%

20.1　中国聚苯乙烯供需分析

2020—2024年，国内聚苯乙烯（PS）生产企业新产能陆续投放，处于产能扩张周期，聚苯乙烯行业景气度呈现下行态势。

2020—2024年中国聚苯乙烯供需变化见表20-1。

表 20-1　2020—2024 年中国聚苯乙烯供需变化

单位：万吨

时间	产量	进口量	总供应量	出口量	总需求量
2020 年	284	132	416	4	412
2021 年	316	117	433	7	426
2022 年	355	89	444	12	432
2023 年	400	62	462	19	444
2024 年	429	50	479	22	457

20.2　中国聚苯乙烯供应现状分析

20.2.1　聚苯乙烯产能趋势分析

20.2.1.1　2024 年聚苯乙烯产能及新增产能统计

2024年我国聚苯乙烯新增产能72万吨/年，总产能提升至693万吨/年，同比增长11.6%。

2024年中国聚苯乙烯新增产能统计见表20-2。

表 20-2　2024 年中国聚苯乙烯新增产能统计

企业简称	地址	企业性质	产能 /（万吨 / 年）	工艺类型	装置投产时间	上游配套
广西长科	广西防城港	民企	5	本体法	2024 年 1 月	无
恒力石化	山东东营	民企	15	本体法	2024 年 1 月（7.5 万吨 / 年），2024 年 2 月（7.5 万吨 / 年）	有
安徽昊源	福建漳州	台资	10	本体法	2024 年 1 月	有
新浦化学	广东汕头	民企	17	本体法	2024 年 4 月（10 万吨 / 年），2024 年 7 月（7 万吨 / 年）	有
连云港石化	连云港	民企	10	本体法	2024 年 5 月	有
浙江一塑	安徽安庆	民企	10	本体法	2024 年 5 月	无
宁波台化	江苏宜兴	民企	5	本体法	2024 年 5 月	无
合计			72			

20.2.1.2　2024 年聚苯乙烯主要生产企业生产状况

2024年我国聚苯乙烯生产企业36家，主要分布在华东、华南地区，两地区合计产能603万吨/年，占全国总产能的87%。其中20万吨/年规模以上企业有18家，合计产能514万吨/年，占全国总产能的74.2%。2024年中国聚苯乙烯生产企业产能统计见表20-3。

表 20-3 2024 年中国聚苯乙烯生产企业产能统计

企业简称	地区	产能/（万吨/年）	工艺路线
镇江奇美	江苏	52	本体法
中信国安	江苏	0	本体法
上海赛科	上海	35	本体法
宁波台化	浙江	30	本体法
扬子巴斯夫	江苏	20	本体法
英力士苯领宁波	浙江	20	本体法
江苏雅仕德	江苏	12	本体法
绿安擎峰	江苏	12	本体法
赛宝龙	江苏	20	本体法
福建天原	福建	12	本体法
天津仁泰	天津	14	本体法
英力士苯领佛山	广东	20	本体法
广东星辉	广东	30	本体法
惠州仁信	广东	30	本体法
湛江新中美	广东	10	本体法
广州石化	广东	6	本体法
独山子石化	新疆	22	本体法
辽通化工	辽宁	4	本体法
燕山石化	北京	5	本体法
河北宝晟	河北	10	本体法
广西长科	广西	10	本体法
山东玉皇	山东	20	本体法
山东道尔	山东	10	本体法
山东岚化	山东	10	本体法
宁波利万	浙江	40	本体法
安徽昊源	安徽	20	本体法
海湾化学	山东	20	本体法
衡水佰科	河北	10	本体法
河北盛腾	河北	10	本体法
浙江一塑	浙江	40	本体法
利华益利津	山东	20	本体法
漳州奇美	福建	35	本体法
连云港石化	江苏	40	本体法
安庆兴达新材料	安徽	12	本体法
大连恒力	辽宁	15	本体法
新浦化学	江苏	17	本体法
合计		693	

20.2.1.3　2020—2024 年聚苯乙烯产能趋势分析

据统计，2020—2024 年中国聚苯乙烯产能高速发展，产能年均复合增长率 12%，新增产能趋向大型化、上下游一体化。

2020—2024 年中国聚苯乙烯产能变化趋势见图 20-1。

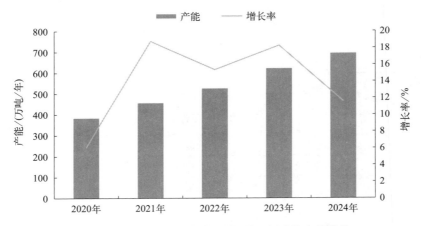

图 20-1　2020—2024 年中国聚苯乙烯产能变化趋势

20.2.2　聚苯乙烯产量及产能利用率趋势分析

20.2.2.1　2024 年聚苯乙烯产量及产能利用率趋势分析

2024 年中国聚苯乙烯产量在 429 万吨，同比增长 7.3%，月均产量提升至 35.7 万吨左右。从 2023—2024 年月度产量对比来看，2024 年全年产量在多数月份均高于 2023 年，仅在 2—4 月由于受春节假期以及节后利润欠佳、消费恢复偏慢影响，低于 2023 年水平。成产量增长的原因一方面是减少进口，另一方面是企业积极出口，比如对越南的增量较大。

2024 年中国聚苯乙烯产量及产能利用率变化趋势见图 20-2。

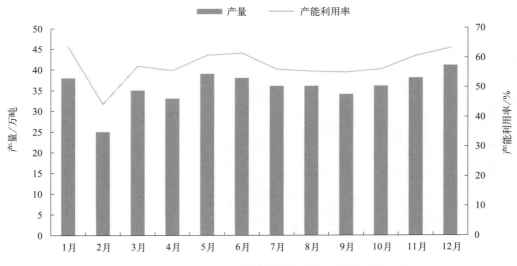

图 20-2　2024 年中国聚苯乙烯产量及产能利用率变化趋势

20.2.2.2　2020—2024年聚苯乙烯产量及产能利用率趋势分析

2020—2024年，中国聚苯乙烯产量随着产能的增产而增长，但产量的增幅不及产能。2020—2024年聚苯乙烯产量由284万吨增长至429万吨，增幅51%。产能利用率逐年下降，由74%降至62%。

2020—2024年中国聚苯乙烯产量及产能利用率变化趋势见图20-3。

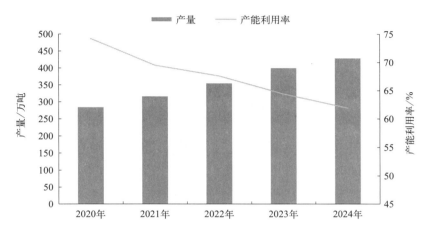

图 20-3　2020—2024年中国聚苯乙烯产量及产能利用率变化趋势

20.2.3　聚苯乙烯供应结构分析

20.2.3.1　2024年聚苯乙烯分区域供应结构分析

国内聚苯乙烯产能主要集中在华东、华南、华北等地区。2024年华东地区聚苯乙烯合计产能497万吨/年，占全国总产能的71.7%，是我国最大的聚苯乙烯生产地区，该区域聚苯乙烯下游装置配套较为完整。

2024年中国聚苯乙烯分区域产能分布见图20-4。

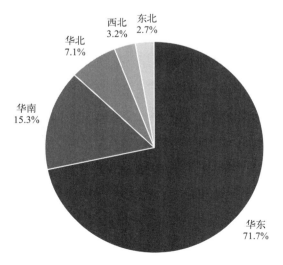

图 20-4　2024年中国聚苯乙烯分区域产能分布

20.2.3.2　2024年聚苯乙烯分企业性质供应结构分析

目前，民营企业依然是聚苯乙烯生产的主力军，2024年民营企业聚苯乙烯产能约占总产能的53.8%；其次是合资和外商独资企业，2024年产能占比约34.8%；此外，国有企业在聚苯乙烯生产中也有一定占比，约为11.4%。

2024年中国聚苯乙烯分企业产能构成见图20-5。

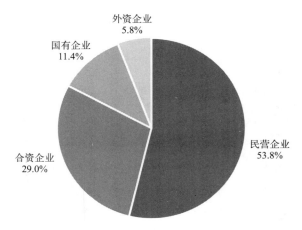

图 20-5　2024年中国聚苯乙烯分企业产能构成

20.2.4　聚苯乙烯进口趋势分析

在国内聚苯乙烯新产能大量释放的情况下，2024年中国聚苯乙烯进口量在50万吨，同比下降19.9%。其中，1月进口量最大，为4.6万吨，占2024年进口总量的9.2%。

2024年中国聚苯乙烯进口量价变化趋势见图20-6。

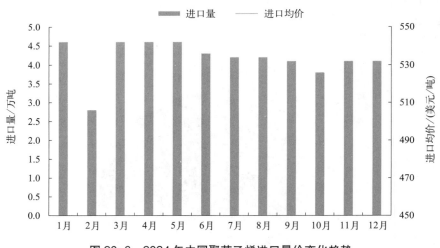

图 20-6　2024年中国聚苯乙烯进口量价变化趋势

2020—2024年中国聚苯乙烯进口量呈下降走势。2021—2022年，国内聚苯乙烯装置投产速度加快，供应增加，随着部分产品结构优化升级，对聚苯乙烯进口替代性增强，导致进口需求减少。

2020—2024 年中国聚苯乙烯进口量变化趋势见图 20-7。

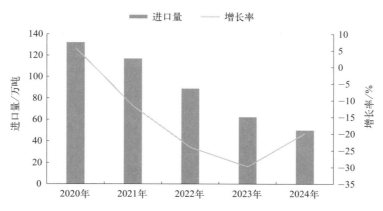

图 20-7　2020—2024 年中国聚苯乙烯进口量变化趋势

20.3　中国聚苯乙烯消费现状分析

20.3.1　聚苯乙烯消费趋势分析

20.3.1.1　2024 年聚苯乙烯月度消费趋势分析

2024 年中国聚苯乙烯消费总量在 457 万吨，同比增长 2.9%。从月度消费情况来看，整体呈现先增后降再回调趋势，月消费量在 38 万吨左右，高点出现在 1 月、5 月、6 月、12 月，与产量释放及需求旺季关系较大。

2024 年中国聚苯乙烯月度消费量及价格变化趋势见图 20-8。

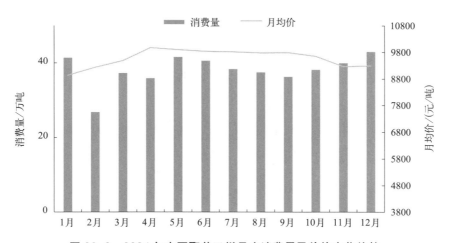

图 20-8　2024 年中国聚苯乙烯月度消费量及价格变化趋势

20.3.1.2　2020—2024 年聚苯乙烯年度消费趋势分析

2020—2024 年中国聚苯乙烯消费呈逐年递增趋势，近五年年均复合增长率在 4.3%，增量主要来自国内聚苯乙烯下游行业发展，但消费增速下滑明显。

2020—2024年中国聚苯乙烯年度消费变化趋势见图20-9。

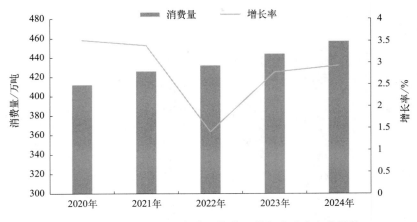

图 20-9　2020—2024 年中国聚苯乙烯年度消费变化趋势

20.3.2　聚苯乙烯消费结构分析

20.3.2.1　2024 年聚苯乙烯消费结构分析

2024年国内聚苯乙烯需求主要集中在电子/电器、日用品、包装容器、建筑保温及装饰材料等领域。其中，电子/电器占56.9%，日用品占22.1%，包装容器占17.1%，建筑装饰材料占3.9%。

2024年中国聚苯乙烯下游消费构成见图20-10。

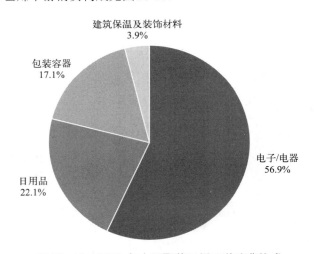

图 20-10　2023 年中国聚苯乙烯下游消费构成

20.3.2.2　2020—2024 年聚苯乙烯消费结构分析

2020—2024年中国聚苯乙烯消费增速明显趋缓。电子电器、日用品占比增长，包装、建筑保温材料等需求受到不同程度抑制。

2020—2024年中国聚苯乙烯下游消费变化趋势见图20-11。

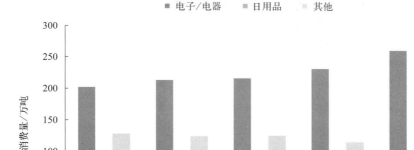

图 20-11　2020—2024 年中国聚苯乙烯下游消费变化趋势

20.3.2.3　2024 年聚苯乙烯区域消费结构分析

2020—2024 年，国内聚苯乙烯消费增长主要集中于经济相对发达地区。其中，华东区域是最主要的消费市场，承接了 70% 以上的下游消费能力，且近年来仍呈扩大趋势。2024 年华东区域消费量 327 万吨，较 2020 年增幅 27%。华北、华南、西南近年消费下降，当地富余聚苯乙烯货源流入华东区域。

2024 年中国聚苯乙烯分地区消费构成见图 20-12。

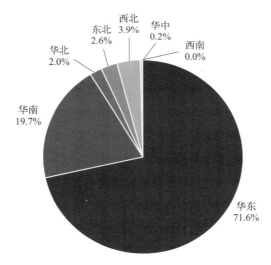

图 20-12　2024 年中国聚苯乙烯分地区消费构成

20.3.3　聚苯乙烯出口趋势分析

2024 年中国聚苯乙烯出口量在 22 万吨，同比增长 18.3%。8 月出口量最大，为 2.5 万吨；2 月，因春节假期影响，出口量仅 1.1 万吨，为全年最低。

2024 年中国聚苯乙烯出口量价变化趋势见图 20-13。

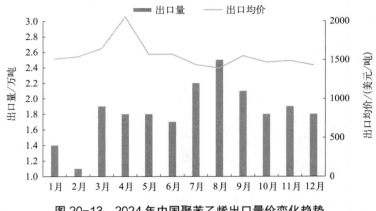

图 20-13　2024 年中国聚苯乙烯出口量价变化趋势

2020—2024 年中国聚苯乙烯出口呈增长走势。2020 年出口量 3.9 万吨，此后聚苯乙烯出口量逐年递增，2024 年达到 22 万吨，为近 5 年高点。2021—2024 年聚苯乙烯新产能集中投放，国内竞争压力增加，出口随之增长。

2020—2024 年中国聚苯乙烯出口量变化趋势见图 20-14。

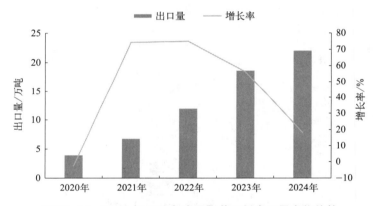

图 20-14　2020—2024 年中国聚苯乙烯出口量变化趋势

20.4　中国聚苯乙烯价格走势分析

2024 年华东聚苯乙烯价格在 8750 ～ 10100 元/吨波动。年度高点出现于 4 月，低点出现于 1 月。年均价格 9580 元/吨，相较于 2023 年的年度均价上涨 713 元/吨，涨幅 8%。

2024 年国内 PS 市场分为三个阶段。第一阶段（1—4 月）：震荡上涨，一方面受成本震荡上行引导，另一方面行业供应增长压力不大，由于聚苯乙烯与苯乙烯价差收窄，行业利润受到长时间挑战，高成本、行业亏损特征下，企业增产谨慎，对价格有支撑。第二阶段（5—9 月）：高位震荡，成本宽幅波动，但市场供需结构呈宽松趋势，加上 ABS 价格下行，导致成本推动效能减弱，聚苯乙烯价格波动幅度明显收窄。同时，需求端呈分化状态，家电需求高位运行，北方挤塑聚苯乙烯泡沫（XPS）需求低迷，导致下半年市场在供需端博弈的情况增加。第三阶段（10—12 月）：下跌后震荡，利润有一定恢复，带动行业增产，供需再度倾向宽松，价格经过一轮小幅下跌。不过年底家电"抢出口"以及国内家电消费政策刺激，对市场有一定托底。

2020—2024年华东市场聚苯乙烯价格走势见图20-15。

图 20-15　2020—2024 年华东市场聚苯乙烯价格走势

华东市场聚苯乙烯2024年月均价格及2020—2024年年均价格分别见表20-4和表20-5。

表 20-4　2024 年华东市场聚苯乙烯月均价格

月份	1月	2月	3月	4月	5月	6月	7月	8月	9月	10月	11月	12月
价格/（元/吨）	8938	9238	9489	9970	9894	9834	9817	9774	9786	9654	9271	9295

表 20-5　2020—2024 年华东市场聚苯乙烯年均价格

年份	2019 年	2020 年	2021 年	2022 年	2023 年
价格/（元/吨）	8337	10224	10042	8867	9580

20.5　中国聚苯乙烯生产毛利走势分析

2024年聚苯乙烯生产毛利平均水平在−31元/吨，较2023年同比减少60元/吨。随着通用聚苯乙烯（GPPS）产能扩张步伐加快，其供需结构弱化，成本引导更加明显，但波动空间明显不及原料苯乙烯，导致其毛利水平继续下降。

2024年中国聚苯乙烯生产毛利走势见图20-16。

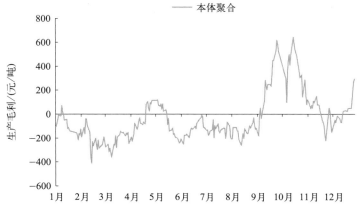

图 20-16　2024 年中国聚苯乙烯生产毛利走势

中国聚苯乙烯2024年月均生产毛利及2020—2024年年均生产毛利分别见表20-6和表20-7。

表 20-6 2024 年中国聚苯乙烯月均生产毛利

月份	1月	2月	3月	4月	5月	6月	7月	8月	9月	10月	11月	12月
生产毛利/（元/吨）	-94	-220	-223	-58	-58	-124	-128	-144	242	372	86	22

表 20-7 2020—2024 年中国聚苯乙烯年均生产毛利

年份	2020 年	2021 年	2022 年	2023 年	2024 年
生产毛利/（元/吨）	1745	808	175	29	-31

20.6　2025—2029 年中国聚苯乙烯发展预期

20.6.1　聚苯乙烯产品供应趋势预测

20.6.1.1　2025—2029 年聚苯乙烯拟在建/退出产能统计

据调研，2025年聚苯乙烯行业拟在建产能将达到82万吨/年，主要分布在华东、华南地区，以扩建项目为主。

2025年中国聚苯乙烯新增产能统计见表20-8。

表 20-8 2025 年中国聚苯乙烯新增产能统计

企业简称	产能/（万吨/年）	地址	投产时间	配套上游
赛宝龙 3 期	30	江苏	2025 年一季度	配套苯乙烯
惠州仁信 3 期	20	广东	2025 年一季度	配套苯乙烯
上海赛科 3 期	12	上海	2025 年二季度	配套苯乙烯
河南网塑	20	河南	2025 年二季度	无
合计	82			

20.6.1.2　2025—2029 年聚苯乙烯产能趋势预测

未来几年炼化一体化高速扩能放缓，苯乙烯扩能也接近尾声，作为下游一体化配套的聚苯乙烯扩能也将减慢。由于一部分产品质量过硬、地理位置优越以及运输便利的生产企业仍有3期扩建计划，预计聚苯乙烯行业产能将在2027—2028年阶段性达峰。

2025—2029年中国聚苯乙烯产能趋势预测见图20-17。

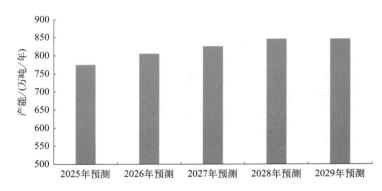

图 20-17　2025—2029 年中国聚苯乙烯产能趋势预测

2025—2029年中国聚苯乙烯产量随产能上涨，但明显弱于产能平均增速。产业链利润短期内难以得到修复，预计2025年聚苯乙烯行业的开工率将不及2024年。

2025—2029年中国聚苯乙烯产量及产能利用率趋势预测见图20-18。

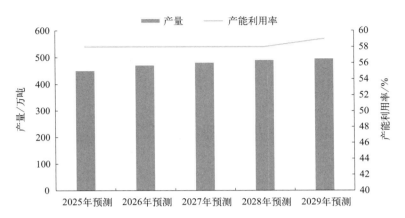

图 20-18　2025—2029 年中国聚苯乙烯产量及产能利用率趋势预测

20.6.2　聚苯乙烯消费趋势预测

受国内外政治、经济环境影响，预计2025—2029年聚苯乙烯下游增长仍以温和态势为主，对聚苯乙烯消费量或有增长，但增速预计较2020—2024年周期继续放缓。

20.6.3　聚苯乙烯供需格局预测

预计2025年国内聚苯乙烯产量在450万吨，较2024年同比增长4.9%，预计2025—2029年聚苯乙烯产量年均复合增速在2.9%，国内市场现货供应量稳步提升，考虑到下游产能扩张有限，下游消费增速明显慢于产量增长，进口量逐年下降，出口量明显增长。

2025—2029年中国聚苯乙烯供需预测见表20-9。

表 20-9　2025—2029 年中国聚苯乙烯供需预测

单位：万吨

时间	产量	进口量	总供应量	出口量	总需求量
2025 年预测	450	40	490	25	465
2026 年预测	470	30	500	28	472
2027 年预测	480	25	505	31	474
2028 年预测	490	20	510	34	476
2029 年预测	495	17	512	35	477

第 21 章

聚氯乙烯

2024 年度
关键指标一览

类别	指标	2024 年	2023 年	涨跌幅	2025 年预测	预计涨跌幅
价格	华东均价 /（元 / 吨）	5502	6017	−8.6%	5383	−2.2%
供需	产能 /（万吨 / 年）	2754	2762	−0.3%	3010	9.3%
	产量 / 万吨	2344	2283	2.7%	2449	4.5%
	产能利用率 /%	85.1	82.7	2.4 个百分点	81.4	−3.7 个百分点
	下游消费量 / 万吨	2089.2	2075.6	0.7%	2222	6.4%
进出口	进口量 / 万吨	22.1	36.2	−39.0%	22	−0.5%
	出口量 / 万吨	261.8	227.3	15.2%	218	−16.7%
毛利	电石法 /（元 / 吨）	−175	−178	1.7%	−310	−77.1%
	乙烯法 /（元 / 吨）	−183	312	−158.7%	−290	−58.5%

21.1 中国聚氯乙烯供需分析

近五年国内聚氯乙烯（PVC）产量与需求量整体保持增长，2024年国内聚氯乙烯总产量2344万吨，进口总量22.1万吨，总供应量2366.1万吨；出口总量261.8万吨，下游消费量2089.2万吨。出口增加的主要原因是我国聚氯乙烯出口价格在市场上存在优势，且供应充足稳定，东南亚、印度大陆等地区需求较好，支撑聚氯乙烯出口稳步增加；内需受房地产活动低迷影响，整体增幅有限。

2020—2024年中国聚氯乙烯供需变化见表21-1。

表 21-1 2020—2024 年中国聚氯乙烯供需变化

单位：万吨

时间	产量	进口量	总供应量	下游消费量	出口量	总需求量
2020 年	2073.1	95.1	2168.2	2098.7	62.8	2161.5
2021 年	2219.4	39.9	2259.3	2073.8	175.4	2249.2
2022 年	2197	36.2	2233.2	1968.2	196.6	2164.8
2023 年	2283	36.2	2319.2	2075.6	227.3	2302.9
2024 年	2344	22.1	2366.1	2089.2	261.8	2351

21.2 中国聚氯乙烯供应现状分析

21.2.1 聚氯乙烯产能趋势分析

21.2.1.1 2024 年聚氯乙烯产能及新增产能统计

受2024年初产能基数调整及退出产能影响，2024年国内聚氯乙烯产能略有回落，2024年行业总产能在2754万吨/年，产能增速 -0.3%，产能增速小幅下滑，年内原计划新增产能90万吨/年，实际兑现情况来看，仅有60万吨/年装置投产，年内新增装置电石法、乙烯法产能均有。未来新增产能以乙烯法为主，且多数企业为一体化装置，交通运输便利，产业链完善度提升，电石法新增产能所占比下降，乙烯法产能占比提升。

2024年中国聚氯乙烯新增产能统计见表21-2。

表 21-2 2024 年中国聚氯乙烯新增产能统计

企业名称	地址	企业形式	产能 /（万吨 / 年）	工艺类型	装置投产时间	下游配套
浙江镇洋发展股份有限公司	浙江	国企	30	乙烯法	2024 年 6 月	无
陕西金泰氯碱神木化工有限公司	陕西	国企	30	电石法	2024 年 6 月	无
合计			60			

21.2.1.2 2024 年聚氯乙烯主要生产企业生产状况

截至2024年国内聚氯乙烯总产能2754万吨/年，行业占比前十位的企业产能达1097万吨/年，占全国总产能的39.8%。从生产工艺看，电石法在前十企业中占比76.3%，乙烯法占比23.7%。从区域分布看，产能前十位企业均集中在西北、华北，主要原因是我国多煤少油，煤炭主要分布在西北地区，西北依托丰富的煤炭、电石资源，且企业多为一体化配套设施，所以西北地区聚氯乙烯产能占比较大。华北近几年新增产能为乙烯法产能，由于沿海地区交通便利，有利于原料进口及运输。

2024年中国聚氯乙烯行业主要生产企业产能统计见表21-3。

表 21-3 2024 年中国聚氯乙烯主要生产企业产能统计

企业名称	地址	简称	产能/（万吨/年）	工艺路线
新疆中泰（集团）有限责任公司	新疆	新疆中泰	250	电石法
新疆天业（集团）有限公司	新疆	新疆天业	130	电石法
陕西北元化工集团股份有限公司	陕西	陕西北元	110	电石法
茌平信发聚氯乙烯有限公司	山东	山东信发	110	电石法
湖北宜化集团有限责任公司	湖北	湖北宜化	102	电石法
青岛海湾化学股份有限公司	山东	青岛海湾	85	乙烯法
天津渤化化工发展有限公司	天津	天津渤化	80	乙烯法
万华化学集团股份有限公司	山东	万华化学	80	乙烯法
内蒙古鄂尔多斯电力冶金集团股份有限公司氯碱化工分公司	内蒙古	鄂尔多斯	80	电石法
内蒙古君正能源化工集团股份有限公司	内蒙古	内蒙君正	70	电石法
合计			1097	

21.2.1.3　2020—2024 年聚氯乙烯产能趋势分析

2020—2024年中国聚氯乙烯产能增速放缓，复合增长率3%。2024年聚氯乙烯产能增速出现下降，当年新建产能仅有60万吨/年，占当年总产能的2%，且有52万吨/年产能退出。聚氯乙烯产能增速在2023年达到高点后在2024年降速，这与中国聚氯乙烯装置扩产周期性一致。

2020—2024年中国聚氯乙烯产能变化趋势见图21-1。

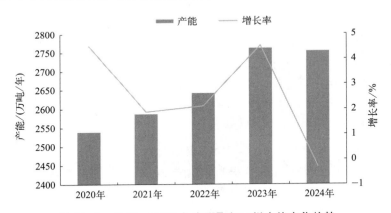

图 21-1　2020—2024 年中国聚氯乙烯产能变化趋势

21.2.2　聚氯乙烯产量及产能利用率趋势分析

21.2.2.1　2024 年聚氯乙烯产量及产能利用率趋势分析

2024年聚氯乙烯装置保持稳定生产，月度产量呈现持续上升的趋势。仅在4月、7月、8月因集中检修而出现产量、产能利用率的双重回落。2024年聚氯乙烯产量增长的主要原因包括：部分新增产能的持续释放、出口保持稳步增长，以及氯碱企业烧碱利润较好。由于聚氯乙烯是氯碱企业的主要耗氯配套产品，在上述因素共同推动下，其开工率提升，进而带动产量增加。

2024年中国聚氯乙烯产量及产能利用率变化趋势见图21-2。

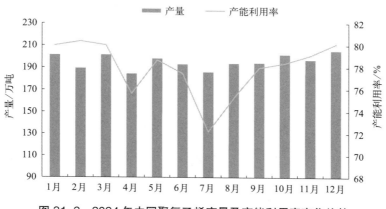

图 21-2　2024 年中国聚氯乙烯产量及产能利用率变化趋势

21.2.2.2　2020—2024 年聚氯乙烯产量及产能利用率趋势分析

2020—2024年，中国聚氯乙烯产量随着产能的增长而自然增长。由于聚氯乙烯属于配套产品，尽管聚氯乙烯基本面表现欠佳，理论毛利不理想，但聚氯乙烯的产能利用率取决于氯碱企业的整体盈利情况，并非由聚氯乙烯单产品决定。2020—2024年聚氯乙烯产能利用率多数时间在70%以上，2023年由于氯碱综合利润表现欠佳出现小幅回落。2020—2024年周期聚氯乙烯产量由2073万吨增长至2344万吨，增幅13%。

2020—2024年中国聚氯乙烯产量及产能利用率变化趋势见图21-3。

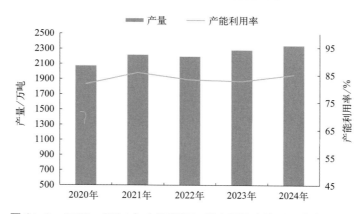

图 21-3　2020—2024 年中国聚氯乙烯产量及产能利用率变化趋势

21.2.3　聚氯乙烯供应结构分析

21.2.3.1　聚氯乙烯分区域供应结构分析

2024年国内聚氯乙烯产能区域分布依然较为广泛，七个行政区域都有聚氯乙烯装置的分布。详细分析来看，西北地区最为集中，区域内聚氯乙烯总产能1350万吨，占比49.0%；其次为华北地区，产能754万吨，占比27.4%；第三为华东区域，产能281万吨，占比10.2%；并列第四为华中及西南地区，产能119万吨，占比4.3%；排名第六的为华南地区，产能102万吨，占比3.7%；最后为东北区域，产能29万吨，占比1.1%。

2024年中国聚氯乙烯分区域产能分布见图21-4。

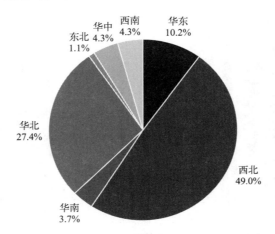

图 21-4 2024 年中国聚氯乙烯分区域产能分布

21.2.3.2 聚氯乙烯分生产工艺供应结构分析

2024年国内聚氯乙烯工艺路线来看，仍以电石法为主，乙烯法为辅。电石法总产能2037万吨/年，占比74%；乙烯法产能717万吨/年，占比26%。

21.2.4 聚氯乙烯进口量分析

从月度进口看，2024年中国聚氯乙烯月度进口量在10月份出现了明显的低谷，进口量仅在1万吨，主要受国内需求不振影响，国内市场价格低迷，进口货源无价格优势。年内进口量高峰出现于3月份，单月进口2.7万吨。主要原因是国外产品价格偏低，进口货源价格优势较大，进口窗口打开。进口均价看，与国内市场价格走势趋同，进口货源价格受国内市场行情影响较为明显，但与美国等海外供需基本面也存在较强关联。

2024年中国聚氯乙烯进口量价变化趋势见图21-5。

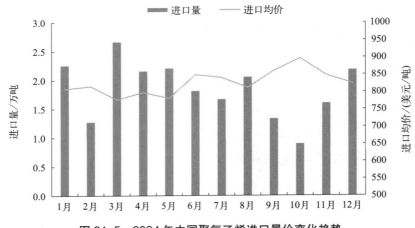

图 21-5 2024 年中国聚氯乙烯进口量价变化趋势

2020—2024年，中国聚氯乙烯供应增长超过了消费增长，造成了中国供应逐年增加，加之国外货源价格无明显优势，中国进口量逐年下降。2020年，受国际原油价格因疫情大幅下跌影响，国外聚氯乙烯价格低于国内市场，促使当年进口量显著增加。2024年进口量降至22.1万吨，随着中国聚氯乙烯产能的继续提升，预计未来国内聚氯乙烯进口将继续呈下降趋势。

2020—2024年中国聚氯乙烯进口量变化趋势见图21-6。

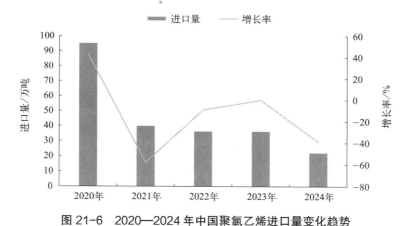

图 21-6　2020—2024 年中国聚氯乙烯进口量变化趋势

21.3　中国聚氯乙烯消费现状分析

21.3.1　聚氯乙烯消费趋势分析

21.3.1.1　2024 年聚氯乙烯月度消费趋势分析

2024年中国聚氯乙烯消费量2089.2万吨，同比增加0.65%。2024年消费量在1月维持高位后，4月出现了一个消费量的低谷。主要原因是国内房地产等建筑行业新开工及竣工大幅缩减，订单需求减弱，下游制品企业减少库存储备，导致市场需求下降。而1月、3月、12月为年度高点，主要是下游制品企业在淡季原材料聚氯乙烯价格低位的时候加大库存储备，备货需求带动消费量回升。

2024年中国聚氯乙烯月度消费量及价格变化趋势见图21-7。

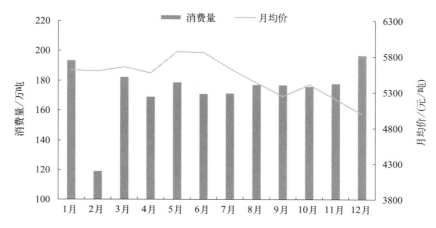

图 21-7　2024 年中国聚氯乙烯月度消费量及价格变化趋势

21.3.1.2 2020—2024年聚氯乙烯年度消费趋势分析

2024年中国聚氯乙烯消费量2089.2万吨，同比增加0.7%。2020年年初疫情导致需求下降，但下半年经济复苏带动需求回升。2021年，全球经济复苏，出口需求增加，国内房地产市场回暖，带动聚氯乙烯管材、型材需求，下游消费下滑有限。而2022年，下游需求分化，受房地产活动低迷影响，需求较2021年出现明显下滑。2023—2024年，房地产市场低迷仍然制约聚氯乙烯消费，而软制品需求增长为其带来一定增量。整体来看，消费趋势受宏观经济、政策导向、下游行业发展等多因素影响。

2020—2024年中国聚氯乙烯年度消费变化趋势见图21-8。

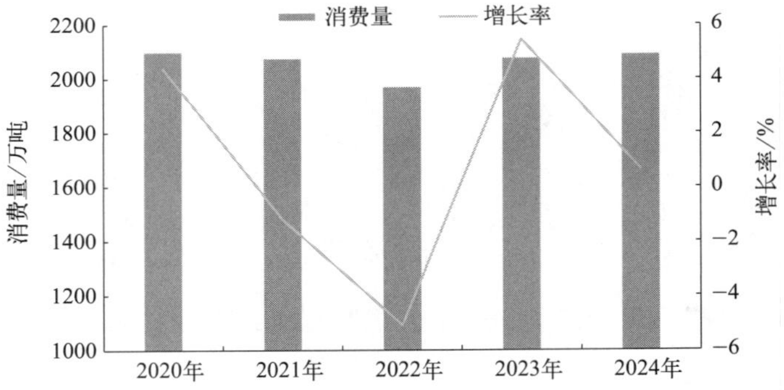

图21-8 2020—2024年中国聚氯乙烯年度消费变化趋势

21.3.2 聚氯乙烯消费结构分析

21.3.2.1 2024年聚氯乙烯消费结构分析

2020—2024年中国聚氯乙烯消费呈先增后减趋势，近五年年均复合增长率在−0.11%。下游消费结构方面，管道管材、地板材料、片膜包装、线缆、型材等下游占比较大，铺地材料、发泡板片材等新型建材等增速较快，传统房地产市场消费向新型建材市场消费转变，地板、医疗包装、线缆、发泡壁纸等成为带动聚氯乙烯增长的重要应用领域。

2024年中国聚氯乙烯下游消费构成见图21-9。

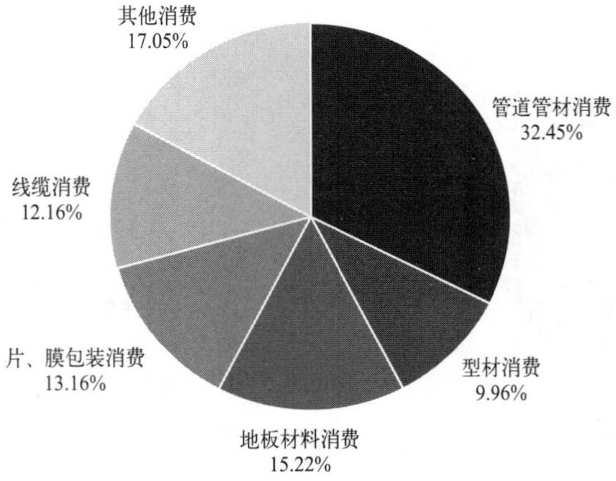

图21-9 2024年中国聚氯乙烯下游消费构成

21.3.2.2 2020—2024年聚氯乙烯消费结构分析

近五年来，聚氯乙烯下游消费增长呈现放缓趋势，不同品种发展存在差异性。管道管材、型材消费呈减少趋势，主要是由于房地产新开工、竣工数据持续下降，而排水管、穿线管、型材等制品消费集中在房地产新开工、建设、竣工阶段。医疗健康产业消费旺盛，推动聚氯乙烯片、膜包装消费领域增长；国家光伏、新能源电力、新能源汽车及其配套设施带动线缆市场消费增长。从数据来看，聚氯乙烯传统房地产市场消费增速减缓，而新型建材、包装、线缆等领域需求增加。

2020—2024年中国聚氯乙烯下游消费变化趋势见图21-10。

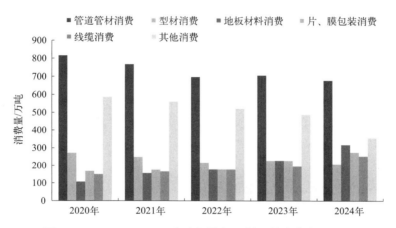

图 21-10 2020—2024年中国聚氯乙烯下游消费变化趋势

21.3.3 聚氯乙烯出口趋势分析

2024年中国聚氯乙烯出口量在261.8万吨，同比2023年增加15.2%，3月出口量更是刷新历史最高位。年度低点在7月份，主要是由于传统出口淡季及印度BIS政策即将到期，外商规避风险，减少采购。从价格变化来看，全年平均出口价在712美元/吨，在价格高位区间聚氯乙烯出口量相对减少，价格低位区间则出口相对增加。

2024年中国聚氯乙烯出口量价变化趋势见图21-11。

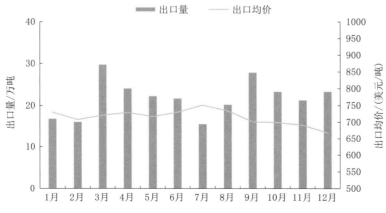

图 21-11 2024年中国聚氯乙烯出口量价变化趋势

2020—2024年，中国聚氯乙烯出口总量有显著增长，由63万吨增长至261.75万吨，复合增长率43%。受2020—2021年美国寒潮、飓风影响，全球聚氯乙烯进出口贸易缺口增加，2021年叠加中国能耗双控政策，煤炭产业成本迅速抬升，带动2021年出口年均价涨至五年高点，2022年俄乌冲突更是推动了全球聚氯乙烯生产成本，中国聚氯乙烯凭借供应稳定性及价格优势迅速打开出口市场。

2020—2024年中国聚氯乙烯出口量变化趋势见图21-12。

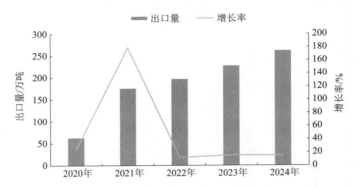

图 21-12　2020—2024 年中国聚氯乙烯出口量变化趋势

21.4　中国聚氯乙烯价格走势分析

在过去的5年里，聚氯乙烯价格波动明显，价格波动区间较大。2020年疫情影响供需结构，价格先跌后涨，下半年需求助推价格上涨。2021年受国内能耗双控政策叠加春节假期海外大面积停产影响，出口量显著增长，市场供需失衡聚氯乙烯推涨价格至历史高位，现货端升水明显。2021年10月—2022年随着原料价格下调、房地产不景气，供应端新投产增加等因素影响，聚氯乙烯价格一路下跌。而2023—2024年聚氯乙烯市场进入强预期与弱现实博弈，价格呈现跌多涨少格局，且重心逐步走低。2024年国内聚氯乙烯年均价格低于历史五年均价，全年受到供需基本面主导。2024年聚氯乙烯市场价格上行驱动主要源于低估值修复、房地产政策利好释放及板块轮动效应提振。然而年内行业高开工率、社会库存高企与终端需求持续疲软形成基本面偏空格局，三重利空因素持续压制市场预期，最终主导聚氯乙烯全年震荡下行走势。

2020—2024年中国聚氯乙烯华东市场价格走势见图21-13。

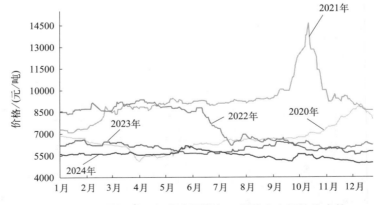

图 21-13　2020—2024 年中国聚氯乙烯华东市场价格走势

华东市场聚氯乙烯2024年月均价格及2020—2024年年均价格分别见表21-4和表21-5。

表 21-4　2024 年华东市场聚氯乙烯月均价格

月份	1月	2月	3月	4月	5月	6月	7月	8月	9月	10月	11月	12月
华东均价/（元/吨）	5608.6	5595.3	5658.6	5571.8	5867.1	5856.8	5632.2	5435	5244.3	5409.5	5198.1	4996.4

表 21-5　2020—2024 年华东市场聚氯乙烯年均价格

年份	2020 年	2021 年	2022 年	2023 年	2024 年
华东均价/（元/吨）	6637.1	9195.6	7250.4	6017	5502

21.5　中国聚氯乙烯生产毛利走势分析

2024年聚氯乙烯两大主流工艺从年均利润看，均处于负盈利状态。分工艺看，电石法年度利润值在−175元，主要因为聚氯乙烯价格一直处于低位，虽然原料电石价格重心有回落，但不及聚氯乙烯价格跌幅；乙烯法年度利润值在−183元，造成2024年乙烯法利润低于电石法利润的主要原因是原料乙烯价格居高不下，乙烯法成本跌幅仅在1%，同时乙烯法产量增加，而需求端未有明显增量，进而导致乙烯法聚氯乙烯价格低迷，使得乙烯法工艺在2024年也面临较大的利润压力。

2024年中国不同工艺聚氯乙烯生产毛利对比见图21-14。

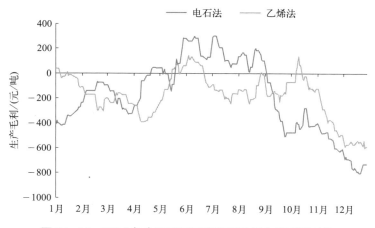

图 21-14　2024 年中国不同工艺聚氯乙烯生产毛利对比

中国不同原料制聚氯乙烯2024年月均生产毛利及2020—2024年年均生产毛利见表21-6和表21-7。

表 21-6　2024 年中国聚氯乙烯月均生产毛利

单位：元/吨

月份	1月	2月	3月	4月	5月	6月	7月	8月	9月	10月	11月	12月
电石法	−361.1	−133.4	−224.8	−63.9	37.9	212.6	166.4	124.8	−256.3	−395.0	−522.8	−736.1
乙烯法	−22.5	−199.0	−203.8	−338.1	−42.7	38.5	−158.0	−130.6	−152.3	−35.6	−352.6	−563.4

表 21-7　2020—2024 年中国聚氯乙烯年均生产毛利

单位：元/吨

年份	2020 年	2021 年	2022 年	2023 年	2024 年
电石法	815	877	170	−178	−175
乙烯法	1281	2365	1046	312	−183

21.6　2025—2029 年中国聚氯乙烯发展预期

21.6.1　聚氯乙烯产品供应趋势预测

21.6.1.1　2025—2029 年聚氯乙烯拟在建 / 退出产能统计

2025 年中国聚氯乙烯计划新增产能位于华北、华东、西北区域。2026 年新增产能较少。受制于聚氯乙烯消费端瓶颈预计延续至 2027 年后的结构性矛盾，中国聚氯乙烯产能将保持相对低速发展。

2025—2029 年中国聚氯乙烯新增产能统计见表 21-8。

表 21-8　2025—2029 年中国聚氯乙烯新增产能统计

企业名称	工艺	产能 /（万吨 / 年）	预计投产时间	地址
新浦化学（泰兴）有限公司	乙烯法	50	2025 年	江苏
浙江嘉佳兴成新材料有限公司	乙烯法	30	2025 年	浙江
青岛海湾化学股份有限公司	乙烯法	20	2025 年	山东
天津渤化工发展有限公司	乙烯法	40	2025 年	天津
万华化学（福建）有限公司	乙烯法	50	2025 年	山东
甘肃耀望化工有限公司	电石法	30	2025 年	甘肃
内蒙古君正能源化工集团股份有限公司	电石法	16	2026 年	内蒙古

21.6.1.2　2025—2029 年聚氯乙烯产能趋势预测

2025 年，预计聚氯乙烯年度产能保持理性增长，2025 年乙烯法装置相对集中投产，但从历年的投产进度以及对未来的价格判断，预计实际落地不及预期。2026 年以后已公布的新建项目预期偏少，产能呈低速小幅增加趋势。

2025—2029 年中国聚氯乙烯产能预测见图 21-15。

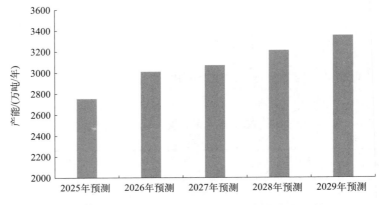

图 21-15　2025—2029 年中国聚氯乙烯产能预测

2025—2029年中国聚氯乙烯新增产能呈理性增长态势。随着聚氯乙烯行业供需矛盾加剧，需求增速低于供应增速的大背景下，市场货源消化速度减缓，期末库存压力加大，价格下跌或导致企业亏损而采取停车或限产措施等情况，故未来5年产能利用率或呈逐年下降趋势。

2025—2029年中国聚氯乙烯产量及产能利用率趋势预测见图21-16。

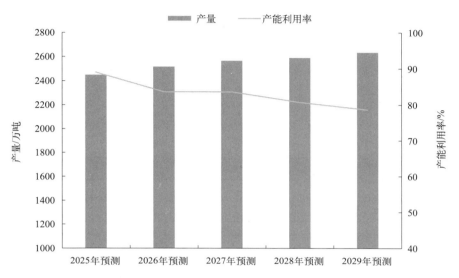

图 21-16　2025—2029 年中国聚氯乙烯产量及产能利用率趋势预测

21.6.2　聚氯乙烯产品主要下游发展前景预测

2025—2029年聚氯乙烯下游消费增速较2020—2024年周期间增速略有增加，年均复合增长率1%。聚氯乙烯下游制品行业未来五年增速将发生变化，传统依赖于房地产规模增长的产业增速将放缓，预估管道管材行业五年复合增长率在−0.3%，房地产市场管材需求减少，更多管材将转向农业、基础建设类需求，而型材市场的需求将在房地产市场新开工需求锐减及铝合金等新型材料的竞争中快速下滑，五年复合增长率预估在−7%。

2025年和2029年中国聚氯乙烯主要下游消费量预测见图21-17。

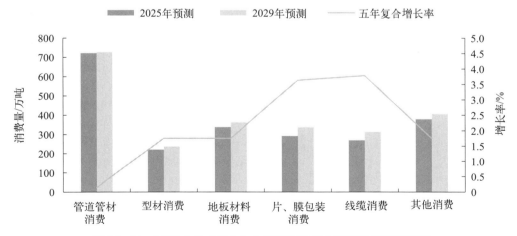

图 21-17　2025 年和 2029 年中国聚氯乙烯主要下游消费量预测

21.6.3 聚氯乙烯供需格局预测

2025—2029年,国内聚氯乙烯行业产能将低速增长,房地产预期偏弱,终端需求占比变化较慢,软制品的增量难以在五年内明显覆盖硬制品的减量。结合实际投产的产量释放周期以及GDP、房地产、汽车行业等数据等预测,以及考虑到未来聚氯乙烯行业对非五型牌号的开发与下游制品占比格局的转变,预计未来聚氯乙烯行业供需压力仍然较大。

2025—2029年中国聚氯乙烯供需预测见表21-9。

表 21-9 2025—2029 年中国聚氯乙烯供需预测

单位:万吨

时间	产量	进口量	总供应量	下游消费量	出口量	总需求量
2025 年预测	2449	22	2471	2222	218	2440
2026 年预测	2516	21	2537	2306	229	2535
2027 年预测	2565	20	2585	2342	236	2578
2028 年预测	2589	19	2608	2351	246	2597
2029 年预测	2633	19	2652	2383	260	2643

第 22 章

丙烯腈－丁二烯－苯乙烯三元共聚物（ABS）

2024 年度
关键指标一览

类别	指标	2024 年	2023 年	涨跌幅	2025 年预测	预计涨跌幅
价格	华东均价 /（元 / 吨）	11279.0	10740.0	5.0%	10988	−2.6%
供需	产能 /（万吨 / 年）	916.5	770.5	18.9%	1146.50	25.1%
	产量 / 万吨	548.8	586.0	−6.3%	640.00	16.6%
	产能利用率 /%	59.9	76.1	−16.2 个百分点	55.80	−4.1 个百分点
	表观消费量 / 万吨	628.8	679.7	−7.5%	710.00	12.9%
进出口	进口量 / 万吨	101.7	107.7	−5.6%	95.00	−6.6%
	出口量 / 万吨	21.7	14.0	55.0%	25.00	15.2%
库存	生产厂库存 / 万吨	16.1	18.0	−10.6%	19.00	18.0%
毛利	生产毛利 /（元 / 吨）	−253.0	−79.0	−220.3%	−200.00	20.9%

22.1 中国 ABS 供需分析

2020年以来，国内丙烯腈-丁二烯-苯乙烯三元共聚物（ABS）行业龙头企业新增产能陆续投放，行业产量持续增长，进口量逐年递减，出口量不断增加。

2020—2024年中国ABS供需变化见表22-1。

表 22-1 2020—2024 年中国 ABS 供需变化

单位：万吨

时间	产量	进口量	总供应量	出口量	表观消费量
2020 年	393	202.0	595.0	4.8	590.2
2021 年	410.1	175.0	585.1	8.2	576.9
2022 年	444	137.0	581.0	8.1	572.9
2023 年	586	107.7	693.7	14	679.7
2024 年	548.8	101.7	650.5	21.7	628.8

22.2 中国 ABS 供应现状分析

22.2.1 ABS 产能趋势分析

22.2.1.1 2024 年 ABS 产能及新增产能统计

2024年新增漳州奇美15万吨/年，大连恒力30万吨/年，浙石化二期90万吨/年，新浦化学7万吨/年，同时LG甬兴装置调整为93万吨/年，吉林石化装置调整为60万吨/年，北方华锦装置调整为14万吨/年，总计新增产能146万吨/年，2024年ABS总产能达到916.5万吨/年。

2024年中国ABS新增产能统计（不含调整产能4万吨/年）见表22-2。

表 22-2 2024 年中国 ABS 新增产能统计（不含调整产能 4 万吨 / 年）

企业名称	地址	企业形式	产能 /（万吨 / 年）	原料类型	装置投产时间	下游配套
恒力石化（大连）有限公司	海南	国企	30	炼化一体	2024 年 4 月	无
浙江石油化工有限公司	江苏	民企	90	炼化一体	2024 年 7 月	无
漳州奇美化工有限公司	福建	民企	15	外采	2024 年 1 月	无
新浦化学（泰兴）化工有限公司	江苏	民企	7	外采	2024 年 8 月	无
合计			142			

22.2.1.2 2024 年 ABS 主要生产企业生产状况

截至2024年底，中国共有21家ABS生产企业。产能最大的是浙石化和中国石油，产能都为130万吨/年，中国石油旗下吉林石化产能60万吨/年，大庆石化10万吨/年，中油吉化揭阳60万吨/年，合计产能130万吨/年，约占全国总产能的14%；第三位的为LG化工，其惠州产能45万吨/年、甬兴产能93万吨/年，合计产能128万吨/年，约占全国总产能的14%。

2024年，国内主要ABS生产企业装置负荷同比略有下降，主要由于新装置产能集中释放，导致行业盈利水平大幅下降，部分企业开工负荷下降。奇美全年开工率维持在6～7成运行，LG甬兴维持在9成，天津大沽厂家维持在6～7成运行，2024年全年ABS行业开工率维持在60%左右。

2024年中国ABS生产企业产能统计见表22-3。

表22-3 2024年中国ABS生产企业产能统计

企业名称	地址	简称	产能/（万吨/年）	工艺路线
镇江奇美化工有限公司	江苏	镇江奇美	80	乳液
台化兴业（宁波）有限公司	浙江	宁波台化	70	乳液
宁波乐金甬兴化工有限公司	浙江	宁波LG甬兴	93	乳液
中国石油天然气股份有限公司大庆石化分公司	黑龙江	大庆石化	10	乳液
中石化上海高桥石化有限公司	上海	上海高桥	20	本体
中国石油天然气股份有限公司吉林石化分公司	吉林	吉林石化	60	乳液
北方华锦化学工业股份有限公司	辽宁	辽通化工	14	本体
天津大沽化工股份有限公司	天津	天津大沽	40	乳液
乐金化学惠州化工有限公司	广东	LG惠州	45	乳液
山东海江化工有限公司	山东	山东海江	20	乳液
盛禧奥聚合物（张家港）有限公司	江苏	盛禧奥	7.5	本体
漳州奇美化工有限公司	福建	漳州奇美	60	乳液
广西科元新材料有限公司	广西	广西科元	10	本体
辽宁金发科技股份有限公司	辽宁	辽宁金发	60	乳液
山东利华益集团股份有限公司	山东	山东利华益	40	乳液
浙江石油化工有限公司	浙江	浙石化	130	乳液
中国石油天然气股份有限公司（吉化）揭阳分公司	广东	吉化揭阳	60	乳液
中石化英力士苯领高新材料（宁波）有限公司	浙江	中石化英力士苯领	60	乳液
恒力石化（大连）有限公司	大连	大连恒力	30	乳液
新浦化学（泰兴）化工有限公司	江苏	新浦化学	7	本体
合计			916.5	

22.2.1.3 2020—2024年ABS产能趋势分析

我国ABS产能不断增长。2019年新增山东海江20万吨/年新装置；2020年中国ABS产能与2019年持平；2021年新增漳州奇美45万吨/年和广西长科10万吨/年，同时剔除兰化长期关停的5万吨/年装置产能；2023年新增装置245万吨/年，ABS行业总产能达到770.5万吨/年；2024年新增装置146万吨/年，行业总产能达到916.5万吨。

2020—2024年中国ABS产能变化趋势见图22-1。

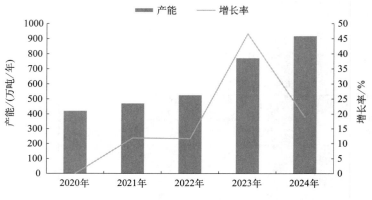

图 22-1　2020—2024 年中国 ABS 产能变化趋势

22.2.2　ABS 产量及产能利用率趋势分析

22.2.2.1　2024 年 ABS 产量及产能利用率趋势分析

2024年中国ABS总产量同比减少37.2万吨，在548.8万吨左右，月均产量在39万～55万吨。从产量变化来看，ABS产量的峰值出现在12月份，产量在54.7万吨；最低值出现在4月份，为38.2万吨。2024年由于行业亏损加剧，厂家开工率均出现下滑。

2024年中国ABS产量及产能利用率变化趋势见图22-2。

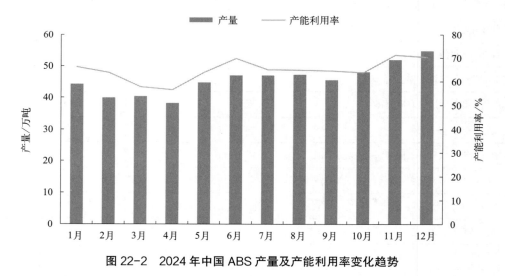

图 22-2　2024 年中国 ABS 产量及产能利用率变化趋势

22.2.2.2　2020—2024 年 ABS 产量及产能利用率趋势分析

近五年我国ABS产量先增后降，由2020年的393万吨增加至2023年的586万吨，然后又下降至2024年的548.8万吨。2019—2020年ABS市场总体供不应求，但产能增长有限，厂家产能利用率较高。2020—2022年随着新增产能投产，行业平均产能利用率开始下降，但整体产量保持增长。2023年国内ABS新装置集中释放，行业总产能同比出现大幅增加。2024年由于行业亏损，厂家开工率以及产量均出现下滑，整体增产不增量。

2020—2024年中国ABS产量及产能利用率变化趋势见图22-3。

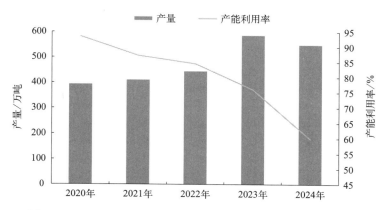

图 22-3　2020—2024 年中国 ABS 产量及产能利用率变化趋势

22.2.3　2024 年 ABS 供应结构分析

22.2.3.1　2024 年 ABS 分区域供应结构分析

2024年国内ABS产能区域分布依然较为广泛，华东、华南、华北、西南、东北5个地区均有ABS产能分布。详细分析来看，华东地区最为集中，区域内ABS总产能为587.5万吨/年，占比64.1%；其次为东北区域，产能174万吨/年，占比19%；第三为华南地区，产能105万吨/年，占比11.5%；第四为华北地区，产能40万吨/年，占比4.4%；第五为西南地区，产能10万吨/年，占比1.1%。

2024年中国ABS分区域产能分布见图22-4。

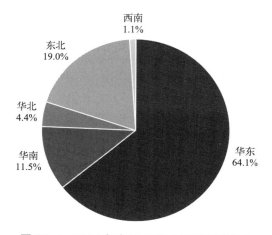

图 22-4　2024 年中国 ABS 分区域产能分布

22.2.3.2　2024 年 ABS 分企业性质供应结构分析

目前来看，我国ABS生产企业以合资厂居多，包括中韩合资及中国台湾企业，产能合计

422.5万吨/年，占比46.1%；其次为国有企业，包括中国石油、中国石化及地方国企，产能合计204万吨/年，占比22.3%；第三位是民营企业，包括山东海江、辽宁金发、广西科元、浙石化等，产能合计290万吨/年，占比31.6%。

22.2.4 ABS 进口趋势分析

2024年ABS行业进口量继续下降，总进口量为101.7万吨，较2023年减少5.67万吨，同比下降5.3%，主要由于中国国内新装置释放，对进口料空间形成挤压。

2024年中国ABS进口量价变化趋势见图22-5。

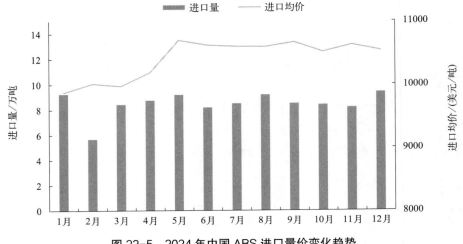

图 22-5 2024 年中国 ABS 进口量价变化趋势

从近五年ABS进口量来看，2020—2024年，受终端订单量增加影响，国内需求较好，ABS行业供不应求，进口量逐渐增加。2020年开始受疫情影响，进口量出现小幅下降，2020年四季度漳州奇美45万吨/年ABS装置投产，加剧国产料竞争。2021年中国房地产市场萎缩，中国订单外流，国内需求量下降，2021年进口量同比2020年减少38万吨。2023年随着中国国内新装置的集中释放，国产料竞争加剧，对进口料形成冲击，导致2023年进口量继续减少。2024年进口量继续减少，但减少幅度大幅减缓。

2020—2024年中国ABS进口量变化趋势见图22-6。

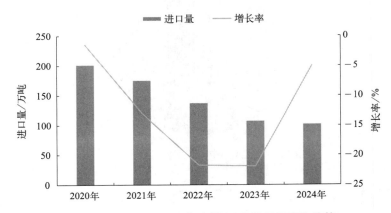

图 22-6 2020—2024 年中国 ABS 进口量变化趋势

22.3　中国 ABS 消费现状分析

22.3.1　ABS 消费趋势分析

22.3.1.1　2024 年 ABS 月度消费趋势分析

2024年中国ABS表观消费量在628.8万吨，较2023年减少50.9万吨。从2024年月度消费情况来看，月度表观消费量基本维持在44万～62万吨之间。

2024年中国ABS月度消费量及价格变化趋势见图22-7。

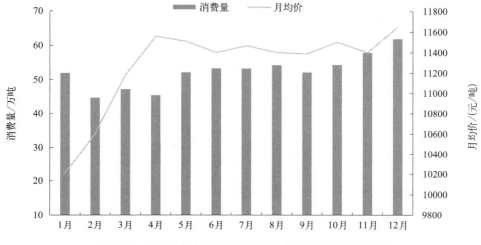

图 22-7　2024 年中国 ABS 月度消费量及价格变化趋势

22.3.1.2　2020—2024 年 ABS 年度消费趋势分析

2020—2022年国内不断有新装置释放，但新装置增加的产量不及进口量减少的速度，所以整体表观消费量呈现减少趋势。2023年表观消费量大幅增加，主要是2023年国内新装置集中释放导致行业产量增加，而进出口量变动不大。2024年表观消费量下降，主要原因是2024年产量大幅下降，导致表观消费量减少。

2020—2024年中国ABS年度消费变化趋势见图22-8。

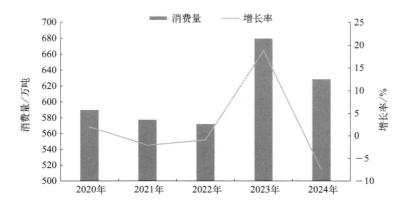

图 22-8　2020—2024 年中国 ABS 年度消费变化趋势

22.3.2　ABS 消费结构分析

22.3.2.1　2024 年 ABS 消费结构分析

2024年中国ABS下游需求方面基本和往年相差不大，家用电器依旧是占比最大的下游领域，占比61.5%，交通领域占比17.5%，办公设备占比10.0%，轻工业领域占比5.5%，建材及其他占比5.5%。未来几年家用电器依旧是ABS最大下游消费领域，美的、格力、海尔等家电企业内销外销表现亮眼。另外，从2018年开始汽车行业产销量持续下降，在ABS下游消费领域中占比位居第三位，但随着新能源汽车的普及，2024年交通领域占比提升2%至17.5%，而整体看来ABS下游消费占比变动不大。

2024年中国ABS下游消费构成见图22-9。

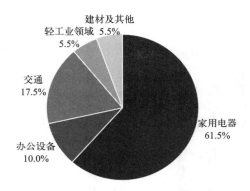

图 22-9　2024 年中国 ABS 下游消费构成

22.3.2.2　2024 年 ABS 区域消费结构分析

2024年中国ABS区域消费结构与2023年相差不大，华南地区占比最大，为42%，华南地区集中了众多家电及玩具企业，中山、汕头、东莞等地区有众多玩具、箱包、小家电制造商，所以消费量区域来看为全国第一；华东地区占比34%，上海市有众多汽车生产企业及改性塑料生产商，如上海普利特、上海金发、锦湖日丽、上海大众等企业，安徽地区有美的制造基地，因而消费量占比较大。华东和华南地区消费量占比超过75%，是全国最大的消费地区。

2024年中国ABS分区域消费构成见图22-10。

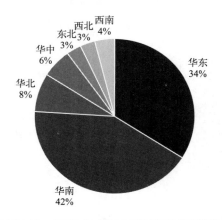

图 22-10　2024 年中国 ABS 分区域消费构成

22.3.3　ABS 出口趋势分析

2024年中国ABS出口量在21.7万吨，较2023年增加7.7万吨。

从近年ABS出口量走势来看，国内新增产能逐渐释放导致国产ABS供应量增加，国产料竞争激烈，部分石化厂转向出口，出口量由2020年的4.8万吨大幅增加到2024年的21.7万吨。出口量处于逐年递增态势。

2020—2024年中国ABS出口量变化趋势见图22-11。

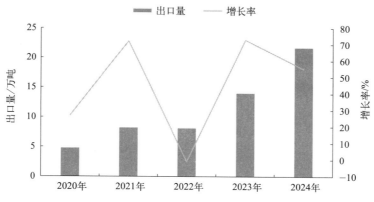

图 22-11　2020—2024 年中国 ABS 出口量变化趋势

22.4　中国 ABS 价格走势分析

2020年ABS市场价格波动较大，全年在10250～19100元/吨区间波动，年均价在13376.8元/吨。2021年ABS价格整体维持高位震荡态势，年均价在17450.2元/吨。2022年受家电增幅有限、房地产市场低迷，以及ABS新装置释放等因素影响，ABS价格整体走低，年均价在12876.5元/吨左右，较2021年大幅下跌4506元/吨。2023年ABS均价在10740元/吨，同比下跌2136.5元/吨，跌幅16.6%。2024年年均价格11279元/吨，价格同比上涨539元/吨，涨幅5.2%。

2020—2024年中国ABS市场价格走势见图22-12。

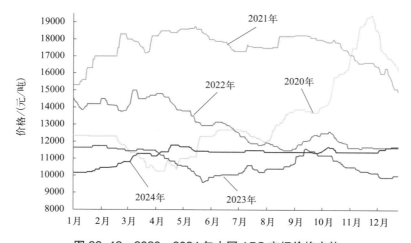

图 22-12　2020—2024 年中国 ABS 市场价格走势

华东市场ABS 2024年月均价格及2020—2024年年均价格分别见表22-4和表22-5。

表 22-4 2024 年华东市场 ABS 月均价格

月份	1月	2月	3月	4月	5月	6月	7月	8月	9月	10月	11月	12月
华东均价/（元/吨）	10214	10603	11181	11556	11507	11400	11465	11400	11388	11500	11400	11634

表 22-5 2020—2024 年华东市场 ABS 年均价格

年份	2020 年	2021 年	2022 年	2023 年	2024 年
华东均价/（元/吨）	13376.8	17450.2	12876.5	10740.0	11279.0

22.5 中国 ABS 生产毛利走势分析

2019年ABS行业生产毛利大幅度缩水，基本在千元左右。2020和2021年ABS行业生产毛利爆表，分别为4151元/吨和5561元/吨，2021年毛利为近10年最高。2022年受订单外流影响，生产毛利大幅压缩，2023年随着新装置的释放，厂家利润开始亏损，2024年厂家亏损幅度进一步加大，亏损至-253元/吨。

2020—2024年中国ABS生产毛利趋势见图22-13。

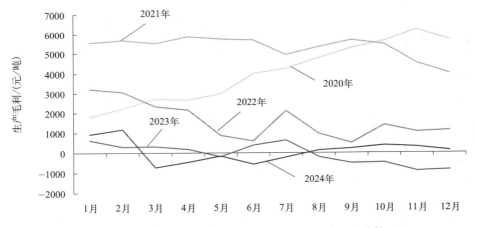

图 22-13 2020—2024 年中国 ABS 行业生产毛利趋势

中国ABS 2024年月均生产毛利及2020—2024年年均生产毛利分别见表22-6和表22-7。

表 22-6 2024 年中国 ABS 月均生产毛利

月份	1月	2月	3月	4月	5月	6月	7月	8月	9月	10月	11月	12月
生产毛利/（元/吨）	-961	-1192	-718	-575	-106	-520	-324	129	198	347	348	103

表 22-7 2020—2024 年中国 ABS 年均生产毛利

年份	2020 年	2021 年	2022 年	2023 年	2024 年
生产毛利/（元/吨）	4151.0	5561.0	1445.0	-79.0	-253.0

22.6　2025—2029 年中国 ABS 发展预期

22.6.1　ABS 供应趋势预测

22.6.1.1　2025—2029 年 ABS 拟在建 / 退出产能统计

据不完全统计，未来五年 ABS 拟在建产能累计将达 380 万吨，主要分布在华东、东北地区，多个拟建企业配套有上下游装置，产业链规模化发展，降低采购及运输等经营成本。不过，2024年新增产能集中投放后，ABS 行业企业毛利大幅萎缩，或将影响后期部分新产能投放进度。

2025—2029 年中国 ABS 新增产能统计见表 22-8。

表 22-8　2025—2029 年中国 ABS 新增产能统计

企业简称	产能 /（万吨 / 年）	预计投产时间	地址
山东海科	30	2025 年 6 月份	山东
山东裕龙	60	2025 年 4 月份	山东
浙江石化	30	2025 年 1—6 月份	浙江
上海高桥	10	2025 年 6 月份	上海
大庆石化	20	2025 年四季度	黑龙江
吉林石化	60	2025 年四季度	吉林
广西长科	20	2025 年四季度	广西
浙石化	120	2026 年四季度	浙江
中石化英力士苯领	30	2026 年四季度	浙江
合计	380		

22.6.1.2　2025—2029 年 ABS 产能趋势预测

2025—2026 年中国 ABS 行业供应量逐年递增，预计 2026 年行业竞争加剧，厂家毛利将被进一步压缩，部分厂家不排除降低产能利用率，因而预计 2026—2027 年产量下降。

2025—2029 年中国 ABS 产能预测见图 22-14。2025—2029 年中国 ABS 产量及产能利用率趋势预测见图 22-15。

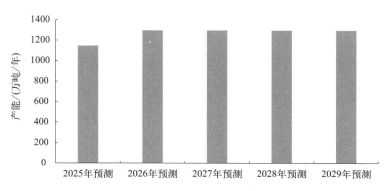

图 22-14　2025—2029 年中国 ABS 产能预测

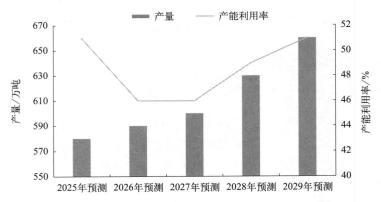

图 22-15 2025—2029 年中国 ABS 产量及产能利用率趋势预测

22.6.2 ABS 消费趋势预测

小家电方面，预计 2025—2029 年小家电产量将会继续增加，特别是家用吸尘器、扫地机器人、智能马桶、AI 人工智能对 ABS 的需求将增加。预计到 2027 年，扫地机器人将会达到 3000 万台、智能马桶将会达到 4000 万台，保守估计可以带动 40 万～ 50 万吨的 ABS 需求量。

新能源车方面，预计到 2026 年新能源汽车产量将会继续增加，带动 ABS 需求量增加。

传统家电方面，预计空调将会保持低速增长，对 ABS 新增需求量有限，冰箱、洗衣机、电视机未来产量不排除会出现下降。

22.6.3 ABS 供需格局预测

根据拟在建项目进度，2025 年将有浙石化、山东亿科等 ABS 装置投产，ABS 总产能将增加至 1146.5 万吨/年。

预计 2025 年 ABS 产量将会达到 580 万吨左右。行业将继续维持过剩，整体开工率将继续维持 6 ～ 7 成。从进出口方面来看，随着国内 ABS 供应的增加，预计进口量将会继续下降，出口量将会逐年增加。

2025—2029 年中国 ABS 供需预测见表 22-9。

表 22-9 2025—2029 年中国 ABS 供需预测

单位：万吨

时间	产量	进口量	总供应量	出口量	表观消费量
2025 年预测	580	95	675	23	652
2026 年预测	590	90	680	25	655
2027 年预测	600	86	686	28	658
2028 年预测	630	82	712	30	682
2029 年预测	660	75	735	32	703

第 23 章

聚碳酸酯

2024 年度
关键指标一览

类别	指标	2024 年	2023 年	涨跌幅	2025 年预测	预计涨跌幅
价格	华东均价 /（元 / 吨）	13507.0	14226.0	−5.1%	13550.0	0.3%
供需	产能 /（万吨 / 年）	381.0	343.0	11.1%	399.0	4.7%
	产量 / 万吨	320.0	253.0	26.5%	335.0	4.7%
	产能利用率 /%	84.0	73.8	10.2 个百分点	84.0	0
	表观消费量 / 万吨	360.0	320.9	12.2%	367.0	1.9%
进出口	进口量 / 万吨	88.7	104.2	−14.9%	85.0	−4.2%
	出口量 / 万吨	48.7	36.3	34.2%	53.0	8.8%
毛利	生产毛利 /（元 / 吨）	331.0	600.0	−44.8%	419.0	26.6%

23.1　中国聚碳酸酯供需分析

中国聚碳酸酯（PC）产业链的供应端由国产聚碳酸酯、进口聚碳酸酯组成，需求端主要覆盖电子电器、板材/片材/薄膜、汽车行业、水桶包装、家具运动娱乐等终端消费行业以及出口，其中，出口量近年占比逐步提升，2024年约占国内消费量的1/8。近年来，中国聚碳酸酯产业链供需端呈现发展不均衡的特点，供需基本面成为聚碳酸酯行业价格波动的重要标准，近五年中国聚碳酸酯供应增速高于需求增速，具体表现为供需差不断增大，进口量加速下降，出口量则逐年上升。

2020—2024年中国聚碳酸酯供需变化见表23-1。

表 23-1　2020—2024 年中国聚碳酸酯供需变化

时间	产能/（万吨/年）	产量/万吨	进口量/万吨	总供应量/万吨	出口量/万吨	表观消费量/万吨
2020 年	185.0	110.0	163.0	273.0	25.1	247.9
2021 年	247.0	130.0	150.1	280.1	34.0	246.1
2022 年	320.0	178.0	138.6	316.6	29.1	287.5
2023 年	343.0	253.0	104.2	357.2	36.3	320.9
2024 年	381.0	320.0	88.7	408.7	48.7	360.0

23.2　中国聚碳酸酯供应现状分析

23.2.1　聚碳酸酯产能趋势分析

23.2.1.1　2024 年聚碳酸酯产能及新增产能统计

2024年国内聚碳酸酯产能保持增长态势，新增产能合计38万吨/年，同比增幅11.1%，涉及生产企业3家。其中，其中，恒力石化聚碳酸酯装置为东北地区首套聚碳酸酯装置；万华化学再度扩能10万吨/年，总产能达到60万吨/年，跃居国内第一大聚碳酸酯生产商；而湖北甘宁自2023年重启装置以后实际产能逐步提升，2024年其产能由7万吨/年增至9万吨/年。

2024年中国聚碳酸酯新增产能投产统计见表23-2。

表 23-2　2024 年中国聚碳酸酯新增产能统计

企业名称	地址	企业形式	产能/（万吨/年）	工艺类型	装置投产时间	下游配套
万华化学集团股份有限公司	山东	国企	10	光气法	2024 年 3 月/9 月	改性聚碳酸酯
恒力石化（大连）有限公司	辽宁	民企	26	非光气法	2024 年 4 月中旬	无
湖北甘宁石化新材料股份有限公司	湖北	民企	2	非光气法	2024 年初	无
合计			38			

23.2.1.2　2024 年聚碳酸酯主要生产企业生产状况

2024年，国内聚碳酸酯生产企业合计产能为381万吨/年，产能在20万吨/年及以上的生产企业共有7家，合计产能占总产能的72%。从生产工艺的分布来看，非光气法产能占比49%，界面缩聚光气法、间接光气法产能占比分别为35%、16%。从区域分布来看，华东是国内聚碳酸酯产能分布最多的地区，产能占比64%，该地区也是国内聚碳酸酯的主要消费地，华东具备良好的水、陆运条件，便于原料及产品的运输，此外，华北、华南、华中、东北及西南也均有部分产能。国内聚碳酸酯产能遍地开花，区域间货源交叉流通明显。

2024 年中国聚碳酸酯生产企业产能统计见表 23-3。

表 23-3　2024 年中国聚碳酸酯生产企业产能统计

企业名称	地址	简称	产能 /（万吨 / 年）	工艺路线
帝人聚碳酸酯有限公司	浙江嘉兴	嘉兴帝人	15	界面缩聚光气法
科思创聚合物（中国）有限公司	上海	科思创	55	间接光气法
三菱瓦斯化学工程塑料（上海）有限公司	上海	上海三菱	10	界面缩聚光气法
北京中石化燕山石化聚碳酸酯有限公司	北京	燕化聚碳	6	间接光气法
宁波浙铁大风化工有限公司	浙江宁波	浙铁大风	10	非光气法
聊城鲁西聚碳酸酯有限公司	山东聊城	鲁西化工	30	界面缩聚光气法
万华化学集团股份有限公司	山东烟台	万华化学	60	界面缩聚光气法
利华益维远化学股份有限公司	山东东营	利华益维远	13	非光气法
四川天华化工集团股份有限公司	四川泸州	天华化工	10	非光气法
濮阳市盛通聚源新材料有限公司	河南濮阳	盛通聚源	13	非光气法
沧州大化新材料有限责任公司	河北沧州	沧州大化	10	界面缩聚光气法
浙江石油化工有限公司	浙江舟山	浙石化	52	非光气法
中沙（天津）石化有限公司	天津	中沙天津	26	非光气法
海南华盛新材料科技有限公司	海南东方	海南华盛	26	非光气法
平煤神马聚碳材料有限责任公司	河南平顶山	平煤神马	10	界面缩聚光气法
湖北甘宁石化新材料股份有限公司	湖北宜昌	甘宁石化	9	非光气法
恒力石化（大连）有限公司	辽宁大连	恒力石化	26	非光气法
合计			381	

23.2.1.3　2020—2024 年聚碳酸酯产能趋势分析

2020—2024 年，中国聚碳酸酯新增产能趋向规模化、一体化，工艺以非光气法和光气法为主。2020—2022 年，随着万华化学、科思创聚碳酸酯装置的先后扩能，以及沧州大化、浙石化、中沙天津、海南华盛、平煤神马等聚碳酸酯装置的陆续投产，中国聚碳酸酯扩能进入一个高速期。2023 年中国聚碳酸酯产能增速出现了明显的下降，当年新建产能仅有 23 万吨/年，仅占当年总产能的 6.7%，产能增速也下降至 7.2%。2024 年国内聚碳酸酯生产企业达到 17 家，产能同比增长 11.1%。

2020—2024 年中国聚碳酸酯产能变化趋势见图 23-1。

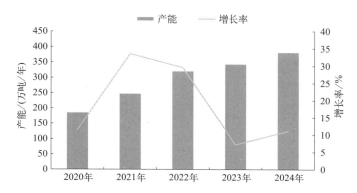

图 23-1　2020—2024 年中国聚碳酸酯产能变化趋势

23.2.2 聚碳酸酯产量及产能利用率趋势分析

23.2.2.1 2024年聚碳酸酯产量及产能利用率趋势分析

据隆众资讯数据统计，2024年国内聚碳酸酯总产量320万吨，同比增长26.5%，刷新历史最高纪录。

2024年中国聚碳酸酯装置总体平稳运行，月度产量持续攀升，行业产能利用率也创历史新高，仅个别月份因装置检修而出现产量、产能利用率的双重回落。造成2024年聚碳酸酯产量猛增的原因如下：一方面，2024年中国聚碳酸酯产业链一体化水平继续提升，上游原料整体亏损较为严重，而聚碳酸酯盈利情况相对良好，生产企业开工积极性较高；另一方面，2024年国内新增一套聚碳酸酯生产装置，行业产能及产能同比增幅均有提升，新装置投产后开工负荷快速提升，也贡献了年内聚碳酸酯产量的增长。

2024年中国聚碳酸酯月度产量及产能利用率变化趋势见图23-2。

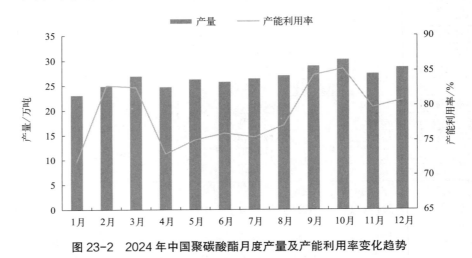

图 23-2　2024年中国聚碳酸酯月度产量及产能利用率变化趋势

23.2.2.2 2020—2024年聚碳酸酯产量及产能利用率趋势分析

从2020—2024年国内聚碳酸酯产量与产能利用率变化来看，两者的上下波动均与国内产能变动相关。2020—2022年，伴随中国新增聚碳酸酯产能的不断释放，产量也随之逐年增长，但行业利润水平持续低下，原有生产装置整体开工负荷低下，加之新装置投产后运行不稳，均导致产能利用率严重不足。2023—2024年，国内聚碳酸酯扩产能步伐放缓，得益于上游原料让利，聚碳酸酯行业整体盈利水平继续提升，工厂开工积极性大增，存量产能因此得以大幅消化；此外，新增聚碳酸酯产能多在年初阶段释放，投产后总体运行较稳，也贡献了年度聚碳酸酯产量。

2020—2024年中国聚碳酸酯产量及产能利用率变化趋势见图23-3。

23.2.3 聚碳酸酯供应结构分析

23.2.3.1 2024年聚碳酸酯分区域产能变化趋势分析

2024年，国内聚碳酸酯产能分布覆盖国内6大行政区域。其中，华东聚碳酸酯产能位居全国首位，该地区地理位置优越，水陆运条件便利，聚碳酸酯产品除本地消费以外，也有较多输

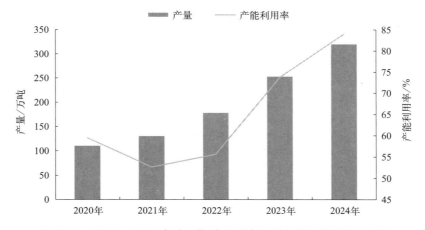

图 23-3　2020—2024 年中国聚碳酸酯产量及产能利用率变化趋势

送至全国各地,是全国最大的聚碳酸酯净输出地。华北聚碳酸酯产能位居全国第二,该地区均为一体化生产装置,综合竞争力较强,基于其经济发展水平及下游消费结构,本地聚碳酸酯大致供需平衡,仅有少量过剩货源外。华中地区聚碳酸酯产能位居全国第三,该地区聚碳酸酯装置产能规模较小且多为非一体化,但受原料供应大幅宽松影响,近两年装置开工情况逐步改善,产品除本区域消费以外,主要输出至华东及华南。

2024 年中国聚碳酸酯分区域产能分布见图23-4。

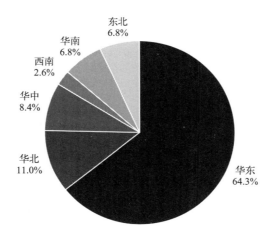

图 23-4　2024 年中国聚碳酸酯分区域产能分布

23.2.3.2　2024 年聚碳酸酯分企业类型产能构成

2024 年,民营企业及国有企业成为中国聚碳酸酯行业的绝对主力。民营企业产能139万吨/年,占比36.5%,其中浙石化产能最大,其一、二期合计产能达到52万吨/年,其产品全部外销。国有企业总计产能为136万吨/年,占比35.7%,万华化学及鲁西化工是主要的代表企业,两者产能分别为60万吨/年、30万吨/年,均位于山东省,其中,万华化学配套下游改性产线。此外,外资企业暂无新增产能,继续保持在3家,产能合计为80万吨/年。合资企业仅有中沙天津1家,产能占比6.8%。

2024 年中国聚碳酸酯分企业产能构成见图23-5。

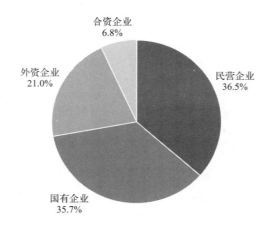

图 23-5 2024 年中国聚碳酸酯分企业产能构成

23.2.4 聚碳酸酯进口趋势分析

23.2.4.1 2024 年聚碳酸酯进口分析

2024年，受中国聚碳酸酯国产化趋势的影响，各主要贸易伙伴对华聚碳酸酯出口均进一步减少。2024年，国内聚碳酸酯进口量共计88.7万吨，较上年同期减少14.8%，月均进口量为7.4万吨，2月进口量最少，为6.2万吨，1月进口量最多，为8.4万吨，高低差在2.2万吨。进口均价与国内市场价格走势趋同，进口货源价格受国内市场行情影响较为明显，但与欧美等海外供需基本面也存一定关联。

2024年中国聚碳酸酯月度进口量价变化趋势见图23-6。

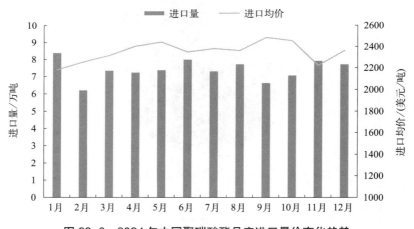

图 23-6 2024 年中国聚碳酸酯月度进口量价变化趋势

23.2.4.2 2020—2024 年聚碳酸酯进口分析

近年来伴随中国聚碳酸酯国产化水平不断提升，国内进口量呈现逐年下降态势，五年年均复合增长率为−14.1%。2020—2022年，受行业扩能以及市场运行低迷等影响下，中国聚碳酸酯产能利用率低下，产量增长相对有限，而受到下游需求持续增长的驱动，聚碳酸酯进口份额占比较高；但2023—2024年里，国产聚碳酸酯大幅增长，国内聚碳酸酯进口同步加速下降，由

104.2万吨降至88.7万吨，进口依存度也由32%降至25%，创历史最低纪录。

2020—2024年中国聚碳酸酯进口量变化趋势见图23-7。

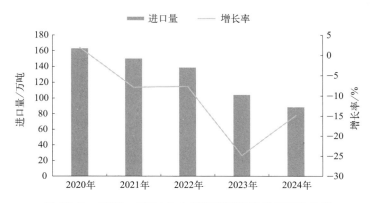

图23-7 2020—2024年中国聚碳酸酯进口量变化趋势

23.3 中国聚碳酸酯消费现状分析

23.3.1 聚碳酸酯消费趋势分析

23.3.1.1 2024年聚碳酸酯月度消费趋势分析

2024年中国聚碳酸酯消费量呈前低后高走势。上半年来看，受春节超长假期因素影响，1—2月国内聚碳酸酯消费量持续偏低，3月起逐步回升，2季度整体平缓；下半年来看，7—8月份为多数下游行业传统消费淡季，改性行业及板材行业工厂开工率低下，仅水桶行业处消费旺季中，该时段内聚碳酸酯的消费量环比增长有限，9月开始，汽车及电子行业产销带动下，聚碳酸酯下游改性工厂接单及开工率均明显回升，消费量随之增加。

2024年中国聚碳酸酯月度表观消费量及月均价变化趋势见图23-8。

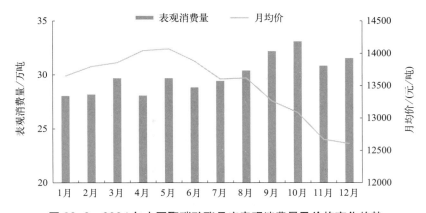

图23-8 2024年中国聚碳酸酯月度表观消费量及价格变化趋势

23.3.1.2 2020—2024年聚碳酸酯年度消费趋势分析

2020—2024年中国聚碳酸酯表观消费量年均复合增长率为9.78%。由于产能的不断增长，以及产业链一体化水平的提升，中国聚碳酸酯的成本及价格竞争力大大增强。近两年来，伴随国内聚碳酸酯价格的持续走低，国产聚碳酸酯新料不仅挤占了较多再生料的市场份额，而且也不断替换进口料在下游的应用，此外，近年来中国聚碳酸酯出口大幅增长，由年出口量30万吨快速迈向45万吨以上，以上因素均带动了国内聚碳酸酯年度消费的增长。

2020—2024年中国聚碳酸酯年度消费变化趋势见图23-9。

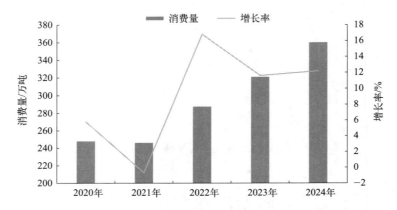

图 23-9　2020—2024年中国聚碳酸酯年度消费变化趋势

23.3.2　聚碳酸酯消费结构分析

23.3.2.1　2024年聚碳酸酯消费结构分析

近年来国内聚碳酸酯下游消费结构相对稳定，各个行业此消彼长，但各下游因为自身行业竞争压力的不同，发展速度表现不一。消费结构方面，电子电器、板材/片材/薄膜、汽车行业、水桶包装、家居运动娱乐等是主要下游消费领域，近年来各行业消费增速较为平稳。2024年，中国聚碳酸酯下游消费占比前五名分别为电子电器、板材/片材/薄膜、汽车、水桶包装及家居/运动/娱乐，整体排名较过去变化不大。其中，近年新能源汽车行业迅猛发展，成为拉动聚碳酸酯消费的重要力量。

2024年中国聚碳酸酯下游消费构成见图23-10。

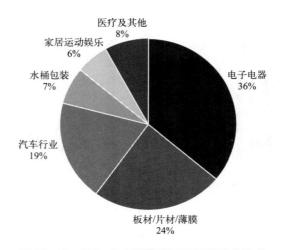

图 23-10　2024年中国聚碳酸酯下游消费构成

23.3.2.2　2020—2024 年聚碳酸酯消费结构分析

近五年来，中国聚碳酸酯下游需求整体快速增长，不同行业发展存在差异。随着 3C 电子产品向便携化、轻薄化、高性能、智能化等方向发展，对材料要求不断提高，聚碳酸酯各方面性能优越，已成为 3C 电子产品的首选材料之一。另外，近年国内新能源汽车产销迅猛发展，产销量及出口量均持续快速增长，成为拉动聚碳酸酯消费的重要动力。

2020—2024 年中国聚碳酸酯下游消费变化趋势见图 23-11。

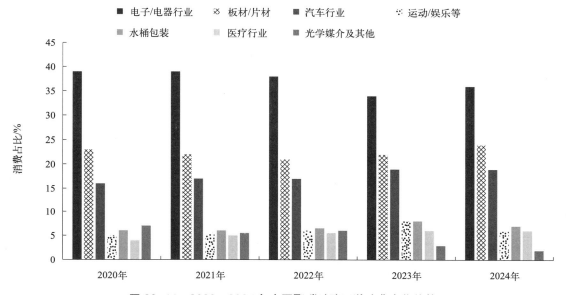

图 23-11　2020—2024 年中国聚碳酸酯下游消费变化趋势

23.3.3　聚碳酸酯出口趋势分析

基于国内聚碳酸酯供应现状，2024 年中国聚碳酸酯生产企业加大海外出口力度，一般贸易的出口占比进一步提升，出口方向以周边国家地区为主，中国聚碳酸酯对全球市场的影响也进一步凸显。2024 年，国内聚碳酸酯出口量共计 48.7 万吨，较上年增长 34.4%，月均出口量为 4.1 万吨，其中，2 月出口量最少，为 2.9 万吨，6 月出口量最多，为 4.9 万吨，高低差在 2 万吨。出口均价来看，聚碳酸酯出口货源价格受国外行情影响较为明显，考虑国产聚碳酸酯与海外工厂的市场争夺，整体价格水平低于国内进口。

2024 年中国聚碳酸酯月度出口量价变化趋势见图 23-12。

伴随聚碳酸酯国产化程度的不断提升，海外出口量大致呈现逐年增长趋势。2020—2024 年，中国聚碳酸酯年均出口量 34.6 万吨，其中前三年相对偏低，近两年加速增长并于 2024 年突破至 45 万吨以上，较 2020 年增长超过 90%，五年年均复合增长率 18%。就出口价格而言，整体呈现先扬后抑态势，2021 年出口均价创近年最高纪录。基于国产聚碳酸酯货源供应过剩及成本不断走低的背景，加之出口贸易方式结构的改变，近年来国内聚碳酸酯出口均价大涨后持续回落，2024 年均价创历史新低。

2020—2024 年中国聚碳酸酯出口量变化趋势见图 23-13。

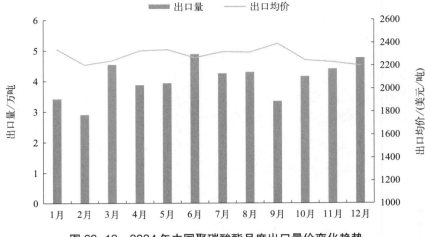

图 23-12 2024 年中国聚碳酸酯月度出口量价变化趋势

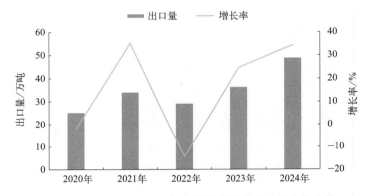

图 23-13 2020—2024 年中国聚碳酸酯出口量变化趋势

23.4 中国聚碳酸酯价格走势分析

2020—2024 年，中国聚碳酸酯现货价格先扬后抑，某国产聚碳酸酯华东市场均价最低值出现在 2024 年，为 13507 元/吨，最高出现在 2021 年，为 24526 元/吨，振幅 65%。周期内聚碳酸酯价格波动大体可分为 2 个阶段，分别为 2020—2021 年 9 月中旬的上涨期，2021 年 9 月下旬—2024 年的震荡下行期。

2020—2021 年 9 月中旬，国内聚碳酸酯价格变化主受原料双酚 A 的影响。疫情期间，大宗商品市场集体破位下跌，之后，原油价格低位反弹带动上游原料，双酚 A 受成本及供需利好的共同驱动，价格快速上涨并达到历史最高值 30000 元/吨附近，在成本压力推动下，聚碳酸酯价格跟随原料被动上移，涨势于 2021 年 9 月达到峰值。2021 年 9 月下旬—2024 年，聚碳酸酯价格的驱动因素切换为供需面。2021 年起，原料双酚 A 再次迎来快速发展期，市场价格迅速走低，聚碳酸酯成本压力得以释放，但由于行业仍处扩能周期内，供需矛盾依旧突出，因此价格亦跟随原料同步走低。2023 年起，中国聚碳酸酯集中扩能基本结束，存量产能得以消化，行业供需增速失衡矛盾得以逐步缓解，市场价格的波动主受自身基本面影响，原料端下降至次要地位。

2020—2024年华东聚碳酸酯市场价格变化趋势见图23-14。

华东聚碳酸酯市场2024年月均价及2020—2024年年均价分别见表23-4和表23-5。

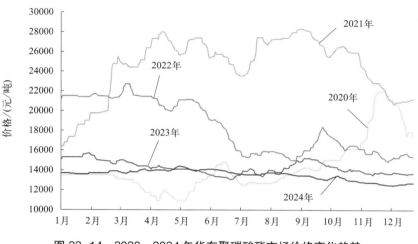

图 23-14　2020—2024 年华东聚碳酸酯市场价格变化趋势

表 23-4　2024 年华东聚碳酸酯月均价格

月份	华东均价 /（元 / 吨）
1 月	13647.7
2 月	13794.1
3 月	13854.8
4 月	14040.9
5 月	14069.1
6 月	13879.0
7 月	13602.2
8 月	13618.2
9 月	13261.9
10 月	13084.0
11 月	12671.0
12 月	12607.0

表 23-5　2020—2024 年华东聚碳酸酯年均价格

年份	2020 年	2021 年	2022 年	2023 年	2024 年
华东均价 /（元 / 吨）	14282	24526	18217	14226	13507

23.5　中国聚碳酸酯生产毛利走势分析

2024年，中国聚碳酸酯行业利润先升后降。上半年，聚碳酸酯与双酚A的价差先降后升，平均生产毛利696元/吨，同比下降31%。下半年，国内聚碳酸酯新老装置开工十分稳定，行业产量及产能利用率均迭创新高，而下游需求表现低迷，供需矛盾持续激化，聚碳酸酯价格也不断弱势下探，原料双酚A受产业链成本支撑，价格波动幅度相对有限，上下游价差收窄，聚碳酸酯行业盈利水平也不断下降，平均毛利仅为−16元/吨，较上半年减少102.30%，其中，9月、12月月均生产毛利两度出现负值。

2024年中国聚碳酸酯企业生产毛利走势见图23-15。

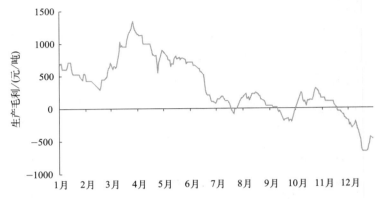

图 23-15　2024 年中国聚碳酸酯企业生产毛利走势

2024年聚碳酸酯月均生产毛利及2020—2024年年均生产毛利分别见表23-6和表23-7。

表 23-6　2024 年聚碳酸酯月均生产毛利汇总

月份	生产毛利/（元/吨）
1 月	585.5
2 月	459.6
3 月	962.3
4 月	923.4
5 月	743.7
6 月	423.9
7 月	87.5
8 月	158.9
9 月	−77.4
10 月	170.4
11 月	18.0
12 月	−434.0

表 23-7　2020—2024 年聚碳酸酯年均生产毛利汇总

年份	2020 年	2021 年	2022 年	2023 年	2024 年
生产毛利/（元/吨）	−429.0	−127.0	385.0	600.0	331.0

23.6 2025—2029年中国聚碳酸酯发展预期

23.6.1 聚碳酸酯产品供应趋势预测

23.6.1.1 聚碳酸酯拟在建/退出产能统计

据隆众资讯不完全调研，未来五年国内聚碳酸酯行业拟在建产能约151万吨/年，暂无已明确的淘汰装置。拟在建产能中，其中规模达到26万吨/年以上的企业有4家，新增产能主要分布在华东、华北、华南及西北地区。多数拟建企业有上游原料装置配套，未来产业链规模化、一体化水平将进一步提升。

2025—2029年中国聚碳酸酯新增产能统计见表23-8。

表 23-8 2025—2029年中国聚碳酸酯新增产能统计

企业简称	产能/（万吨/年）	预计投产时间	地址
漳州奇美	18	2025年	福建漳州
荣盛新材料1期	26	2027年	浙江舟山
荣盛新材料2期	26	2028年前后	浙江舟山
中海壳牌	26	2027年	广东惠州
福建中沙石化	29	2027年	福建漳州
中国神华	26	2027—2028年	陕西榆林
合计	151		

23.6.1.2 2025—2029年聚碳酸酯产能趋势预测

中国聚碳酸酯行业高速扩能期已经在2023年结束，2025—2029年周期内产能扩增速度较2020—2024年周期大幅放缓。未来国内新增聚碳酸酯产能依旧集中于华东区域，且多数为配套原料的一体化装置，华南地区虽新增一套生产装置，自给率有所提升，但仍保持较大供应缺口。2025—2029年，预计中国新增聚碳酸酯产能仍多集中于华东区域，华南、西北也有部分装置投产。与2020—2024年周期相比，未来国内聚碳酸酯产能增速明显放缓。

2025—2029年中国聚碳酸酯产能预测见图23-16。

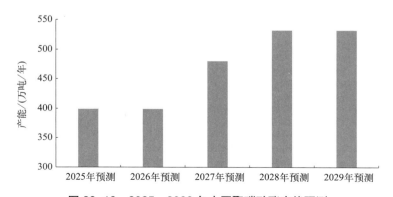

图 23-16 2025—2029年中国聚碳酸酯产能预测

2025—2029年，中国聚碳酸酯新装置投产力度明显下降。2025—2026年，预计中国新增聚碳酸酯产能仅有福建漳州奇美18万吨/年聚碳酸酯装置，基于行业产能利用率已经提升至8成以上历史高位，因此该阶段内预期产能、产量增长均将有限；2027—2028年，中国聚碳酸酯行业再度迎来一波扩能潮，产量将随之明显增长，而新装置的投产或拉低行业开工率，但届时国内聚碳酸酯出口基数较高可一定程度对冲供应压力；2029年及以后，中国暂无拟建聚碳酸酯项目公布，行业发展将再度回归消化原有产能主基调。

2025—2029年中国聚碳酸酯产量及产能利用率趋势预测见图23-17。

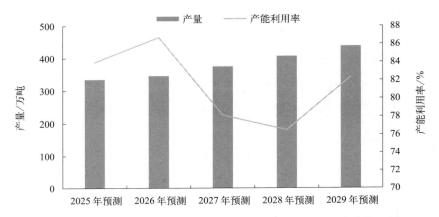

图 23-17　2025—2029 年中国聚碳酸酯产量及产能利用率趋势预测

23.6.2　聚碳酸酯产品主要下游发展前景预测

未来五年，国内聚碳酸酯下游消费结构此消彼长，但整体消费量均将持续增长。其中，新能源汽车行业及配套充电设施的快速发展、汽车海外出口的不断增加，以及全球汽车轻量化趋势引领下，将对聚碳酸酯的消费增长带来持续贡献；而未来国内老龄化趋势下，医疗器材及可穿戴医疗设备的需求将与日俱增，因此医疗行业对聚碳酸酯消费占比预计将继续提升，水桶包装行业受到居民包装饮用水需求不断增长推动，行业规模也将进一步扩大。

2025年和2029年中国聚碳酸酯主要下游消费量预测见图23-18。

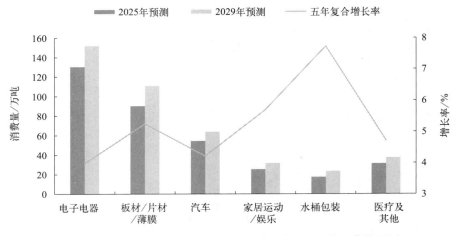

图 23-18　2025 年和 2029 年中国聚碳酸酯主要下游消费量预测

23.6.3 聚碳酸酯供需格局预测

根据已公布的聚碳酸酯及上游原料投产计划，未来五年中国聚碳酸酯产业链一体化水平将继续提升，中国聚碳酸酯供需在持续增长的同时，供需增长失衡也将贯穿始终，但相较过去，未来供需增速差将逐步收窄，伴随聚碳酸酯国产供应的不断增加，进口减少、出口增加也将成为未来中国聚碳酸酯行业发展的必然方向。随着扩能的持续放缓，中国聚碳酸酯行业逐渐步入成熟期，国内聚碳酸酯市场价格随之上行。

2025—2029年中国聚碳酸酯供需预测见表23-9。

表 23-9 2025—2029 年中国聚碳酸酯供需预测

单位：万吨

时间	产量	进口量	总供应量	出口量	表观消费量
2025 年预测	335	85	420	53	367
2026 年预测	346	83	429	60	369
2027 年预测	375	80	455	66	389
2028 年预测	407	75	482	71	411
2029 年预测	438	70	508	81	427

第 24 章

乙烯 - 乙酸乙烯酯共聚物
（EVA）

2024 年度
关键指标一览

类别	指标	2024 年	2023 年	涨跌幅	2025 年预测	预计涨跌幅
价格	华东均价 /（元 / 吨）	10392.2	13416.0	−22.5%	10000.0	−3.8%
供需	产能 /（万吨 / 年）	290.0	245.0	18.4%	434.0	49.7%
	产量 / 万吨	236.1	218.1	8.3%	290.0	22.8%
	产能利用率 /%	81.4	89.0	−7.6 个百分点	66.8	−14.6 个百分点
	下游消费量 / 万吨	320.5	336.7	−4.8%	328.0	2.3%
进出口	进口量 / 万吨	91.6	139.2	−34.2%	70.0	−23.6%
	出口量 / 万吨	25.3	20.7	22.2%	32.0	26.5%
库存	主港库存 / 万吨	2.0	20.0	−90.0%	9.0	350.0%
毛利	生产毛利 /（美元 / 吨）	1050.0	4687.0	−77.6%	600.0	−42.9%

24.1　中国 EVA 供需分析

2020—2024年，中国EVA呈现供需紧平衡向供需宽松转变的特征，具体表现为供应缺口先紧后松，进口量先增后减，行业产能利用率先升后降。因下游光伏需求高速增长，EVA国内产能不足，造成EVA的阶段性供应紧张，缺口多数依赖进口补充。2021年开始，国内新建EVA产能集中投产；2021—2022年，EVA产量增速达48%～55%，国内货源迅速得到补充；而随着供应的快速增加，2023—2024年国内EVA的结构性、阶段性供需失衡局面凸显，进而市场价格发生明显下滑波动。

2020—2024年中国EVA供需变化见表24-1。

表 24-1　2020—2024 年中国 EVA 供需变化

单位：万吨

时间	产量	进口量	总供应量	下游消费量	出口量	总需求量
2020 年	75.6	117.6	193.2	187.9	5.4	193.2
2021 年	112.2	111.7	223.9	216.7	7.1	223.8
2022 年	173.9	120.2	294.1	281.7	11.7	293.3
2023 年	218.1	139.2	357.3	336.7	20.7	357.3
2024 年	236.1	91.6	327.7	320.5	25.3	345.8

24.2　中国 EVA 供应现状分析

24.2.1　EVA 产能趋势分析

24.2.1.1　2024 年 EVA 产能及新增产能统计

2024年中国EVA产能保持稳健增长至290万吨/年，同比增长18.4%，增速较上年有所下降。2024年内新增产能45万吨/年，实际仅有25万吨/年的产能兑现，其中江苏虹景20万吨/年EVA装置投产后，2024年年内只生产LDPE。

从新增装置的情况来看，年内新增的EVA装置是宁夏宝丰25万吨/年装置和江苏虹景20万吨/年装置。

2024年中国EVA新增产能统计见表24-2。

表 24-2　2024 年中国 EVA 新增产能统计

名称	产能/（万吨/年）	地点	投产时间	工艺类型
宁夏宝丰能源集团股份有限公司	25	宁夏银川	2024 年 2 月	巴塞尔管式
江苏虹景新材料有限公司	20	江苏连云港	2024 年 10 月	巴塞尔管式
合计	45			

24.2.1.2　2024 年 EVA 主要生产企业生产状况

2024年，中国EVA民营企业总产能140万吨/年，占比48.3%，江苏斯尔邦是产能最大的民营企业，EVA产能30万吨/年，货源均销往下游领域。合资及外资企业总产能60万吨/年，占比20.6%，代表企业有古雷石化及扬子-巴斯夫等。国有企业总产能为90万吨/年，占比31.0%，其中中国石化总产能50万吨/年，占比17.2%，包括燕山石化、扬子石化和中科炼化等，产品由销售公司进行统销；中煤企业总产能30万吨/年，占比10.3%，产能主要分布在西北地区，产品基本销往华东、华南和华北地区；中化企业总产能10万吨/年，占比3.4%，主要企业是位于福建的中化泉州。

2024年中国EVA生产企业产能统计见表24-3。

表 24-3 2024 年中国 EVA 生产企业产能统计

企业性质	产能占比	名称	简称	产能/（万吨/年）	地点
民营企业	48.3%	江苏斯尔邦石化有限公司	斯尔邦	30	江苏连云港
		江苏虹景新材料有限公司	江苏虹景	20	江苏连云港
		浙江石油化工有限公司（荣盛石化）	浙石化	30	浙江舟山
		联泓新材料科技股份有限公司	联泓新科	15	山东滕州
		新疆天利高新石化股份有限公司	天利高新	20	新疆独山子
		宁夏宝丰能源集团股份有限公司	宝丰	25	宁夏银川
		小计		140	
国有企业	31.0%	中国石化扬子石油化工有限公司	扬子石化	10	江苏南京
		中化泉州石化有限公司	中化	10	福建泉州
		中科（广东）炼化有限公司	中科炼化	10	广东湛江
		中国石化集团北京燕山石油化工有限公司	燕山石化	20	北京燕山
		中国石化集团北京燕山石油化工有限公司	华美	6	北京燕山
		中国石化集团北京燕山石油化工有限公司	有机	4	北京燕山
		陕西延长中煤榆林能源化工有限公司	延长榆林	30	陕西榆林
		小计		90	
合资企业	17.2%	扬子石化 - 巴斯夫有限责任公司	扬巴	20	江苏南京
		福建古雷石化有限公司	古雷石化	30	福建泉州
		小计		50	
外商独资	3.4%	台塑工业（宁波）有限公司	台塑宁波	10	浙江宁波
		小计		10	
合计				290	

24.2.1.3　2020—2024 年 EVA 产能趋势分析

2020—2024年中国EVA产能复合增长率约34.4%，行业规模处于集中扩张阶段。2020年无新增产能释放，EVA产能维持在97.20万吨/年。2021—2022年中国EVA增长较快，新建产能和扩能共计117.8万吨，截至2022年底EVA总产能达215万吨/年，同比增长21.33%；进口依存度也从2019年的62%降至2022年的43%左右，国内EVA自给率大幅提升。2023年中国EVA有效总产能达245万吨/年，年内新增产能30万吨/年，同比增长13.95%，增速较2022年减少7.38个百分点。2024年国内EVA有效总产能达290万吨/年，年内新增产能45万吨/年，同比增长18.37%。

2020—2024年中国EVA产能变化趋势见图24-1。

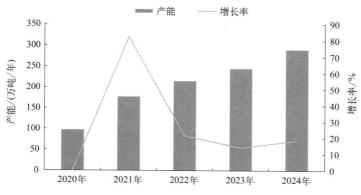

图 24-1　2020—2024 年中国 EVA 产能变化趋势

24.2.2　EVA 产量及产能利用率趋势分析

24.2.2.1　2024 年 EVA 产量及产能利用率趋势分析

2024 年，中国 EVA 总产量 236.1 万吨，同比增长 8.25%；年均产能利用率 81.4%，比 2023 年下滑 7.6 个百分点；月均产量提升至 19.7 万吨。从产量变化来看，上半年产量的峰值出现在 3 月份，为 21.5 万吨，春节假期之后是发泡等传统行业的旺季，加上光伏需求开始增长，叠加新增产能投产，是上半年行业产量高峰值的主要原因。4 月份进入传统的石化检修旺季，国内 EVA 装置集中检修，产量明显下滑。下半年 8—10 月中国 EVA 产量稳步增长，维持月均产量在 20 万吨以上；11—12 月，EVA 装置临时检修较多，月度产量下滑。

2024 年中国 EVA 产量及产能利用率变化趋势见图 24-2。

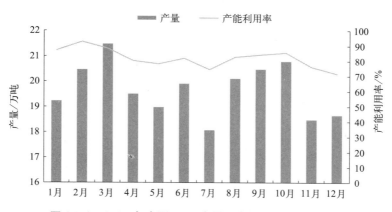

图 24-2　2024 年中国 EVA 产量及产能利用率变化趋势

24.2.2.2　2020—2024 年 EVA 产量及产能利用率趋势分析

2020—2024 年，中国 EVA 行业处于快速扩张周期，装置集中新建，新建大型炼化在经过开工调试期，稳定生产后，EVA 产能利用率最高达 90% 以上；个别石化企业 EVA 装置因调整进料，产能利用率超过 100%，有效拉高了整个行业的产能利用率。其中 2023 年的产能利用率高达 89.0%；2024 年也处于 81.4% 的高位。同期，产量随之步步升高，2020—2024 年五年产量复合增长率高达 32.94%。产能利用率处于高位。

2020—2024年中国EVA产量及产能利用率变化趋势见图24-3。

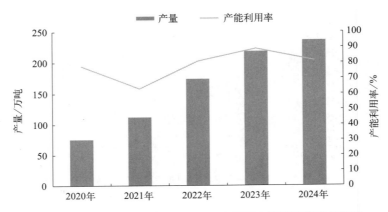

图 24-3   2020—2024 年中国 EVA 产量及产能利用率变化趋势

24.2.3   EVA 供应结构分析

24.2.3.1   2024 年 EVA 分区域供应结构分析

2024年中国EVA产能区域分布主要集中在华东、西北、华南和华北四个地区。其中，华东地区最为集中，区域EVA总产能135万吨/年，占比46.6%；其次是西北地区，产能为75万吨/年，占比25.9%；第三位是华南地区，产能为50万吨/年，占比17.2%。2024年，西北地区产能超过华南地区产能，位居第二位。

24.2.3.2   2024 年 EVA 分生产工艺供应结构分析

目前国内外EVA企业主要采用高压连续本体法聚合工艺。根据所采用反应器的不同，高压法连续本体聚合工艺通常分为管式法工艺和釜式法工艺两种。2024年中国EVA工艺路线以巴塞尔管式为主，埃克森管式为辅，杜邦釜式占比最低。整体来看，巴塞尔管式工艺占比为60.3%，埃克森管式工艺占比17.2%。

2024年中国EVA分生产工艺产能构成见图24-4。

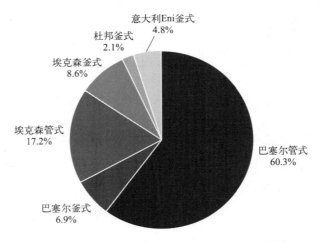

图 24-4   2024 年中国 EVA 分生产工艺产能构成

24.2.3.3　2024年EVA分企业性质供应结构分析

从EVA企业性质来看，2024年中国EVA产能占比第一位的是民营企业，产能为140万吨/年，占比48.3%；第二位是国有企业，产能90万吨/年，占比31.0%；第三为合资企业，产能50万吨/年，占比17.2%；外资企业产能仅10万吨/年，占比3.4%。2024年，中国民营EVA生产企业规模数量已经超过EVA国有企业，成为国内EVA头部主要生产企业。

24.2.4　EVA进口趋势分析

2024年，中国EVA进口量在91.59万吨，同比减少47.62万吨，降幅达34.21%。2024年，随着国内EVA产能继续扩张，国产EVA产量随之大幅增加，国内需求不及预期，供需错配下，国内EVA价格低位震荡，并在四季度创历史低位，EVA进口套利窗口阶段性收紧，国内EVA进口量大幅下滑，国产料对进口料的替代节奏明显加快。全年来看，其中1月份进口量最大，为11.1万吨，占2024年进口总量的12.07%；11月份进口量最低，只有5.4万吨，占2024年进口总量的5.9%。2024年EVA月度进口量高低差在5.7万吨，月度进口量起伏较大。

2024年中国EVA进口量价变化趋势见图24-5。

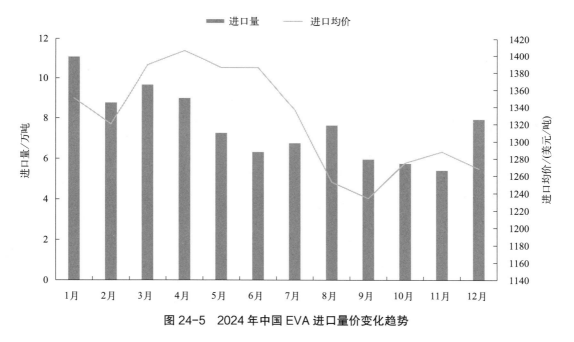

图24-5　2024年中国EVA进口量价变化趋势

2020—2024年，中国成为全球EVA的首要出口方向。其中韩国、中国台湾及东南亚地区是中国EVA进口的主要市场，周期内美国出口到中国的EVA增多，但主要以低端产品为主。2020—2024年，中国EVA进口量及价格呈现先涨后跌走势，EVA美元市场波动紧跟国内市场，与国内市场联动互为影响。2020年跟随国内市场走势，EVA价格先跌后逐渐走高。2021年国内市场供不应求，叠加疫情原因海运费价格上涨，国内EVA价格大幅走高。2022—2023年，因韩国新投产EVA装置价格优势，进口套利水平较高，往中国的出口量大幅增加，但同时也因国内供需失衡价格下滑。2024年，随着人民币汇率持续走强，进口价格优势逐步丧失，叠加国内新产能稳定生产，国内自给率大幅提升，进口EVA红利萎缩，EVA进口量下滑明显。

2020—2024年中国EVA进口量变化趋势见图24-6。

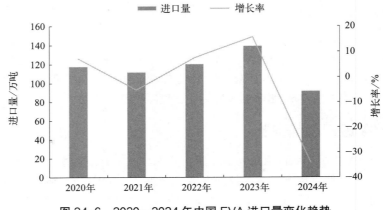

图 24-6　2020—2024 年中国 EVA 进口量变化趋势

24.3　中国 EVA 消费现状分析

24.3.1　EVA 消费趋势分析

24.3.1.1　2024 年 EVA 月度消费趋势分析

2024 年中国 EVA 月度消费量震荡增长态势，在一季度维持高位后，4—7 月震荡下跌出现了一个消费低谷。主要因为 4—7 月下游拖鞋行业处于年内淡季，光伏需求表现一般，消费量难以有效提升；8 月开始，发泡鞋材订单开始陆续增加，新单洽谈良好；9 月光伏需求进入旺季，各胶膜厂积极采购，需求量大幅提升；10—12 月光伏订单处于集中交货期，叠加春节假期提前备货需求增加，场内一度供不应求，11 月下游消费量达到 31.5 万吨，为年度最高点。

2024 年中国 EVA 月度消费量及价格变化趋势见图 24-7。

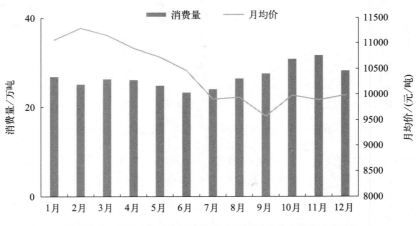

图 24-7　2024 年中国 EVA 月度消费量及价格变化趋势

24.3.1.2　2020—2024 年 EVA 年度消费趋势分析

2020—2024 年中国 EVA 消费呈逐年递增趋势，近五年年均复合增长率在 14.28%，2024 年 EVA 消费量达到 320.5 万吨，较 2020 年 EVA 消费量增长 70.6%。2020—2023 年，在下游光伏需求较好的带动下，国内 EVA 新建产能不断增加，产量保持较好增长，进口也呈现增长态势，出口增速较快但因基数偏低，相比进口量仍然偏低水平，因此国内 EVA 消费量呈现增长态势。2024年光伏行业整体增速放缓，电池技术更新迭代，封装胶膜对 EVA 的需求增量有限，较 2023 年有所下滑。

2020—2024 年中国 EVA 年度消费变化趋势见图 24-8。

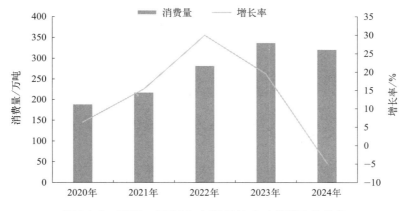

图 24-8　2020—2024 年中国 EVA 年度消费变化趋势

24.3.2　EVA 消费结构分析

24.3.2.1　2024 年 EVA 消费结构分析

2024 年，中国 EVA 下游需求仍主要集中在光伏、发泡、电缆、热熔胶、涂覆五大领域，上述品种消费量占 EVA 总消耗量的 99% 左右，与 2023 年持平。光伏胶膜行业是影响 2024 年 EVA 价格波动的关键下游领域。

2024 年，中国 EVA 下游光伏胶膜行业的产能增长有限，但其 2023 年新增产能在 2024 年稳定生产，产量较为稳定；电线电缆和热熔胶对 EVA 的需求好于往年，需求量有所增长；涂覆和农膜行业对 EVA 的需求不及往年，需求量有所下滑。

2024 年中国 EVA 下游消费构成见图 24-9。

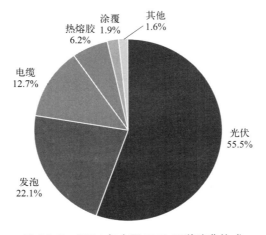

图 24-9　2024 年中国 EVA 下游消费构成

24.3.2.2 2020—2024 年 EVA 消费结构分析

2020—2024 年中国 EVA 消费呈逐年递增趋势，近五年年均复合增长率在 17.50%。下游分行业来看，在国家新能源政策及"碳达峰、碳中和"战略的推动下，光伏胶膜行业和电缆行业发展最为迅猛，吸引众多企业投资建厂，需求表现稳定快速增长，在 EVA 的下游消费占比逐年提升。而传统的下游发泡鞋材行业在 2018—2021 年尚处于稳定增长态势；但从 2022 年开始，受疫情影响终端订单流失、需求下滑，导致 EVA 消费增长速度趋缓；2023 年，又因海外订单减少和国内消费减弱，消费占比增长有限。其他的热熔胶、涂覆、农膜等因近年 EVA 价格大幅上涨，终端制品使用成本大幅增加，下游开工负荷下滑，其消费量表现萎缩；2024 年，因 EVA 价格下滑，其生产成本下降，涂覆和农膜行业消费有所恢复，但整体占比不大。

2020—2024 年中国 EVA 下游消费变化趋势见图 24-10。

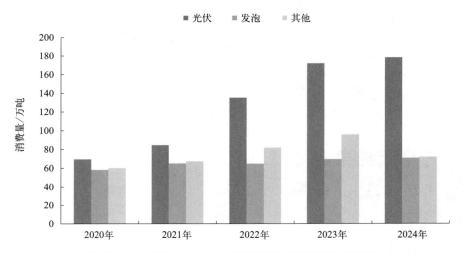

图 24-10 2020—2024 年中国 EVA 下游消费变化趋势

24.3.2.3 2024 年 EVA 区域消费结构分析

从中国 EVA 区域消费结构来看，2024 年主要集中在华东和华南等经济发达地区，这两个区域的占比达到 90% 以上。其中华东地区 EVA 消费占比高达 61.8%，下游分布相对多样化，主要是光伏胶膜厂的集中地区，且大型装置分布密集，是全国 EVA 光伏消费占比最高的地区，占光伏总消费量的 50% 左右；同时该地区也是电缆、热熔胶的主要产地，对 EVA 需求量逐年增加。华南地区 EVA 消费占比约 28.7%，是发泡鞋材和热熔胶的集中消费地区，该地区工业水平较高，下游及终端高端制品消费占比较高。近几年农膜主要集中在华北地区，对 EVA 需求稳中下滑。山东地区包装膜厂家较多，对 EVA 树脂也存在一定的需求。华中地区 EVA 树脂的主要用于电缆、热缩管、鞋材发泡和塑料改性方面，2024 年其光伏胶膜新增产能较少，因此对 EVA 的消费增长水平有限。其他地区客户比较散乱，市场需求较小。

2024 年中国 EVA 分区域消费构成见图 24-11。

24.3.3 EVA 出口趋势分析

2024 年中国 EVA 出口量 25.3 万吨，同比上涨 47.4%。其中 1 月和 12 月出口量最高，分别达到 2.5 万吨和 2.6 万吨；出口量最低的月份出现在 2 月，因为中国传统春节的原因，EVA 出口量只

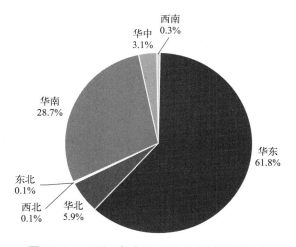

图24-11　2024年中国EVA分区域消费构成

有1.2万吨。2024年中国EVA月度出口均价呈现逐渐下滑态势，由上半年的月均价2192元/吨下滑至下半年1857.6元/吨的水平。

2024年中国EVA月度出口量价变化趋势见图24-12。

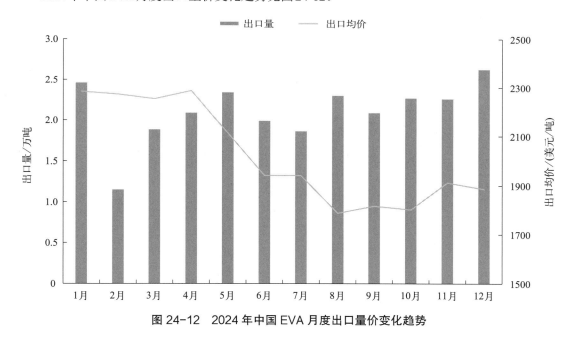

图24-12　2024年中国EVA月度出口量价变化趋势

2020—2024年中国EVA出口呈现逐年增长走势。2019—2020年下游需求不断增长，而国内EVA扩张速度缓慢，EVA对外进口需求保持较高，出口量维持在较低水平。2021年以来，国内EVA产能大幅扩张，内需强势增长，国产自给率逐步提升，加之东南亚及周边市场需求提升，海外出口通道的红利打通，大大促进了中国EVA的出口，2023年出口量为20.67万吨，同比增长高达77.3%。尤其是2024年国内EVA市场竞争加剧，出口成为行业内人士寻求的重要渠道，全年出口量为25.3万吨，达到5年最高点。

2020—2024年中国EVA年度出口量变化趋势见图24-13。

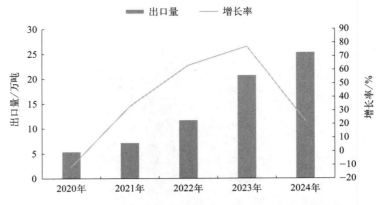

图 24-13　2020—2024 年中国 EVA 年度出口量变化趋势

24.4　中国 EVA 价格走势分析

近五年来，国内 EVA 价格呈现大幅波动态势，2020—2024 年，EVA 均价由 12727 元/吨下滑至 10420 元/吨，跌幅 18.13%，年均复合增长率 -4.88%。年均价格自 2021 年大幅上涨，自 2023 年因供应阶段性过剩出现下跌。区间内价格最高值出现在 2021 年 10 月份，达 26824 元/吨；2024 年内最高价格在 4 月份，为 12071 元/吨。

2020—2023 年中国 EVA 各品种走势基本一致，尤其是 EVA 软料和硬料走势更为一致，光伏料和这两者之间走势稍有区别，总体是 EVA 光伏料价格高于软料和硬料时间较长。但在 2024 年，上半年 EVA 光伏料价格低于其价格的时间较长，主要原因是光伏需求偏弱，多以去库存为主，其价格略弱于软料和硬料；下半年，7—9 月处于低位整理走势，10—12 月受光伏需求强势拉动，EVA 价格走强。EVA 现货价格特点为光伏料价格和软、硬料的价格相互影响，光伏需求好转令市场供需关系走强，驱使市场软料和硬料价格上涨，而软硬料价格下跌又会反过来拉低光伏市场价格。

2020—2024 年中国 EVA 市场价格走势见图 24-14。

图 24-14　2020—2024 年中国 EVA 市场价格走势

华东市场 EVA 2024 年月均价格和 2020—2024 年年均价格分别见表 24-4 和表 24-5。

表 24-4 2024 年华东市场 EVA 月均价格

月份	1月	2月	3月	4月	5月	6月	7月	8月	9月	10月	11月	12月
华东均价/（元/吨）	11063.6	11300.0	11154.8	10897.7	10726.2	10468.4	9904.3	9940.9	9571.4	9978.9	9888.1	9984.1

表 24-5 2020—2024 年中华东市场 EVA 年均价格

年份	2020 年	2021 年	2022 年	2023 年	2024 年
华东均价/（元/吨）	12741.8	20065.8	20064.4	13388.4	10392.2

24.5 中国 EVA 生产毛利走势分析

2024年，随着中国EVA自身价格的大幅下跌，其生产利润持续萎缩。2024年上半年，伴随中国EVA产能的进一步扩张及存量产能的不断消化，光伏行业增速放缓，对EVA支撑减弱，行业供需失衡压力渐增，受基本面承压影响，EVA价格先扬后抑，持续低位弱势震荡，成本面先增后减，利润水平维持在1164.1～1539.8元/吨之间。下半年，中国EVA需求不及预期，EVA价格继续走跌，成本较上半年增加，利润水平继续大幅走低，部分时间逼近行业成本线水平，突破部分企业成本线，行业利润持续萎缩，利润水平维持在580～958.4元/吨之间。2024年，中国EVA利润最低点出现在9月，为580.0元/吨；最高价格出现在5月，为1539.8元/吨，行业下半年平均毛利明显低于上半年。2024年中国EVA行业毛利平均水平在1050元/吨，同比下跌77.60%。

2024 年中国 EVA 生产毛利走势见图 24-15。

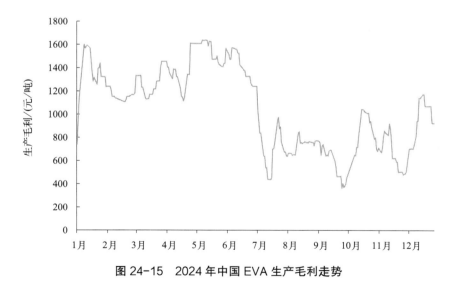

图 24-15 2024 年中国 EVA 生产毛利走势

2024 年中国 EVA 月均生产毛利及 2020—2024 年年均生产毛利分别见表 24-6 和表 24-7。

表 24-6 2024 年中国 EVA 月均生产毛利

月份	1月	2月	3月	4月	5月	6月	7月	8月	9月	10月	11月	12月
生产毛利/（元/吨）	1346.6	1164.1	1270.1	1373.8	1539.8	1409.6	747.5	732.5	580.0	864.2	662.0	958.4

表 24-7　2020—2024 年中国 EVA 年均生产毛利

年份	2020 年	2021 年	2022 年	2023 年	2024 年
生产毛利/（元/吨）	4042.0	9036.0	10052.0	4687.0	1050.0

24.6　2025—2029 年中国 EVA 发展预期

24.6.1　EVA 供应趋势预测

24.6.1.1　2025—2029 年 EVA 拟在建/退出产能统计

2025—2029 年，中国 EVA 拟在建产能将达到 573 万吨/年，暂无确定的退出产能计划。新增产能主要分布在华东、东北、华南及西南地区，规模均在 10 万吨/年以上，多数在 20 万～30 万吨/年。此外，多个拟建企业配套有上游乙酸乙烯产品装置，产业链规模化发展，以降低采购及运输等经营成本。

2025—2029 年中国 EVA 新增建产能统计见表 24-8。

表 24-8　2025—2029 年中国 EVA 新增产能统计

名称	产能/（万吨/年）	预计投产时间	地址
中化泉州	4	2025 年底（扩能）	福建
山东裕龙石化有限公司	30	2025 年四季度	山东
联泓新科科技股份有限公司（格润）	20	2025 年 12 月底	山东
浙江石油化工有限公司高性能树脂项目	10	2025 年四季度	浙江
浙江石油化工有限公司高性能树脂项目	30	2025 年四季度	浙江
江苏虹景新材料有限公司	20	2025 年 2 月	江苏
江苏虹景新材料有限公司	20	2025 年 5 月	江苏
江苏虹景新材料有限公司	10	2025 年年底	江苏
中科（广东）炼化有限公司新建 2 号 EVA 项目	10	2026 年一季度	广东
宁夏煤业公司	10	2026 年初	宁夏
山东裕龙石化有限公司	20	2026 年中	山东
华谊钦州化工新材料一体化基地一期项目	40	2026 年	广西
中国石油天然气股份有限公司吉林石化分公司	30	2026 年中	吉林
中国石油天然气股份有限公司吉林石化分公司	10	2026 年底	吉林
中国石油天然气股份有限公司兰州石化分公司	14	2027 年	甘肃
广西石化炼化一体化转型升级项目	40	2027 年	广西
中化泉州二期	10	2027 年	福建
中国石化岳阳地区 100 万吨/年乙烯炼化一体化项目乙烯工程	20	2028 年	湖南
巨正源（揭阳）新材料基地项目	15	2028 年	广东
中国石化洛阳分公司百万吨乙烯项目	35	2028 年	河南
独山子石化-塔里木二期	30	2028 年	新疆

续表

名称	产能/（万吨/年）	预计投产时间	地址
扬子石化-巴斯夫有限责任公司一体化三期碳二价值链扩建项目	30	2028年	江苏
陕西延长中煤榆林能源化工股份有限公司	15	2028年	陕西
中煤陕西煤化工二期项目	25	2028年	陕西
福建古雷二期	40	待定	福建
百宏化学新材料项目	20	待定	福建
百宏化学新材料项目	15	待定	福建
合计	573		

24.6.1.2　2025—2029年EVA产能趋势预测

未来五年随着炼化项目陆续投放，中国EVA产能也将同步大幅增长，2025—2029年中国EVA累计新建产能573万吨，年复合增长率预计在18.75%，较过去五年复合增长率减少12.68个百分点，主要是因为过去五年产能基数较低。未来五年，中国EVA产能增量依旧保持较高水平，新装置集中投产后，EVA供应规模将翻倍增长，预计2029年中国整体EVA产能将达到863万吨/年水平。刺激新产能投放的因素一方面是过去几年EVA行业可观的效益，吸引投资热情；另一方面，EVA成熟的生产工艺及完整的产业结构，使得其成为大炼化项目中乙烯下游配套装置的首选之一。但受2024年EVA新增产能集中投放影响，EVA行业供应局面将由基本平衡转到过剩发展，或将影响后期部分新产能投放进度。

2025—2029年中国EVA产能趋势预测见图24-16。

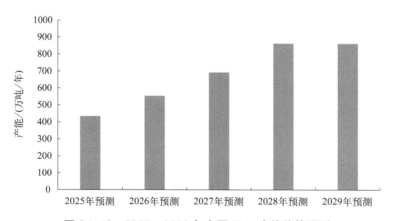

图24-16　2025—2029年中国EVA产能趋势预测

预计2025—2029年中国EVA产量随产能同步上涨，年均复合增长率约20.92%。考虑到目前全球经济复苏乏力将持续，EVA产业链利润短期内难以得到修复，综合新建、检修信息判断，预计2025年中国EVA月均产量为24万吨，较2024年增加4.5%；月均产能利用率68%，较2024年下降13%。而从2025年开始，又一轮EVA集中投产周期开始，年内产能基数增大，供应逐渐出现过剩局面，产能利用率或将出现下滑，预计2025—2029年行业产能利用率或将维持在65%～72%之间浮动。

2025—2029年中国EVA产量及产能利用率趋势预测见图24-17。

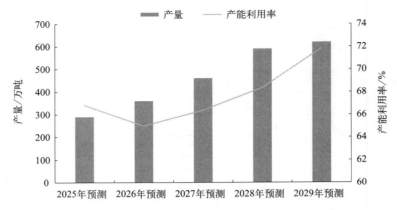

图 24-17　2025—2029 年中国 EVA 产量及产能利用率趋势预测

24.6.2　EVA 消费趋势预测

中国 EVA 下游消费领域，光伏、电线电缆、热熔胶领域在消费结构中的占比逐年提升。未来将会迈向人工智能时代，对于电的需求将会大幅增长，得益于全球新能源产业快速发展，光伏行业的发展仍将是国家重点推进的产业，其中光伏胶膜对 EVA 的消费占比仍将是最大的领域。其次，人工智能技术在电力行业的应用，为电线电缆行业带来了新的发展机遇，EVA 在电线电缆行业的应用前景将会更加宽广。随 EVA 成本的降低和环保化程度的提高，预计 EVA 在热熔胶领域的应用将有所提升。发泡鞋材作为 EVA 下游传统消费领域，随着国内外消费的复苏，未来发展也将有所好转。另外，随着 EVA 价格的下滑，其在涂覆、农膜等其他领域的应用将会有所复苏，以提高这些产品的应用性能。

24.6.3　EVA 供需格局预测

根据已公布中国 EVA 的上下游投产计划以及潜在供应和消费增量计算。预计 2025—2029 年中国 EVA 供应增速将超过理论消费增速，但终端带来的负反馈会一定程度上削弱消费增量，进口势必被挤压，出口或将积极趋于增长。综合评估，预计 2025—2029 年周期内中国 EVA 供应缺口收窄，供应增速将远超需求增速，行业将面临整体供大于求的宽平衡状态，供需失衡或将拖拽市场现货行情下挫。

2025—2029 年中国 EVA 供需预测见表 24-9。

表 24-9　2025—2029 年中国 EVA 供需预测

单位：万吨

时间	产量	进口量	总供应量	下游消费量	出口量	总需求量
2025 年预测	290	59	349	323	32	355
2026 年预测	360	53	413	342	39	381
2027 年预测	460	51	511	390	41	431
2028 年预测	590	48	638	480	43	523
2029 年预测	620	45	665	520	44	564

第 25 章

环氧树脂

2024 年度
关键指标一览

类别	指标	2024 年	2023 年	涨跌幅	2025 年预测	预计涨跌幅
价格	华东均价 /（元 / 吨）	12978	13885	−6.5%	13292	2.4%
供需	产能 /（万吨 / 年）	345.3	336.8	2.5%	392.9	13.8%
	产量 / 万吨	185.1	169.5	9.2%	200.4	8.3%
	产能利用率 /%	53.6	50.3	3.3 个百分点	51	−2.6 个百分点
	表观消费量 / 万吨	173.1	168.2	2.9%	183.9	6.2%
进出口	进口量 / 万吨	14.1	16.0	−11.6%	13.5	−4.5%
	出口量 / 万吨	26.2	17.3	51.4%	30	14.6%
毛利	生产毛利 /（元 / 吨）	−117	71	−264.8%	−60	48.7%

25.1 中国环氧树脂供需分析

2020—2024年，中国环氧树脂进入集中扩产周期，反观其主要下游终端涂料、电子电工等行业领域，消费动能略显不足，供需增速失衡对行业盈利构成的压力与日俱增。2024年，中国环氧树脂市场价格进一步下滑，行业亏损常态化，部分环氧树脂企业通过被动降负、停车检修等调整装置产能利用率，不断重塑新的平衡态势。同时，为缓解竞争压力，中国环氧树脂企业积极开拓海外市场，对外出口量大幅增长。

2020—2024年中国环氧树脂供需变化见表25-1。

表 25-1　2020—2024 年中国环氧树脂供需变化

单位：万吨

时间	产量	进口量	总供应量	出口量	表观消费量
2020 年	130.8	40.5	171.3	4.7	166.6
2021 年	159.0	31.6	190.6	10.1	180.6
2022 年	161.8	22.1	184.0	12.5	171.5
2023 年	169.5	16.0	185.5	17.3	168.2
2024 年	185.1	14.1	199.2	26.2	173.0

25.2 中国环氧树脂供应现状分析

25.2.1 环氧树脂产能趋势分析

25.2.1.1 2024 年环氧树脂产能及新增产能统计

2024年，中国环氧树脂行业总产能提升至345.3万吨/年。其中4套新增装置，总计产能23.5万吨/年；4套淘汰装置，2套闲置剔除装置，总计产能15万吨/年。因此，年内实际新增产能8.5万吨/年，淘汰产能小于新增产能，行业规模化程度进一步提升。新增装置主要集中在华东、华中地区，从单套产能规模来看，部分环氧树脂装置上游延伸配套环氧氯丙烷产品，产业链配套一体化程度完善。

2024年中国环氧树脂新增产能统计见表25-2。

表 25-2　2024 年中国环氧树脂新增产能统计（未剔除淘汰产能）

企业名称	地址	企业形式	产能/（万吨/年）	装置投产时间	上游配套
山东明厚德高分子材料有限公司	山东	民企	4.0	1 月	无
铜陵善纬新材料科技有限公司	安徽	民企	7.5	2 月	无
河南三木表层材料工业园有限公司	河南	民企	10.0	3 月	环氧氯丙烷
辽宁四友新材料有限公司	东北	民企	2.0	5 月	无
合计			23.5		

25.2.1.2 2024 年环氧树脂主要生产企业生产状况

2024年，中国环氧树脂行业总产能345.3万吨/年。其中，环氧树脂企业超过10万吨/年的企业有昆山南亚、三木、豪邦、国都等，共10家，产能合计168.3万吨/年，占国内总产能的49%。目前环氧树脂生产企业主要工艺是一步法和二步法，暂无新工艺产出。未来，伴随环氧树脂产品装置的逐步投产，环氧树脂行业生产规模呈现一体化及集中化发展。在环氧树脂生产企业中，除昆山南亚等产品部分自用消费外，其余环氧树脂工厂多以外销为主。

2024年中国环氧树脂行业主要生产企业产能统计见表25-3。

表25-3 2024年中国环氧树脂行业主要生产企业产能统计

企业名称	地址	简称	产能/（万吨/年）
南亚电子材料（昆山）有限公司	江苏苏州	昆山南亚	24.8
江苏三木化工股份有限公司	江苏宜兴	江苏三木	20.0
浙江豪邦化工有限公司	浙江衢州	浙江豪邦	18.0
国都化工（昆山）有限公司	江苏苏州	昆山国都	18.5
江苏瑞恒新材料科技有限公司	江苏连云港	江苏瑞恒	18.0
江苏扬农锦湖化工有限公司	江苏扬州	江苏扬农	17.0
南通星辰合成材料有限公司	江苏南通	南通星辰	16.0
中国石化湖南石油化工有限公司	湖南岳阳	湖南石化	15.0
长春化工（江苏）有限公司	江苏常熟	长春化工	11.0
珠海宏昌电子材料有限公司	广东珠海	宏昌电子	10.0
合计			168.3

25.2.1.3　2020—2024年环氧树脂产能趋势分析

2020—2024年，中国环氧树脂产能年均复合增长率11.7%，新增产能配套一体化程度偏高。2020—2021年，下游电子、风电等领域需求的不断增加，是推动环氧树脂产能增长的主要动力；2022—2023年产能增速加快，由于下游需求跟进迟缓，行业供需矛盾问题凸显；2024年产能增速放缓，产业景气度下降，新增产能兑现不及预期，主要有河南三木、铜陵善纬等新装置有产出，再加上部分闲置产能淘汰及中小企业关停，因此实际新增产能仅有8.5万吨/年。

2020—2024年中国环氧树脂产能变化趋势见图25-1。

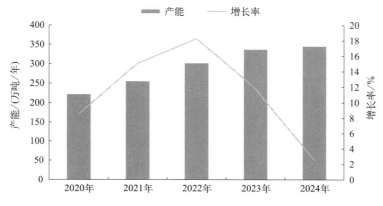

图25-1 2020—2024年中国环氧树脂产能变化趋势

25.2.2 环氧树脂产量及产能利用率趋势分析

25.2.2.1 2024 年环氧树脂产量及产能利用率趋势分析

2024年，中国环氧树脂行业总产量185.1万吨，同比增加9.2%；年均产能利用率53.6%，同比增长3.3个百分点。产量及产能利用率增长的主要原因是新产能的释放，导致供应增长。由于产能基数不断增大，其行业供需失衡问题更加严峻，企业利润大幅挤压，年内环氧树脂企业装置产能利用率多数时间维持偏低状态。

2024年中国环氧树脂产量及产能利用率变化趋势见图25-2。

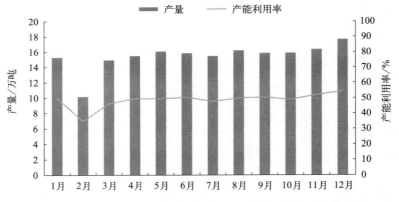

图 25-2　2024 年中国环氧树脂产量及产能利用率变化趋势

25.2.2.2 2020—2024 年环氧树脂产量及产能利用率趋势分析

2020—2024年，中国环氧树脂产量年均复合增长率9.1%。2020—2021年，下游风电、电子行业需求强劲，环氧树脂行业产能利用率一度提升至62.4%，产量增幅相应加大。2022年，受疫情反复及需求低迷影响，环氧树脂行业产能利用率降至53.7%。2023年，中国环氧树脂行业供需失衡态势严峻，环氧树脂企业装置多维持低负荷运作，产能利用率继续降至50.3%。2024年，年内产能增速放缓，前期装置逐步稳定后产量得到有效释放，环氧树脂行业产能利用率小幅提升至53.6%，产量增幅随之加大。

2020—2024年中国环氧树脂产量及产能利用率变化趋势见图25-3。

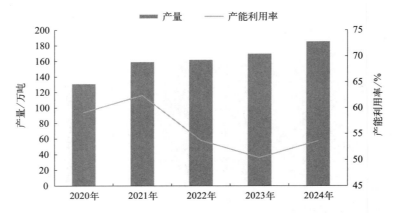

图 25-3　2020—2024 年中国环氧树脂产量及产能利用率变化趋势

25.2.3 环氧树脂供应结构分析

25.2.3.1 2024年环氧树脂分区域供应结构分析

2024年，中国环氧树脂产能区域分布依然较为广泛，华东、华中、华南、东北及华北均有环氧树脂装置的分布。其中，华东地区环氧树脂产能位居全国首位，该地区同时也是中国环氧树脂的主要消费地，装置贴近下游消费市场，便于原料的输入及产品的输出，区域内环氧树脂总产能268.3万吨/年，占比77.7%；其次为华中地区，产能29万吨/年，占比8.4%；第三是华南地区，产能为26万吨/年，占比7.5%；第四和第五是东北和华北地区，占比分别为5.2%和1.2%。

2024年中国环氧树脂分区域产能分布见图25-4。

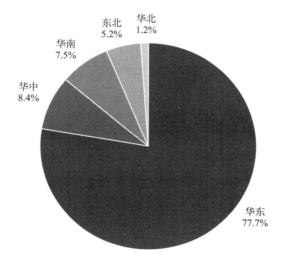

图25-4 2024年中国环氧树脂分区域产能分布

25.2.3.2 2024年环氧树脂分企业性质供应结构分析

2024年，企业性质分布方面，中国环氧树脂民营企业产能占比持续上升。其中，民营性质环氧树脂企业总产能196.5万吨/年，占比56.9%，主要分布在华东地区，代表企业有三木集团、浙江豪邦等；合资及外资企业总产能82.8万吨/年，占比24%，主要分布在华东、华南等地区，代表企业有昆山南亚、昆山国都、长春化工、宏昌电子等，少量产品自用；国有企业总产能66万吨/年，占比19.1%，分布在华东、华中地区，代表企业有扬农、南通星辰、湖南石化。

25.2.4 环氧树脂进口趋势分析

2024年，中国环氧树脂进口量总计14.1万吨，同比下降11.6%。中国环氧树脂产能过剩，另外国产环氧树脂品质不断提升，价格具有竞争优势，对进口环氧树脂产生一定冲击。从月度进口情况看，年内进口高峰出现于1月份，单月进口1.4万吨；2月份出现低谷，进口量仅1万吨，主要受春节假期影响，下游终端离市休假，造成环氧树脂出口量下降。从进口均价来看，年内月度进口均价基本在4000～5500美元/吨徘徊，进口货源价格受市场行情影响较为明显，与海外供需基本面存在较强关联。

2024年中国环氧树脂进口量价变化趋势见图25-5。

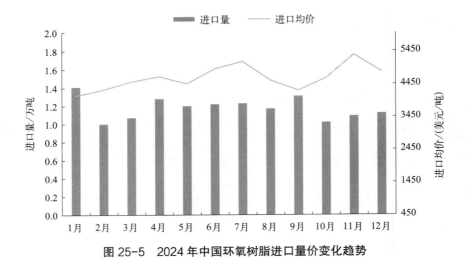

图 25-5 2024 年中国环氧树脂进口量价变化趋势

2020—2024 年，中国环氧树脂进口量呈现下降走势。2020 年因下游风电行业在国内政策补贴推动下出现"抢装潮"，导致国内货源货紧价高，中国作为第一大消费国家，进口量处于明显增长状态，全年进口量刷新历史新高，达到 40.5 万吨，同比增长 40.2%。2021—2024 年，中国环氧树脂产能不断扩张，导致市场竞争激烈，进口量逐年下降，各生产企业积极开发海外市场，不断增加外贸订单，截至 2024 年，中国环氧树脂进口量跌至 14.1 万吨。

2020—2024 年中国环氧树脂进口量变化趋势见图 25-6。

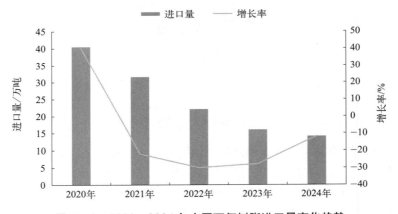

图 25-6 2020—2024 年中国环氧树脂进口量变化趋势

25.3 中国环氧树脂消费现状分析

25.3.1 环氧树脂消费趋势分析

25.3.1.1 2024 年环氧树脂月度消费趋势分析

2024 年，中国环氧树脂表观消费量 173.1 万吨，同比增加 2.9%。从月度消费订单变化情况来看，2024 年消费小高峰仅维持在春节假期前后；2—5 月除节假日前期订单小幅增长之外，其他时期消费量波动有限；6—8 月，环氧树脂消费处于淡季，需求低迷难振；9—10 月，下游消费量有所增长，但恢复空间受制约；11—12月，涂料行业整体需求欠佳，但因年内新增装机目标未完成，导致风电行业抢装，两者对冲下，四季度环氧树脂下游消费较前期明显增长。

2024年中国环氧树脂月度表观消费量及价格变化趋势见图25-7。

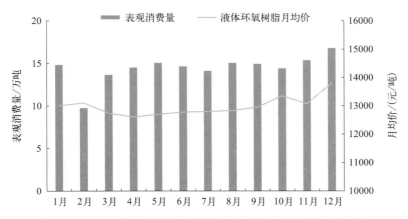

图 25-7　2024 年中国环氧树脂月度表观消费量及价格变化趋势

25.3.1.2　2020—2024 年环氧树脂年度消费趋势分析

2020—2021年，下游电子电工、风电等行业需求旺盛，消费量仍保持高增长状态。2022—2023年因疫情反复，下游终端需求低迷，消费量一度缩减至168.2万吨。2024年，国家在房地产、新能源等行业推出多重利好政策，然而下游终端房地产市场表现低迷，所以与其相关的涂料等领域需求难振；唯一亮点表现在新能源领域，风电新增装机容量的不断扩张，对环氧树脂的需求表现强劲。整体来看，2024年环氧树脂下游消费较2023年小幅增长，年内消费量达到173.1万吨，同比增长2.9%。

2020—2024年中国环氧树脂年度消费变化趋势见图25-8。

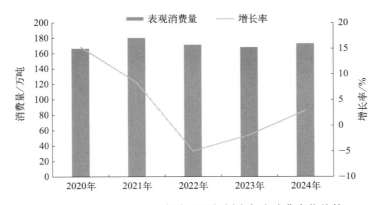

图 25-8　2020—2024 年中国环氧树脂年度消费变化趋势

25.3.2　环氧树脂消费结构分析

25.3.2.1　2024 年环氧树脂消费结构分析

2024年，中国环氧树脂消费结构：涂料行业占比33.5%，电子电工行业占比32.5%，复合材料行业占比25%，胶黏剂及其他行业占比9%。从地坪、防腐、美缝、车用、船舶等细分行业来看，其中新能源汽车、汽车电泳漆等订单情况良好；小家电等相关行业订单情况不佳，并且电子设备订单呈现明显下滑态势；电工行业因基建政策变动，投资减少，其设备需求减少；风电行业呈现稳步发展趋势，新增装机容量再创新高，对环氧树脂的消费量保持稳定增长状态。

2024年中国环氧树脂下游消费构成见图25-9。

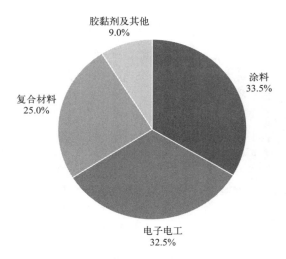

图 25-9　2024 年中国环氧树脂下游消费构成

25.3.2.2　2020—2024 年环氧树脂消费结构变动分析

2020—2024 年，中国环氧树脂表观消费量年均复合增长率1%。涂料、电子电工、复合材料、胶黏剂及其他四个领域对环氧树脂的消费占比波动不大，其中复合材料及胶黏剂近几年增速较快，主要受到国家利好政策支持，风电叶片及其结构胶对环氧树脂的需求增加。随着碳达峰和碳中和的目标推进，以及"十四五"规划的支持，预计未来中国风力发电市场将稳步发展，在环氧树脂消费结构中占比将逐步增长至28%左右。

2020—2024 年中国环氧树脂下游消费变化趋势见图25-10。

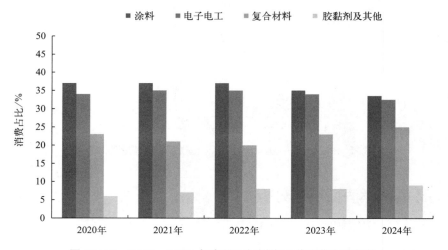

图 25-10　2020—2024 年中国环氧树脂下游消费变化趋势

25.3.3　环氧树脂出口趋势分析

2024年，中国环氧树脂出口量总计26.2万吨，同比增长51.4%。其增长的主要原因是中国环氧树脂产能过剩明显，而且国产环氧树脂品质及价格在国际市场具有竞争优势。从月度出口看，年内出口量高峰出现于7月份，单月出口2.6万吨；低谷期出现在1—2月，平均出口量仅1.7万吨，主要受春节假期影响，下游终端行业离市休假，造成环氧树脂出口减少。出口均价来看，环氧树脂月度出口均价多数时间在2000美元/吨以下，具有竞争优势。

2024年中国环氧树脂出口量价变化趋势见图25-11。

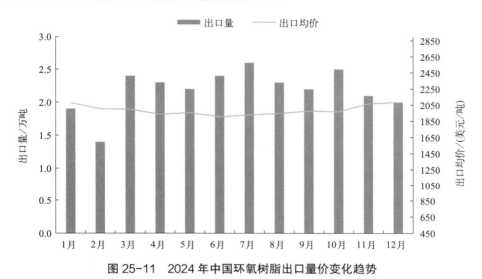

图 25-11　2024 年中国环氧树脂出口量价变化趋势

2020—2024年，中国环氧树脂出口量呈现逐年递增走势。2020年主要受疫情影响，下游终端消费量难以提升，导致当年出口量缩减至4.7万吨。2021年因疫情及极寒天气的影响，国外需求强劲增长，中国环氧树脂出口量明显增加，全年出口量高达10.1万吨，同比增长114.8%。2022—2024年，伴随中国环氧树脂新投产能增多，市场竞争激烈，企业不断开拓海外市场，增加外贸订单，因此对外出口量继续增加，截至2024年底，出口量增长至26.2万吨，同比增加51.4%。

2020—2024年中国环氧树脂出口量变化趋势见图25-12。

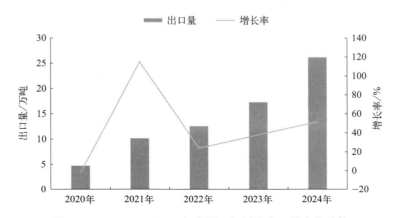

图 25-12　2020—2024 年中国环氧树脂出口量变化趋势

25.4 中国环氧树脂价格走势分析

2020—2024年，中国环氧树脂市场价格呈现先涨后跌态势。环氧树脂价格最低点出现在2023年6月份，为12000元/吨净水出厂；价格最高点出现在2021年4月份，为41000元/吨净水出厂。

从近五年环氧树脂价格走势变化看，除2020—2021年受政策导向影响明显外，其余年份多受成本、供需等要素制约。2020年上半年因疫情因素，下游需求相对低迷，下半年伴随疫情缓解，在成本及需求强劲带动下，11月份环氧树脂价格冲高至30000元/吨上方。2021年，受成本及需求利好支撑，4月份环氧树脂价格突破40000元/吨关口，自此之后，中国环氧树脂市场逐步恢复理性，在能耗双控政策及终端需求低迷制约下，环氧树脂市场价格逐步回归平淡。2022年，因疫情冲击及终端需求乏力，中国环氧树脂价格持续下跌。2023年，需求复苏不及预期，环氧树脂市场价格继续下挫，企业毛利大幅挤压，6月份中国环氧树脂创2017年来历史新低，市场价格跌破12000元/吨。2024年，中国环氧树脂行业供需矛盾更为突出，需求动能持续不足，环氧树脂市场价格多在12500～13500元/吨区间窄幅波动。

2020—2024年中国环氧树脂华东市场价格走势见图25-13。

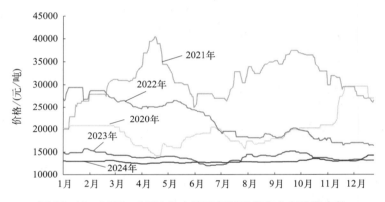

图 25-13 2020—2024 年中国环氧树脂华东市场价格走势

华东市场环氧树脂2024年月均价格和2020—2024年年均价格分别见表25-4和表25-5。

表 25-4 2024 年中国环氧树脂华东市场月均价格

月份	1 月	2 月	3 月	4 月	5 月	6 月	7 月	8 月	9 月	10 月	11 月	12 月
华东均价/（元/吨）	13013.6	13100.0	12738.1	12604.5	12700.0	12778.9	12800.0	12831.8	12907.1	13428.9	13073.8	13806.8

表 25-5 2020—2024 年中国环氧树脂华东市场年均价格

年份	2020 年	2021 年	2022 年	2023 年	2024 年
华东均价/（元/吨）	19985	30900	21904	13885	12978

25.5 中国环氧树脂生产毛利走势分析

2020—2021年，在下游电子电工、风电行业需求带动下，中国环氧树脂价格创历年新高，行业成本、利润均处于增长状态。2022—2023年，受疫情影响，市场需求低迷，环氧树脂市场价格震荡下行，利润逐渐由高位回归理性。2024年，环氧树脂价格基本围绕成本线上下浮动，甚至与成本倒挂，环氧树脂行业利润大幅受挤压，亏损成为行业常态，年均毛利−117元/吨，同比下滑264.8%。年内，1—2月原料双酚A价格快速回升，两者价差收窄至3000元/吨左右，环氧树脂行业平均毛利水平跌至−385元/吨；3—6月，得益于原料双酚A和环氧氯丙烷的让利，环氧树脂行业平均利润水平小幅回升；三季度，原料双酚A和环氧氯丙烷价格错位上涨，导致上下游剪刀差缩小，使得环氧树脂行业呈现毛利倒挂现象；四季度，环氧树脂在成本影响及下游风电需求带动下，价格不断刷新年内制高点，毛利最高达586元/吨，行业扭亏为盈。

2024年中国环氧树脂生产毛利走势见图25-14。

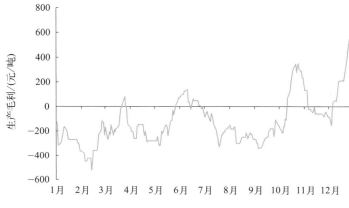

图 25-14　2024 年中国环氧树脂生产毛利走势

中国环氧树脂2024年月均生产毛利和2020—2024年年均生产毛利分别见表25-6和表25-7。

表 25-6　2024 年中国环氧树脂月均生产毛利

月份	1月	2月	3月	4月	5月	6月	7月	8月	9月	10月	11月	12月
生产毛利/（元/吨）	−242.2	−378.4	−131.0	−210.6	−176.9	54.0	−152.4	−225.0	−262.8	116.9	8.5	146.8

表 25-7　2020—2024 年中国环氧树脂年均生产毛利

年份	2020 年	2021 年	2022 年	2023 年	2024 年
生产毛利/（元/吨）	1256	3319	4707	71	−117

25.6　2025—2029 年中国环氧树脂发展预期

25.6.1　环氧树脂供应趋势预测

25.6.1.1　2025—2029 年环氧树脂拟在建/退出产能统计

2025—2029年，中国环氧树脂预计新增总产能256.7万吨，集中于华东区域，暂无明确淘汰产能。2025年，中国环氧树脂预计新建4套装置，其中最大装置是预计于2025年投产的珠海宏昌电子和安徽美佳，其产能均为14万吨/年，有效增加广东省及安徽省等周边供应。另有青岛海湾11.6万吨/年环氧树脂，并配套上游双酚A及环氧氯丙烷装置；河北晋邦8万吨/年环氧树脂，是浙江豪邦在河北地区新投产装置，有效扩进该企业在北方地区的发展。

2025—2029年中国环氧树脂新增产能统计见表25-8。

表 25-8　2025—2029 年中国环氧树脂新增产能统计

企业简称	产能/（万吨/年）	预计投产时间	地址
珠海宏昌电子材料有限公司（二期）	14.0	2025 年	广东珠海
安徽美佳化工有限公司	14.0	2025 年	安徽芜湖
青岛海湾化学有限公司	11.6	2025 年	山东青岛
河北晋邦新材料有限公司	8.0	2025 年	河北沧州
中国石化湖南石油化工有限公司	15.0	2026 年	湖南岳阳
珠海宏昌电子材料有限公司（三期）	10.0	2026 年	广东珠海
浙江弘利新材料有限公司	14.2	2026 年	浙江绍兴
广西华谊能源化工有限公司	18.9	2026 年	广西钦州
大连齐化新材料有限公司	8.0	2026 年	辽宁大连
东营易锐增新材料科技有限公司（一期）	12.0	2026 年	山东东营
建滔（北海）实业有限公司	10.0	2026 年	广西北海
东营易锐增新材料科技有限公司（二期）	6.0	2027 年	山东东营
唐山裕隆新材料科技有限公司	15.0	2027 年	河北唐山
荣盛新材料（舟山）有限公司（一期）	25.0	2028 年	浙江舟山
陕西榆能能化新材料有限公司（一期）	25.0	2028 年	陕西榆林
荣盛新材料（舟山）有限公司（二期）	25.0	2029 年	浙江舟山
陕西榆能能化新材料有限公司（二期）	25.0	2029 年	陕西榆林
合计	256.7		

25.6.1.2　2025—2029 年环氧树脂产能趋势预测

2025—2029年，中国环氧树脂累计新建产能256.7万吨/年，年均复合增长率预计在11.3%，较过去五年复合增长率下降0.4个百分点。总供应增速减缓，主要是中国环氧树脂行业供需矛盾严峻，行业利润亏损严重，导致企业对于新装置投产积极性下降。根据目前已公布的产能扩建计划统计，2029年预计中国环氧树脂产能达602万吨/年。拟在建产能中，规模在10万吨/年以上的企业有10家，新增产能主要分布在华东地区。

2025—2029年中国环氧树脂产能预测见图25-15。

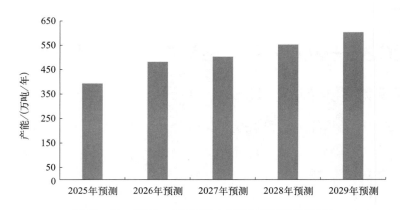

图 25-15　2025—2029 年中国环氧树脂产能预测

2025—2029年，中国环氧树脂产量复合增长率预计达10.4%。主要原因是产能的不断扩张，带来产量的大量释放。中国环氧树脂行业处于产能过剩时期，或导致生产企业装置停车检修或降负操作，行业产能利用率将处于偏低运行状态。

2025—2029年中国环氧树脂产量及产能利用率趋势预测见图25-16。

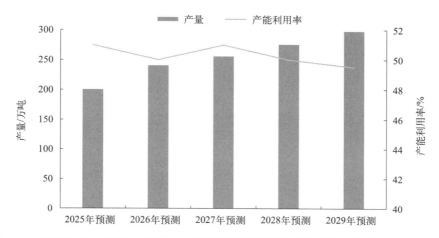

图 25-16 2025—2029 年中国环氧树脂产量及产能利用率趋势预测

25.6.2 环氧树脂产品主要下游消费行业运行趋势分析

25.6.2.1 涂料行业运行趋势分析

中国主要粉末涂料企业有阿克苏诺贝尔、爱粤、华佳、万安、金高丽、睿智、老虎新材等。未来五年，粉末涂料企业将更加注重产品研发和创新，提高产品的性能和质量，以满足不同应用领域的需求。此外，在环保趋势下，传统涂料中挥发性有机物（VOC）的排放成为制约其发展的一大难题；而热固性粉末涂料作为环保型涂装材料，具有无溶剂、低污染、高效率等优点，符合未来环保发展的趋势，市场需求将会进一步增加。

25.6.2.2 电子（覆铜板）行业运行趋势分析

覆铜板一直受到电子整机产品、半导体制造技术及印制电路板制造技术的不断发展所驱动。未来国家大力发展高新科技，政策力量将扶持覆铜板产业链的发展。同时，随着5G时代的推进，通信网络、通信基站、云计算和数据中心领域飞速发展，其产品往高频高速方向迈进，电子产品更新迭代，对于电子产品的需求市场往更高端的市场导向，驱动覆铜板的工艺需求向高频高速轻薄化方向发展。另外，汽车电子和消费电子的发展对于覆铜板的要求也在不断提升。

25.6.2.3 复合材料（风电）运行趋势分析

政策支持是风电产业发展的关键，国家出台一系列措施，如深远海域风电技术示范项目和"千乡万村驭风计划"，不仅攻克了海上风电技术的难关，还推动了风电技术在乡村的广泛应用。未来五年，国家政策将继续支持风电场的升级改造，提升发电效率和运行稳定性，进一步激发对新能源装机的需求，促进风电产业与电力市场的深度融合。技术创新是推动风电产发展的重要因素，大容量风机和长叶片技术的突破显著提高了风电设备的效率。

25.6.3 环氧树脂供需格局预测

考虑装置推迟或旧产能剔除等情况，预计2029年中国环氧树脂产能达到602万吨/年，产量将到达298万吨。届时，我国环氧树脂自给率继续提升，进口货源在很大程度上被国产替代，从当前进口结构来看，中国环氧树脂进口萎缩，出口逐步增长或成为常态。随着行业新扩产能不断增多，国产供应量不断加大，而下游需求增速远不及供应增速，因此预计2025—2029年中国环氧树脂行业供需失衡问题更加严峻。

2025—2029年中国环氧树脂供需预测见表25-9。

表 25-9 2025—2029 年中国环氧树脂供需预测

单位：万吨

时间	产量	进口量	总供应量	出口量	表观消费量
2025 年预测	200	14	214	30	184
2026 年预测	241	10	251	35	216
2027 年预测	256	8	264	37	227
2028 年预测	276	7	283	38	245
2029 年预测	298	6	304	40	264

第 26 章

茂金属聚乙烯

2024 年度
关键指标一览

类别	指标	2024 年	2023 年	涨跌幅	2025 年预测	预计涨跌幅
价格	华东均价 /（元 / 吨）	9640.2	9087.1	6.1%	9545.0	−1.0%
供需	产能 /（万吨 / 年）	241.0	260.0	−7.3%	444.00	84.2%
	产量 / 万吨	35.7	38.4	−7.0%	83.00	132.7%
	下游消费量 / 万吨	254.5	267.6	−4.9%	259.00	1.8%
进口	进口量 / 万吨	218.8	229.2	−4.5%	176.00	−19.6%

26.1 中国茂金属聚乙烯供需分析

2020—2024年我国茂金属聚乙烯产能年均复合增长率为22.22%，2024年产能241.0万吨/年；产量年均复合增长率为16.02%，2024年产量35.7万吨；年均产能利用率在14.8%；下游消费量年均增速为2.41%，2024年消费量254.5万吨。年进口量超过200万吨，对外依存度高达85.98%。

2020—2024年中国茂金属聚乙烯供需变化见表26-1。

表 26-1　2020—2024 年中国茂金属聚乙烯供需变化

单位：万吨

时间	产量	进口量	总供应量	下游消费量	出口量	总需求量
2020 年	19.7	211.7	231.3	231.3	0.0	231.3
2021 年	19.4	198.5	217.9	217.9	0.0	217.9
2022 年	32.8	203.0	235.8	235.8	0.0	235.8
2023 年	38.4	229.2	267.6	267.6	0.0	267.6
2024 年	35.7	218.8	254.5	254.5	0.0	254.5

26.2 中国茂金属聚乙烯供应现状分析

26.2.1 茂金属聚乙烯产能趋势分析

2024年国内有茂金属聚乙烯生产企业8家，合计产能为241.0万吨/年，较2023年减少19万吨/年（齐鲁石化由于装置故障长期停车、扬子石化由于利润亏损退出茂金属聚乙烯的生产）。2024年浙石化二期装置能力最大，产能45.0万吨/年；其次为广东石化和中化泉州，产能均为40.0万吨/年；独山子石化和兰州石化装置产能均为30.0万吨/年。

2024年中国茂金属聚乙烯企业产能统计见表26-2。

表 26-2　2024 年中国茂金属聚乙烯企业产能统计

地区	企业简称	企业性质	工艺路线	产能/（万吨/年）
华东	浙石化二期	民营企业	油制	45.0
西北	独山子石化	国有企业	油制	30.0
西北	兰州石化	国有企业	油制	30.0
华南	茂名石化	国有企业	油制	22.0
华南	广东石化	国有企业	油制	40.0
华南	中化泉州	国有企业	油制	40.0
华中	中原石化	国有企业	油制	26.0
东北	大庆石化	国有企业	油制	8.0
合计				241.0

26.2.2 茂金属聚乙烯产量及产能利用率趋势分析

2020—2021年中国茂金属聚乙烯产量处于偏低水平，在19万吨左右，在此期间，茂名石化、宁夏宝丰、中科炼化等装置都处于前期试产阶段，产量偏低拉低了全年产能利用率。2023年国内茂金属聚乙烯产量增幅明显，产量同比增长17.01%，产能利用率呈下降趋势，同比下降2.24%；2024年国内茂金属聚乙烯产量35.7万吨，同比下降7.0%，2024年齐鲁装置停车，扬子石化退出茂金属生产，产量同比下降7.03%；产能利用率14.8%，同比提升0.05个百分点，2024年兰州石化装置连续满负荷生产，负荷水平提升拉高了2024年的产能利用率。

2020—2024年中国茂金属聚乙烯产量及产能利用率变化趋势见图26-1。

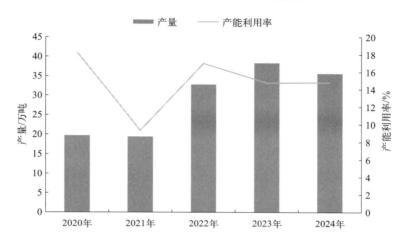

图26-1　2020—2024年中国茂金属聚乙烯产量及产能利用率变化趋势

26.2.3　茂金属聚乙烯供应结构分析

26.2.3.1　2024年茂金属聚乙烯分区域供应结构分析

我国茂金属聚乙烯产能主要集中在华南、西北及华东地区。2024年三个地区产能占总产能比例达到85.9%。其中，华南地区产能102.0万吨/年，占国内总产能的42.3%；其次为西北地区，产能60.0万吨/年，占总产能的24.9%；华东地区产能45.0万吨/年，占总产能的18.7%。华中和东北地区产能占比分别为10.8%和3.3%。

2024年中国茂金属聚乙烯分区域产能分布见图26-2。

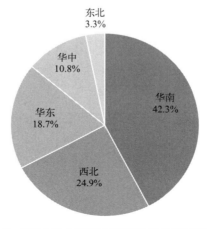

图26-2　2024年中国茂金属聚乙烯分区域产能分布

26.2.3.2　2024 年茂金属聚乙烯分企业性质供应结构分析

目前国内8家茂金属聚乙烯生产企业中，除浙石化一家民营企业外，其余均为国有企业。国有企业产能占比81.3%，民营企业占比仅18.7%。其中，中国石油产能占据国产市场主导地位，占比在44.8%，该集团具有己烯配套装置，兰州石化自主研发了茂金属催化剂，是其量化生产的必备条件；中国石化受齐鲁石化12.0万吨/年及扬子石化20.0万吨/年装置停产影响，产能占比19.9%。

26.2.4　茂金属聚乙烯进口趋势分析

2020—2024年中国茂金属聚乙烯进口走势先扬后抑。2023年茂金属聚乙烯进口量增幅明显，同比提升12.88%，2024年茂金属聚乙烯进口量有所下降，同比下降4.5%。2023年油制与乙烷制茂金属聚乙烯美元价差扩大，北美产区套利窗口打开，进口增量明显。2024年由于欧美价格优势明显，流向欧美资源增多，流向中国货源减少，另外2024年陶氏和埃克森装置检修，供应减少，因此2024年进口量同比下降4.54%。

2020—2024年中国茂金属聚乙烯进口量变化趋势见图26-3。

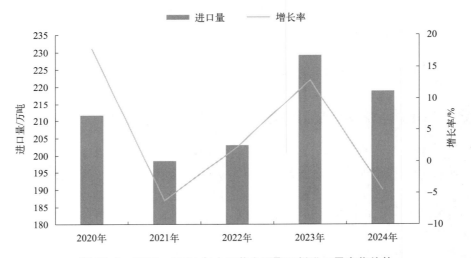

图 26-3　2020—2024 年中国茂金属聚乙烯进口量变化趋势

26.3　中国茂金属聚乙烯消费现状分析

26.3.1　茂金属聚乙烯消费趋势分析

2021—2023年中国茂金属聚乙烯消费量整体呈现上涨走势，2023年较2021年增幅达22.81%。近几年食品日化包装取向单一材质，茂金属添加比例也在不断提升，食品饮品类、调味品等同比增长5%～6%。其次是农膜领域，近几年棚膜在向高端膜和多元化方向发展，例如云南花卉棚膜、西北白膜以及牧草膜等都会添加部分茂金属聚乙烯。此外，受疫情影响，医药领域需求增幅明显，2022年同比增幅45%左右。2024年，受下游出口下滑及部分中小企业关停影响，茂金属聚乙烯消费量同比下降4.9%。

2020—2024年中国茂金属聚乙烯年度消费变化趋势见图26-4。

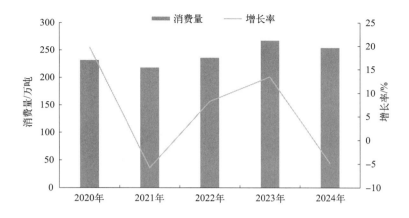

图 26-4　2020—2024 年中国茂金属聚乙烯年度消费变化趋势

26.3.2　茂金属聚乙烯消费结构分析

我国茂金属聚乙烯下游消费主要集中在薄膜领域，管材、滚塑等非包装领域也保持强劲增长。从 2024 年下游消费来看，食品、日化包装领域占比较大，占比 34.0%；其次是农膜，占比 17.0%。

2024 年中国茂金属聚乙烯下游消费构成见图 26-5。

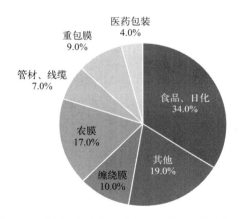

图 26-5　2024 年中国茂金属聚乙烯下游消费构成

26.4　中国茂金属聚乙烯价格走势分析

2020—2024 年国内茂金属聚乙烯价格波动大体可分为 3 个阶段，分别是 2022 年上半年的上涨期，2022 年下半年至 2023 年下半年的回调期以及 2024 年上半年的再次上涨期。

2022 年上半年，价格波动和原油、单体关系密切，成本趋高，价格跟涨。年初延续 2021 年的进口低位，在原油价格大涨和单体紧缺的情况下，上游企业开工负荷下降，整体供应减少，发货周期延后，市场现货库存偏紧，代理商多惜售、逢高出货为主。茂金属聚乙烯价格在 2022 年 4 月冲至 12469 元/吨高位。

2022—2023 年下半年，一方面由于乙烷价格跌至年内低位，成本支撑松动，北美产区茂金属聚乙烯输入量增加明显；另一方面，下游包装企业出口订单缩减，出口转内销竞争激烈。总体来看，需求增速不及供应增速，供大于求加剧价格震荡下行。

2024年上半年，供应减少叠加成本支撑是茂金属聚乙烯价格上涨的主要因素。红海事件导致船期延后叠加陶氏泰国装置检修，供应缩减，价格震荡上行。另外，成本端原油和乙烷均有所支撑，其中原油价格在4月上旬迈入90美元/桶的大关，对茂金属聚乙烯价格具有利好支撑。2024年上半年，茂金属聚乙烯价格涨至10100元/吨。下半年，随着船期恢复，欧洲需求下降，货源多流向中国市场，市场处于震荡向下走势，跌至9300元/吨。

2020—2024年中国茂金属聚乙烯现货价格走势见图26-6。

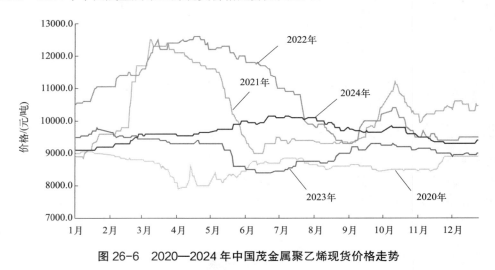

图 26-6　2020—2024 年中国茂金属聚乙烯现货价格走势

华东市场茂金属聚乙烯2024年月均价格及2020—2024年年均价格分别见表26-3和表26-4。

表 26-3　2024 年华东市场茂金属聚乙烯月均价格

月份	1 月	2 月	3 月	4 月	5 月	6 月	7 月	8 月	9 月	10 月	11 月	12 月
价格 /（元 / 吨）	9120.6	9357.5	9595.5	9595.5	9797.4	10007.1	10104.3	9881.0	9682.6	9723.5	9402.4	9319.6

表 26-4　2020—2024 年华东市场茂金属聚乙烯年均价格

年份	2020 年	2021 年	2022 年	2023 年	2024 年
价格 /（元 / 吨）	8618.9	10275.3	10776.5	9087.1	9640.2

26.5　中国茂金属聚乙烯生产毛利走势分析

目前，国内茂金属聚乙烯主要用石脑油裂解乙烯来生产，生产工艺路径单一。2024年油制茂金属聚乙烯生产毛利呈现先抑后扬走势。下半年，原油价格下跌，茂金属聚乙烯价格拉涨，利润扩增明显，9—12月利润由负转正，利润峰值达到803元/吨，因此下半年也是由于利润的驱动国产量提升明显。

2024年中国茂金属聚乙烯生产毛利走势见图26-7。

中国茂金属聚乙烯2024年月均生产毛利及2022—2024年年均生产毛利分别见表26-5和表26-6。

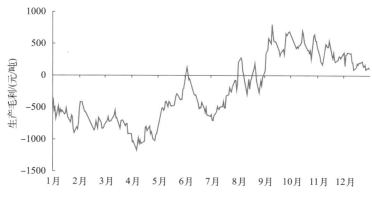

图 26-7　2024 年中国茂金属聚乙烯生产毛利走势

表 26-5　2024 年中国茂金属聚乙烯月均生产毛利

月份	1 月	2 月	3 月	4 月	5 月	6 月	7 月	8 月	9 月	10 月	11 月	12 月
生产毛利/（元 / 吨）	−632.8	−666.4	−727.2	−968.2	−405.8	−330.1	−420.5	−27.2	489.9	487.6	321.8	209.0

表 26-6　2022—2024 年中国茂金属聚乙烯年均生产毛利

年份	2022 年	2023 年	2024 年
生产毛利/（元 / 吨）	−257.9	−659.5	−223.9

26.6　2025—2029 年中国茂金属聚乙烯发展预期

26.6.1　茂金属聚乙烯产品供应趋势预测

26.6.1.1　2025—2029 年茂金属聚乙烯拟在建 / 退出产能统计

2025—2029 年中国茂金属聚乙烯预计累计新增产能 507 万吨。预计 2025 年共计 3 套装置在计划转产茂金属聚乙烯；2026 年茂金属聚乙烯新增产能是洛阳石化和卫星石化，其中，卫星石化茂金属装置投产存在较大不确定性；2027—2028 年蓝海新材料、荣盛新材料、扬子石化、中海壳牌三期投产，随着产能逐年释放，2027—2028 年国内茂金属聚乙烯产量将达峰值。

2025—2029 年中国茂金属聚乙烯新增产能统计见表 26-8。

表 26-7　2025—2029 年中国茂金属聚乙烯新增产能统计

企业简称	产能 /（万吨 / 年）	预计投产时间	地址
中石化英力士	30	2025 年	天津
山东裕龙石化	50	2025 年	山东
埃克森美孚（惠州）	123	2025 年	广东
洛阳石化	15	2026 年	河南
卫星石化	100	2026 年	浙江
蓝海新材料	54	2027 年	江苏

续表

企业简称	产能/(万吨/年)	预计投产时间	地址
荣盛新材料	45	2027年	浙江
扬子石化	30	2027年	江苏
中海壳牌三期	60	2028年	广东
合计	507		

26.6.1.2　2025—2029年中国茂金属聚乙烯产量趋势预测

预计2025—2029年国内茂金属聚乙烯产量年均增速将达到34.42%，2028—2029年茂金属聚乙烯产量将达到峰值，达271万吨。

2025—2029年中国茂金属聚乙烯产量预测见图26-8。

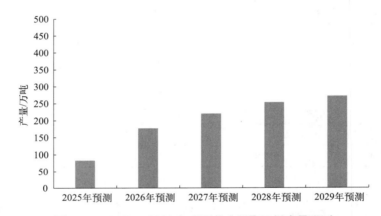

图26-8　2025—2029年中国茂金属聚乙烯产量预测

26.6.2　茂金属聚乙烯产品主要下游发展前景预测

未来几年，中国茂金属聚乙烯大部分下游消费量将继续保持增长趋势。预计2028年茂金属消费量突破400万吨。

2025—2029年中国茂金属聚乙烯主要下游消费量预测见图26-9。

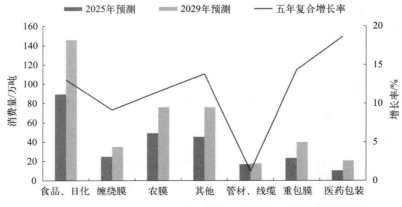

图26-9　2025—2029年茂金属聚乙烯主要下游消费量预测

26.6.3 茂金属聚乙烯供需格局预测

预计2025—2029年国内茂金属聚乙烯供应量逐年增加，茂金属聚乙烯价格有下降趋势。

2025—2029年中国茂金属聚乙烯供需预测见表26-8。

表 26-8 2025—2029 年中国茂金属聚乙烯供需预测

单位：万吨

时间	产量	进口量	总供应量	下游消费量	出口量
2025 年预测	83	176	259	259	0
2026 年预测	177	136	313	313	0
2027 年预测	220	159	379	372	7
2028 年预测	253	161	414	404	10
2029 年预测	271	155	426	411	15

第 27 章

超高分子量聚乙烯

2024 年度
关键指标一览

类别	指标	2024 年	2023 年	涨跌幅	2025 年预测	预计涨跌幅
价格	华东均价 / (元 / 吨)	11446.0	11850.0	−3.4%	11000.0	−3.9%
供需	产能 / (万吨 / 年)	40.4	26.4	53.0%	66.0	63.4%
	产量 / 万吨	18.7	16.5	13.3%	23.0	23.0%
	产能利用率 /%	46.3	62.5	−16.2 个百分点	34.8	−11.5 个百分点
	下游消费量 / 万吨	31.0	27.2	14.0%	36.0	16.1%
进出口	进口量 / 万吨	13.8	12.0	15.0%	15.0	8.7%
	出口量 / 万吨	1.5	1.3	15.4%	2.0	33.3%

27.1　中国超高分子量聚乙烯供需分析

近几年新能源汽车需求急剧增长，国际形势的复杂性也逐年增加，军品需求显著上升，共同推动了中国超高分子量聚乙烯需求量的攀升。2022—2024年中国超高分子量聚乙烯供需整体保持增长趋势。2024年超高分子量聚乙烯产量年复合增长率为11.65%，表观消费量年复合增长率为12.72%。2024年产能达40.4万吨/年，总供应量32.5万吨，其中进口量13.8万吨。总体表观需求量31万吨，较2023年提升13.97%，主要受益于新能源与军工领域需求扩张。

27.2　中国超高分子量聚乙烯供应现状分析

27.2.1　中国超高分子量聚乙烯产能趋势分析

2022—2024年间，国内产能主要扩增集中于华北地区，华北和华东、华南地区是国内超高分子量聚乙烯的主要消费地，生产装置临近下游企业。为便于原料的输入及产品的输出，新建一体化项目多数选址华东、华北地区。

2024年中国超高分子量聚乙烯生产企业产能统计见表27-1。

表 27-1　2024 年中国超高分子量聚乙烯生产企业产能统计

企业名称	地址	简称	产能/（万吨/年）
塞拉尼斯（南京）化工有限公司	江苏	塞拉尼斯	4
九江中科鑫星新材料有限公司	江西	九江中科鑫星	2.5
江苏斯尔邦石化有限公司	江苏	江苏斯尔邦	2
安徽丰达新材料有限公司	江苏	安徽丰达	2
中国石化扬子石油化工有限公司	江苏	扬子石化	4
上海联乐化工科技有限公司	上海	上海联乐	1.5
中玺新材料（安徽）有限公司	安徽	安徽中玺	1.25
河南沃森超高化工科技有限公司	河南	河南沃森	4
湖北昱泓高新材料科技有限公司	湖北	湖北昱泓	0.8
中国石油天然气股份有限公司辽阳石化分公司	辽宁	辽阳石化	2
中国石油天然气股份有限公司大庆石化分公司	黑龙江	大庆石化	0.3
中国石油化工股份有限公司北京燕山分公司	北京	燕山石化	2
联泓新材料科技股份有限公司	山东	联泓化学	2
中国石油天然气股份有限公司兰州石化分公司	甘肃	兰州石化	2
中石化英力士（天津）石化有限公司	天津	英力士天津石化	10
合计			40.4

27.2.1.1　2024 年超高分子量聚乙烯产能及新增产能统计

2024年3月，联泓新材料2万吨/年超高分子量聚乙烯项目成功投产，4月新增兰州石化2万吨/年装置投产，11月中石化英力士10万吨/年装置投产。2024年合计新投产能14万吨/年。

27.2.1.2 2022—2024 年超高分子量聚乙烯产能趋势分析

2022—2024 年中国超高分子量聚乙烯产能保持快速增长趋势，2023 年河南沃森 3 万吨/年浆浆环管连续法装置投产，标志着中国超高分子量聚乙烯生产工艺的重要突破；2024 年，中英石化投产的 10 万吨/年装置标志着中国进入了超高分子量聚乙烯生产的大产能时代，该装置也是目前国内规模最大的超高分子量聚乙烯生产装置。

2022—2024 年中国超高分子量聚乙烯产能变化趋势见图 27-1。

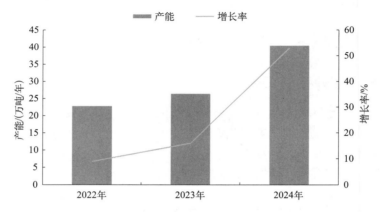

图 27-1 2022—2024 年中国超高分子量聚乙烯产能变化趋势

27.2.2 中国超高分子量聚乙烯产量及产能利用率趋势分析

2022—2024 年中国超高分子量聚乙烯产量呈逐年稳步增长态势，然而产能利用率却呈下滑趋势。这一现象主要原因在于，随着多家企业加速推进并成功落地超高分子量聚乙烯生产项目，市场迎来了新装置的集中投产期，2024 年国内产能环比增长 53%。而超高分子量聚乙烯作为一种高性能材料，目前仍处于相对小众的市场领域。因此新投产的装置在生产工艺的优化、销售渠道的铺设、终端产品的认证以及消费市场的认可和推广等方面，都需要经历一定的时间周期来逐步发展成熟，2024 年国内产量环比仅增长 13.3%，产量增幅远不及产能增幅。这些因素共同影响了产能利用率的提升。

2022—2024 年中国超高分子量聚乙烯产量及产能利用率变化趋势见图 27-2。

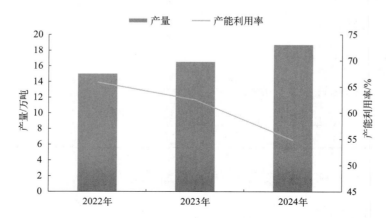

图 27-2 2022—2024 年中国超高分子量聚乙烯产量及产能利用率变化趋势

27.2.3 中国超高分子量聚乙烯供应结构分析

27.2.3.1 2024年中国超高分子量聚乙烯分区域供应结构分析

2024年中国超高分子量聚乙烯区域分布看，华东地区产能占比最高，达42.8%，主要涉及安徽省、江苏省和上海等；华北地区次之，占34.7%；华中地区产能占比达11.9%，主要涉及河南省、湖北省等；最后为东北和西北地区。从区域分布的角度来看，超高分子量聚乙烯的供应企业大多集聚在交通便利且经济繁荣的地区。

2024年中国超高分子量聚乙烯分区域产能分布见图27-3。

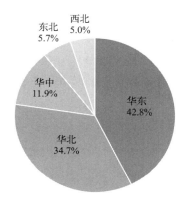

图27-3 2024年中国超高分子量聚乙烯分区域产能分布

27.2.3.2 2024年中国超高分子量聚乙烯分企业性质供应结构分析

从企业性质的角度分析，2024年，民营企业凭借较强的市场敏感性和高度的灵活性，能够迅速适应并响应市场需求的变化，从而在超高分子量聚乙烯市场中占据领先地位，紧随其后的为国有企业，再次为合资企业。这三类企业共同占据了超过90%的市场份额，相比之下，外资企业的占比仅为9.9%。

2024年中国超高分子量聚乙烯分企业产能构成见图27-4。

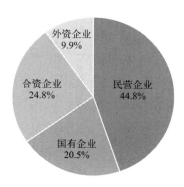

图27-4 2024年中国超高分子量聚乙烯分企业产能构成

27.2.4 中国超高分子量聚乙烯进口趋势分析

2022—2024年中国超高分子量聚乙烯进口量呈递增趋势，年均复合增长率为14.64%。2022

年得益于新能源电车销售量猛增，中国上游生产企业开始加大对锂电池隔膜料的生产，如扬子石化和上海联乐，锂电池隔膜原料进口量被国产料小幅替代，但大部分市场依旧由塞拉尼斯及大韩油化等占据。2023—2024 年随着国防和军队现代化、航空航天等领域的快速发展为超高分子量聚乙烯提供了更为广阔的应用场景，促进了进口量的稳步增长。

2022—2024 年中国超高分子量聚乙烯进口量变化趋势见图 27-5。

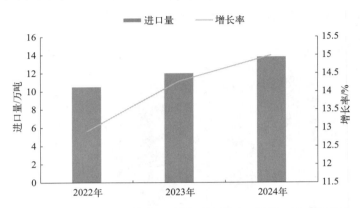

图 27-5　2022—2024 年中国超高分子量聚乙烯进口量变化趋势

27.3　中国超高分子量聚乙烯消费现状分析

27.3.1　中国超高分子量聚乙烯消费趋势分析

2022—2024 年中国超高分子量聚乙烯消费呈逐年递增趋势，近三年年均复合增长率 12.72%。上游生产技术与功能化改性技术水平提升，以及下游相关制品加工工艺技术不断升级，推动了超高分子量聚乙烯消费量的增长。

2022—2024 年中国超高分子量聚乙烯年度消费变化趋势见图 27-6。

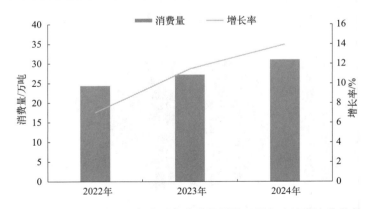

图 27-6　2022—2024 年中国超高分子量聚乙烯年度消费变化趋势

27.3.2　中国超高分子量聚乙烯消费结构分析

在中国超高分子量聚乙烯细分领域消费中，隔膜领域需求占比提升明显，目前隔膜领域占全国总表观消费量的40.3%, 2024年需求量为12.5万吨, 位居第一; 板材及异型材领域成熟, 发展相对稳定, 一直是中国超高分子量聚乙烯较大的应用领域, 占比29.0%, 2024年需求量为9万吨; 管材、纤维领域表观消费量占比分别为15.2%、13.9%, 需求量分别是4.7万吨、4.3万吨; 医疗及其他领域占比合计在1.6%, 需求量0.5万吨。

2024年中国超高分子量聚乙烯下游消费构成见图27-7。

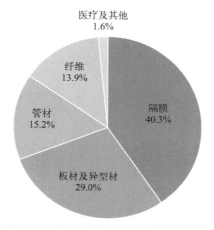

图 27-7　2024 年中国超高分子量聚乙烯下游消费构成

27.3.3　中国超高分子量聚乙烯出口趋势分析

2022—2024年中国超高分子量聚乙烯出口量维持在1万～1.5万吨, 出口较少, 多在中国市场内消化。2024年中国超高分子量聚乙烯出口量在1.5万吨。据了解国内企业很少会直接出口, 多是通过国内贸易商将货源销售至国外。

2022—2024年中国超高分子量聚乙烯出口量变化趋势见图27-8。

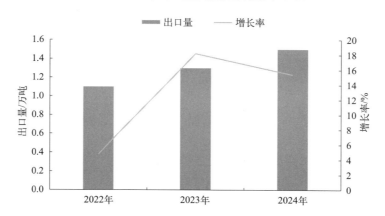

图 27-8　2022—2024 年中国超高分子量聚乙烯出口量变化趋势

27.4　中国超高分子量聚乙烯价格走势分析

2022—2024年中国超高分子量聚乙烯价格逐年走低, 高点出现于2022年10月, 价格在

12150元/吨，低点出现于2024年7月，价格在11350元/吨。2024年均价格11446元/吨，相较于2023年的年度均价11850元/吨，下跌404元/吨，跌幅3.41%。

2024年是中国超高分子量聚乙烯行业的投产大年，国内产能同比增加53.03%，面对供应压力剧增和市场竞争加剧的双重挑战，新企业为快速打开销路，采取积极让利策略，以更具吸引力的价格优势抢占市场份额，其中3月、4月及11月价格走低表现尤为明显，这也是三个新装置落地后供应对市场的施压表现。当前中国超高分子量聚乙烯在下游买方市场占据主导地位的形势下，上游生产企业纷纷倾向于采用直销模式以应对市场变化。这一趋势为下游工厂带来了更大的采买优势，价格商谈上拥有了更加宽广的空间，可争取到更为优惠的价格。因此在2024年产能集中投产的情况下，超高分子量聚乙烯市场价格表现欠佳。

2022—2024年华东市场超高分子量聚乙烯价格走势见图27-9。

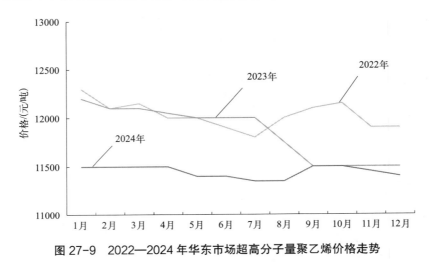

图27-9　2022—2024年华东市场超高分子量聚乙烯价格走势

27.5　2025—2028年中国超高分子量聚乙烯发展预期

27.5.1　超高分子量聚乙烯供应趋势预测

27.5.1.1　2025—2028年中国超高分子量聚乙烯拟在建/退出产能统计

预计至2028年，国内超高分子量聚乙烯产能有望增至132.4万吨/年，较2024年累计增加92万吨。新增产能主要分布在华北、华东、西北地区，届时华北及西北地区将由输入型区域转换为输出型区域。目前无企业明确表示有产能退出计划。

2025—2028年中国超高分子量聚乙烯新增产能统计见表27-2。

表27-2　2025—2028年中国超高分子量聚乙烯新增产能统计

企业简称	产能/（万吨/年）	预计投产时间	地址
湖北昱泓高新材料	2	2025年上半年	湖北
山东裕龙石化	10	2025年上半年	山东
桐砚（天津）新材料	2	2025年上半年	天津
龙朴科技	3	2025年上半年	上海

续表

企业简称	产能/（万吨/年）	预计投产时间	地址
中化学城市投资	2	2025 年下半年	陕西
九江中科鑫星新材料	2	2025 年下半年	江西
中玺新材料（安徽）	1	2025 年下半年	安徽
青岛诚志华青新材料	4	2025 年下半年	青岛
浙石化	10	2026 年	浙江
蒲城清洁能源化工	4	2026 年	陕西
桐砚（天津）新材料	2	2026 年	天津
辽阳石化	2	2026 年	辽宁
朴烯晶新能源材料	21	2027 年	上海
卫星化学	5	2027 年	浙江
中化学城市投资	3	2027 年	陕西
兰州石化	6	2027 年	甘肃
新疆宝丰煤基新材料	3	2027 年	新疆
广西钦州	8	2028 年	广西
兖矿鲁南化工	2	2028 年	山东
合计	92	—	—

27.5.1.2 2025—2028 年中国超高分子量聚乙烯产能趋势预测

现有拟在建数据显示，2025—2028 年超高分子量聚乙烯投产积极性依旧高涨，预计2025—2028 年中国超高分子量聚乙烯产能将从66万吨/年增长至132万吨/年，年均复合增长率为25.87%。

2025—2028 年中国超高分子量聚乙烯产能预测见图27-10。

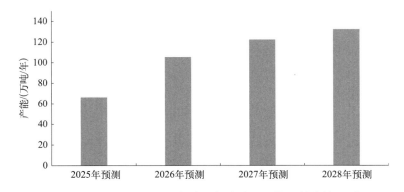

图 27-10 2025—2028 年中国超高分子量聚乙烯产能预测

27.5.2 超高分子量聚乙烯消费趋势预测

预计到2025年，在我国超高分子量聚乙烯的消费结构中，新能源汽车市场将持续保持强劲增长态势，为湿法锂电池隔膜行业开拓广阔发展空间。此外，储能领域作为锂离子电池应用的新兴增长极（新蓝海），随着储能锂电池出货量的快速提升，也将为湿法锂电池隔膜市场注入新的增长动能。上述两大需求支撑下，预计隔膜领域占比仍为首位，占39%，消费量为14万吨；第二和第三为板材及异型材和管材领域，分别占25%及19%，消费量为9万吨和7万吨；第四为纤维领域，占14%，消费量为5万吨；最后为医疗及其他领域，占3%，消费量为1万吨。

结合2024年消费结构，中国超高分子量聚乙烯2025年预计增长量，在隔膜领域增加值为1.5万MT，在管材应用领域消费量加值为2.3万MT，是主要的增长空间。

中国超高分子量聚乙烯管材领域的增长受多重因素驱动，其中包括该材料独特的性能优势、近年来加工技术的提升，以及政府推动的"以塑代钢"政策。这些因素共同作用下，预示着该领域未来具有广阔的发展潜力。从性能层面分析，超高分子量聚乙烯管材在耐腐蚀性等方面展现出优于钢管的特性，并且在价格上，它与中低端钢管的差距并不显著，因此，超高分子量聚乙烯管材对钢管形成了一定的替代效应。

超高分子量聚乙烯产品，作为中国高端小众塑料产品的重要组成部分，企业积极布局的原因主要有两方面。

首先，企业旨在通过提前布局来抢占此领域的优先权。面对日益激烈的市场竞争，提前进入并深耕超高分子量聚乙烯产品领域，有助于企业建立品牌优势、积累技术经验，从而在后续发展中占据有利地位。

其次，近年来，随着科技的不断进步和全球范围内对高性能材料需求的增加，超高分子量聚乙烯产品在纤维、隔膜等下游领域的应用越来越广泛，特别是在高精尖及军事领域，其独特的性能优势得到了充分认可。这一趋势导致海外市场需求激增，为国内企业提供了巨大的市场机遇。因此，国内企业积极布局超高分子量聚乙烯产品的产能规划，以满足海外市场的旺盛需求，并进一步提升自身的市场竞争力。

综上所述，中国超高分子量聚乙烯未来发展核心驱动因素为海外市场需求激增与国内供应链自主化趋势叠加，促使企业通过产能扩张实现技术迭代与市场占领的双重目标，从而在国产替代与国际市场突围中占据有利竞争优势。

第 28 章

聚烯烃弹性体

2024 年度
关键指标一览

类别	指标	2024 年	2023 年	涨跌幅	2025 年预测	预计涨跌幅
价格	4C 聚烯烃弹性体 /（元 / 吨）	16915	21742	−22.20%	15000	−11.32%
	8C 聚烯烃弹性体 /（元 / 吨）	22265	23831	−6.57%	18900	−15.11%
供应	产能 /（万吨 / 年）	27	3	800.00%	62	129.63%
	进口量 / 万吨	91.32	85.92	6.28%	99.1	8.52%

28.1   中国聚烯烃弹性体供需分析

我国于2023年底实现聚烯烃弹性体（POE）工业化生产。2024年聚烯烃弹性体产能达到27万吨/年，产量超过7万吨，进口量超过91万吨，表观需求量超过98万吨，较2023年提升16%。

28.2   中国聚烯烃弹性体供应现状分析

28.2.1   中国聚烯烃弹性体生产企业情况

目前，我国有贝欧亿公司、万华化学、独山子石化3家聚烯烃弹性体生产企业。2023年12月，京博石化旗下贝欧亿公司位于海南的3万吨/年特种聚烯烃及配套项目一次性开车成功，产出具有独立知识产权的高性能聚烯烃弹性体产品，并于2024年4月实现了光伏级产品的批量销售。

2024年6月，万华化学一期20万吨/年聚烯烃弹性体项目实现全流程贯通并产出合格产品。整体规划有60万吨/年聚烯烃弹性体产能，余下蓬莱基地年产40万吨聚烯烃弹性体项目已经开工建设，预计在2025年末建成投产。公司在上游α-烯烃、催化剂和下游光伏胶膜领域均有所布局，自主研发的催化剂活性高、热稳定性好。

2024年5月，中国石油独山子石化公司按计划成功转产聚烯烃弹性体，在国内首次实现气相法生产聚烯烃弹性体技术新突破。全年生产聚烯烃弹性体系列新产品突破万吨大关，产品得到光伏胶膜、汽车改性等领域龙头企业的充分认可，应用领域已覆盖光伏胶膜、汽车改性、制鞋等10余个领域。未来，该公司力争3年内具备24.4万吨/年产能规模。

2024年中国聚烯烃弹性体生产企业产能见表28-1。

表 28-1   2024 年中国聚烯烃弹性体生产企业产能

序号	企业名称	产能/（万吨/年）
1	万华化学	20
2	贝欧亿	3
3	独山子石化	4
	合计	27

28.2.2   中国聚烯烃弹性体产量及产能利用率分析

2024年随着万华化学、独山子石化等企业装置陆续投产，我国聚烯烃弹性体产量大幅提升，但装置产能利用率不足三成。一方面，新增产能处于爬坡阶段，生产工艺与流程还需进一步优化稳定，产品质量和产量都有待提升；另一方面，下游市场对国产聚烯烃弹性体产品的认证和接受需要时间，销售渠道尚在拓展，限制了产能的充分释放。不过，随着国内企业技术不断成熟，下游市场对国产聚烯烃弹性体认可度的提升，预计未来产能利用率将逐步提高。

28.2.3   中国聚烯烃弹性体进口趋势分析

28.2.3.1   2024 年聚烯烃弹性体进口分析

2024年中国聚烯烃弹性体进口量达到91.32万吨，同比上涨6%，近几年进口总量呈上升趋势。中国进口的聚烯烃弹性体以陶氏化学产品为主，其次是韩国LG。中国是全球最大的光伏市场，对光伏胶膜需求大，尽管国内聚烯烃弹性体已实现国产化，但仍需进口资源补充。汽车行业对聚烯烃弹性体在内饰件、外饰件及密封件等领域的应用不断扩大，2024年汽车行业对聚烯烃弹性体的消费量仍呈增长态势。

2024年中国聚烯烃弹性体月度进口量见图28-1。

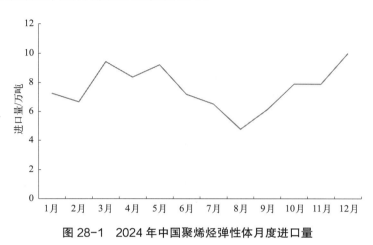

图 28-1　2024 年中国聚烯烃弹性体月度进口量

28.2.3.2　2022—2024 年聚烯烃弹性体进口分析

2022年，我国累计进口聚烯烃弹性体达69.2万吨，同比增长8.2%。这一增长主要源于国内光伏、汽车等行业对聚烯烃弹性体需求的稳步上升，当时国内聚烯烃弹性体产能有限，无法充分满足市场需求，使得进口量持续增加。其中，2022年12月我国聚烯烃弹性体进口量5.8万吨，同比持平，全年保持了较为稳定的进口节奏。

2023年，中国聚烯烃弹性体进口量进一步增长至85.92万吨，延续了上升趋势。在这一年，国内一些下游行业如光伏产业扩张迅速，对聚烯烃弹性体胶膜需求大增，尽管有少量国产聚烯烃弹性体开始进入市场，但仍无法满足旺盛需求，依赖进口的局面未得到根本性改变。

2024年，中国聚烯烃弹性体进口量达到91万吨，同比上涨6%，再创历史新高。从月度数据来看，2024年1—5月累计进口量在40.93万吨，同比增加21.37%。1—5月月度进口数量分别为7.26万吨、6.67万吨、9.42万吨、8.37万吨、9.21万吨，呈现出波动上升态势，主要原因是国内相关产业持续发展，对聚烯烃弹性体的需求较为强劲。

2022—2024年中国聚烯烃弹性体进口量见表28-2。

表 28-2　2022—2024 年我国聚烯烃弹性体进口量

年份	进口量 / 万吨	同比
2022 年	69.2	8.2%
2023 年	85.92	24.16%
2024 年	91.32	6.28%

28.3　中国聚烯烃弹性体消费现状分析

目前聚烯烃弹性体消费主要集中在光伏、汽车零部件领域，鞋材、电线电缆、医疗、包装等其他领域有少量应用。2024年聚烯烃弹性体在光伏领域消费量占比约47%，较2023年提升7个百分点。在汽车领域消费占比约29%，略高于2023年。在其他领域消费占比约24%。

2023—2024年中国聚烯烃弹性体消费构成见图28-2。

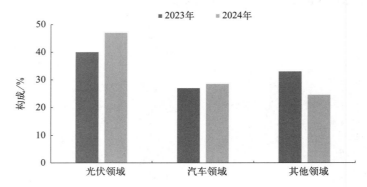

图 28-2　2023—2024 年中国聚烯烃弹性体消费构成

28.4　中国聚烯烃弹性体价格走势分析

2024年上半年聚烯烃弹性体市场呈现稳中下滑趋势。上半年陶氏8150均价在24000元/吨，同比下跌1.51%；陶氏7467均价在19535元/吨，同比下跌16.07%。2024年下半年，聚烯烃弹性体材料价格继续处于下跌趋势，8碳（8C）、4碳（4C）产品均价下调2000元/吨左右，创近三年来最大跌幅，截至年底，光伏专用料粒子4碳产品价格在13000～13500元/吨左右。

2022—2024年中国聚烯烃弹性体价格走势见图28-3。

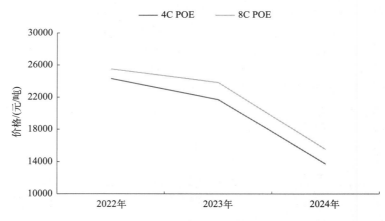

图 28-3　2022—2024 年中国聚烯烃弹性体价格走势

28.5　2025—2028 年中国聚烯烃弹性体发展预期

28.5.1　2025—2028 年中国聚烯烃弹性体产品供应趋势预测

预计未来几年我国拟在建聚烯烃弹性体装置总计将超过450万吨/年，除万华化学、卫星化学、联泓惠生外，东方盛虹拟建设20万吨/年α-烯烃及30万吨/年聚烯烃弹性体产能；荣盛石化拟建包含40万吨/年聚烯烃弹性体的高端新材料项目；中国石化所属的天津石化、茂名石化，以及贝欧亿、鼎际得、诚志股份等企业也都有相关产能建设计划，新增产能将极大地改变聚烯烃弹性体的供应格局，长期以来我国聚烯烃弹性体全部依赖进口的局面将得到有效缓解，国产聚烯烃弹性体产品将在市场上占据越来越重要的地位。

2025—2028年中国聚烯烃弹性体新增产能见表28-3。

表 28-3　2025—2028 年中国聚烯烃弹性体新增产能

序号	企业	产能/（万吨/年）
1	贝欧亿	10
2	万华化学	40
3	天津石化	10
4	鼎际得	2×20
5	茂名石化	5
6	东方盛虹	10+40
7	蓝海新材料	10+10
8	卫星石化	3×20
9	兰州石化	10
10	大连石化	20
11	惠生集团	10
12	诚志股份	2×10
13	浙石化	2×20
14	联泓惠生	10+20
15	扬子石化	10
16	镇海炼化	2×20
17	陕西榆能	10

28.5.2　中国聚烯烃弹性体产品主要下游发展前景预测

（1）光伏领域

市场需求增长：随着"双碳"目标推进，全球对清洁能源需求持续攀升，2025年电池组件企业仍将围绕"效率"主赛道竞逐，TOPCon（隧道氧化层钝化接触太阳能电池）市场占有率将提升至80%。TOPCon电池与组件对防水性要求更高，聚烯烃弹性体胶膜因具有更好的水汽阻隔率、耐候性能及抗PID能力，与N型TOPCon适配性更好，将促使聚烯烃弹性体胶膜渗透率加速提升，预计2025年全球聚烯烃弹性体胶膜市场规模将达116亿元。

国产替代加速：国内企业加码布局聚烯烃弹性体胶膜项目，2024年1月，万华化学就与福斯特、天合光能成立以聚烯烃弹性体粒子制造销售为主体的合资公司。未来随着国内聚烯烃弹性体项目的逐步投产，国产聚烯烃弹性体在光伏领域的应用将逐渐增加，有望打破海外企业的垄断。

（2）汽车领域

新能源汽车带动需求：全球新能源汽车产业飞速发展，聚烯烃弹性体凭借出色的柔韧性与抗冲击性，能提升车内驾乘舒适度和车身耐用性，满足新能源汽车轻量化、高性能的要求，在汽车内饰和车身部件中的市场需求将持续增长。

产品性能要求提高：随着汽车行业的不断发展，对聚烯烃弹性体材料的性能要求也将越来越高，如更高的耐候性、更好的加工性能等。企业需要不断提升聚烯烃弹性体产品的性能，以满足汽车制造商的需求。

（3）发泡材料领域

运动鞋市场需求稳定：聚烯烃弹性体与EVA共混发泡后的产品质量更轻、压缩回弹更好、触感良好、泡孔均匀细腻、撕裂强度高，随着人们对运动鞋舒适性和功能性的要求不断提高，聚烯烃弹性体在运动鞋中底领域的应用将保持稳定增长。

其他发泡应用拓展：除了运动鞋中底，聚烯烃弹性体发泡材料在其他领域如包装、隔热材料等也有一定的应用前景，随着技术的不断进步和成本的降低，其应用范围有望进一步拓展。

（4）塑料改性领域

PP和PE改性需求持续：聚烯烃弹性体直接改性PP和PE在汽车零配件、家电外壳、防水卷材和管材等领域有广泛应用，随着这些行业的稳定发展，对聚烯烃弹性体改性材料的需求也将保持稳定。

接枝改性应用拓展：将马来酸酐等极性单体接枝在聚烯烃弹性体分子链上后，与聚酰胺、聚酯类聚合物共混，可改善这类聚合物的冲击性能，在建筑、机械、电子等领域的应用有望进一步拓展。

第四篇

合成纤维

第 29 章

对二甲苯

2024 年度
关键指标一览

类别	指标	2024 年	2023 年	涨跌幅	2025 年预测	预计涨跌幅
价格	CFR 中国 /（美元 / 吨）	961.1	1037.4	−7.4%	908.0	−5.5%
供需	产能 /（万吨 / 年）	4277.4	4277.4	0.0%	4277.4	0.0%
	产量 / 万吨	3810.2	3364.3	13.3%	3836.0	0.7%
	产能利用率 /%	89.1	78.7	10.4 个百分点	89.7	0.6 个百分点
	下游消费量 / 万吨	4706.7	4172.7	12.8%	4707.0	0.0%
进出口	进口量 / 万吨	938.1	909.6	3.1%	1150.0	22.6%
	出口量 / 万吨	0.0	1.0	−100%	0.0	—
毛利	对二甲苯 − 石脑油 /（美元 / 吨）	286.7	388.6	−26.2%	263.0	−8.3%

29.1　中国对二甲苯供需分析

2020—2024年国内对二甲苯（PX）行业自给率逐步提升，行业龙头企业新产能陆续投放，处于产能扩张周期中。国内对二甲苯产能五年复合增长率在15.05%。2024年国内对二甲苯产量约为3810.2万吨，国内消费量约为4706.7万吨，2024年中国对二甲苯进口总量约为938.1万吨。

2020—2024年中国对二甲苯供需变化见表29-1。

表 29-1　2020—2024 年中国对二甲苯供需变化

单位：万吨

时间	产量	进口量	总供应量	下游消费量	出口量	总需求量
2020 年	2046.1	1386.1	3432.2	3275.0	0.0	3275.0
2021 年	2160.1	1365.1	3525.2	3492.7	0.0	3492.7
2022 年	2475.4	1058.2	3533.6	3515.2	8.5	3523.7
2023 年	3364.3	909.6	4273.9	4172.7	1.0	4173.8
2024 年	3810.2	938.1	4748.3	4706.7	0.0	4706.7

29.2　中国对二甲苯供应现状分析

29.2.1　对二甲苯产能趋势分析

29.2.1.1　2024 年对二甲苯产能及新增产能统计

截至2024年底，中国对二甲苯产能达到4277.4万吨/年，2024年未有新增产能。

29.2.1.2　2024 年对二甲苯主要生产企业生产状况

2024年中国对二甲苯生产方式为芳烃联合，绝大部分企业属于一体化企业，"三桶油"市场份额占比依然较高，共计38.75%，其中：中国石化16.69%，中国石油12.47%，中国海油9.59%。但随着民营大炼化的崛起，目前浙石化、恒力和盛虹总产能达到1780万吨/年，已经占到行业总产能的41.61%，超过"三桶油"市场份额。

2024年中国对二甲苯生产企业产能统计见表29-2。

表 29-2　2024 年中国对二甲苯生产企业产能统计

企业名称	区域	简称	产能/（万吨/年）
中国石化齐鲁石化分公司	山东淄博	齐鲁石化	8.5
青岛丽东化工有限公司	山东青岛	青岛丽东	100
山东东营威联化学	山东东营	威联化学	200
中国石化扬子石化分公司	江苏南京	扬子石化	80
中国石化上海石化分公司	上海	上海石化	83.5
中国石化金陵石化分公司	江苏南京	金陵石化	60
中国石化镇海炼化分公司	浙江宁波	镇海炼化	81
宁波中金石化有限公司	浙江宁波	宁波中金	160
福建福海创石油化工有限公司	福建漳州	福建福海创	160
福建联合石化有限公司	福建泉州	福建联合	100

续表

企业名称	区域	简称	产能/（万吨/年）
中国海油惠州石化分公司	广东惠州	惠州炼化	250
中国石化海南炼化分公司	海南洋浦	海南炼化	160
中国石化洛阳石化分公司	河南洛阳	洛阳石化	21.5
大连福佳·大化石油化工有限公司	辽宁大连	大连福佳化	140
中国石油辽阳石化分公司	辽宁辽阳	辽阳石化	98.5
恒力石化（大连）炼化有限公司	大连长兴岛	恒力大连	500
中国石化天津石化分公司	天津	天津石化	30.4
中国石化乌鲁木齐石化分公司	乌鲁木齐	乌石化	100
中国石油四川石化有限责任公司	四川彭州	四川石化	75
浙江石油化工有限公司	浙江舟山	浙石化	880
中化泉州石化有限公司	福建泉州	中化泉州	80
中国石化九江分公司	江西九江	九江石化	89
盛虹炼化（连云港）有限公司	江苏连云港	盛虹炼化	400
中国石油天然气股份有限公司广东石化分公司	广东揭阳	广东石化	260
中海石油宁波大榭石化有限公司	浙江宁波	宁波大榭	160
合计			4277.4

29.2.1.3 2020—2024 年对二甲苯产能趋势分析

2020—2024年中国对二甲苯产能复合增长率在15.05%。下游聚酯产品的扩张潮以及石化行业一体化发展战略，是推动对二甲苯需求快速增长的主要因素。

2020—2024年中国对二甲苯产能变化趋势见图29-1。

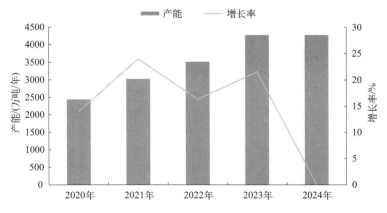

图 29-1 2020—2024 中国对二甲苯产能变化趋势

29.2.2 对二甲苯产量及产能利用率趋势分析

29.2.2.1 2024 年对二甲苯产量及产能利用率趋势分析

2024年对二甲苯产量为3810.2万吨，同比增长13.3%。2024年对二甲苯产能利用率89.1%，同比增加10.4个百分点。下游精对苯二甲酸2024年产量同比增长12.8%，需求增速同样可圈可点。2024年下半年对二甲苯产能利用率普遍高于上半年，主要受到上半年检修较集中的影响。

2024年中国对二甲苯产量及产能利用率变化趋势见图29-2。

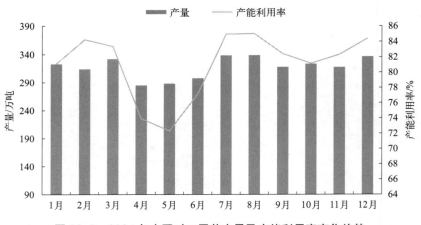

图 29-2　2024 年中国对二甲苯产量及产能利用率变化趋势

29.2.2.2　2020—2024 年对二甲苯产量及产能利用率趋势分析

伴随对二甲苯新增产能释放及需求增长，2020—2024年对二甲苯产量呈增长态势，近五年产量复合增长率16.82%。2020—2024年对二甲苯产能利用率呈现"V"形走势，主要由行业投产周期、下游需求波动、调油需求变化及企业检修计划共同决定。在需求提振作用下，2024年对二甲苯产能利用率提升至89.1%，较2023年增长10.4个百分点。

2020—2024年中国对二甲苯产量及产能利用率变化趋势见图29-3。

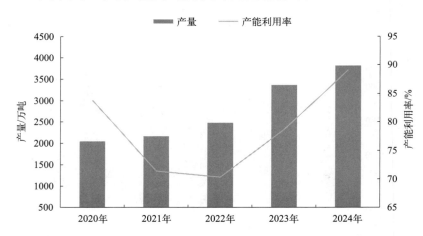

图 29-3　2020—2024 年中国对二甲苯产量及产能利用率变化趋势

29.2.3　对二甲苯供应结构分析

29.2.3.1　2024 年对二甲苯分区域供应结构分析

2024年国内对二甲苯产能区域分布依然较为广泛，七个行政区域都有对二甲苯装置的分布。

华东地区以2642万吨/年产能排在第一位，占比61.8%；其次为东北地区，产能738.5万吨/年，占比17.3%；华南地区产能670万吨/年，排名第三位，占比15.7%。第四为西北地区，产能100万吨/年，占比2.3%；第五为西南地区，产能75万吨/年，占比1.8%；排名第六的为华北地区，产能30.4万吨/年，占比0.7%；最后为华中区域，产能21.5万吨/年，占比0.5%。

2024年中国对二甲苯分区域产能分布见图29-4。

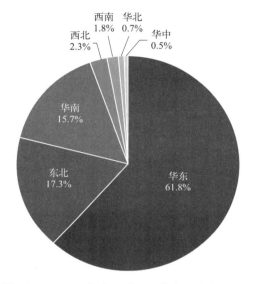

图 29-4　2024 年中国对二甲苯分区域产能分布

29.2.3.2　2024 年对二甲苯分企业性质供应结构分析

从对二甲苯企业性质方面来看，随着民营大炼化的快速发展，"三桶油"市场份额占比有所降低，2024年对二甲苯未有新增装置，"三桶油"产能占比维持在38.75%。

2024年中国对二甲苯分企业产能构成见图29-5。

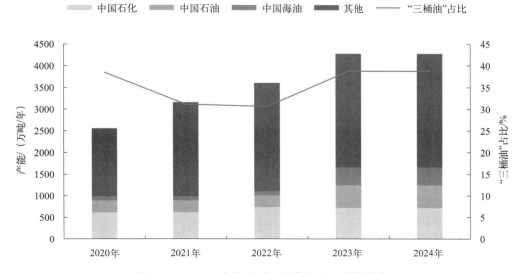

图 29-5　2024 年中国对二甲苯分企业产能构成

29.2.4 对二甲苯进口量分析

29.2.4.1 2024 年对二甲苯进口分析

2024年中国对二甲苯进口总量约938.1万吨，同比增加3.1%。其中，二季度出现了明显的低谷，主要受韩国等亚洲对二甲苯出口国装置检修影响，造成二季度国外对二甲苯产量及可对中国出口量下降。值得一提的是，8月份后，由于亚洲芳烃需求偏弱，同时对二甲苯市场供应压力显现，市场货源偏多，进口价格持续大幅回落。年内进口量高峰出现于11月份，单月进口98万吨。6—7月进口量为年内低点，平均进口量60万吨。

2024年中国对二甲苯进口量价变化趋势见图29-6。

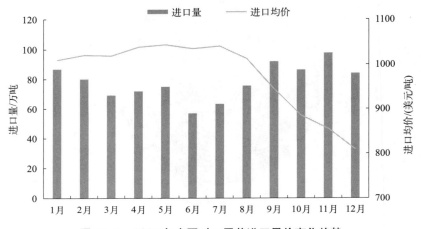

图 29-6 2024 年中国对二甲苯进口量价变化趋势

29.2.4.2 2020—2024 年对二甲苯进口分析

2020—2024年中国对二甲苯进口量复合增长率为−9.3%。

2020—2024年中国对二甲苯进口依存度稳步下降，2024年国内对二甲苯无新增产能，但下游精对苯二甲酸需求增速依然较高，对二甲苯进口量上涨至938.1万吨，进口依存度降至19.76%。

2020—2024年中国对二甲苯进口量变化趋势见图29-7。

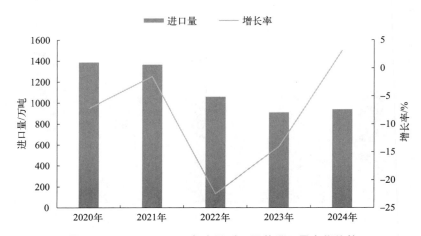

图 29-7 2020—2024 年中国对二甲苯进口量变化趋势

29.3　中国对二甲苯消费现状分析

29.3.1　对二甲苯消费趋势分析

29.3.1.1　2024年对二甲苯月度消费趋势分析

2024年中国对二甲苯消费量在4706.7万吨，同比增长12.8%。2024年消费量在1月维持高位，2—4月出现了一个消费量的低谷，主要是加工费较低，下游精对苯二甲酸企业生产积极性不高。二季度，宁波台化和仪征化纤，共计450万吨/年精对苯二甲酸装置投产，年底新凤鸣300万吨/年精对苯二甲酸装置投产，新装置均在下半年稳定运行。此外，下半年原料成本塌陷带动精对苯二甲酸利润修复，企业生产积极性较高，计划内检修多有推迟，下半年对二甲苯月均消费量均在400万吨以上。

2024年中国对二甲苯月度消费变化趋势见图29-8。

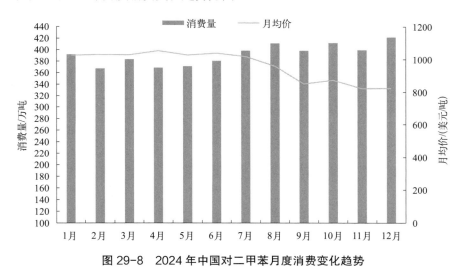

图29-8　2024年中国对二甲苯月度消费变化趋势

29.3.1.2　2020—2024年对二甲苯年度消费趋势分析

受疫情影响，2020—2022年中国对二甲苯消费增速呈逐年降低态势，尤其体现在2022年。2022年中国对二甲苯消费量达到3515.2万吨，较2021年增长0.64%，远低于2021年6.65%消费增速。2023年，受内需增强以及聚酯出口增长影响，消费明显恢复。2024年，中国对二甲苯消费量在4706.7万吨，较上年增长12.8%，年内终端聚酯行业产量增加明显，同时聚酯产品在出口方面表现优良，叠加精对苯二甲酸产能增加较多，精对苯二甲酸产量增长明显，对二甲苯消费量显著提升。

2020—2024年中国对二甲苯年度消费变化趋势见图29-9。

29.3.2　对二甲苯消费结构分析

29.3.2.1　2024年对二甲苯消费结构分析

2024年，中国对二甲苯消费量约为4706.7万吨，其中精对苯二甲酸消费占比为99%，共计消耗4659.7万吨；对甲基苯甲酸等消费占比为1%，共计消耗47万吨。对二甲苯需求相对单一，

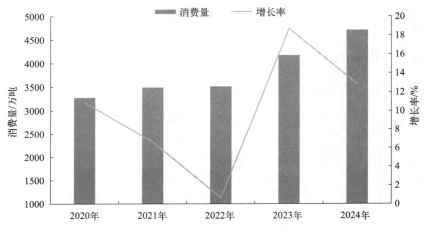

图 29-9 2020—2024 年中国对二甲苯年度消费变化趋势

绝大部分用于生产精对苯二甲酸，极少量用于生产对甲基苯甲酸等。其中对甲基苯甲酸是医药、农药、感光材料及染料的重要中间体。而精对苯二甲酸的主要下游为聚酯行业，进而加工服装、饮料瓶等，因贴近民生，对二甲苯的消费量与GDP呈正相关，伴随GDP的增长，对二甲苯的下游需求量逐年增加。

29.3.2.2 2024 年对二甲苯区域消费结构分析

2024年，华东地区消费占比达到一半以上，2023年华南地区新增的精对苯二甲酸装置在2024年实现量产，当地对二甲苯消费占比增加显著，2024年华东、东北、华南、西南、西北地区消费占比分别为57.2%、24.9%、16.3%、1.0%、0.6%。

2024年中国对二甲苯分地区消费构成见图29-10。

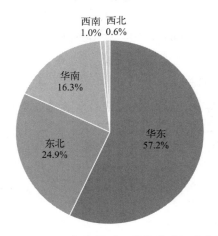

图 29-10 2024 年中国对二甲苯分地区消费构成

29.3.3 对二甲苯出口趋势分析

2024年中国对二甲苯出口总量约21.89吨，主要出口到美国，出口数量极少。

2024年中国对二甲苯出口量价变化趋势见图29-11。

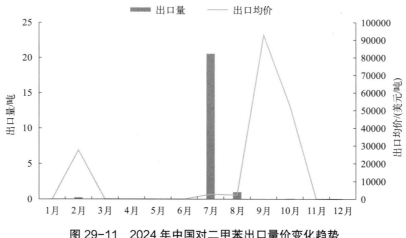

图 29-11　2024 年中国对二甲苯出口量价变化趋势

2020—2021 年，对二甲苯出口量有限，可忽略不计。2022 年中国对二甲苯出口总量 8.5 万吨，海外成品油高利润导致企业对二甲苯生产意愿低，并且受国内不可抗力等因素影响，成品油利润一般，对二甲苯企业生产积极性较高，国内对二甲苯近几年首次实现出口。2023 年下游精对苯二甲酸装置产能增速较快，国内对二甲苯供不应求，全年出口量主要集中在 6 月份，期间中国台湾装置检修，从大陆进口约 1 万吨对二甲苯。2024 年国内无新增对二甲苯产能，市场供不应求，对二甲苯出口量十分有限。

2020—2024 年中国对二甲苯出口量变化趋势见图 29-12。

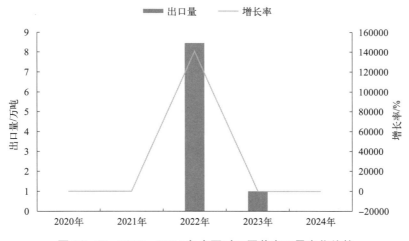

图 29-12　2020—2024 年中国对二甲苯出口量变化趋势

29.4　中国对二甲苯价格走势分析

2024 年亚洲对二甲苯价格震荡下跌，供需面与原油价格交替成为影响对二甲苯价格的主导要素，2024 年亚洲对二甲苯价格波动于 812 ～ 1062 美元/吨，振幅 31%。年度高点出现于 4 月，低点出现于 12 月。年均价格 961 美元/吨，相较于 2023 年的年度均价 1037 美元/吨，下跌了 76 美元/吨，跌幅达 7%。

整年看来，上半年市场在成本与供应面之间博弈，年初中东与红海地区爆发冲突，国际原油价格上涨，成本支撑，对二甲苯价格上涨，但对二甲苯工厂在高利润影响下长期维持高开工率，现货库存充裕，涨幅有限。而后3—4月检修季来临，高开工负荷有所缓解，然而国际原油价格回落，对二甲苯价格降低。下半年在汽油消费旺季过后，成本带来的利好逐渐衰退，对二甲苯价格受现货充裕因素影响而呈现下滑走势。

2020—2024年中国对二甲苯市场价格走势见图29-13。

图 29-13　2020—2024 年中国对二甲苯亚洲市场价格走势

中国台湾对二甲苯2024年月均价格及2020—2024年年均价格分别见表29-3和表29-4。

表 29-3　2024 年中国台湾对二甲苯月均价格

月份	1 月	2 月	3 月	4 月	5 月	6 月	7 月	8 月	9 月	10 月	11 月	12 月
CFR 中国 /（美元 / 吨）	1024.9	1028.6	1027.2	1052.6	1026.4	1038.4	1017.3	958.5	850.7	873.0	822.0	823.0

表 29-4　2020—2024 年中国台湾对二甲苯年均价格

年份	2020 年	2021 年	2022 年	2023 年	2024 年
CFR 中国 /（美元 / 吨）	579.0	860.9	1103.3	1037.4	961.1

29.5　中国对二甲苯生产毛利走势分析

2024年对二甲苯-石脑油全年价差均值在287美元/吨，较2023年下跌101美元/吨，下滑8%。2024年上半年对二甲苯-石脑油价差处于高位，下半年快速下滑。主要因为对二甲苯在2020—2023年期间经历了产能快速扩张，打破了对二甲苯供不应求的紧张局面，2024年对二甲苯现货维持充裕的格局。上半年对二甲苯装置检修结束后，下半年对二甲苯开工率始终维持80%以上，供应持续高位，对二甲苯价格随着国际原油夏季汽油消费旺季的结束而震荡下行，缺乏利好支撑，自身供需偏空之下，对二甲苯与石脑油价差被逐渐拉近，加工费持续收缩。

2024年中国对二甲苯企业生产成本及毛利对比走势见图29-14。

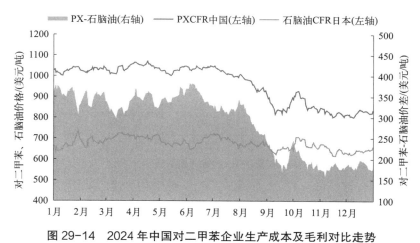

图 29-14　2024 年中国对二甲苯企业生产成本及毛利对比走势

中国对二甲苯 2024 年月均生产毛利及 2020—2024 年年均生产毛利分别见表 29-5 和表 29-6。

表 29-5　2024 年中国对二甲苯月均生产毛利

月份	1 月	2 月	3 月	4 月	5 月	6 月	7 月	8 月	9 月	10 月	11 月	12 月
生产毛利/（美元/吨）	56	50	16	47	50	57	21	−13	−97	−101	−122	−115

表 29-6　2020—2024 年中国对二甲苯年均生产毛利

年份	2020 年	2021 年	2022 年	2023 年	2024 年
生产毛利/（美元/吨）	−101.6	−86.4	19.6	88.6	−13.3

29.6　2025—2029 年中国对二甲苯发展预期

29.6.1　对二甲苯供应趋势预测

29.6.1.1　2025—2029 年对二甲苯拟在建/退出产能统计

2025—2029 年未来五年对二甲苯行业拟在建（扩能）累计产能 1053 万吨，其中规模在 200 万吨/年以上的企业有 3 家，新增产能主要分布在华东、东北和西北地区，产品上下游一体化发展的趋势进一步凸显。对二甲苯投产高峰已经结束，而下游精对苯二甲酸未来仍有大量新增产能，因此对二甲苯仍将保持一定的进口量。

2025—2029 年中国对二甲苯新增产能统计见表 29-7。

表 29-7　2025—2029 年中国对二甲苯新增产能统计

企业简称	新增产能/（万吨/年）	预计投产时间	地址	备注
华锦阿美	200	2026 年	辽宁	
九江石化二期	150	2026 年	江西	
裕龙石化	300	2026 年	山东	
古雷石化	200	2027 年	福建	
神华榆林	53	待定	陕西	项目前期
乌鲁木齐石化	50	待定	新疆	项目前期

续表

企业简称	新增产能 /（万吨 / 年）	预计投产时间	地址	备注
塔河炼化	80	待定	新疆	项目前期
扬子石化	20	待定	江苏	新建 100 万吨 / 年芳烃联合装置替代现有芳烃联合装置
合计	1053			

29.6.1.2　2025—2029 年对二甲苯产能趋势预测

2025—2029 年未来五年随着炼化项目陆续投放，国内对二甲苯产能也继续增长，但前期投产高峰已过，未来产能增速放缓明显，预计未来五年中国对二甲苯产能复合增长率为 5.44%。长期来看，由于对二甲苯进入门槛高，新的企业有限，对二甲苯未来仍有一定的缺口。

2025—2029 年中国对二甲苯产能预测见图 29-15。

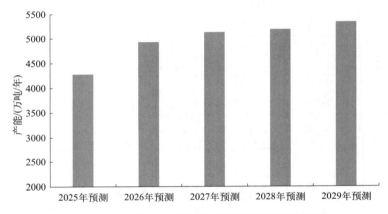

图 29-15　2025—2029 年中国对二甲苯产能预测

2025—2029 年中国对二甲苯产量复合增长率为 5.16%，随着国内产能的扩张，产品自给率也将逐步提升，但因国内对二甲苯依然供不应求，预计未来国内对二甲苯产能利用率依然维持高位。

2025—2029 年中国对二甲苯产量及产能利用率趋势预测见图 29-16。

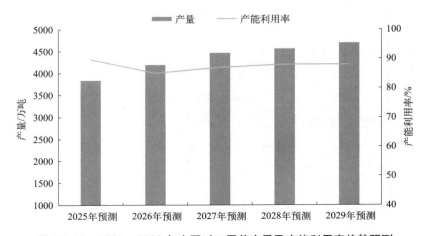

图 29-16　2025—2029 年中国对二甲苯产量及产能利用率趋势预测

29.6.2　对二甲苯消费趋势预测

未来五年，随着炼化一体化项目陆续投放，国内精对苯二甲酸产能保持大幅增长，预计2025—2029年精对苯二甲酸产能复合增长率在1.63%，将较2020—2024年增速放缓。新产能投放放缓的因素，一方面是产能已过剩，聚酯配套及对二甲苯供应存在限制；另一方面是低加工费常态化，行业内卷加剧，叠加宏观弱势风向下全球经济复苏存在阻碍。2025—2029年中国对二甲苯主要下游精对苯二甲酸产能增量请见第30章30.6节部分内容。

29.6.3　对二甲苯供需格局预测

未来五年随着炼化项目陆续投放，国内对二甲苯产能也继续增长，但前期投产高峰已过，未来产能增速放缓明显，预计2025—2029年中国对二甲苯产能复合增长率为5.66%。长期来看，由于对二甲苯进入门槛高，新的企业有限，对二甲苯未来仍有一定的缺口。

2025—2029年中国对二甲苯产量平均增速达到5.16%。2026年后，对二甲苯新装置陆续投放，预计进口量有降低态势。预计2029年产量4691万吨，产能利用率86%左右。

2025—2029年中国对二甲苯供需预测见表29-8。

表 29-8　2025—2029 年中国对二甲苯供需预测

单位：万吨

时间	产量	进口量	总供应量	下游消费量	出口量	总需求量
2025 年预测	3836	1150	4986	4970	0	4970
2026 年预测	4188	970	5158	5151	0	5151
2027 年预测	4461	810	5271	5273	0	5273
2028 年预测	4559	820	5379	5382	0	5382
2029 年预测	4691	790	5481	5478	0	5478

第 30 章

精对苯二甲酸

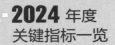

2024 年度
关键指标一览

类别	指标	2024 年	2023 年	涨跌幅	2025 年预测	预计涨跌幅
价格	华东均价 /（元 / 吨）	5515.6	5853.0	−5.8%	5211.0	−5.5%
	亚洲均价 /（美元 / 吨）	724.0	782.4	−7.5%	686.0	−5.2%
供应	产能 /（万吨 / 年）	8602.5	8067.5	6.6%	9030.0	5.0%
	产量 / 万吨	7113.6	6306.8	12.8%	7554.7	6.2%
	产能利用率 /%	82.7%	78.2%	4.5 个百分点	83.7%	1.0 个百分点
	进口量 / 万吨	1.8	2.4	−22.7%	1.1	−40.2%
需求	出口量 / 万吨	441.8	350.9	25.9%	460.0	4.1%
	下游实际消费量 / 万吨	6606.8	5832.4	−13.3%	6971.9	5.5%
库存	生产厂库库存量 / 万吨	4.5	5.2	−14.1%	5.5	22.2%
	下游企业原料库存量 / 万吨	8.2	7.1	15.0%	8.3	1.2%
	行业库存量 / 万吨	482.5	415.7	16.1%	606.4	25.7%
毛利	生产毛利 /（元 / 吨）	−247.1	−258.4	4.4%	−178.0	28.0%

30.1 中国精对苯二甲酸供需分析

2020—2024年中国精对苯二甲酸（PTA）呈现供需双升后的过剩特征，具体表现为供应逐年放大，出口量逐年增加，行业产能利用率随着需求增速下滑而间断性压缩。

从供需平衡差来看，2020年精对苯二甲酸平衡差正值，主要因为PX-芳烃联合装置高速发展，带动精对苯二甲酸产能扩增加速，并受疫情及贸易战影响，下游需求支撑薄弱，造成精对苯二甲酸的阶段性供应充裕。

2020—2022年下游聚酯需求增速始终弱于精对苯二甲酸增速，但精对苯二甲酸低工费、高供应下的挽损情绪较高，产能利用率大幅下降，年度供需差呈现去库的特征。

2023年，下游聚酯产能增长15.5%，超过了精对苯二甲酸产能增速14.8%，但抵不过精对苯二甲酸连年累计扩增，年度供需差再度拉大。

2024年精对苯二甲酸扩能超750万吨，产量增速9.5%，略高于下游消费增速的8.9%。基于近年持续的扩能，精对苯二甲酸供应增长的同时，产业配套及最新工艺生产利润可以得到保障，年内加工费在353元/吨，带动精对苯二甲酸产能利用率环比回升，年度供需差回归正值叠加弱汽油、弱宏观牵制，造成了2024年精对苯二甲酸下半年价格的大幅下跌。

2020—2024年中国精对苯二甲酸供需变化见表30-1。

表 30-1 2020—2024年中国精对苯二甲酸供需变化

单位：万吨

时间	产量	进口量	总供应量	下游消费量	出口量	总需求量
2020年	4950.3	61.6	5011.9	4646.3	84.7	4731.0
2021年	5279.2	7.7	5286.9	5083.2	257.4	5340.6
2022年	5312.9	7.1	5320.0	5060.2	344.7	5404.8
2023年	6306.8	2.4	6309.2	5832.4	350.9	6183.4
2024年	7113.6	1.8	7115.4	6606.8	441.8	7048.6

30.2 中国精对苯二甲酸供应现状分析

30.2.1 精对苯二甲酸产能趋势分析

30.2.1.1 2024年精对苯二甲酸产能及新增产能统计

2024年精对苯二甲酸产能增速略有下滑，行业总产能提升至8602.5万吨/年，年内精对苯二甲酸新增产能750万吨/年，占当年总产能的8.7%，年产能增速6.6%，环比下降8.6个百分点。兑现情况来看，3月底至4月上旬新建产能450万吨/年，年底一套300万吨/年装置按计划投产。

2024年中国精对苯二甲酸新增产能统计见表30-2。

表 30-2 2024年中国精对苯二甲酸新增产能统计

企业名称	地址	企业形式	产能/（万吨/年）	工艺类型	装置投产时间	下游配套
台化兴业（宁波）有限公司	浙江	合资	150	催化氧化工艺	2024年4月	无
中国石化仪征化纤股份有限公司	江苏	国企	300	催化氧化工艺	2024年4月	配套聚酯
浙江独山能源有限公司	浙江	民企	300	催化氧化工艺	2024年12月	配套聚酯
合计			750	催化氧化工艺		

30.2.1.2 2024 年精对苯二甲酸主要生产企业生产状况

当前国内精对苯二甲酸行业总产能 8602.5 万吨/年，全部采用催化氧化工艺，行业占比前十位的企业产能达 5870 万吨/年，占全国总产能的 68.2%。从区域分布来看，华东、东北区域为主，两地产能在 7075 万吨/年，占比 82.2%。主要是沿海炼化一体化以及下游聚酯领域消费集中在江苏、浙江，且运输、出口便利，近消费端的生产分布特点体现明显。

2024 年中国精对苯二甲酸生产企业产能统计见表 30-3。

表 30-3   2024 年中国精对苯二甲酸生产企业产能统计

企业名称	产能/（万吨/年）	所在地区	下游配套产能/（万吨/年）
恒力石化（大连）有限公司	1160	东北	聚酯 532
浙江逸盛新材料有限公司	720	华东	聚酯 590
逸盛大化石化有限公司	600	东北	
浙江独山能源有限公司	800	华东	聚酯 858
浙江逸盛石化有限公司	420	华东	
福建福海创石油化工有限公司	450	华东	
江苏虹港石化有限公司	250	华东	聚酯 306
嘉兴石化有限公司	370	华东	聚酯 1190
汉邦（江阴）石化有限公司	220	华东	聚酯 330
福建百宏石化有限公司	250	华东	聚酯 280.5
江苏海伦石化有限公司	240	华东	聚酯 500
珠海英力士化工有限公司	235	华南	
海南逸盛石化有限公司	450	华南	
台化兴业（宁波）有限公司	270	华东	
新疆库尔勒中泰石化有限责任公司	120	西北	聚酯 25
四川能投化学新材料有限公司	100	西南	
中国石化仪征化纤股份有限公司	400	华东	聚酯 281
重庆市蓬威石化有限责任公司	90	西南	
亚东石化（上海）有限公司	75	华东	聚酯 66
中国石油化工股份有限公司洛阳分公司	32.5	华中	
江苏嘉通能源有限公司	600	华东	
东营威联化学有限公司	250	华东	
恒力石化（惠州）有限公司	500	华南	
合计	8602.5		

30.2.1.3 2020—2024 年精对苯二甲酸产能趋势分析

2020—2024 年中国精对苯二甲酸产能高速发展，复合增长率 10.79%。2019 年之前，精对苯二甲酸产能波动不大，剔除产能大于新增产能，产能出清带动行业景气度、行业利润回归。2019—2023 年，随着恒力石化、逸盛石化、新凤鸣、桐昆等装置的陆续投产，中国精对苯二甲酸扩能进入一个高速期。2023 年精对苯二甲酸新建产能 1175 万吨/年，占当年总产能的 14.6%，年产能增速达到 14.8%。

2024 年总计 3 套新增装置，新增装置总计产能 750 万吨/年，2 套淘汰装置，淘汰装置总计产能 215 万吨/年。淘汰产能小于新增产能，行业规模化程度进一步提升。

2020—2024 年中国精对苯二甲酸产能变化趋势见图 30-1。

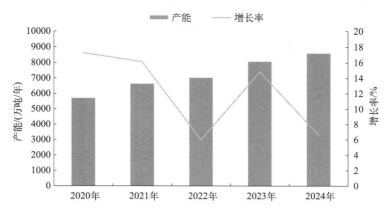

图 30-1　2020—2024 年中国精对苯二甲酸产能变化趋势

30.2.2　精对苯二甲酸产量及产能利用率趋势分析

30.2.2.1　2024 年精对苯二甲酸产量及产能利用率趋势分析

2024 年，中国精对苯二甲酸总产量 7113.6 万吨，同比增长 12.8%。年均产能利用率 82.7%，同比增长 4.5 个百分点。华东地区精对苯二甲酸总产量 4068 万吨，同比增长 9.0 个百分点，该区域产能利用率 91.6%。东北区域精对苯二甲酸总产量 1768 万吨，同比增长 4.0%，产能利用率 95.6%。

近年来，精对苯二甲酸及下游聚酯供需双升的同时产业现金流却逐年下滑，导致精对苯二甲酸年度产能利用率阶段性出现下滑。考虑精对苯二甲酸及 PET 新产能集中在华东地区投放，市场需求大于供应的结构中，华东地区产能利用率保持在高位至 91.6%，高于全国 80.1% 的平均水平。华东区域精对苯二甲酸及下游配套装置具备规模大、一体化率高的特点。以上特点造就华东区域精对苯二甲酸装置成本优势高、竞争能力强的优势，因此装置稳定性相对偏高。该区域年度平均产能利用率达到 75.3%，高于全国平均水平。

2024 年中国精对苯二甲酸产量及产能利用率变化趋势见图 30-2。

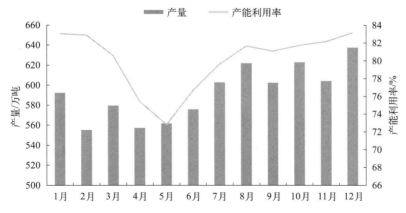

图 30-2　2024 年中国精对苯二甲酸产量及产能利用率变化趋势

30.2.2.2　2020—2024 年精对苯二甲酸产量及产能利用率趋势分析

2020—2024 年周期，精对苯二甲酸产量由 4950 万吨增长至 7113.6 万吨，增幅 44%。产能利用率先降后升，由86.7%降至82.7%。

2020—2024年国内精对苯二甲酸有超4000万吨装置集中投产，考虑投产装置单套产能多超200万吨且有上下游装置配套，其精对苯二甲酸产能利用率往往能维持在90%以上，有效拉高了整个行业产能利用率。

2024年，精对苯二甲酸扩能持续，增速同比有所放缓。随着芳烃调油逻辑证伪，弱宏观牵制需求前景，原油价格下跌拖累PX向下让利，精对苯二甲酸加工费-PET现金流的修复，带动产能利用率回升。上述两个原因造成2024年产能利用率较2023年实现显著增长。

2020—2024年中国精对苯二甲酸产量及产能利用率变化趋势见图30-3。

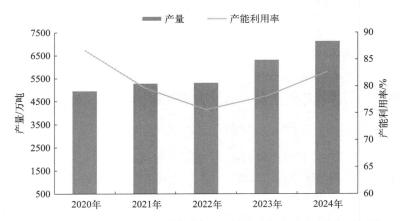

图30-3   2020—2024年中国精对苯二甲酸产量及产能利用率变化趋势

30.2.3   精对苯二甲酸供应结构分析

30.2.3.1   2024年精对苯二甲酸分区域供应结构分析

2024年国内精对苯二甲酸产能区域分布较为集中，详细分析来看，华东地区最为集中，区域内总产能5315万吨，占比61.8%；其次为东北地区，产能1760万吨，占比20.5%；第三为华南区域，产能1185万吨，占比13.8%。华中、西南、西北亦有产能分布，然而体量不大。

2023年中国精对苯二甲酸分区域产能构成见图30-4。

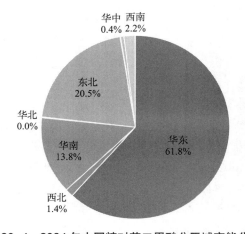

图30-4   2024年中国精对苯二甲酸分区域产能分布

30.2.3.2　2024 年精对苯二甲酸分生产工艺供应结构分析

当前国内精对苯二甲酸工艺路线来看，均采用氧化催化工艺。早期工艺产能占比 15.4%，中期工艺产能占比 28.9%，最新工艺产能占比持续提升，至 55.7%。早期工艺技术，装置投产多在 2012 年之前，产能规模在 35 万～ 100 万吨，采用的较老的生产工艺，产品单耗较高；中期工艺技术，装置多在 2013—2018 年投产，产能规模在 120 万～ 200 万吨，采用较先进的工艺，原料消化有降低，同时具备规模效益；最新工艺技术，装置投产多在 2019 年之后，产能规模在 200 万～ 300 万吨，采用 BP 最新、英威达 P8 以上或自主研发技术，在原料消耗、能耗方面具有较大优势。

2024 年中国精对苯二甲酸按工艺产能构成见图 30-5。

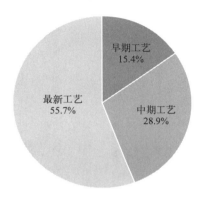

图 30-5　2024 年中国精对苯二甲酸按工艺产能构成

30.2.3.3　2024 年精对苯二甲酸分企业性质供应结构分析

年内精对苯二甲酸生产企业按性质分布来看，2024 年，国内民营企业总计产能 6700 万吨/年，占比 77.9%。逸盛石化是其中最大产能，已投产总产能超过 2190 万吨/年，占比达国内总产能的 25.5%，产能集中在东北、华东、华南，其货源除自用外，均对外销售。恒力石化总产能 1660 万吨/年，占比达国内总产能的 19.3%，其精对苯二甲酸由销售公司进行统销。桐昆总产能 970 万吨/年，占比达国内总产能的 11.4%，其产能集中在华东地区，由销售公司进行统销。合资企业总产能 1150 万吨/年，占比达国内总产能的 14.4%，代表企业有福海创及宁波台化等。国企总产能 752.5 万吨/年，占比达国内总产能的 8.7%，多数装置产能落后已停车。

2024 年中国精对苯二甲酸按企业性质产能构成见图 30-6。

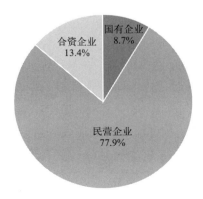

图 30-6　2024 年中国精对苯二甲酸按企业性质产能构成

30.2.4　精对苯二甲酸进口量分析

2024年中国精对苯二甲酸进口量1.8万吨，较2023年下降22.7%。上半年，精对苯二甲酸新增产能投放叠加存量装置重启，供应端过剩严峻，1—5月精对苯二甲酸进口量同比持续下降，在−39%至−89%。下半年，产业扩能缓和，国内现货供应稳定，精对苯二甲酸进口量在0.01万～0.4万吨，同比虽有所回升，但保持增量预期不足。

2024年中国精对苯二甲酸进口量价变化趋势见图30-7。

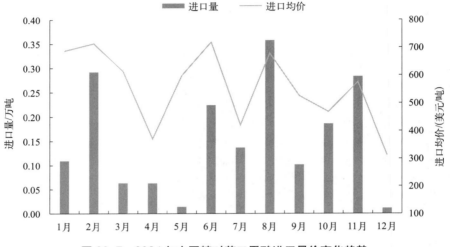

图 30-7　2024 年中国精对苯二甲酸进口量价变化趋势

2020—2024年，中国精对苯二甲酸供应增长超过了消费增长，造成了中国供应过剩的局势逐年放大，中国进口量逐年降低。由于中国精对苯二甲酸产能、产量占全球七成之上，增速较全球其他国家更是一骑绝尘，由此近年来，精对苯二甲酸进口依存度持续下降。考虑全球精对苯二甲酸新增产能主要集中于中国，海外多家公司宣布减少或停止精对苯二甲酸生产，如韩国乐天化学出售巴基斯坦工厂，欧洲英力士淘汰比利时旧设备等。然而下游需求跟进却有不足，预计未来国内精对苯二甲酸进口依存度继续呈现下降趋势。

2020—2024年中国精对苯二甲酸进口量变化趋势见图30-8。

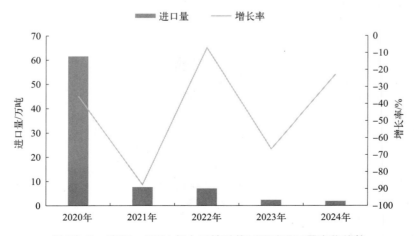

图 30-8　2020—2024 年中国精对苯二甲酸进口量变化趋势

30.3 中国精对苯二甲酸消费现状分析

30.3.1 精对苯二甲酸消费趋势分析

30.3.1.1 2024 年精对苯二甲酸月度消费趋势分析

2024年精对苯二甲酸消费量至6606.8万吨，同比增长13.3%。精对苯二甲酸下游聚酯装置投产少于原料精对苯二甲酸投产，年内消费量的增量更多的是体现2023年下游聚酯集中投产后在2024年的消费贡献量。聚酯综合消费量占比超过96%，其他消费量较为离散。

细化来看，2024年聚酯消费量在1月维持高位后，2月出现了一个消费量的低谷。一方面季节性淡季中节气、物流影响终端需求，一方面存在2月自然日少的正常影响。3—5月，消费量回升，一方面产业传统淡季，外贸及内需提振，终端补货支撑聚酯消费结构。6—9月，聚酯持续亏损之下有减产挺价，负荷略有受限，传统旺季有所后延。10—12月，终端需求由盛转衰，但减产与新增并存，工厂持续超卖库存低位，精对苯二甲酸消费量仍可得到保障。

2024年中国精对苯二甲酸月度消费量及价格变化趋势见图30-9。

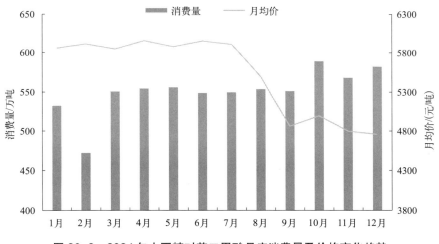

图 30-9　2024 年中国精对苯二甲酸月度消费量及价格变化趋势

30.3.1.2 2020—2024 年精对苯二甲酸年度消费趋势分析

2020—2024年中国精对苯二甲酸消费呈逐年递增趋势，近五年年均复合增长率在9.2%。下游消费结构方面，涤纶长丝、涤纶短纤、聚酯瓶片、聚酯切片是下游占比较大、增速较快的品种，承担了近年来精对苯二甲酸消费端的增长。

2020—2024年中国精对苯二甲酸年度消费变化趋势见图30-10。

30.3.2 精对苯二甲酸消费结构分析

30.3.2.1 2024 年精对苯二甲酸消费结构分析

精对苯二甲酸下游行业较多，从行业下游消费结构来看，对精对苯二甲酸消费量较大的产品是聚酯，非聚酯消费占比较少。其中聚酯消费占比至96.01%，同比下降0.19个百分点。精对苯二甲酸下游聚酯产业消费占比依次是涤纶长丝、聚酯瓶片、聚酯切片、涤纶短纤，其中聚

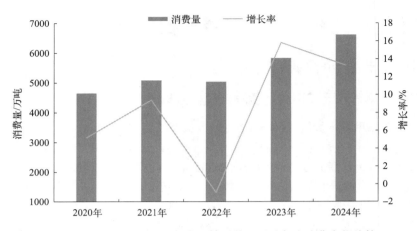

图 30-10　2020—2024 年中国精对苯二甲酸年度消费变化趋势

酯切片占比先升后降，保持在15%以上。其他消费中，亦有包括薄膜、DOTP、PBT、PBAT、PETG、PTT等小品类下游。

2024年中国精对苯二甲酸下游消费构成见图30-11。

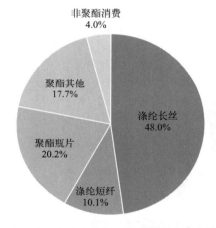

图 30-11　2024 年中国精对苯二甲酸下游消费构成

30.3.2.2　2020—2024 年精对苯二甲酸消费结构分析

2020—2024年，精对苯二甲酸下游消费整体高速增长，不同品种发展存在差异性。

涤纶长丝作为核心下游，周期内占据精对苯二甲酸总消费量的47%～50%，其产能在2020—2023年高速发展，占比由48%增至52%。2024年，涤纶长丝扩能有所放缓，消费精对苯二甲酸3169万吨，占总消费的48%，较2020年下降2个百分点。

聚酯瓶片作为精对苯二甲酸第二大下游，2023—2024年来对精对苯二甲酸消费增幅提速，一方面出口需求良好，一方面2023年上半年前产业利润丰富。其2024年消费精对苯二甲酸接近1334万吨，占总消费量的20%。考虑持续无序扩能后的竞争导致利润回吐，造成2023—2024年，聚酯瓶片消费占比随着亏损而下滑。2024年聚酯瓶片占据精对苯二甲酸消费比例较2022年相比下降2个百分点。

2020—2024年中国精对苯二甲酸下游消费变化趋势见图30-12。

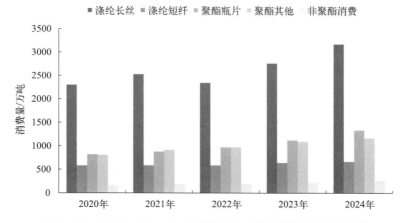

图 30-12　2020—2024 年中国精对苯二甲酸下游消费变化趋势

30.3.2.3　2024 年精对苯二甲酸区域消费结构分析

中国精对苯二甲酸区域消费结构来看，华东地区下游分布相对多样化，且大型装置分布密集，是全国精对苯二甲酸消费占比最高的地区，占精对苯二甲酸总消费量的84.4%。次之是华南地区，占比在6.5%，以下游聚酯及终端制品为主。再次，东北、西南地区，分别占比约4.7%、2.8%，西北聚酯消费多为配套项目。其余地区消费均低于1.00%。

2024年中国精对苯二甲酸分地区消费构成见图30-13。

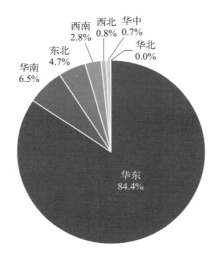

图 30-13　2024 年中国精对苯二甲酸分地区消费构成

30.3.3　精对苯二甲酸出口趋势分析

2024年，中国精对苯二甲酸出口量在441.8万吨，同比增加25.9%。2024年中国精对苯二甲酸月度出口量在2月出现了明显的低谷，主要受春节及季节性传统淡季中需求呈现缩量，造成精对苯二甲酸出口量下降。

年内进口量高峰出现于3月，单月出口超45万吨。2月出口量为年内低点，出口低于25万吨。出口均价来看，与国内市场价格走势趋同，出口货源价格受宏观及国内市场行情影响较为明显。

2024年中国精对苯二甲酸出口量价变化趋势见图30-14。

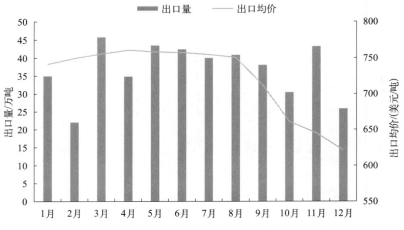

图 30-14 2024 年中国精对苯二甲酸出口量价变化趋势

2020—2024年，中国精对苯二甲酸供应增长超过了消费增长，无序扩能的弊病下寻求对外的产能转移，中国精对苯二甲酸出口呈现持续扩增的趋势。2020年出口量85万吨，为近5年低点。2018—2022年，即便存在贸易争端、疫情，下游需求仍有增长。国内精对苯二甲酸由2019年开始扩能，随着内部供需失衡，以出口来均衡供需已为市场常态，且新装置保本加工费低于海外装置，出口持续增量预期存在，出口依存度逐步提升，但出口至印度受阻，压制出口增速。2024年精对苯二甲酸出口441.8万吨，同比增长25.9%。预计未来国内精对苯二甲酸出口依存度将呈现上升趋势。

2020—2024年中国精对苯二甲酸出口量变化趋势见图30-15。

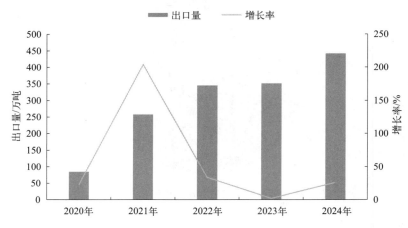

图 30-15 2020—2024 年中国精对苯二甲酸出口量变化趋势

30.4 中国精对苯二甲酸价格走势分析

2024年华东精对苯二甲酸价格波动在4640～6120元/吨，振幅27%。年度高点出现于7月，低点出现于9月。年均价格5516元/吨，相较于2023年的年度均价5853元/吨，下跌337元/吨，跌幅6%。市场价格由成本驱动转向宏观驱动，同时与产业基本面主导的供需错配展开博弈。

2024年，精对苯二甲酸新增及存量重启产能增速明显高于下游聚酯新增消费的增速，行业累库贯穿全年。即便精对苯二甲酸二季度集中检修尤为突出，却抵不过弱宏观、地缘缓和下的成本定价结构。下游产品持续亏损，自5月起涤纶长丝、涤纶短纤相继进行减产挺价，叠加弱宏观下的成本塌陷，聚酯利润逐步修复，国内精对苯二甲酸的绝对消费量依旧呈现稳步增长。

整年看来，上半年市场受更多交易成本及供应面因素影响，产业从积极性累库到集中性去库，受成本牵制并未打开下跌及上涨通道，投机性反弹遭遇产业套保冲击。下半年弱宏观下的需求前景担忧情绪偏重，成本塌陷且供需缺乏实质改善，市场价格大跌。9月下旬，美联储超预期降息，国内金融利多释放，央行货币政策和财政政策转宽松，市场价格反弹至高位后产业卖空套保，市场价格再度回归弱势通道。10—12月，市场涨后宽幅整理。国庆长假期间，宏观积极氛围发酵，叠加地缘冲突再起，布伦特原油价格大涨8%助推成本支撑，精对苯二甲酸跳空高开，虽然四季度是产业淡季且有空头资金盘踞，但聚酯良性产销下负荷表现超预期，精对苯二甲酸价格自节后高点缓慢回落至5000元/吨附近，维持弱势震荡。

2020—2024年华东市场精对苯二甲酸价格走势见图30-16。

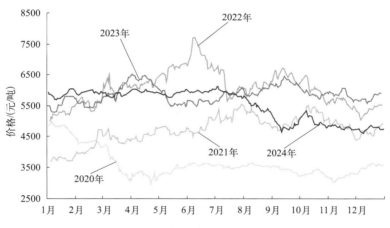

图30-16　2020—2024年华东市场精对苯二甲酸价格走势

华东市场精对苯二甲酸2024年月均价格及2020—2024年年均价格分别见表30-4和表30-5。

表30-4　2024年华东市场精对苯二甲酸月均价格

月份	1月	2月	3月	4月	5月	6月	7月	8月	9月	10月	11月	12月
华东均价/（元/吨）	5857	5914	5846	5958	5876	5954	5910	5491	4862	4995	4799	4757

表30-5　2020—2024年华东市场精对苯二甲酸年均价格

年份	2020年	2021年	2022年	2023年	2024年
华东均价/（元/吨）	3609	4703	6058	5853	5516

30.5　中国精对苯二甲酸生产毛利走势分析

2024年精对苯二甲酸生产多数时间处于亏损。聚酯刚需超预期，叠加PX让利，精对苯二甲酸亏损环比有所缓和，年均生产毛利在−247.1元/吨，较2023年平均水平−258.4元/吨回升4.4%。

2024年中国精对苯二甲酸生产毛利走势见图30-17。

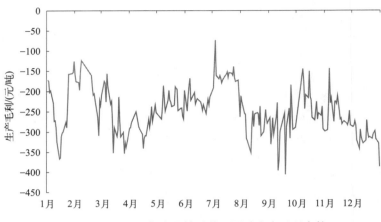

图30-17 2024年中国精对苯二甲酸生产毛利走势

中国精对苯二甲酸2024年月均及2020—2024年年均生产毛利及加工费分别见表30-6和表30-7。

表30-6 2024年中国精对苯二甲酸月均生产毛利

月份	1月	2月	3月	4月	5月	6月	7月	8月	9月	10月	11月	12月
生产毛利/（元/吨）	−242	−200	−262	−282	−228	−223	−167	−272	−291	−229	−253	−310

表30-7 2020—2024年中国精对苯二甲酸年均生产毛利

单位：元/吨

年份	2020年	2021年	2022年	2023年	2024年
加工费	615.5	504.3	465.8	341.6	352.9
生产毛利	15.5	−95.7	−134.2	−258.4	−247.1

30.6 2025—2029年中国精对苯二甲酸发展预期

30.6.1 精对苯二甲酸供应趋势预测

30.6.1.1 2025—2029年精对苯二甲酸拟在建/退出产能统计

据调研，2025—2029年中国精对苯二甲酸继续保持增长，预计新建7套装置，淘汰8套装置，累计新建产能2020万吨。

2025年中国精对苯二甲酸预计新建2套产能，均位于华东区域，其中最大产能是预计于2025年二季度投产的海伦石化，其产能320万吨/年，配套500万吨聚酯产能。另外1套装置设计产能250万吨/年，预计2025年二、三季度投产，另有1套原有装置计划升级改造。

2026年中国精对苯二甲酸预计新建2套产能，均位于华东地区。其中新凤鸣4#300万吨/年装置预计年初投产，另有福海创300万吨/年装置计划投产。

2025—2029年中国精对苯二甲酸新增产能统计见表30-8。

表30-8 2025—2029年中国精对苯二甲酸新增产能统计

企业简称	产能/（万吨/年）	预计投产时间	地址
虹港石化3#	250	2025年二、三季度	华东
海伦石化3#	320	2025年二季度	华东
独山能源4#	300	2025年底至2026年初	华东
福海创4#	300	2026年	华东
嘉兴石化	150	2027年	华东
远东仪化	200	2027年	华东
乌石化2#	200	2028年	西北
九江石化	300	2029年	华东
合计	2020		

30.6.1.2 2025—2029年精对苯二甲酸产能趋势预测

未来五年，随着炼化一体化项目陆续投放，国内精对苯二甲酸产能保持大幅增长。

2025—2026年，预计精对苯二甲酸年度产能增速在5%～6%之间，2026年新凤鸣4#及福海创装置投产，新建产能占据年度总产能的6%。2027—2030年，目前已公布的新建项目预期偏少，产能增速及当年新增产能锐减，产能增速降至3%之下。

除目前已公布项目外，考虑到未来五年PX-PTA-PET的经济性，部分在建及拟建项目存在推迟及取消的可能性，预计自2025年开始，未来六年有潜在新增装置，累计在2000万吨。

2025—2029年中国精对苯二甲酸产能趋势预测见图30-18。

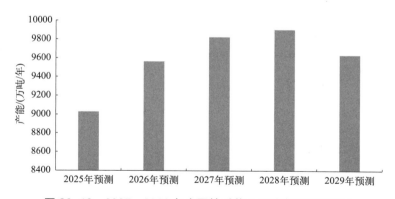

图30-18 2025—2029年中国精对苯二甲酸产能趋势预测

2025—2029年精对苯二甲酸产量复合增长率在2.4%，高于产能复合增长率。产能、产量预测增长率出现偏差的主要原因有两点，一方面产业扩能的同时剔除部分落后产能，产能利用率提升；另一方面下游需求持续修复，产量随需求上升而增长；预计2029年产量8320万吨，产能在9635万吨/年，产能利用率预计在85%左右。

2025—2029年中国精对苯二甲酸产量及产能利用率趋势预测见图30-19。

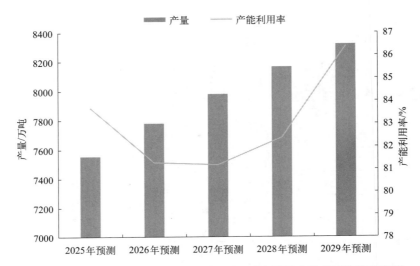

图 30-19　2025—2029 年中国精对苯二甲酸产量及产能利用率趋势预测

30.6.2　精对苯二甲酸消费趋势预测

2025—2029年，精对苯二甲酸消费量整体呈现上涨趋势，具体行情细分领域来看，主要增量集中在聚酯板块，随着产量增加需求支撑逐步增强。以产能扩增为维度，未来五年下游聚酯行业中聚酯瓶片是新投产装置最多，预计2025—2029年新建产能累计830万吨，其次是涤纶长丝，计划及规划投产预计累计585万吨。聚酯切片及涤纶短纤增量相对较少，计划累计新投装置分别为251万吨和96万吨。

2025年和2029年中国精对苯二甲酸主要下游消费趋势预测见图30-20。

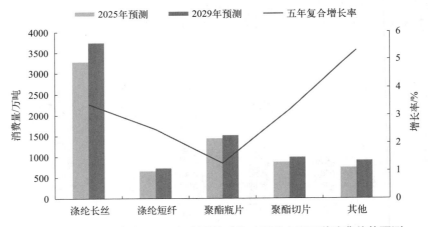

图 30-20　2025 年和 2029 年中国精对苯二甲酸主要下游消费趋势预测

30.6.3　精对苯二甲酸供需格局预测

展望未来，2025—2029年周期，随着上下游投建的减速，精对苯二甲酸行业逐步步入成熟期。国内供应压力依旧庞大，精对苯二甲酸价格因此下移，给予长期亏损的下游行业一定"喘息"，但是下游行业自身疲弱的结构决定了产业链下游的盈利能力依旧弱于上游。未来五年预计行业卖家话语权较强，合约成交比例维持在较高水平。

2025—2029 年中国精对苯二甲酸供需预测见表 30-9。

表 30-9　2025—2029 年中国精对苯二甲酸供需预测

单位：万吨

时间	产量	进口量	总供应量	下游消费量	出口量	总需求量
2025 年预测	7555	1	7556	6972	460	7432
2026 年预测	7780	1	7781	7307	455	7762
2027 年预测	7980	0	7980	7527	455	7982
2028 年预测	8165	0	8165	7716	460	8176
2029 年预测	8320	0	8320	7870	470	8340

第 31 章

乙二醇

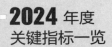

2024 年度
关键指标一览

类别	指标	2024 年	2023 年	涨跌幅	2025 年预测	预计涨跌幅
价格	华东均价 /（元 / 吨）	4592.8	4084.5	12.4%	4855	5.7%
供需	产能 /（万吨 / 年）	2844.1	2809.1	1.2%	3040.1	6.9%
	产量 / 万吨	1867.8	1641.0	13.8%	2060	10.3%
	产能利用率 /%	65.7	58.4	7.3 个百分点	68	2.3 个百分点
	下游消费量 / 万吨	2594.0	2314.0	12.1%	2733	5.4%
进出口	进口量 / 万吨	655.4	714.8	−8.3%	694	5.9%
	出口量 / 万吨	16.8	10.2	65.2%	16	−4.8%
库存	主港库存 / 万吨	39.7	106.8	−62.8%	50	25.8%
毛利	石脑油制 /（美元 / 吨）	−153.2	−179.5	14.6%	−100	34.7%
	乙烯制 /（美元 / 吨）	−65.8	−99.2	33.6%	−60	8.8%
	甲醇制 /（元 / 吨）	−1368.1	−1668.4	18.0%	−1100	19.6%
	煤制 /（元 / 吨）	−746.6	−1626.9	54.1%	−400	46.4%

31.1 中国乙二醇供需分析

2020—2024年，随着恒力石化、浙石化、盛虹炼化、中国石油广东石化等大型炼化一体化项目和煤制乙二醇项目的陆续建成投产，我国乙二醇产能、产量快速增长，五年内产量增长了近1000万吨，年均增速达到20.6%；2020—2024年，在下游聚酯等领域拉动下，消费平稳增长，消费年均增速达到8.4%。随着国内供给快速增加，对外依存度逐年下降，进口量从2020年的1054.8万吨下降至2024年的655.4万吨，年均增速−11.2%。

2020—2024年中国乙二醇供需变化见表31-1。

表 31-1 2020—2024 年中国乙二醇供需变化

单位：万吨

时间	产量	进口量	总供应量	下游消费量	出口量	总需求量
2020 年	883.5	1054.8	1938.2	1877	6.1	1883.1
2021 年	1190.8	842.6	2033.4	2028	12.4	2040.4
2022 年	1324.8	751.1	2075.9	2020	4.0	2024.0
2023 年	1641.0	714.8	2355.8	2314.1	10.2	2324.2
2024 年	1867.8	655.4	2523.2	2594	16.8	2610.8

31.2 中国乙二醇供应现状分析

31.2.1 乙二醇产能趋势分析

31.2.1.1 2024 年乙二醇产能及新增产能统计

2024年陕西榆能化学材料有限公司煤制120万吨/年乙二醇一期40万吨/年乙二醇建成投产，退出5万吨/年装置，总产能增至2844.1万吨/年，同比增长1.2%，增速较2023年大幅下降近10个百分点。

2024年中国乙二醇新增产能投产统计见表31-2。

表 31-2 2024 年中国乙二醇新增产能投产统计

企业名称	省份	企业性质	产能/（万吨/年）	工艺类型	装置投产时间	下游配套
陕西榆能化学材料有限公司	陕西	国企	40	合成气	2024 年 1 月	无
合计			40			

31.2.1.2 2024 年乙二醇主要生产企业生产状况

2024年国内产能规模排名前十的乙二醇企业产能合计1466万吨/年，占全国总产能的51.6%，产业集中度相对较高，10个项目中有8个为乙烯原料乙二醇项目，除卫星石化为轻烃裂解制乙烯外，其余7家均为炼化一体化乙烯裂解下游配套项目。

2024年中国乙二醇主要生产企业产能统计见表31-3。

表 31-3　2024 年中国乙二醇主要生产企业产能统计

企业名称	省份	简称	产能/（万吨/年）	工艺路线
浙江石油化工有限公司	浙江	浙石化	235	一体化
盛虹炼化（连云港）有限公司	江苏	盛虹炼化	190	一体化
浙江卫星石化股份有限公司	浙江	卫星石化	180	一体化
恒力石化（大连）炼化有限公司	辽宁	恒力石化	180	一体化
陕煤集团榆林化学有限责任公司	陕西	榆林化学	180	合成气
镇海炼化有限公司	浙江	镇海炼化	145	一体化
三江化工有限公司	浙江	三江化工	108	一体化
新疆天业（集团）有限公司	新疆	新疆天业	95	合成气
中海壳牌石油化工有限公司	广东	中海惠州	83	一体化
福建古雷石化有限公司	福建	古雷石化	70	一体化
合计			1466	

31.2.1.3　2020—2024 年乙二醇产能趋势分析

2020—2024 年我国乙二醇产能复合增长率高达 16.1%。2020—2024 年在下游聚酯产业快速增长及煤化工项目、炼化一体化项目新建产能投产带动下，我国乙二醇大型化、集约化发展趋势明显。随着产能快速增加，行业竞争压力较大，部分工厂主动退出或转产，2020—2024 年，国内乙二醇关停退出产能共计约 449 万吨，其中乙烯制和煤制产能分别为 145 万吨和 304 万吨。

2020—2024 年中国乙二醇产能变化趋势见图 31-1。

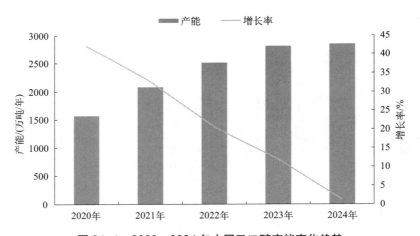

图 31-1　2020—2024 年中国乙二醇产能变化趋势

31.2.2　乙二醇产量及产能利用率趋势分析

31.2.2.1　2024 年乙二醇产量及产能利用率趋势分析

2024 年新建和调试产能规模较小，仅有一套 40 万吨/年装置投产，行业整体运行平稳，仅有

4—5月因部分装置检修，产能利用率降至55%左右；国内下游需求整体稳定，行业利润明显改善，全年产量1867.8万吨，同比增加13.8%；全年产能利用率升至65.7%，同比增加7.3个百分点。

2024年中国乙二醇产量与产能利用率变化趋势见图31-2。

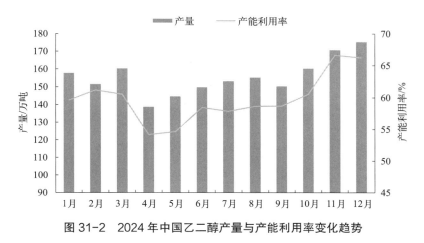

图31-2　2024年中国乙二醇产量与产能利用率变化趋势

31.2.2.2　2020—2024年乙二醇产量及产能利用率趋势分析

2020—2022年受产能快速增加等因素影响，产能利用率整体保持在57%以下。2020—2024年中国乙二醇产量与产能利用率变化趋势见图31-3。

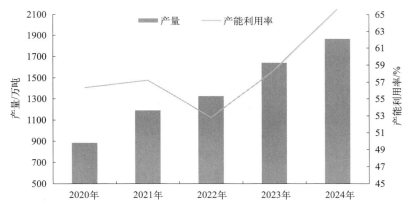

图31-3　2020—2024年中国乙二醇产量与产能利用率变化趋势

31.2.3　乙二醇供应结构分析

31.2.3.1　2024年乙二醇区域供应结构分析

华东地区是我国乙二醇产能最集中的区域，同时也是下游装置配套最完整区域，2024年区域内乙二醇总产能1142万吨/年，占比40.2%。其次是西北地区，该地区主要为煤制乙二醇产能，占比20.8%。

2024年中国乙二醇按区域产能分布见图31-4。

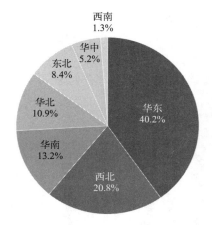

图 31-4　2024 年中国乙二醇按区域产能分布

31.2.3.2　2024 年乙二醇分生产工艺供应结构分析

2024 年我国乙二醇总产能达到 2844.1 万吨/年，其中油制乙二醇产能占比 54.7%，煤制乙二醇占比 34.1%。其他项目占比较低。

2024 年中国乙二醇按工艺产能分布见图 31-5。

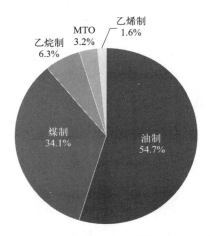

图 31-5　2024 年中国乙二醇按工艺产能分布

31.2.3.3　2024 年乙二醇分企业性质供应结构分析

随着近几年国家对民营炼化扶持力度的加强，浙石化、恒力石化、卫星石化、盛虹石化等炼化一体化、煤制乙二醇、轻烃综合利用等乙二醇项目运行良好，2024 年民营企业乙二醇产能占比 43.5%。

2024 年中国乙二醇按企业性质产能分布见图 31-6。

31.2.4　乙二醇进口趋势分析

随着近年国内供应持续增加，乙二醇进口量逐年下降。2024 年中国乙二醇进口 655.4 万吨，同比减少 8.3%。其中 6 月份进口量最大，为 62.6 万吨，最少的为 2 月的 41.7 万吨。

2024年中国乙二醇进口量价变化趋势见图31-7。

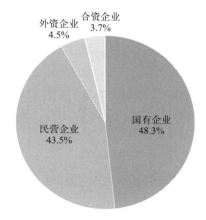

图 31-6　2024 年中国乙二醇按企业性质产能分布

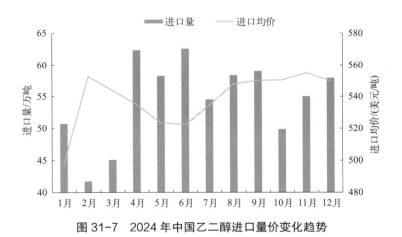

图 31-7　2024 年中国乙二醇进口量价变化趋势

2020—2024年中国乙二醇进口呈逐年下降趋势。随着国内供应能力的提升，进口量和依存度逐年下降。

2020—2024年中国乙二醇进口量变化趋势见图31-8。

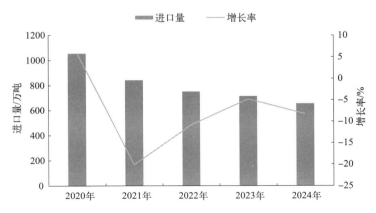

图 31-8　2020—2024 年中国乙二醇进口量变化趋势

31.3　中国乙二醇消费现状分析

31.3.1　乙二醇消费趋势分析

31.3.1.1　2024年乙二醇消费趋势分析

2024年中国乙二醇消费总量2594万吨，较2023年增加12.1%。从月度消费情况看，1—2月份传统淡季下游聚酯开工较低，需求低迷。下半年整体消费量总体高于上半年，市场价格保持中位震荡。

2024年中国乙二醇月度消费量及价格变化趋势见图31-9。

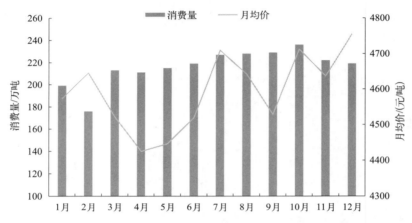

图31-9　2024年中国乙二醇月度消费量及价格变化趋势

31.3.1.2　2020—2024年乙二醇消费趋势分析

2020—2024年中国乙二醇消费逐年递增，消费量复合增长率8.4%。2021—2023年受疫情影响，下游需求增速放缓，2023年后，在终端纺织、切片等需求拉动下，下游聚酯全面复苏，2023—2024年对乙二醇需求量快速增加。

2020—2024年中国乙二醇年度消费变化趋势见图31-10。

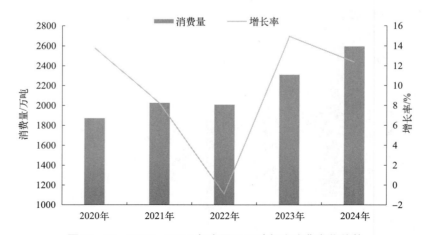

图31-10　2020—2024年中国乙二醇年度消费变化趋势

31.3.2 乙二醇消费结构分析

31.3.2.1 2024 年乙二醇消费结构分析

乙二醇下游消费主要有聚酯（PET）、防冻液和其他工业领域，其中聚酯占乙二醇消费量的92%，其次是防冻液、工业及其他，占比分别为3%及5%。

2024年中国乙二醇下游消费占比见图31-11。

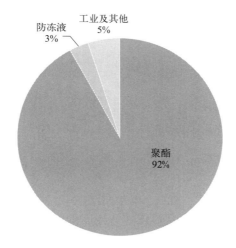

图 31-11　2024 年中国乙二醇下游消费占比

31.3.2.2 2020—2024 年乙二醇消费结构分析

2020—2024年中国乙二醇下游消费趋势见图31-12。

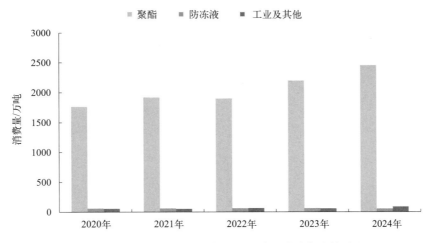

图 31-12　2020—2024 年中国乙二醇下游消费趋势对比

31.3.2.3 2024 年乙二醇区域消费结构分析

中国乙二醇区域消费结构来看，华东地区是国内聚酯主产区，也是全国乙二醇消费占比最高的地区，占乙二醇总消费量的83.7%左右；其次是华南地区，占比在6.9%左右，其下游分布以聚酯、不饱和树脂为主；东北地区为第三，东北地区下游多以防冻液、聚酯领域为主，占比在4.7%。

2024年中国乙二醇分区域消费占比见图31-13。

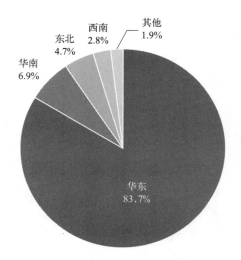

图 31-13　2024 年中国乙二醇分区域消费占比

31.3.3　乙二醇出口趋势分析

2024年中国乙二醇全年出口总量16.8万吨，同比增加65.2%。2021年在欧洲高价拉动下，出口量提升明显，出口量增至12.4万吨；2022年随着价差缩小，出口下降；2023年在"一带一路"国家进口增加的拉动下，乙二醇出口量开始增加；2024年随着韩国、日本、中国台湾及东南亚的装置负荷下降，出口量出现明显增加，其中3月份出口量最多，为3万吨左右，9月出口最少，近1万吨。

2024年中国乙二醇出口量价变化趋势见图31-14。

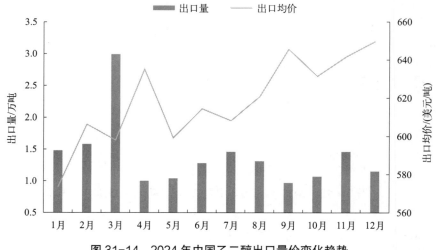

图 31-14　2024 年中国乙二醇出口量价变化趋势

2020—2024年中国乙二醇出口量变化趋势见图31-15。

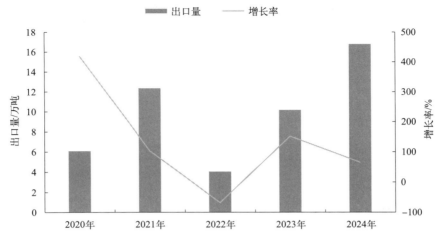

图 31-15　2020—2024 年中国乙二醇出口量变化趋势

31.4　中国乙二醇价格走势分析

2024年国内乙二醇现货价格呈现弱势震荡行情，全年均价4592.8元/吨，同比涨12.4%。其中年内最高点出现在10月份，为4882元/吨，最低点在5月初，为4310元/吨，年内最大振幅14%。

2024年行业总体运行平稳，下游聚酯产能有所增加，且装置利用率保持在85%～90%的高位，市场供需偏紧，库存下降，乙二醇主港库存从年初的100万吨左右降至年末最低40万吨左右，价格有所修复。但供大于求的基本面未有较大调整，缺乏价格持续上涨动力，价格总体处于中位波动，以4500元/吨为中轴线，上下200～300元/吨的区间内运行。

2020—2024年中国乙二醇华东市场价格走势见图31-16。

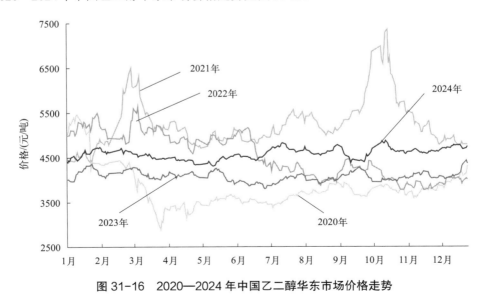

图 31-16　2020—2024 年中国乙二醇华东市场价格走势

中国乙二醇华东市场2024年月均价及2020—2024年年均价分别见表31-4和表31-5。

表 31-4   2024 年中国乙二醇华东市场月均价汇总表

月份	1月	2月	3月	4月	5月	6月	7月	8月	9月	10月	11月	12月
华东均价/（元/吨）	4573.7	4645.4	4522.1	4424.8	4445.7	4518.8	4709.7	4642.4	4528.9	4712.6	4636.8	4754.8

表 31-5   2020—2024 年中国乙二醇华东市场年均价汇总表

年份	2020 年	2021 年	2022 年	2023 年	2024 年
华东均价/（元/吨）	3822.9	5233.4	4531.0	4084.5	4592.8

31.5   中国乙二醇生产毛利走势分析

2024年从行业整体利润情况看，各种技术路线均处于亏损态势，但存在较大差异。其中，油头路线受国际油价较高影响，年内亏损幅度较大。煤制乙二醇，国内煤炭供应充裕以及海外进口增多，煤炭整体价格回落，成本端支撑减弱，生产毛利有所修复。2024年煤制乙二醇毛利平均水平在−746.6元/吨；甲醇制乙二醇毛利在−1368.1元/吨，乙烯制乙二醇年均毛利在−65.8美元/吨，石脑油制乙二醇年均毛利在−153.2美元/吨。

2024年中国不同原料乙二醇生产毛利对比见图31-17。

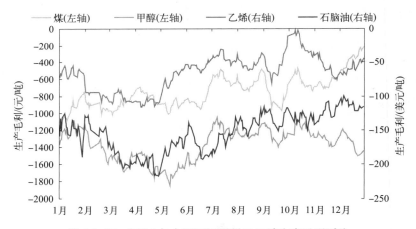

图 31-17   2024 年中国不同原料乙二醇生产毛利对比

中国不同原料制乙二醇2024年月均生产毛利及2020—2024年年均生产毛利分别见表31-6和表31-7。

表 31-6   2024 年中国乙二醇月均生产毛利汇总表

月份	煤制/（元/吨）	甲醇制/（元/吨）	乙烯制/（美元/吨）	石脑油制/（美元/吨）
1 月	−957.1	−1209.2	−65.3	−148.4
2 月	−911.0	−1369.6	−97.4	−146.5
3 月	−892.9	−1565.9	−102.3	−190.8
4 月	−792.4	−1590.9	−108.7	−201.9
5 月	−903.3	−1692.4	−71.3	−172.9

续表

月份	煤制/（元/吨）	甲醇制/（元/吨）	乙烯制/（美元/吨）	石脑油制/（美元/吨）
6月	−857.4	−1474.9	−57.1	−171.8
7月	−597.5	−1187.6	−44.2	−162.3
8月	−643.9	−1239.4	−52.0	−140.1
9月	−799.7	−1257.5	−53.5	−130.6
10月	−624.6	−1180.6	−23.8	−132.9
11月	−648.6	−1314.3	−57.7	−125.0
12月	−360.5	−1353.0	−57.8	−112.6

表31-7　2020—2024年中国乙二醇年均生产毛利汇总表

年份	2020年	2021年	2022年	2023年	2024年
煤制/（元/吨）	−600.3	−705.7	−2276.9	−1626.9	−746.6
甲醇制/（元/吨）	−663.1	−862.5	−1745.1	−1668.4	−1368.1
乙烯制/（美元/吨）	−67.9	−17.8	−108.7	−99.2	−65.8
石脑油制/（美元/吨）	24.3	10.0	−213.2	−179.5	−153.2

31.6　2025—2029年中国乙二醇发展预期

31.6.1　乙二醇供应趋势预测

31.6.1.1　2025—2029年乙二醇拟在建/退出产能统计

　　未来五年新增乙二醇产能将达到485万吨/年，增速较"十四五"明显放缓，主要包括裕龙石化、巴斯夫湛江、中沙古雷等8套装置，新增产能主要分布在华东、华南、西北等地区，但也有部分企业转产调整、部分企业退出，2025年计划关停的产能有燕山石化8万吨/年产能，独山子石化6万吨/年产能。

　　2025—2029年中国乙二醇拟在建产能统计见表31-8。

表31-8　2025—2029年中国乙二醇拟在建产能统计

企业简称	产能/（万吨/年）	预计投产时间	省份
中化学（内蒙古）新材料	30	2025年1月	内蒙古
四川正达凯新材料	60	2025年上半年	四川
宁夏鲲鹏清洁能源	20	2025年年中	宁夏
山东裕龙石化	100	2025年下半年	山东
巴斯夫湛江	80	2026年	广东
北方华锦化学	50	2026年	辽宁
中沙古雷	80	2026年	福建
中海壳牌三期	65	2027年	广东
合计	485		

31.6.1.2　2025—2029年乙二醇产能趋势预测

2025—2029年中国乙二醇产能复合增长率预计为2.2%。随着未来炼化一体化新建项目大幅减少，乙二醇新增产能也将明显放缓。

2025—2029年中国乙二醇产能预测见图31-18。

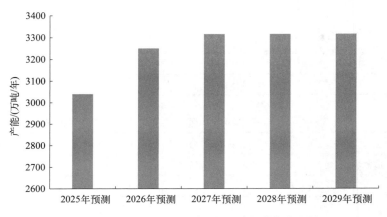

图 31-18　2025—2029 年中国乙二醇产能预测

2025—2029年中国乙二醇产量年均复合增长率为4.1%，略高于产能增速。随着2025年新投拟投的装置减少，以及落后产能的退出，乙二醇装置的总体产能利用率也将缓慢提升，逐步进入一个合理区间。

2025—2029年中国乙二醇产量及产能利用率趋势预测见图31-19。

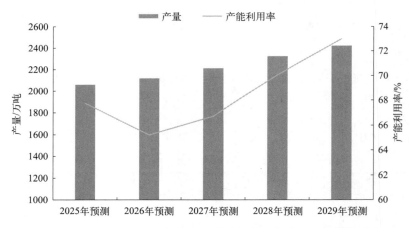

图 31-19　2025—2029 年中国乙二醇产量及产能利用率趋势预测

31.6.2　乙二醇消费趋势预测

乙二醇下游主要是聚酯，防冻液、工业及其他行业总体体量较小。未来五年预计下游聚酯产能整体保持增长，但增速将在2025年后逐步回落。新增企业主要集中在苏北地区，仍以长丝、短纤、瓶片等传统聚酯产品为主。预计到2029年，聚酯产品的消费量在2825万吨，五年复合增长率在3.0%。

随着我国汽车保有量的提升，防冻液仍有一定提升空间。未来五年，防冻液对乙二醇的需求量年均复合增长率为2.9%。工业及其他行业因总体用量较小，五年的复合增长率为2.8%。

2025年和2029年中国乙二醇主要下游消费预测见图31-20。

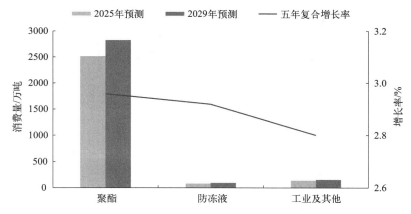

图 31-20　2025 年和 2029 年中国乙二醇主要下游消费预测

31.6.3　乙二醇供需格局预测

2025年国内有近210万吨新装置计划投产，主要来自裕龙石化一体化及四川正达凯等大型煤化工项目，预计总产能将达到3040.1万吨/年。在下游需求方面，2025—2029年仍有一定规模的新建聚酯产能。随着2025—2026年国内乙二醇产能集中投放后，产能增长步伐进一步放缓，预计2025—2029年国内乙二醇行业供需格局将进一步修复，乙二醇的自给率也将进一步提升。

2025—2029年中国乙二醇供需预测见表31-9。

表 31-9　2025—2029 年中国乙二醇供需预测

单位：万吨

时间	产量	进口量	总供应量	下游消费量	出口量	总需求量
2025 年预测	2060	694	2754	2733	16	2749
2026 年预测	2120	680	2800	2865	18	2883
2027 年预测	2212	650	2862	2951	20	2971
2028 年预测	2323	650	2973	3015	22	3037
2029 年预测	2420	650	3070	3070	25	3095

第 32 章

己内酰胺

2024 年度
关键指标一览

类别	指标	2024 年	2023 年	涨跌幅	2025 年预测	预计涨跌幅
价格	华东均价 /（元 / 吨）	12461.0	12626.0	-1.3%	12625.0	1.3%
供需	产能 /（万吨 / 年）	695.0	653.0	6.4%	760.0	9.4%
	产量 / 万吨	658.0	515.0	27.8%	714.0	8.5%
	产能利用率 /%	94.7	78.9	15.8 个百分点	93.9	-0.8 个百分点
	下游消费量 / 万吨	645.0	512.0	26.0%	715.0	10.9%
进出口	进口量 / 万吨	14.7	15.4	-4.5%	15.0	2.0%
	出口量 / 万吨	20.0	9.4	112.8%	25.0	25.0%
库存	企业库存 / 万吨	4.0	5.0	-20.0%	5.0	25.0%
毛利	生产毛利 /（元 / 吨）	-917.2	-81.0	-1032.3%	125.0	113.6%
	装置毛利 /（元 / 吨）	388.6	1484.0	-73.8%	1500.0	286.0%

32.1 中国己内酰胺供需分析

2020—2024年，国内己内酰胺供应量及需求量均保持持续增长，己内酰胺产量复合增长率约16.8%，消费量复合增长率约14.8%。

2020—2024年中国己内酰胺供需变化见表32-1。

表 32-1 2020—2024年中国己内酰胺供需变化

单位：万吨

时间	产量	进口量	总供应量	下游消费量	出口量	总需求量
2020 年	353.0	27.0	380.0	372.0	0.0	372.0
2021 年	396.0	11.0	407.0	410.0	0.4	410.0
2022 年	438.0	9.0	447.0	435.0	4.8	440.0
2023 年	515.0	15.4	530.4	512.0	9.4	521.4
2024 年	658.0	14.7	672.7	645.0	20.0	665.0

32.2 中国己内酰胺供应现状分析

32.2.1 己内酰胺产能趋势分析

32.2.1.1 2024年己内酰胺产能及新增产能统计

2024年中国己内酰胺产能保持增长，截至年底己内酰胺总产能为695万吨/年，同比增速6.4%。年内产能增加115万吨/年，分别来自湖南石化30万吨/年、鲁西化工30万吨/年、湖北三宁40万吨/年、华鲁恒升扩能10万吨/年和鲁南化工扩能10万吨/年；但是有73万吨/年产能长停。

2024年中国己内酰胺新增产能统计见表32-2。

表 32-2 2024年中国己内酰胺新增产能统计

企业名称	省份	企业性质	产能/(万吨/年)	工艺类型	装置投产时间	下游配套
中石化湖南石油化工有限公司	湖南	国企	30	酯化法环己酮氨肟化法己内酰胺	2024 年 3 月	配套 PA6
鲁西化工集团股份有限公司	山东	国企	30	水合法环己酮氨肟化法己内酰胺	2024 年 7 月	配套 PA6
湖北三宁化工股份有限公司	湖北	民企	40	水合法环己酮氨肟化法己内酰胺	2024 年 9 月	配套 PA6
山东华鲁恒升化工股份有限公司	山东	国企	10	氨肟化法己内酰胺	2024 年 9 月扩能	无
兖矿鲁南化工有限公司	山东	国企	5	氨肟化法己内酰胺	2024 年 12 月扩能	无
合计			115			

32.2.1.2 2024年己内酰胺主要生产企业生产状况

2024年国内己内酰胺总产能695万吨/年，其中产能超过30万吨/年的企业共有12家，合计产能627万吨/年，占全国产能总量的90.2%。主要生产工艺为环己酮氨肟化法，该工艺产能共575万吨/年，占比82.7%；另外，福建申远和南京福邦特东方生产工艺为磷酸羟胺法（HPO），产能合计120万吨/年。

2024年中国己内酰胺主要生产企业产能统计见表32-3。

表 32-3 2024 年中国己内酰胺主要生产企业产能统计

地区	企业简称	企业性质	工艺路线	产能 / (万吨 / 年)
华东	福建申远	民营企业	HPO 法	80.0
华北	旭阳集团	民营企业	氨肟化法	75.0
华东	鲁西化工	国有企业	氨肟化法	65.0
华东	永荣锦江	民营企业	氨肟化法	60.0
华中	湖南石化	国有企业	氨肟化法	60.0
华中	湖北三宁	民营企业	氨肟化法	54.0
华东	巴陵恒逸	合资企业	氨肟化法	45.0
华东	华鲁恒升	国有企业	氨肟化法	40.0
华东	南京东方	合资企业	HPO 法	40.0
华中	河南神马	国有企业	氨肟化法	38.0
华东	天辰耀隆	国有企业	氨肟化法	35.0
华东	鲁南化工	国有企业	氨肟化法	35.0
华北	山西阳煤	国有企业	氨肟化法	24.0
华北	兰花科创	国有企业	氨肟化法	14.0
华东	浙江巨化	国有企业	氨肟化法	10.0
华北	山西潞宝	民营企业	氨肟化法	10.0
西北	内蒙古庆华	民营企业	氨肟化法	10.0

32.2.1.3 2020—2024 年己内酰胺产能趋势分析

2020—2024年中国己内酰胺产能复合增长率为14.5%。2021年，随着部分上下游企业的闭环发展和企业的扩能增效需要，己内酰胺产能增长较快，全年新增产能106万吨/年，产能同比增速达到24.48%。2022年，由于盈利能力下降，部分扩能项目进程放缓，己内酰胺实际新增产能仅30万吨/年，产能增速下降至5.57%。2023年，新增产能继续释放，产能增速提升至14.76%。2024年新增产能115万吨/年，但有部分装置长停，实际产能增速下降至6.4%。

2020—2024年中国己内酰胺产能变化趋势见图32-1。

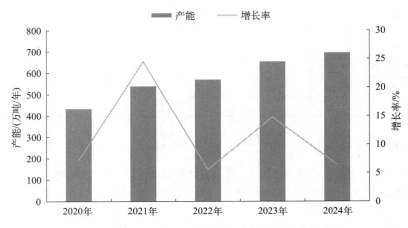

图 32-1 2020—2024 年中国己内酰胺产能变化趋势

32.2.2 己内酰胺产量及产能利用率趋势分析

32.2.2.1 2024年己内酰胺产量及产能利用率趋势分析

2024年中国己内酰胺总产量658万吨，同比增加27.8%。2024年己内酰胺下游需求量增速继续提升，国内终端需求保持较高景气度，并且己内酰胺和尼龙6（PA6）出口量保持增长。同时2024年己内酰胺产能继续增加，且装置保持高负荷开工，均带动了己内酰胺产量增长。

2024年中国己内酰胺月度产量与产能利用率变化趋势见图32-2。

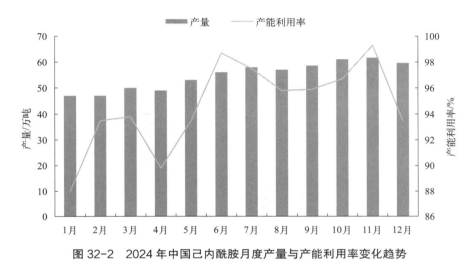

图 32-2　2024年中国己内酰胺月度产量与产能利用率变化趋势

32.2.2.2 2020—2024年己内酰胺产量及产能利用率趋势分析

2020—2024年中国己内酰胺产量保持增长局面，产能利用率先降后升。2021年，一方面己内酰胺产能集中投放，另一方面需求增长缓慢，产能利用率下降至73.4%。2022—2023年己内酰胺及下游产品需求逐步恢复，支撑己内酰胺产量及产能利用率提升。2024年国内消费量及出口量增速均有提升，己内酰胺产量和产能利用率再次增长，产能利用率高达94.7%。

2020—2024年中国己内酰胺产量与产能利用率变化趋势见图32-3。

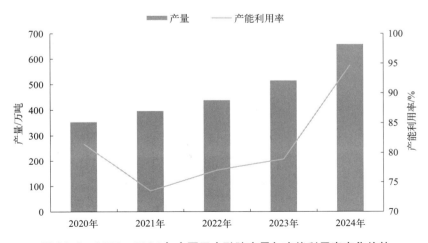

图 32-3　2020—2024年中国己内酰胺产量与产能利用率变化趋势

32.2.3 己内酰胺供应结构分析

32.2.3.1 2024 年己内酰胺分区域供应结构分析

2024 年中国己内酰胺产能区域分布较为集中。其中华东地区产能最大，产能 440 万吨/年，占比 63.3%；其次为华中地区，产能 152 万吨/年，占比 21.9%；第三位的是华北地区，产能 93 万吨/年，占比 13.4%；西北地区产能 10 万吨/年，占比 1.4%。其他地区暂无己内酰胺生产装置。

2024 年中国己内酰胺按区域产能分布见图 32-4。

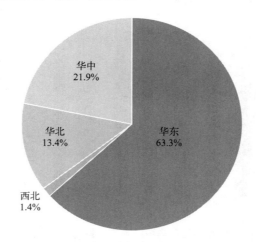

图 32-4 2024 年国内己内酰胺按区域产能分布

32.2.3.2 2024 年己内酰胺分生产工艺供应结构分析

国内己内酰胺的生产工艺主要为环己酮氨肟化法，目前国内多数企业采用此工艺，合计产能 575 万吨/年，占比 82.7%。福建申远及南京福邦特东方为 HPO（磷酸羟胺法）法，产能合计 120 万吨/年，占比 17.3%。

2024 年中国己内酰胺按工艺产能分布见图 32-5。

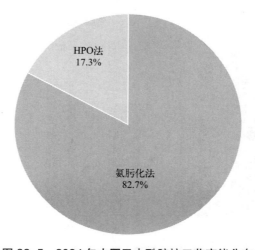

图 32-5 2024 年中国己内酰胺按工艺产能分布

32.2.3.3　2024 年己内酰胺分企业性质供应结构分析

己内酰胺生产企业按性质分布看，第一位的是国有企业，产能为321万吨/年，占比46.2%，产能较大的有鲁西化工、湖南石化、华鲁恒升、河南神马等；第二位是民营企业，产能289万吨/年，占比41.6%，产能较大有福建申远、旭阳集团、永荣锦江等；第三为混合所有制企业，产能85万吨/年，占比12.2%。

2024年中国己内酰胺按企业性质产能分布见图32-6。

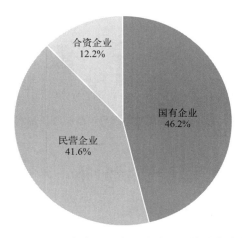

图 32-6　2024 年中国己内酰胺按企业性质产能分布

32.2.4　己内酰胺进口趋势分析

2024年，中国己内酰胺累计进口量为14.7万吨，同比增加减少0.7万吨，降幅为4.5%。进口量减少的主要原因为2024年国内己内酰胺供应变得宽裕，下游主要消化国内货源为主，进口量减少。

2024年中国己内酰胺进口量价变化趋势见图32-7。

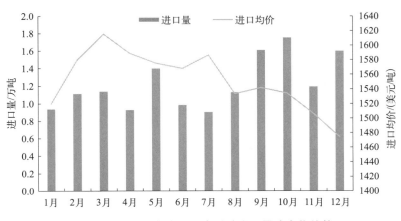

图 32-7　2024 年中国己内酰胺进口量价变化趋势

2020—2024年中国己内酰胺进口量呈下降趋势。2020年国内己内酰胺进口量约27.0万吨，为近五年高位。2021—2024年国内己内酰胺供应充裕，且国内货源价格较低，进口货源缺乏优势，进口量逐步下降。

2020—2024年中国己内酰胺进口量变化趋势见图32-8。

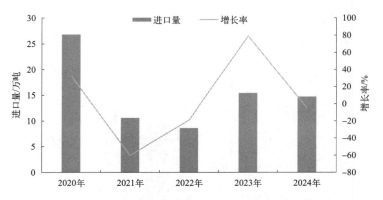

图 32-8　2020—2024 年中国己内酰胺进口量变化趋势

32.3　中国己内酰胺消费现状分析

32.3.1　己内酰胺消费趋势分析

32.3.1.1　2024 年己内酰胺消费趋势分析

2024年中国己内酰胺消费总量为645万吨，同比增加26%。按月度看，1—4月下游消费量基本保持在每月46万吨左右，5月以后受到服装行业需求继续恢复及下游产品出口增长带动，己内酰胺消费量持续增长，10—12月份下游消费量增长至每月60万吨及略上水平。

2024年中国己内酰胺月度消费量及价格变化趋势见图32-9。

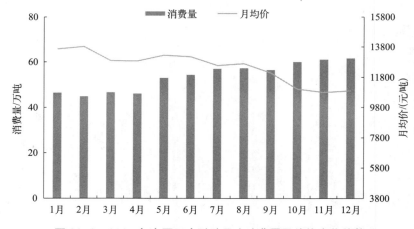

图 32-9　2024 年中国己内酰胺月度消费量及价格变化趋势

32.3.1.2　2020—2024 年己内酰胺消费趋势分析

2020—2024年中国己内酰胺消费维持逐年递增趋势，近五年复合增长率为14.8%。2024年己内酰胺年度消费量增长速度远高于五年复合增长率，达到26%。

2020—2024年中国己内酰胺年度消费变化趋势见图32-10。

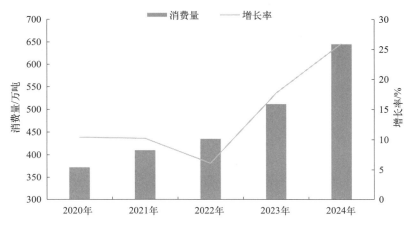

图 32-10　2020—2024 年中国己内酰胺年度消费变化趋势

32.3.2　己内酰胺消费结构分析

32.3.2.1　2024 年己内酰胺消费结构分析

2024年中国己内酰胺消费结构变化不大，仍以生产PA6切片为主。2024年，PA6消费占比98.3%；少量固体己内酰胺直接用于工程塑料行业，消费占比0.9%；目前国内用己内酰胺法生产己二胺的仅有宁夏瑞泰和河南神马两家企业，2024年对己内酰胺消耗量5万吨左右，占比约0.8%。

2024年中国己内酰胺消费结构见图32-11。

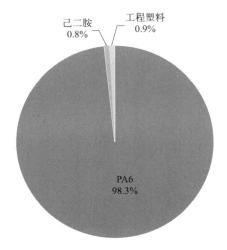

图 32-11　2024 年中国己内酰胺消费构成

32.3.2.2　2024 年己内酰胺区域消费结构分析

从区域消费分布看，己内酰胺的消费地区主要为华东地区，且多集中在江苏、浙江、福建、山东等省，华东地区消费占比85%。其次是华中地区，占比9%，华北地区占比4%，华南地区占比2%。

2024年中国分地区己内酰胺消费占比见图32-12。

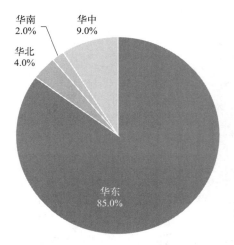

图 32-12 2024 年中国己内酰胺分地区消费构成

32.3.3 己内酰胺出口趋势分析

2024年中国己内酰胺出口量继续增加，全年累计出口量为20万吨，同比增长112.8%。近几年国外部分己内酰胺产能退出，形成部分需求缺口。且随着国内己内酰胺供应量增长，国内企业积极拓展外销渠道，己内酰胺出口量保持显著增长局面。

2024年中国己内酰胺出口量价变化趋势见图32-13。

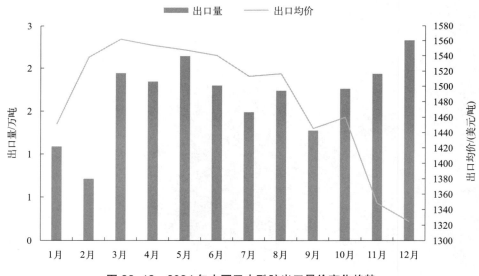

图 32-13 2024 年中国己内酰胺出口量价变化趋势

2020—2024年中国己内酰胺出口量逐年增加。其中，2020年出口量较少，2021—2023年出口量逐步增加。国内供应增长后，国内企业积极拓展海外市场，且国内己内酰胺价格具有一定价格优势，己内酰胺出口到韩国等地区的数量逐步增加。

2020—2024年中国己内酰胺出口量变化趋势见图32-14。

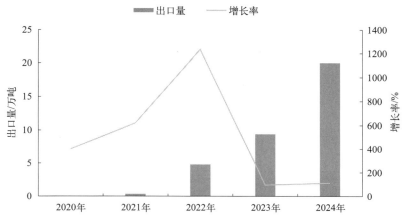

图 32-14　2020—2024 年中国己内酰胺出口量变化趋势

32.4　中国己内酰胺价格走势分析

2024年华东市场己内酰胺价格波动于10400～13975元/吨范围内，振幅32%。年度高点出现于2月份，低点出现于10月份。年均价格12461元/吨，相较于2023年的年均价格12626元/吨，下跌了165元/吨，跌幅1%。

2024年己内酰胺均价小幅下跌，主要由于2024年国内己内酰胺新增产能较为集中，而下游配套PA6装置投产偏缓，己内酰胺商品量增加，供应量偏宽松，产品价格承压下行。

2024年，随着国内芳烃联合装置扩能高峰期结束，纯苯产能增速明显落后于下游新增消费的增速，行业紧平衡的特征延续全年，且在纯苯集中检修的二季度尤为突出，纯苯价格一度逼近万元关口，纯苯价格大幅上涨，从成本端制约了己内酰胺价格跌势，对己内酰胺价格形成一定支撑。

整年来看，己内酰胺价格阶段性反弹的支撑动力多来自成本端利好提振，而阶段性下跌的利空影响基本来自供应端新产能释放的增量消化压力。3月份湖南石化二线投产、7月份鲁西三期投产、9月份湖北三宁二期投产等均带来外销量的增加，己内酰胺市场承压回落。

2020—2024年华东己内酰胺市场价格走势见图32-15。

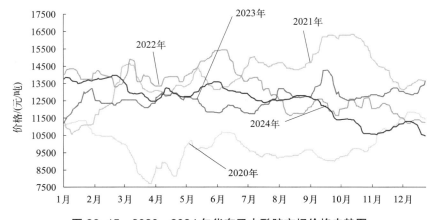

图 32-15　2020—2024 年华东己内酰胺市场价格走势图

华东市场己内酰胺2024年月均价及2020—2024年年均价分别见表32-4和表32-5。

表 32-4　2024 年华东己内酰胺月均价汇总表

月份	华东均价 /（元 / 吨）
1 月	13667.1
2 月	13827.9
3 月	12882.1
4 月	12859.1
5 月	13245.2
6 月	13142.1
7 月	12564.1
8 月	12687.5
9 月	12089.3
10 月	11025.0
11 月	10800.0
12 月	10903.4

表 32-5　2020—2024 年华东己内酰胺年均价汇总表

年份	2020 年	2021 年	2022 年	2023 年	2024 年
华东均价 /（元 / 吨）	9899.4	13883.6	13166.2	12626.3	12460.6

32.5　中国己内酰胺生产毛利走势分析

2024年中国己内酰胺产品利润处于负值，综合副产品硫酸铵收入，装置才得以维持盈利局面。主要因为上游主要原材料纯苯价格于2024年大幅上涨，纯苯价格全年涨幅19%。但己内酰胺由于新产能集中释放带来竞争压力，价格震荡下跌，因此产品盈利空间收缩，单独己内酰胺产品进入亏损局面，2024年己内酰胺产品利润−913元/吨。副产品硫酸铵2024年均价870元/吨左右，己内酰胺与硫酸钠产出比例为1∶1.5，综合考虑硫酸铵产品收入，2024年己内酰胺装置整体处于盈利局面，装置年均利润389元/吨。

2024年中国己内酰胺生产毛利变化趋势见图32-16。

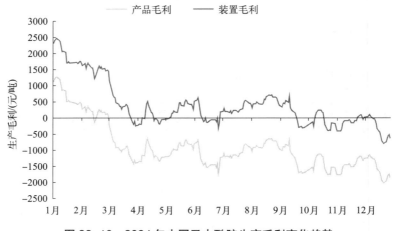

图 32-16　2024 年中国己内酰胺生产毛利变化趋势

中国己内酰胺2024年月均生产毛利及2020—2024年年均生产毛利分别见表32-6和表32-7。

表 32-6　2024 年中国己内酰胺月均生产毛利汇总表

月份	1 月	2 月	3 月	4 月	5 月	6 月	7 月	8 月	9 月	10 月	11 月	12 月
产品毛利 /（元 / 吨）	815	213	−883	−1124	−914	−1289	−1090	−812	−1212	−1440	−1472	−1557
装置毛利 /（元 / 吨）	2032	1556	432	33	292	80	285	538	161	−72	−132	−316

表 32-7　2020—2024 年中国己内酰胺年均生产毛利汇总表

年份	2020 年	2021 年	2022 年	2023 年	2024 年
产品毛利 /（元 / 吨）	−100.6	265.5	−1258.0	−81.0	−917.2
装置毛利 /（元 / 吨）	844.4	2055.1	1181.0	1484.0	388.6

32.6　2025—2029 年中国己内酰胺发展预期

32.6.1　己内酰胺供应趋势预测

32.6.1.1　2025—2029 年己内酰胺拟在建 / 退出产能统计

据调研，2025—2029 年国内己内酰胺新增累计产能预计为290万吨。其中，2025年预计仅广西恒逸新材料一期60万吨/年新产能投产，永荣锦江扩能5万吨/年，预计2025年底国内己内酰胺总产能达到760万吨/年。2026年，神马尼龙科技计划扩能20万吨/年，广西恒逸新材料二期60万吨/年项目计划投产、江苏威名新材料计划新建30万吨/年项目，安徽泉盛20万吨/年。2027年，拟建项目有安徽昊源20万吨/年、内蒙古聚合顺45万吨/年和河南心连心30万吨/年项目。2028—2029年暂未有拟建计划公布。

2025—2029年中国己内酰胺拟在建项目统计见表32-8。

表 32-8　2025—2029 年中国己内酰胺拟在建项目产能统计

企业简称	产能 /（万吨 / 年）	预计投产时间	省份
永荣锦江	5	2025 年一季度扩能	福建
广西恒逸	60	2025 年三季度	广西
平煤神马	20	2026 年	河南
广西恒逸	60	2026 年	广西
威名新材料	30	2026 年	江苏
安徽泉盛	20	2026 年	安徽
安徽昊源	20	拟建	安徽
河南心连心	30	拟建	河南
内蒙古聚合顺	45	拟建	内蒙古
合计	290		

32.6.1.2 2025—2029年己内酰胺产能趋势预测

未来几年中国己内酰胺规划产能依旧较多，预计2025—2029年中国己内酰胺产能复合增速7.8%。从目前的企业投产规划来看，2025—2027年产能增速或将达峰，2027年以后产能规划暂少。

2025—2029年中国己内酰胺产能预测见图32-17。

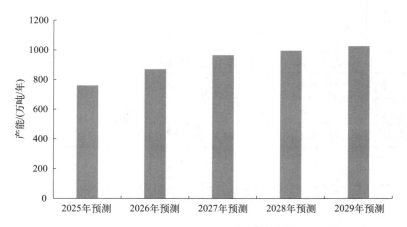

图 32-17 2025—2029年中国己内酰胺产能预测

2025—2029年中国己内酰胺预计产量复合增速6%。2025年己内酰胺新增产能减少，若下游需求继续增长，己内酰胺供应格局或趋紧。但随着下游产品扩能继续增加，下游产品竞争或加剧，也将对己内酰胺市场形成一定影响。2026—2029年随着己内酰胺产能的再次集中扩张，预计产能利用率下降至88%附近。

2025—2029年中国己内酰胺产量及产能利用率趋势预测见图32-18。

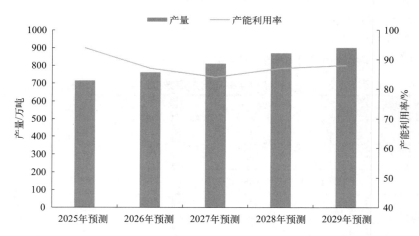

图 32-18 2025—2029年中国己内酰胺产量及产能利用率趋势预测

32.6.2 己内酰胺消费趋势预测

未来己内酰胺主要下游仍将是PA6。预计未来五年PA6产能保持增长局面，2025—2029年PA6新增产能预计为284万吨/年。其中多为目前在产企业继续扩能，少量为新进入者。

2025年和2029年中国己内酰胺主要下游消费预测见图32-19。

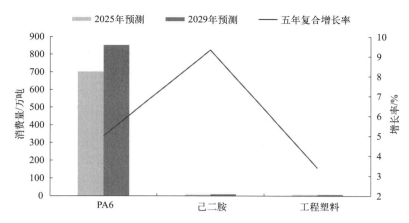

图 32-19　2025 年和 2029 年中国己内酰胺主要下游消费预测

32.6.3　己内酰胺供需格局预测

2025—2029年，国内己内酰胺理论供应格局先趋紧后宽松，进出口方面预计未来己内酰胺保持净出口局面。

结合上下游投产周期看，2025年己内酰胺与PA6产能差值在100万吨/年以上，因此预计己内酰胺供应偏紧，国内消费占优，净出口量下降。2026—2029年己内酰胺与PA6规划产能基本配套，但期间可能再次由于两个产品的投产进程带来阶段性的失衡。

预计至2029年，国内己内酰胺产量有望增至900万吨，较2024年相比增加242万吨；国内下游消费有望增至870万吨，较2024年增加225万吨。中国己内酰胺将继续为全球最重要的己内酰胺生产和消费地区，并成为周边区域稳定的原料供应地区，预计出口量增加。

2025—2029年中国己内酰胺供需平衡预测见表32-9。

表 32-9　2025—2029 年中国己内酰胺供需平衡预测

单位：万吨

时间	产量	进口量	总供应量	下游消费量	出口量	总需求量
2025 年预测	714	15	729	715	25	740
2026 年预测	760	20	780	755	30	785
2027 年预测	810	25	835	805	35	840
2028 年预测	870	20	890	845	40	885
2029 年预测	900	20	920	870	50	920

第 33 章

丙烯腈

2024 年度
关键指标一览

类别	指标	2024 年	2023 年	涨跌幅	2025 年预测	预计涨跌幅
价格	华东均价 /（元 / 吨）	9380.6	9418.1	−0.4%	9450	0.7%
	CFR 南亚均价 /（美元 / 吨）	1273.0	1238.0	2.8%	1275	0.2%
供需	产能 /（万吨 / 年）	439.9	439.9	0.0%	571	29.8%
	产量 / 万吨	346.1	321.6	7.6%	390	12.7%
	产能利用率 /%	78.7	73.1	5.6 个百分点	68.3	−10.4 个百分点
	下游消费量 / 万吨	318.0	303.5	4.8%	345	8.5%
进出口	进口量 / 万吨	6.0	19.6	−69.4%	2	−66.7%
	出口量 / 万吨	22.7	17.4	30.5%	32	41.0%
库存	生产厂库库存量 / 万吨	3.5	4.2	−16.7%	6	71.4%
毛利	生产毛利 /（元 / 吨）	−218.0	−549.1	60.3%	7	103.2%

33.1 中国丙烯腈供需分析

近五年中国丙烯腈行业由供不应求转为供应过剩状态。从2020—2024年丙烯腈供需情况来看，丙烯腈供需体量均有增长，近五年总供应量及总需求量的复合增长率分别为9.5%和8.7%，需求增速落后于供应增速，丙烯腈平衡差呈现逐步扩大趋势。

2020—2024年中国丙烯腈供需变化见表33-1。

表 33-1 2020—2024 年中国丙烯腈供需变化

单位：万吨

时间	产量	进口量	总供应量	下游消费量	出口量	总需求量
2020 年	213.8	30.7	244.5	237.1	7.3	244.4
2021 年	254.7	20.4	275.1	250.4	21.0	271.4
2022 年	300.2	10.4	310.6	263.6	21.7	285.3
2023 年	321.6	19.6	341.2	303.5	17.4	320.9
2024 年	346.1	6.0	352.1	318.0	22.7	340.7

33.2 中国丙烯腈供应现状分析

33.2.1 丙烯腈产能趋势分析

33.2.1.1 2024 年丙烯腈产能及新增产能统计

2024年中国丙烯腈行业无新产能投放，截至年底行业总产能维持439.9万吨/年。

33.2.1.2 2024 年丙烯腈主要生产企业生产状况

2024年中国丙烯腈行业总产能439.9万吨/年，行业占比前四位的企业产能达266.2万吨/年，占全国总产能的60.5%。从生产工艺来看，全部为丙烯氨氧化法工艺。从区域分布来看，华东、东北、华南区域为主。

2024年中国丙烯腈主要生产企业产能统计见表33-2。

表 33-2 2024 年中国丙烯腈主要生产企业产能统计

企业名称	省份	简称	产能 /（万吨 / 年）	工艺路线
中国石油天然气有限公司大庆石化分公司	黑龙江	大庆石化	8.0	丙烯氨氧化
中国石油天然气有限公司大庆炼化分公司	黑龙江	大庆炼化	8.0	丙烯氨氧化
中国石油天然气有限公司吉林石化分公司	吉林	吉林石化	45.2	丙烯氨氧化
中国石油天然气有限公司抚顺石化分公司	辽宁	抚顺石化	9.2	丙烯氨氧化
辽宁金发科技有限公司	辽宁	辽宁金发	26.0	丙烯氨氧化
山东科鲁尔化学有限公司	山东	科鲁尔化学	26.0	丙烯氨氧化
利华益利津炼化有限公司	山东	利津炼化	26.0	丙烯氨氧化
天辰齐翔新材料有限公司	山东	天辰齐翔	13.0	丙烯氨氧化

企业名称	省份	简称	产能/（万吨/年）	工艺路线
山东海江化工有限公司	山东	山东海江	13.0	丙烯氨氧化
江苏斯尔邦石化有限公司	江苏	斯尔邦石化	104.0	丙烯氨氧化
上海赛科石油化工有限公司	上海	上海赛科	52.0	丙烯氨氧化
浙江石油化工有限公司	浙江	浙江石化	52.0	丙烯氨氧化
中国石油化工股份有限公司安庆分公司	安徽	安庆石化	21.0	丙烯氨氧化
中国石油天然气有限公司兰州石化分公司	甘肃	兰州石化	3.5	丙烯氨氧化
中海油富岛（海南）化工有限公司	海南	中海油富岛	20.0	丙烯氨氧化
中国石油天然气股份有限公司吉化（揭阳）分公司	广东	吉化（揭阳）	13.0	丙烯氨氧化
合计			439.9	

3.2.1.3　2020—2024年丙烯腈产能趋势分析

2020—2024年中国丙烯腈产能复合增长率在15.1%。其中2019—2021年产能增速在10%～15%之间，2022年产能增速则最为突出，达到31.4%，年内国内炼化一体化项目陆续投产，同时下游ABS行业产能扩张。2023年新增产能59万吨，增速15.5%。2024年则无新产能释放。

2020—2024年中国丙烯腈产能变化趋势见图33-1。

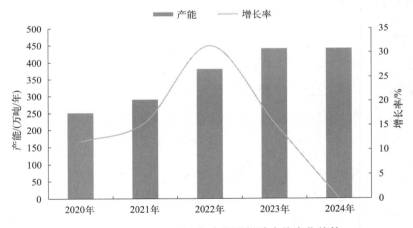

图33-1　2020—2024年中国丙烯腈产能变化趋势

33.2.2　中国丙烯腈产量及产能利用率趋势分析

33.2.2.1　2024年中国丙烯腈产量及产能利用率趋势分析

2024年中国丙烯腈总产量在346.1万吨，同比增长7.6%。月度产量整体呈现下降-上升-再下降态势。其中4月因集中检修导致产量及产能利用率同比显著下降，为年内最低水平，之后由于利润修复刺激工厂开工逐步恢复，从而促使6—7月产能利用率显著提升。下半年产能利用率波动趋缓，装置故障情况减少，工厂逐步恢复按需生产节奏。

2024年中国丙烯腈产量与产能利用率变化趋势见图33-2。

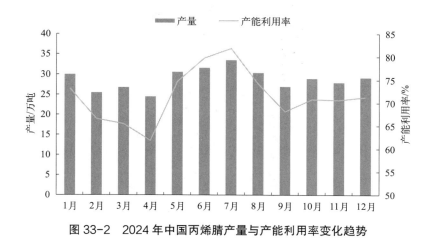

图33-2　2024年中国丙烯腈产量与产能利用率变化趋势

33.2.2.2　2020—2024年中国丙烯腈产量及产能利用率趋势分析

2020—2024年国内丙烯腈产量持续增长，而产能利用率则表现先升后降。供需错配导致产能难以完全释放，因此行业产能利用率表现下降。2020—2021年，国内丙烯腈行业处于供不应求状态，装置除了例行检修及意外故障停车之外，大部分时间保持高负荷运行，因此行业产能利用率也保持在85%及偏上。2022—2024年，丙烯腈产能增速加快，但内需增长偏缓，出口打开亦有一定阻力，过剩局面下导致行业亏损，产能利用率也因此显著下降至80%下方。

2020—2024年中国丙烯腈产量与产能利用率变化趋势见图33-3。

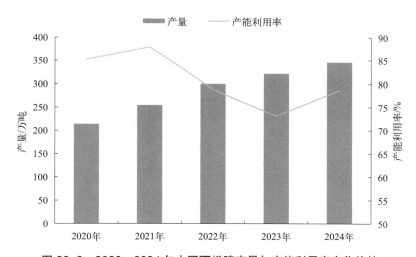

图33-3　2020—2024年中国丙烯腈产量与产能利用率变化趋势

33.2.3　丙烯腈供应结构分析

33.2.3.1　2024年丙烯腈分区域供应结构分析

2024年国内丙烯腈产能主要分布在华东、东北及华南地区。其中华东地区最为集中，区域内丙烯腈总产能达到307万吨/年，占比69.8%；其次为东北地区产能96.4万吨/年，占比21.9%；华南地区产能33万吨/年，占比7.5%。

2024年中国丙烯腈按区域产能分布见图33-4。

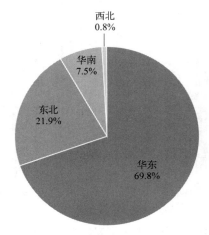

图 33-4 2024 年中国丙烯腈按区域产能分布

33.2.3.2 2024 年丙烯腈分企业性质供应结构分析

2024年中国丙烯腈产能按企业性质来看，第一位的是民营企业，产能208万吨/年，占比47.3%；第二位是国有企业，产能140.9万吨/年，占比32.0%；第三位是合资企业，产能78万吨/年，占比17.7%；此外外资企业产能13万吨/年，占比3.0%。近两年民营企业产能增速加快，斯尔邦、浙石化、利华益、天辰齐翔及辽宁金发科技等企业陆续进入，目前已成为丙烯腈生产主力军。

2024年中国丙烯腈按企业性质产能分布见图33-5。

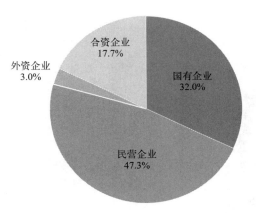

图 33-5 2024 年中国丙烯腈按企业性质产能分布

33.2.4 丙烯腈进口趋势分析

2024年中国丙烯腈进口量为6.0万吨，同比下降69.4%。月度数据来看，2024年中国丙烯腈月度进口量大部分时间不足一万吨，主因年初进口关税由3%提升至6.5%之后，进口货价格优势明显下降，除了1月份到货是关税提升之前所商定，当月进口量依旧可观外，此后进口量便大幅度下降。年内进口量高峰出现于1月份，单月进口1.7万吨。11月进口量为年内低点，当月进口0吨。

2024年中国丙烯腈进口量价变化见图33-6。

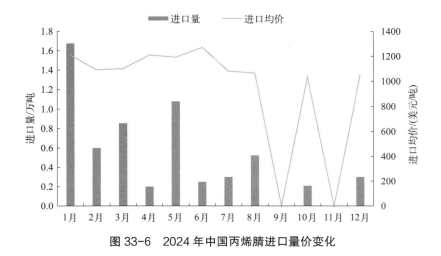

图 33-6 2024 年中国丙烯腈进口量价变化

2020—2024 年，中国丙烯腈进口量逐年下降，且主要为下游大型外企全球长约采购，现货进口量几无。因此中国丙烯腈进口依存度较低，进口资源在国内市场流通量也相当有限。2020—2024 年中国丙烯腈进口依存度由 13% 降至 2%，整体依赖度较低。不过 2023 年进口量增长，主因全球经济衰退导致海外需求呈现区域性萎缩表现，因此富余资源量再度以低价冲击国内市场。2024 年随着中国关税提升，进口量大幅下降。

2020—2024 年中国丙烯腈进口变化趋势见图 33-7。

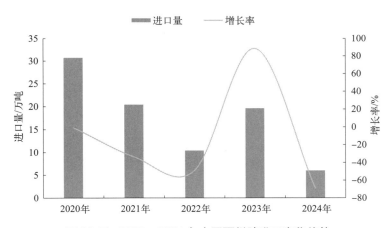

图 33-7 2020—2024 年中国丙烯腈进口变化趋势

33.3 中国丙烯腈消费现状分析

33.3.1 丙烯腈消费趋势分析

33.3.1.1 2024 年丙烯腈消费趋势分析

2024 年中国丙烯腈消费总量在 318.0 万吨，同比增长 4.8%。2024 年上半年国内丙烯腈月度消费量不足 25 万吨，期间 ABS 和丙烯酰胺有新产能释放，但终端消费不足，尤其 ABS 行业供应过剩，其产能利用率较低，3—4 月份不足六成。下半年消费量则有增长，月度水平提升至 25 万~ 29 万吨之间，腈纶和 ABS 行业均有扩能，且随着终端消费缓步增长，产能利用率也有所提升。

2024 年中国丙烯腈月度消费量及价格变化趋势见图 33-8。

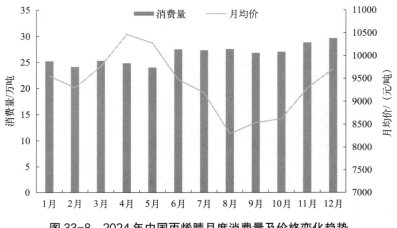

图 33-8　2024 年中国丙烯腈月度消费量及价格变化趋势

33.3.1.2　2020—2024 年丙烯腈消费趋势分析

2020—2024 年中国丙烯腈消费呈逐年递增趋势，近五年年均复合增长率在 7.6%。从增速来看，2020—2022 年需求增速表现偏缓，在 5% ~ 8% 之间，这期间疫情影响等因素限制消费发展。2023 年需求增速显著扩大，主要是因下游 ABS 行业集中扩能，此外当年丙烯腈价格大幅下跌，原料成本下降刺激下游各行业开工率上升。2024 年消费增速则再度下降至不足 5%，因下游 ABS 等行业均面临产能过剩局面，行业开工显著下降。

2020—2024 年中国丙烯腈年度消费变化趋势见图 33-9。

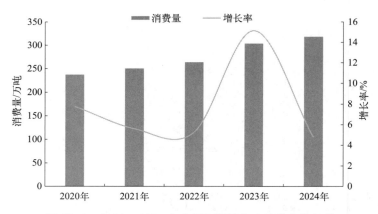

图 33-9　2020—2024 年中国丙烯腈年度消费变化趋势

33.3.2　中国丙烯腈消费结构分析

33.3.2.1　2024 年丙烯腈消费结构分析

中国丙烯腈下游消费领域主要集中在 ABS/AS、腈纶及丙烯酰胺三大行业，此外还应用于聚合物多元醇、碳纤维、丁腈胶乳以及丁腈橡胶等行业。2024 年 ABS/AS 产量为 600 万吨，占丙烯腈总消费量的 43.4%，较 2023 年占比下降 1 个百分点。丙烯酰胺产品 2024 年产量达到 78 万吨，消耗占比为 19.1%。腈纶全年产量为 62 万吨，消耗占比 18.1%。此外，聚合物多元醇消费占比 5.9%，较 2023 年提升 0.7 个百分点。丁腈胶乳消费占比 4.2%，较 2023 年提升 0.7 个百分点。碳纤维行业消费占比 4.2%，较 2023 年提升 0.2 个百分点。

2024 年中国丙烯腈下游消费占比见图 33-10。

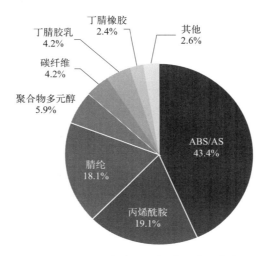

图 33-10　2024 年中国丙烯腈下游消费占比

33.3.2.2　2020—2024 年丙烯腈消费结构分析

2020—2024 年，中国丙烯腈下游不同品种发展存在差异性。ABS/AS 作为核心下游，其产能在 2022—2023 年高速发展，占比由 37% 上升至 43.4%，2024 年终端消费存在瓶颈，增速明显放缓。丙烯酰胺及腈纶整体增速偏缓，五年复合增长率分别为 3.9% 和 1.4%，行业均已进入成熟期，企业趋于规模集中化发展。碳纤维得益于新材料需求的快速增长及政策支持，五年复合增长率达到 38.4%。此外聚合物多元醇等其他中下游领域消费保持增长节奏，但由于对丙烯腈单耗偏低，各消费占比基本保持在 5% 上下。

2020—2024 年中国丙烯腈下游消费变化趋势见图 33-11。

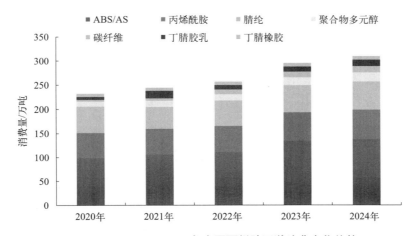

图 33-11　2020—2024 年中国丙烯腈下游消费变化趋势

33.3.2.3　2024年丙烯腈区域消费结构分析

中国丙烯腈产品下游消费区域较为集中，主要分布在华东及东北地区，两地占比达到83.7%。其中华东区域内集中了国内主力下游ABS、腈纶及丙烯酰胺大厂，2024年区域消费量193万吨，较2020年增幅35.9%，高于全国消费量增速占比。东北区域位居第二位，区域内消费领域主要为腈纶、ABS、碳纤维及丙烯酰胺。其他区域也基本保持匀速增长，消费占比五年来变化不大。

2024年中国丙烯腈分区域消费占比见图33-12。

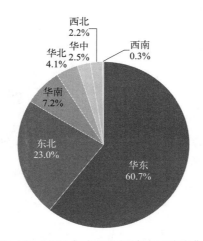

图33-12　2024年中国丙烯腈分区域消费占比

33.3.3　丙烯腈出口趋势分析

2024年中国丙烯腈出口量为22.7万吨，同比增长30.5%。国内供应过剩，海外需求有所复苏，刺激出口量增加。月度数据来看，2024年中国丙烯腈月均出口量接近2万吨，其中3月份出口量为年内峰值，达到3.5万吨，主因年初国内需求低迷而资源过剩。二季度出口量不足2万吨，其间国内供应量缩减且价格偏高。7月份之后随着国内供大于求局面凸显，出口量恢复2万吨以上水平。四季度随着供应再度缩减，出口量亦降至2万吨以下水平。

2024年中国丙烯腈出口量价变化见图33-13。

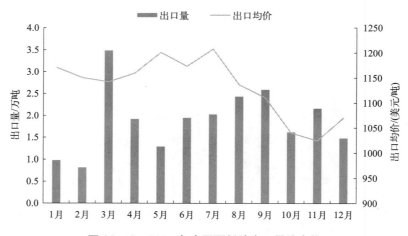

图33-13　2024年中国丙烯腈出口量价变化

2020—2024年中国丙烯腈出口依存度整体上升，由3.1%升至7.1%，整体依赖度逐年加强。期间中国丙烯腈供应增长超过了消费增长，市场也由供不应求转为供应过剩状态，因此向海外出口的迫切性增加。不过由于中国供需转变速度较快，而此前国内一直是海外主产区的资源输出目的地，而中国供需形势逆转之后，还需要面临国外其他供应地区的竞争压力，因此出口局面打开仍需要时间。

2020—2024年中国丙烯腈出口量变化趋势见图33-14。

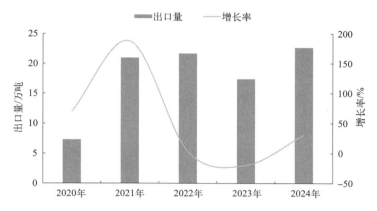

图 33-14　2020—2024 年中国丙烯腈出口量变化趋势

33.4　中国丙烯腈价格走势分析

2024年华东丙烯腈价格波动空间在8000～10800元/吨，振幅28.1%。年度高点出现于4月，低点出现于8月。2024年国内丙烯腈扩能放缓，但同时需求增速亦进一步下降，因此行业供应过剩局面持续，仅阶段性出现短时供应偏紧状态，主要集中在二季度和四季度部分时间。而全年来看，最大下游领域ABS行业因供应过剩导致开工负荷显著下降，其产量增速明显下降，对丙烯腈消耗增量支撑有所减弱。整年看来，丙烯腈价格走势受供需变化直接主导，且供应面波动对市场影响更为明显。其中4—5月份及11—12月份生产装置意外停车及降负情况集中出现，刺激价格显著走高，而其他时间大部分月份供应充裕，价格整体处于偏低位震荡。

2020—2024年中国丙烯腈市场价格走势见图33-15。

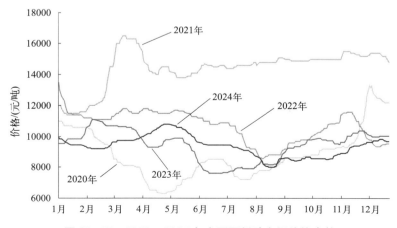

图 33-15　2020—2024 年中国丙烯腈市场价格走势

中国丙烯腈华东市场2024年月均价及2020—2024年年均价分别见表33-4和表33-5。

表 33-3 2024 年中国丙烯腈月均价汇总表

月份	1月	2月	3月	4月	5月	6月	7月	8月	9月	10月	11月	12月
华东均价/（元/吨）	9554.5	9294.4	9764.3	10472.7	10281.0	9476.3	9189.1	8296.6	8538.1	8621.1	9288.1	9709.1

表 33-4 2020—2024 年中国丙烯腈年均价汇总表

年份	2020 年	2021 年	2022 年	2023 年	2024 年
华东均价/（元/吨）	8891.4	14435.1	10675.1	9418.1	9380.6

33.5 中国丙烯腈生产毛利走势分析

2024年丙烯腈主流工艺成本大部分时间高于丙烯腈价格，年均成本9598元/吨。同时丙烯腈主流工艺生产毛利呈现涨后回落趋势，上半年基本呈现正值状态，下半年生产毛利则快速下滑，全年来看毛利均值为−217元/吨，同比涨幅60.8%。其中上半年主因阶段性供应缩减促使基本面改善，从而刺激丙烯腈价格大涨，利润因此也有增长。下半年利润则快速下滑，主因供需关系再度转弱。

2020—2024年中国丙烯腈生产毛利走势见图33-16。

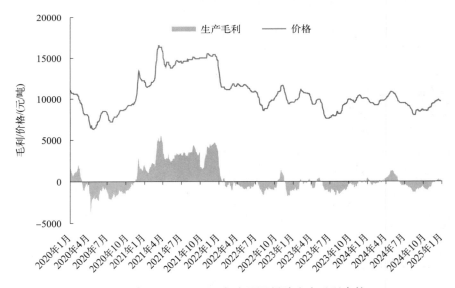

图 33-16 2020—2024 年中国丙烯腈生产毛利走势

中国丙烯腈2024年月均生产毛利及2020—2024年年均生产毛利分别见表33-5和表33-6。

表 33-5 2024 年中国丙烯腈月均生产毛利汇总表

月份	1月	2月	3月	4月	5月	6月	7月	8月	9月	10月	11月	12月
生产毛利/（元/吨）	−110.1	−188.8	63.9	850.8	683.8	−305.1	−599.4	−1159.9	−776.4	−928.7	−294.8	117.7

表 33-6　2020—2024 年中国丙烯腈年均生产毛利汇总表

年份	2020 年	2021 年	2022 年	2023 年	2024 年
生产毛利/（元/吨）	-553.0	3267.5	-519.6	-549.1	-218.0

33.6　2025—2029 年中国丙烯腈发展预期

33.6.1　丙烯腈供应趋势预测

33.6.1.1　2025—2029 年丙烯腈拟在建/退出产能统计

2025—2029 年，丙烯腈行业扩能持续，不过过去几年行业利润大幅下降，也导致部分拟建装置搁置或取消。预计 2025—2027 年扩能依旧集中，而 2027 年之后供应增速或将有所放缓。未来五年丙烯腈行业拟在建产能将达到 374 万吨/年，集中于华东区域，同时华北、华南、东北等地也有部分项目建设。

2025—2029 年中国丙烯腈拟在建产能统计见表 33-7。

表 33-7　2025—2029 年中国丙烯腈拟在建产能统计

企业简称	产能/（万吨/年）	预计投产时间	省份
中化泉州	26	2025 年 3—4 月	福建
裕龙石化	26	2025 年 3—4 月	山东
镇海炼化	40	2025 年 5—6 月	浙江
吉林石化	26	2025 年 8—9 月	吉林
中石化英力士（天津）	13	2025 年	天津
浙石化	66	2026 年上半年	浙江
安庆石化	20	2027 年四季度	安徽
华锦阿美	26	2027 年 12 月	辽宁
茂名南海新材料	26	2028 年 12 月	广东
恒力石化	26	2028 年 12 月	辽宁
兰州石化	13	2028 年 12 月	甘肃
古雷炼化	40	2029 年 12 月	福建
万华化学	26	2029 年 12 月	山东
合计	374		

33.6.1.2　2025—2029 年丙烯腈产能趋势预测

2025—2029 年中国丙烯腈新建产能预计 374 万吨/年，年复合增长率预计在 7.4%，较过去五年复合增长率下降 7.7 个百分点。总供应增速减缓，主要是未来新装置投产力度下降，同时有部分产能淘汰。2025—2027 年预计丙烯腈年度产能增速 10% 以上，其中 2025 年增速将高达 30%，成为未来五年内的扩产高峰，当年新建产能占据年度总产能的 23%。2028—2029 年，目前已公布的新建项目预期偏少，产能增速及当年新增产能锐减。

2025—2029 年中国丙烯腈产能预测见图 33-17。

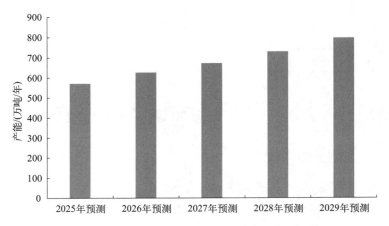

图 33-17　2025—2029 年中国丙烯腈产能预测

　　2025—2029 年中国丙烯腈产量平均增速预估达到 6.9%，依旧弱于产能增速。产能产量预测增长率存在偏差的主要原因有两点，一方面受装置投产时间分布所致，装置利用率并非全年，另一方面丙烯腈产品已进入过剩周期，价格大幅下跌或导致企业亏损而采取停车或限产措施，预计 2025 年开始年度产能利用率降至七成偏下。

　　2025—2029 年中国丙烯腈产量及产能利用率趋势预测见图 33-18。

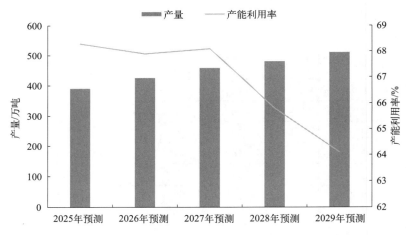

图 33-18　2025—2029 年中国丙烯腈产量及产能利用率趋势预测

33.6.2　丙烯腈消费趋势预测

　　2025—2029 年，丙烯腈下游增速较 2020—2024 周期放缓。三大主要下游领域新建产能累计 443 万吨/年，总体下游产能年均复合增长率 1.9%。预计对丙烯腈消费增量 117 万吨，年均复合增长率 6.0%。

　　2025—2029 年中国 ABS 产能及产量预测见第 22 章 22.6 节。

33.6.3　丙烯腈供需格局预测

　　从下游行业产能扩增来看，未来五年 ABS 仍是新投产装置最多的下游行业，预计 2025—2029

年新建产能410万吨/年，2029年产能较2024年增量46.2%；其次是丙烯酰胺行业，计划及规划投产预计27万吨/年，增幅19.1%。腈纶计划及规划投产6万吨/年，增幅预计7.0%。碳纤维、聚合物多元醇（POP聚醚）等亦有新产能扩增，但增速也将明显放缓。

从下游行业消费增长来看，ABS预计对丙烯腈消费量35增加万吨，增速5.4%。丙烯酰胺预计对丙烯腈消费量增加20万吨，增速6.9%。腈纶预计对丙烯腈消费量增加5万吨，增速2.0%。

33.6.4 丙烯腈供需格局预测

2025—2029年，国内丙烯腈供应增长大于需求增长，供需差逐年扩大。结合上下游投产周期看，2025—2026年丙烯腈供应富余量进一步增加，供需矛盾加重。2027—2029年，供需增速同步放缓，供应矛盾难有缓解。预计至2029年，国内丙烯腈产量有望增至510万吨，较2024年相比增加164万吨，下游消费量有望增至436万吨，较2024年增量118吨。消费量增量较产量增量少46万吨，意味着国内资源供应过剩加剧，丙烯腈净出口量预期将增长至60万吨左右。

2025—2029年中国丙烯腈供需预测见表33-8。

表33-8 2025—2029年中国丙烯腈供需预测

单位：万吨

时间	产量	进口量	总供应量	下游消费量	出口量	总需求量
2025年预测	390	2	392	345	32	377
2026年预测	425	0	425	370	38	408
2027年预测	458	0	458	395	45	440
2028年预测	480	0	480	415	50	465
2029年预测	510	0	510	436	60	496

第 34 章

尼龙 6 切片

2024 年度
关键指标一览

类别	指标	2024 年	2023 年	涨跌幅	2025 年预测	预计涨跌幅
价格	常规纺 /（元 / 吨）	13604.0	13386.0	1.6%	13534	−0.5%
	高速纺 /（元 / 吨）	14310.0	14083.0	1.6%	14076	−1.6%
供需	产能 /（万吨 / 年）	764	649	17.7%	918	20.2%
	产量 / 万吨	634	493	28.6%	764	20.5%
	产能利用率 /%	83.0	76.0	7 个百分点	83.2	0.2 个百分点
	下游消费量 / 万吨	540.0	455.0	18.7%	601	11.3%
进出口	进口量 / 万吨	17.5	22.0	−20.5%	17	−2.9%
	出口量 / 万吨	57.7	48.0	20.2%	70	21.3%
毛利	生产毛利 /（元 / 吨）	297.0	−268.0	扭亏为盈	109	−63.3%

34.1 中国尼龙 6 切片供需分析

近五年中国尼龙6切片供应量及需求量逐年增长。至2024年，中国尼龙6切片消费量增长至540万吨，2020—2024年消费量复合增长率9.25%。

2020—2024年中国尼龙6切片供需变化见表34-1。

表 34-1　2020—2024 年中国尼龙 6 切片供需变化

单位：万吨

时间	产量	进口量	总供应量	下游消费量	出口量	总需求量
2020 年	357.0	29.0	386.0	379.0	12.0	391.0
2021 年	401.0	25.0	426.0	410.0	26.0	436.0
2022 年	427.0	20.0	447.0	409.0	39.0	448.0
2023 年	493.0	22.0	515.0	455.0	48.0	503.0
2024 年	634.0	17.5	651.0	540.0	57.7	597.7

34.2 中国尼龙 6 切片供应现状分析

34.2.1 尼龙 6 切片产能趋势分析

34.2.1.1 2024 年尼龙 6 切片产能及新增产能统计

2024年中国尼龙6聚合产能维持增长趋势，截至2024年底尼龙6聚合产能提升至764万吨/年，较2023年底产能增加115万吨/年。

2024年国内尼龙6切片新增聚合产能投产统计见表34-2。

表 34-2　2024 年中国尼龙 6 切片新增聚合产能投产统计

企业名称	地址	企业性质	产能/（万吨/年）	工艺类型	装置投产时间
无锡市长安高分子材料厂有限公司	江苏省无锡市	民企	7	己内酰胺开环聚合	2024 年 4 月
长乐恒申合纤科技有限公司	福建省福州市	民企	21	己内酰胺开环聚合	2024 年 4 月
鲁西化工集团股份有限公司	山东省聊城市	国企	30	己内酰胺开环聚合	2024 年 6 月
平顶山其正新材料有限公司	河南省平顶山市	民企	5	己内酰胺开环聚合	2024 年 7 月
嘉华再生尼龙（江苏）有限公司	江苏省淮安市	民企	10	己内酰胺开环聚合	2024 年 9 月
湖北三宁化工股份有限公司	湖北省宜昌市	国企	35	己内酰胺开环聚合	2024 年 9 月
山东聚合顺鲁化新材料有限公司	山东省枣庄市	民企	17.5	己内酰胺开环聚合	2024 年 10 月
河南神马尼龙新材料有限责任公司	河南省平顶山市	国企	14	己内酰胺开环聚合	2024 年 11 月
湖南岳化新材料股份有限公司	湖南省岳阳市	民企	7.5	己内酰胺开环聚合	2024 年 11 月
合计			147		

34.2.1.2 2024 年尼龙 6 切片主要生产企业生产状况

2024年中国尼龙6切片总产能764万吨/年，其中2024年新投产装置合计新增产能为147万吨/年，淘汰产能为32万吨/年。新增省份为江苏省、福建省、山东省、河南省、湖北省及湖南省，新增产能的企业共9家。

目前尼龙6切片产能占比前十的企业产能合计达524万吨/年，主要分布在江苏、浙江一带，基本与尼龙6切片消费区域贴近。

2024年中国尼龙6切片主要生产企业产能统计见表34-3。

表 34-3 2024 年中国尼龙 6 切片主要生产企业产能统计

企业名称	地区	省份	简称	产能 /（万吨 / 年）	工艺路线
恒申控股集团有限公司	华东	福建	恒申	95	己内酰胺开环聚合
杭州聚合顺新材料股份有限公司	华东	浙江	聚合顺	73.5	己内酰胺开环聚合
福建永荣锦江股份有限公司	华东	福建	永荣锦江	73	己内酰胺开环聚合
鲁西化工集团股份有限公司	华东	山东	鲁西化工	70.5	己内酰胺开环聚合
浙江恒逸锦纶有限公司	华东	浙江	浙江恒逸	50	己内酰胺开环聚合
江苏海阳锦纶新材料有限公司	华东	江苏	江苏海阳	35	己内酰胺开环聚合
江苏弘盛新材料股份有限公司	华南	江苏	江苏弘盛	35	己内酰胺开环聚合
湖北三宁化工股份有限公司	华东	湖北	湖北三宁	35	己内酰胺开环聚合
河南神马尼龙新材料有限责任公司	华东	河南	河南神马	35	己内酰胺开环聚合
无锡市长安高分子材料厂有限公司	华东	江苏	长安高分子	22	己内酰胺开环聚合
合计				524	

34.2.1.3 2020—2024 年尼龙 6 切片产能趋势分析

2020—2024年中国尼龙6切片聚合产能复合增长率9.68%。国内尼龙6切片产能快速增长，新建装置集中于华东地区，行业集中度提升，生产企业逐渐向上下游一体化配套延伸，形成产业链配套以提升自身的竞争优势。

2020—2024年中国尼龙6切片产能及新增产能变化趋势见图34-1。

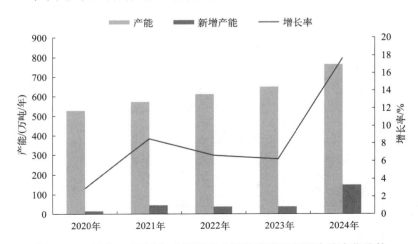

图 34-1 2020—2024 年中国尼龙 6 切片产能及新增产能变化趋势

34.2.2　尼龙 6 切片产量及产能利用率趋势分析

34.2.2.1　2024 年尼龙 6 切片产量及产能利用率趋势分析

2024 年中国尼龙 6 切片年度总产量约 634 万吨，较 2023 年增加 141 万吨，增长率高达 28.6%。

2024 年月产量与 2023 年同月相比均有显著增长。带动产量增长的因素有尼龙 6 切片利润较好以及新增产能释放、下游需求稳定提升等。

2024 年中国尼龙 6 切片产量与产能利用率变化趋势见图 34-2。

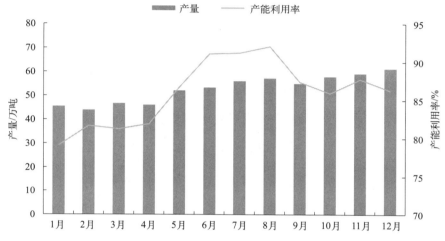

图 34-2　2024 年中国尼龙 6 切片产量与产能利用率变化趋势

34.2.2.2　2020—2024 年尼龙 6 切片产量及产能利用率趋势分析

2020—2022 年因下游需求增长较慢，原料装置配备不足，尼龙 6 切片产能利用率不高。近两年己内酰胺生产装置逐渐配套完备，下游工厂产能增加明显，尼龙 6 聚合工厂产能利用率提升明显。2024 年尼龙 6 产能集中释放及下游消费能力提升下，产能利用率高达 83%。

2020—2024 年中国尼龙 6 切片产量与产能利用率变化趋势见图 34-3。

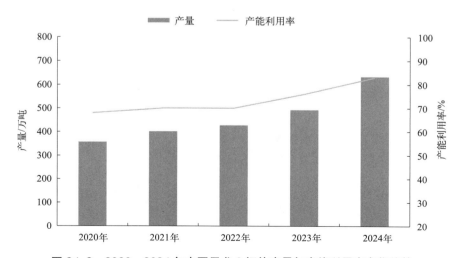

图 34-3　2020—2024 年中国尼龙 6 切片产量与产能利用率变化趋势

34.2.3 尼龙6切片供应结构分析

2024年中国尼龙6切片聚合产能主要分布在华东地区，集中在江苏、福建、浙江、山东等省。华东地区总产能在605万吨/年，在全国总产能中占比79.20%；华中地区总产能113.50万吨/年，占比14.90%；华北地区总产能26.50万吨/年，占比3.50%；华南地区产能为19万吨/年，占比2.50%。

2024年中国尼龙6切片产能区域分布见图34-4。

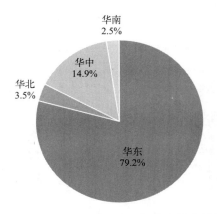

图 34-4　2024年中国尼龙6切片产能区域分布

34.2.4 尼龙6切片进口趋势分析

34.2.4.1 2024年尼龙6切片进口分析

2024年中国尼龙6切片进口总量为17.5万吨，较2023年下降20.5%。国内进口量减少的原因在于国内产能快速增长及技术进步、国际贸易环境及国外下游需求等方面。2024年上半年，国内需求偏好，部分高端下游仍需使用进口切片来满足需求，进口量整体偏高，除了春节假期期间下游停工放假，切片进口量减少；2024年下半年，随着国内产能的快速增长，加之下游订单一般需求不及预期，国内切片可满足下游实际消费需求，进口量减少。

2024年中国尼龙6切片进口量价变化趋势见图34-5。

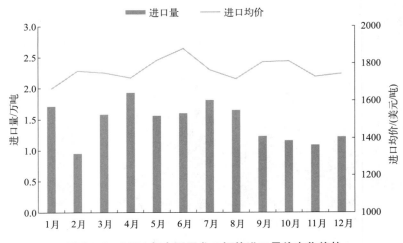

图 34-5　2024年中国尼龙6切片进口量价变化趋势

34.2.4.2 2020—2024年尼龙6切片进口分析

2020—2024年期间，国内尼龙6产能逐年增长下产量也逐年增长。仅2023年，部分尼龙6聚合装置在下游需求的影响下进行转线生产，使部分牌号切片供应略显紧张而引起进口量较2022年有所增加。2024年，产能快速增长，国产切片供应大幅增加，且随着国产切片质量水平的逐步提升，中国进口量逐年下降，预计未来国内尼龙6进口依存度将呈现下降趋势。

2020—2024年中国尼龙6切片进口量变化趋势见图34-6。

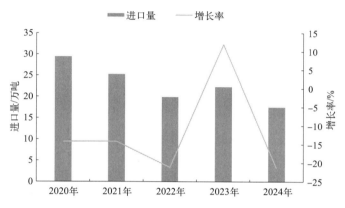

图34-6 2020—2024年中国尼龙6切片进口量变化趋势

34.3 中国尼龙6切片消费现状分析

34.3.1 尼龙6切片消费趋势分析

34.3.1.1 2024年消费趋势分析

2024年中国尼龙6切片消费总量约540万吨。按月分析，月消费量基本保持在40万吨以上，2月受春节假期影响下游部分企业停工放假，导致消费量同比减少；9—12月下游行业有所改善，带动对尼龙6消费量提升。

2024年中国尼龙6切片月度消费量与价格变化趋势见图34-7。

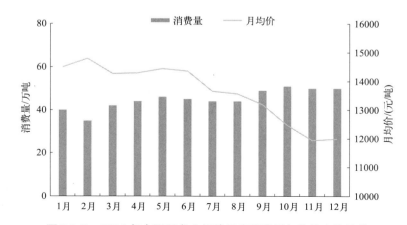

图34-7 2024年中国尼龙6切片月度消费量与价格变化趋势

34.3.1.2 2020—2024年尼龙6切片消费趋势分析

2020—2024年尼龙6切片消费维持逐年递增趋势,年均复合增长率约9.3%。仅在2022年受下游工程塑料、工业丝、锦纶短纤领域终端需求疲软的影响,尼龙6消费量同比下滑。2024年尼龙6切片消费量同比增速约18.7%,为近五年消费量增速最高的年份。

2020—2024年中国尼龙6切片年度消费量变化趋势见图34-8。

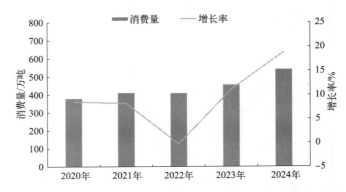

图 34-8 2020—2024 年中国尼龙 6 切片年度消费量变化趋势

34.3.2 尼龙6切片消费结构分析

34.3.2.1 2024年尼龙6切片消费结构分析

2024年,尼龙6切片五大下游依次是锦纶长丝、工程塑料、锦纶工业丝、BOPA薄膜、锦纶短纤,其中锦纶长丝占比先升后降再升,保持在56%以上。其他消费中,包括渔网、超纤、地毯丝等小品类下游。

2024年中国尼龙6切片消费结构见图34-9。

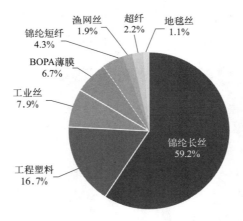

图 34-9 2024 年中国尼龙 6 切片消费结构

34.3.2.2 2020—2024年尼龙6切片消费结构分析

2020—2024年中国尼龙6切片消费量整体呈递增趋势。下游消费行业主要为锦纶长丝、工程塑料、BOPA薄膜、工业丝、超纤、短纤、渔网、地毯丝等。其中锦纶长丝消费量占比最大,维持在58%以上，年均复合率约9.44%；工程塑料、锦纶工业丝消费量占比一直维持偏高水平，工程塑料消费量占比维持在14%以上，年均复合增长率约8.5%，工业丝消费量占比维持在6.0%以上，年均复合增长率约6.5%。近年来，随着预制菜的兴起，BOPA薄膜的消费量提升明显，年均复合增长率约12.7%，其他下游行业消费量也提升明显。

2020—2024年中国尼龙6切片消费结构变化趋势见图34-10。

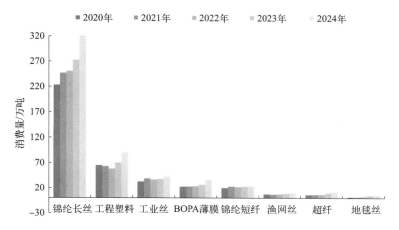

图 34-10　2020—2024 年中国尼龙 6 切片消费结构变化趋势

34.3.3　尼龙 6 切片出口趋势分析

2024年国内新增聚合产能较多，切片供应逐渐增加，聚合企业及贸易商均积极探寻销售出口渠道，拓展海外市场，导致出口量增长。年内出口量高峰出现于8月份，单月出口量为5.4万吨。2月出口量为年内低点，为3.9万吨。出口均价与国内市场价格走势大致相同，受国内市场行情影响较为明显，与海外供需基本面也有一定关联。

2024年中国尼龙6切片出口量价变化趋势见图34-11。

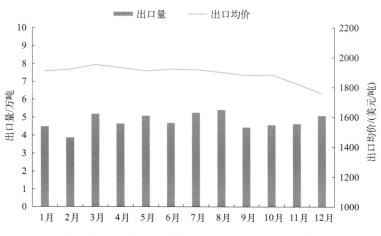

图 34-11　2024 年中国尼龙 6 切片出口量价变化趋势

2020—2024年中国尼龙6切片出口量呈现逐年增长态势。近年来国内尼龙6聚合新产能逐渐释放，在2024年产能爆发式增长，切片供应增加明显。下游消费保持稳定增长，增速不及切片产能增速，国内厂商积极拓展国外销售渠道，出口量增长较快。2020—2024年每年出口量增长约10万吨，2024年出口量创新高达到57.7万吨，复合增长率高达47%。出口年均价与国内切片市场价格走势基本相同。

2020—2024年中国尼龙6切片出口量变化趋势见图34-12。

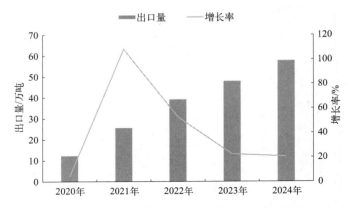

图34-12　2020—2024年中国尼龙6切片出口量变化趋势

34.4　中国尼龙6切片价格走势分析

2024年华东市场尼龙6常规纺切片价格在11550～14975元/吨范围波动，振幅30%。年度高点出现于2月，低点出现于12月。年均价格为13604元/吨，相较于2023年的年均价13386元/吨，上涨了218元/吨，涨幅约2%。

2024年均价格同比增长，成本及需求是支撑价格上涨的核心要素。2024年是尼龙6产能集中释放的一年，尼龙6与下游供需关系维持紧平稳状态。上半年下游订单偏好，需求稳健带动市场价格上涨，4—6月份下游用户积极备货使聚合工厂库存阶段性处于预售状态。下半年随着部分聚合新产能的投放，尼龙6切片供应充足，但下游需求增速不及尼龙6切片产能增速，市场供需矛盾突出，传统需求旺季并未明显到来，下游订单无明显好转，仅维持平平，致使对尼龙6切片需求表现一般，尼龙6切片价格下半年开始下跌并突破年内低位，且下跌至近三年来低点。

2020—2024年中国华东市场尼龙6常规纺切片价格走势见图34-13。

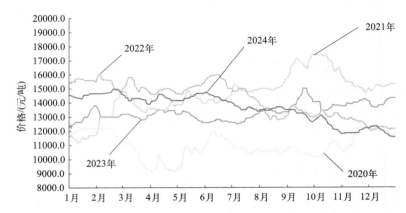

图34-13　2020—2024年中国华东市场尼龙6常规纺切片价格走势

中国尼龙6切片常规纺及高速纺2024年月均价及2020—2024年年均价分别见表34-4和表34-5。

表34-4　2024年中国尼龙6切片华东市场月均价汇总表

单位：元/吨

月份	1月	2月	3月	4月	5月	6月	7月	8月	9月	10月	11月	12月
常规纺	14500	14790	14267	14286	14440	14355	13652	13559	13190	12474	11938	11989
高速纺	15089	15347	14890	14730	15043	15371	14463	14291	14195	13353	12538	12627

表34-5　2020—2024年中国尼龙6切片华东市场年均价汇总表

单位：元/吨

年份	2020年	2021年	2022年	2023年	2024年
常规纺	10952.7	14578.2	14265.5	13385.6	13604.3
高速纺	11456.2	15299.6	14953.8	14083.3	14310.0

34.5　中国尼龙6切片生产毛利走势分析

2024年尼龙6聚合工艺年均利润处于盈利状态。2024年尼龙6原料己内酰胺年均价及尼龙6切片年均价均较2023年上涨。虽然从6月份开始，受下游需求不及预期及新聚合装置投产影响，切片价格一路下跌至近三年最低价格，但尼龙6切片与己内酰胺价差尚可使得尼龙6切片利润尚好。2020—2023年尼龙6切片利润处于亏损状态，主要是受原料己内酰胺成本及下游需求有限影响，尼龙6切片价格在成本线附近震荡。

2024年中国尼龙6切片生产毛利走势见图34-14。

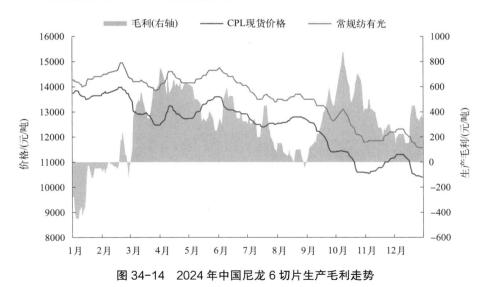

图34-14　2024年中国尼龙6切片生产毛利走势

中国尼龙6切片常规纺2024年月均生产毛利及2020—2024年年均生产毛利分别见表34-6和表34-7。

表 34-6　2024 年中国尼龙 6 切片常规纺月均生产毛利汇总表

月份	1 月	2 月	3 月	4 月	5 月	6 月	7 月	8 月	9 月	10 月	11 月	12 月
生产毛利 /（元 / 吨）	−214	10	423	624	398	416	286	72	301	647	338	278

表 34-7　2020—2024 年中国尼龙 6 切片常规纺年均生产毛利汇总表

年份	2020 年	2021 年	2022 年	2023 年	2024 年
生产毛利 /（元 / 吨）	−11.0	−330.0	−11.0	−268.0	297.2

34.6　2025—2029 年中国尼龙 6 切片发展预期

34.6.1　尼龙 6 切片供应趋势预测

34.6.1.1　2025—2029 年尼龙 6 切片拟在建 / 退出产能统计

预计 2025—2029 年中国尼龙 6 切片新增产能 284 万吨/年，新装置集中于华东、华南地区，在华中也有项目。预计新建 12 套装置，目前并无已明确的装置淘汰计划。预计 2025 年中国新建 8 套尼龙 6 装置，位于华东、华南、华中地区，其中广西恒逸项目规模最大，为 60 万吨/年，并配套 60 万吨/年己内酰胺，计划于 2025 年第三季度投产运行，将有效增加华南地区及华东地区尼龙 6 切片供应。其他两套较大产能的项目为湖北天岳 30 万吨/年及江苏弘盛扩能 21 万吨/年。2026 年预计有一套新装置投产，为广西恒逸二期项目，产能为 60 万吨/年。2027 年河南心连心集团产能为 20 万吨/年的尼龙 6 切片项目计划投产，配套 30 万吨/年己内酰胺。2028 年华鲁恒升计划新增产能 20 万吨/年。2029 年，江苏海阳将新增产能 30 万吨/年。

2025—2029 年中国尼龙 6 切片拟在建产能统计见表 34-8。

表 34-8　2025—2029 年中国尼龙 6 切片拟在建产能统计

地区	企业简称	产能 /（万吨 / 年）	省份	预计投产时间
华中	河南神马	7	河南	2025 年 1 月
华中	岳化新材料	22.5	湖南	2025 年 1—3 月
华东	江苏弘盛	7	江苏	2025 年 3 月
华东	聚合顺鲁化	3.5	山东	2025 年 6 月
华中	常德聚合顺	10	湖南	2025 年 3—4 月
华南	广西恒逸	60	广西	2025 年 9 月
华东	江苏弘盛	14	江苏	2025 年 8 月
华中	湖北天岳	30	湖北	2025 年 12 月
华南	广西恒逸	60	广西	2026 年
华中	河南心连心	20	河南	2027 年
华东	华鲁恒升	20	山东	2028 年
华东	江苏海阳	30	江苏	2029 年
	合计	284		

34.6.1.2 2025—2029年尼龙6切片产能趋势预测

2025—2029年中国尼龙6切片计划新建产能累计为284万吨/年,年复合增长率约3%,较过去五年复合增长率下降约6个百分点。尼龙6切片总供应增速放缓,市场供大于求、竞争加剧限制未来其产能增幅。2025—2026年预计尼龙6切片年均产能增速在3%～16%之间,因广西恒逸装产能较大,成为未来五年内的扩产重头戏。2028—2029年,目前已公布的新建项目偏少,产能增速锐减。

2025—2029年中国尼龙6切片产能预测见图34-15。

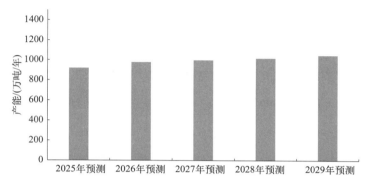

图34-15 2025—2029年中国尼龙6切片产能预测

2025年,预计国内尼龙6切片月度产量呈现缓慢逐月增长态势,预计全年总产量在764万吨左右。2024年部分新装置的部分产线在年底投产,如岳化新材料、平煤神马,这些新建装置在2025年初贡献产量,因此预计2025年开年月产量即较2024年同期显著增加。2025年新增产能包括2024年底未完全投产的常德聚合顺、广西恒逸、江苏弘盛、湖北天岳的产能。

2025—2029年中国尼龙6切片产量及产能利用率趋势预测见图34-16。

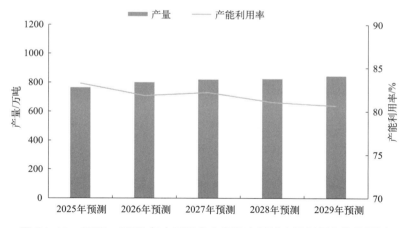

图34-16 2025—2029年中国尼龙6切片产量及产能利用率趋势预测

34.6.2 尼龙6切片消费趋势预测

中国尼龙6切片下游消费主要集中在锦纶长丝、工程塑料、工业丝、BOPA薄膜等领域,其中锦纶长丝的消费占比最大,预计后期其消费占比依旧占尼龙6切片总消费的60%～65%左右。

未来，尼龙6工程塑料产能依旧呈增长趋势，预计在尼龙6切片的消费中占比保持稳定。BOPA
膜行业产能增加明显，从需求端也对常规纺切片起到相应支持。

34.6.3　尼龙6切片供需格局预测

2025—2029年，国内共有产能合计为284万吨/年尼龙6切片新装置计划投产。预计未来
五年下游新产能逐步释放，对尼龙6切片需求量有望增加至754万吨。根据未来产能增长、需
求增长和现有供需格局分析，预计未来尼龙6切片供应增加量大于下游消费量，供应仍处偏宽
松状态。

2025—2029年中国尼龙6切片供需预测见表34-9。

表34-9　2025—2029年中国尼龙6切片供需预测

单位：万吨

时间	产量	进口量	总供应量	下游消费量	出口量	总需求量
2025年预测	764	17	781	601	70	671
2026年预测	800	16	816	652	78	730
2027年预测	820	15	835	702	86	788
2028年预测	825	14	839	725	95	820
2029年预测	845	14	859	754	100	854

第五篇

合成橡胶

第 35 章

丁苯橡胶

2024 年度
关键指标一览

类别	指标	2024 年	2023 年	涨跌幅	2025 年预测	预计涨跌幅
价格	华东均价 /（元 / 吨）	14452.0	11823.0	22.2%	14200	−1.7%
供需	产能 /（万吨 / 年）	165.5	185.5	−10.8%	200	20.8%
	产量 / 万吨	126.7	128.3	−1.2%	141	11.1%
	产能利用率 /%	76.6	69.2	7.4 个百分点	70.5	−6.1 个百分点
	下游消费量 / 万吨	146.5	147.5	−0.7%	149	1.4%
进出口	进口量 / 万吨	39.2	36.5	7.4%	37	−6.3%
	出口量 / 万吨	20.2	16.2	25.0%	25	22.7%
库存	生产库存 / 万吨	2.3	2.6	−11.8%	3	7.8%
毛利	乳聚干胶 /（元 / 吨）	645.4	952.0	−32.2%	1450	124.7%
	乳聚油胶 /（美元 / 吨）	637.8	−65.0	1081.2%	980	53.7%
	溶聚油胶 /（元 / 吨）	−24.0	−45.2	46.9%	265	1204.2%

35.1　中国丁苯橡胶供需分析

近五年中国丁苯橡胶供需呈现震荡波动局面。从2020—2024年丁苯橡胶供需情况来看，丁苯橡胶供需体量维持震荡，近五年总供应量及总需求量的复合增长率分别在1.1%和1.7%，2020—2024年丁苯橡胶供需震荡平衡局面，具体表现为供应量总体维持缓慢增长的同时，进口量跌后逢反弹，出口量则维持快速增长。

2020—2024年中国丁苯橡胶供需变化见表35-1。

表 35-1　2020—2024 年中国丁苯橡胶供需变化

单位：万吨

时间	产量	进口量	总供应量	下游消费量	出口量	总需求量
2020 年	119.6	39.2	158.8	151.0	4.9	155.9
2021 年	120.8	35.6	156.4	150.0	6.6	156.6
2022 年	123.6	30.7	154.3	148.0	11.1	159.1
2023 年	128.3	36.5	164.8	147.5	16.2	163.6
2024 年	126.7	39.2	165.9	146.5	20.2	166.7

35.2　中国丁苯橡胶供应现状分析

35.2.1　丁苯橡胶产能趋势分析

35.2.1.1　2024 年丁苯橡胶产能及新增产能统计

2024年中国丁苯橡胶行业暂无新增投产装置，共有两套产能退出行业统计，总产能20万吨/年，其中福建省福橡化工有限责任公司产能10万吨/年，天津市陆港石油橡胶有限公司10万吨/年，两套装置均于2018年停车后长期停产，且暂无重启意向。

35.2.1.2　2024 年丁苯橡胶主要生产企业生产状况

2024年中国丁苯橡胶产能在165.5万吨/年从区域分布来看，前十位企业主要分布在华北、华东、东北及西北。2024年中国丁苯橡胶生产企业产能统计见表35-2。

表 35-2　2024 年中国丁苯橡胶生产企业产能统计

企业名称	省份	简称	产能/（万吨/年）	工艺路线
中国石油化工股份有限公司齐鲁分公司	山东	齐鲁石化	23	乳液聚合
中国石油天然气股份有限公司抚顺石化分公司	辽宁	抚顺石化	20	乳液聚合
申华化学工业有限公司	江苏	申华化学	17	乳液聚合
中国石油天然气股份有限公司兰州石化分公司	甘肃	兰州石化	15	乳液聚合
中国石油天然气股份有限公司独山子石化分公司	新疆	独山子石化	14.5	溶液聚合
中国石油天然气股份有限公司吉林石化分公司	吉林	吉林石化	14	乳液聚合
杭州宜邦橡胶有限公司	浙江	宜邦	10	乳液聚合
浙江维泰橡胶有限公司	浙江	维泰	10	乳液聚合
中国石化南京扬子石油化工有限公司	江苏	扬子石化	10	乳液聚合

续表

企业名称	省份	简称	产能/（万吨/年）	工艺路线
镇江奇美化工有限公司	江苏	镇江奇美	8	溶液聚合
浙江石油化工有限公司	浙江	浙石化	6	溶液聚合
李长荣（惠州）高新材料有限公司	广东	李长荣	5	乳液聚合
中国石化上海高桥石油化工有限公司	上海	高桥	4	溶液聚合
辽宁北方戴纳索合成橡胶有限公司	辽宁	戴纳索	3	溶液聚合
中国石油化工股份有限公司巴陵分公司	湖南	巴陵石化	3	溶液聚合
中国石油化工股份有限公司北京燕山分公司	北京	燕山石化	3	溶液聚合
合计	—	—	165.5	—

35.2.1.3　2020—2024年丁苯橡胶产能趋势分析

2020—2024年中国丁苯橡胶产能仍维持逐步提升，主要源于溶聚丁苯橡胶产能的持续增长，而乳聚丁苯橡胶作为发展较早且较为成熟的合成橡胶产品，国内产能已处于稳定。新建产能集中于华东与西北地区，行业集中度整体表现先增后降。2020—2024年，得益于溶聚丁苯橡胶进入产能扩充期限，中国丁苯橡胶产能步入新的增长周期，但由于福建福橡、天津陆港两套乳聚丁苯橡胶装置长期停车，剔除有效产能统计后，国内丁苯橡胶总产能增长有限。截至2024年底，中国丁苯橡胶总产能调整到165.5万吨/年，五年复合增长率为−0.81%。

2020—2024年中国丁苯橡胶产能变化趋势见图35-1。

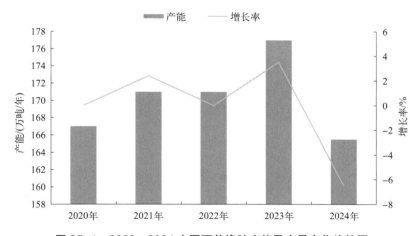

图 35-1　2020—2024中国丁苯橡胶产能及产量变化趋势图

35.2.2　丁苯橡胶产量及产能利用率趋势分析

35.2.2.1　2024年丁苯橡胶产量及产能利用率趋势分析

从2024年中国丁苯橡胶月度产量来看，其中一季度产量明显高于上年同期，但二季度及三季度产量明显下降。造成产量整体减少的原因，一方面受3—5月丁二烯持续走高及下游高价抵触情绪影响，在丁苯橡胶生产盈利不佳引导下，部分企业主动降负；另一方面，受部分生产装置的常规检修计划影响，如5—6月独山子石化计划内全厂大检修，9月前后浙石化、吉林石化的常规检修。而2024年下半年，随着原料价格的逐步走低、检修装置逐步恢复运行，以及下游轮胎行业需求提振等，丁苯橡胶产量及产能利用率持续回升，且12月份产能利用率达到两年来最高值。

2024年中国丁苯橡胶产量与产能利用率变化趋势见图35-2。

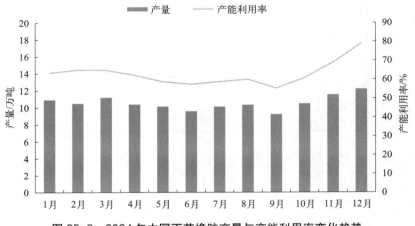

图 35-2 2024 年中国丁苯橡胶产量与产能利用率变化趋势

35.2.2.2 2020—2024 年丁苯橡胶产量及产能利用率趋势分析

2020—2024年，中国丁苯橡胶在产能小幅增长的背景下，产量变化呈现涨后回落趋势。此外，2024年丁苯橡胶产量出现小幅回落，主要源于主要生产企业存在较长时间常规检修，同时盈利不佳影响下部分企业采取控产挺价策略。

2020—2024年中国丁苯橡胶产量与产能利用率变化趋势见图35-3。

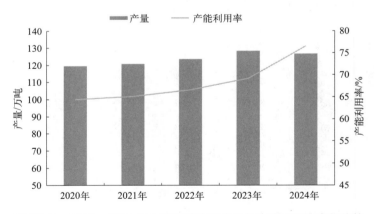

图 35-3 2020—2024 年中国丁苯橡胶产量与产能利用率变化趋势

35.2.3 丁苯橡胶供应结构分析

35.2.3.1 2024 年丁苯橡胶分区域供应结构分析

2024年中国丁苯橡胶产能与区域分布较广，六个行政区域中均有丁苯橡胶装置分布。详细分析来看，华东地区最为集中，区域内丁苯橡胶总产能调整至65万吨/年，占全国总产能的39.3%；其次为华南地区，产能稳定在37万吨/年，占比22.4%；第三区域为西北地区，产能增长至29.50

万吨/年，占比17.8%；第四为东北地区，产能稳定在26万吨/年，占比15.7%；第五位为华北地区，产能稳定在5万吨/年，占比3.0%；第六位为华中地区，产能3万吨/年，占比1.8%。

2024年中国丁苯橡胶按区域产能分布见图35-4。

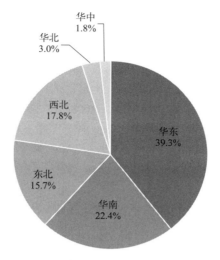

图35-4　2024年中国丁苯橡胶按区域产能分布

35.2.3.2　2024年丁苯橡胶分生产工艺供应结构分析

从当前中国的丁苯橡胶工艺路线来看，低温乳聚合工艺仍占据主导地位，溶液聚合工艺产能占比缓慢提升。2024年，低温乳液聚合法总产能调整至124万吨/年，占比小幅下降至74.9%；溶液聚合法产能提升至41.50万吨/年，占比25.1%。

2024年中国丁苯橡胶按生产工艺产能分布见图35-5。

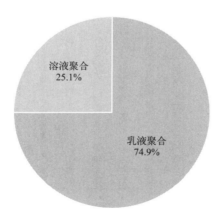

图35-5　2024年中国丁苯橡胶按生产工艺产能分布

35.2.3.3　2024年丁苯橡胶分企业性质供应结构分析

2024年，中石油、中石化下属企业仍稳居丁苯橡胶产能的前两位，二者合计产能增长至116.50万吨/年，占总产能的62.8%；第三位是民营企业，产能增长至36万吨/年，占比19.41%；最后是合资企业，占比17.79%。目前国有企业依然是国内丁苯橡胶生产的主力军。近几年大型民营炼化企业快速发展，如浙石化积极发展丁苯橡胶业务。合资企业产能扩张则较为谨慎，但凭借自身的技术优势，多聚焦于生产环保型、高结苯及溶聚丁苯橡胶等高附加值产品。

2024年中国丁苯橡胶按企业性质产能分布见图35-6。

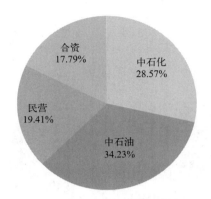

图 35-6 2024 年中国丁苯橡胶按企业性质产能分布

35.2.4 丁苯橡胶进口趋势分析

2024年中国丁苯橡胶月度进口量整体表现涨后回落趋势，单月进口量在2.50万～3.71万吨范围内波动。其中6—8月进口量同比增长较为明显，月均进口量同比提升32.68%，主要原因为6—8月国内丁苯橡胶供应趋紧的同时，市场行情受到相关胶种的提振快速走高，为进口资源套利打开了窗口；另一方面，2023年同期丁二烯市场价格下跌至近年来低点水平，成本面拖拽下丁苯橡胶市场价格较低，进口套利窗口关闭。

2024年中国丁苯橡胶进口量价变化见图35-7。

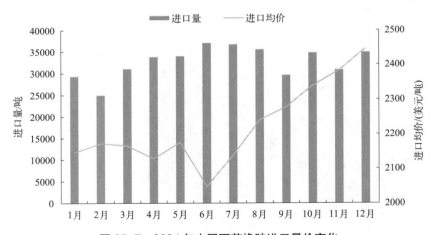

图 35-7 2024 年中国丁苯橡胶进口量价变化

2020—2024年中国丁苯橡胶消费与供应整体保持震荡走强。但进入2023年以来，随着国内需求的提升及部分低价进口货源的持续流入，带动中国丁苯橡胶进口量呈现跌后反弹局面。由于东北亚地区部分乳聚丁苯橡胶资源因地缘政治因素影响，向欧美地区流通受阻，因此部分货源转为流向东亚地区；同时得益于下游轮胎内需及出口订单旺盛，在部分高端功能性溶聚丁苯橡胶需求带动下，近年来丁苯橡胶进口依存度出现小幅反弹。

2020—2024年中国丁苯橡胶进口量变化趋势见图35-8。

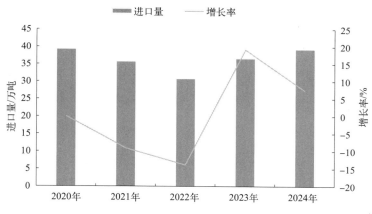

图 35-8　2020—2024 年中国丁苯橡胶进口量变化趋势

35.3　中国丁苯橡胶消费现状分析

35.3.1　丁苯橡胶消费趋势分析

35.3.1.1　2024 年丁苯橡胶消费趋势分析

2024年消费量在1月、3月、7月及10—12月表现高位，三个明显的低谷分别为2月、二季度及9月。三个低谷期中，杭州宜邦、独山子石化及吉林石化的常规检修计划造成的供应减量为主要原因，且减产造成的部分进口量与后续产量提升在后续月份中有所体现，带动后续表观消费量增长。此外，二季度丁苯橡胶出口量的显著提升亦是造成表观消费量下降的重要原因。

2024年中国丁苯橡胶月度表观消费量及价格变化趋势见图35-9。

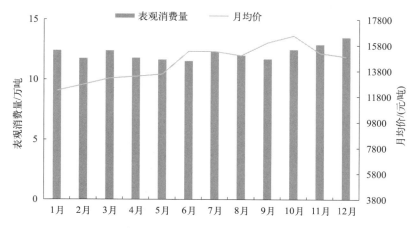

图 35-9　2024 年中国丁苯橡胶月度表观消费量及价格变化趋势

35.3.1.2　2020—2024 年丁苯橡胶消费趋势分析

2020—2024年，伴随中国新能源汽车与轮胎制造业的蓬勃发展，对中国丁苯橡胶消费支撑明显，但下游因自身行业竞争压力不同，发展速度存在差异，中国丁苯橡胶整体消费量小幅回落，但跌幅有限。2020—2024年从中国丁苯橡胶下游消费结构看，轮胎、橡胶管带制品仍是消费量占比较大的领域，整体消费继续向轮胎制造业集中。在消费量季节性分析中，下游各品种消费量随着其生产规模的变化而呈现不同趋势。其中轮胎行业，特别是半钢轮胎作为丁苯橡胶最大的消费领域，其产能利用率存在明确的季节性开工变化规律，另外全钢轮胎行业产能利用率亦具有较强的季节性，所以半钢和全钢轮胎的产能利用率能够较好地反映丁苯橡胶季节性消费规律。

2020—2024年中国丁苯橡胶年度消费变化趋势见图35-10。

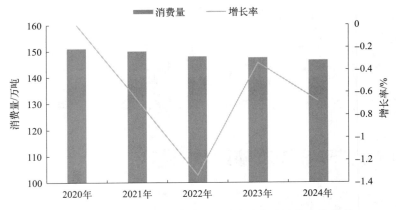

图 35-10 　2020—2024 年中国丁苯橡胶年度消费变化趋势

35.3.2　丁苯橡胶消费结构分析

35.3.2.1　2024 年丁苯橡胶消费结构分析

丁苯橡胶下游行业中，轮胎依然是核心消费领域，2024年轮胎产能新增不多，整体对丁苯橡胶消耗占比在74%附近。在轮胎生产中，丁苯橡胶在半钢子午线轮胎的使用占比相对较大，而在全钢子午线轮胎中使用占比低于天然橡胶。除轮胎外，丁苯橡胶消费领域还包含橡胶管带、塑料改性及鞋材等领域，三者合计占比在26%附近。

2024年中国丁苯橡胶下游消费占比见图35-11。

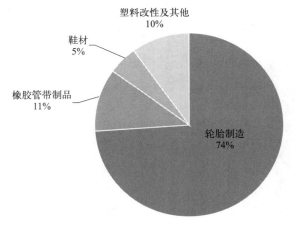

图 35-11 　2024 年中国丁苯橡胶下游消费占比

35.3.2.2 2020—2024年丁苯橡胶消费结构分析

2020—2024年中国丁苯橡胶下游消费结构方面，轮胎、橡胶管带制品仍是占比较大的领域，整体消费继续向轮胎制造业集中。轮胎制造仍是丁苯橡胶最大的消费领域，且由于近年来轮胎内需及出口行业整体表现强劲，其消费量在2024年占比中进一步增长至74%。同期，橡胶管带制品及鞋材领域消费量略有收窄。其他消费中，包括胶黏剂、沥青改性等领域使用量略有提升。

2020—2024年中国丁苯橡胶下游消费结构见图35-12。

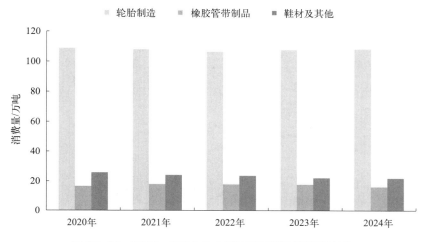

图 35-12 2020—2024年中国丁苯橡胶下游消费结构

35.3.2.3 2024年丁苯橡胶区域消费结构分析

2024年中国丁苯橡胶区域消费结构保持了以华北及华东地区为主要消费区域的格局。华北区域分布着许多轮胎及橡胶制品企业，占丁苯橡胶消费总量的34%。华东地区有部分轮胎厂、输送带及制品企业，占据总消费量的25%。华南地区则鞋材生产商居多，布局少量轮胎厂，区域内消费占比在14%附近。西南亦有部分轮胎企业分布，消费占比达8%。西北消费占比在7%。另外，东北地区消费占比在7%附近，华中地区占比在5%左右。

2024年中国丁苯橡胶区域消费结构见图35-13。

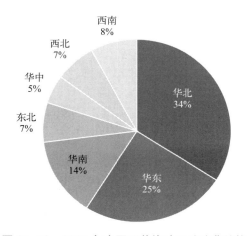

图 35-13 2024年中国丁苯橡胶区域消费结构

35.3.3　丁苯橡胶出口趋势分析

2024年中国丁苯橡胶出口总量在20.2万吨，其中12月单月出口量最高，为2.15万吨，同比增长31%；2月出口量最低，在1.24万吨，同比下降16%。出口均价持续上涨，其中10月出口均价最高为1946美元/吨，同比上涨24%；1月出口均价最低为1570美元/吨，同比上涨3%。随着下游轮胎企业陆续在东南亚地区建厂，国内货源出口至东南亚存在运费优势，未来会更坚定地发展出口。

2024年中国丁苯橡胶出口量价变化见图35-14。

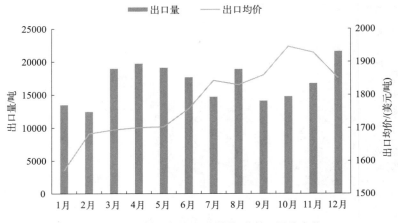

图 35-14　2024 年中国丁苯橡胶出口量价变化

2020—2024年，中国丁苯橡胶出口量持续增长，由2020年的4.88万吨逐步增长至202年的20.19万吨，复合增长率达42.62%。出口年均价格亦由2020年的1386美元/吨逐步上涨至2024年的1782美元/吨，复合增长率为6.5%，其中2021年均价最高达到1859美元/吨。随着全球范围内公共卫生事件影响的逐步消退，以及轮胎制造行业的强劲表现与东南亚地区需求增长带动，中国丁苯橡胶在产量逐步提升的同时，出口量亦明显上涨。这一特点在2022—2024年表现较为显著，此时中国丁苯橡胶出口量同比分别增长4.47万吨、5.07万吨与4.04万吨，同比增长率分别达67%、46%与25%。

2020—2024年中国丁苯橡胶出口量变化趋势见图35-15。

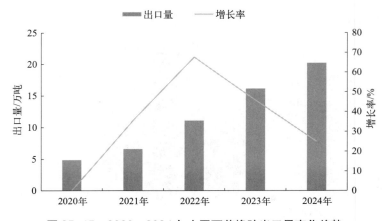

图 35-15　2020—2024 年中国丁苯橡胶出口量变化趋势

35.4 中国丁苯橡胶价格走势分析

2020—2024年中国丁苯橡胶价格波动大体可分为三个阶段，分别为2020—2021年的上涨期，2022—2023年的回调期，以及2023年年中至2024年的再次上涨期。

2020—2021年，丁苯橡胶价格主要影响因素是全球公共卫生事件背景下的供需关系变动。从2020年初的国内、国际间生产及贸易受阻，国内丁苯橡胶短时供过于求压力增大，市场价格跌至近五年最低点的7959元/吨附近。之后，随着国内下游生产速度较快恢复、天然橡胶及原料丁二烯行情带动出现反弹，叠加2021年初扬子石化装置意外及中石油系统装置大检修等事件影响，供应面收紧预期带动下，2021年3月丁苯橡胶价格进一步冲高至14461元/吨的近年高位。

2022—2023年，随着各地限电政策暂停及高生产利润驱使，丁苯橡胶生产装置负荷明显提升，供应压力加剧，同时在疫情影响下，下游需求难言乐观。供需错配及宏观经济环境预期谨慎等因素影响下，中国丁苯橡胶市场价格逐步回落至2022年12月的10720元/吨附近水平。

2023—2024年，随着世界经济进入缓慢复苏阶段，特别是中国轮胎行业内需及出口表现强劲，丁苯橡胶需求明显恢复，同时主要原料丁二烯亦开启了连续15个月的上行周期，成本面持续走高及生产利润的压缩导致的供价推涨与供应偏紧局面，为丁苯市场价格冲高奠定了基础。此外，随着2023年7月上海期货交易所正式开通丁二烯橡胶期货及期权交易，顺丁橡胶与天然橡胶的金融属性对丁苯橡胶市场价格的影响力有所提升，且在2023年9月、2024年6月表现尤为明显。2024年9月，受国内装置检修及天然橡胶行情带动，丁苯橡胶市场价格创下16007元/吨的近年单月均价最高水平。

2020—2024年山东市场丁苯橡胶1502市场价格走势见图35-16。

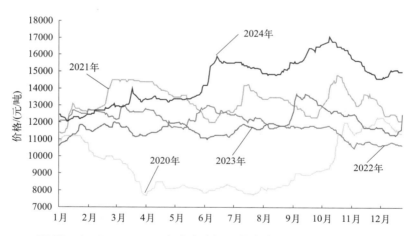

图 35-16　2020—2024 年山东市场丁苯橡胶 1502 市场价格走势

山东市场丁苯橡胶2024年月均价及2020—2024年年均价分别见表35-3和表35-4。

表 35-3　2024 年山东市场丁苯橡胶月均价汇总表

月份	山东市场均价 /（元 / 吨）
1 月	12263.6
2 月	12726.5
3 月	13223.8
4 月	13370.5

续表

月份	山东市场均价/（元/吨）
5月	13545.2
6月	15310.5
7月	15321.7
8月	14990.9
9月	16007.1
10月	16547.4
11月	15192.9
12月	14902.3

表35-4　2020—2024年山东市场丁苯橡胶年均价汇总表

年份	山东市场均价/（元/吨）
2020年	9447.5
2021年	13261.6
2022年	11930.5
2023年	11822.9
2024年	14452.0

35.5　中国丁苯橡胶生产毛利走势分析

2024年中国乳聚丁苯橡胶两大主流工艺利润波动较大，且油胶单吨利润波动幅度低于干胶。其中上半年干油胶利润长期处于盈亏平衡线附近，主要源于原料端丁二烯行情的持续冲高，下游高价抵触心态影响下主流供价上行压力较高，显著影响生产企业盈利水平，3月中旬干胶生产利润一度下跌至-363元/吨附近，油胶生产亦出现-70元/吨的小幅亏损。进入下半年，丁苯橡胶生产利润逐步转好，其中干胶利润逐步上行至2364元/吨，油胶生产利润亦一度提升至1743元/吨。生产利润改善主要源于主要原料丁二烯价格快速下跌，以及部分丁苯橡胶企业例行检修计划预期的影响，此外相关胶种天然橡胶及顺丁橡胶带动供价大幅上调亦有一定带动作用。

2024年中国丁苯橡胶生产毛利走势见图35-17。

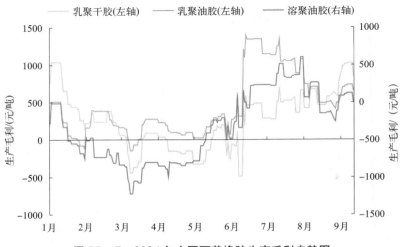

图35-17　2024年中国丁苯橡胶生产毛利走势图

中国丁苯橡胶2024年月均生产毛利及2020—2024年年均生产毛利分别见表35-5和表35-6。

表 35-5　2024年中国丁苯橡胶月均生产毛利汇总表

月份	乳聚干胶/（元/吨）	乳聚油胶/（元/吨）	溶聚油胶/（元/吨）
1 月	625.4	196.2	−365.9
2 月	253.4	294.3	−685.1
3 月	−89.1	122.1	−928.6
4 月	−114.6	123.9	−831.5
5 月	−90.3	172.4	−433.4
6 月	210.8	970.0	3.4
7 月	459.3	1081.0	363.3
8 月	550.4	579.9	13.6
9 月	1064.3	924.5	152.3
10 月	2009.2	1738.7	1090.9
11 月	2373.2	1282.6	1565.0
12 月	2047.7	951.8	1002.8

表 35-6　2020—2024年中国丁苯橡胶年均生产毛利汇总表

年份	乳聚干胶/（元/吨）	乳聚油胶/（元/吨）
2020 年	602.0	−168.0
2021 年	2516.0	1555.0
2022 年	498.0	−475.0
2023 年	943.0	−65.0
2024 年	645.4	637.8

35.6　2025—2029年中国丁苯橡胶发展预期

35.6.1　丁苯橡胶供应趋势预测

35.6.1.1　2025—2029年丁苯橡胶拟在建/退出产能统计

2025—2029年中国丁苯橡胶行业拟在建产能总计87万吨/年，新增产能在华东、西南及华北地区均有分布。其中山东裕龙石化及申华化学新装置均在2025年1月份正式投产，三季度申华化学17万吨/年旧装置将会拆除。后续新增装置均为溶聚丁苯装置，考虑到目前市场对溶聚丁苯橡胶存在政策及需求支撑，未来仍需观望拟在建装置实际投产情况及新增装置建设计划。

2025—2029年中国丁苯橡胶拟在建产能统计见表35-7。

表 35-7　2025—2029年中国丁苯橡胶拟在建产能统计

企业名称	产能/（万吨/年）	预计投产时间	省份
申华化学工业有限公司	22.0	2025 年 1 月	江苏
山东裕龙石化有限公司	6.0	2025 年 1 月	山东
广西石化炼化一体化转型升级项目	12.0	2025 年 6 月	广西
宁波长鸿高分子科技股份有限公司	15.5（其中溶聚丁苯预计11.5）	2025 年 6 月	浙江
中哲控股集团有限公司	16.0	2026 年	浙江
宁波长鸿高分子科技股份有限公司	9.5	2027 年	浙江

续表

企业名称	产能/（万吨/年）	预计投产时间	省份
中国石油化工股份有限公司北京燕山分公司（天津南港项目）（待定）	10.0	2027年	天津
总计	87.0		

35.6.1.2　2025—2029年丁苯橡胶产能趋势预测

　　未来五年，中国丁苯橡胶产能增长均集中于溶聚丁苯橡胶方面。预计2025—2029年中国溶聚丁苯橡胶新增产能总计87万吨/年。预计2025—2027年溶聚丁苯橡胶产能增速在20%以上，2025年裕龙石化SSBR装置、广西石化炼化一体化项目SSBR装置及宁波长鸿高分子溶液丁苯橡胶项目集中投产，成为未来五年的扩产高峰年，当年新建产能占据年度总产能的45%。2028年后，目前已公布的新建项目预期偏少，产能增速及当年新增产能锐减。

　　2025—2029年中国丁苯橡胶产能预测见图35-18。

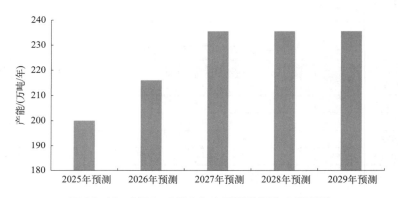

图35-18　2025—2029年中国丁苯橡胶产能预测

　　2025—2029年中国丁苯橡胶产量平均增速明显弱于产能平均增速，短期产能利用率将下降。但随着溶聚丁苯橡胶产品供应、质量、价格及市场认可度的逐步提升，未来产能利用率或逐步回升。

　　2025—2029年中国丁苯橡胶产量及产能利用率预测见图35-19。

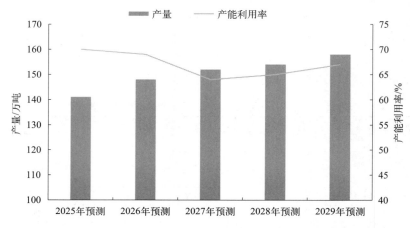

图35-19　2025—2029年中国丁苯橡胶年度产量及产能利用率预测

35.6.2 丁苯橡胶消费趋势预测

2025年，随着国际与国内市场经济的缓慢复苏，同时国家各项政策着力推进"低碳"需求，新能源汽车行业产销数据或将进一步增长，轮胎市场需求有望进一步提升；同时随着中国轮胎企业逐步扩展海外布局，丁苯橡胶出口方向或将持续保持增长。但另一方面，各国对轮胎产品的环保要求提升将进一步挤压低端产品生存空间，同时国际贸易层面，航运、反倾销政策等存在诸多不确定性因素。因此，2025年丁苯橡胶市场仍面临压力。

2025年和2029年中国丁苯橡胶主要下游消费预测见图35-20。

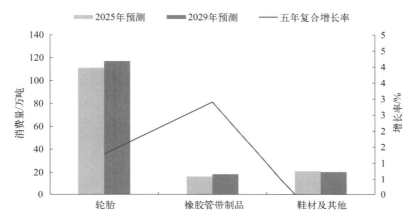

图 35-20   2025 年和 2029 年中国丁苯橡胶主要下游消费预测

35.6.3 丁苯橡胶供需格局预测

2025—2029年，中国丁苯橡胶理论供需差预计呈现逐步下降趋势，净进口量呈现显著下降。

结合上下游投产周期来看，2025年中国丁苯橡胶供应预计明显增加，供需偏紧局面得以缓和。2026年随着裕龙石化溶聚丁苯橡胶放量，以及广西石化、宁波长鸿溶聚丁苯橡胶装置投产，国内溶聚丁苯橡胶供应缺口预计持续收窄。2027—2029年，国内供应能力的持续提升一方面带动产量进一步增长，另一方面国内供需矛盾缓和后，部分生产企业或积极寻求出口，预计净进口量出现明显减少。预计至2029年，中国丁苯橡胶产量有望增长至158万吨，较2024年增加31.3万吨；下游消费量有望增至156万吨，较2024年增长9.5万吨。消费量增量较产量增量低，体现了国内供应缺口缩小，国内丁苯橡胶出口步伐预计进一步加快，带动国内丁苯橡胶净进口转为净出口局面。

2025—2029年中国丁苯橡胶供需预测见表35-8。

表 35-8   2025—2029 年中国丁苯橡胶供需预测

单位：万吨

时间	产量	进口量	总供应量	下游消费量	出口量	总需求量
2025 年预测	141	37	178	149	25	174
2026 年预测	148	35	183	150	28	178
2027 年预测	152	32	184	152	30	182
2028 年预测	154	31	185	155	33	188
2029 年预测	158	30	188	156	36	192

第 36 章

顺丁橡胶

2024 年度
关键指标一览

类别	指标	2024 年	2023 年	涨跌幅	2025 年预测	预计涨跌幅
价格	山东市场均价 /（元 / 吨）	14108.8	11502.2	22.7%	13800.0	−2.2%
供需	产能 /（万吨 / 年）	192.2	185.2	3.8%	212.2	10.4%
	产量 / 万吨	127.8	125.2	2.1%	139.0	8.8%
	产能利用率 /%	66.5	67.6	−1.1 个百分点	65.5	−1.0 个百分点
	表观消费量 / 万吨	131.4	132.8	−1.1%	140.0	6.5%
进出口	进口量 / 万吨	27.4	25.6	7.0%	27.0	−1.5%
	出口量 / 万吨	23.8	18.1	31.5%	26.0	9.2%
库存	样本总库存 / 万吨	5.1	4.8	6.3%	5.5	7.8%
毛利	生产毛利 /（元 / 吨）	−448.0	345.2	−229.8%	100.0	122.3%

36.1 中国顺丁橡胶供需分析

2020—2024年，中国顺丁橡胶产能由156.2万吨/年逐步增长至192.2万吨/年，近五年复合增长率在5.3%。2020年以后，随着国内炼化一体化项目投产进度加快，中国高顺顺丁橡胶产能扩增加快，特别是浙江传化、浙石化等民营生产装置的快速投产，带动了国内顺丁橡胶产量的显著提升。此外，随着国内新能源汽车领域的快速发展，以及轮胎行业的内外销方向需求增加和产能转移推进，国内顺丁橡胶自给率明显增长的同时，对外出口亦有明显提升。

2020—2024年中国顺丁橡胶供需数据见表36-1。

表 36-1　2020—2024年中国顺丁橡胶供需表

单位：万吨

时间	产量	进口量	总供应量	出口量	表观消费量
2020年	111.1	28.5	139.6	7.2	132.4
2021年	103.3	18.7	122.0	9.1	112.9
2022年	117.6	19.6	137.2	14.4	122.8
2023年	125.2	25.6	150.8	18.1	132.8
2024年	127.8	27.4	155.2	23.8	131.4

36.2 中国顺丁橡胶供应现状分析

36.2.1 顺丁橡胶产能趋势分析

36.2.1.1 2024年顺丁橡胶产能及新增产能统计

2024年，中国顺丁橡胶产能维持增长趋势，总产能提升至192.2万吨/年，产能增速在3.8%。从实际兑现情况来看，由于裕龙石化15万吨/年高顺顺丁橡胶装置投产计划由2024年12月略延迟至2025年1月，导致本年度产能增速低于预期。

2024年中国顺丁橡胶行业新增生产装置1套，为浙江传化12万吨/年稀土顺丁橡胶装置。此外，由于辽宁胜友4万吨/年高顺顺丁橡胶装置处于长期停车且无已知重启计划，统计数据中移除其产能统计。齐鲁石化高顺顺丁橡胶生产装置产能由8万吨/年调整为7万吨/年。

2024年中国顺丁橡胶新增产能统计见表36-2。

表 36-2　2024年中国顺丁橡胶新增产能统计

企业名称	省份	企业性质	产能/（万吨/年）	工艺类型	装置投产时间	下游配套
浙江传化合成材料股份有限公司	浙江	民营	12	镍系/钕系	2024年7月	无
合计			12			

36.2.1.2 2024年顺丁橡胶主要生产企业生产状况

截至2024年底，中国顺丁橡胶行业总产能192.2万吨/年，行业占比前十位的企业产能达132.0万吨/年，占全国总产能的68.7%。

2024年中国顺丁橡胶主要生产企业产能统计见表36-3。

表 36-3 2024 年中国顺丁橡胶主要生产企业产能统计

企业名称	企业性质	省份	简称	产能/(万吨/年)	工艺路线
中国石化集团北京燕山石油化工有限公司	中石化	北京	燕山石化	15.0	镍系/钕系
中国石化扬子石油化工有限公司	中石化	江苏	扬子石化	10.0	镍系
中国石化集团茂名石油化工有限公司	中石化	广东	茂名石化	10.0	镍系
中国石油化工股份有限公司齐鲁分公司	中石化	山东	齐鲁石化	7.0	镍系
中国石化上海高桥石油化工有限公司	中石化	上海	高桥石化	6.0	锂系
小计				48.0	
中国石油天然气股份有限公司大庆石化分公司	中石油	黑龙江	大庆石化	16.0	镍系
中国石油四川石化有限责任公司	中石油	四川	四川石化	15.0	镍系/钕系
中国石油天然气股份有限公司独山子石化分公司	中石油	新疆	独山子石化	7.0	镍系/锂系
中国石油天然气股份有限公司锦州石化分公司	中石油	辽宁	锦州石化	3.0	镍系
小计				41.0	
新疆蓝德精细石油化工股份有限公司	其他国有企业	新疆	新疆蓝德	5.0	镍系
小计				5.0	
浙江传化合成材料股份有限公司	民营	浙江	浙江传化	27.0	镍系/钕系
振华新材料（东营）有限公司	民营	山东	振华新材料	10.0	镍系
山东益华橡塑科技有限公司	民营	山东	山东益华	10.0	镍系/钕系
浙江石油化工有限公司	民营	浙江	浙石化	10.0	镍系/钕系
菏泽科信化工有限公司	民营	山东	菏泽科信	8.0	镍系
浩普新材料科技股份有限公司	民营	山东	烟台浩普	6.0	镍系
山东威特化工有限公司	民营	山东	山东威特	5.0	镍系
宁波长鸿高分子科技股份有限公司	民营	浙江	宁波长鸿	4.0	锂系
小计				80.0	
辽宁北方戴纳索合成橡胶有限公司	合资	辽宁	北方戴纳索	2.0	锂系
小计				2.0	
台橡宇部（南通）化学工业有限公司	外资	江苏	台橡宇部	7.2	钴系
小计				7.2	
淄博齐翔腾达化工股份有限公司	其他	山东	齐翔腾达	9.0	镍系
小计				9.0	
合计				192.2	

36.2.1.3 2020—2024 年顺丁橡胶产能趋势分析

近五年来国内顺丁橡胶产能整体保持增长趋势，且产能增长集中于 2022—2024 年。国内顺丁橡胶产能增长，一方面归功于山东地区部分民营企业的扩能；另一方面则归功于浙江省内浙江传化、浙石化等新装置的集中上马，特别是浙江传化分别于 2022 年末与 2024 年中新建两套顺丁橡胶装置，总产能达到 27 万吨/年，不仅使其同时具备镍系顺丁橡胶与稀土顺丁橡胶的稳定供应能力，更令其快速崛起为国内产能最大的顺丁橡胶生产企业。截至 2024 年，中国顺丁橡胶产能增长至 192.2 万吨/年，复合增长率在 5.3%。

2020—2024年中国顺丁橡胶产能变化趋势见图36-1。

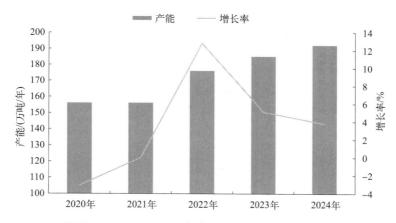

图 36-1 2020—2024 年中国顺丁橡胶产能变化趋势

36.2.2 顺丁橡胶产量及产能利用率趋势分析

36.2.2.1 2024 年顺丁橡胶产量及产能利用率趋势分析

2024年中国顺丁橡胶产量为127.8万吨，同比提升2.1%，月均产量提升至10.6万吨附近。年内产量低谷出现在4月，且4—6月产量均维持在较低水平，自10月起产量呈现明显增长趋势。下半年随着丁二烯上涨周期结束后的快速回落，顺丁生产利润大幅改观带动国内生产装置积极排产，叠加浙江传化新增产能的逐步释放推动，10—12月中国顺丁橡胶产量出现明显增长；12月达到14.1万吨，为近五年来单月产量最高水平。

2024年中国顺丁橡胶产量及产能利用率变化趋势见图36-2。

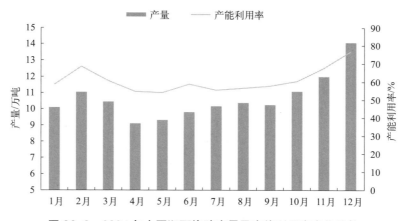

图 36-2 2024 年中国顺丁橡胶产量及产能利用率变化趋势

36.2.2.2 2020—2024 年顺丁橡胶产量及产能利用率趋势分析

2020—2024年，中国顺丁橡胶产量整体表现跌后反弹局面，但产能利用率总体表现回落。2020年中国顺丁橡胶总产量在111.1万吨，产能利用率在71.1%；进入2021年，部分顺丁橡胶装置意外停车叠加集中检修影响，产量及产能利用率较大幅下滑，顺丁橡胶产量降至103.3万吨，产能利用率随之下降至66.1%；2022年尽管行业利润稍显收窄，但随着部分新增顺丁橡胶装置产量的逐步释放，再加上北方民营顺丁橡胶装置开工情况向好，2022年中国顺丁橡胶产量提升至117.6万吨，产能利用率小幅提升至66.7%；2023年仍有新增产能释放，产量继续提升至125.2万吨，产能利用率略高于2022年，但部分新增产能的产量释放不及预期水平，产能利用率为67.6%；2024年，受制于原料端价格高位，盈利不佳导致的检修及降负情况明显增多，国内顺丁橡胶产量虽进一步提升至127.8万吨，但产能利用率小幅下跌至66.5%。

2020—2024年中国顺丁橡胶产量及产能利用率变化趋势见图36-3。

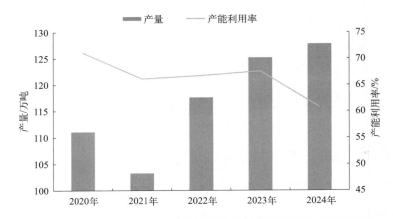

图 36-3　2020—2024 年中国顺丁橡胶产量及产能利用率变化趋势

36.2.3　顺丁橡胶供应结构分析

36.2.3.1　2024 年顺丁橡胶分区域供应结构分析

2024年中国顺丁橡胶产能区域分布范围依然较为宽泛，就主要集中区域而言，华北、华东地区二者占比近七成。主要是下游轮胎及其他类橡胶制品消费领域相对集中于华北和华东地区，另外随着国内大炼化企业项目的逐步投产，原材料的来源及运输相对便利，且两大区域内有相对集中的港口，运输条件良好，因此近五年国内顺丁橡胶的产能变化主要发生在华北、华东区域内。

2024年中国顺丁橡胶按区域产能分布见图36-4。

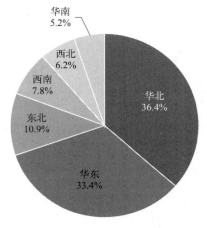

图 36-4　2024 年中国顺丁橡胶按区域产能分布

详细分析来看，华北地区最为集中，区域内顺丁橡胶总产能70.0万吨/年，占比36.4%；其次为华东地区，2024年产能扩张趋势较快，产能达64.2万吨/年，占比33.4%；第三为东北区域，剔除辽宁胜友4万吨/年长期停车装置后，产能总计在21万吨/年，占比10.9%；第四为西南地区，产能15万吨/年，占比7.8%；第五为西北，产能12万吨/年，占比6.2%；华南地区目前仍仅有茂名石化存在顺丁橡胶生产装置，产能为10万吨/年，占比5.2%。

2020—2024年中国顺丁橡胶按区域产能分布见图36-5。

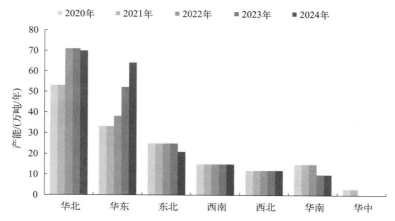

图36-5 2020—2024年中国顺丁橡胶按区域产能分布

36.2.3.2 2024年顺丁橡胶分顺式含量供应结构分析

根据顺丁橡胶的顺式含量分类，主要分为超高顺式、高顺式、中顺式和低顺式顺丁橡胶几类，其中超高顺式聚丁二烯橡胶顺式含量98%以上；高顺式聚丁二烯橡胶顺式含量96% ~ 98%；中顺式聚丁二烯橡胶顺式含量90%；低顺式聚丁二烯橡胶顺式含量35% ~ 40%。

2024年中国顺丁橡胶按顺式含量产能分布见图36-6。

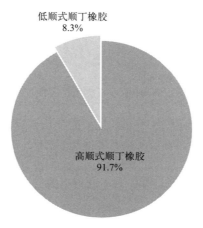

图36-6 2024年中国顺丁橡胶按顺式含量产能分布

近五年来，高顺顺丁橡胶产能仍为绝对多数且保持持续增长，尤其是2022年、2024年顺丁橡胶的集中投产（扩产）项目均为高顺式顺丁橡胶。另一方面，低顺式顺丁橡胶产能则增长缓慢，仅2023年伴随着宁波长鸿4万吨/年低顺顺丁橡胶装置入市后，低顺顺丁橡胶产能增长至16万吨/年。

2020—2024年中国顺丁橡胶按顺式含量产能分布见图36-7。

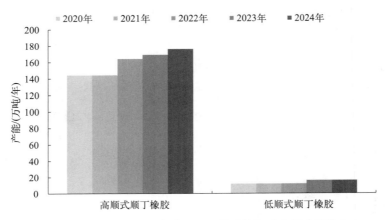

图 36-7　2020—2024 年中国顺丁橡胶按顺式含量产能分布

36.2.3.3　2024 年顺丁橡胶分企业性质供应结构分析

2024年，中石化和中石油生产企业产能分别为48万吨/年和41万吨/年，其产能占比分别在25.0%和21.3%；浙江传化12万吨/年稀土顺丁橡胶装置投产后，其他方面的顺丁橡胶产能占比进一步提升，产能合计增长至103.2万吨/年，占比进一步提升至53.7%。

2024年中国顺丁橡胶按企业性质产能分布见图36-8。

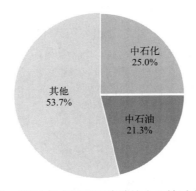

图 36-8　2024 年中国顺丁橡胶按企业性质产能分布

2020—2024年，从中国顺丁橡胶生产企业性质的变化来看，中石化、中石油旗下企业为主导的趋势仍然存在，但其占比明显收窄，尤其是经历了2022—2024年部分民营、合资企业的集中扩能、新建项目投产后，其他方面的企业在顺丁橡胶产能占比明显提升。

2020—2024年中国顺丁橡胶按企业性质产能分布见图36-9。

36.2.4　顺丁橡胶进口趋势分析

2024年，中国顺丁橡胶进口量在27.4万吨，同比增幅在7.0%。具体分析来看，11月份进口量最大，为3.0万吨，占总进口量的10.9%。2024年中国顺丁橡胶月度进口量在2—5月及11—12月份均出现了明显向好。

2024年中国顺丁橡胶进口量价变化趋势见图36-10。

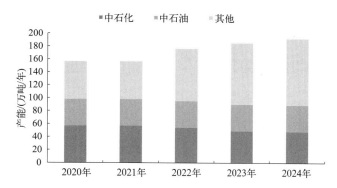

图 36-9　2020—2024 年中国顺丁橡胶按企业性质产能分布

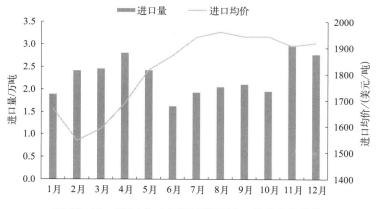

图 36-10　2024 年中国顺丁橡胶进口量价变化趋势

2020—2024 年中国顺丁橡胶进口量先扬后抑，整体围绕 20 万吨附近水平震荡。从历史分析来看，2020 年受全球疫情发酵，美金货源价格偏低位，进口套利额度放大，尤其在下半年进口量出现大幅度增长，带动 2020 年进口量突破 28.5 万吨，创历史高点。从 2021 年开始，随着中国顺丁橡胶行业不断发展壮大，国产顺丁橡胶的产量及质量均有明显提升，对进口产品的挤出替代趋势较为显著，故 2021 年和 2022 年中国顺丁橡胶的进口量逐步下滑至 18.7 万吨和 19.6 万吨。2023—2024 年，国际政治形势动荡，部分进口顺丁橡胶以相对低价继续冲击国内市场，至 2024 年进口量提升至 27.4 万吨，但仍低于 2020 年水平。

2020—2024 年中国顺丁橡胶进口量变化趋势见图 36-11。

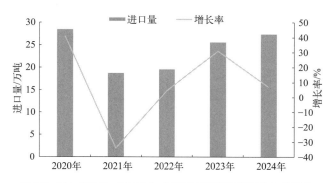

图 36-11　2020—2024 年中国顺丁橡胶进口量变化趋势

36.3   中国顺丁橡胶消费现状分析

36.3.1   顺丁橡胶消费趋势分析

36.3.1.1   2024 年顺丁橡胶消费趋势分析

2024年中国顺丁橡胶表观消费量累计在131.4万吨，同比下降1.1%。2024年中国顺丁橡胶月度表观消费量呈现出先跌后涨的趋势，且四季度中后期增量显著。其中表观消费量最低的月份为6月份，仅9.5万吨，主要源于当月生产亏损及部分装置检修，导致国内产量下探至最低水平；最高的月份在12月，为14.5万吨，主要源于生产利润大幅提升后的积极排产，以及套利窗口开启后进口量显著提升带动。

2024年中国顺丁橡胶月度表观消费量及价格变化趋势见图36-12。

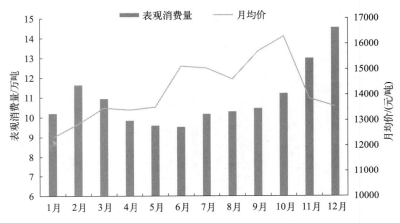

图 36-12   2024 年中国顺丁橡胶月度表观消费量及价格变化趋势

36.3.1.2   2020—2024 年顺丁橡胶消费趋势分析

2020—2024年中国顺丁橡胶表观消费量呈现跌后反弹趋势，近五年年均复合增长率在0.1%，2024年中国顺丁橡胶表观消费量在131.4万吨，较2023年下降1.1%。

2021年中国顺丁生产装置集中停车检修直接导致表观消费量明显下降。而进入2022年后，随着国内顺丁橡胶产品品质与生产能力的持续提升，中国顺丁橡胶行业在满足国内需求的基础上逐步开拓海外市场，且随着国内及东南亚地区轮胎制造行业规模的不断扩大，顺丁橡胶行业迈入产量及出口量持续增长的局面，并直接体现在表观消费量持续回升。2023年，中国顺丁橡胶表观消费量达到132.8万吨，为近五年最高水平，主要源于国内轮胎出口及内销形势的逐步转好。进入2024年，中国顺丁橡胶出口量达到23.8万吨的历史最高水平；但净进口量由2020年的21.3万吨大幅下降至3.6万吨，成为带动2024年中国顺丁橡胶表观消费量转为下降的重要因素。

2020—2024年中国顺丁橡胶年度表观消费量变化趋势见图36-13。

36.3.2   顺丁橡胶消费结构分析

36.3.2.1   2024 年顺丁橡胶消费结构分析

2024年中国顺丁橡胶下游消费领域仍相对集中，仍然以轮胎及其他类别的橡胶制品行业消

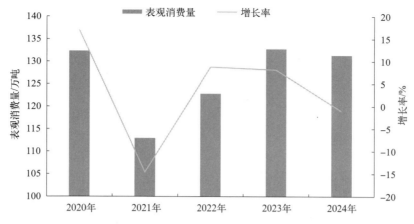

图 36-13 2020—2024 年中国顺丁橡胶年度表观消费量变化趋势

费为主。2024年数据统计显示，轮胎仍然是顺丁橡胶的主要消费领域，占消费总量的71%；另外，顺丁橡胶也应用于HIPS/本体法ABS行业中，用于提升其产品的部分性能，随着消费量的增加，占比已提升至12%。

2024年中国顺丁橡胶下游消费占比见图36-14。

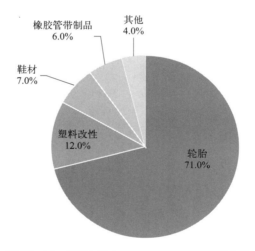

图 36-14 2024 年中国顺丁橡胶下游消费占比

36.3.2.2 2020—2024 年顺丁橡胶消费结构分析

2020—2024年中国顺丁橡胶消费量呈现窄幅波动走势，就下游消费领域细化分析来看，整体占比情况变化不大，仅部分领域间的占比受到需求跟进因素影响略微调整。

具体分析：首先，随着国内轮胎行业的逐步整合发展，轮胎在顺丁橡胶下游消费占比中仍占据绝对核心地位；塑料改性行业在近年内出现较大幅度增速，尤其是HIPS/本体法ABS产能扩张速度提升，对顺丁橡胶消费量亦出现增长趋势，随着其大幅扩产扩能后，塑改行业在顺丁橡胶下游消费占比中略有增长；另外，鞋材、橡胶管带行业随着国内大环境的发展，行业整合力度加大，在2024年顺丁橡胶下游消费占比中略有下降。

2020—2024年顺丁橡胶下游消费趋势见图36-15。

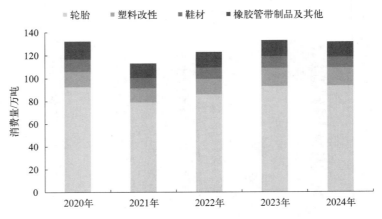

图 36-15　2020—2024 年顺丁橡胶下游消费趋势

36.3.3　顺丁橡胶出口趋势分析

2024年，中国顺丁橡胶出口量累计在23.8万吨，同比大幅增长31.5%。除2024年11月外，全年月度出口量同比均有显著提升；年内低点出现在1月份，但仍有1.8万吨；年内高点则出现在产量最高的12月份，为2.3万吨。出口价格整体与国内行情保持较高一致性，最低均价出现在2月份，为1563.2美元/吨；最高价格出现在11月份，为2007.6美元/吨。

2024年中国顺丁橡胶出口量价变化见图36-16。

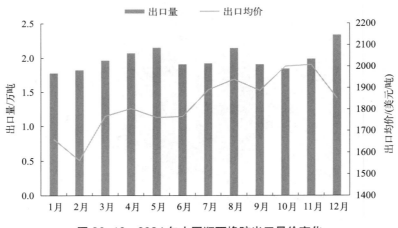

图 36-16　2024 年中国顺丁橡胶出口量价变化

2020—2024年中国顺丁橡胶出口量呈现持续快速上涨趋势，复合增长率高达34.8%，尤其是2020年和2022年出口量增幅一度超过50%。近年来，国内多套顺丁橡胶新增产能进入市场，带动国产顺丁橡胶产品产能持续提升，叠加近年国内顺丁橡胶产品质量稳步提升，在出口退税等政策的利多影响下，中国顺丁橡胶在东南亚及印度等国的性价比优势更为凸显，无论是工厂还是贸易环节，出口积极性均较大幅度提升，出口量呈现明显增长趋势，且保持为国内出口量第一大合成橡胶品种。2024年全年，中国顺丁橡胶出口量已提升至23.8万吨，同比大幅增长31.8%。

2020—2024年中国顺丁橡胶出口量变化趋势见图36-17。

图 36-17　2020—2024 年中国顺丁橡胶出口量变化趋势

36.4　中国顺丁橡胶价格走势分析

2024 年，中国顺丁橡胶市场价格均维持在近五年高位水平运行，且年均价格创下近五年以来的新高，成本价格高位导致的供应相对紧张的基本面，是支撑高价的核心要素。2024 年中国顺丁橡胶价格波动区间在 12250 ~ 16400 元/吨，振幅达 33%，年度高点出现于 10 月，低点出现于 1 月；年均价格为 14108.8 元/吨，相较于 2023 年的年均价 11502.2 元/吨上涨了 2606.6 元/吨，涨幅达 22.7%。

2020—2024 年中国顺丁橡胶市场价格走势见图 36-18。

图 36-18　2020—2024 年中国顺丁橡胶市场价格走势

2024 年山东市场顺丁橡胶月均价及 2020—2024 年年均价分别见表 36-4 和表 36-5。

表 36-4　2024 年山东市场顺丁橡胶月均价汇总表

月份	山东市场均价/（元/吨）
1 月	12318.2
2 月	12852.9
3 月	13473.8
4 月	13397.7

续表

月份	山东市场均价/（元/吨）
5月	13511.9
6月	15123.7
7月	15050.0
8月	14615.9
9月	15711.9
10月	15923.7
11月	13852.4
12月	13536.4

表 36-5　2020—2024 年山东市场顺丁橡胶年均价汇总表

年份	2020 年	2021 年	2022 年	2023 年	2024 年
山东市场均价/（元/吨）	9130.5	13213.1	13033.9	11502.2	14108.8

36.5　中国顺丁橡胶生产毛利走势分析

　　2024 年中国顺丁橡胶理论生产毛利长期处于负盈利状态。2024 年春节过后，原料价格即出现上行局面，顺丁橡胶理论生产成本较大幅度上涨，而同期顺丁橡胶价格尽管有所跟涨，但涨幅不及成本，故生产毛利转为倒挂局面；后续随着原料再行上探后，顺丁橡胶生产毛利倒挂幅度更加剧，在年中一度跌至 −1600 元/吨以上；行至四季度，成本价格下滑，顺丁橡胶跌势稍缓，利润有所修复；但就年内数据来看，理论生产年均毛利为 −439 元/吨，为近五年最低位。2024 年顺丁橡胶理论生产毛利高点出现在 1 月份，为 498.2 元/吨；理论生产毛利低点出现在 6 月份，为 −1064.7 元/吨

　　2024 年中国顺丁橡胶生产毛利走势见图 36-19。

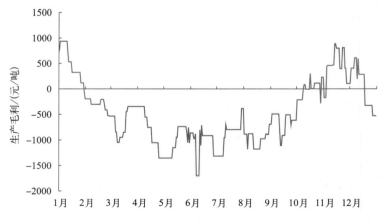

图 36-19　2024 年中国顺丁橡胶生产毛利走势图

　　中国顺丁橡胶行业 2024 年月均生产毛利及 2020—2024 年年均生产毛利分别见表 36-6 和表 36-7。

表 36-6 2024 年中国顺丁橡胶月均生产毛利汇总表

月份	生产毛利 /（元 / 吨）
1 月	498.2
2 月	−311.4
3 月	−609.7
4 月	−825.7
5 月	−1030.4
6 月	−1064.7
7 月	−896.8
8 月	−972.3
9 月	−639.6
10 月	4.6
11 月	446.5
12 月	24.3

表 36-7 2020—2024 年中国顺丁橡胶年均生产毛利汇总表

年份	2020 年	2021 年	2022 年	2023 年	2024 年
生产毛利 /（元 / 吨）	89.5	2546.2	1461.9	345.2	−448.0

36.6 2025—2029 年中国顺丁橡胶发展预期

36.6.1 顺丁橡胶供应趋势预测

36.6.1.1 2025—2029 年顺丁橡胶拟在建 / 退出产能统计

2025—2029 年，中国顺丁橡胶预计新建 9 套装置，预计产能增加 69.0 万吨 / 年。考虑到近年来中国顺丁橡胶生产毛利表现不佳，2025—2029 年新产能的实际投放情况仍有待持续关注。根据调研数据测算，预计 2025 年中国顺丁橡胶产能将达 212.2 万吨 / 年，较 2024 年产能增加 20.0 万吨 / 年，增幅 10.4%。

2025—2029 年中国顺丁橡胶拟在建产能统计见表 36-8。

表 36-8 2025—2029 年中国顺丁橡胶拟在建产能统计

企业简称	产能 /（万吨 / 年）	预计投产时间	省份
山东裕龙石化有限公司	15	2025 年 1 月	山东
中国石油天然气股份有限公司吉林石化分公司	5	2025 年 6 月	吉林
浩普新材料科技股份有限公司（待定）	4	2026 年	山东
中哲控股集团有限公司	4	2026 年	浙江
中科（广东）炼化有限公司	10	2026 年	广东
荣盛新材料金塘项目	6	2026 年	浙江
中石油蓝海新材料（通州湾）有限责任公司	5	2027 年	江苏

企业简称	产能/（万吨/年）	预计投产时间	省份
中国石油化工股份有限公司北京燕山分公司（天津南港绿色高端橡胶新材料项目）（待定）	10	2027年	天津
中国石油天然气股份有限公司独山子石化分公司（塔里木分公司）	10	2027年	新疆
合计	69		

36.6.1.2 2025—2029年顺丁橡胶产能趋势预测

2025—2029年中国顺丁橡胶预计新建9套生产装置，分别位于东北、华南、华北、西北及华东区域，其中最大产能是山东裕龙石化有限公司于2025年新增的15万吨/年镍系/钕系（稀土系）顺丁橡胶项目。此外，浩普新材料科技股份有限公司计划于2026年扩能的4万吨/年顺丁橡胶项目，以及中国石油化工股份有限公司北京燕山分公司（天津南港绿色高端橡胶新材料项目）计划于2027年投建的10万吨/年镍系/钕系（稀土系）顺丁橡胶项目目前处于待定状态。

2025—2029年中国顺丁橡胶产能预测见图36-20。

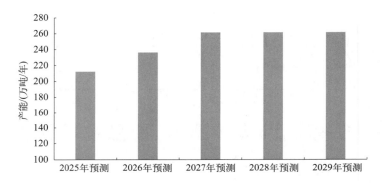

图36-20 2025—2029年中国顺丁橡胶产能预测

2025—2029年中国顺丁橡胶产能、产量的五年复合增长率预计将分别在2.7%和3.6%。产能、产量复合增长率出现偏差的主要原因是未来几年内仍有较多顺丁橡胶项目扩能，同期国内顺丁橡胶产量将跟随出现增长，然而受制于上游并不完全匹配，产量结构的调整将更加明显。

2025—2029年中国顺丁橡胶产量及产能利用率趋势预测见图36-21。

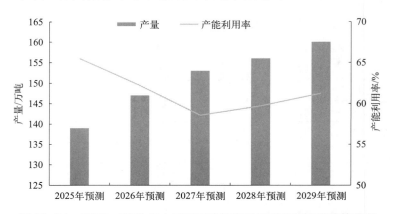

图36-21 2025—2029年中国顺丁橡胶产量及产能利用率趋势预测

36.6.2 顺丁橡胶消费趋势预测

2025—2029年，中国顺丁橡胶的最主要下游轮胎行业仍有预期新增产能。新能源汽车的发展为轮胎行业带来新的需求。在能源变革的背景下，新能源汽车成为各国经济的重点发力方向，政府的政策支持、技术进步和消费者对可持续交通的需求都有助于促进新能源汽车销售。在此背景下，半钢轮胎和全钢轮胎产能预计将保持稳定增长，预计二者年度产能增速均在1%～3%之间。在此趋势下，整体2025—2029年轮胎行业消费仍将是国内顺丁橡胶最大的下游增量。

2025—2029年中国半钢轮胎和全钢轮胎产能趋势预测分别见图36-22和图36-23。

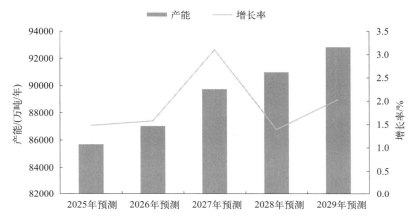

图 36-22　2025—2029 年中国半钢轮胎产能趋势预测

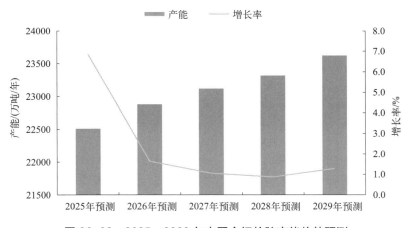

图 36-23　2025—2029 年中国全钢轮胎产能趋势预测

36.6.3 顺丁橡胶供需格局预测

2025—2029年，我国顺丁橡胶仍有多套装置存在扩能预期，预计未来五年间计划投产产能在69万吨/年左右，2025年后我国顺丁橡胶产能将突破200万吨/年，至2029年我国顺丁橡胶产能将达到261.2万吨/年。综合考虑预期投产装置的实际运行情况，叠加部分装置推迟或搁浅生产的因素，预计至2029年，我国顺丁橡胶产量将到达160万吨。从当前进口结构来看，部分低顺顺丁橡胶的进口需求仍将存在，但后续随着国产低顺顺丁橡胶产量提升，缺口或有收窄。

2025—2029年中国顺丁橡胶供需预测见表36-9。

表 36-9　2025—2029 年中国顺丁橡胶供需预测

单位：万吨

时间	产量	进口量	总供应量	出口量	表观消费量
2025 年预测	139.0	27.0	166.0	26.0	140.0
2026 年预测	147.0	25.0	172.0	26.0	146.0
2027 年预测	153.0	23.0	176.0	27.0	149.0
2028 年预测	156.0	22.0	178.0	28.0	150.0
2029 年预测	160.0	20.0	180.0	29.0	151.0

第 37 章

苯乙烯 – 丁二烯 – 苯乙烯嵌段共聚物

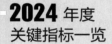

2024 年度
关键指标一览

类别	指标	2024 年	2023 年	涨跌幅	2025 年预测	预计涨跌幅
价格	山东均价 / (元 / 吨)	14502.2	12245.6	18.4%	14260	−1.7%
供应	产能 / (万吨 / 年)	161.5	161.5	0.0%	185.5	14.9%
	产量 / 万吨	81.8	92.3	−11.4%	98.0	19.8%
	产能利用率 /%	50.7	57.2	−6.5 个百分点	52.8	2.1 个百分点
	进口量 / 万吨	7.1	6.9	2.9%	8.0	12.7%
需求	出口量 / 万吨	9.9	7.8	26.9%	12.0	21.2%
	下游消费量 / 万吨	76.0	82.7	−8.1%	88.0	15.8%
库存	社会库存量 / 万吨	6.5	11.5	−43.5%	15.0	130.8%
毛利	干胶生产毛利 / (元 / 吨)	376.9	384.7	−2.0%	856.0	127.1%

37.1 中国苯乙烯－丁二烯－苯乙烯嵌段共聚物供需分析

2020—2024年，中国苯乙烯-丁二烯-苯乙烯嵌段共聚物（SBS）产能扩增放缓，高成本、低利润导致产能利用率降低、产量下降。SBS供需体量收缩，近五年总供应量及总需求量的复合增长率分别在−3.6%、−1.0%。2024年中国SBS无新增产能，受高成本、低利润影响，国内SBS装置停车和降负增多，产量减少，进口量少量增加，总供应同比减少10.4%。下游行业受宏观经济及资金面影响，消费量下滑，但出口保持较高增速，总需求虽出现下滑，但降幅低于总供应，导致2024年国内SBS供需差缩窄至3.0万吨，为五年内新低。

2020—2024年中国SBS供需变化见表37-1。

表 37-1 2020—2024 年中国 SBS 供需变化

单位：万吨

时间	产量	进口量	总供应量	下游消费量	出口量	总需求量
2020 年	97.8	5.1	102.9	87.3	2.2	89.5
2021 年	94.7	3.9	98.6	91.6	3.0	94.6
2022 年	87.7	2.6	90.3	78.6	7.4	86.0
2023 年	92.3	6.9	99.2	82.7	7.8	90.5
2024 年	81.8	7.1	88.9	76.0	9.9	85.9

37.2 中国苯乙烯－丁二烯－苯乙烯嵌段共聚物供应现状分析

37.2.1 苯乙烯－丁二烯－苯乙烯嵌段共聚物产能趋势分析

37.2.1.1 2024 年 SBS 产能及新增产能统计

2024年中国SBS无新增产能，产能基数稳定在161.5万吨/年。其中两家新投产的SBC工厂，安徽百昊晟科技有限公司及福建省福化鲁华新材料有限公司，2024年以生产SEBS和SIS为主，因此暂未计入SBS产能统计。

37.2.1.2 2024 年 SBS 主要生产企业生产状况

2024年国内SBS产能161.5万吨/年，排名前六企业产能合计107万吨/年，占全国总产能的66.3%，产能集中度相对较高，主要在华南及华东地区。2024年由于原料丁二烯长期偏高位运行，SBS生产成本上涨，生产利润下降，导致国内SBS装置降负及停车增多，产能利用率持续下降。

2024年中国SBS行业主要生产企业产能统计见表37-2。

表 37-2 2024 年中国 SBS 行业主要生产企业产能统计表

企业名称	省份	简称	产能/（万吨/年）
惠州李长荣橡胶有限公司	广东	惠州李长荣	40
中国石油化工股份有限公司巴陵分公司	湖南	巴陵石化	20

续表

企业名称	省份	简称	产能/（万吨/年）
宁波长鸿高分子科技股份有限公司	浙江	宁波长鸿	15.5
海南巴陵化工新材料有限公司	海南	海南巴陵	12
福建古雷石化有限公司	福建	古雷石化	10
宁波金海晨光化学股份有限公司	浙江	宁波金海	9.5
合计			107

37.2.1.3　2020—2024年SBS产能趋势分析

2020—2024年，中国SBS产能增速放缓，产能复合增长率在2.6%。国内SBS装置新增产能主要是在2021年和2023年，2021年古雷石化新增10万吨/年、广东众和新增3万吨/年SBS装置；2023年新增海南巴陵12万吨/年SBS装置以及广东众和3万吨/年装置，但宁波长鸿SBS装置产能缩减，部分生产条线转产其他类产品。2024年中国SBS产能稳定在161.5万吨/年，暂无新产能投产。

2020—2024年中国SBS产能变化趋势见图37-1。

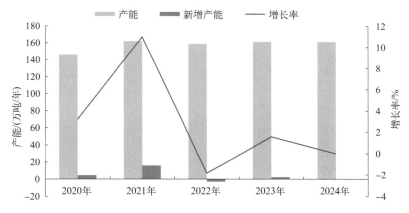

图 37-1　2020—2024年中国SBS产能变化趋势

37.2.2　苯乙烯-丁二烯-苯乙烯嵌段共聚物产量及产能利用率趋势分析

37.2.2.1　2024年SBS产量及产能利用率趋势分析

2024年中国SBS总产量在81.8万吨，同比减少11.4%，产能利用率在50.7%。从月度产量变化来看，上半年SBS产量逐步降低，主要原因是原料丁二烯价格持续上涨，成本走高，但SBS行情受制于需求面，价格涨势不及成本，生产利润倒挂，导致国内SBS装置经营性降负或停车增多，月产量持续降低。5月份国内SBS产量5.1万吨，为年内低点，产能利用率33.9%。下半年供应减量利好显现，叠加成本高位和需求增加，SBS行情持续上涨，利润大幅提升吸引企业重启生产或提高负荷，8月起产量和产能利用率回升，12月涨至年内新高，月产量达到8.6万吨，产能利用率涨至57.3%。

2024年中国SBS月度产量及产能利用率变化趋势见图37-2。

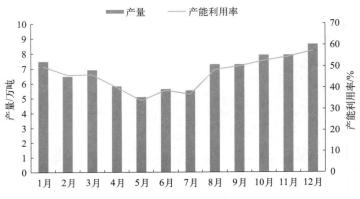

图 37-2　2024 年中国 SBS 月度产量及产能利用率变化趋势

37.2.2.2　2020—2024 年 SBS 产量及产能利用率趋势分析

2020—2024 年，中国 SBS 产能扩增，但产量出现下滑，产能利用率随之降低。2020—2022 年，国内 SBS 随着产能扩增，逐步呈现供过于求局面，导致生产利润持续走低，部分民营企业倾向于生产 SBC 等其他产品，导致 SBS 产量下降，产能利用率走低。2023 年产量及产能利用率有所恢复，装置检修较 2022 年减少，但是由于四季度成本压力导致临时停车增加，因此产量及产能利用率提升有限。2024 年，国内 SBS 产能维持稳定，但高成本、低利润导致产量出现宽幅下降，产能利用率也随之下滑至五年低点。

2020—2024 年中国 SBS 产量与产能利用率变化趋势见图 37-3。

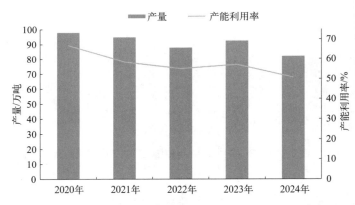

图 37-3　2020—2024 年中国 SBS 产量与产能利用率变化趋势

37.2.3　苯乙烯 - 丁二烯 - 苯乙烯嵌段共聚物供应结构分析

37.2.3.1　2024 年 SBS 分区域供应结构分析

2020—2024 年，中国 SBS 产能扩增主要集中在华南地区，主要是受炼化一体化项目的推动，且华南地区是 SBS 主力下游 TPR 鞋材、胶黏剂等行业的主要消费地，装置投产贴近下游消费市场。2024 年华南区域 SBS 产能稳定在 75.5 万吨/年，占比 46.7%；华东地区具备良好的水运及陆运条件，便于原料的输入及产品的输出，是民营企业的集中地，该区产能在 32 万吨/年，占比 19.8%，居全国第二位，但是由于近年 SBS 行业发展滞缓，产品竞争压力加大，部分民营企业生产重心转向SBC等其他产品，SBS产能有所缩减。其余华北、华中、西北和东北地区产能维持稳定，分别为21万吨/年、20万吨/年、8万吨/年和5万吨/年，占比在13.0%、12.4%、5.0%和3.1%。

2024年中国SBS按区域产能分布见图37-4。

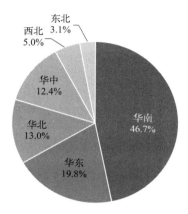

图 37-4　2024 年中国 SBS 按区域产能分布

注：山东划分在华北地区

37.2.3.2　2024 年 SBS 分企业性质供应结构分析

SBS生产企业按性质分布来看，国有企业产能占据首位，规模化生产特点突出，近五年在炼化一体化项目推动下，产能持续扩增，2024年国有企业SBS产能合计为64万吨/年，占比39.6%；合资企业产能仅次于国有企业，是国内第二批兴盛发展的SBS企业，产品质量稳定，在国内市场的影响力逐渐超过民营企业，2024年合资企业SBS产能合计为51万吨/年，占比31.6%；民营企业由于成本无优势及物流配套设施不足，近几年产能收缩，部分企业生产重心转向SBC等其他产品，2024年民营企业SBS产能合计为46.5万吨/年，占比28.8%。

2024年中国SBS按企业性质产能分布见图37-5。

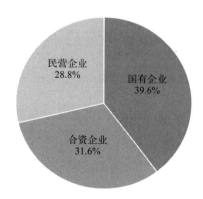

图 37-5　2024 年中国 SBS 按企业性质产能分布

37.2.4　苯乙烯-丁二烯-苯乙烯嵌段共聚物进口趋势分析

2024年中国SBS价格偏高位运行，进口套利空间扩大，进口量持续增加至7.1万吨，同比上涨2.9%，其中进口最多的是俄罗斯西布尔产品，全年进口量5.1万吨，占总进口量的71.8%。从月度进口量来看，2月进口量最多，进口量12606.7吨，占总量的17.7%；1月进口量最低，进口量3029.3吨，占总量的4.3%。

2024年中国SBS进口量价变化趋势见图37-6。

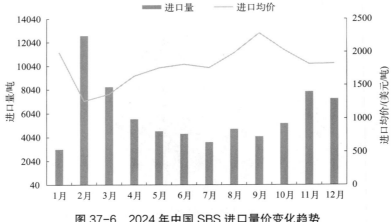

图 37-6 2024 年中国 SBS 进口量价变化趋势

2020—2024年，中国SBS进口量呈现震荡上涨的趋势。2020—2022年SBS国内供应增加，但需求提升有限，进口量持续下降。2023年，俄罗斯西布尔的货源转向国内市场，因套利空间较大，吸引国内贸易商积极接盘和推广，在国内终端市场迅速铺展。2024年进口持续增加，俄罗斯是最大进口地，占比高达71.8%，其他国家和地区进口量缩减。

2020—2024年中国SBS进口量变化趋势见图37-7。

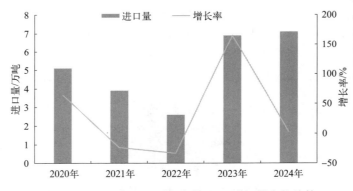

图 37-7 2020—2024 年中国 SBS 进口量变化趋势

37.3 中国苯乙烯－丁二烯－苯乙烯嵌段共聚物消费现状分析

37.3.1 苯乙烯－丁二烯－苯乙烯嵌段共聚物消费趋势分析

37.3.1.1 2024 年 SBS 消费趋势分析

2024年中国SBS消费量76.0万吨，同比下降8.1%。上半年SBS月度消费量偏低，历经春节假期，且假期后需求恢复缓慢。下半年下游需求逐步增加，尤其金九银十是SBS下游多数行业传统的需求旺季，消费量涨至年内高点，但11—12月下游消费量降低。

2024年中国SBS月度消费量及价格变化趋势见图37-8。

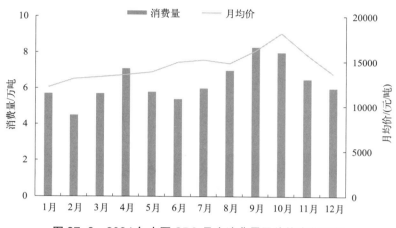

图 37-8　2024 年中国 SBS 月度消费量及价格变化趋势

37.3.1.2　2020—2024 年 SBS 消费趋势分析

2020—2024年，中国SBS消费呈现先增后降的趋势，消费复合增长率－3.4%。其中，2020—2021年，主要受全球疫情影响，中国国内率先复工复产，消费量增加；而2022年国内疫情反复，主力下游道改行业施工延缓，TPR鞋材订单再度外移，整体消费量下降；2023年国家出台一系列新政策刺激需求恢复，下游消费有所好转，但增幅有限；2024年，成本支撑SBS价格一路走高，导致终端工厂生产成本持续增加、开工受限，部分中小规模企业甚至关停，全年消费量再度下降至76.0万吨，同比下降－8.1%。

2020—2024年中国SBS年度消费变化趋势见图37-9。

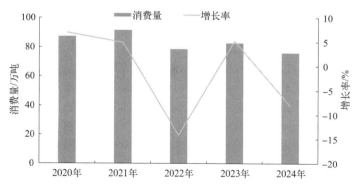

图 37-9　2020—2024 年中国 SBS 年度消费变化趋势

37.3.2　苯乙烯－丁二烯－苯乙烯嵌段共聚物消费结构分析

37.3.2.1　2024 年 SBS 消费结构分析

SBS下游行业相对集中，主要是道路沥青改性、防水沥青改性、TPR鞋材、胶黏剂及塑料改性五个领域，除此之外还有部分其他小规模应用。2024年，国内经济恢复压力仍存，道路工程和基础建设施工受限，导致道改和防水用SBS消费量同比下降1.7%和16.1%，分别在29.3万吨和12.5万吨，行业占比在38.6%和16.4%；TPR鞋材行业发展持续萎缩，2024年TPR鞋材消费量16.3万吨，同比减少21.3%，行业占比下滑至21.4%；随着服务业及旅游业的复苏，以及"线上购物"扩张带来的物流包装需求增加，胶黏剂行业消费量持续增加，2024年胶黏剂行业消费量10.3万吨，同比增加4.0%，行业占比提升至13.6%。塑料改性和其他行业需求量较少，行业占比变动不大，2024年占比分别在8.9%和1.1%。

2024年中国SBS下游消费占比见图37-10。

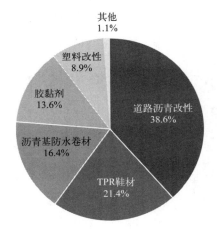

图 37-10 2024 年中国 SBS 下游消费占比

37.3.2.2 2020—2024 年 SBS 消费结构分析

2020—2024年中国SBS下游消费结构变动不大，道路沥青改性、TPR鞋材、沥青防水卷材仍是主要的下游消费端，综合占比在75% ~ 85%之间，其他行业占比较小。道路沥青改性作为核心下游，行业占比始终居于首位，但消费量有所下滑，疫情期间道改施工受限，疫情结束后道改行业面临资金压力较大，导致需求量难以明显提升。TPR鞋材行业作为第二大下游，行业发展萎缩，受订单外移、其他产品替代影响，消费量持续降低。防水卷材行业受房地产行业影响较大，2020—2021年随着国家对于"房地产"和基建行业的改革，防水卷材行业发展持续扩张，消费量持续增加，但2022年国内疫情影响加剧，房地产行业受到重击，行业施工明显减少，消费量骤降，2023—2024年是疫情结束后国内经济恢复阶段，基建施工虽有增加，但经济恢复压力仍存，防水行业消费量小幅上涨后再度下滑。胶黏剂行业近五年发展较为稳定，消费量稳步增长。塑料改性及其他行业用量较少，近五年占比始终处于低位。

2020—2024年中国SBS下游消费变化趋势见图37-11。

37.3.2.3 2024 年 SBS 区域消费结构分析

2024年，中国SBS区域消费结构主流仍在华东及华南区域，消费占据SBS整个下游消费的48.5%，华东、华南地区多个城市地处沿海，经济发达、交通便利，是SBS下游鞋材、胶黏剂及塑料改性行业终端企业聚集地，下游消耗数量大；华北及华中地区消费占比提升3.5%和1.5%，分别在21.5%和14.5%，华北主要是道改需求，以及部分鞋材需求，华中包括安徽、湖

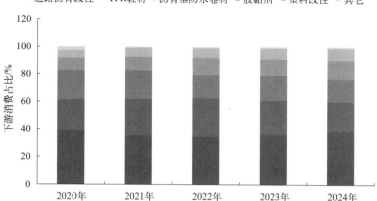

■ 道路沥青改性　■ TPR鞋材　■ 沥青基防水卷材　■ 胶黏剂　■ 塑料改性　■ 其它

图 37-11　2020—2024年中国SBS下游消费变化趋势

南、湖北近两年受到国家"产业化"政策影响明显,新兴电子行业及汽车行业大力发展,助推塑料改性及胶黏剂行业需求增量。西北、西南以道改需求为主,消费占比变动不大,分别在8.5%和7.0%。

2024年中国SBS分地区消费占比见图37-12。

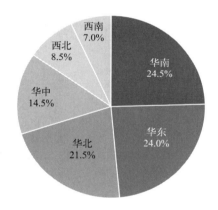

图 37-12　2024年中国SBS分地区消费占比

37.3.3　苯乙烯–丁二烯–苯乙烯嵌段共聚物出口趋势分析

2024年,中国SBS出口量9.9万吨,同比增加26.9%。其中5月出口量最大,为10522.0吨,主要是春节后国内SBS价格持续上涨,但下游需求跟进不足,国内出货阻力加大,增加出口力度以缓解国内压力;10月出口量最少,为6191.4吨,主要是国内现货供应偏紧,叠加金九银十终端需求增加,国内多数牌号供不应求,可供出口的量有限。

2024年中国SBS出口量价变化趋势见图37-13。

2020—2024年,中国SBS出口量持续增加,出口量由2.2万吨增加至9.9万吨,复合增长率45.7%。随着国内SBS产能持续扩增,国内厂商积极开拓海外市场,出口量逐步增加。出口重心逐步向周边的印度、越南、马来西亚等南亚和东南亚地区转移,已经超过了美国、荷兰等欧美国家。

2020—2024年中国SBS出口量变化趋势见图37-14。

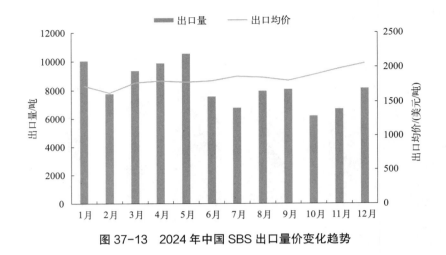

图 37-13　2024 年中国 SBS 出口量价变化趋势

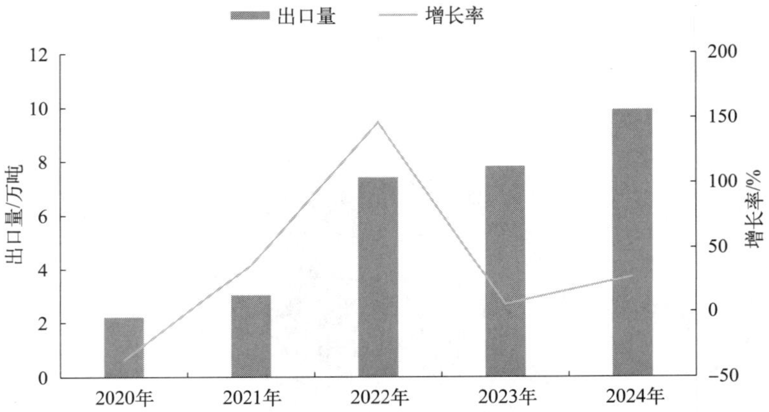

图 37-14　2020—2024 年中国 SBS 出口量变化趋势

37.4　中国苯乙烯-丁二烯-苯乙烯嵌段共聚物价格走势分析

37.4.1　2024 年苯乙烯-丁二烯-苯乙烯嵌段共聚物价格走势分析

2024 年国内 SBS 干胶道改价格上涨，以巴陵 791-H 山东自提为例，年均价 14502.2 元/吨，同比涨 18.4%；年内低点在 1 月份，为 12109.1 元/吨，最高点在 10 月份，为 18142.0 元/吨。上半年市场淡季相对高位运行，主要是成本面支撑因素，需求尚未明显启动，对市场支撑有限。下半年供需失衡爆发，下游需求环比上半年增量明显，叠加成本持续走高，对市场心态提振明显，需求及成本的叠加利好在下半年体现尤为明显。

2024 年国内 SBS 油胶行情上涨，以福建市场 F875 为例，全年均价 13110.6 元/吨，同比涨 10.0%；其中年内最低点在 1 月份，为 11625.0 元/吨，最高点在 10 月份，为 14610.5 元/吨。上半年涨势平缓，成本高位导致部分工厂装置降负或停车增多，供应减量及成本上涨支撑油胶价格上行，但下游鞋材需求表现偏弱，导致市场涨幅受限。下半年油胶市场走势震荡，随着整体供应的持续减少，以及金九银十需求的回升，市场供需差缩窄，加之受到道改价格高位带动，油胶价格亦涨至五年高点。但10月份以后，随着鞋材需求逐步减少及供应增加，供需面呈现偏弱指引，油胶行情贴合原料丁二烯走势，价格先跌后涨，走势震荡。

2024年中国SBS月均价见表37-3。

表 37-3　2024 年中国 SBS 月均价汇总表

月份	山东 791-H/（元 / 吨）	福建 F875/（元 / 吨）
1 月	12109.1	11625.0
2 月	13038.2	12300.0
3 月	13259.5	12478.6
4 月	13511.4	12629.5
5 月	13809.5	12616.7
6 月	14902.6	13755.3
7 月	15163.0	13952.2
8 月	14779.5	13434.1
9 月	16235.7	14111.9
10 月	18142.1	14610.5
11 月	15719.0	13333.3
12 月	13590.9	12554.5

37.4.2　2020—2024 年苯乙烯－丁二烯－苯乙烯嵌段共聚物价格走势分析

近年来，中国SBS干胶道改市场呈现震荡上行走势。2020—2024年，山东市场791-H价格低点出现在2020年4月份的9000元/吨，价格高点出现在2024年10月份的18142元/吨。

2020—2022年，SBS市场跌至近五年"洼地"，但年底"报复性消费"刺激需求爆发，支撑市场快速反弹。2023年，"弱现实"持续对抗"强预期"，国家执行"疫情"新政后，国内外恢复正常通行，但国内外经济恢复滞缓，国内市场走势难以有明显好转。进入2024年，成本高位态势下，国内多数生产工厂降负，场内去库存明显，SBS成本上涨，干胶道改价格一路涨至五年高点。

2020—2024年山东市场791-H市场价格走势见图37-15。

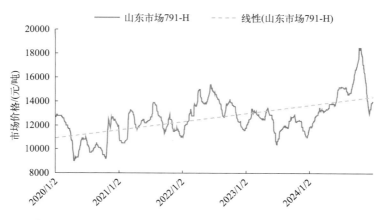

图 37-15　2020—2024 年山东市场 791-H 市场价格走势图

近年来，中国SBS油胶市场呈现震荡上行走势。2020—2024年，福建市场F875价格低点出现在2020年4月份，为7400元/吨，价格高点出现在2024年10月份，为14610元/吨。

2020年疫情期间，下游TPR鞋材需求停滞，供需失衡导致油胶价格跌至五年低点。2021—2022年随着全球疫情常态化，鞋材需求恢复，且部分订单转移至国内，同时原料成本回升，支撑油胶价格逐步修复上涨。2022年下半年至2023年，随着国内新产能释放，油胶产量增加，但鞋材需求却出现下滑，且原料价格亦维持万元以下偏低位运行，导致油胶价格震荡走低。2024年，部分工厂停产油胶，导致全年油胶产量下滑，加之原料丁二烯长期偏高位运行，在供应及成本支撑下，油胶价格再度上行。

2020—2024年福建市场F875市场价格走势见图37-16。

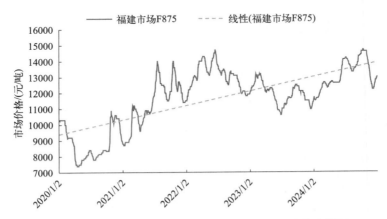

图 37-16　2020—2024 年福建市场 F875 市场价格走势图

2020—2024年中国SBS年均价见表37-4。

表 37-4　2020—2024 年中国 SBS 年均价汇总表

年份	2020 年	2021 年	2022 年	2023 年	2024 年
山东 791-H/（元 / 吨）	10999.4	12123.0	13425.9	12245.6	14502.2
福建 F875/（元 / 吨）	8832.1	11373.2	13077.3	11914.7	13110.6

37.5　中国苯乙烯－丁二烯－苯乙烯嵌段共聚物生产毛利走势分析

37.5.1　2024 年苯乙烯－丁二烯－苯乙烯嵌段共聚物生产毛利走势分析

2024年SBS成本持续偏高位，上半年市场受制于供需失衡，价格涨势不及成本涨幅，SBS多数时间处于负利润状态，产量下降明显。下半年需求提升，同时供应减量利好逐步显现，支撑SBS价格持续上涨，同时成本高位回落，SBS生产利润提升明显，但是由于上半年利润较低，因此年均利润均值不高。其中干胶理论利润全年均值在376.9元/吨，油胶理论利润全年均值在218.9元/吨。

2024年中国SBS月均生产毛利见表37-5。

表 37-5　2024 年中国 SBS 月均生产毛利汇总表

月份	干胶/（元/吨）	油胶/（元/吨）
1 月	−179.2	−147.4
2 月	−115.3	2.2
3 月	−467.6	−135.6
4 月	−521.5	−317.8
5 月	−13.2	−182.1
6 月	−386.0	−22.5
7 月	127.1	511.6
8 月	171.9	83.6
9 月	503.7	482.8
10 月	2341.3	1164.7
11 月	2424.8	1019.4
12 月	621.9	163.0

37.5.2　2020—2024 年苯乙烯-丁二烯-苯乙烯嵌段共聚物生产毛利走势分析

2020—2024 年，干胶道改利润逐步压缩，油胶利润好转。2020 年干胶道改理论利润尚可，而油胶利润倒挂，导致自 2021 年起，部分上游工厂减少油胶排产量，油胶货少支撑价格，利润提升，但干胶道改价格涨势不及成本，利润呈现倒挂。2022 年由于成本因素，SBS 减产保价效果尚可，理论利润再度提升。2023 年，国内供应增加，但需求释放不及预期，导致行情震荡走低，SBS 盈利能力明显下降。至 2024 年，上半年成本持续走高，但价格受制于供需失衡，涨势不及成本，SBS 多数时间负利润生产，下半年随着供需格局转变，价格持续冲高，利润得以回升，但全年均值仍不高。

2020—2024 年中国 SBS 干胶及油胶生产成本及生产毛利走势见图 37-17 和图 37-18。

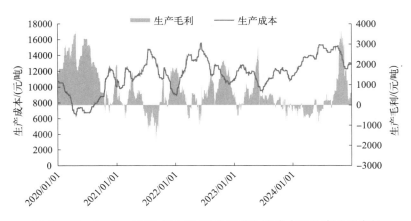

图 37-17　2020—2024 年中国 SBS 干胶生产成本及生产毛利走势

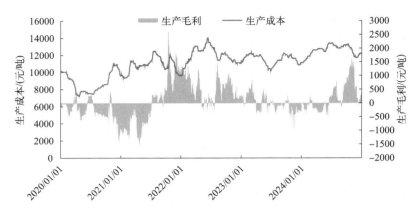

图 37-18　2020—2024 年中国 SBS 油胶生产成本及生产毛利走势

2020—2024 年中国 SBS 年均生产毛利见表 37-6。

表 37-6　2020—2024 年中国 SBS 年均生产毛利汇总表

年份	2020 年	2021 年	2022 年	2023 年	2024 年
干胶 /（元 / 吨）	1931.1	215.0	747.6	384.7	376.9
油胶 /（元 / 吨）	−278.0	−66.4	533.6	−24.2	218.9

37.6　2025—2029 年中国苯乙烯 – 丁二烯 – 苯乙烯嵌段共聚物发展预期

37.6.1　苯乙烯 – 丁二烯 – 苯乙烯嵌段共聚物供应趋势预测

37.6.1.1　2025—2029 年 SBS 拟在建 / 退出产能统计

2025—2029 年，因为"炼化一体"配套，国内有多套 SBS 拟在建装置。据调研，拟在建产能中，规模在 10 万吨 / 年的企业有 1 家，即上海金山巴陵新材料有限公司 14 万吨 / 年装置；其他多数是 4 万～ 8 万吨 / 年的中小规模装置；新产能投放集中在 2025—2026 年，2026 年以后暂无新装置投产预期。

2025—2029 年中国 SBS 拟在建产能统计见表 37-7。

表 37-7　2025—2029 年中国 SBS 拟在建产能统计

企业简称	产能 /（万吨 / 年）	预计投产时间	省份
安徽百昊晟科技有限公司	5	2025 年 3 月	安徽
上海金山巴陵新材料有限公司	14	2025 年 5 月	上海
福建省福化鲁华新材料有限公司	4	2025 年 3 月	福建
福建香江石化有限公司	5	2025 年 6 月	福建
宁波金海晨光化学股份有限公司	4	2026 年 1 月	浙江
中国石油天然气股份有限公司广西石化分公司	8	2026 年 6 月	广西
合计	40		

37.6.1.2　2025—2029年SBS产能趋势预测

2025—2029年，我国SBS预计新增产能40万吨/年。其中，2025年计划新增产能28万吨/年，最大产能是上海金山巴陵，装置投产后，将填补中石化在华东地区无热塑橡胶装置的空白；福化鲁华和安徽百昊晟，在2024年装置建成投产后，SBS产量有限，因此并未列入产能统计，2025年有望批量生产；香江石化计划于2024年底建成并试产部分SBS产品，批量化生产也是到2025年。2026年，新增装置为广西石化的8万吨/年SBS项目；还有一套是宁波金海工厂的装置扩产，由9.5万吨/年扩增至13.5万吨/年。2027—2029年暂无新建装置计划。

2025—2029年中国SBS产能预测见图37-19。

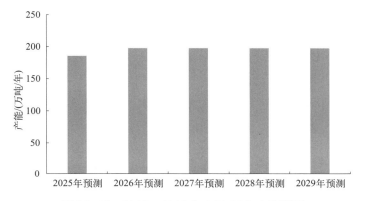

图 37-19　2025—2029年中国SBS产能预测

2025—2029年，我国SBS预计新增产能40万吨/年，未来SBS供应持续增速，预计2029年国内SBS产量达到104万吨，五年产量复合增速在1.5%，高于前五年增速，产能利用率有所提升，但是由于部分装置仍是柔性装置为主，未来排产仍是在几个产品进行互换，因此整体产能利率仍在53%～60%区间低位徘徊。

2025—2029年中国SBS产量及产能利用率预测见图37-20。

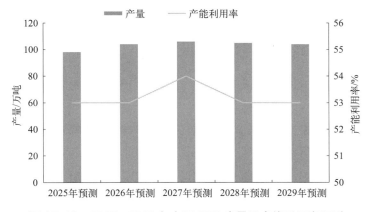

图 37-20　2025—2029年中国SBS产量及产能利用率预测

37.6.2　苯乙烯－丁二烯－苯乙烯嵌段共聚物消费趋势预测

2025—2029年，中国SBS下游消费再度呈现稳步增长的趋势，但增速有限，截至2029年，国内下游消费预计达到93万吨左右，五年复合增长率为1.4%。随着中国及全球经济的持续恢复，SBS传统需求将有所好转，且不排除新增需求的释放。国家政策面支持道路改性及防水行业的需求或者存利好增长点，同时胶黏剂及塑料改性行业持续稳步发展，但作为SBS第二大下游TPR鞋材行业，未来发展持续受限，将一定程度上限制SBS消费增长空间。

2025—2029年中国SBS下游消费量预测见图37-21。

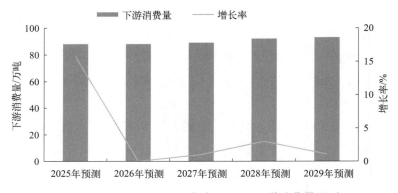

图 37-21　2025—2029 年中国 SBS 下游消费量预测

37.6.3　苯乙烯 – 丁二烯 – 苯乙烯嵌段共聚物供需格局预测

2025—2029年，国内SBS计划有40万吨/年装置投产，但集中在2025—2026年，2027年以后产能维持稳定。产量预计在2025—2027年之间逐步增加，但下游需求增速缓慢，不及供应增量，因此未来三年供需差逐步扩大，供需矛盾加深。2028年随着SBS产能扩增放缓，产量保持稳定，而下游需求持续增加且出口将保持增长，预计供需差将有所收窄，国内供需矛盾将有所缓解。

2025—2029年中国SBS供需预测见表37-8。

表 37-8　2025—2029 年中国 SBS 供需预测

单位：万吨

时间	产量	进口量	总供应量	下游消费量	出口量	总需求量
2025 年预测	98	8	106	88	12	100
2026 年预测	104	7	111	88	13	101
2027 年预测	106	7	113	89	14	103
2028 年预测	105	8	113	92	15	107
2029 年预测	104	8	112	93	17	110

第 38 章

丁基橡胶

类别	指标	2024 年	2023 年	涨跌幅	2025 年预测	预计涨跌幅
价格	华东均价 /（元 / 吨）	16175.8	14096.8	14.7%	15958.0	−1.3%
供需	产能 /（万吨 / 年）	50.5	50.5	0.0%	50.50	0.0%
	产量 / 万吨	30.8	25.3	21.7%	30.00	−2.6%
	产能利用率 /%	61.0	50.1	10.9 个百分点	59.4	−1.6 个百分点
	下游消费量 / 万吨	45.5	36.2	25.8%	46.54	2.2%
进出口	进口量 / 万吨	30.3	24.6	23.1%	29.10	−4.0%
	出口量 / 万吨	14.5	13.6	7.1%	14.99	3.1%
毛利	生产毛利 /（元 / 吨）	795.2	−529.7	扭亏为盈	878.00	10.4%

38.1　中国丁基橡胶供需分析

2020—2024年，国内丁基橡胶新增产能陆续释放，供需矛盾愈加明显。2020年，国内丁基橡胶产能为43.5万吨/年，进口量较高，货源整体较为充裕。2021年受疫情影响，国内外需求欠佳，市场供需矛盾凸显，业者对市场信心不足。2022年国内需求延续偏弱表现，业者纷纷开拓出口途径。2023年，国外部分生产工厂关闭，中国丁基橡胶进口量减少，供应过宽的局面有所缓和。国内市场部分牌号货源偏紧，支撑报价强势走高，业者信心有所提升，终端用户多数有一定库存储备，采购时对高端报盘存抵触心理，抑制价格上行。2024年，国内丁基橡胶装置产能利用率进一步提高，产量增加，然而国内需求整体偏弱，国内持货商继续开拓出口路径。部分国产丁基橡胶牌号货源偏紧，叠加国际政治因素影响，丁基橡胶进口量比2023年增加了23.06%。

2020—2024年中国丁基橡胶供需变化见表38-1。

表 38-1　2020—2024年中国丁基橡胶供需变化

单位：万吨

时间	产量	进口量	总供应量	表观消费量	出口量
2020 年	21.6	28.4	50.0	48.1	1.9
2021 年	28.6	21.8	50.3	46.6	3.8
2022 年	29.2	29.3	58.4	50.5	7.9
2023 年	25.3	24.6	49.9	36.3	13.6
2024 年	30.8	30.3	61.1	46.6	14.5

38.2　中国丁基橡胶供应现状分析

38.2.1　丁基橡胶产能趋势分析

38.2.1.1　2024年丁基橡胶产能及新增产能统计

2024年国内丁基橡胶产能保持稳定，截至年底总产能为50.5万吨/年，暂无新增产能。

38.2.1.2　2024年丁基橡胶主要生产企业生产状况

当前国内丁基橡胶总产能50.5万吨/年，分布在华东、华北、东北地区。丁基橡胶下游轮胎的消费地以华东地区特别是山东省为主，近消费端的生产分布特点体现明显。

2024年中国丁基橡胶行业主要生产企业产能统计见表38-2。

表 38-2　2024年中国丁基橡胶行业主要生产企业产能统计表

企业名称	省份	简称	产能/（万吨/年）	工艺路线
中国石化集团北京燕山石油化工有限公司	北京	燕山石化	13.5	一体化
山东京博中聚新材料有限公司	山东	京博中聚	12.0	一体化

续表

企业名称	省份	简称	产能/（万吨/年）	工艺路线
浙江信汇新材料股份有限公司	浙江	浙江信汇	10.0	一体化
盘锦信汇新材料有限公司	辽宁	盘锦信汇	10.0	一体化
台塑合成橡胶工业（宁波）有限公司	浙江	宁波台塑	5.0	一体化
合计			50.5	

38.2.1.3　2020—2024 年丁基橡胶产能趋势分析

据统计，2020—2024年中国丁基橡胶产能复合增长率为3.8%。2020年，盘锦信汇在原运行装置的基础上，依托浙江信汇技术创新成果，对原料工艺、生产装备等进行技术改造，年内新增丁基橡胶产能4万吨/年，全行业产能利用率达49.68%。2021年京博中聚推进新旧动能转换，加快从传统石油炼化企业向高端新材料企业转型升级，新增7万吨/年装置投产，国内丁基橡胶产能达到50.5万吨/年。2022—2024年，国内丁基橡胶产能稳定维持在50.5万吨/年。

2020—2024年中国丁基橡胶产能变化趋势见图38-1。

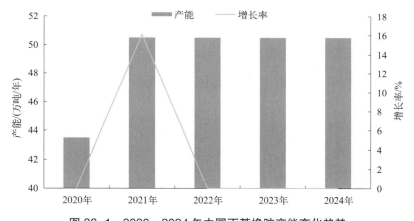

图 38-1　2020—2024 年中国丁基橡胶产能变化趋势

38.2.2　丁基橡胶产量及产能利用率趋势分析

38.2.2.1　2024 年丁基橡胶产量及产能利用率趋势分析

2024年中国丁基橡胶总产量为30.8万吨，同比增加21.7%，月均产量约2.57万吨。1月份，部分下游企业存备货需求，国内丁基橡胶供应表现平稳。2月份适逢春节假期，需求面表现偏弱，国内丁基橡胶产量环比1月份减少，装置产能利用率走低。3—4月份，国产货源供应较为集中，产量呈增加走势，开工率亦有提升。5—6月份，京博中聚7万吨/年丁基橡胶装置停车检修，国产丁基橡胶供应缩减，产能利用率下降。7—8月份，适逢传统橡胶需求淡季，丁基橡胶产量及产能利用率走低。9—12月份，因丁基橡胶理论上生产利润较为可观，产能利用率提升，产量较高。整体来看，国内丁基橡胶产量较2023年增加显著，产能利用率较2023年明显提高。

2024年中国丁基橡胶产量与产能利用率变化趋势见图38-2。

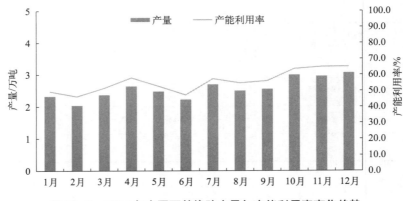

图 38-2　2024 年中国丁基橡胶产量与产能利用率变化趋势

38.2.2.2　2020—2024 年丁基橡胶产量及产能利用率趋势分析

2020—2024 年，中国丁基橡胶在供需基本面的影响下，产量及产能利用率呈缓和的"N"型走势。

2020 年盘锦信汇装置扩能重启，2021 年京博中聚新增装置投产，国内丁基橡胶产量及产能利用率不断走高。2022 年，随着国内丁基橡胶产能利用率进一步提高，丁基橡胶产量同比 2021 年增加。2023 年，盘锦信汇装置计划内停车；受市场供应过剩影响，京博中聚装置停车时间较长，国内产能利用率总体处于低位。2024 年，虽然燕山石化丁基橡胶装置停车，但京博中聚丁基橡胶装置仅停车 25 天左右，浙江信汇和盘锦信汇丁基橡胶装置正常运行，国内丁基橡胶全年产能利用率及产量比 2023 年有所提高。

2020—2024 年中国丁基橡胶产量与产能利用率变化趋势见图 38-3。

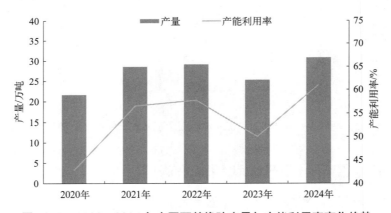

图 38-3　2020—2024 年中国丁基橡胶产量与产能利用率变化趋势

38.2.3　丁基橡胶供应结构分析

38.2.3.1　2024 年丁基橡胶分区域供应结构分析

2024 年国内丁基橡胶产能分布在华东、华北、东北地区。华东地区产能最大，为 27 万吨/年，占比 53.5%；其次是华北地区，产能 13.5 万吨/年，占比 26.7%；然后是东北地区，产能 10 万吨/年，占比 19.8%。

2024 年国内丁基橡胶按区域产能分布见图 38-4。

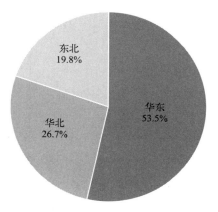

图 38-4　2024 年国内丁基橡胶按区域产能分布

38.2.3.2　2024 年丁基橡胶分企业性质供应结构分析

2024 年国内丁基橡胶生产企业按性质分，民营企业产能为 37 万吨/年，占比 73.3%；国有企业产能为 13.5 万吨/年，占比 26.7%。目前来看，民营企业依然是丁基橡胶生产的主力军，近几年随着国家对民营企业扶持力度不断加强，信汇集团、京博中聚成为国内丁基橡胶生产的主力企业。

2024 年国内丁基橡胶按企业性质产能分布见图 38-5。

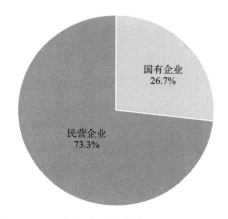

图 38-5　2024 年国内丁基橡胶按企业性质产能分布

38.2.4　丁基橡胶进口趋势分析

38.2.4.1　2024 年丁基橡胶进口分析

2024 年，中国丁基橡胶进口量为 30.31 万吨，同比增加 23.06%，其中普通丁基橡胶进口量为 12.92 万吨，同比提升 17.78%，卤化丁基橡胶进口量为 17.39 万吨，同比提升 27.31%。3 月份进口量最大，为 3.87 万吨，占 2023 年进口总量的 12.77%，主因是俄罗斯货源价格相对较低，在国内市场有一定价格优势，此外俄罗斯货源向欧美市场销售受阻，因而增加向中国市场的供应量。8 月份进口量降至年内低位，为 1.46 万吨，占 2024 年进口总量的 4.82%，主要原因是受物流等因素影响，俄罗斯货源减少明显，另外国内需求表现疲弱，国内业者接盘谨慎。

2024 年中国丁基橡胶月度进口量价变化趋势见图 38-6。

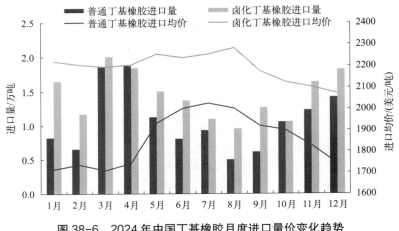

图 38-6 2024 年中国丁基橡胶月度进口量价变化趋势

38.2.4.2 2020—2024 年丁基橡胶进口分析

2020—2024 年中国丁基橡胶进口量呈现"W"形走势。2024 年进口量为 30.31 万吨，为近五年高点。2021 年进口量大幅下降，主要是因为国产货源供应增加，国内对进口货源需求量下降。2022 年，受国际局势影响，俄罗斯货源向欧美市场销售受阻，叠加俄罗斯货源价格相对较低，在国内市场有一定价格优势，使得丁基橡胶进口量比 2021 年提高 34.5%。2023 年，受"反倾销"政策延续影响，叠加国外部分装置关闭或停车，进口量明显减少。2024 年，俄罗斯产丁基橡胶因价格优势明显，依然是我国进口丁基橡胶的主要来源，自俄罗斯进口量比 2023 年增加了 17.85%，同时进口自沙特阿拉伯、新加坡等地的丁基橡胶亦有增量，使得 2024 年丁基橡胶进口量增长明显。

2020—2024 年中国丁基橡胶进口量变化趋势见图 38-7。

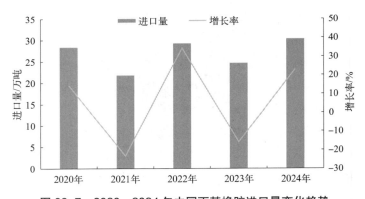

图 38-7 2020—2024 年中国丁基橡胶进口量变化趋势

38.3 中国丁基橡胶消费现状分析

38.3.1 丁基橡胶消费趋势分析

38.3.1.1 2024 年丁基橡胶消费趋势分析

2024 年中国丁基橡胶下游消费总量约 45.52 万吨，较 2023 年增长 25.78%。4 月份为年内消费量最高的月份，月度均价也达到了年内高值，主要原因是下游需求旺盛，进货积极，刺激了市场交易，但部分牌号现货供应偏少，持货商报盘坚挺，支撑市场价格高位。全年需求低点出现在8月份，主要原因是下游开工率走低，备货补货需求意愿不高，价格也同步走低。

2024年中国丁基橡胶月度消费量及月均价变化趋势见图38-8。

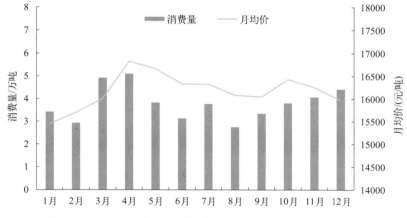

图38-8　2024年中国丁基橡胶月度消费量及月均价变化趋势

38.3.1.2　2020—2024年丁基橡胶消费趋势分析

2020—2024年中国丁基橡胶消费量复合增长率为1.01%。2020—2021年，丁基橡胶下游消费量增加，主要是因为疫苗需求增加导致丁基橡胶在医药胶塞领域的需求量增加。2022年，宏观经济环境明显提振，疫情反复导致疫苗需求量小幅上涨，拉动医用瓶塞消费量增长，叠加半钢轮胎产量同比小幅增加，带动丁基橡胶消费量走高。2023年，下游需求并未按预期恢复，消费量较2022年明显减少。2024年，下游需求比2023年略有好转，使得丁基橡胶消费量较2023年明显增加。

2020—2024年中国丁基橡胶年度消费变化趋势见图38-9。

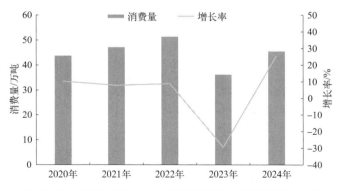

图38-9　2020—2024年中国丁基橡胶年度消费变化趋势

38.3.2　丁基橡胶消费结构分析

38.3.2.1　2024年丁基橡胶消费结构分析

2024年丁基橡胶主要消费领域依旧是轮胎行业，占比88%，其次是医药制品领域，占比

7%。2024年中国半钢轮胎及全钢轮胎产量较2023年增加，对丁基橡胶的消费量比2023年增长明显。至于医药制品领域，目前几乎维持稳定发展，其消费量占比小幅下降。此外，丁基橡胶在其他消费领域如防水卷材、密封和黏合剂等行业的表现一般。

38.3.2.2　2020—2024年丁基橡胶消费结构分析

2020—2024年中国丁基橡胶消费量维持在45万吨上下。2020—2022年消费量逐年上涨后，2023年出现跌势，2024年再次上涨。在轮胎行业对丁基橡胶需求量增加的支撑下，2020—2022年下游消费量呈现涨势。自2022年开始山东省进入上下游同步扩张阶段，京博中聚新增丁基橡胶生产装置，下游需求占比提升明显。2023年，国内需求表现偏弱，消费量下跌。2024年，虽然中国半钢轮胎的产量小幅走低，但全钢轮胎产量明显增长，使得丁基橡胶消费量同比2023年增加明显。

38.3.3　丁基橡胶出口趋势分析

2024年，中国丁基橡胶出口量约14.54万吨，同比增长7.07%。其中，普通丁基橡胶出口量为4.54万吨，同比减少5.02%；卤化丁基橡胶出口量为10万吨，同比增加13.51%。1月份出口量最大，约1.39万吨，占2024年全年出口总量的9.55%；主要因为国外需求面扩大，而国内需求表现低迷，出口成为平衡供需手段。2月份出口量为年内低点，约0.94万吨。2月份是短月又逢春节假期，上旬国内上中下游企业多数处于休假状态，出口业务大量减少。

2024年中国丁基橡胶月度出口量价变化趋势见图38-10。

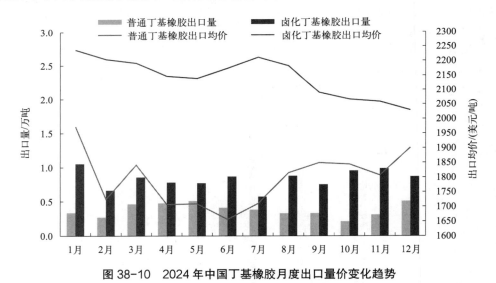

图 38-10　2024年中国丁基橡胶月度出口量价变化趋势

2020—2024年中国丁基橡胶出口量逐年增加，五年复合增长率为65.89%。2020年下游需求逐年递增，然而国内装置供应情况一般，国产货源多供中国市场流通。2021—2022年，中国丁基橡胶产能扩增，但受疫情影响，国内需求不佳，从而导致国产丁基橡胶货源对外流通量上涨。2023年，国内"强需求"未如期到来，出口活动依旧是国内业者经营的首要选择，叠加下游轮胎企业纷纷在东南亚等地区建厂生产，国外需求逐步增加，带动中国丁基橡胶出口量显著上涨。2024年，国内需求表现一般，国外需求延续涨势，使得丁基橡胶出口量继续增长。

2020—2024年中国丁基橡胶年度出口量变化趋势见图38-11。

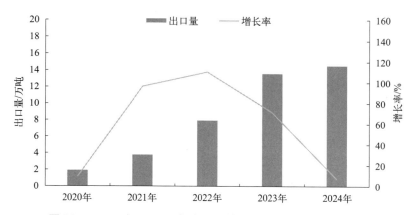

图 38-11　2020—2024 年中国丁基橡胶年度出口量变化趋势

38.4　中国丁基橡胶价格走势分析

2024 年，国内丁基橡胶行情整体呈现缓和"N"型走势，全年均价 16175.8 元/吨，同比涨 14.75%。其中年内最低点出现在 1 月份，为 15200 元/吨；最高点出现在 4 月份，为 17000 元/吨。

年内，国内丁基橡胶市场呈区间震荡走势，其价格在涨至高点后进入下行通道，小幅反弹后再次走弱。价格驱动在供需逻辑和成本逻辑之间不断转换。1—4 月份，上游原料价格宽幅上涨，成本面支撑强劲，同时供应面支撑仍在，国内生产企业多次上调丁基橡胶的出厂价格，交易活跃；俄罗斯现货供应偏紧，刺激贸易商及终端用户积极采买，高端报盘频出。然而下游用户考虑到成本因素，对高端价位存一定抵触心理。自 5 月份起，丁基橡胶市场转弱，上游原料价格宽幅下跌，价格缺乏成本支撑，同时俄罗斯产丁基橡胶价格持续下行，拖累国产货价格不断走低。进入 10 月份，其他橡胶品种价格上行，且部分进口货源供应集中，刺激终端用户入市采买。下游需求拉动下，丁基橡胶价格反弹上行后稳定在较高水平。11—12 月份，少数丁基橡胶牌号现货供应偏紧，但在进口货源补充下，价格仍保持稳定；部分拥有库存的商家为推动出货，采取低价报盘，拉动市场整体价格重心下移。

2020—2024 年中国丁基橡胶华东市场价格走势见图 38-12。

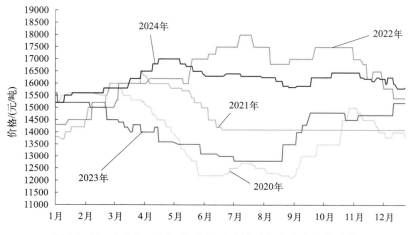

图 38-12　2020—2024 年中国丁基橡胶华东市场价格走势

华东市场俄罗斯 1675N 2024 年月均价和 2020—2024 年年均价分别见表 38-4 和表 38-5。

表 38-3   2024 年华东市场俄罗斯 1675N 月均价汇总表

月份	1 月	2 月	3 月	4 月	5 月	6 月	7 月	8 月	9 月	10 月	11 月	12 月
华东均价 / （元 / 吨）	15446	15694	16005	16827	16662	16326	16322	16080	16045	16429	16257	15968

表 38-4   2020—2024 年华东市场俄罗斯 1675N 年均价汇总表

年份	2020 年	2021 年	2022 年	2023 年	2024 年
华东均价 / （元 / 吨）	13862.8	14636.0	16411.6	14096.8	16175.8

38.5   中国丁基橡胶生产毛利走势分析

国内丁基橡胶装置均采用低温淤浆聚合工艺，原料为异丁烯和异戊二烯。2024 年丁基橡胶企业年均生产成本为 15902.8 元/吨，11 月上旬最低为 13766 元/吨，4 月中旬最高达 18286 元/吨；年均生产毛利为 795.20 元/吨，11 月上旬生产毛利最高为 2234 元/吨，4 月中旬最低为 −1286 元/吨。2024 年 1—4 月，上游原料异丁烯价格不断走高，导致丁基橡胶的生产成本不断增加，生产利润收缩严重。自 5 月份起，上游原料市场偏弱震荡，丁基橡胶生产成本不断降低，企业生产毛利扭亏为盈。

2024 年中国丁基橡胶生产毛利对比见图 38-13。

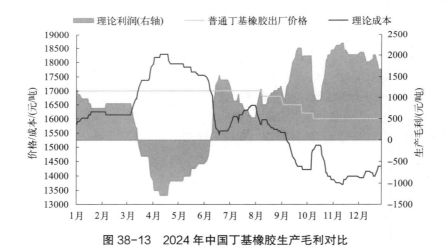

图 38-13   2024 年中国丁基橡胶生产毛利对比

低温淤浆聚合法丁基橡胶 2024 年月均生产毛利和 2020—2024 年年均生产毛利分别见表 38-6 和表 38-7。

表 38-5   2024 年丁基橡胶月均生产毛利汇总表

月份	1 月	2 月	3 月	4 月	5 月	6 月	7 月	8 月	9 月	10 月	11 月	12 月
生产毛利 / （元 / 吨）	924	838	90	−1133	−748	686	831	987	1653	1418	2116	1895

表 38-6   2020—2024 年丁基橡胶年均生产毛利汇总表

年份	2020 年	2021 年	2022 年	2023 年	2024 年
生产毛利 / （元 / 吨）	2296.96	1247.12	−70.67	−529.71	795.20

38.6 2025—2029年中国丁基橡胶发展预期

38.6.1 丁基橡胶供应趋势预测

38.6.1.1 2025—2029年丁基橡胶拟在建/退出产能统计

据调研，未来五年中国丁基橡胶行业产能维持在50.5万吨/年，暂无拟在建及退出产能计划。

38.6.1.2 2025—2029年丁基橡胶产能趋势预测

2025—2029年，中国丁基橡胶产能维持在50.5万吨/年。国内丁基橡胶供需格局不会发生重大变化，也难以开发出新的重量级消费领域，市场供过于求情况仍将存在，不大可能吸引新投资者入局。2025—2029年中国丁基橡胶产能预测见图38-14。

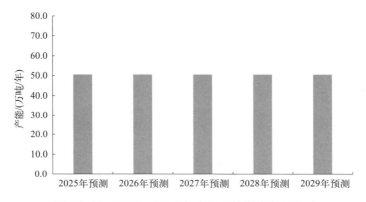

图 38-14 2025—2029年中国丁基橡胶产能预测

2025年，国内丁基橡胶装置或存检修计划，产量同比2024年存在小幅走低的可能。2026—2029年，国内丁基橡胶产量预计逐年增加，其中原因主要有两点：一方面燕山丁基橡胶装置有重启的可能，而京博、信汇为了竞争将不断提升装置开工率；另一方面，国内下游需求将呈缓慢增长，国产丁基橡胶质量已经得到国外用户认可，出口需求也将稳步攀升，需求总体增长给供应打开空间。预计2029年国内丁基橡胶产量将达到38.6万吨。

2025—2029年中国丁基橡胶产量及产能利用率趋势预测见图38-15。

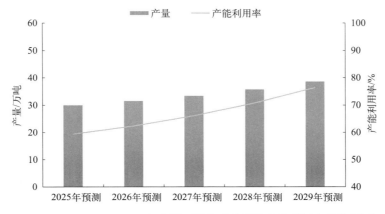

图 38-15 2025—2029年中国丁基橡胶产量及产能利用率趋势预测

38.6.2　丁基橡胶消费趋势预测

丁基橡胶主要下游为轮胎和医药制品行业，两者消费量总占比在95%左右。其中轮胎行业预计将维持缓慢增长的趋势，2026年国内全钢胎产能预计增长1.58%左右，半钢胎产能预计增长1.64%左右。医药制品方面将维持稳定发展，其消费占比变动不大。此外，丁基橡胶在其他方面如防水卷材、密封和黏合剂等行业的应用不会有突出表现。

38.6.3　丁基橡胶供需格局预测

2025年，国内丁基橡胶装置或存检修计划，产量将比2024年小幅下降；2026—2029年，随着国内丁基橡胶装置产能利用率不断提高，丁基橡胶产量将逐年增加，而进口量将有所减少。需求方面，丁基橡胶主力下游依然是轮胎行业，国内轮胎生产仍将有新增产能，未来终端需求缓慢增长。在供应增速快于需求增速的情况下，国内业者为缓解供应过剩的压力，积极寻求出口途径，而且国外市场需求也将好转。因此，未来五年中国丁基橡胶出口量将持续增加或再创新高。整体而言，未来几年中国丁基橡胶行业将稳定运行。

2025—2029年中国丁基橡胶供需预测见表38-7。

表 38-7　2025—2029 年中国丁基橡胶供需预测

单位：万吨

时间	产量	进口量	总供应量	表观消费量	出口量
2025 年预测	30.00	29.10	59.10	44.11	14.99
2026 年预测	31.50	27.94	59.44	43.55	15.89
2027 年预测	33.39	26.54	59.93	43.21	16.72
2028 年预测	35.73	25.38	61.11	43.55	17.56
2029 年预测	38.59	24.87	63.46	44.85	18.61

第 39 章

三元乙丙橡胶

2024 年度
关键指标一览

类别	指标	2024 年	2023 年	涨跌幅	2025 年预测	预计涨跌幅
价格	华东均价 /（元 / 吨）	24785.2	21922.9	13.1%	23975.0	−3.3%
供需	产能 /（万吨 / 年）	39.5	39.5	0.0%	43.5	10.1%
	产量 / 万吨	28.6	29.4	−2.7%	30.0	5.0%
	产能利用率 /%	72.4	74.4	−2.0 个百分点	69.0	−3.4 个百分点
	表观消费量 / 万吨	42.0	41.5	1.2%	42.0	0.1%
进出口	进口量 / 万吨	16.84	15.43	9.1%	15.2	−9.7%
	出口量 / 万吨	3.45	3.33	3.6%	3.55	2.9%
毛利	石脑油制 /（美元 / 吨）	9218.1	7905.9	16.6%	8600.0	−6.7%

39.1　中国三元乙丙橡胶供需分析

近五年中国三元乙丙橡胶供应增速缓慢，供应面持续收紧，市场供需矛盾有所缓和。2020—2024年，三元乙丙橡胶总供应量复合增长率约3.8%。其中，产量复合增长率约9.0%，进口量在反倾销政策影响下，复合增长率在−2.8%。

2020—2024年中国三元乙丙橡胶供需变化见表39-1。

表 39-1　2020—2024 年中国三元乙丙橡胶供需变化

单位：万吨

时间	产量	进口量	总供应量	表观消费量	出口量
2020 年	20.2	18.9	39.1	37.8	1.4
2021 年	29.2	16.9	46.0	42.9	3.2
2022 年	30.4	15.2	45.6	42.5	3.1
2023 年	29.4	15.4	44.8	41.5	3.3
2024 年	28.6	16.8	45.4	42.0	3.5

39.2　中国三元乙丙橡胶供应现状分析

39.2.1　三元乙丙橡胶产能趋势分析

39.2.1.1　2024 年三元乙丙橡胶产能及新增产能统计

近五年来，国内三元乙丙橡胶产能保持稳定。截至2024年年底，行业总产能维持在39.50万吨/年，当年无新增产能。

39.2.1.2　2024 年三元乙丙橡胶主要生产企业生产状况

截至2024年底，国内三元乙丙橡胶行业总产能39.50万吨/年，行业占比前三位的产能达32万吨/年，占全国总产能的81.01%。三元乙丙橡胶行业已进入成熟期，产品生产平稳，同时产能利用率提升，能够很好地满足国内需求。另外，由于三元乙丙橡胶的高成本以及存在技术壁垒，暂无新进入者加入。

2024年中国三元乙丙橡胶主要生产企业产能统计见表39-2。

表 39-2　2024 年中国三元乙丙橡胶主要生产企业产能统计

企业名称	省份	简称	产能/(万吨/年)	工艺路线
阿朗新科高性能弹性体（常州）有限公司	江苏	阿朗新科	16	溶聚法
中国石油天然气股份有限公司吉林石化分公司	吉林	吉化	8.5	溶聚法
中石化三井弹性体有限公司	上海	中石化三井	7.5	溶聚法
宁波爱思开合成橡胶有限公司	浙江	宁波 SK	5	溶聚法
陕西延长石油延安能源化工有限责任公司	陕西	延长石油	2.5	溶聚法
合计			39.5	

39.2.1.3 2020—2024 年三元乙丙橡胶产能趋势分析

2020—2024 年中国三元乙丙橡胶产能复合增长率在0.00%，无新增、淘汰产能。2020—2024 中国三元乙丙橡胶产能变化趋势见图39-1。

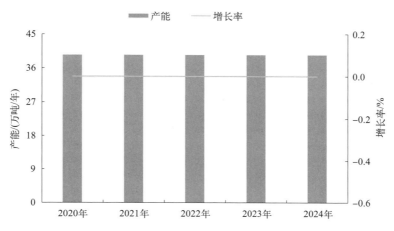

图 39-1 2020—2024 中国三元乙丙橡胶产能变化趋势图

39.2.2 三元乙丙橡胶产量及产能利用率趋势分析

39.2.2.1 2024 年三元乙丙橡胶产量及产能利用率趋势分析

2024 年中国三元乙丙橡胶年度总产量在28.6 万吨，同比减少2.70%，月均产量在2.38 万吨。2024 年三元乙丙橡胶装置保持稳定生产，1—5月份月度产量整体呈现下降趋势。由于装置检修提前，6、7月份产量、产能利用率明显回升。

2024 年中国三元乙丙橡胶月度产量与产能利用率变化趋势见图39-2。

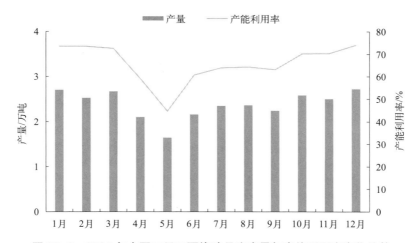

图 39-2 2024 年中国三元乙丙橡胶月度产量与产能利用率变化趋势

39.2.2.2 2020—2024 年三元乙丙橡胶产量及产能利用率趋势分析

2020—2024 年，中国三元乙丙橡胶产量先增后减，产能利用率多数时间震荡于65%左右。

2020年反倾销政策发布，有效地拉动了国内产能利用率的提升，由2020年的51.2%提升至2022年的高点76.9%；2023—2024年行业随着后期需求面的回暖以及阶段性供应紧张，供需双方矛盾有所缓和，至2024年，三元乙丙橡胶行业产能利用率达到72.3%。

2020—2024年中国三元乙丙橡胶产量与产能利用率变化趋势见图39-3。

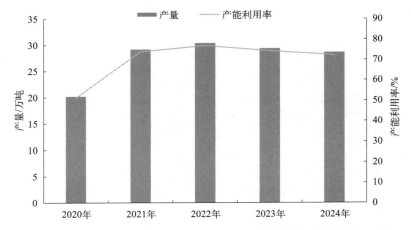

图 39-3　2020—2024 年中国三元乙丙橡胶产量及产能利用率变化趋势

39.2.3　三元乙丙橡胶供应结构分析

39.2.3.1　2024 年三元乙丙橡胶分区域供应结构分析

2024年国内三元乙丙橡胶产能区域分布相对集中，详细数据来看，华东地区占比最高，区域内三元乙丙橡胶总产能28.5万吨/年，占比72.2%；其次为东北地区，产能8.5万吨/年，占比21.5%；第三为西北地区，产能2.5万吨/年，占比6.3%。

2024年中国三元乙丙橡胶产能区域分布见图39-4。

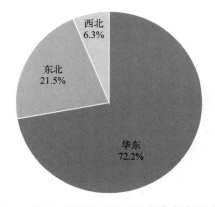

图 39-4　2024 年国内三元乙丙橡胶产能区域分布

39.2.3.2　2024 年三元乙丙橡胶分企业性质供应结构分析

三元乙丙橡胶生产企业按性质分布来看，外资企业占比最高，为40.5%，产能16.0万吨/年；其次是合资企业，产能12.5万吨/年，占比31.7%；再次是国有企业，产能11万吨/年，占比

27.8%。目前外资企业占比最高，涉及产能最大，能够一定程度主导三元乙丙橡胶市场走势。

2024年中国三元乙丙橡胶按企业性质产能分布见图39-5。

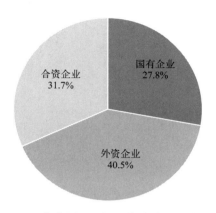

图 39-5　2024 年中国三元乙丙橡胶按企业性质产能分布

39.2.4　三元乙丙橡胶进口趋势分析

2024年，中国三元乙丙橡胶进口量在16.8万吨，同比增加9.1%。从月度进口看，2024年中国三元乙丙橡胶月度进口量低点出现在2月份，由于沙特住友装置存在检修，且沙比克及埃克森生产装置存在转产，极大地削弱了三元乙丙橡胶的总进口量。年内进口量高点出现在12月份，临近年底，国内需求有所释放，且进口均价较低，业者接盘情绪增加，带动进口量达到年内高点，同时也是近两年内高点。

2024年中国三元乙丙橡胶进口量价变化趋势见图39-6。

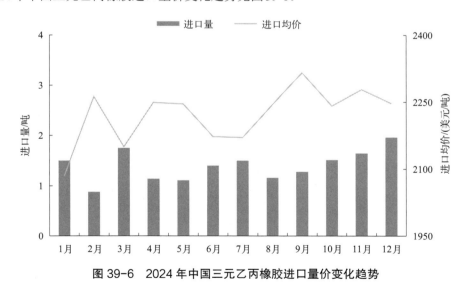

图 39-6　2024 年中国三元乙丙橡胶进口量价变化趋势

2020—2024年，中国三元乙丙橡胶进口量整体呈现减少趋势，尤其是在2020年反倾销政策影响下，进口货源流入明显减少。2022年，中国三元乙丙橡胶产能利用率处近五年最高点，进口量降至15.2万吨；2024年，随着国内供应窄幅下降，进口量增加至16.8万吨。

2020—2024年中国三元乙丙橡胶进口量变化趋势见图39-7。

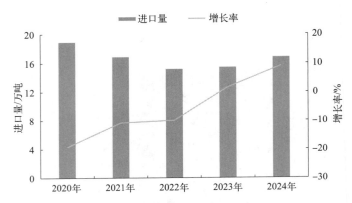

图 39-7　2020—2024 年中国三元乙丙橡胶进口量变化趋势

39.3　中国三元乙丙橡胶消费现状分析

39.3.1　三元乙丙橡胶消费趋势分析

39.3.1.1　2024 年三元乙丙橡胶月度消费趋势分析

2024 年中国三元乙丙橡胶消费总量在 42.0 万吨，较 2023 年增加 1.2%。分月来看，5 月份，三元乙丙橡胶表观消费量低位，国内产量、进出口量均处于相对偏低水平。另外，该月起缓慢进入行业淡季，业者接盘心态谨慎，表观消费量由此下滑。三元乙丙橡胶表观消费量高点出现在 12 月份，由于前期供应面紧张发酵，另外还存在市场炒作气氛，价格持续走高。临近年底，场内存在少量备货行为，进而带动表观消费量提升。随着国内需求的释放，三元乙丙橡胶消耗增加，短期内供应紧张局面难以缓解，供需双方表现为"紧平衡"态势。

2024 年中国三元乙丙橡胶月度表观消费量及价格变化趋势见图 39-8。

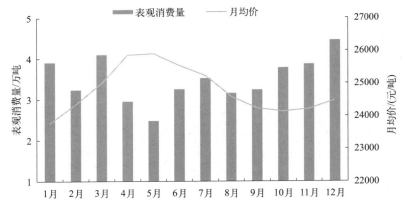

图 39-8　2024 年中国三元乙丙橡胶月度表观消费量及价格变化趋势

39.3.1.2　2020—2024 年三元乙丙橡胶年度消费趋势分析

2020—2024 年中国三元乙丙橡胶表观消费增速放缓，近五年年均复合增长率在 2.8%。截至 2024 年，三元乙丙橡胶消费量达到 42.0 万吨，较 2023 年增加 1.2%。2021 年，在利好推动下，场内需求有所释放，同时反倾销政策亦存支撑带动，三元乙丙橡胶表观消费量增加至五年内高点。2024年，阶段性供应紧张，对三元乙丙橡胶市场拉动明显，市场寻买盘积极性转好，三元乙丙橡胶年度消费量小幅增加。

2020—2024年中国三元乙丙橡胶年度消费变化趋势见图39-9。

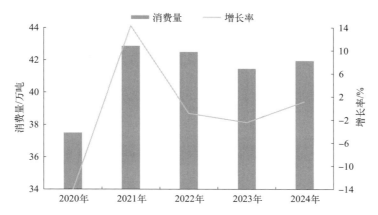

图 39-9　2020—2024 年中国三元乙丙橡胶年度消费变化趋势

39.3.2　三元乙丙橡胶消费结构分析

39.3.2.1　2024 年三元乙丙橡胶消费结构分析

近几年三元乙丙橡胶下游行业消费结构变化不大，在汽车零部件、橡胶制品、聚合物改性、电线电缆等领域被广泛应用。2024年，行业内政策持续发力，汽车零部件对三元乙丙橡胶需求有所放大，该行业在三元乙丙橡胶下游消费中占比高达50.0%。其次是橡胶制品、聚合物改性、电线电缆等领域，占比分别为18.0%、10.0%以及7%。

2024年中国三元乙丙橡胶下游消费构成见图39-10。

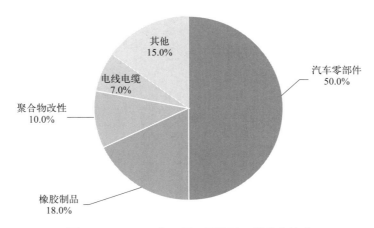

图 39-10　2024 年三元乙丙橡胶下游消费构成

39.3.2.2　2020—2024 年三元乙丙橡胶消费结构分析

2020—2024年，三元乙丙橡胶下游消费结构相对稳定，因为下游应用领域存在差异，发展速度不一,三元乙丙橡胶四大下游依次是汽车零部件、橡胶制品、聚合物改性、电线电缆。其中汽车零部件领域需求最高,占比在45% ～ 50%范围,新能源汽车发展迅猛,带动了三元乙丙橡胶市场消费的增加,2024年汽车零部件领域占三元乙丙橡胶消费的50.0%,三元乙丙橡胶改性产品优势明显,聚合物改性领域占比达到了10%。从电线电缆领域来看,该领域表观消费占比仅在7%。

2020—2024年中国三元乙丙橡胶下游消费变化趋势见图39-11。

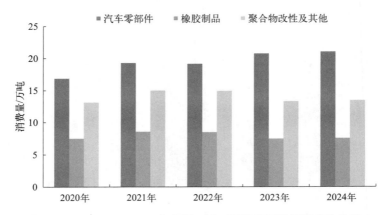

图 39-11　2020—2024 年中国三元乙丙橡胶下游消费变化趋势

39.3.3　三元乙丙橡胶出口趋势分析

2024年,中国三元乙丙橡胶出口量3.5万吨,同比增长3.6%。从月度出口看,2024年,中国三元乙丙橡胶月度出口量低点出现在2月份,由于国内产能利用率不高,部分牌号现货偏紧,市场报盘持续走高,国内产品利润放大,业者出口意愿减弱。月度出口量高点在8月份,随着国内外需求的不断释放,以及出口均价的上涨,国内外套利空间加大,进而带动三元乙丙橡胶出口量实现增长。

2024年中国三元乙丙橡胶出口量价变化见图39-12。

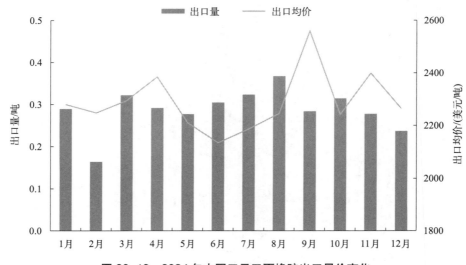

图 39-12　2024 年中国三元乙丙橡胶出口量价变化

2020—2024年，中国三元乙丙橡胶出口量整体增加，尤其是2021年出口增幅明显。2021年，中国三元乙丙橡胶产能利用率提升明显，其出口量同步由2020年的1.4万吨提升至2021年的3.2万吨；2024年，海外需求不断释放，推动三元乙丙橡胶出口量增加至3.5万吨。

2020—2024年中国三元乙丙橡胶出口量变化趋势见图39-13。

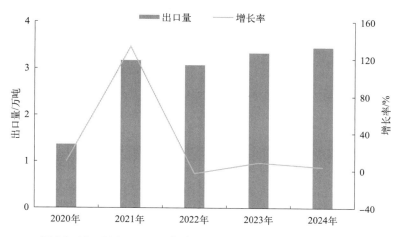

图39-13　2020—2024年中国三元乙丙橡胶出口量变化趋势

39.4　中国三元乙丙橡胶价格走势分析

2024年，三元乙丙橡胶全年均价24785.2元/吨，同比上涨13.1%。2024年均价回归至近五年相对高点，供应紧俏成为支撑高价的核心要素。2024年，因前期市场库存低位，供应面延续趋紧局面，同时国内生产企业存在控量，市场炒作情绪愈演愈烈。另外，国内需求处于释放阶段，下游拿货情绪较为高涨，市场供不应求明显，生产企业主流供价借势上涨，1—7月份三元乙丙橡胶市场价格不断被推高。然而，受行业传统淡季冲击明显，市场上行阻力较大，8—11月份三元乙丙橡胶市场多呈现高位震荡格局。12月份，由于国内生产装置存在临时停车以及SK生产发生调整，供应面对市场扰动作用加剧，进一步拉动市场行情。

2020—2024年中国三元乙丙橡胶J-4045市场价格变化趋势见图39-14。

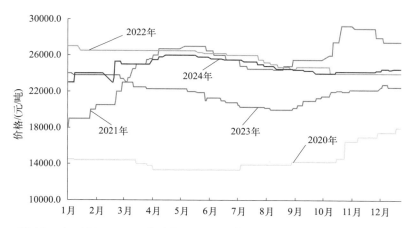

图39-14　2020—2024年中国三元乙丙橡胶J-4045市场价格变化趋势

中国三元乙丙橡胶 J-4045 2024 年月均价及 2020—2024 年年均价分别见表39-3和表39-4。

表 39-3　2024 年中国三元乙丙橡胶 J-4045 月均价汇总表

月份	价格 /（元 / 吨）
1 月	23772.7
2 月	24352.9
3 月	25000.0
4 月	25863.6
5 月	25904.8
6 月	25547.4
7 月	25234.8
8 月	24590.9
9 月	24233.3
10 月	24136.8
11 月	24214.3
12 月	24477.3

表 39-4　2020—2024 年中国三元乙丙橡胶 J-4045 年均价汇总表

年份	2020 年	2021 年	2022 年	2023 年	2024 年
华东均价 /（元 / 吨）	14525.9	25337.2	25507.6	21922.9	24785.2

39.5　中国三元乙丙橡胶生产毛利走势分析

2024年三元乙丙橡胶利润处于盈利态势，全年利润均值在9218.1元/吨，较2023年增加16.6%。利润增加的原因为，原料乙烯、丙烯均价同比下滑，成本面压力有所减弱，同时市场炒作氛围浓郁，国内生产企业主流供价持续走高，对三元乙丙橡胶行业利润存在带动作用。截至12月底，2024年年内利润最高点为9899元/吨，最低点为7342元/吨。

2024年中国三元乙丙橡胶生产毛利变化趋势见图39-15。

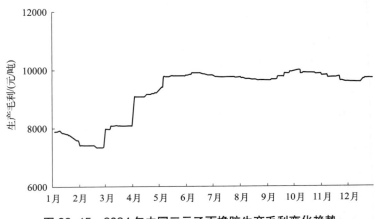

图 39-15　2024 年中国三元乙丙橡胶生产毛利变化趋势

中国溶聚法三元乙丙橡胶2024年月均生产毛利及2020—2024年年均生产毛利分别见表39-5和表39-6。

表 39-5　2024 年中国溶聚法三元乙丙橡胶月均生产毛利汇总表

月份	生产毛利/（元/吨）
1 月	7786.8
2 月	7392.2
3 月	8061.6
4 月	9136.1
5 月	9753.8
6 月	9858.7
7 月	9757.1
8 月	9675.3
9 月	9780.2
10 月	9892.2
11 月	9720.0
12 月	9642.0

表 39-6　2020—2024 年中国溶聚法三元乙丙橡胶年均生产毛利汇总表

年份	2020 年	2021 年	2022 年	2023 年	2024 年
生产毛利/（元/吨）	2508.5	8285.9	11440.3	7905.9	9218.1

39.6　2025—2029 年中国三元乙丙橡胶发展预期

39.6.1　三元乙丙橡胶供应趋势预测

39.6.1.1　2025—2029 年三元乙丙橡胶拟在建/退出产能统计

2025—2029年中国三元乙丙橡胶产能将实现增长，目前公布的新建装置2套，且并无已明确的淘汰装置。

2025年中国三元乙丙橡胶预计扩增1套产能，位于东北区域，吉林石化计划扩能4万吨/年，东北区域总产能预计达到23.50万吨/年。

2025—2029年中国三元乙丙橡胶拟在建产能统计见表39-7。

表 39-7　2025—2029 年中国三元乙丙橡胶拟在建产能统计

企业简称	产能/（万吨/年）	预计投产时间	省份
吉林石化	4	2025 年	吉林
中油蓝海	5	2027 年	江苏
合计	9		

39.6.1.2　2025—2029 年三元乙丙橡胶产能趋势预测

2025—2029年中国三元乙丙橡胶将累计新建产能9万吨/年，2025—2029年年均复合增长率预计在4.2%，一改过去五年产能无变化的情况，总供应增速加快。根据目前已公布的产能扩建计划统计，未来五年三元乙丙橡胶新增产能集中于2025年和2027年，2028年后产能暂无增加计划。

2025—2027年，预计三元乙丙橡胶年度产能增速在10%附近，2027年因预期吉化装置按计划扩产以及蓝海新材料装置集中投产，成为未来五年内的扩产高峰。2028—2029年，目前暂未公布新建项目。预计至2029年，国内三元乙丙橡胶总产能或达到48.50万吨/年。

2025—2029年中国三元乙丙橡胶产能预测见图39-16。2025—2029年中国三元乙丙橡胶产量及产能利用率趋势预测见图39-17。

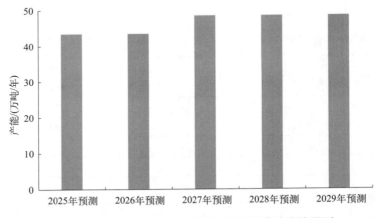

图 39-16　2025—2029 年中国三元乙丙橡胶产能预测

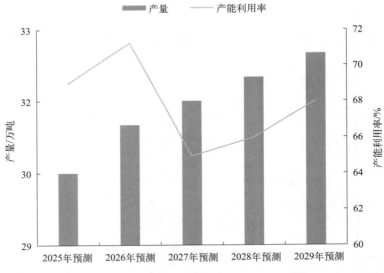

图 39-17　2025—2029 年中国三元乙丙橡胶产量及产能利用率趋势预测

39.6.2　三元乙丙橡胶消费趋势预测

未来几年汽车零部件仍然是三元乙丙橡胶的主要消费领域。得益于宏观政策的调控以及"节能减排"的号召，新能源汽车快速发展，极大带动了汽车行业的发展和三元乙丙橡胶在该领域的消费，其消费占比在50%左右。此外，在高硫化速率三元乙丙橡胶专用料、高阻燃三元乙丙橡胶专用料、三元乙丙橡胶/氯化聚乙烯合金、三元乙丙橡胶/聚丙烯合金等改性技术领域，三元乙丙橡胶的应用前景广阔。随着这些技术的不断发展和市场需求的增长，未来聚合物改性行业在整体消费中的占比将逐步提升。

2025年和2029年中国三元乙丙橡胶主要下游消费预测见图39-18。

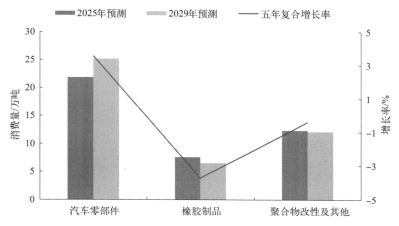

图 39-18　2025 年和 2029 年中国三元乙丙橡胶主要下游消费预测

39.6.3　三元乙丙橡胶供需格局预测

2025—2029 年，国内三元乙丙橡胶行业维持在成熟期，随着新装置的扩建以及投产，国内供应缺口有望缓解，预计进口量将略有下降，出口量将有所增加。虽下游部分行业需求有所向好，但需求面难有明显增量，需求增速不及供应增速，三元乙丙橡胶价格恐难以延续涨势。

2025—2029 年中国三元乙丙橡胶供需预测见表39-8。

表 39-8　2025—2029 年中国三元乙丙橡胶供需预测

单位：万吨

时间	产量	进口量	总供应量	表观消费量	出口量
2025 年预测	30.0	15.2	45.2	41.7	3.6
2026 年预测	31.0	15.1	46.1	42.5	3.6
2027 年预测	31.5	15.0	46.5	42.9	3.6
2028 年预测	32.0	15.0	47.0	43.4	3.6
2029 年预测	32.5	14.8	47.3	43.7	3.6

第 40 章

丁腈橡胶

2024 年度
关键指标一览

类别	指标	2024 年	2023 年	涨跌幅	2025 年预测	预计涨跌幅
价格	3305E 均价 /（元 / 吨）	15101.0	14737.2	2.5%	14988.0	−0.7%
供需	产能 /（万吨 / 年）	27.5	27.5	0.0%	28.5	3.6%
	产量 / 万吨	24.9	24.8	0.4%	26.4	5.9%
	产能利用率 /%	90.5	90.2	3 个百分点	92.6	2.1 个百分点
	下游消费量 / 万吨	30.3	30.8	−1.7%	31.0	2.5%
进出口	进口量 / 万吨	7.94	8.43	−5.8%	7.8	−1.8%
	出口量 / 万吨	2.55	2.44	4.5%	3.0	17.6%
毛利	兰化 3305E/（元 / 吨）	1393.8	3318.6	−58.0%	1000.0	−28.3%

40.1　中国丁腈橡胶供需分析

过去五年间，中国丁腈橡胶产能扩增在 2022 年，带动 2022—2024 年中国丁腈橡胶产量增加，2024 年中国丁腈橡胶产量达到五年内高点，五年复合增长率为 3.67%。下游需求增速较慢，近五年复合增长率为 0.24%，丁腈橡胶供应增速大于需求增速。

2020—2024 年中国丁腈橡胶供需变化见表 40-1。

表 40-1　2020—2024 年中国丁腈橡胶供需变化

单位：万吨

时间	产量	进口量	总供应量	下游消费量	出口量	总需求量
2020 年	21.6	9.6	31.1	30.0	1.2	31.2
2021 年	19.9	8.9	28.9	28.0	0.9	28.9
2022 年	23.5	7.6	31.1	28.7	2.0	30.7
2023 年	24.8	8.4	33.3	30.8	2.4	33.2
2024 年	24.9	7.9	32.9	30.3	2.6	32.8

40.2　中国丁腈橡胶供应现状分析

40.2.1　丁腈橡胶产能趋势分析

40.2.1.1　2024 年丁腈橡胶产能及新增产能统计

2024 年中国丁腈橡胶产能无增加，截至年底行业总产能为 27.50 万吨/年，与 2023 年持平。

40.2.1.2　2024 年丁腈橡胶主要企业生产状况

2024 年丁腈橡胶总产能 27.50 万吨/年，从工艺路线来看，丁腈橡胶工艺全部为乳液聚合工艺。目前，国内有 6 家丁腈橡胶生产企业，其中兰州石化是中国最早的丁腈橡胶生产企业，也是目前国内丁腈橡胶产能最大的生产企业，市场占有率为 36.36%。

2024 年中国丁腈橡胶行业主要生产企业产能统计见表 40-2。

表 40-2　2024 年中国丁腈橡胶行业主要生产企业产能统计表

企业名称	省份	简称	产能/（万吨/年）
中国石油兰州石化公司	甘肃	兰州石化	10.0
镇江南帝化工有限公司	江苏	镇江南帝	5.0
宁波顺泽橡胶有限公司	浙江	宁波顺泽	6.5
阿朗台橡（南通）化学工业有限公司	江苏	阿朗台橡	3.0
金浦英萨合成橡胶有限公司	江苏	金浦英萨	3.0
合计			27.5

40.2.1.3　2020—2024 年丁腈橡胶产能趋势分析

2020—2024 年中国丁腈橡胶产能增加，截至 2024 年底，总产能达到 27.5 万吨/年，复合增长率 3.46%。2022 年 5 月，兰州石化 3.5 万吨/年特种丁腈橡胶装置投产运行，并在 6 月份达到量产，兰州石化丁腈橡胶产能合计提升至10万吨/年，打破了丁腈橡胶产能此前几年维稳的状态。
2020—2024年中国丁腈橡胶产能变化趋势见图40-1。

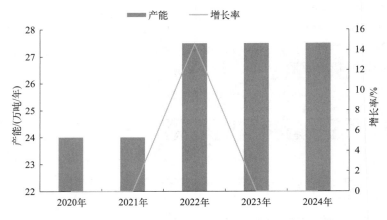

图 40-1　2020—2024年中国丁腈橡胶产能变化趋势

40.2.2　丁腈橡胶产量及产能利用率趋势分析

40.2.2.1　2024年丁腈橡胶产量及产能利用率趋势分析

2024年中国丁腈橡胶总产量为24.9万吨，同比提升0.4%。2024年丁腈橡胶产量存在一定的
波动性，其中一季度整体产量处于年内偏高水平。自4月份开始，国内丁腈橡胶主要生产企业装
置开始检修，叠加下半年出现减产保价情况，下半年产量波动相对平稳。

2024年中国丁腈橡胶产量与产能利用率变化趋势见图40-2。

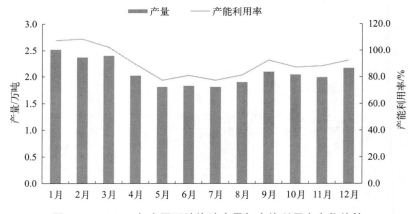

图 40-2　2024年中国丁腈橡胶产量与产能利用率变化趋势

40.2.2.2　2020—2024年丁腈橡胶产量及产能利用率趋势分析

2020—2024年丁腈橡胶产量由21.6万吨增长至24.9万吨，增幅15.52%。产能利用率同步增
长，由89.96%增至90.69%。

2020—2024年国内丁腈橡胶产量以及产能利用率存在一定的波动。其中，2021年产量和产
能利用率均处于五年内低点。分析原因：丁腈胶乳市场需求较好，宁波顺泽以及镇江南帝丁腈

橡胶以生产胶乳为主，丁腈橡胶产量减少；2021年9月份华东地区受环保以及"双控"等因素影响，产量减少。2022年开始，随着丁腈橡胶新装置产能的释放，产量以及产能利用率均处于上涨趋势。尤其是在2023—2024年，丁腈橡胶产能利用率均超过90%。随着疫情的退去，丁腈胶乳产能过剩明显，前期丁腈橡胶技改装置也倾向于生产丁腈橡胶，另外，下游需求和出口量持续增长是近两年丁腈橡胶产量以及产能利用率提升的主要原因。

2020—2024年中国丁腈橡胶产量与产能利用率变化趋势见图40-3。

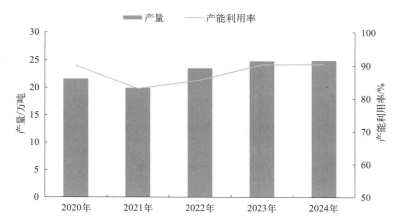

图 40-3　2020—2024 年中国丁腈橡胶产量与产能利用率变化趋势

40.2.3　丁腈橡胶供应结构分析

40.2.3.1　2024 年丁腈橡胶分区域供应结构分析

中国丁腈橡胶产能分布依然为华东和西北两个区域。其中华东地区丁腈橡胶总产能为17.50万吨/年，占比为63.64%；西北地区，产能为10万吨/年，占比为36.36%。

2024年中国丁腈橡胶分区域产能分布见图40-4。

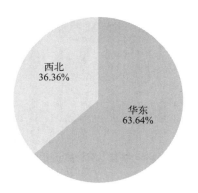

图 40-4　2024 年中国丁腈橡胶分区域产能分布

40.2.3.2　2024 年丁腈橡胶分企业性质供应结构分析

按企业性质来看，第一位的是国有企业，产能为10万吨/年，占比36.36%；第二位是民营企业，产能6.50万吨/年，占比23.64%；第三为合资企业，产能6万吨/年，占比21.82%；最后一位是台资企业，产能5万吨/年，占比18.18%。国有企业依然是丁腈橡胶生产的主力军。

2024年中国丁腈橡胶分企业性质产能分布见图40-5。

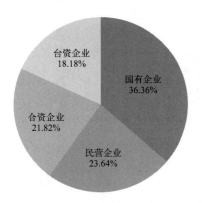

图 40-5 2024年中国丁腈橡胶分企业性质产能分布

40.2.4 丁腈橡胶进口趋势分析

2024年，中国丁腈橡胶进口量为7.9万吨，同比减少5.8%。从月度进口看，2024年中国丁腈橡胶月度进口量峰值出现在1月份，主要原因是当时价格相对偏低，以及国内春节假期等因素影响，存在节前备货行为，导致丁腈橡胶进口量呈现较高水平。年内低点出现在11月份，由于丁二烯外盘价格高位，丁腈橡胶成本压力较大，进口美金价格为年内最高，而国内需求表现一般，国内业者接盘减少。

2024年中国丁腈橡胶进口量价变化趋势见图40-6。

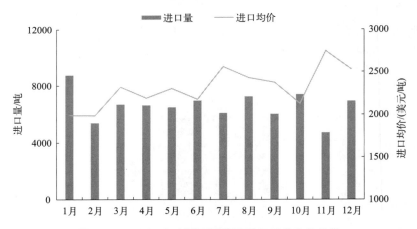

图 40-6 2024年中国丁腈橡胶进口量价变化趋势

2020年中国丁腈橡胶进口量为五年峰值，高达9.6万吨，主要原因是受欧美地区需求下降的影响，韩国丁腈橡胶出口至欧美销售受阻，导致其不得不通过低价吸引中国买方，从而加大对中国市场的进口量，2020年中国丁腈橡胶进口量创出新高。随后中国丁腈橡胶进口量降低，主要是中国需求表现偏弱，且欧美地区丁腈橡胶需求存在改善，国际贸易环节流向略有调整，而且2022年，中国丁腈橡胶产能增加，产量增加明显，中国丁腈橡胶进口量降至近五年低点，进口总量为7.6万吨。2023年，丁腈橡胶进口重拾涨势，主要存在部分转口贸易的现象。2024年，受国内供应增加因素影响，进口量下跌，2024年进口总量为7.9万吨。

2020—2024年中国丁腈橡胶进口量变化趋势见图40-7。

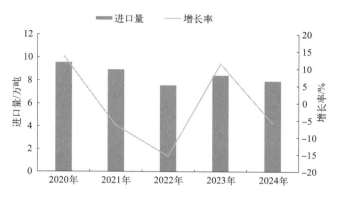

图40-7 2020—2024年中国丁腈橡胶进口量变化趋势

40.3 中国丁腈橡胶消费现状分析

40.3.1 丁腈橡胶消费趋势分析

40.3.1.1 2024年丁腈橡胶消费趋势分析

2024年中国丁腈橡胶表观消费量为30.3万吨，较去年下跌1.7%。2024年丁腈橡胶消费量在1月份处于高位之后，2月份出现了消费量走低现象，其中2月份自然日少，同时2月份因春节假期，下游制品行业周期性的放假，导致丁腈橡胶消费量处于偏低水平。4月份开始，丁腈橡胶消费量较平稳，实际波动区间较窄，符合丁腈橡胶2024年制品行业"淡季不淡，旺季不旺"的情形。

2024年中国丁腈橡胶月度消费量及月均价变化趋势见图40-8。

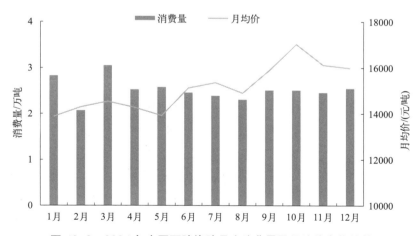

图40-8 2024年中国丁腈橡胶月度消费量及月均价变化趋势

40.3.1.2 2020—2024年丁腈橡胶消费趋势分析

2020—2024年从丁腈橡胶下游消费数据来看，其中2021年和2022年消费水平较低，2021年同比下跌6.53%，主要是受"疫情"影响导致丁腈橡胶下游制品行业订单偏差，影响了对丁腈橡胶的需求。2023年，2023年丁腈橡胶消费量上涨至5年新高，实际消费量同比增长7.1%，主要是下游制品企业长约订单以及海外订单的增加。2024年，丁腈橡胶消费量再次出现小幅走低。影响因素为下游制品行业供应过剩，部分小型企业陷入内卷，存在产能淘汰，同时受国际贸易格局的影响，海外订单商谈存在较大的阻力，导致丁腈橡胶消费量同比略有下降。

2020—2024年中国丁腈橡胶年度消费变化趋势见图40-9。

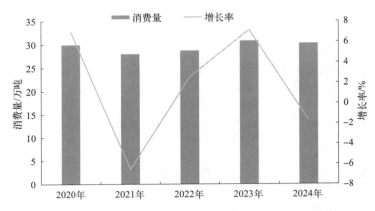

图40-9 2020—2024年中国丁腈橡胶年度消费变化趋势

40.3.2 丁腈橡胶消费结构分析

40.3.2.1 2024年丁腈橡胶消费结构分析

2024年，丁腈橡胶五大下游依次是胶管胶带、橡塑发泡、密封件、胶辊以及鞋材等，其中胶管胶带和橡塑发泡制品占比最大，分别为31.2%和8.8%；其次为密封件，约占20.0%；胶辊和鞋材等行业占比相对较少，均在10%以下。

2024年中国丁腈橡胶下游消费占比见图40-10。

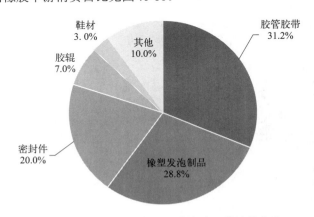

图40-10 2024年中国丁腈橡胶下游消费占比

40.3.2.2 2020—2024年丁腈橡胶消费结构分析

2020—202年，中国丁腈橡胶消费增速缓慢，年均复合增长率在0.24%。胶管胶带和橡塑发泡制品作为丁腈橡胶主要的两大消费领域，总共占据丁腈橡胶总消费量的60%左右，两者近五年消费出现一定的差异性。其中，2020—2024年丁腈橡胶在胶管胶带领域消费量的复合增长率为2.12%，主要是近年来，胶管胶带出口较好，而且国内开采行业以及制造业略有好转，对于胶管胶带存在一定的拉动；橡塑发泡制品消费五年复合增长率为−0.82%，主要是近年来中国房地产行业资金投放以及房屋施工面积表现并不景气，同时部分运动发泡制品出口订单萎缩以及新型原材料的替代，运动发泡制品行业表现萎靡，对于橡塑发泡制品形成较大的制约性。

2020—2024年中国丁腈橡胶下游消费趋势见图40-11。

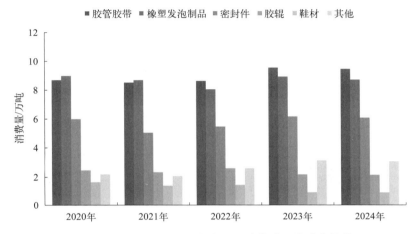

图 40-11　2020—2024 年中国丁腈橡胶下游消费趋势

40.3.3　丁腈橡胶出口趋势分析

2024年中国丁腈橡胶出口量继续增加，合计为2.55万吨，同比2023年上涨4.51%。2024年月度出口量波动相对较大，丁腈橡胶出口量最高的为4月，约3453吨，国内库存处于偏高水平，同时考虑到印度假期结束之后的集中复工，对于丁腈橡胶需求存在较大的拉动，带动4月份出口量创全年最高；出口月份最少的为11月份，仅为1222吨。

2024年中国丁腈橡胶出口量价变化见图40-12。

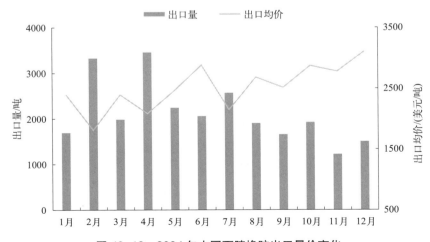

图 40-12　2024 年中国丁腈橡胶出口量价变化

2020—2024年，中国丁腈橡胶出口量由1.2万吨增长至2.6万吨，复合增长率20.49%。2022年开始，中国丁腈橡胶出口量出现大幅增加，国内丁腈橡胶新产能释放带动丁腈橡胶产量增加明显，国内业者积极开发出口市场，出口量增加明显。2023年开始，欧美运输航线的周期以及运费等均增加，部分进口丁腈橡胶存在中国转出口现象，带动中国丁腈橡胶出口。2024年丁腈橡胶出口量创历史新高，为2.6万吨。

2020—2024年中国丁腈橡胶出口量变化趋势见图40-13。

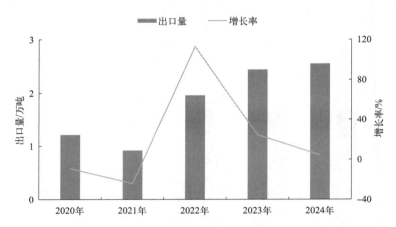

图 40-13　2020—2024 年中国丁腈橡胶出口量变化趋势

40.4　中国丁腈橡胶价格走势分析

2024年，国内丁腈橡胶价格表现是先高后低，全年走势可以分为三个阶段。

第一阶段：（1—5月中下旬）供需驱动明显，丁腈橡胶市场价格持续低位

1—5月中下旬，国内丁腈橡胶橡胶价格处于偏低水平震荡。1月末，丁腈橡胶行情出现第一轮触底反弹，但受春节假期等因素影响，下游制品行业开工同比下跌明显，国内丁腈橡胶需求表现偏弱，对于原材料消化有限，叠加国内生产企业库存高位，价格在低位震荡。

第二阶段：（5月底—10月末）原料涨价叠加产量减少等原因，丁腈橡胶价格连续冲高

5月底—10月末，丁腈橡胶呈现连续走高行情，主要原因是原料丁二烯价格持续上行，国内丁腈橡胶生产企业成本压力加大，部分企业毛利更是出现负值，民营和合资企业考虑到成本压力，出现减量保价现象。兰州石化丁腈橡胶装置检修周期延长，重启之后出现减量现象，丁腈橡胶市场现货流通减少，合成橡胶期货以及现货价格上涨明显，丁腈橡胶价格对比其他合成橡胶而言，处于偏低水平，原料涨价叠加产量减少等原因，带动丁腈价格上涨，且维持在年内高位。

第三阶段：（11—12月）成本叠加供需影响，丁腈橡胶先跌后涨

11月份，原材料丁二烯内外盘价格下跌，丁腈橡胶成本向下拖拽明显，而且部分制品企业采买兴致偏弱，利空叠加明显的前提下，丁腈橡胶市场价格呈现下跌趋势。由于丁腈橡胶市场多数业者提前预售，导致场内到货多以交付前期订单为主，市场实际货源流通缓慢，丁二烯国内市场价格在11月底开始反弹上涨，带动丁腈橡胶中间环节的询盘气氛，下游工厂进行批量的逢低建仓，丁腈橡胶供方销售以及库存压力缓解明显，丁腈橡胶价格止跌反弹。考虑到下游工厂实际消费未有明显增加，随着价格的逐步走高，市场炒作热度消散，丁腈橡胶年底以平稳态势结束2024年行情。

2020—2024年兰化3305E价格变化趋势见图40-14。

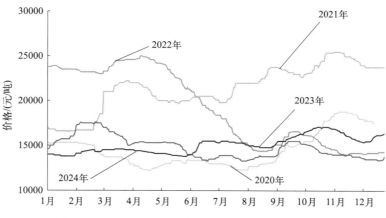

图 40-14　2020—2024 年兰化 3305E 价格变化趋势

兰化3305E丁腈橡胶2024年月均价及2020—2024年年均价分别见表40-3和表40-4。

表 40-3　2024 年兰化 3305E 月均价汇总表

月份	兰化 3305E 均价 /（元 / 吨）
1 月	13872.7
2 月	14294.1
3 月	14538.1
4 月	14275.0
5 月	13919.0
6 月	15121.1
7 月	15356.5
8 月	14900.0
9 月	15885.7
10 月	17015.8
11 月	16119.0
12 月	15986.4

表 40-4　2020—2024 年兰化 3305E 年均价汇总表

年份	2020 年	2021 年	2022 年	2023 年	2024 年
兰化 3305E 均价 /（元 / 吨）	14650.4	21485.2	19024.0	14737.2	15101.0

40.5　中国丁腈橡胶生产毛利走势分析

2024年丁腈橡胶年均利润均值在1393.8元/吨，为近十年最低。2024年上游丁二烯受供需因素带动，价格创2017年以来最高水平，而丁腈橡胶自身供需压力相对明显，供应增速高于需求增速，导致丁腈橡胶价格涨幅不及成本，年均利润创近十年来新低。尤其是5—6月份，原材料丁二烯价格涨势明显，而丁腈橡胶面临需求不佳以及社会库存偏高等因素影响，价格涨速较慢，导致利润处于偏低水平。

2024年中国丁腈橡胶生产毛利变化趋势见图40-15。

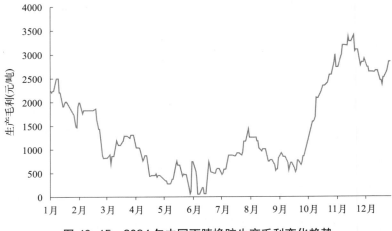

图 40-15 2024 年中国丁腈橡胶生产毛利变化趋势

兰化3305E 2024年月均生产毛利及2020—2024年年均生产毛利分别见表40-5和表40-6。

表 40-5 2024 年兰化 3305E 月均生产毛利汇总表

月份	生产毛利 /（元 / 吨）
1 月	2052.1
2 月	1684.0
3 月	1088.0
4 月	662.7
5 月	413.5
6 月	404.2
7 月	876.7
8 月	962.5
9 月	744.6
10 月	2247.9
11 月	3049.1
12 月	2655.5

表 40-6 2020—2024 年兰化 3305E 年均生产毛利汇总表

年份	2020 年	2021 年	2022 年	2023 年	2024 年
生产毛利 /（元 / 吨）	4758.9	7775.0	6981.7	3318.6	1393.8

40.6 2025—2029 年中国丁腈橡胶发展预期

40.6.1 中国丁腈橡胶供应趋势预测

40.6.1.1 2025—2029 年丁腈橡胶拟在建 / 退出产能统计

2025—2029 年中国丁腈橡胶新增产能合计27.5 万吨/年，新增装置主要位于华东区域，在西北、华北等地也有部分拟在建项目规划。退出产能3万吨/年，其中阿朗台橡新建4万吨/年装置计划在2025年1月份投料释放，原来的3万吨/年装置计划于2025年上半年淘汰。

未来，上游丁二烯和丙烯腈仍有新增产能释放。从产业链一体化的发展趋势来看，丁二烯和丙烯腈的下游衍生产品中，丁腈橡胶的利润表现较为可观，因此部分工厂对丁腈橡胶仍保持较高的关注度。但考虑到丁腈橡胶下游行业以及客户群体相对分散，以及丁腈橡胶技术来源等，部分新进入者依旧持谨慎乐观态度。

2025—2029年中国丁腈橡胶拟在建和退出产能统计见表40-7。

表40-7　2025—2029年中国丁腈橡胶拟在建和退出产能统计

企业名称	产能/（万吨/年）	预计投产时间	地址
拟在建产能			
阿朗台橡（南通）化学工业有限公司	4	2025年1月	江苏南通
兰州石化分公司	7	2027年年底	甘肃兰州
宁波顺泽橡胶有限公司	3.5	待定	浙江宁波
南京金浦英萨合成橡胶有限公司	3	待定	江苏南京
荣盛新材料（台州）有限公司	5	待定	浙江台州
山东利华益集团股份有限公司	5	待定	山东东营
合计	27.5		
退出产能			
阿朗台橡（南通）化学工业有限公司	3	2025年	江苏南通

40.6.1.2　2025—2029年丁腈橡胶产能趋势预测

未来五年，丁腈橡胶虽然存在较多的拟建装置，但考虑到中国丁腈橡胶未来将面临的格局是供应增速要远远高于下游需求的增速，丁腈橡胶供需矛盾凸显，故部分拟建装置存在不确定性。预计2025—2029年中国丁腈橡胶平均产能复合增长率为10.09%。

2025—2029年中国丁腈橡胶产能预测见图40-16。

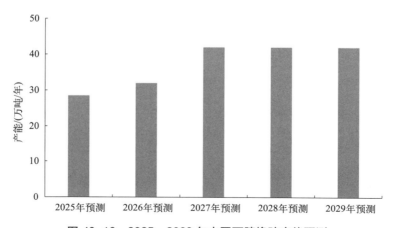

图40-16　2025—2029年中国丁腈橡胶产能预测

2025—2029年丁腈橡胶中国产量及产能利用率趋势预测见图40-17。

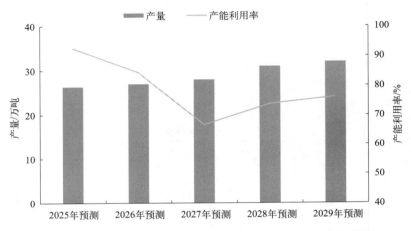

图 40-17　2025—2029 年中国丁腈橡胶产量及产能利用率趋势预测

40.6.2　丁腈橡胶消费趋势预测

就丁腈橡胶下游领域发展来看，由于政策性的持续释放，工程机械等方面刺激性较好，丁腈橡胶在胶管胶带行业的需求将增加；但房地产行业实际恢复较为缓慢，对于橡塑发泡制品行业带动有限。根据下游领域产能统计，预计未来五年下游行业需求增速缓慢上涨。

40.6.3　丁腈橡胶供需格局预测

2025—2029年，国内丁腈橡胶仍有装置投产，但考虑到目前丁腈橡胶实际消费增速缓慢等因素，部分新增装置产能或将很难全部释放。结合目前意向较大的投产情况来看，预估未来五年丁腈橡胶产量增速为4.13%，而下游实际消费量增速为1.98%，对于未来丁腈橡胶价格影响存在一定的制约。从2025年来看，考虑到新增装置的投产，以及原材料丁二烯下跌对于成本压力的缓解，丁腈橡胶供应增量大于需求增量。

2025—2029年中国丁腈橡胶供需预测见表40-8。

表 40-8　2025—2029 年中国丁腈橡胶供需预测

单位：万吨

时间	产量	进口量	总供应量	下游消费量	出口量	总需求量
2025 年预测	26.4	7.8	34.2	31.0	3.0	34.0
2026 年预测	27.0	7.5	34.5	31.0	3.4	34.4
2027 年预测	28.0	7.2	35.2	31.2	3.7	34.9
2028 年预测	31.0	7.0	38.0	33.5	4.4	37.9
2029 年预测	32.0	6.7	38.7	33.9	4.6	38.5

第六篇

聚氨酯

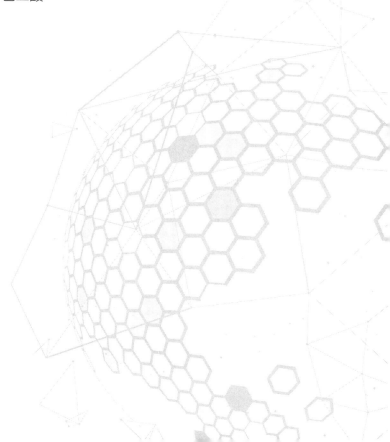

第 41 章

环氧丙烷

2024 年度
关键指标一览

类别	指标	2024 年	2023 年	涨跌幅	2025 年预测	预计涨跌幅
价格	山东均价 /（元 / 吨）	8757.0	9393.0	−6.8%	8000	−8.6%
供需	产能 /（万吨 / 年）	712.0	612.0	16.3%	920.00	29.2%
	产量 / 万吨	526.0	431.0	22.0%	605.00	15.0%
	产能利用率 /%	73.9	70.4	3.5 个百分点	65.8	−8.1 个百分点
	下游消费量 / 万吨	542.0	462.0	17.3%	600.00	10.7%
进出口	进口量 / 万吨	26.7	34.6	−22.8%	16.00	−40.1%
	出口量 / 万吨	1.3	0.4	225.0%	2.00	53.8%
毛利	氯醇法 /（元 / 吨）	−23.0	659.0	−103.5%	−550.00	−2292.6%
	HPPO/（元 / 吨）	−864.5	−270.0	−220.2%	−1581.00	−82.9%
	共氧化法 /（元 / 吨）	1862.3	1783.0	4.5%	957.00	−48.6%
	CHP/（元 / 吨）	−536.7	−50.0	−973.5%	−1444.00	−169.0%

41.1　中国环氧丙烷供需分析

环氧丙烷（PO）作为重要石化中间原料，2020—2024 年国内产能大幅增加，供需整体由紧变松，其间受疫情、国际市场环境变化等因素影响，环氧丙烷行业景气度整体呈现下行态势。国内 PO 主要用作生产聚醚多元醇的原料，其他下游有丙二醇、碳酸二甲酯等。

2020—2024 年中国环氧丙烷供需变化见表 41-1。

表 41-1　2020—2024 年中国环氧丙烷供需变化

单位：万吨

时间	产量	进口量	总供应量	下游消费量	出口量	总需求量
2020 年	295.2	47.1	361.2	357.0	0.4	357.4
2021 年	369.4	43.4	416.5	415.8	0.3	416.1
2022 年	391.0	30.4	421.9	420.1	1.2	421.3
2023 年	431.0	34.6	465.7	462.0	0.4	465.4
2024 年	526.0	26.7	552.9	542.0	1.3	543.3

41.2　中国环氧丙烷供应现状分析

41.2.1　环氧丙烷产能趋势分析

41.2.1.1　2024 年产能及新增产能统计

2020—2024 年，中国环氧丙烷新增产能趋向大型化，工艺趋向新工艺，特别是随着国内先进工艺技术的突破，双氧水法环氧丙烷（HPPO）及环氧丙烷/苯乙烯联产工艺（PO/SM）等应用占比明显提升。

2024 年新增 4 套环氧丙烷装置，合计产能 130 万吨/年，去除吉林神华长期关停的 30 万吨/年 HPPO 装置产能，2024 年环氧丙烷总产能达到 712 万吨/年，同比增长 16.3%，行业规模化程度进一步提升。

2024 年中国环氧丙烷新增产能统计见表 41-2。

表 41-2　2024 年中国环氧丙烷新增产能统计

企业名称	省份	企业性质	产能/（万吨/年）	工艺类型	装置投产时间	下游配套
江苏瑞恒新材料科技有限公司	江苏	国企	40	HPPO	2024 年 1 月	无
万华化学集团股份有限公司	山东	民企	40	CHP	2024 年 4 月	配套聚醚
利华益维远化学股份有限公司	山东	民企	30	HPPO	2024 年 6 月	无
盛虹石化集团有限公司	江苏	民企	20	PO/SM	2024 年 10 月	配套聚醚
合计			130			

41.2.1.2　2024 年环氧丙烷主要生产企业生产状况

随着大型炼化一体化装置的逐步投产，我国环氧丙烷产业呈现大型化、集中化发展趋势。2020—2024 年，以前五企业产能占比口径进行统计，中国环氧丙烷行业集中度保持在 40%～55% 之间波动。以 30 万吨及以上企业占比口径统计，五年内总产能占比累计增长 49%。2024 年环氧丙烷产能在 30 万吨/年及以上的企业产能约占总产能的 63%。

2024年中国环氧丙烷主要生产企业产能统计见表41-3。

表 41-3 2024 年中国环氧丙烷主要生产企业产能统计

企业名称	地址	简称	产能/（万吨/年）	工艺路线
万华化学集团股份有限公司	烟台	万华化学	94	PO/MTBE+PO/SM+CHP
中海壳牌石油化工有限公司	惠州	中海壳牌	59	PO/SM
宁波镇海炼化利安德化学有限公司	宁波	镇海利安德	57	PO/SM
江苏嘉宏新材料有限公司	连云港	嘉宏新材料	40	HPPO
江苏瑞恒新材料科技有限公司	连云港	瑞恒新材料	40	HPPO
无棣鑫岳化工集团有限公司	滨州	无棣鑫岳	38	氯醇
山东三岳化工有限公司	滨州	山东三岳	32	氯醇
淄博齐翔腾达化工股份有限公司	淄博	齐翔腾达	30	HPPO
山东金诚石化集团有限公司	淄博	金诚石化	30	HPPO
利华益维远化学股份有限公司	东营	利华益维远	30	HPPO
合计			450	

注：行业内一般将山东单列。

41.2.1.3 2020—2024 年环氧丙烷产能趋势分析

2020—2024年产能快速增加，新建产能主要集中于华东区域，其中大部分属于新建大型炼化一体化配套项目或丙烯下游延伸产业链配套项目，环氧丙烷产业链一体化程度逐年提升。随着国内产能不断增加，产量也相应增加，"十四五"期间市场供需由紧向松过渡，行业利润明显压缩，产能利用率由"十四五"前期的90%逐年下滑至2024年的73.9%。

2020—2024年中国环氧丙烷产能变化趋势见图41-1。

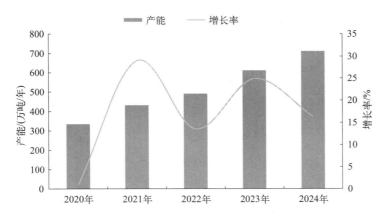

图 41-1 2020—2024 年中国环氧丙烷产能变化趋势

41.2.2 环氧丙烷产量及产能利用率趋势分析

41.2.2.1 2024 年环氧丙烷产量及产能利用率趋势分析

2024年中国环氧丙烷产量为526万吨，同比增加22%，产能利用率降至73.9%。2024年环氧丙烷生产总体保持稳定。在4—5、8—9月因集中检修而出现产量、产能利用率的双重回落。2024年新增产能投放较为分散，除集中检修期间外，产能利用率保持在70%左右。

2024年中国环氧丙烷产量与产能利用率变化趋势见图41-2。

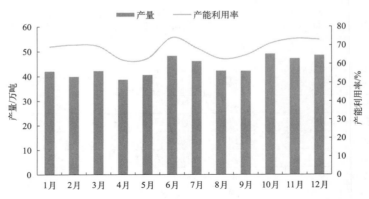

图 41-2　2024 年中国环氧丙烷产量与产能利用率变化趋势

41.2.2.2　2020—2024 年环氧丙烷产量及产能利用率趋势分析

2020—2024 年中国环氧丙烷产量由 295.2 万吨增长至 526 万吨，增幅高达 78%。产能利用率震荡下滑，由 88% 降至 73.9%。

2020—2021 年中国环氧丙烷尚处于供需偏紧格局，年均产能利用率在 86% ~ 88% 高位；随着 2021—2022 年新建项目陆续建成投产，产能利用率开始下滑；2023—2024 年产能继续保持快速增长，市场供需宽松，行业产能利用率进一步下降。

2020—2024 年中国环氧丙烷产量与产能利用率变化趋势见图41-3。

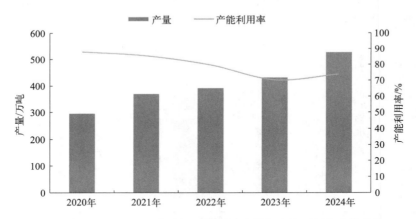

图 41-3　2020—2024 年中国环氧丙烷产量与产能利用率变化趋势

41.2.3　环氧丙烷供应结构分析

41.2.3.1　2024 年环氧丙烷分区域供应结构分析

2020—2024 年，我国环氧丙烷产能区域分布占比总体保持稳定，新增产能主要集中在华东地区，其他地区新建项目有限。华南地区也是环氧丙烷的主要生产地，但该地区下游需求有限，部分产品外运华东、中南等其他地区。从各省情况看，山东产能位居全国首位，占比达到 46.5%，该地区也是下游聚醚多元醇的主要生产地。

2024年国内环氧丙烷按区域产能分布见图41-4。

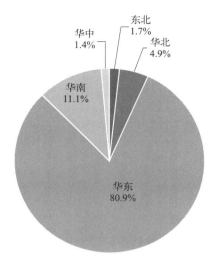

图 41-4　2024 年中国环氧丙烷按区域产能分布

41.2.3.2　2024 年环氧丙烷分生产工艺供应结构分析

当前国内环氧丙烷工艺路线来看，PO/SM工艺跃升首位，HPPO紧随其后，传统氯醇法已退至第三位，PO/MTBE工艺占比6.7%，异丙苯法整体占比最低。截至2024年底，国内环氧丙烷产能中，采用PO/SM技术的总产能233万吨/年，占比32.7%；采用传统氯醇法的总产能159万吨/年，占比22.3%；采用HPPO技术的总产能205万吨/年，采用PO/MTBE技术的总产能为48万吨/年，占比6.7%。

2024年中国环氧丙烷按生产工艺产能分布见图41-5。

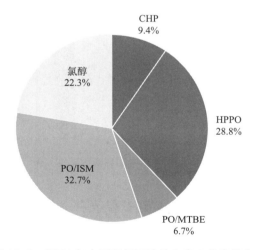

图 41-5　2024 年中国环氧丙烷按生产工艺产能分布

41.2.4　环氧丙烷进口趋势分析

2024年，我国进口环氧丙烷26.7万吨，同比下降22.8%。全年月度进口差异明显，1月份单月进口3.9万吨，7月份进口量仅1.2万吨。

2024年中国环氧丙烷进口量价变化趋势见图41-6。

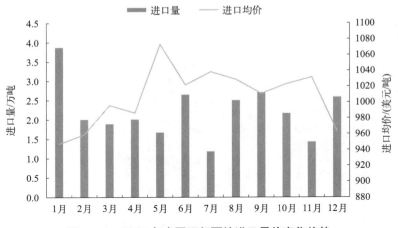

图 41-6　2024 年中国环氧丙烷进口量价变化趋势

　　2020—2024年，随着国内供应快速增加，进口大幅下降，国内竞争激烈且自给率提高，进口套利空间进一步压缩，我国环氧丙烷进口依存度震荡回落。未来随着国内供应增加，进口依存度将呈现稳中有降趋势。

　　2020—2024年中国环氧丙烷进口量变化趋势见图41-7。

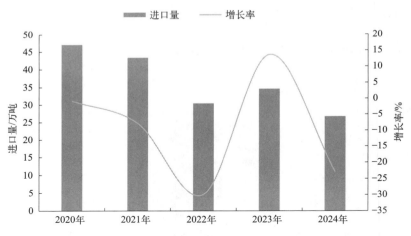

图 41-7　2020—2024 年中国环氧丙烷进口量变化趋势

41.3　中国环氧丙烷消费现状分析

41.3.1　环氧丙烷消费趋势分析

41.3.1.1　2024 年环氧丙烷消费趋势分析

　　2024年环氧丙烷消费量达到542万吨，较2020年增长51.8%。下游淡旺季逐渐弱化，全年对环氧丙烷消费变化有限，月度消费量随着其行业新装置投产而自然增长。从全年消费情况看，1月份延续上年情况消费平稳，2月份受春节假期影响回落，3—4月伴随天气回暖、终端复工等，消费量有一定回升。5—8月期间因环氧丙烷两轮集中检修，消费量震荡波动，传统金九银十旺季效应有限，周期内消费量变化平缓。四季度随着下游需求增加，环氧丙烷消费进一步回升。

2024年中国环氧丙烷月度消费量及价格变化趋势见图41-8。

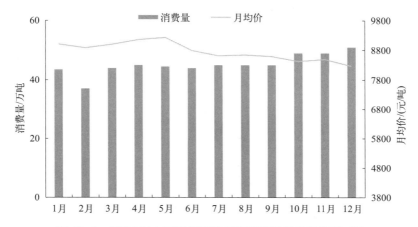

图41-8　2024年中国环氧丙烷月度消费量及价格趋势对比

41.3.1.2　2020—2024年环氧丙烷消费趋势分析

2020—2024年中国环氧丙烷消费呈逐年递增趋势，2024年国内环氧丙烷消费达到542万吨，较2020年增长51.8%，年均增速11%，但年度增速波动较大。2020年虽然受到疫情的影响，但外贸保持较好态势，需求增长稳定；2021年，下游出口红利仍存，消费增长加快；2022年，受国内外多重因素影响，行业利润下滑，消费增速大幅回落；2023年，虽上半年整体消费表现一般，但下半年在外贸增长拉动下，消费量增速有所回升；2024年随着下游产能释放，市场需求进一步增加。

2020—2024年中国环氧丙烷年度消费变化趋势见图41-9。

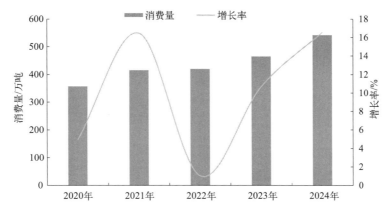

图41-9　2020—2024年中国环氧丙烷年度消费变化趋势

41.3.2　环氧丙烷消费结构分析

41.3.2.1　2024年环氧丙烷消费结构分析

环氧丙烷下游消费主要有聚醚多元醇、丙二醇、醇醚等。聚醚多元醇作为环氧丙烷最主要下游产品，2024年消费占比为77.9%；随着丙二醇产能增加，消费占比有所提升，2024年消费量56万吨，占比10.3%；醇醚消费市场稳定，占比保持在4.3%；阻燃剂行业2024年消费量较2023年出现下滑，占比下降至2.3%，同比下降0.4个百分点。

2024年中国环氧丙烷下游消费占比见图41-10。

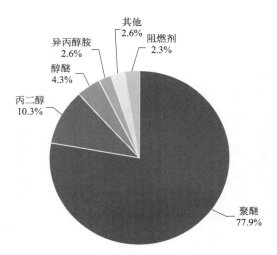

图41-10　2024年中国环氧丙烷下游消费占比

41.3.2.2　2020—2024年环氧丙烷消费结构分析

2020—2024年国内下游消费结构相对稳定，聚醚多元醇、丙二醇长期占环氧丙烷总消费的近90%。

2020—2024年中国环氧丙烷下游消费趋势见图41-11。

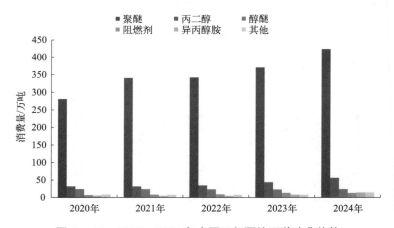

图41-11　2020—2024年中国环氧丙烷下游消费趋势

41.3.2.3　2024年环氧丙烷区域消费结构分析

从中国环氧丙烷区域消费结构来看，华东是最主要的消费市场，承接了80%以上的下游消费，且近年来持续扩大。其次华南自2021年开始扩能，中海壳牌上马下游配套聚醚及丙二醇装置，当地消费增量主要集中在其二期下游。华北、东北消费发展相对缓慢，对环氧丙烷新增消费量有限。

2024年中国环氧丙烷分区域消费占比见图41-12。

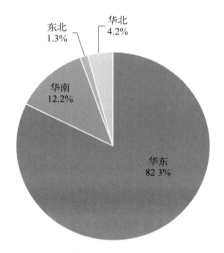

图 41-12　2024 年中国环氧丙烷分区域消费占比

41.3.3　环氧丙烷出口趋势分析

2024年中国环氧丙烷出口量在1.3万吨，较2023年增长225%。2024年中国环氧丙烷月度出口量除3月份激增外，其余月份稳定在百余吨水平，3月份出口量数据高达万吨以上，主要是有9000吨左右货源为进口货物转港，实际出口量在一千五百余吨。

2024年中国环氧丙烷出口量价变化见图41-13。

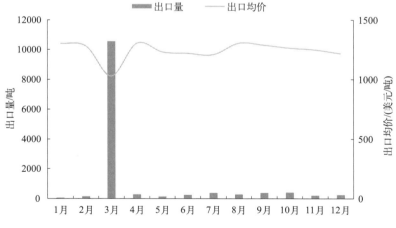

图 41-13　2024 年中国环氧丙烷出口量价变化

近五年中国环氧丙烷整体出口量保持在较低水平，主要原因是国内市场供需相对平衡以及前期无出口鼓励政策。2022年虽新工艺继续投产，国内供应格局渐显宽松，但全球经济大环境一般，需求有限，同时无退税政策下出口优势及盈利有限，个别企业虽有尝试，数量有一定增长但市场短时仍难打开，未来则需要重点关注工艺进展对国内新产能投建的带动，以及政策鼓励支持程度。

2020—2024年中国环氧丙烷出口量变化趋势见图41-14。

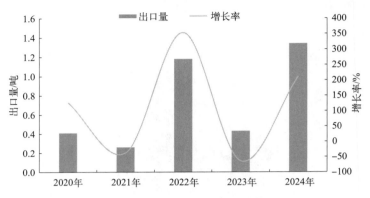

图 41-14　2020—2024 年中国环氧丙烷出口量变化趋势

41.4　中国环氧丙烷价格走势分析

2024年山东环氧丙烷价格波动于8100～9380元/吨，振幅16%。年度高点出现于5月份，低点出现于12月份。年均价格8755元/吨，相较于2023年的年均价9393元/吨，下跌了638元/吨，跌幅6.8%。

2020—2024年山东环氧丙烷市场价格走势见图41-15。

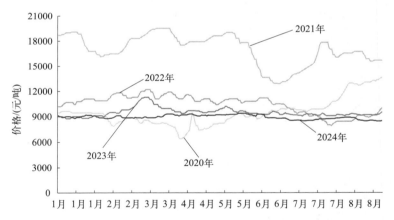

图 41-15　2020—2024 年山东环氧丙烷市场价格走势

山东市场环氧丙烷2024年月均价及2020—2024年年均价分别见表41-4和表41-5。

表 41-4　2024 年山东市场环氧丙烷月均价汇总表

月份	1月	2月	3月	4月	5月	6月	7月	8月	9月	10月	11月	12月
山东均价/（元/吨）	9003.2	8878.6	8996.6	9153.0	9225.5	8788.2	8614.5	8644.1	8590.7	8429.3	8493.5	8273.0

表 41-5　2020—2024 年山东市场环氧丙烷年均价汇总表

年份	2020 年	2021 年	2022 年	2023 年	2024 年
山东均价/（元/吨）	11928.8	16497.3	10085.3	9393.2	8757.5

41.5　中国环氧丙烷生产毛利走势分析

2024年不同工艺制环氧丙烷生产毛利表现不一。共氧化法暂且保持一定盈利，全年利润均值1884元/吨；氯醇法在成本线边缘徘徊，利润均值为 -23元/吨；HPPO及CHP工艺处于亏损状态，利润均值分别在 -864元/吨及 -536元/吨。但此处仅为理论环氧丙烷生产毛利，因共氧化法联产SM或MTBE，装置综合生产毛利还需一同监测联产品的盈亏状况。

2024年中国环氧丙烷生产毛利走势见图41-16。

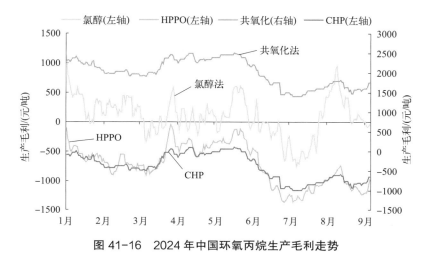

图 41-16　2024年中国环氧丙烷生产毛利走势

中国不同工艺制环氧丙烷2024年月均生产毛利及2020—2024年年均生产毛利分别见表41-6和表41-7。

表 41-6　2024年中国环氧丙烷月均生产毛利汇总表

月份	氯醇/（元/吨）	HPPO/（元/吨）	共氧化/（元/吨）	CHP/（元/吨）
1 月	361.2	-524.5	2241.5	-160.5
2 月	269.9	-730.8	1994.1	-405.3
3 月	36.2	-605.3	2148.1	-253.0
4 月	60.9	-426.1	2363.8	-35.1
5 月	223.8	-303.3	2403.6	5.3
6 月	-125.3	-972.6	1787.8	-608.0
7 月	-350.0	-1187.0	1513.2	-881.3
8 月	338.1	-1012.7	1664.0	-733.6
9 月	114.9	-871.0	1754.9	-647.2
10 月	-263.4	-1189.7	1538.8	-861.0
11 月	-350.0	-1135.4	1725.0	-676.0
12 月	-579.0	-1404.8	1228.0	-1171.0

表 41-7 2020—2024 年中国环氧丙烷年均生产毛利汇总表

年份	2020 年	2021 年	2022 年	2023 年	2024 年
氯醇 /（元 / 吨）	3162.9	5771.5	409.4	658.6	−23.0
HPPO/（元 / 吨）	4457.7	8111.7	1680.7	1782.6	−864.5
共氧化 /（元 / 吨）	2500.7	5865.1	5.3	−270.4	1862.3
CHP/（元 / 吨）	2724.9	6390.2	−60.4	−50.2	−536.7

41.6 2025—2029 年中国环氧丙烷发展预期

41.6.1 环氧丙烷供应趋势预测

41.6.1.1 环氧丙烷拟在建 / 退出产能统计

未来五年环氧丙烷产品行业拟在建产能将达到955万吨，拟在建产能中，规模在30万吨/年及以上的装置有18套，新增产能主要分布在华东以及山东地区。此外，多个拟建企业配套有上下游产品装置，或临近下游需求项目，产业链集约化、一体化趋势更加明显。由于2022—2024年国内环氧丙烷供需总体宽松，行业利润有所下滑，部分规划或拟建装置或有延期和取消可能，存在一定不确定性。

2025—2029年中国环氧丙烷拟在建产能统计见表41-8。

表 41-8 2025—2029 年中国环氧丙烷拟在建产能统计表

企业简称	产能 /（万吨 / 年）	预计投产时间
万华化学（四期）	40	2025 年
滨华新材料	24	2025 年
镇海炼化	30	2025 年
山东民祥化工	15	2025 年
菏泽巨丰	10	2025 年
中化学天辰	30	2025 年
国恩化学	8	2025 年
联泓格润	30	2025 年
红宝丽	4	2025 年
广西石化	27	2025 年
北方华锦	30	2026 年
振华石化	28	2026 年
浙石化（二期）	27	2026 年
圆锦新材料	30	2026 年
茂名石化	30	2026 年
福建海泉	20	2026 年
江苏三木	30	2026 年

企业简称	产能 /（万吨 / 年）	预计投产时间
榆能精细	10	2027 年
江苏三木	15	2027 年
中海壳牌	30	2027 年
广西桐昆	30	2027 年
蓝色星球	40	2027 年
中化学天辰	30	2027 年
榆靖化工	40	2028 年
鑫泰石化	24	2028 年
江苏富强（二期）	15	2028 年
卫星石化	40	2028 年
浙石化（三期）	60	2028 年
广西华谊	30	2028 年
中石化湖南	30	2028 年
中化泉州	20	2028 年
榆林化学	70	2029 年
汇丰石化	28	2029 年
正华科技	10	2029 年
东明盛海化工	20	2029 年

41.6.1.2　2025—2029 年环氧丙烷产能趋势预测

　　刺激新产能投放的因素一方面是来自于过去几年环氧丙烷行业效益表现较佳，吸引投资热情；另一方面是环氧丙烷成熟的生产工艺以及完整的产业结构，使得其成为大炼化项目中作为丙烯下游配套装置的首选之一。预计 2025—2029 年中国环氧丙烷累计新建产能 955 万吨 / 年，年复合增长率 15.8%，较过去五年复合增长率下降 4.9 个百分点。随着行业供需继续宽松，未来新装置建设热情将有所下降，个别有取消或延期可能。

　　2025—2029 年中国环氧丙烷产能预测见图 41-17。

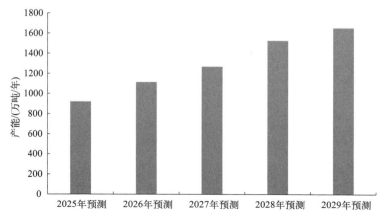

图 41-17　2025—2029 年中国环氧丙烷产能预测

2025—2029年中国环氧丙烷产量及产能利用率趋势预测见图41-18。

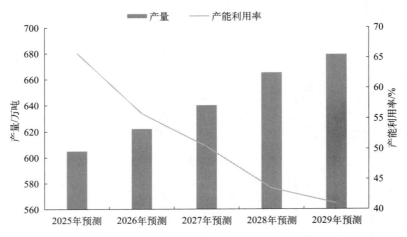

图 41-18　2025—2029 年中国环氧丙烷产量及产能利用率趋势预测

41.6.2　环氧丙烷消费趋势预测

2025—2029年，环氧丙烷下游增速较2020—2024年放缓。主力下游产品聚醚及丙二醇新建产能累计446万吨/年，年均复合增长率5.85%，对环氧丙烷消费增量贡献在345万吨/年左右，但考虑下游行业产能利用率，预计实际消费增量低于理论值。

2025年和2029年中国环氧丙烷主要下游消费占比预测见图41-19。

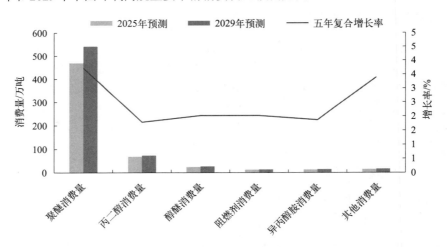

图 41-19　2025 年和 2029 年中国环氧丙烷主要下游消费预测

41.6.3　环氧丙烷供需格局预测

2025—2029年，随着上下游投建，环氧丙烷供需总体宽松。结合上下游投产周期看，虽然未来五年环氧丙烷供应继续增加，但考虑到下游需求端也有部分产能投产，加之部分项目存在较大不确定性，国内供需将总体保持平稳。随着产能进一步增加，我国有望转变为环氧丙烷净出口国。

2025—2029年中国环氧丙烷供需预测见表41-9。

表 41-9 2025—2029 年中国环氧丙烷供需预测

单位：万吨

时间	产量	进口量	总供应量	下游消费量	出口量	总需求量
2025 年预测	605	16	630.6	600	2	602
2026 年预测	622	13	663.6	612	5	617
2027 年预测	640	10	696.6	653	8	661
2028 年预测	665	10	710.6	662	12	674
2029 年预测	679	9	724.6	685	28	713

第 42 章

聚醚多元醇

2024 年度
关键指标一览

类别	指标	2024 年	2023 年	涨跌幅	2025 年预测	预计涨跌幅
价格	华东均价/（元/吨）	8751.0	9695.4	−9.7%	8150	−6.9%
供需	产能/（万吨/年）	912	810	12.6%	1050	15.1%
	产量/万吨	555	487	14.0%	615	10.8%
	产能利用率/%	60.9	60.1	−0.8 个百分点	58.6	−2.3 个百分点
	下游消费量/万吨	408.0	382.7	6.6%	430	5.4%
进出口	进口量/万吨	27.9	32.6	−14.4%	25	−10.4%
	出口量/万吨	168.1	139.3	20.7%	185	10.1%
毛利	软泡/（元/吨）	−20.5	362.6	−105.7%	−50	−143.9%

42.1 中国聚醚多元醇供需分析

中国聚醚多元醇行业处于成熟阶段，已完成从有一定进口依赖向出口转变的过程，供过于求压力显现。2024年底中国聚醚多元醇产能达到912万吨/年，2020—2024年产能复合增长率为10.3%，五年间产量复合增长率12.0%，2024年聚醚多元醇产量555万吨。下游家具、汽车、冰箱等相关的消费领域，对聚醚年均消费增长率为4.7%；2024年出口量高达168.1万吨，保持年均25.3%的高速增长。

2020—2024年中国聚醚多元醇供需变化见表42-1。

表 42-1　2020—2024 年中国聚醚多元醇供需变化

单位：万吨

时间	产量	进口量	总供应量	下游消费量	出口量	总需求量
2020 年	353.0	58.4	411.4	339.6	68.2	407.8
2021 年	423.0	61.1	484.1	374.5	99.6	474.1
2022 年	430.0	46.7	476.7	355.0	109.3	464.3
2023 年	487.0	32.6	519.6	382.7	139.3	522.0
2024 年	555.0	27.9	582.9	408.0	168.1	576.1

42.2 中国聚醚多元醇供应现状分析

42.2.1 聚醚多元醇产能趋势分析

42.2.1.1 2024 年聚醚多元醇产能及新增产能统计

2024年中国聚醚多元醇保持增长态势，总产能在912万吨/年，同比增长12.6%。年内新进入企业仅江苏虹威一家，14万吨/年产能于四季度投产，年内现货市场流通量有限；另外四套新增装置则是现有企业扩产：万华化学烟台三期聚醚多元醇产能50万吨/年、隆华新材一期改扩建新增产能21万吨/年、中化东大（淄博）技改实现产能增长10万吨/年以及浙石化9万吨/年弹性体聚醚和POP聚醚装置投产。

2024年中国聚醚多元醇新增产能投产统计见表42-2。

表 42-2　2024 年中国聚醚多元醇新增产能投产统计表

企业名称	省份	企业性质	产能/（万吨/年）	装置投产时间	原料配套
万华化学集团股份有限公司	山东	国企	50	2024 年 2—4 季度	PO、EO、苯乙烯
山东隆华新材料股份有限公司	山东	民企	21	2024 年 3 季度	无
中化东大（淄博）有限公司	山东	国企	10	2024 年 2 季度	无
浙江石油化工有限公司	浙江	民企	9	2024 年下半年	PO、EO、苯乙烯、丙烯腈
江苏虹威化工有限公司	江苏	民企	14	2024 年 4 季度	PO、EO、苯乙烯、丙烯腈
合计			104		

42.2.1.2　2024 年聚醚多元醇主要生产企业生产状况

截至2024年底，中国聚醚多元醇产能912万吨/年，产能前十位（一诺威新材料和句容宁武并列第十位）的总产能达654.6万吨/年，占比全国总产能的71.8%。产能首位仍是万华化学，其上游配套环氧丙烷、环氧乙烷、苯乙烯，横向产品MDI、TDI产能同样居中国首位，其聚醚产品涵盖所有大类，属于横纵向产业链延伸最为完善企业；第二位是隆华新材，2024年POP聚醚市场占有率仍居首位；排名第三位的是中海壳牌，原料环氧丙烷、环氧乙烷、苯乙烯、丙二醇全部自有，软泡类产品较完善。

2024年中国聚醚多元醇主要生产企业生产状况见表42-3。

表 42-3　2024 年中国聚醚多元醇行业主要生产企业生产状况

企业名称	地址	简称	产能/（万吨/年）	产品结构
万华化学集团股份有限公司	山东/浙江	万华化学	185	软泡/高回弹/CASE/POP/硬泡
山东隆华新材料股份有限公司	山东	隆华新材	93	软泡/高回弹/CASE/POP
中海壳牌石油化工有限公司	广东	中海壳牌	66.6	软泡/高回弹/CASE/POP
佳化化学股份有限公司	山东/上海/广东	佳化化学	55	软泡/高回弹/CASE/POP/硬泡
长华化学科技股份有限公司	江苏	长华化学	44	软泡/高回弹/CASE/POP
无棣德信化工有限公司	山东	无棣德信	40	软泡/高回弹/CASE/POP
中化东大（淄博）有限公司	山东	中化东大	40	软泡/高回弹/CASE/POP/硬泡
浙江石油化工有限公司	浙江	浙石化	38	软泡/高回弹/CASE/POP
淄博德信联邦化学工业有限公司	山东	德信联邦	33	软泡/高回弹/CASE/POP
山东一诺威新材料有限公司	山东	一诺威新材料	30	软泡/高回弹/CASE/硬泡
句容宁武新材料股份有限公司	江苏	句容宁武	30	软泡/高回弹/CASE/POP/硬泡
合计			654.6	

42.2.1.3　2020—2024 年聚醚多元醇产能趋势分析

2020—2024年中国聚醚多元醇产能复合增长率10.3%。2020—2024年中国聚醚多元醇产能逐年增长，以现有企业产能扩张为主，陆续有一体化项目配套入场，五年间万华化学产能增长203%、隆华新材增长158%、中海壳牌扩增138%，目前三家企业产能分列国内前三位；新进入企业有浙石化、岳阳昌德以及江苏虹威。对比来看2020年、2021年、2024年增速均高于年均增速，2022年、2023年有少量装置关停，如中化东大老厂、福化工贸、山东联创、浙江永杰等。

2020—2024年中国聚醚多元醇产能变化趋势见图42-1。

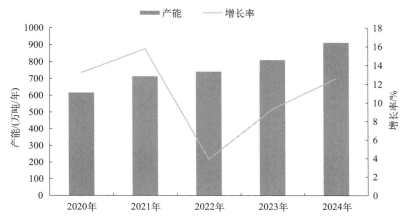

图 42-1　2020—2024 中国聚醚多元醇产能变化趋势

42.2.2　聚醚多元醇产量及产能利用率趋势分析

42.2.2.1　2024 年聚醚多元醇产量及产能利用率趋势分析

2024年中国聚醚多元醇产量约555万吨，同比增长14.0%，绝大部分企业产量创新高。就具体月度开工情况来看，春节假期多家山东及华东传统工厂有短停，2月开工率创下近两年最低，为56%左右；5—7月份传统旺季、价利低水平下，山东及华东均有非一体化装置降负，9月份浙石化检修后维持低负荷运行；四季度海绵、冰冷以及汽车等产销良好，另外聚醚出口稳健，聚醚新产能亦基本释放，11月份开工率创新高，达到66%附近。

2024年中国聚醚多元醇月度产量与产能利用率变化趋势见图42-2。

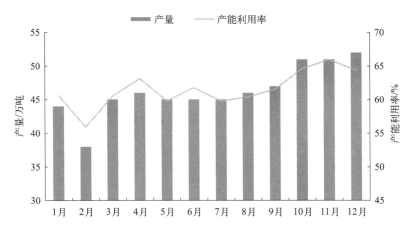

图 42-2　2024 年中国聚醚多元醇月度产量与产能利用率变化趋势

42.2.2.2　2020—2024 年聚醚多元醇产量及产能利用率趋势分析

2020—2024年，中国聚醚多元醇产销同步增长，产能年均增速10.3%，产量增速高于产能增速，在12.0%附近，年度开工率保持在57%～61%的偏低水平。一方面基础聚醚同质化严重，老旧装置利用率不高问题突出；另一方面产能持续增长，每年都有新产能释放，拖累开工率。

2020—2024年中国聚醚多元醇产量与产能利用率变化趋势见图42-3。

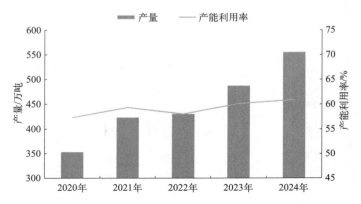

图 42-3　2020—2024 年中国聚醚多元醇产量与产能利用率变化趋势

42.2.3　聚醚多元醇供应结构分析

42.2.3.1　2024 年聚醚多元醇分区域供应结构分析

中国聚醚多元醇产能分布较广泛，主要仍是依托原料环氧丙烷产能布局为主，华东地区最为集中。2024年，华东地区产能724.4万吨，占比达到79.4%；华南地区总产能81.6万吨，占比降至8.9%；而东北、华北区域近年来未有新增产能，产能占比分别为5.3%、4.9%。

2024年中国聚醚多元醇按区域产能分布见图42-4。

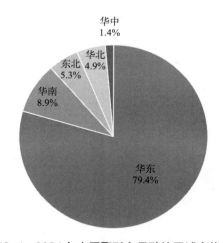

图 42-4　2024 年中国聚醚多元醇按区域产能分布

42.2.3.2　2024 年聚醚多元醇分产品供应结构分析

2024年中国聚醚多元醇产能共计912万吨/年，POP聚醚产能升至首位，总产能213万吨，占比23.4%；软泡聚醚产能208万吨，占比22.8%；高回弹聚醚总产能177.1万吨，占比19.4%；硬泡聚醚总产能158.5万吨，占比17.4%；弹性体产能117.5万吨，占比12.9%；其他差异化、慢回弹系列等总产能接近37.9万吨，占比4.2%附近。

2024 年中国聚醚多元醇按产品结构产能分布见图 42-5。

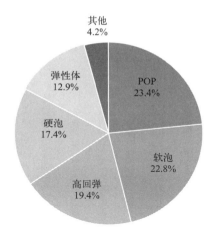

图 42-5　2024 年中国聚醚多元醇按产品结构产能分布

42.2.3.3　2024 年聚醚多元醇分企业性质供应结构分析

按企业性质来看，民营企业以及国有企业是国内聚醚多元醇主力生产企业，外资企业仅 2 家、合资企业 1 家，产能总占比 10.2%。后续聚醚多元醇新产能以一体化及现有企业产能扩张为主，现有企业产能扩张以万华化学、隆华新材、中化东大、浙石化以及中海壳牌为主力，另外有众多民营或者上市公司有新产能规划，预计民营及国有企业产能同步增长。

2024 年中国聚醚多元醇按企业性质产能分布见图 42-6。

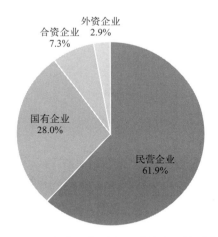

图 42-6　2024 年中国聚醚多元醇按企业性质产能分布

42.2.4　聚醚多元醇进口趋势分析

2024 年中国聚醚多元醇进口量再降，全年进口量降至 27.9 万吨，同比降 14.4%。进口货源以壳牌、沙比克、陶氏、科思创为主，少量 PTT-GC 货源，另外有一些特种聚醚；就到货节点情况来看，全年沙比克到货较匀速，陶氏在 8—10 月份减量，科思创上半年到货相对稳定 5 月份以后明显减少，而 PTTGC 整体到货有限，上半年检修后 5 月份以后有少量到货。因为 8 位税则号下包含特种聚醚等，进口美金均价远高于常规聚醚报价。

2024年中国聚醚多元醇进口量价变化趋势见图42-7。

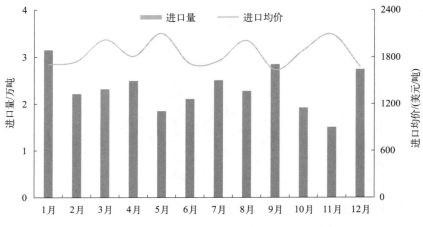

图 42-7 2024 年中国聚醚多元醇进口量价变化趋势

2020—2024年中国聚醚多元醇进口量先增后降，2020—2021年聚醚多元醇价格大涨、泰国 PTT-GC 投产，进口量保持增长，并于2021年达到峰值61.1万吨；而伴随国内产能持续快速扩增，产品结构及质量全面升级，实现完全自给的同时成为周边价格洼地，进口量再逐年缩减，2024年进口总量降至27.9万吨，五年年均下降16.9%。

2020—2024年中国聚醚多元醇进口量变化趋势见图42-8。

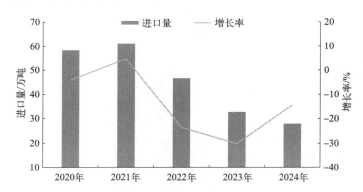

图 42-8 2020—2024 年中国聚醚多元醇进口量变化趋势

42.3 中国聚醚多元醇消费现状分析

42.3.1 聚醚多元醇消费趋势分析

42.3.1.1 2024 年月度消费趋势分析

2024年中国聚醚多元醇行业消费量约408万吨。月度消费情况来看，1—2月份春节，消费量于2月份创下新低，约26万吨；7—8月份高温影响海绵、汽车以及家电等的生产，另外雨季影响工程类施工等，月度消费一般，7月份消费量处于年内第二低；9—10月份以汽车继续冲量，各类消费政策、内外电商促销等拉动全行业增量；进入11月份之后，冰冷大厂尚可，海绵大厂以及出口类型企业再屡创新高，汽车亦持续冲量，仅CASE类消费持续收缩，12月份消费量创下最高，达到40万吨。

2024年中国聚醚多元醇月度消费量变化趋势见图42-9。

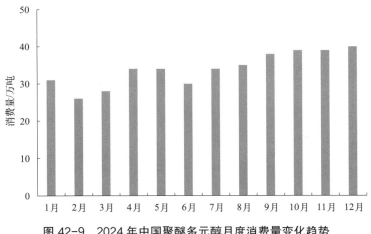

图 42-9　2024 年中国聚醚多元醇月度消费量变化趋势

42.3.1.2　2020—2024 年中国聚醚多元醇消费趋势分析

2020—2024 年中国聚醚多元醇消费量整体呈现增长趋势，2020—2021 年增长率更是达到 9%～10%的相对高水平，2022 年国外装置恢复、国内受疫情反复拖累消费呈现一定收缩降量，2023 年冰冷恢复正增长、海绵/防水等龙头企业亦属于产销同增，内需消耗量恢复正增长；2024 年冰冷、汽车、海绵同步发力，消费量同比增长6.6%。五年间，中国聚醚多元醇消费量自339.6 万吨增长至408.0万吨，评估年均增速4.7%。

2020—2024 年中国聚醚多元醇年度消费变化趋势见图42-10。

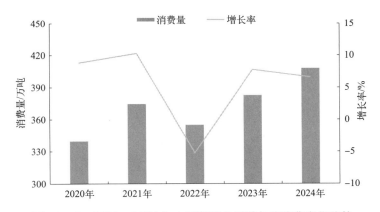

图 42-10　2020—2024 年中国聚醚多元醇年度消费变化趋势

42.3.2　聚醚多元醇消费结构分析

42.3.2.1　2024 年聚醚多元醇消费结构分析

中国聚醚多元醇下游行业主要集中在软体家具、汽车及冰箱冰柜等领域。软体家具是最大下游，2024年其对聚醚消费占比增长至32.6%。汽车行业聚醚消费占比升至16.9%。冰箱冰柜在2023年基础上继续增长，对聚醚消费量保持在11.5%；防水材料在房地产表现不理想情况下继续收缩，而跑道同样不理想，胶黏剂、密封剂保持稳步增长。软体家具、交通、冷链、防水、跑道6大板块对聚醚消费量在294万吨附近，总占比微降至72.1%。

2024年中国聚醚多元醇下游消费占比见图42-11。

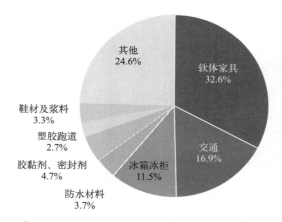

图 42-11　2024 年中国聚醚多元醇下游消费占比图

聚醚多元醇主要下游在软体家具、冰冷、汽车、防水材料等板块，对应聚醚消费则集中在软泡聚醚、POP 聚醚、高回弹聚醚等。2024年软泡聚醚消费量仍居首位，占比24.8%附近，软泡聚醚进出口均较多；消费量第二位的是高回弹聚醚，软体家具、交通板块保持增长，消费量继续增加，占比升至19.9%附近，高回弹仍保有少量进口依赖、出口端继续增量；消费量第三位的是POP 聚醚，与软泡、高回弹系列搭配使用，消费占比18.9%附近，POP 聚醚零星进口、大量出口。

2024年中国聚醚多元醇分牌号产品消费结构见图42-12。

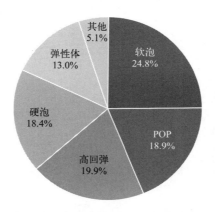

图 42-12　2024 年中国聚醚多元醇分牌号消费结构

（1）2024 年软泡聚醚消费结构分析

2024年中国软泡聚醚下游消费结构见图42-13。

（2）2024 年高回弹聚醚消费结构分析

2024年中国高回弹聚醚下游消费结构见图42-14。

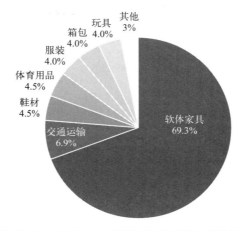

图 42-13　2024 年中国软泡聚醚下游消费结构图

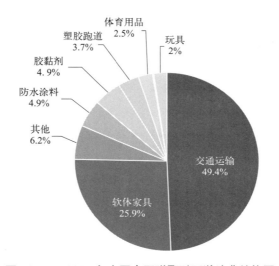

图 42-14　2024 年中国高回弹聚醚下游消费结构图

（3）2024 年 POP 聚醚消费结构分析

2024年中国POP聚醚下游消费结构见图42-15。

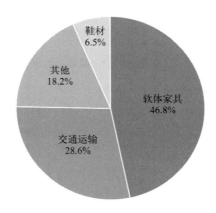

图 42-15　2024 年中国 POP 聚醚下游消费结构图

（4）2024年弹性体聚醚消费结构分析

2024年中国弹性体聚醚下游消费结构见图42-16。

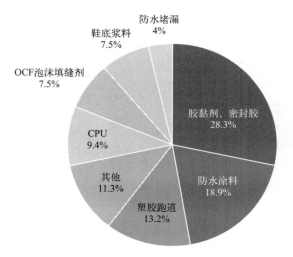

图 42-16　2024 年中国弹性体聚醚下游消费结构图

（5）2024年硬泡聚醚消费结构分析

2024年中国硬泡聚醚下游消费结构见图42-17。

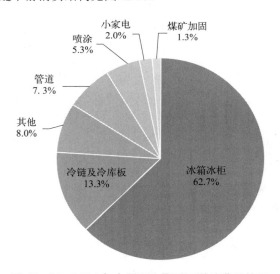

图 42-17　2024 年中国硬泡聚醚下游消费结构图

42.3.2.2　2020—2024 年聚醚多元醇消费结构分析

2020—2024年中国聚醚多元醇下游消费结构来看，主要集中在软体家具、交通运输、冷链以及防水、跑道等板块。软体家具保持增量趋势，虽2022年受疫情影响需求略缩但2023—2024年再度正增长。

2020—2024年中国聚醚多元醇消费趋势见图42-18。

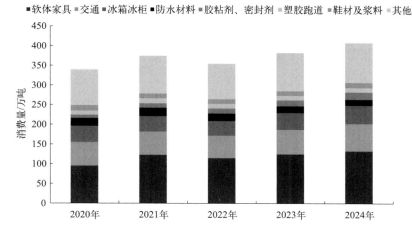

图 42-18　2020—2024 年中国聚醚多元醇下游消费趋势

42.3.2.3　2024 年聚醚多元醇区域消费结构分析

聚醚多元醇消费地多点开花，华东、华南等沿海区域保持领先优势，依托产业转移、新能源发展等，华中、西北等地保持增量。华东是聚醚多元醇最集中的消费区域，海绵、汽车、防水以及跑道、冰冷产能均较集中，消费占比为39.2%，华南区域跑道、海绵同样集中，消费量稳居第二位，消费占比在27.7%附近；近年来海绵、跑道、鞋材等产业向华中、西北甚至东南亚区域转移，华中区域依托海绵大厂在江西、湖北等地建厂，新能源汽车及组合料在安徽、湖北等地保持增量发展，消费占比提升至11.3%附近。

2024年中国聚醚多元醇区域消费占比见图42-19。

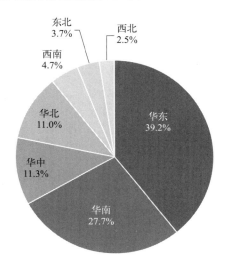

图 42-19　2024 年中国聚醚多元醇区域消费占比

42.3.3　聚醚多元醇出口趋势分析

2024年中国聚醚多元醇出口保持大幅度增量，全年168.1万吨，同比增长20.7%，月度出口量维持12万～18万吨的高水平。单月出口最多的月份出现在3月份，单月出口量在18万吨附近，创下历史新高；年内出口量最低月份在2月及7月，月度出口量收缩至12万吨左右。

2024年中国聚醚多元醇出口量价变化见图42-20。

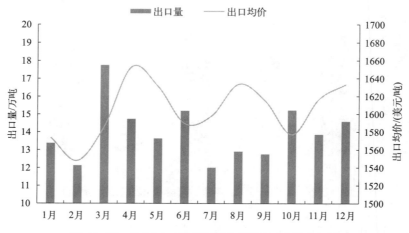

图 42-20　2024 年中国聚醚多元醇出口量价变化图

2020—2024年中国聚醚多元醇出口保持增量态势，2021年出口量突破百万吨，同比大增46.7%；2023年国内厂商新产能顺利兑现情况下继续加大出口布局，全部厂商出口均增；进入2024年厂商继续加量出口主基调不变，原有出口型企业继续增量、非传统出口型企业开始尝试积极走出去，至年底全年出口量达到168.1万吨，五年间出口量复合增长率高达25.3%。

2020—2024年中国聚醚多元醇出口量变化趋势见图42-21。

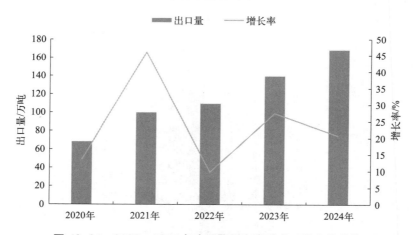

图 42-21　2020—2024 年中国聚醚多元醇出口量变化趋势

42.4　中国聚醚多元醇价格走势分析

2024年中国聚醚多元醇市场上半年走势相对平缓，主力牌号软泡、硬泡、高回弹、弹性体以及软泡POP价格趋势均一致：1—2月份春节前后逐步走低，3—5月份上半年小旺季叠加原料面强势逐步拉升出现上半年最高点，6月份则全面下行形成上半年最低点。下半年全系列震荡下探，7—8月份处于传统淡季，9—10月份有传统旺季加持，叠加聚醚方面部分大厂检修以及跨区域流通效率偏低市场交投节奏相对偏好,呈现明显抗跌性;11月份之后新产能投放叠加检修装置重启,供应增量对冲汽车、海绵等旺季支撑,市场重心全面下行。

2024年中国聚醚多元醇主要牌号价格走势对比见图42-22。

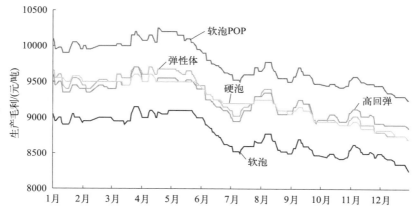

图 42-22 2024 年中国聚醚多元醇主要牌号价格走势对比

各牌号价格趋势仍旧一致,其中软泡聚醚年初、年末新产能或检修装置重启冲击下跌幅明显;软泡POP聚醚继长化化学新产能投放后,万华化学以及隆华新材均有新产能投放,全年竞价基调延续;高回弹及弹性体聚醚虽部分领域相对保有门槛,但是偏高价利驱使下厂商保持排产热情,纷纷加大产销投入,同样是高开低走,尤其高回弹聚醚在汽车板块竞争同样加剧;硬泡聚醚走势相对最平缓,冰冷及出口保持正增长形成一定支撑。

42.4.1 软泡聚醚价格走势分析

2020—2024年中国软泡聚醚山东市场价格走势见图42-23。

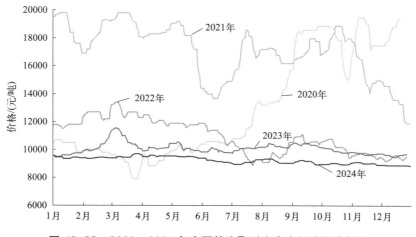

图 42-23 2020—2024 年中国软泡聚醚山东市场价格走势图

中国软泡聚醚2024年山东市场月均价及2020—2024年山东市场年均价分别见表42-4和表42-5。

表 42-4 2024 年中国软泡聚醚山东市场月均价汇总表

月份	1月	2月	3月	4月	5月	6月	7月	8月	9月	10月	11月	12月
月均价/(元/吨)	8969.3	8976.4	9002.4	9051.1	9076.2	8782.9	8587.0	8631.8	8569.1	8464.5	8532.1	8390.9

表 42-5 2020—2024 年中国软泡聚醚山东市场年均价汇总表

年份	2020 年	2021 年	2022 年	2023 年	2024 年
年均价/(元/吨)	12506.4	16724.0	10477.9	9695.4	8751.0

42.4.2　高回弹聚醚价格走势分析

2020—2024 年中国高回弹聚醚价格走势见图42-24。

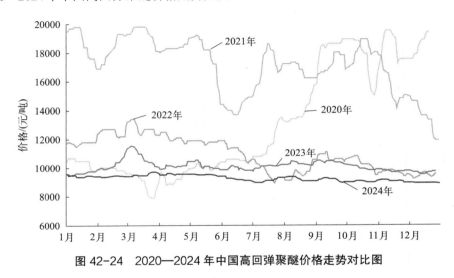

图 42-24 2020—2024 年中国高回弹聚醚价格走势对比图

中国高回弹聚醚2024年山东市场月均价及2020—2024年山东市场年均价分别见表42-6和表42-7。

表 42-6 2024 年中国高回弹聚醚山东市场月均价汇总表

月份	1月	2月	3月	4月	5月	6月	7月	8月	9月	10月	11月	12月
月均价/(元/吨)	9434.1	9402.8	9515.5	9547.7	9488.1	9202.6	9093.5	9188.6	9117.9	9002.6	9038.1	8901.1

表 42-7 2020—2024 年高回弹聚醚山东市场年均价汇总表

年份	2020 年	2021 年	2022 年	2023 年	2024 年
年均价/(元/吨)	12934.0	17101.2	10936.3	10077.3	9243.9

42.4.3　弹性体聚醚价格走势分析

2020—2024 年中国弹性体价格走势对比见图42-24。

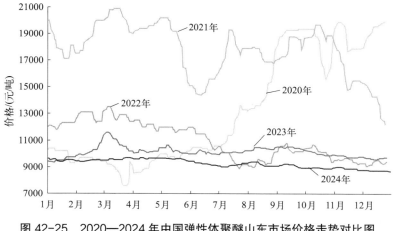

图 42-25　2020—2024 年中国弹性体聚醚山东市场价格走势对比图

中国弹性体聚醚2024年山东市场月均价及2020—2024年山东市场年均价分别见表42-8和表42-9。

表 42-8　2024 年中国弹性体聚醚山东市场月均价汇总表

月份	1 月	2 月	3 月	4 月	5 月	6 月	7 月	8 月	9 月	10 月	11 月	12 月
月均价 /（元 / 吨）	9522.7	9473.6	9588.1	9654.6	9592.9	9271.1	9143.5	9227.3	9119.1	8940.8	8917.9	8756.8

表 42-9　2020—2024 年中国弹性体聚醚山东市场年均价汇总表

年份	2020 年	2021 年	2022 年	2023 年	2024 年
年均价 /（元 / 吨）	13158.3	17772.5	10946.6	10149.8	9266.8

42.4.4　软泡 POP 聚醚价格走势分析

2020—2024年中国软泡POP聚醚价格走势对比见图42-26。

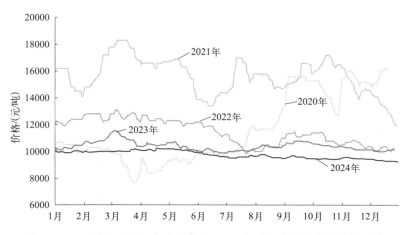

图 42-26　2020—2024 年中国软泡 POP 聚醚山东市场价格走势对比

中国软泡POP聚醚2024年山东市场月均价及2020—2024年山东市场年均价分别见表42-10和表42-11。

表 42-10　2024 年中国软泡 POP 聚醚山东市场月均价汇总表

月份	1月	2月	3月	4月	5月	6月	7月	8月	9月	10月	11月	12月
月均价/（元/吨）	9978.4	9983.3	10051.2	10148.9	10081.0	9746.1	9590.2	9634.1	9570.2	9454.0	9503.6	9338.6

表 42-11　2020—2024 年中国 POP 聚醚山东市场年均价汇总表

年份	2020 年	2021 年	2022 年	2023 年	2024 年
年均价/（元/吨）	11587.7	15628.4	11461.6	10402.4	9755.4

42.4.5　硬泡聚醚价格走势分析

2020—2024 年中国硬泡聚醚价格走势见图 42-27。

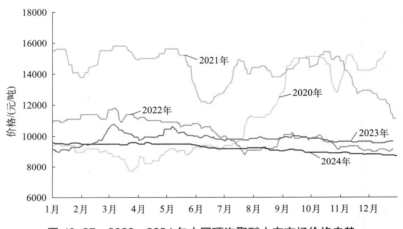

图 42-27　2020—2024 年中国硬泡聚醚山东市场价格走势

中国硬泡聚醚 2024 年山东市场月均价及 2020—2024 年山东市场年均价分别见表 42-12 和表 42-13。

表 42-12　2024 年中国硬泡聚醚山东市场月均价汇总表

月份	1月	2月	3月	4月	5月	6月	7月	8月	9月	10月	11月	12月
月均价/（元/吨）	9550.0	9500.0	9510.7	9522.7	9490.5	9277.6	9208.7	9170.5	9064.3	8926.3	8871.4	8780.7

表 42-13　2020—2024 年中国硬泡聚醚山东市场年均价汇总表

年份	2020 年	2021 年	2022 年	2023 年	2024 年
年均价/（元/吨）	11003.3	14276.8	10209	9827.5	9238.5

42.5　中国聚醚多元醇生产毛利走势分析

2024 年聚醚多元醇全系列价、利下滑，全系列均薄利，软泡聚醚更是倒挂，核算理论亏损 21 元/吨，弹性体利润相对较好，理论年均毛利 415 元/吨。

2024年中国聚醚多元醇生产毛利对比见图42-28。

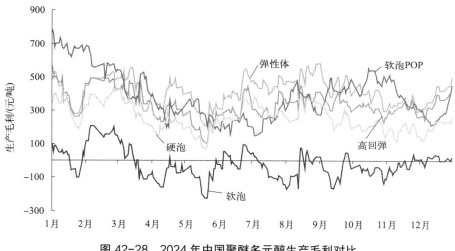

图 42-28　2024 年中国聚醚多元醇生产毛利对比

2024年聚醚多元醇利润对比来看，软泡聚醚毛利最差，主要是年内绝大部分时段软泡聚醚价格倒挂于环氧丙烷；CASE类聚醚虽然年内利润同样缩水，但理论毛利425元/吨，远好于软泡聚醚，也促成了年内部分工厂多CASE、少软泡聚醚排产情况。高回弹聚醚原料环氧丙烷单耗低于软泡聚醚、原料环氧乙烷单耗高于软泡聚醚，水电后处理等其他费用高于软泡聚醚，盈利情况同样优于软泡聚醚。软泡POP在行业竞价加剧，而小料苯乙烯均价远高于2023年，导致行业利润缩水至中低水平。

各类聚醚多元醇2024年月均生产毛利及2020—2024年年均生产毛利分别见表42-14和表42-15。

表 42-14　2024 年聚醚多元醇月均毛利汇总表

单位：元/吨

月份	软泡聚醚	弹性体聚醚	高回弹聚醚	软泡 POP 聚醚	硬泡聚醚
1 月	12.8	384.5	390.6	683.9	313.2
2 月	164.2	492.5	479.0	591.1	375.6
3 月	7.4	444.9	405.0	443.6	313.5
4 月	−80.8	403.7	297.8	302.1	215.9
5 月	−104.9	301.2	198.8	285.0	157.0
6 月	9.1	407.3	311.4	226.5	266.4
7 月	−53.2	452.4	313.6	236.6	304.7
8 月	−39.4	506.2	372.2	381.0	313.2
9 月	−53.7	459.8	352.5	412.4	268.1
10 月	−64.0	393.6	309.0	484.4	202.0
11 月	−30.8	339.0	310.6	393.4	185.4
12 月	11.4	386.8	338.2	273.3	197.6

表 42-15　2020—2024 年聚醚多元醇年均毛利汇总表

单位：元/吨

年份	2020 年	2021 年	2022 年	2023 年	2024 年
软泡聚醚	969.9	869.1	372.1	362.6	−20.5
弹性体聚醚	1311.7	1109.8	549.5	615.2	415.2
高回弹聚醚	1787.9	1578.2	753.9	688.1	339.6
软泡 POP 聚醚	1628	1473.6	937.9	762.2	390
硬泡聚醚	957.9	634.2	595.3	276.1	259.6

42.6　2025—2029 年中国聚醚多元醇发展预期

42.6.1　聚醚多元醇供应趋势预测

42.6.1.1　2025—2029 年聚醚多元醇拟在建 / 退出产能统计

2025—2029 年，中国聚醚多元醇仍将保持扩张，规划新增产能在 600 万吨/年附近，主要集中在华东、华南区域，此外东北也有一套新增装置在建中。预期产能年均增速降至 7.3%，增量以现有企业扩张及一体化项目新进入者并存，产业链配套加强，竞争进一步加剧。

2025—2029 年中国聚醚多元醇拟在建产能统计见表 42-16。

表 42-16　2025—2029 年中国聚醚多元醇拟在建产能统计

企业名称	产能/（万吨/年）	预计投产时间	省份
万华化学（蓬莱）有限公司	50	2025 年上	山东
中化东大（泉州）有限公司	24	2025 年上	福建
联泓格润（山东）新材料有限公司	24	2025 年下	山东
无棣德信化工有限公司	32	2025 年下	山东
山东一诺威新材料有限公司	30	2025 年下—2026 年	山东
北方华锦联合石化有限公司	20	2026 年	辽宁
长华化学科技（连云港）有限公司	48	2025 年下—2026 年	江苏
广西华谊氯碱化工有限公司	25	2026 年	广西
山东滨化聚禾新材料科技有限公司	40	2026—2027 年	山东
浙江石油化工有限公司	40	2027—2028 年	浙江
广西桐昆石化有限公司	15	2027 年	广西
中海壳牌石油化工有限公司	55	2028 年	广东
河北亚东化工集团有限公司	50	规划	河北
福建海泉化学有限公司	30	规划	福建
万华化学（蓬莱）有限公司	规划	规划	山东
中化东大（淄博）有限公司	30	规划	山东
长华化学科技（连云港）有限公司	60	规划	江苏
中资华融（淮安）新材料科技有限公司	30	规划	江苏

42.6.1.2　2025—2029 年聚醚多元醇产能趋势预测

2025—2029 年考虑新增规划以及部分装置关停等，预计至 2029 年中国聚醚多元醇总产能为 1300 万吨/年，其中 2025 年产能或较 2024 年增量 15%，另外虽然新增产能增速放缓，但是企业一体化配套程度增加并且有数家一体化企业入局,产能过剩、行业竞争进一步加剧。

2025—2029 年中国聚醚多元醇产能预测见图42-29。

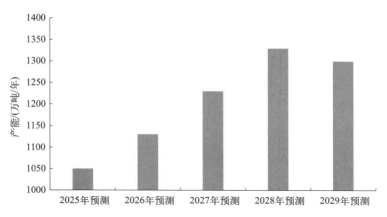

图 42-29 2025—2029 年中国聚醚多元醇产能预测

未来五年聚醚多元醇新增产能较匀速释放,预计2025—2027年期间新增产能在8% ~ 13% 高水平,其中至2025年底中国年产能就有望进入千万吨级别。未来新增产能以现有企业扩张及一体化项目为主,如万华化学、浙石化二期、中海壳牌三期以及北方华锦、联泓格润等,原料自配套程度增强,传统、老旧小装置竞争力将进一步下滑,面临退市风险或者转产寻求利润值更高的差异化品种。

2025—2029 年中国聚醚多元醇产量及产能利用率趋势预测见图42-30。

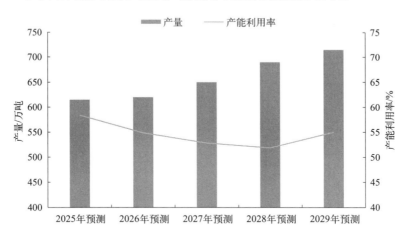

图 42-30 2025—2029 年中国聚醚多元醇产量及产能利用率趋势预测

产量方面预计保持稳步逐年增长,而产能先增后降,预计开工率呈现降后回升;预估2028年中国聚醚多元醇产能达到顶峰、行业激烈竞争,开工率或降至52%附近,而后进入行业整合,2029年产量或增至715万吨,开工率或回升至55%附近水平。

42.6.2 聚醚多元醇消费趋势预测

聚醚多元醇下游来看,多数属于民生类品种,依赖消费理念及政策引导,仍处于上升势头的新能源汽车、睡眠经济催生的寝具更新换代等均是未来3—5年聚醚行业发展的主要支撑点,而经济及政治环境复杂，叠加下游行业由增量博弈向存量竞争过渡，预期内需消费增速放缓。预期2025年中国聚醚多元醇消费量在430万吨附近，至2029年中国市场消费量提升至520万吨附近，年均消费增速或保持5%附近。

2025年和2029年中国聚醚多元醇主要下游行业消费预测见图42-31。

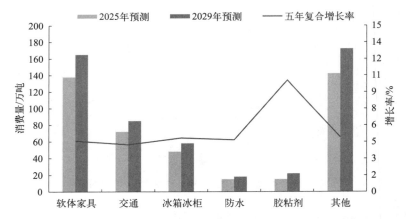

图 42-31　2025 年和 2029 年中国聚醚多元醇主要下游行业消费预测

42.6.3　聚醚多元醇供需格局预测

2025—2029年，中国聚醚多元醇供应或保持5.2%增长，内外需综合5%消费增速预期，供需矛盾将在新产能集中放量节点加剧；预期进口量下降至10万～15万吨/年水平；出口机遇与挑战并存，预期缓慢增量至200万吨/年。

2025年新增产能较快释放，产量将大幅度增长，预期社会库存累积。2026年即使新进入企业放量缓慢但保持增长，传统企业份额继续减少陆续退出的可能增加。2027—2028年，再有一轮产能释放、老旧小装置关停退市。2029年之后新增计划放缓，行业新格局形成。

2025—2029年中国聚醚多元醇供需预测见表42-17。

表 42-17　2025—2029 年中国聚醚多元醇供需预测

单位：万吨

时间	产量	进口量	总供应量	下游消费量	出口量	总需求量
2025 年预测	615	25	640	430	185	615
2026 年预测	620	15	635	450	190	640
2027 年预测	650	13	663	470	195	665
2028 年预测	690	12	702	500	200	700
2029 年预测	715	12	727	520	210	730

第 43 章

1,4- 丁二醇（BDO）

2024 年度
关键指标一览

类别	指标	2024 年	2023 年	涨跌幅	2025 年预测	预计涨跌幅
价格	华东均价 /（元 / 吨）	8656.0	11050.0	−21.7%	S8300	−4.1%
供需	产能 /（万吨 / 年）	482.1	352.7	36.7%	660.1	36.9%
	产量 / 万吨	289.0	240.0	20.4%	350.0	21.1%
	产能利用率 /%	59.9	68.0	−8.1 个百分点	53.0	−6.9 个百分点
	下游消费量 / 万吨	261.6	220.2	18.8%	314.0	20.0%
进出口	进口量 / 万吨	3.7	4.3	−14.0%	3.5	−5.4%
	出口量 / 万吨	21.1	14.0	50.8%	25.0	18.5%
毛利	炔醛法 /（元 / 吨）	−28.0	1917.0	−101.5%	−120.0	−328.6%
	外采正丁烷顺酐法 /（元 / 吨）	−2681.0	−166.0	−1515.1%	−2900.0	−8.2%

43.1　中国 1,4- 丁二醇供需分析

　　近五年中国 BDO 行业新产能不断落地。从 2020—2024 年 BDO 供需情况来看，BDO 供需体量持续扩张，近五年总供应量及总需求量的复合增长率分别在 18.0%、16.5%，五年间供应增速略快于需求增速，BDO 供需差呈现逐步扩大趋势。

　　2020—2024 年中国 1,4- 丁二醇供需变化见表 43-1。

表 43-1　2020—2024 年中国 1,4- 丁二醇供需变化

单位：万吨

时间	产量	进口量	总供应量	下游消费量	出口量	总需求量
2020 年	144.7	6.2	150.9	150.2	3.1	153.3
2021 年	178.4	6.5	184.9	175.5	6.9	182.4
2022 年	195.5	5.4	200.9	186.8	6.6	193.4
2023 年	240.0	4.3	244.3	220.2	14.0	234.2
2024 年	289.0	3.7	292.7	261.6	21.1	282.6

43.2　中国 1,4- 丁二醇供应现状分析

43.2.1　1,4- 丁二醇产能趋势分析

43.2.1.1　2024 年 1.4- 丁二醇产能及新增产能统计

　　2020—2024 年中国 1,4- 丁二醇新建产能集中于西北区域、华北区域及东北区域。生产企业不断寻求向上游、下游延伸以形成产业链配套来提升自身的竞争优势，使得中国 BDO 一体化程度逐年提升，可外销产能逐年减少。2024 年 BDO 无产能退出，新增 7 套装置，新增产能 129.4 万吨 /年，2024 年底 BDO 行业总产能 482.1 万吨 / 年，行业规模化程度进一步提升。

　　2024 年中国 1,4- 丁二醇新增产能统计见表 43-2。

表 43-2　2024 年中国 1,4- 丁二醇新增产能统计

企业名称	省份	企业性质	产能 /（万吨 / 年）	工艺类型	装置投产时间	下游配套
恒力石化（大连）新材料科技有限公司	辽宁	民企	30.0	顺酐法	2024 年 4 月	配套 PTMEG、PBT
内蒙古华恒能源科技有限公司	内蒙古	民企	10.4	炔醛法	2024 年 5 月	配套 PTMEG
内蒙古君正化工有限责任公司	内蒙古	民企	30.0	炔醛法	2024 年 6 月	配套 PTMEG
恒力石化（大连）新材料科技有限公司	内蒙古	民企	30.0	顺酐法	2024 年 9 月	配套 PTMEG、NMP
新疆新业能源化工有限责任公司	新疆	国企	7.0	炔醛法	2024 年 10 月	无
安徽华塑股份有限公司	安徽	民企	10.0	炔醛法	2024 年 11 月	配套 PBAT
宁夏惟远新能源有限公司	宁夏	民企	12.0	炔醛法	2024 年 11 月	配套 NMP
合计			129.4			

43.2.1.2 1,4-丁二醇主要生产企业生产状况

2024年国内BDO行业总产能482.1万吨/年，产能在20万吨/年及以上的企业产能约占总产能的71%，比2020年增加了23个百分点。随着BDO已有工厂扩产及部分大型炼化装置的逐步投产，BDO生产规模呈现出大型化、集中化的趋势。

2024年中国1,4-丁二醇生产企业产能统计见表43-3。

表43-3 2024年中国1,4-丁二醇生产企业产能统计

企业名称	省份	简称	产能/（万吨/年）	工艺路线
恒力石化（大连）新材料科技有限公司	辽宁/内蒙古	恒力石化	60.0	顺酐法
内蒙古东景生物环保科技有限公司	内蒙古	东景生物	38.0	炔醛法
新疆美克化工股份有限公司	新疆	美克化工	36.0	炔醛法
内蒙古华恒能源科技有限公司	内蒙古	华恒能源	31.2	炔醛法
新疆蓝山屯河聚酯有限公司	新疆	蓝山屯河	30.8	炔醛法
内蒙古三维新材料有限公司	内蒙古	三维	30.0	炔醛法
内蒙古君正化工有限责任公司	内蒙古	君正化工	30.0	炔醛法
宁夏五恒化学有限公司	宁夏	五恒化学	25.6	炔醛法
新疆天业股份有限公司	新疆	新疆天业	21.0	炔醛法
中石化长城能源宁夏有限公司	宁夏	长城能源	20.0	炔醛法
新疆国泰新华化工有限责任公司	新疆	国泰新华	20.0	炔醛法
长连化工（盘锦）有限公司	辽宁	盘锦大连	15.0	丙烯醇法
陕西陕化煤化工集团有限公司	陕西	陕西陕化	13.0	炔醛法
新疆新业能源化工有限责任公司	新疆	新疆新业	13.0	炔醛法
宁夏惟远新能源有限公司	宁夏	宁夏惟远	12.0	炔醛法
河南开祥化工有限公司	河南	河南开祥	11.0	炔醛法
河南能源化工集团鹤壁煤化工	河南	河南鹤煤	10.0	炔醛法
延长石油油田气化工科技公司	陕西	延长石油	10.0	炔醛法
万华化学（四川）有限公司	四川	万华化学	10.0	炔醛法
安徽华塑股份有限公司	安徽	安徽华塑	10.0	炔醛法
四川天华化工集团股份有限公司	四川	四川天华	8.5	炔醛法
陕西融合化工集团有限公司	陕西	陕西国融	6.0	炔醛法
陕西黑猫焦化股份有限公司	陕西	陕西黑猫	6.0	炔醛法
重庆建峰化工股份有限公司	重庆	重庆建峰	6.0	炔醛法
仪征大连化工有限公司	江苏	仪征大连	5.0	丙烯醇法
福建海泉化学有限公司	福建	福建海泉	4.0	炔醛法
合计			482.1	

注：生物基BDO未统计在内，这里仅统计石油化工类BDO。

43.2.1.3 2020—2024年1,4-丁二醇产能趋势分析

2020—2024年，中国BDO新增产能趋向大型化，工艺趋向多工艺联合生产。

2020—2021年，国内BDO行业新产能增加较少，仅新增延长石油10万吨/年新产能及陕西陕化一期3万吨/年装置重启。2022—2024年中国BDO扩能进入高速期，并在2024年达到高峰。其中2022年新增52.1万吨/年产能，约占当年总产能的19%，年产能增速达到约23%；2023年新增产能75.2万吨/年，约占当年总产能的21%，年产能增速达到约27%；2024年新增产能129.4万吨/年，约占当年总产能的27%，产能增速提高至约37%。

2020—2024年中国1,4-丁二醇产能变化趋势见图43-1。

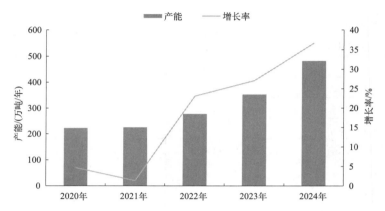

图43-1　2020—2024年中国1,4-丁二醇产能变化趋势

43.2.2　1,4-丁二醇产量及产能利用率趋势分析

43.2.2.1　2024年1,4-丁二醇产量及产能利用率趋势分析

2024年，中国BDO总产量289万吨，同比增长20.4%。2024年BDO行业新产能增加较多，月度产量均高于2023年同期。但部分时间段受行情及利润情况影响，工厂开工积极性不高，月度产量会随之改变。在9—10月份因集中检修及新产能投产偏缓而出现产量、产能利用率的双重回落。

2024年中国1,4-丁二醇产量与产能利用率变化趋势见图43-2。

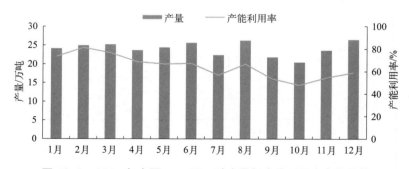

图43-2　2024年中国1,4-丁二醇产量与产能利用率变化趋势

43.2.2.2　2020—2024年1,4-丁二醇产量及产能利用率趋势分析

2020—2024年，中国BDO产量随着产能的增产而自然增长。由于BDO近几年新产能增加较多，而下游行业产能增速偏缓，导致BDO行业出现供需失衡态势，市场价格高位回落，利润

空间亦被压缩，部分工厂开工负荷下降或停车，2020—2024年BDO产能利用率多数时间震荡于65%以上，但在2024年下滑至59.9%，主因2024年BDO行业利润微薄甚至部分时间段处于亏损状态，多工厂被迫停车以缓解成本压力。

2020—2024年中国1,4-丁二醇产量与产能利用率变化趋势见图43-3。

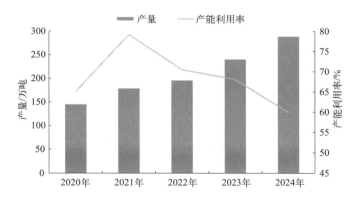

图43-3　2020—2024年中国1,4-丁二醇产量与产能利用率变化趋势

43.2.3　1,4-丁二醇供应结构分析

43.2.3.1　2024年1,4-丁二醇分区域供应结构分析

2024年国内BDO产能区域分布依然较为广泛，西北、华北、东北、西南、华中和华东六个行政区域都有BDO装置的分布。详细分析区域产能，西北地区以213.4万吨/年排在第一位，占比约44.3%。按区域变化来看，华北地区以129.2万吨/年上升至第二位，占比约26.8%。东北地区新增60万吨/年产能，以75万吨/年产能排在第三位，占比约15.6%。其他地区占比相对较小。

2024年中国1,4-丁二醇按区域产能分布见图43-4。

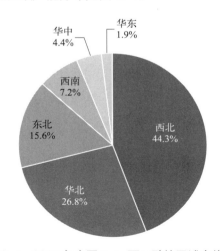

图43-4　2024年中国1,4-丁二醇按区域产能分布

43.2.3.2　2024年1,4-丁二醇分生产工艺供应结构分析

2024年1,4-丁二醇产能按照工艺区分，以炔醛法为主，约占总产能的83.4%，其中电石制炔

醛法产能351.6万吨/年、天然气制炔醛法产能在50.5万吨/年。其次是顺酐法，主要是恒力石化60万吨/年产能，约占总产能的12.4%。丙烯醇法产能仅20万吨/年，约占总产能的4.1%。

2024年中国1,4-丁二醇按生产工艺产能分布见图43-5。

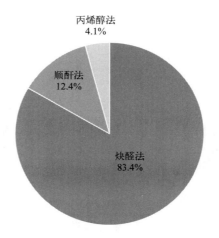

图 43-5　2024 年中国 1,4- 丁二醇按生产工艺产能分布

43.2.3.3　2024 年中国 1,4- 丁二醇分企业性质供应结构分析

2024年，国内民营BDO总计产能248.8万吨/年，约占比51.6%，大连恒力是其中最大的民营企业，总产能60万吨/年，其货源主要为PTMEG、PBAT、PBT自用，暂无外销量。外资企业总产能20万吨/年，占比4.1%，主要是中国台湾大连集团在中国盘锦及仪征建设的两个工厂。国企总产能213.3万吨/年，占比44.2%，包括新疆美克、新疆国泰、新疆天业、新疆蓝山屯河、河南能源、长城能源等。

2024年中国1,4-丁二醇按企业性质产能分布见图43-6。

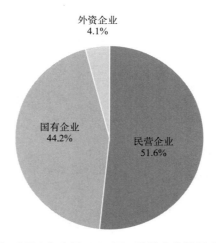

图 43-6　2024 年中国 1,4- 丁二醇按企业性质产能分布

43.2.4　1,4- 丁二醇进口趋势分析

截至2024年底，中国BDO进口3.7万吨。从月度进口看，2024年中国BDO月度进口量在7

月份出现了明显的低谷，主要因为国内BDO工厂开工稳定，国产货源充足。年内进口量高峰出现于3月份，为0.4万吨。从进口均价来看，与国内市场价格走势表现各异，进口货源价格受国内市场行情影响较少，与海外供需基本面存在较强关联。

2024年中国1,4-丁二醇进口量价变化趋势见图43-7。

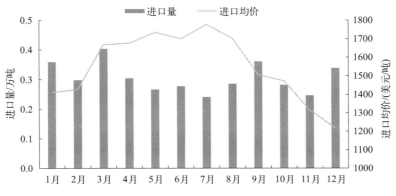

图 43-7　2024 年中国 1,4- 丁二醇进口量价变化趋势

2020—2024年，中国1,4-丁二醇进口量呈现先增后降趋势。2022年之后，中国BDO产能快速增长，部分厂商积极出口。由于中国BDO产能增速领先于全球其他国家之和，国内BDO产能产量增速远超海外BDO可进口量的增速，因而进入2022年后，BDO进口依存度连续下降。

2020—2024年中国1,4-丁二醇进口量变化趋势见图43-8。

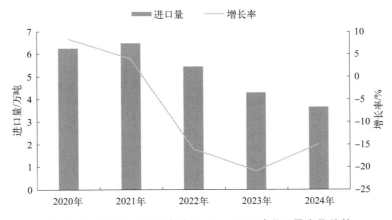

图 43-8　2020—2024 年中国 1,4- 丁二醇进口量变化趋势

43.3　中国 1,4- 丁二醇消费现状分析

43.3.1　1,4- 丁二醇消费趋势分析

43.3.1.1　2024 年 1,4- 丁二醇消费趋势分析

2024年BDO下游装置投产较多，但因自身行情影响，部分装置生产不能持续平稳，年内消费量的增量更多的是体现在主力下游PTMEG新产能在2023下半年及2024年投产后的消费贡献量。

2024年中国1,4-丁二醇月度消费量及价格变化趋势见图43-9。

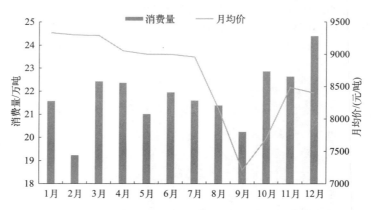

图 43-9 2024 年中国 1,4- 丁二醇月度消费量及价格变化趋势

43.3.1.2 2020—2024 年 1,4- 丁二醇消费趋势分析

2020—2024年中国BDO消费呈逐年递增趋势，年均复合增长率约14.9%。下游消费结构方面，PTMEG、PBT、GBL在BDO下游占比中占据前三位，其中PTMEG始终居首位，每年占比均在5成上下，承担了近年来BDO消费端的增长。

2020—2024年中国1,4-丁二醇年度消费变化趋势见图43-10。

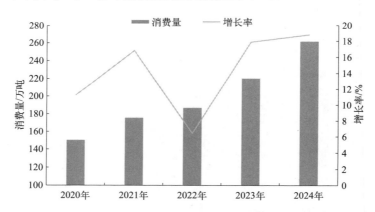

图 43-10 2020—2024 年中国 1,4- 丁二醇年度消费变化趋势

43.3.2 1,4- 丁二醇消费结构分析

43.3.2.1 2024 年 1,4- 丁二醇消费结构分析

BDO下游行业较多，从行业下游消费结构来看，对BDO消费量较大的产品有PTMEG（聚四亚甲基醚二醇）、PBT（聚对苯二甲酸丁二醇酯）、GBL（γ-丁内酯）、PBAT（聚己二酸/对苯二甲酸丁二酯）、TPU（热塑性聚氨酯弹性体）、PU浆料（聚氨酯树脂）。2024年PTMEG占比约52.0%，排在第一位。其次是PBT、GBL，占比分别为19.2%、17.8%；再次是PBAT、TPU、PU浆料等，占比分别为5.5%、1.6%以及3.9%。

2024年中国1,4-丁二醇下游消费占比见图43-11。

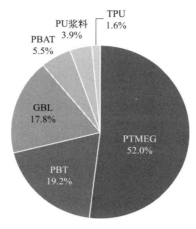

图 43-11　2024 年中国 1,4- 丁二醇下游消费占比图

43.3.2.2　2020—2024 年 1,4- 丁二醇消费结构分析

2020—2024 年，BDO 下游产品整体高速增长，不同品种发展存在差异性。

PTEMG 作为核心下游，周期内占据 BDO 总消费量的 49%～55%，其产能在 2020—2021 高速发展，占比由 52% 提高至 55%。2022—2023 年，因终端下游产品氨纶需求跟进一般，PTMEG 新产能增加较少，且部分老旧产能停车，行业整体产能增加有限，其对 BDO 的消费增量弱于其自身的产能增量，对 BDO 消费占比下降至 49%。2024 年随着下游氨纶产能扩张，PTMEG 工厂开工积极性提高；同时 PTMEG 亦有新产能进入，对原料 BDO 消化量增加，在 BDO 下游占比中提高至 52.0%。

PBT 作为 BDO 第二大下游，2023—2024 年来对 BDO 消费增量有限。其 2024 年消费 BDO 的量在 50 万吨，占总消费量的 19%，低于 2020—2023 年占比。

GBL/NMP 作为 BDO 第三大下游，近年来发展较为迅速。随着国家对终端新能源行业政策的鼓励和推动，下游 NMP 需求增加，刺激部分已有 GBL/NMP 工厂继续扩产，及部分新企业如万华、东景、三维、玖源等进入，进而对原料 BDO 的消化量增加。但 2024 年 GBL/NMP 行情偏弱且长期处于亏损状态，工厂生产热情不高，2024 年 GBL/NMP 产量增速较慢，占据 BDO 消费量的 17.8%，较 2023 年仅增加 0.7%。

2020—2024 年中国 1,4- 丁二醇下游消费变化趋势见图 43-12。

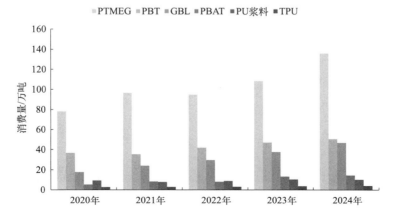

图 43-12　2020—2024 年中国 1,4- 丁二醇下游消费变化趋势

43.3.2.3　2024年1,4-丁二醇区域消费结构分析

从区域消费结构可以看出，BDO主要消费增长区域增速集中于经济相对发达地区。其中，华东区域是最主要的消费市场，承接了40%左右的下游消费能力，但近年来消费量增速减缓，主因是主要下游PTMEG在华东地区新产能增加较少。西北地区是BDO生产集中地，近五年下游消费增速尚可，主因是BDO新产能多选择PTMEG作为下游配套首选。华北地区近年消费发展增长较快，主因该地区BDO新产能在2023—2024年增加较多，且多数配套PTMEG、GBL等下游装置，对BDO新增消费量大幅增加，是全国消费量增长最快的区域。东北地区自2024年开始进入上下游同步扩张阶段，BDO新增产能配套了PTMEG、PBT。

2024年中国1,4-丁二醇分区域消费占比见图43-13。

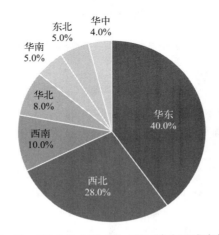

图43-13　2024年中国1,4-丁二醇分区域消费占比

43.3.3　1,4-丁二醇出口趋势分析

2024年，中国BDO出口量21.1万吨。其中，6月出口量最大，为2.5万吨；2月出口量最低，为0.9万吨。

2024年中国1,4-丁二醇出口量价变化见图43-14。

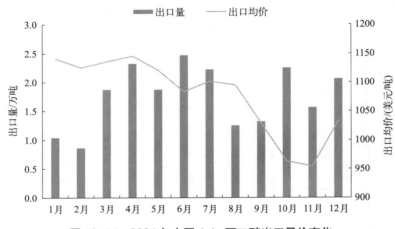

图43-14　2024年中国1,4-丁二醇出口量价变化

2020—2024年中国BDO出口整体呈增加趋势，出口量由3.1万吨增长至21.1万吨，复合增长率62.0%。

2020—2024年中国1,4-丁二醇出口量变化趋势见图43-15。

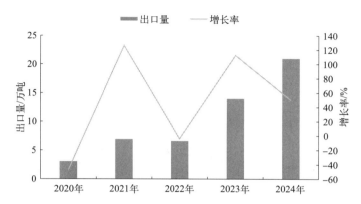

图 43-15　2020—2024 年中国 1,4- 丁二醇出口量变化趋势

43.4　中国 1,4- 丁二醇价格走势分析

BDO价格在2020—2024年呈现先涨后跌走势。供需是长周期价格变化的核心影响因素，但自2022年下半年开始，供需结构转变的影响越发明显。2024年华东BDO年均价格8656元/吨，创下近五年以来的低点，相较于2023年的年均价11050元/吨，下跌了2394元/吨，跌幅达22%。

2024年，随着国内BDO大量新产能陆续落地，BDO产能增速快于下游新增消费的增速，行业供需失衡。二季度BDO集中投产，在三季度放量，供应突然大增拖拽BDO市场价格下滑至7200元/吨的历史低位。下游产品受终端需求跟进偏弱及原料端的成本压制，利润空间被压缩甚至部分下游产品长期亏损，出现了不同程度的开工降负，对原料的消化量缩减。虽年内下游行业亦存新产能投产，全年的消费量增加，但依然不及国内BDO供应量的增幅。整年看来，供需因素始终是影响BDO市场价格走势的最主要因素，上半年各月供需差距较大。下半年随着BDO价格至低位后，多工厂亏损压力下被迫停车，市场供需矛盾缓和，9月、11月供需差波动收窄。

2020—2024年华东市场1,4-丁二醇价格走势见图43-16。

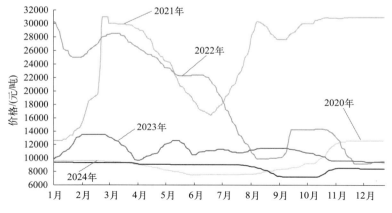

图 43-16　2020—2024 年华东市场 1,4- 丁二醇价格走势

华东市场1,4-丁二醇2024年月均价及2020—2024年年均价分别见表43-4和表43-5。

表 43-4　2024 年华东市场 1,4- 丁二醇月均价汇总表

月份	1月	2月	3月	4月	5月	6月	7月	8月	9月	10月	11月	12月
华东均价/（元/吨）	9334	9300	9290	9056	9002	9000	8959	8159	7210	7700	8486	8400

表 43-5　2020—2024 年华东市场 1,4- 丁二醇年均价汇总表

年份	2020 年	2021 年	2022 年	2023 年	2024 年
华东均价/（元/吨）	9253.8	25310.2	18412.9	11049.8	8656.4

43.5　中国 1,4- 丁二醇生产毛利走势分析

2024年BDO两大主流工艺利润全年均处于微利甚至负盈利态势。从亏损程度来看，外采正丁烷顺酐法利润亏损最大，全年利润均值在 −2681 元/吨。电石制炔醛法工艺，利润均值在 −28 元/吨。

一方面因为今年以来原油价格处于高位，原料正丁烷成本高；另一方面，需求增长而产能迅猛增长，市场供需失衡下导致了产业链面临严峻挑战，BDO市场价格全年低位震荡，利润大幅缩窄。电石制炔醛法工艺利润全年微薄甚至亏损，原料电石、甲醇价格阶段性偏高，以及BDO价格低位震荡，使得电石制炔醛法工艺在2024年也面临较大的利润压力。

2024年不同原料1,4-丁二醇生产毛利对比见图43-17。

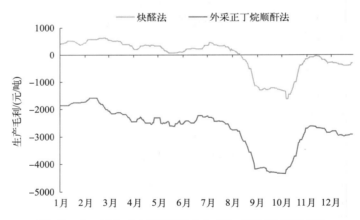

图 43-17　2024 年不同原料 1,4- 丁二醇生产毛利对比

不同工艺制1,4-丁二醇2024年月均生产毛利及2020—2024年年均生产毛利分别见表43-6和表43-7。

表 43-6　2024 年 1,4- 丁二醇月均生产毛利汇总表

月份	炔醛法/（元/吨）	外采正丁烷顺酐法/（元/吨）
1月	464.7	−1803.8
2月	574.9	−1701.8
3月	465.9	−2186.3

续表

月份	炔醛法/（元/吨）	外采正丁烷顺酐法/（元/吨）
4月	327.0	−2437.6
5月	150.2	−2506.2
6月	235.8	−2391.9
7月	358.1	−2428.3
8月	−267.2	−3223.3
9月	−1244.8	−4222.8
10月	−972.4	−3654.7
11月	−139.2	−2696.5
12月	−342.0	−2896.3

注：外采正丁烷顺酐法毛利是按原料价格进行推测，不是真正的生产毛利，下同。

表43-7 2020—2024年1,4-丁二醇年均生产毛利汇总表

单位：元/吨

年份	2020年	2021年	2022年	2023年	2024年
炔醛法/（元/吨）	807.0	13750.0	8160.0	1917.0	−28
外采正丁烷顺酐法/（元/吨）	381.0	14329.0	6438.0	−166.0	−2681.0

43.6 2025—2029年中国1,4-丁二醇发展预期

43.6.1 1,4-丁二醇供应趋势预测

43.6.1.1 2025—2029年1,4-丁二醇拟在建/退出产能统计

2025—2029年，BDO行业依然处于高速扩能期，但周期内产能扩增速度较2022—2024年或将放缓。未来产能供应增量除集中在西北、华北区域外，华东区域新产能将增加，华南地区也将有新产能填补目前的空白，且多数新增装置配套下游进行一体化延伸；而生产工艺则是炔醛法、顺酐法均有，且顺酐法产能将增加。

2025—2029年中国1,4-丁二醇拟在建产能统计见表43-8。

表43-8 2025—2029年中国1,4-丁二醇拟在建产能统计

企业简称	产能/（万吨/年）	工艺	预计投产时间	省份
山西同德化工股份有限公司	24.0	炔醛法	2025年	山西
内蒙古广锦新材料有限公司	30.0	炔醛法	2025年	内蒙古
四川永盈新材料有限公司	18.0	炔醛法	2025年	四川
山东联盟化工有限公司	10.0	顺酐法	2025年	山东
华鲁恒升（荆州）有限公司	24.0	炔醛法	2025年	湖北
新疆曙光绿华生物科技有限公司	30.0	炔醛法	2025年	新疆

续表

企业简称	产能/（万吨/年）	工艺	预计投产时间	省份
新疆巨融新材料科技有限公司	30.0	炔醛法	2026 年	新疆
福州万景新材料有限公司	30.0	顺酐法	2026 年	福建
东华能源（宁波）新材料有限公司	20.0	顺酐法	2026 年	浙江
新疆宜化化工有限公司	10.0	炔醛法	2026 年	新疆
珠海中冠石油化工有限公司	10.0	顺酐法	2026 年	广东
陕西煤业化工集团新疆有限责任公司	31.2	炔醛法	2027 年	新疆
宁夏宁东泰和新材有限公司	25.0	炔醛法	2027 年	宁夏
宁夏润丰新材料科技有限公司	10.0	顺酐法	2027 年	宁夏
中石化长城能源化工（宁夏）有限公司	30.0	炔醛法	2027 年	宁夏
荣盛新材料（台州）有限公司	60.0	顺酐法	2027 年	浙江
山东睿安生物科技有限公司	5.5	顺酐法	2028 年	山东
安徽昊源化工集团有限公司	20.0	炔醛法	2028 年	安徽
内蒙古君正化工有限责任公司	30.0	炔醛法	2028 年	内蒙古
四川天华富邦化工有限责任公司	20.0	炔醛法	2028 年	四川
内蒙古君正化工有限责任公司	30.0	炔醛法	2028 年	内蒙古
内蒙古三维新材料有限公司	30.0	炔醛法	2028 年	内蒙古
新疆中泰金晖科技有限公司	60.0	炔醛法	2029 年	新疆
福州万景新材料有限公司	60.0	顺酐法	2029 年	福建
盛虹炼化（连云港）有限公司	30.0	顺酐法	2029 年	江苏

43.6.1.2　2025—2029 年 1,4- 丁二醇产能趋势预测

根据表 43-8，2025—2029 年中国 BDO 新增总产能 677.7 万吨/年，主要集中于西北、华北、华东区域，华南、东北等地也有部分投产。较 2020—2024 周期相比，顺酐法的占比将增加。

2025—2029 年中国 1,4- 丁二醇产能预测见图 43-18。

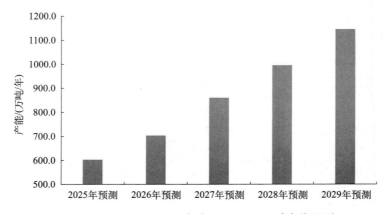

图 43-18　2025—2029 年中国 1,4- 丁二醇产能预测

2025—2029年中国BDO产量平均增速预计在15.8%，低于产能平均增速。产能、产量预测增长率出现偏差的主要原因有两点。一方面是现有拟在建数据显示，2025—2029年BDO投产力度超过下游投产力度，供需压力增加。另一方面，近几年随着产能不断扩张，BDO行业已经从高价格、高利润状态逐步向低价格、低利润甚至负利润过渡。在低利润限制下，部分老装置或高能耗装置或采取停车或限产措施，新产能投产后亦会维持低位运行，因此行业产能利用率降低。

2025—2029年中国1,4-丁二醇产量及产能利用率趋势预测见图43-19。

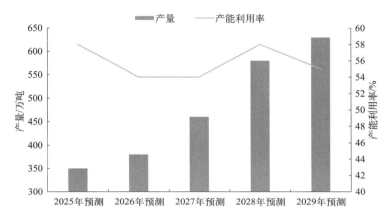

图 43-19   2025—2029 年中国 1,4- 丁二醇产量及产能利用率趋势预测

43.6.2 1,4- 丁二醇消费趋势预测

2025—2029年，BDO下游新建产能累计约800万吨/年，年均复合增长率14.3%。未来五年PBAT行业随着国家政策的不断推进，将成为BDO下游中新投产装置最多的行业，预计2025—2029年新建产能232万吨/年，2029年产能较2024年增量162.1%；其次是PTMEG行业，2025—2029年计划及规划投产预计203.7万吨/年，增幅150.7%。排在第三和第四位的是PBT、GBL行业，分别计划及规划投产162万吨/年和141万吨/年，增幅预计分别为76.8%和147.9%。2025—2029年TPU行业计划新投装置33万吨/年，计划增幅21%。

2025—2029年中国1,4-丁二醇主要下游消费预测见图43-20。

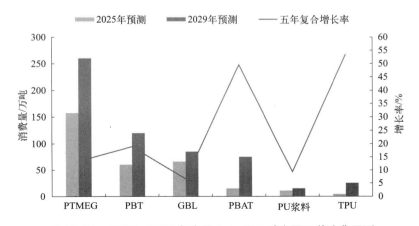

图 43-20   2025—2029 年中国 1,4- 丁二醇主要下游消费预测

43.6.3 1,4- 丁二醇供需格局预测

2025—2029 年，国内 BDO 计划有 677.7 万吨/年装置投产，预计未来五年五大下游新产能投产约 800 万吨/年，下游投产力度小于上游，但结合实际投产带来的产量及消费量增量和已有的供需格局来看，预计未来 BDO 供应增加量小于理论值，下游消费量增量亦小于理论值，过剩程度有望在 2027 年放缓，但 2027 年之后再度提速。

2025—2029 年中国 1,4-丁二醇供需预测见表 43-9。

表 43-9 2025—2029 年中国 1,4- 丁二醇供需预测

单位：万吨

时间	产量	进口量	总供应量	下游消费量	出口量	总需求量
2025 年预测	350.0	3.5	353.5	314	25.0	339
2026 年预测	380.0	3.2	383.2	345.0	28.0	373.0
2027 年预测	460.0	3.0	463.0	430.0	32.0	462.0
2028 年预测	580.0	2.9	582.9	542.0	36.0	578.0
2029 年预测	630.0	2.5	632.5	600	42.0	642

第 44 章

己二酸

2024 年度
关键指标一览

类别	指标	2024 年	2023 年	涨跌幅	2025 年预测	预计涨跌幅
价格	华东均价 /（元 / 吨）	9132.6	9531.6	−4.2%	9600.0	5.1%
供需	产能 /（万吨 / 年）	410.0	374.0	9.6%	410.0	0.0%
	产量 / 万吨	255.7	230.8	10.8%	290.0	13.4%
	产能利用率 /%	62.4	61.7	0.7 个百分点	70.7	8.3 个百分点
	下游消费量 / 万吨	192.2	174.8	10.0%	195.0	1.5%
进出口	进口量 / 万吨	0.7	0.8	−12.5%	0.7	−4.2%
	出口量 / 万吨	48.7	43.2	12.6%	49.7	2.1%
毛利	生产毛利 /（元 / 吨）	−1333.7	17.0	−7945.3%	−650.0	51.3%

44.1 中国己二酸供需分析

自2021年起,国内己二酸产能一直延续扩张态势,2020—2024年间共扩能156万吨/年。2020—2024年,国内己二酸行业供大于求态势仍较明显,产能利用率徘徊在50%~70%之间,部分老牌生产企业继续扩产,产能处于扩张周期中;但由于需求端增速较缓,己二酸行业景气度呈现下行态势。己二酸生产企业为化解成本压力及销售风险等,逐步对上下游产业链进行完善,行业一体化趋势愈加明显。

2020—2024年中国己二酸供需变化见表44-1。

表 44-1　2020—2024 年中国己二酸供需变化

单位:万吨

时间	产量	进口量	总供应量	下游消费量	出口量	总需求量
2020 年	155.7	1.0	156.7	126.0	29.3	155.3
2021 年	190.7	1.3	192.0	138.2	38.0	176.2
2022 年	200.0	0.9	200.9	154.0	38.2	192.2
2023 年	230.8	0.8	231.6	174.8	43.2	218.0
2024 年	255.7	0.7	256.4	192.2	48.7	240.9

44.2 中国己二酸供应现状分析

44.2.1 己二酸产能趋势分析

44.2.1.1 2024 年己二酸产能及新增产能统计

2024年国内己二酸产能平稳增长,截至2024年总产能达到410万吨/年,五年复合增长率12.7%。年底新投产2套己二酸装置,分别为山东华鲁恒升的20万吨/年装置以及安徽昊源的16万吨/年装置,下游配套产品均为尼龙66(PA66)。

2024年中国己二酸产能投产统计见表44-2。

表 44-2　2024 年中国己二酸产能投产统计

企业名称	省份	企业性质	产能/(万吨/年)	工艺类型	装置投产时间	下游配套
山东华鲁恒升集团有限公司	山东	国企	20.0	环己烯法	2024 年 12 月	PA66
安徽昊源化工集团有限公司	安徽	民企	16.0	环己烯法	2024 年 12 月	PA66
合计			36.0			

44.2.1.2 2024 年己二酸主要生产企业生产状况

2024年,我国己二酸行业总产能提升到410万吨/年,排名前五企业产能合计307万吨/年,产能占比75%。目前产能排名第一的是重庆华峰,产能达到144万吨/年;排名第二的是华鲁恒升,总产能为56万吨/年;排名第三的是平煤神马,产能为47万吨/年;并列第四位的是江苏海力和恒力石化有限公司,产能均为30万吨/年。

2024年中国己二酸生产企业产能统计见表44-3。

表 44-3　2024 年中国己二酸生产企业产能统计

企业名称	省份	简称	产能 /（万吨 / 年）
重庆华峰化工有限公司	重庆	重庆华峰	144.0
山东华鲁恒升集团有限公司	山东	华鲁恒升	56.0
中国平煤神马能源化工集团有限责任公司	河南	河南神马	47.0
江苏海力化工有限公司	江苏	江苏海力	30.0
恒力石化（大连）化工有限公司	辽宁	恒力石化	30.0
山东海力化工股份有限公司	山东	山东海力	22.5
唐山中浩化工有限公司	河北	唐山中浩	15.0
中国石油辽阳石油化纤有限公司	辽宁	辽阳石化	14.0
阳煤集团太原化工新材料有限公司	山西	阳煤太化	14.0
山东洪鼎化工有限公司	山东	山东洪鼎	14.0
新疆天利高新石化股份有限公司	新疆	新疆天利	7.5
安徽昊源化工集团有限公司	安徽	安徽昊源	16.0
合计			410.0

44.2.1.3　2020—2024 年己二酸产能趋势分析

2020—2024 年中国己二酸产能快速发展，新建产能集中于华东地区，全国产能集中度先增后降。生产企业不断寻求向下游延伸以形成产业链配套进而提升自身竞争优势，同时加速提升了己二酸的供应总量，造成行业生产利润的大幅降低以致亏损，进而减少了投资吸引力。2020—2024 年，中国己二酸排名前五企业产能集中度逐步增强，波动于 66% ～ 77% 之间，整体处于高位，表明中国己二酸行业集中度较高。

2020—2024 年中国己二酸产能变化趋势见图44-1。

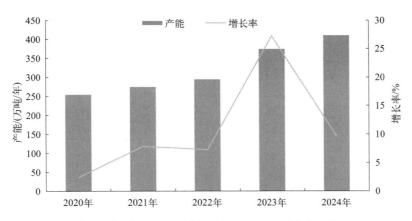

图 44-1　2020—2024 年中国己二酸产能变化趋势

44.2.2　己二酸产量及产能利用率趋势分析

44.2.2.1　2024 年己二酸产量及产能利用率趋势分析

2024 年，己二酸总产能提升至 410 万吨 / 年，同比增幅约 9.6%；产量由 2020 年的 155.7 万吨增长至255.7万吨，增幅约64%。2024年平均产能利用率为62.4%，较2023年增长0.7个百分点。

2024年中国己二酸月度产量及产能利用率变化趋势见图44-2。

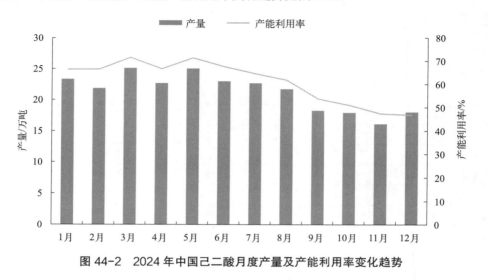

图 44-2　2024 年中国己二酸月度产量及产能利用率变化趋势

44.2.2.2　2020—2024 年己二酸产量及产能利用率趋势分析

2020—2024年，中国己二酸产量随着产能的扩张而增长。华东、西南、东北等主要己二酸生产地区均有新装置先后投产。这些新装置稳定生产后，其己二酸产能利用率往往能维持在70%～90%，甚至更高。但由于整体产能进一步过剩情况下，个别装置迫于利润、需求等因素而增加了停车检修时间，因此年度总开工情况有所降低，进而拖累了行业整体产能利用率。

2020—2024年己二酸年度产量与产能利用率变化趋势见图44-3。

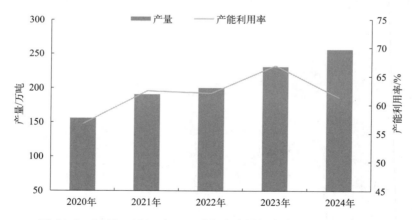

图 44-3　2020—2024 年己二酸年度产量与产能利用率变化趋势

44.2.3　己二酸供应结构分析

2020—2024年，国内己二酸产能扩增主要集中于西南地区，其他地区扩能项目相对较少。从绝对值来看，西南地区己二酸产能位居全国首位，主要是重庆华峰己二酸装置总产能已达144万吨/年，作为国内龙头企业遥遥领先。该企业所产己二酸主要作为生产原料用于自有的尼龙66、聚酯多元醇、聚氨酯树脂等装置，少量外销，因此企业己二酸消费用量占比也相对较大。

2024年中国己二酸产能区域分布见图44-4。

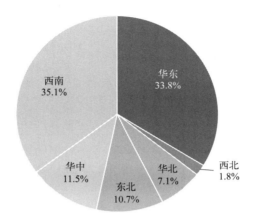

图 44-4　2024 年中国己二酸产能区域分布

44.2.4　己二酸进口趋势分析

2024年中国己二酸进口量0.7万吨，同比减少14.5%。其中，12月份进口量最大，约0.11万吨，占全年进口量的15.5%；1月份进口量最低，仅为0.03万吨。进口己二酸产品多为样品类、试剂类用途，数量极少，对市场供求影响较小。

2024年中国己二酸进口量价变化趋势见图44-5。

图 44-5　2024 年中国己二酸进口量价变化趋势

中国己二酸作为出口型产品每年的进口数量相对较少。2020年仅进口约1万吨，相当于当年国内己二酸总产量的0.6%；2021年己二酸进口量提升至1.3万吨，为近五年最高，但也仅相当于当年国内己二酸总产量的0.7%。2022—2023年我国己二酸进口量降为0.8万～0.9万吨；2024年己二酸进口量为0.7万吨，同比降低14.5%。

2020—2024年中国己二酸进口量变化趋势见图44-6。

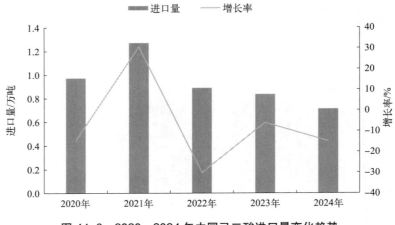

图 44-6 2020—2024 年中国己二酸进口量变化趋势

44.3 中国己二酸消费现状分析

44.3.1 己二酸消费趋势分析

44.3.1.1 2024 年己二酸消费趋势分析

2024 年己二酸消费量达到 192.2 万吨，较 2020 年增长 52.54%。下游品种淡旺季不明显，全年对己二酸需求比较稳定。虽然宏观经济环境偏弱，但因下游行业有新产能进入，整体消费量依然高于 2023 年。

2024 年中国己二酸月度消费量及价格变化趋势见图44-7。

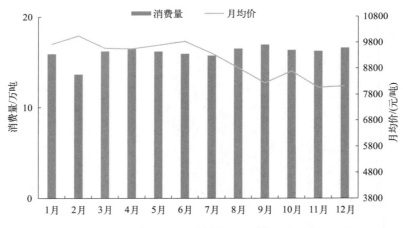

图 44-7 2024 年中国己二酸月度消费量及价格变化趋势

44.3.1.2 2020—2024 年己二酸消费趋势分析

2020—2024 年中国己二酸消费呈逐年递增趋势，年均复合增长率在11.1%。2024年，己二酸五大下游领域依次是 PA66、浆料、TPU、鞋底原液、PBAT。其中浆料、鞋底原液以及 PA66 占比先升后降。2024 年己二酸消费量达到 192.2 万吨左右，较 2023 年增加 10.0%。

2020—2024年中国己二酸年度消费变化趋势见图44-8。

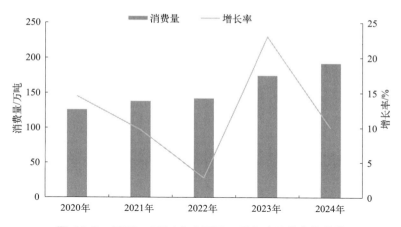

图 44-8　2020—2024 年中国己二酸年度消费变化趋势

44.3.2　己二酸消费结构分析

44.3.2.1　2024 年己二酸消费结构分析

从行业下游消费结构来看，对己二酸消费量较大的产品有浆料、鞋底原液、PA66、TPU、PBAT等。2024年PA66盐是对己二酸需求最大的产品，占比达到33.8%；其次是浆料、TPU、鞋底原液以及PBAT，占比分别达到了22.3%、17.7%、14.2%及4.8%。近五年来，己二酸下游整体高速增长，不同品种发展存在差异性。

2024年中国己二酸下游消费占比见图44-9。

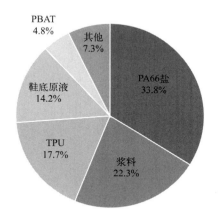

图 44-9　2024 年中国己二酸下游消费占比

44.3.2.2　2020—2024 年己二酸消费结构分析

2020—2024年中国己二酸消费整体呈现增长态势。下游分行业看，PBAT作为可降解产品，其产品的可降解性决定了企业以销定产的运行特色。部分企业不能连续生产PBAT，会库存一定量，行业产能利用率相对略低。中国PA66产量随着产能扩增而增长，尤其在中国突破己二腈生产技术之后，国内PA66产量增长速度加快。TPU近年来平稳发展，产能、产量均稳步增加，行业自给率有所提升。PU浆料以及鞋底原液近年来发展速度略放缓，消费占比变动不大。

2020—2024年中国己二酸下游消费变化趋势见图44-10。

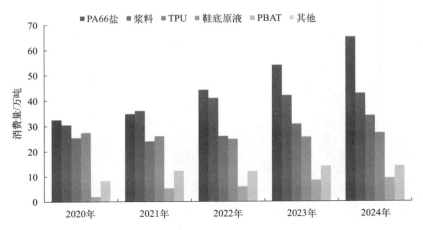

图 44-10　2020—2024 年中国己二酸下游消费变化趋势

44.3.3　己二酸出口趋势分析

2024年，中国己二酸出口量48.7万吨，同比增加12.6%。其中3月份出口量最大，主要因为国内开工高位，厂商积极出口以缓解内贸压力；7月份出口最少，主要因为部分装置检修，供应量减少，且国外需求相对偏少。

2024年中国己二酸出口量价变化趋势见图44-11。

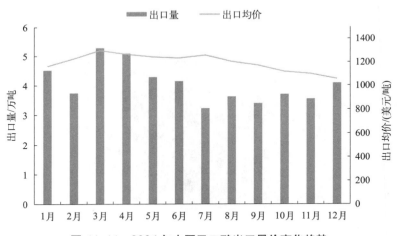

图 44-11　2024 年中国己二酸出口量价变化趋势

2020—2024年中国己二酸维持较高的出口量，既有出口创汇的目的性，也是缓解国内供应过剩的有效手段。2020—2024年，中国己二酸出口量由29.3万吨增长至48.7万吨，五年复合增长率为13.5%。2020年己二酸出口量缩量明显，为近5年低点，主要是2020年全球疫情暴发，抑制终端下游消费，国外需求量减少。2021—2024年国内己二酸产能不断扩张，国产自给率逐步提升，部分工厂加大出口占比，出口增量明显。

2020—2024年中国己二酸出口量变化趋势见图44-12。

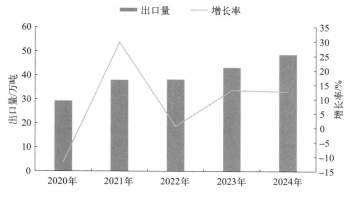

图 44-12 2020—2024 年中国己二酸出口量变化趋势

44.4 中国己二酸价格走势分析

2024年华东市场己二酸价格波动于8000～10150元/吨，振幅26.9%。年内高点出现于2月份，低点出现于12月份。年均价格9132.6元/吨，较2023年同期下跌4.2%。

整年来看，供需面波动成为影响价格的主要因素。上半年价格走势主要受到供应端影响，原料走势波动，供方亏损依旧，厂商操盘意愿尚可，影响价格短时震荡。下半年供需面利好带动不明朗，供方亏损加剧，库存压力明显，需求放量有限，价格呈现震荡走低态势。

2020—2024年华东市场己二酸价格走势见图44-13。

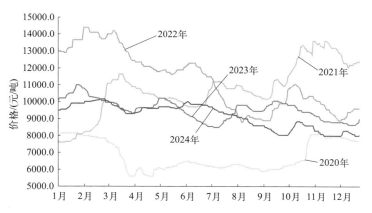

图 44-13 2020—2024 年华东市场己二酸价格走势

华东市场己二酸2024年月均价及2020—2024年年均价分别见表44-4和表44-5。

表 44-4 2024 年华东己二酸月均价汇总表

月份	1月	2月	3月	4月	5月	6月	7月	8月	9月	10月	11月	12月
华东均价/（元/吨）	9738.6	10058.8	9578.6	9559.1	9695.2	9847.4	9380.4	8815.9	8235.7	8686.8	8071.4	8115.9

表 44-5 2020—2024 年华东己二酸年均价汇总表

年份	2020 年	2021 年	2022 年	2023 年	2024 年
华东均价/（元/吨）	6815.0	10823.8	11200.4	9531.6	9132.6

44.5　中国己二酸生产毛利走势分析

2023年下半年开始己二酸进入亏损状态，2024年也一直处于负盈利状态。2024年己二酸平均利润−1333.7元/吨，较2023年下跌1350.7元/吨。

2024年中国己二酸生产毛利走势见图44-14。

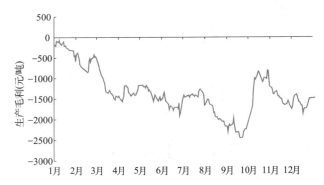

图 44-14　2024 年中国己二酸生产毛利走势

中国己二酸2024年月均生产毛利及2020—2024年年均生产毛利分别见表44-6和表44-7。

表 44-6　2024 年中国己二酸月均生产毛利汇总表

月份	生产毛利 / （元 / 吨）
1 月	−230.6
2 月	−564.6
3 月	−1154.3
4 月	−1359.1
5 月	−1360.9
6 月	−1652.7
7 月	−1409.8
8 月	−1837.8
9 月	−2238.4
10 月	−1027.4
11 月	−1472.5
12 月	−1595.4

表 44-7　2020—2024 年中国己二酸年均生产毛利汇总表

年份	2020 年	2021 年	2022 年	2023 年	2024 年
生产毛利 / （元 / 吨）	285.2	1360.6	979.1	17.0	−1333.7

44.6　2025—2029 年中国己二酸发展预期

44.6.1　己二酸供应趋势预测

44.6.1.1　2025—2029 年己二酸拟在建 / 退出产能统计

2025—2029年，我国己二酸行业仍有合计产能约290万吨/年新项目投建计划，主要分布于华东、华中及西北地区。由于2024年己二酸生产毛利亏损严峻，势必会影响后期的投资心态以及建设进度。

2025—2029年中国己二酸拟在建产能统计见表44-8。

表 44-8　2025—2029 年中国己二酸拟在建产能统计

企业简称	产能/（万吨/年）	预计投产时间	省份
浙江石化	30.0	2028 年	浙江
山东洪鼎化工有限公司	30.0	2026—2027 年	山东
福建福化古雷石油化工有限公司	30.0	2026 年	福建
荣盛新材料（台州）有限公司	45.0	2027 年	浙江
安徽昊源化工集团有限公司	16.0	2025—2026 年	安徽
中国平煤神马集团尼龙科技有限公司	50.0	2025—2026 年	河南
河南峡光高分子材料有限公司	30.0	2026—2027 年	河南
湖北三宁化工股份有限公司	24.0	2027—2028 年	湖北
新疆独山子天利高新技术股份有限公司	15.0	2026 年	新疆
宁夏宝廷新材料科技有限公司	20.0	2026—2027 年	宁夏
合计	290.0		

44.6.1.2　2025—2029 年己二酸产能趋势预测

2024年底，华鲁恒升的三期20万吨/年装置以及安徽昊源的一期16万吨/年装置已顺利开车；2026年—2027年，其他地区也有投建己二酸装置的计划。但由于目前己二酸产能过饱和状态，其收益较低，甚至呈现长期亏损状态，因此未来新建装置投建速度预计大幅降低。2028年以后，国内己二酸总产能过饱和状态仍将持续，投资商吸引力持续下降情况下未来恢复程度十分有限。因为目前企业成本倒挂，未来产能增速预期放缓。

2025—2029年中国己二酸产能预测见图44-15。

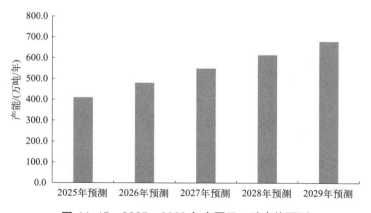

图 44-15　2025—2029 年中国己二酸产能预测

预计2025年中国己二酸月度产量呈现缓幅涨跌的态势，波动在22万～27万吨/月之间，全年总产量预计在290万吨左右。

2024年四季度我国新增36万吨/年己二酸产能，产品主要用于本企业配套下游产品以及向下游产业链传导，但目前下游需求量增速过低以及己二酸总产能严重过剩，造成其生产亏损。因此，部分新建装置开车时间延期至2026年以后，且仍有部分国有企业有投产计划。预计2025年总产量将继续增加，增幅将受企业效益、检修损失量、出口计划等因素影响。

2025—2029年中国己二酸产量及产能利用率趋势预测见图44-16。

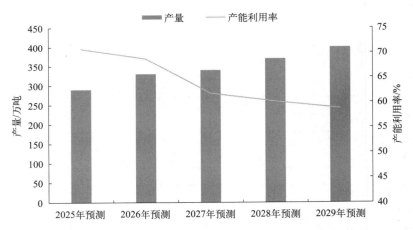

图 44-16 2025—2029 年中国己二酸产量及产能利用率趋势预测

44.6.2 己二酸消费趋势预测

就下游领域产能统计，预计未来五年下游行业扩能逐年递增，2027—2028年迎来高峰后，在2029年迎来消退。己二酸传统下游浆料、鞋底原液在2025—2029年增量有限，TPU、PA66、PBAT等产品2025—2029年均有投产预期，且2026—2028年投产集中，但新建项目目前多在规划阶段，届时能否如期投产存疑。

近年中国己二酸产品主要下游集中在尼龙及聚氨酯领域。随着己二腈国产化的兴起，国内PA66产品迎来了项目规划高峰，由于原料技术突破，预计未来几年国内PA66产能增速较高，将成为己二酸下游增长明显的下游产品。

44.6.3 己二酸供需格局预测

过去五年间国内己二酸行业一直处于供大于求态势，这种态势仍将延续。随着国内己二腈技术的突破，国产工业化将逐步实现，将推动尼龙66行业进入快速扩张阶段。同时，随着国家限塑令等政策的推动，PBAT行业仍有大量产能投入。另外，主力下游TPU行业亦存新产能进入。未来几年，这三大行业将成为推动己二酸供需增长的最大动力。

2025—2029年中国己二酸供需预测见表44-9。

表 44-9 2025—2029 年中国己二酸供需预测

单位：万吨

时间	产量	进口量	总供应量	下游消费量	出口量	总需求量
2025 年预测	290	0	290	195	49	244
2026 年预测	330	0	330	213	53	266
2027 年预测	340	0	340	232	57	289
2028 年预测	370	0	370	258	62	320
2029 年预测	400	0	400	273	68	341

第七篇

盐化工

第 45 章

纯碱

类别	指标	2024 年	2023 年	涨跌幅	2025 年预测	预计涨跌幅
价格	华东均价 /（元 / 吨）	1882.0	2577.0	−27.0%	1550	−17.6%
供需	产能 /（万吨 / 年）	3930.0	3670.0	7.1%	4180.0	6.4%
	产量 / 万吨	3704.0	3224.3	14.9%	3550.0	−4.2%
	产能利用率 /%	94.2	87.9	6.3 个百分点	84.9	−9.3 个百分点
	下游消费量 / 万吨	3576.0	3139.0	13.9%	3400.0	−4.9%
进出口	进口量 / 万吨	97.4	68.3	42.6%	10.0	−89.7%
	出口量 / 万吨	122.1	148.9	−18.1%	200.0	63.9%
库存	企业库存 / 万吨	140.8	34.0	314.0%	141.0	0.2%
毛利	生产毛利 /（元 / 吨）	523.0	1304.0	−59.9%	50.0	−90.4%

45.1 中国纯碱供需分析

2020—2024年中国纯碱供需均呈稳定增长态势，产量年均复合增速为7.7%，消费量年均复合增长率为8.0%。2020—2024年中国纯碱供需变化见表45-1。

表 45-1 2020—2024 年中国纯碱供需变化

单位：万吨

时间	产量	进口量	总供应量	下游消费量	出口量	总需求量
2020 年	2756.2	35.6	2792.8	2629.0	137.8	2766.8
2021 年	2892.1	23.8	2915.8	2758.0	75.9	2833.9
2022 年	2944.1	11.4	2955.5	2898.0	205.6	3103.6
2023 年	3224.3	68.3	3292.6	3139.0	148.9	3287.9
2024 年	3704.0	97.4	3801.4	3576.0	122.1	3698.1

45.2 中国纯碱供应现状分析

45.2.1 纯碱产能趋势分析

45.2.1.1 2024 年纯碱产能及新增产能统计

2024年国内纯碱产能呈现增加趋势，截至年底全国总产能提升至3930万吨/年，同比增加260万吨/年，增速达7.1%。新投产装置包括内蒙古博源银根化工200万吨/年、河南金山50万吨/年，江西晶昊10万吨/年。

2024年中国纯碱新增产能统计见表45-2。

表 45-2 2024 年中国纯碱新增产能统计

企业名称	省份	企业性质	产能/（万吨/年）	工艺类型	装置投产时间	下游配套
内蒙古博源银根化工有限公司	内蒙古	民企	200	天然碱法	2024 年 2 月	无
河南金山化工集团	河南	民企	50	联碱法	2024 年 3 月	无
江西晶昊盐化有限公司	江西	国企	10	氨碱法	2024 年 4 月	无
合计			260			

45.2.1.2 2024 年纯碱主要生产企业生产状况

2024年底，国内纯碱总产能3930万吨/年。产能规模在100万吨/年及以上的企业共14家，产能合计为2920万吨/年，占全国总产能的74.3%。按生产工艺统计，这14家企业中采用氨碱工艺的有7家，合计产能1190万吨/年，占比40.8%；联产工艺有5家，合计产能1090万吨/年，占比37.3%；天然碱企业2家，合计产能640万吨/年，占比21.9%。

2024年中国纯碱主要生产企业产能统计见表45-3。

表 45-3 2024 年中国纯碱主要生产企业产能统计

企业名称	省份	企业简称	产能/（万吨/年）	工艺路线
河南金山化工集团	河南	河南金山	640	联碱工艺
内蒙古博源银根化工有限公司	内蒙古	博源银根	500	天然碱工艺

续表

企业名称	省份	企业简称	产能/（万吨/年）	工艺路线
山东海化集团有限公司	山东	山东海化	300	氨碱工艺
唐山三友化工股份有限公司	河北	唐山三友	230	氨碱工艺
山东海天生物化工有限公司	山东	山东海天	150	氨碱工艺
中盐青海昆仑碱业有限公司	青海	青海昆仑	150	氨碱工艺
河南中源化学股份有限公司	河南	河南中源	140	天然碱工艺
中盐青海发投碱业有限公司	青海	青海发投	130	氨碱工艺
青海盐湖镁业有限公司	青海	青海盐湖	120	氨碱工艺
四川和邦生物科技股份有限公司	四川	四川和邦	120	联碱工艺
湖北双环科技股份有限公司	湖北	湖北双环	120	联碱工艺
青海五彩碱业有限公司	青海	五彩碱业	110	氨碱工艺
实联化工（江苏）有限公司	江苏	江苏实联	110	联碱工艺
重庆湘渝盐化股份有限公司	重庆	重庆湘渝	100	联碱工艺
合计			2920	

45.2.1.3　2020—2024年纯碱产能趋势分析

2020—2024年中国纯碱产能复合增长率为3.5%，产能增长主要集中在2023年和2024年。2023年内蒙古博源银根化工天然碱项目顺利投产，全国纯碱产能开启快速增长趋势。全国纯碱产能由2020年的3422万吨/年增长至2024年的3930万吨/年，增加508万吨/年，涨幅14.9%。

2020—2024年中国纯碱产能变化趋势见图45-1。

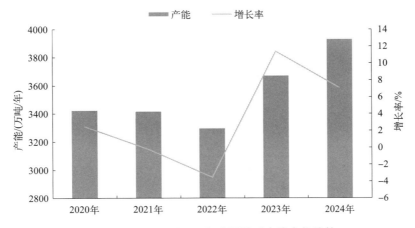

图45-1　2020—2024年中国纯碱产能变化趋势

45.2.2　纯碱产量及产能利用率趋势分析

45.2.2.1　2024年纯碱产量及产能利用率趋势分析

2024年中国纯碱总产量为3704万吨，同比增长14.9%，月均产量约309万吨。新装置投产加上老装置扩产，行业整体产能利用率也大幅飙升，总体供应量同比大幅增长。全年装置检修主要集中于8—9月份，暂时性开工率及产量下降。

2024年中国纯碱产量与产能利用率变化趋势见图45-2。

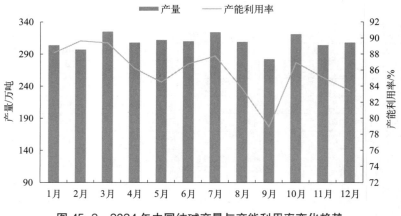

图 45-2 2024 年中国纯碱产量与产能利用率变化趋势

45.2.2.2 2020—2024 年纯碱产量及产能利用率趋势分析

随着纯碱新增产能释放及需求增长拉动，2020—2024 年中国纯碱产量呈现增长态势。

2020 年，受疫情影响各行各业需求减弱，纯碱库存高位，全年总产量为 2756.2 万吨，产能利用率仅 80.5%；2021 年，经济有所恢复，纯碱需求反弹拉动产量增长，全年总产量为 2892.1 万吨，同比增长 4.9%，产能利用率同比增加 4.2 个百分点，达到 84.7%；2022 年，疫情依然反复，经济形势缓慢恢复，纯碱下游需求稳中略涨，对纯碱生产形成一定支撑，全年总产量 2944.1 万吨，同比上涨 1.8%。同时，由于连续两年产能负增长（如图 45-1），产能利用率飙升至 89.3%；2023 年，疫情影响基本结束，国内经济全面恢复并强劲反弹，纯碱新产能释放，总产能同比增长 11.4%，引领总量增长，全年总产量 3224.3 万吨，同比增长 9.5%。由于当年新增产能较大，产能利用率略有下滑，同比下降 1.5 个百分点。2024 年，纯碱产能继续增加，但增长速度比上一年降低，但纯碱产量在需求强劲拉动下大幅增长，产能利用率高达 94.2%。

2020—2024 年中国纯碱产量与产能利用率变化趋势见图 45-3。

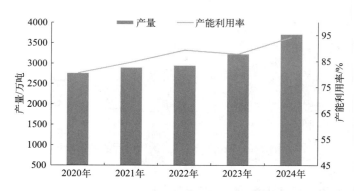

图 45-3 2020—2024 年中国纯碱产量与产能利用率变化趋势

45.2.3 纯碱供应结构分析

45.2.3.1 2024 年纯碱分区域供应结构分析

2024 年国内纯碱产能区域分布依然较为广泛，但以华东、华中、华北、西北地区为主。其中，华东地区产能占比为27.7%，华中地区27.6%，华北地区21.5%，西北地区15.0%。天然碱产能主要在华北地区的内蒙古和华中地区的河南。

2024年中国纯碱按区域产能分布见图45-4。

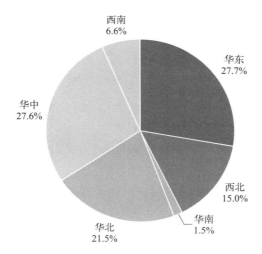

图 45-4　2024 年中国纯碱按区域产能分布

45.2.3.2　2024 年纯碱分生产工艺供应结构分析

2024年，国内纯碱生产主要采用联碱法、氨碱法及天然碱法工艺。其中，联碱法总产能1855万吨/年，占比47.2%；氨碱法总产能1415万吨/年，占比36.0%；天然碱法总产能660万吨/年，占比16.8%。

2024年中国纯碱按生产工艺产能分布见图45-5。

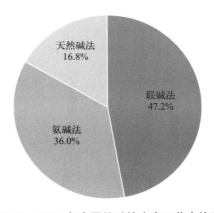

图 45-5　2024 年中国纯碱按生产工艺产能分布

45.2.3.3　2024 年纯碱分企业性质供应结构分析

按企业性质分析，纯碱企业可分为国有企业、民营企业及外资（含合资）企业。其中国有企业产能为2035万吨/年，占比51.8%；民营企业产能为1785万吨/年，占比45.4%；外资企业产能为110万吨/年，占比2.8%。

2024年中国纯碱按企业性质产能分布见图45-6。

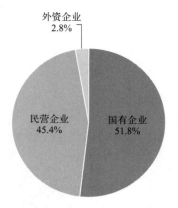

图 45-6 2024 年中国纯碱按企业性质产能分布

45.2.4 纯碱进口趋势分析

45.2.4.1 2024 年纯碱进口趋势分析

2024年，国内纯碱进口量为97.4万吨，比上一年增加29.1万吨，增幅42.6%。其中，3月份进口量最大，为22万吨，占全年总进口量的22.6%；11月份没有进口。2024年第一季度，国内纯碱价格处于相对高位，进口产品具有明显的价格优势，因此部分下游企业偏向使用进口纯碱。之后，伴随国内供应量的增加，国产纯碱价格不断走低，国产品与进口产品之间价差逐步缩小，进口量也随之下降。

2024年中国纯碱进口量价变化见图45-7。

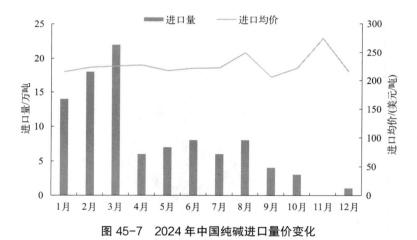

图 45-7 2024 年中国纯碱进口量价变化

45.2.4.2 2020—2024 年纯碱进口趋势分析

2020—2024年中国纯碱进口量复合增长率为28.1%。其中2020—2022年进口量呈下降趋势，2023—2024年进口量增加，2024年进口量创新高。年度进口量变化较大，主要受国内外市场价差及需求影响。整体看，进口量占国内市场供应量的比重很小，对市场影响有限。进口纯碱主要来源于美国和土耳其。2024年上半年，前期订单陆续到港，进口量下降；下半年国内价格低，抑制了国外纯碱进口。

2020—2024年中国纯碱进口量变化趋势见图45-8。

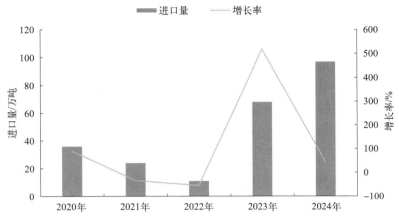

图 45-8 2020—2024 年中国纯碱进口量变化趋势

45.3 中国纯碱消费现状分析

45.3.1 中国纯碱消费趋势分析

45.3.1.1 2024 年月度消费趋势分析

2024 年，国内纯碱消费量约 3576 万吨，比上一年增加 437 万吨，增幅 13.9%。2024 年纯碱消费量先高后低，一、二季度消费量相对表现稳定，并无较大波动；进入三季度，光伏玻璃市场需求出现减量，随后浮法及光伏玻璃企业的放水冷修，导致纯碱需求量下滑；四季度天气温度不断下降，部分碳酸氢钠企业受气温低的影响，进入停车状态，导致纯碱消费量下降。

2024 年中国纯碱月度表观消费量及价格变化趋势见图 45-9。

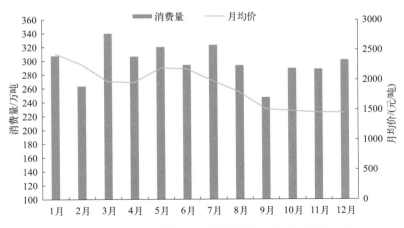

图 45-9 2024 年中国纯碱月度表观消费量及价格变化趋势

45.3.1.2 2020—2024 年纯碱消费趋势分析

2020—2024 年，中国纯碱消费呈逐年递增趋势，年均复合增长率为 8.0%。其中，2020 年主要受到疫情影响，下游生产疲软采购减少，纯碱需求不振。2021 年，防疫等因素拉动部分玻璃制品需求突升，光伏行业形势大好，玻璃总体对纯碱需求大幅增长；下游领域中仅洗涤剂和碳酸氢钠对纯碱消费同比下降。2022年，纯碱需求增长主要靠光伏玻璃、碳酸氢钠、硅酸钠、碳酸锂等拉动，而浮法玻璃、日用玻璃等行业对纯碱需求同比下降。2023年，浮法玻璃、日用玻璃的纯碱消费量继续下降，新能源产业发展带动下光伏玻璃和碳酸锂产量继续高速增长，成为纯碱消费增长的主力。2024年，日用玻璃自2021年后连续三年对纯碱需求下跌；而光伏玻璃行业继续保持高增长，2020—2024年期间对纯碱消费年均增长高达39.7%；碳酸锂对纯碱需求同比增长44%；除了氧化铝、洗涤剂行业对纯碱需求保持稳定外，其他行业纯碱需求也增长较快。

2020—2024年中国纯碱年度消费变化趋势见图45-10。

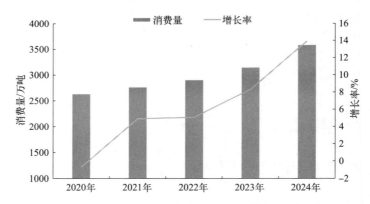

图 45-10　2020—2024年中国纯碱年度消费变化趋势

45.3.2　中国纯碱消费结构分析

45.3.2.1　2024年纯碱消费结构分析

2024年，纯碱主要下游消费领域包括浮法玻璃、光伏玻璃、日用玻璃、硅酸钠、碳酸氢钠及碳酸锂等。其中，重质纯碱下游，浮法玻璃、光伏玻璃分别占纯碱总消费量的34.5%、18.7%。轻质纯碱下游，日用玻璃消费占比较高，占总消费量的12.1%，碳酸氢钠占5.7%，硅酸钠4.7%，碳酸锂3.5%，洗涤剂、味精和氧化铝领域变化不大，其他占比14.3%。

2024年中国纯碱下游消费占比见图45-11。

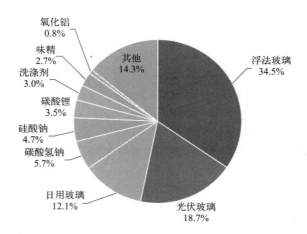

图 45-11　2024年中国纯碱下游消费占比

45.3.2.2 2020—2024 年纯碱消费结构分析

2020—2024 年中国纯碱消费呈逐年递增趋势，而且增速逐年加快，年均复合增长率为 8.0%。消费结构方面，浮法玻璃、光伏玻璃依旧是消费纯碱的主力军。其中，纯碱消费增长速度较快的主要有光伏玻璃、碳酸锂、味精、碳酸氢钠等领域，近五年复合增长率分别是 39.7%、37.2%、12.5%、11.1%；纯碱消费下降的领域主要为日用玻璃、洗涤剂等，近五年复合增长率分别是 -0.8%、-0.7%。其他下游领域纯碱消费年均复合增长率在 1% ~ 3% 区间波动，例如浮法玻璃领域纯碱消费量复合增长率为 1.6%，硅酸钠为 2.7%。其他下游装置负荷提升，纯碱消费量增加，以及烧碱价格阶段性高，用纯碱做替换。

2020—2024 年中国纯碱消费趋势见图 45-12。

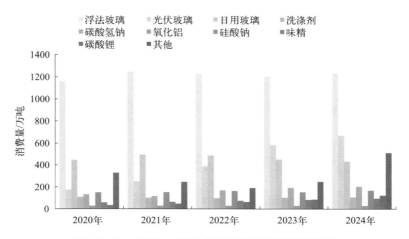

图 45-12 2020—2024 年中国纯碱下游消费趋势

45.3.3 中国纯碱出口趋势分析

2024 年，中国纯碱出口量 122.1 万吨，比上一年减少 26.8 万吨，降幅 18.0%。按月度看，纯碱出口量先降后增，年内高峰出现于 12 月份，单月出口量为 18.2 万吨，出口均价 206.02 美元/吨。

2024 年中国纯碱出口量价变化见图 45-13。

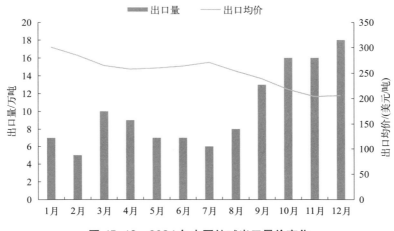

图 45-13 2024 年中国纯碱出口量价变化

2020—2024年中国纯碱出口量涨跌互现，复合增长率-3.0%。2019—2020年，国内纯碱供需由紧平衡转向供大于求的状态，2022年中国纯碱出口量是近五年的高点，达到205.6万吨。2023—2024年出口量呈现下降，在此期间国内纯碱虽有新产能释放，但时间差及投产不及预期下，出口量相对有限，叠加国外价格优势明显，对出口亦有一定影响。

2020—2024年中国纯碱出口量变化趋势见图45-14。

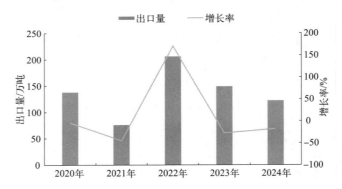

图 45-14　2020—2024 年中国纯碱出口量变化趋势

45.4　中国纯碱价格走势分析

2024年是纯碱价格由强转弱的转折之年，供增需减造成持续宽松的基本面，是导致价格走低的主要因素。

2024年，伴随纯碱新装置的顺利投产，国内纯碱产能增速明显高于下游消费的增速，行业供需结构由紧平衡转入过剩局面。且在纯碱传统检修季亦是难以改善高库存的格局，故价格不断走弱。下游行业虽有新装置投产，但随着自身供需失衡，利润不断压缩下，玻璃行业运营压力凸显，部分企业出现冷修、减产，因此对纯碱的采购情绪稳中下滑。

整年看，上半年在供应持续增加下，企业的检修尤为突出，尤其在5月份后，个别企业的减量致使市场多空力量发生转变，库存小幅下降，纯碱价格迎来短暂突破性上涨。下半年市场供需矛盾加剧，但在宏观政策利好消息刺激下，市场波动较大。消息频发下，纯碱价格止跌企稳，但市场最终回归供需逻辑，在缺乏强劲利好支撑下，纯碱价格弱势震荡。

2020—2024年中国纯碱市场价格走势见图45-15。

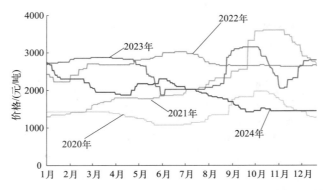

图 45-15　2020—2024 年中国纯碱市场价格走势

华东纯碱2024月均价和2020—2024年年均价汇总分别见表45-4和表45-5。

表 45-4　2024 年华东市场纯碱月均价汇总表

单位：元/吨

月份	1月	2月	3月	4月	5月	6月	7月	8月	9月	10月	11月	12月
华东均价/（元/吨）	2432.3	2247.4	1959.7	1944.2	2189.5	2179.2	1975.0	1784.8	1504.8	1478.1	1450.0	1450.0

表 45-5　2020—2024 年华东市场纯碱年均价汇总表

单位：元/吨

年份	2020 年	2021 年	2022 年	2023 年	2024 年
华东均价/（元/吨）	1416.6	2236.2	2685.1	2577.7	1882.2

45.5　中国纯碱生产毛利走势分析

2024年纯碱三大主流工艺平均利润均处于盈利态势。其中，天然碱法利润最大，全年利润均值为860元/吨；其次是联碱法，全年利润均值为445元/吨；最后是氨碱法，全年利润均值在265元/吨。

2024年中国纯碱生产毛利走势见图45-16。

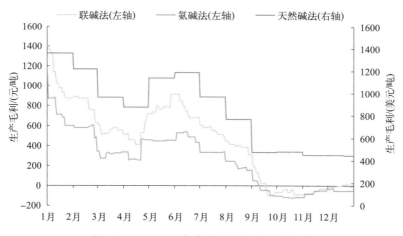

图 45-16　2024 年中国纯碱生产毛利走势

2024年中国纯碱月均生产毛利和2020—2024年年均生产毛利分别见表45-6和表45-7。

表 45-6　2024 年纯碱月均生产毛利汇总表

月份	联碱法/（元/吨）	氨碱法/（元/吨）	天然碱法/（元/吨）
1月	1048.3	735.0	1358.0
2月	819.5	567.9	1218.0
3月	556.1	315.3	961.0
4月	509.4	336.3	875.0
5月	787.6	452.9	1137.0
6月	767.6	499.3	1187.0

续表

月份	联碱法 /（元 / 吨）	氨碱法 /（元 / 吨）	天然碱法 /（元 / 吨）
7 月	555.4	333.0	966.0
8 月	395.3	201.0	769.0
9 月	25.8	−28.5	475.0
10 月	−65.0	−114.4	480.0
11 月	−56.6	−66.1	450.0
12 月	−2.1	−47.1	448.1

表 45-7   2020—2024 年纯碱年均生产毛利汇总表

年份	2020 年	2021 年	2022 年	2023 年	2024 年
联碱法 /（元 / 吨）	352.2	1162.2	1722.5	1404.1	445.1
氨碱法 /（元 / 吨）	112.2	701.2	909.1	893.5	265.4
天然碱法 /（元 / 吨）	584.1	1543.6	1735.3	1614.7	860.3

45.6   2025—2029 年中国纯碱发展预期

45.6.1   纯碱供应趋势预测

45.6.1.1   2025—2029 年纯碱拟在建 / 退出产能统计

2025—2029 年，预计中国新增纯碱产能将达 870 万吨/年，新建拟建项目集中于华中、华东及华北地区，其他地区目前尚未有新项目计划披露。预计未来几年退出纯碱产能总计 130 万吨/年，涉及华中及华南地区。

2025—2029 年中国纯碱拟在建项目统计见表 45-8。

表 45-8   2025—2029 年中国纯碱拟在建项目统计

企业名称	产能 /（万吨 / 年）	预计投产时间	地址
河南中天碱业有限公司	30	2025 年 1 月	河南
连云港德邦化工有限公司	60	2025 年 2 月	江苏
连云港碱业有限公司	110	2025 年 4 月	江苏
湖北双环科技股份有限公司	30	2025 年 5 月	湖北
应城市新都化工有限责任公司	60	2025 年下半年	湖北
内蒙古博源银根化工有限公司	280	2025 年底或 2026 年	内蒙古
河南金山化工集团	200	2026 年	湖北
湖南湘衡盐化有限公司	100	2026 年	湖南
合计	870		

45.6.1.2   2025—2029 年纯碱产能趋势预测

未来五年，随着新装置的投产，纯碱产能将继续稳定增长。预计 2025—2029 年中国纯碱产能复合增长率达到2.37%。总供应增速减缓，主要是新项目减少，还有部分中小型企业停产退出。2025年国内预计有3套新的纯碱装置投产运行，位于华中及华东地区；另有2套原有装置的升级改造，位于华中地区（湖北省），投产时间均在2025年下半年，分别新增产能30万吨/年及60万吨/年。

2025—2029年中国纯碱产能趋势预测见图45-17。

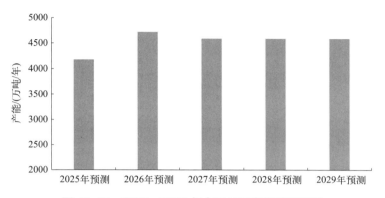

图 45-17　2025—2029 年中国纯碱产能趋势预测

2025—2029年，国内纯碱产能整体将呈现增长趋势，但需求增速缓慢，导致供过于求，装置开工负荷将被限制。伴随纯碱行业过剩局面的出现，高成本低竞争力的企业面临淘汰。

2025—2029年中国纯碱产量及产能利用率趋势预测见图45-18。

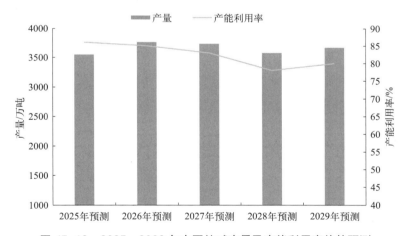

图 45-18　2025—2029 年中国纯碱产量及产能利用率趋势预测

45.6.2　纯碱消费趋势预测

2025—2029年，纯碱下游领域生产增速将较2020—2024年期间放缓。从浮法玻璃、光伏玻璃、碳酸氢钠、碳酸锂产能预测来看，年均复合增长率在1.8%。

光伏玻璃产能在2025—2029年期间增速放缓，其生产消费将处于震荡调整阶段。碳酸锂在2025—2029年期间各年均有新项目投产预期，2025—2027年产能增量相对明显，2029年产能增加放缓，预计2029年碳酸锂领域纯碱消费量占纯碱总消费量的7.6%，较2024增加4.1个百分点。浮法玻璃在2025—2029年对纯碱需求先降后增，整体表现较为平稳，增幅有限。预计2029

年浮法玻璃领域纯碱需求量将占纯碱总消费量的32.3%，较2024年相比下降2.2个百分点。

2025年和2029年中国纯碱主要下游消费趋势预测见图45-19。

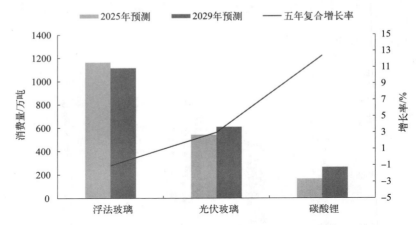

图 45-19　2025 年和 2029 年中国纯碱主要下游消费趋势预测

45.6.3　纯碱供需格局预测

　　未来五年国内纯碱供需关系将表现为供应增速大于需求。2025—2029年，纯碱新产能继续释放，供应有望延续增加趋势。对于下游需求而言，浮法玻璃市场需求预期增量有限，房地产竣工和新开工下降，消费量拉动不足。光伏玻璃产能的快速释放，造成其供过于求，行业面临重新调整后再反弹。碳酸锂市场需求将表现增长趋势，对纯碱的需求稳步提升，但也难抵消纯碱产能的快速扩张。其他纯碱下游领域表现没有太好的预期，未来纯碱需求量波动将放缓，整体依旧是供强需弱局面。

　　2025—2029年中国纯碱供需预测见表45-9。

表 45-9　2025—2029 年中国纯碱供需预测

单位：万吨

时间	产量	进口量	总供应量	下游消费量	出口量	总需求量
2025 年预测	3550	10	3560	3400	200	3600
2026 年预测	3763	10	3773	3500	200	3700
2027 年预测	3735	10	3745	3470	250	3720
2028 年预测	3580	10	3590	3400	250	3650
2029 年预测	3672	10	3682	3450	250	3700

第 46 章

烧碱

类别	指标	2024 年	2023 年	涨跌幅	2025 年预测	预计涨跌幅
价格	中国现货价格 /（元 / 吨）	819.5	850.1	−3.6%	880	7.4%
供应	产能 /（万吨 / 年）	4926	4806	2.5%	5242	6.4%
	产量 / 万吨	4134	4012	3.0%	4250	1.6%
	产能利用率 /%	83.9	83.5	0.4 个百分点	81.1	−2.8 个百分点
	进口量 / 万吨	1.6	2.4	−33.3%	2.4	50.0%
需求	出口量 / 万吨	308	249	23.7%	217	−29.5%
	下游消费量 / 万吨	3833	3761	1.9%	4000	4.4%
库存	生产厂库库存量 / 万吨	17	22	−22.7%	20	17.6%
毛利	生产毛利 /（元 / 吨）	498	508	−2.0%	518	4.0%

46.1 中国烧碱供需分析

近五年中国烧碱供应呈现增量趋势。从2020—2024年烧碱供需平衡情况来看，烧碱供需体量持续扩张，近五年总供应量及总需求量的复合增长率均为5%，五年间供应增速与需求增速基本保持一致，2024年烧碱平衡差呈现收窄趋势。

2020—2024年中国烧碱供需变化见表46-1。

表 46-1 2020—2024 年中国烧碱供需变化

单位：万吨

时间	产量	进口量	总供应量	出口量	表观消费量
2020 年	3458.0	4.4	3462.4	115.0	3347
2021 年	3708.0	5.5	3713.5	148.0	3566
2022 年	3881.0	0.9	3881.9	325.0	3557
2023 年	4012.0	2.4	4014.4	249.0	3765
2024 年	4134.0	1.6	4135.6	308.0	3828

46.2 中国烧碱供应现状分析

46.2.1 烧碱产能趋势分析

46.2.1.1 2024 年产能及新增产能统计

2024年烧碱总计产能4926万吨/年，新增产能150万吨/年，其中，山东61万吨/年，新疆10万吨/年，陕西30万吨/年，安徽6万吨/年，宁夏9万吨/年，云南4万吨/年，福建30万吨/年。

2024年国内烧碱新增产能投产统计见表46-2。

表 46-2 2024 年国内烧碱新增产能投产统计

企业名称	省份	企业性质	产能/(万吨/年)	工艺类型	装置投产时间	下游配套
新疆中部合盛硅业有限公司	新疆	民企	10	离子膜法	2024 年 3 月	无
陕西金泰氯碱化工有限公司	陕西	国企	30	离子膜法	2024 年 4 月	无
无棣鑫岳化工集团有限公司	山东	民企	6	离子膜法	2024 年 1 月	无
山东日科橡塑科技有限公司	山东	民企	20	离子膜法	2024 年 3 月	无
安徽金轩科技有限公司	安徽	民企	6	离子膜法	2024 年 4 月	无
宁夏华御化工有限公司	宁夏	民企	9	离子膜法	2024 年 5 月	无
山东民祥化工科技有限公司	山东	民企	20	离子膜法	2024 年 8 月	无
云南通威高纯晶硅有限公司	云南	国企	4	离子膜法	2024 年 9 月	无
福建省东南电化股份有限公司	福建	国企	30	离子膜法	2024 年 12 月	无
氢力新材料（山东）有限公司	山东	民企	15	离子膜法	2024 年 12 月	无
合计			150			

46.2.1.2 2024 年烧碱主要生产企业生产状况

当前，国内烧碱行业总产能4926万吨，行业占比前十位的企业产能达959万吨，占全国总产能的19.47%。中国烧碱产能分布集中，产能分布逐渐清晰，产能主要集中在华北、西北和华东三个地区，上述三个区域烧碱产能占全国总产能的80%。氯碱主要生产企业主要分布在西北、华北、华东一带，西北地区主要依托资源优势，配套PVC产品发展，烧碱生产成本优势较为突出。华东、华北等东部地区烧碱行业发展历史悠久，也是下游消费的主要市场。并且当地氯碱企业配套耗氯产品品种较多，有一定的消耗氯气的能力，以解决碱氯平衡问题，此外地理位置的条件使得出口外销方面有一定的优势。因此形成了国内烧碱自西向东，由北向南的货源流向。

2024年中国烧碱主要生产企业产能统计见表46-3。

表46-3 2024年中国烧碱主要生产企业产能统计

企业名称	省份	简称	产能/（万吨/年）	工艺路线
新疆中泰化学股份有限公司	新疆	新疆中泰	147	离子膜法
山东信发化工有限公司	山东	山东信发	116	离子膜法
山东昊邦化学有限公司	山东	山东昊邦	105	离子膜法
福建省东南电化股份有限公司	福建	东南电化	102	离子膜法
新疆天业股份有限公司	新疆	新疆天业	97	离子膜法
陕西北元化工集团股份有限公司	陕西	陕西北元	90	离子膜法
山东金岭集团有限公司	山东	山东金岭	80	离子膜法
东营华泰化工集团有限公司	山东	东营华泰	75	离子膜法
新浦化学（泰兴）有限公司	江苏	江苏新浦	75	离子膜法
上海氯碱化工股份有限公司	上海	上海氯碱	72	离子膜法
合计			959	

46.2.1.3 2020—2024年烧碱产能趋势分析

2020—2024年中国烧碱产能平稳发展，新增产能主要集中在华北、西北、华东、华南区域，新增产能主要为在产企业的二期项目、前期停产搬迁投产的装置和部分废盐综合利用生产烧碱的项目，生产企业数量有所增加。退出产能主要集中在长期停车的老旧烧碱装置和不在化工园区的烧碱企业。

2020—2024年中国烧碱产能变化趋势见图46-1。

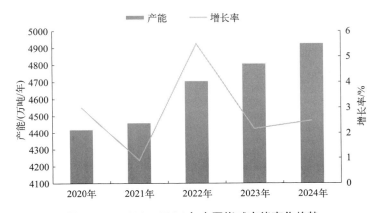

图46-1 2020—2024年中国烧碱产能变化趋势

46.2.2 烧碱产量及产能利用率趋势分析

46.2.2.1 2024 年烧碱产量及产能利用率趋势分析

2024年中国烧碱产量与产能利用率变化趋势见图46-2。

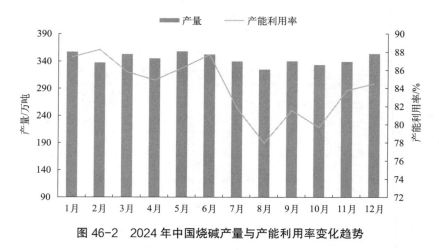

图 46-2　2024 年中国烧碱产量与产能利用率变化趋势

46.2.2.2 2020—2024 年烧碱产量及产能利用率趋势分析

2020—2024烧碱产量由3458万吨增长至4134万吨。2020—2024年烧碱产能增长下，产能利用率基本维持在80%上下。2024年下半年烧碱行情走势较好，货源偏紧下，开工维持高位，进而带动全年负荷的上升，但液氯走势不佳，抑制整体开工拉升。

2020—2024年中国烧碱产量与产能利用率变化趋势见图46-3。

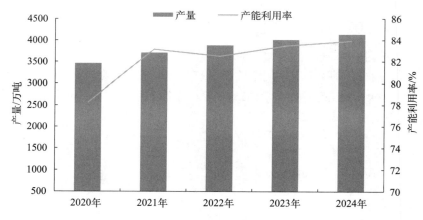

图 46-3　2020—2024 年中国烧碱产量与产能利用率变化趋势

46.2.3 烧碱供应结构分析

中国烧碱产能分布集中，产能分布逐渐清晰，产能主要集中在华北、西北和华东三个地区，上述三个区域烧碱产能占全国总产能的80%。烧碱配套主要集中在西北、华北、华东地区。西北地区主要是考虑运输问题，液碱运输半径短，考虑到地理位置因素，西北地区液碱外卖量较少，主要以生产片碱为主。山东、华东地区主要依托较好的地理优势，出口及下游方便，所以总产能排名靠前。

2024年中国烧碱分区域产能分布见图46-4。

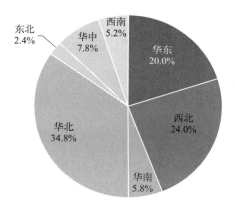

图 46-4　2024年中国烧碱分区域产能分布

46.2.4　烧碱进口趋势分析

2024年，中国液碱进口量在6268吨，同比下滑60%。其中，5月份进口量最大，为3024吨，占2024年进口总量的48%。2月份进口量最低，为11吨，占2024年进口总量的0.2%。2024年液碱月度进口量高低差在2895吨。从进口均价来看，与国内市场价格走势趋同，进口货源价格受国内市场行情影响较为明显，但与美国等海外供需基本面也存较强关联。

2024年，中国片碱进口量在9882吨，同比上涨15%。其中，10月份进口量最大，为1158吨，占2024年进口总量的11%。2月份进口量最低，为473吨，占2024年进口总量的5%。2024年片碱月度进口量高低差在685吨。

2024年中国烧碱进口量变化趋势见图46-5。

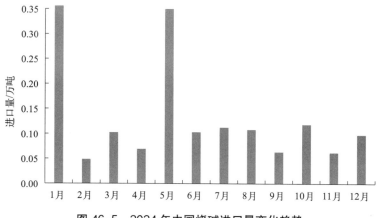

图 46-5　2024年中国烧碱进口量变化趋势

2020年中国烧碱进口量4.4万吨，为近五年高点。2021年受国内环保政策影响装置负荷持续低位，内贸供应不足，进口量呈现一定增长，2022年受国际政治形势影响，国外产量下降，进口量有所减少。

2020—2024年中国烧碱进口量变化趋势见图46-6。

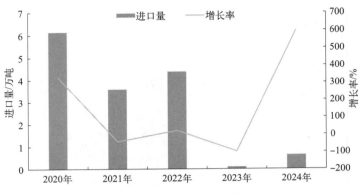

图 46-6　2020—2024 年中国烧碱进口量变化趋势

46.3　中国烧碱消费现状分析

46.3.1　烧碱消费趋势分析

46.3.1.1　2024 年烧碱消费趋势分析

2024年中国烧碱月度消费量涨跌互现。下游消费结构方面，氧化铝、黏胶短纤、新能源占比较大，其中氧化铝占比最大，为28.9%。2024年西南地区氧化铝新增产能60万吨/年，华北地区氧化铝新增产能200万吨/年，拉动区域内烧碱消费端的增长。

2024年中国烧碱月度消费量及价格变化趋势见图46-7。

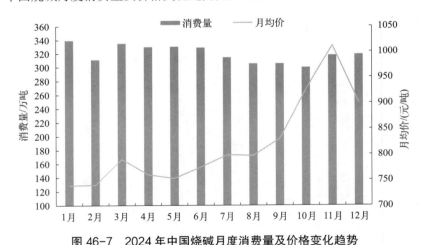

图 46-7　2024 年中国烧碱月度消费量及价格变化趋势

46.3.1.2　2020—2024 年烧碱消费趋势分析

2020—2024年，中国烧碱表观消费量处于整体增长状态，2024年中国烧碱表观消费量为3833万吨，环比增长1.9%。从表观消费量来看，2020年，受国内外疫情暴发、地缘政治冲突等多重因素影响，我国部分烧碱下游行业开工负荷降低，2021年开始，疫情防控常态化，社会生产生活逐步恢复正常，部分烧碱下游行业产能利用率渐趋提升，耗碱量增加，2021年国内烧碱表观消费量为3566万吨，增速高达近6.5%。2022年内烧碱需求基本稳定。2022—2023年，国内烧碱企业整体开工能力提升，产量增加明显，年内增速为5.9%。2024年，伴随新增氧化铝产能投产，烧碱需求端表现稳中向好，2024年国内烧碱表观消费量呈现增长状态，增速放缓，为1.7%。

2020—2024年中国烧碱年度消费趋势见图46-8。

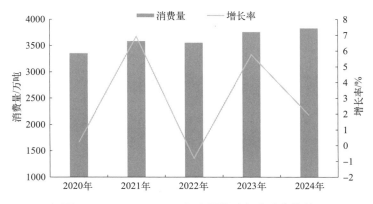

图 46-8　2020—2024 年中国烧碱年度消费趋势

46.3.2　烧碱消费结构分析

46.3.2.1　2024 年烧碱消费结构分析

烧碱作为基础化工原料之一，截至2024年我国烧碱产能4926万吨/年。我国烧碱下游应用领域广泛，主要分布在氧化铝、印染纺织、造纸、水处理、医药、新能源等行业，其中氧化铝行业对于烧碱的需求用量最大，是烧碱需求占比最大的主力下游，年内产能新增260万吨。磷酸铁锂电池和三元电池需求量显著增长，磷酸铁锂和氢氧化锂等相关化工品耗碱量持续提升，带动新能源领域消耗烧碱占比有所增加。

2024年中国烧碱下游消费占比见图46-9。

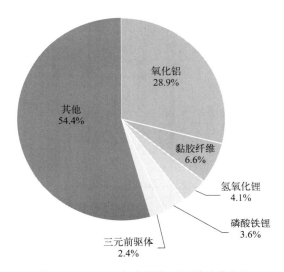

图 46-9　2024 年中国烧碱下游消费占比

46.3.2.2 2020—2024年烧碱消费结构分析

2020—2024年，中国烧碱表观消费量持续增长，截至2024年中国烧碱消费量增长至4112万吨/年，消费总量增长2.5%。烧碱下游消费方面，氧化铝下游需求占比最大，约为28.9%。新能源、黏胶短纤、印染等下游烧碱消耗量排名靠前。

2020—2024年中国烧碱下游消费变化趋势见图46-10。

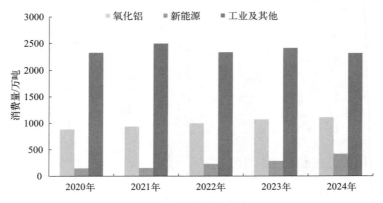

图 46-10　2020—2024 年中国烧碱下游消费变化趋势

46.3.3　烧碱出口趋势分析

2024年中国烧碱出口量308万吨，同比增加23.7%，成为缓解国内供应压力的有效手段。2024年中国液碱出口总量260万吨，出口目的地前五位占总出口量的88%；片碱出口总量47万吨，出口目的地前五位占总出口量的55.5%。

2024年中国烧碱出口量变化见图46-11。

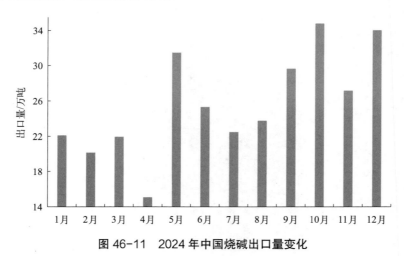

图 46-11　2024 年中国烧碱出口量变化

2020—2024年，中国片碱出口量波动不大。片碱出口目的地相对液碱较为分散，前十位出口量总计占比在52.2%～53.2%，主要出口地为越南、印度尼西亚、尼日利亚、哈萨克斯坦、俄罗斯、秘鲁、南非、乌兹别克斯坦、加纳、科特迪瓦。其中，越南出口量最大，占比在9.7%～9.9%；印度尼西亚及尼日利亚，占比在8.1%、6.4%。

2020—2024年中国烧碱出口量变化趋势见图46-12。

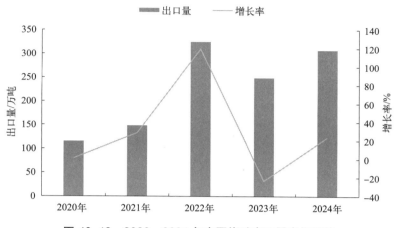

图 46-12　2020—2024 年中国烧碱出口量变化趋势

46.4　中国烧碱价格走势分析

2024年山东32%离子膜液碱市场低位震荡,供需面与液氯交替成为影响价格的主导要素。2024年山东32%离子膜液碱价格波动于700～1040元/吨,振幅42%。年度高点出现于10月份,低点出现于1月份。2024年年均价格在819元/吨,相较于2023年的年均价853元/吨,下跌了34元/吨,跌幅约4.0%。

2020—2024年山东32%离子膜液碱价格走势见图46-13。

图 46-13　2020—2024 年山东 32% 离子膜液碱价格走势

2021—2024年,内外盘价格互相影响。东北亚、美国、中国烧碱套利价差成为影响亚洲烧碱流向的重要指标,对中国现货供需及远期现货可交割量的变化有着显著影响。2024年液碱外盘价格同比呈现上行趋势,东北亚液碱成交价格393美元/吨,上涨3.4%;2024年整体来看,海外市场行情波动相对有限,造成出口行情涨势的主要因素为:一方面2024年上半年中国液碱出口贸易出现结构性变化，南美洲和非洲的液碱出口量虽有下滑，但10月份后随着国内液碱价格走高出口量逐步提升，海外需求仍是一大支撑。另一方面，国外部分氯碱生产装置进行检修，导致当地液碱产量下降，供应减少，从而使得市场对进口液碱的需求增加，为中国液碱出口提供了机会。

2024年液碱美元价格走势见图46-14。

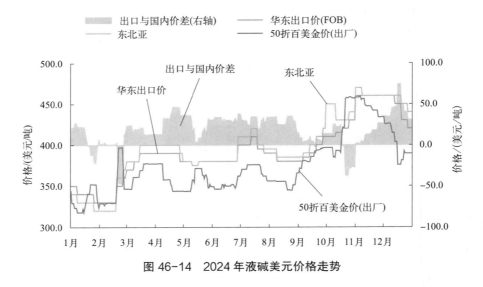

图 46-14 2024年液碱美元价格走势

山东32%离子膜液碱2024年月均价及2020—2024年年均价分别见表46-4和表46-5。

表 46-4 2024年山东32%离子膜液碱月均价汇总表

月份	1月	2月	3月	4月	5月	6月	7月	8月	9月	10月	11月	12月
山东均价/（元/吨）	738.6	740.0	795.2	759.5	753.5	775.3	797.4	799.8	830.0	958.9	1010.0	893.6

表 46-5 2020—2024年山东32%离子膜液碱年均价汇总表

年份	2020年	2021年	2022年	2023年	2024年
山东均价/（元/吨）	478.0	675.0	1103.0	853.0	819.0

46.5 中国烧碱生产毛利走势分析

2024年烧碱年均利润在498元/吨，同比2023年减少22.6%，利润最高点出现在10月份，每吨盈利达到了1226元/吨，利润低点出现在8月份，每吨亏损110元/吨。10月，是2024年烧碱市场的高光时间，就山东来看，国庆节前多数企业库存降至低位水平，节后市场下游补货，导致山东区域库存一直保持低位，加上山东省内部分装置减产检修，河北检修企业较多，省内缺货，山东部分货源也去补充，以及氧化铝大量采购支撑下，山东烧碱市场大幅上调，创年内新高，原料端，原盐电价比较稳定，烧碱利润主要受烧碱价格大涨支撑增加。8月液氯价格整月处于补贴状态，下游需求不佳，氯碱企业降负减产仍未缓解压力，液氯价格持续下滑，最高补贴达到了500元/吨，液氯价格的低位导致烧碱出现亏损。

2024年中国氯碱生产成本及毛利走势见图46-15。

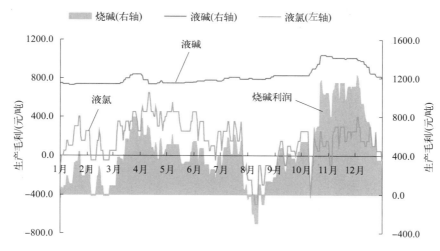

图 46-15　2024 年中国烧碱价格及生产毛利走势

中国烧碱产业链 2024 年生产毛利及 2020—2024 年生产毛利对比分别见表 46-6 和表 46-7。

表 46-6　2024 年中国烧碱产业链生产毛利对比

单位：元/吨

产品	年均毛利	同比	最低值	最高值
氯碱	434.0	−0.1	−299.0	1235.0
氧化铝	1032.0	26.2	197.0	2314.0

表 46-7　2020—2024 年中国烧碱产业链生产毛利对比

单位：元/吨

产品	2020 年	2021 年	2022 年	2023 年	2024 年
氯碱	1060	1533	1680	508	498
氧化铝	—	311	−13	38	1032

46.6　2025—2029 年中国烧碱发展预期

46.6.1　烧碱供应趋势预测

2025—2029 年中国烧碱新增总产能较多，包括以废盐利用为主的烧碱项目及氯碱产品新建、扩建项目，累计规划产能超过 1900 万吨。

2025 年中国烧碱拟在建/退出产能统计见表 46-8。

表 46-8　2025 年中国烧碱拟在建/退出产能统计

区域	企业名称	产能/（万吨/年）	计划投产时间
西北	甘肃耀望化工有限公司	30.0	2025 年
	宁夏日盛精化工集团有限公司	40	

续表

区域	企业名称	产能/（万吨/年）	计划投产时间
西北	包头永和新材料有限公司	40.0	2025 年
西北	陕西北元化工集团股份有限公司	20.0	2025 年
华北	河北临港化工有限公司	15.0	2025 年
华北	滨化集团股份有限公司	20.0	2025 年
华北	天津渤化化工发展有限公司	30.0	2025 年
华北	唐山三友精细化工有限公司	10.0	2025 年
华北	青岛海湾化学	30.0	2025 年
华中	湖北可赛化工有限公司	10.0	2025 年
华中	河南永银化工实业有限公司	10.0	2025 年
华中	湖北葛化华祥化工有限公司	20.0	2025 年
华东	浙江巨化股份有限公司	20.0	2025 年
华东	安徽八一化工股份有限公司	15.0	2025 年
西南	重庆市嘉利合新材料科技有限公司	30	2025 年
西南	贵州瓮福江山化工有限责任公司	15	2025 年
西南	贵州金泊化学有限公司	10	2025 年
总计		365.0	

2025—2029年中国烧碱产能预测见图46-16。

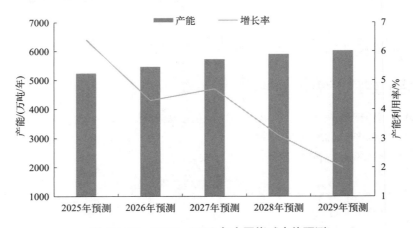

图 46-16　2025—2029 年中国烧碱产能预测

2025—2029年中国烧碱产量及产能利用率趋势预测见图46-17。

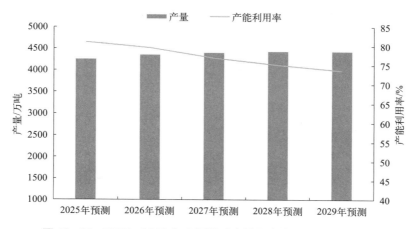

图 46-17　2025—2029 年中国烧碱产量及产能利用率趋势预测

46.6.2　烧碱消费趋势预测

2025 年中国氧化铝新增总产能 1280 万吨/年，这些新投产能大部分集中于华北、西北、华南地区，且新投产能均使用进口矿石作为主要原料。计划投产产能主要在 2025 年，2025 年以后新增产能逐年减少。

2025—2029 年，耗碱下游新建产能累计 1958 万吨，主要新增为 2025 年氧化铝产能 1280 万吨，未来新增产能力度处于缓慢递减趋势。

新能源汽车对产品的能量密度要求逐渐变高，氢氧化锂生产企业积极投产。2025—2026 中国氢氧化锂预计新增总产能 22.8 万吨/年，后期完全建成后耗碱 26.9 万吨/年，这些新投产能主要集中于西南地区，2027—2029 年后暂无新增氢氧化锂产能统计。

2025 年和 2029 年中国烧碱主要下游消费预测见图 46-18。

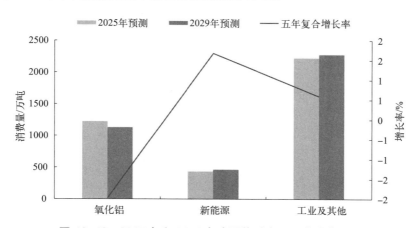

图 46-18　2025 年和 2029 年中国烧碱主要下游消费预测

46.6.3　烧碱供需格局预测

2025—2029 年烧碱供应压力增大，需求虽有支撑，但供需失衡的压力加大。2025—2029 年中国烧碱供需预测见表 46-9。

表 46-9　2025—2029 年中国烧碱供需预测

单位：万吨

时间	产量	进口量	总供应量	下游消费	出口量	总需求量
2025 年预测	4250.0	2.0	4252.0	4000.0	217.0	4217.0
2026 年预测	4350.0	2.0	4352.0	4050.0	220.0	4270.0
2027 年预测	4400.0	2.0	4402.0	3960.0	230.0	4190.0
2028 年预测	4430.0	2.0	4432.0	3950.0	230.0	4180.0
2029 年预测	4430.0	2.0	4432.0	3940.0	235.0	4175.0

第八篇

化肥

第 47 章

尿素

2024 年度
关键指标一览

类别	指标	2024 年	2023 年	涨跌幅	2025 年预测	预计涨跌幅
价格	山东均价 /（元 / 吨）	2075.8	2475.4	−16.1%	1755	−15.5%
	中东 FOB/（美元 / 吨）	340	339	0.3%	310	−8.8%
供需	产能 /（万吨 / 年）	7540	7278	3.6%	7927	5.1%
	产量 / 万吨	6593.5	6102.7	8.0%	6815	3.4%
	产能利用率 /%	87.4	83.9	3.5 个百分点	86.0	−1.4 个百分点
	下游消费量 / 万吨	6015	5695	5.6%	6213	3.3%
进出口	进口量 / 万吨	0.4	0.4	0.0%	0.5	25.0%
	出口量 / 万吨	26.2	425.5	−93.8%	300	1045.0%
库存	港口库存 / 万吨	15	18.3	−18.0%	30	100.0%

47.1 中国尿素供需分析

2020—2024年国内尿素供需呈现出先紧后松特征，具体表现为供应增加，行业产能利用率逐年上升。初期2020—2021年，疫情导致全球粮食价格上涨，化肥需求大幅增加，尿素供不应求。中期2022—2023年，连续两年新产能大量增长，行业开工明显提升，供需逐渐趋向宽松化发展。后期2024年，产能产量继续快速增长，需求增势放缓。

2020—2024年中国尿素供需见表47-1。

表 47-1 2020—2024 年中国尿素供需变化

单位：万吨

时间	产量	进口量	总供应量	下游消费量	出口量	总需求量
2020 年	5373.0	0.2	5373.2	5030	547.0	5575.0
2021 年	5369.6	5.4	5375.0	5200	529.9	5729.9
2022 年	5635.6	0.5	5636.1	5350	283.1	5633.1
2023 年	6102.7	0.4	6103.1	5695	425.5	6120.3
2024 年	6593.5	0.4	6593.9	6015	26.2	6041.2

47.2 中国尿素供应现状分析

47.2.1 尿素产能趋势分析

47.2.1.1 2024 年产能及新增产能统计

2024年国内尿素产能继续上升，截至年底行业总产能增加至7540万吨/年，同比上涨3.6%。年内淘汰落后产能132万吨，新增产能394万吨。

从2024年内淘汰和新增产能的具体情况来看，因新产能释放集中在下半年，上半年产量虽较同期增加约261.5万吨，但因2023年下半年出口比同期增加113.8万吨，实际2024年上半年供应增加仅为147.7万吨，因此短时供需处于平衡态势。下半年随着近四百万吨新产能的陆续释放，国内供应逐步宽松。

2024年中国尿素新增产能投产统计见表47-2。

表 47-2 2024 年中国尿素新增产能投产统计

企业名称	省份	企业形式	产能 /（万吨 / 年）	原料	装置投产时间	下游配套
安徽泉盛化工有限公司	安徽	国企	52	煤	2024 年 7 月	无
河南晋开集团延化化工有限公司	河南	国企	80	煤	2024 年 8 月	无
陕西煤业化工集团孙家岔龙华矿业有限公司	陕西	民企	80	煤	2024 年 9 月	配套三聚氰胺
四川金象赛瑞化工股份有限公司	四川	国企	50	天然气	2024 年 10 月	配套三聚氰胺
华鲁恒升（荆州）有限公司	湖北	国企	52	煤	2024 年 11 月	无
陕西陕化煤化工集团有限公司	陕西	国企	80	煤	2024 年 12 月	无
合计			394			

47.2.1.2 2024 年尿素主要生产企业生产状况

2024年TOP10尿素生产企业产能达2113万吨/年，占比28.0%。从生产工艺来看，前十位的企业中，原料合成氨采用新型煤气化工艺的合计总产能1558万吨/年，占前十企业产能的73.7%；从单套装置来看，产能50万吨/年以上的，合计总产能1993万吨/年，占前十企业产能的94.3%；从区域分布来看，位于原料主产地的有4家，合计总产能831万吨/年，占前十企业产能的39.3%；位于主要消费地的有6家，合计总产能1282万吨/年，占前十企业产能的60.7%。总体分析，国内尿素企业技术进步明显、装置趋于大型化、分布趋于主产/消费端地区。

2024年中国尿素主要生产企业产能统计见表47-3。

表 47-3   2024 年中国尿素主要生产企业产能统计

企业名称	省份	简称	产能 /（万吨 / 年）
山东润银生物化工股份有限公司	山东	瑞星集团	340
山西天泽煤化工集团股份公司	山西	山西天泽	300
山东华鲁恒升化工股份有限公司	山东	华鲁恒升	220
河南心连心化学工业集团股份有限公司	河南	河南心连心	220
陕西陕化煤化工集团有限公司	陕西	陕化煤化工	184
山东联盟化工股份有限公司	山东	寿光联盟	180
中煤鄂尔多斯能源化工有限公司	内蒙古	中煤鄂尔多斯	175
阳煤丰喜肥业（集团）有限责任公司	山西	山西丰喜	172
灵谷化工集团有限公司	江苏	灵谷化工	170
华鲁恒升（荆州）有限公司	湖北	华鲁荆州	152
合计			2113

47.2.1.3   2020—2024 年尿素产能趋势分析

2020—2024年中国尿素产能复合增长率在1.5%。2020—2021年，疫情导致的新增产能集中在2021年释放，导致当年新增产能加大，但因期间产的新旧交替和落后产能的淘汰，2021年与2022年总产能变化不大。2022—2024年，中国尿素扩能进入一个高速发展期。多数固定床生产企业陆续完成产能置换，部分大中型企业产能再次扩张，总产能变化从波动转为上升趋势。

2020—2024年中国尿素产能变化趋势见图47-1。

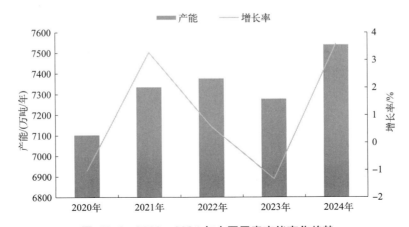

图 47-1   2020—2024 年中国尿素产能变化趋势

47.2.2　尿素产量及产能利用率趋势分析

47.2.2.1　2024年尿素产量及产能利用率趋势分析

　　2024年中国尿素产量6593.5万吨，同比提升8.0%，产能利用率达到87.4%，同比增加3.5个百分点。产量增长的原因主要有三点：2023—2024年新增产能释放；尿素盈利相对可观，企业生产积极性尚可；政策限产力度低于往年，部分固定床产能退出和改造时间有所后延。在以上因素影响下，2024年尿素月度产量持续增长，日产最高超过19万吨，创下2017年以来的新高。

　　2024年中国尿素产量与产能利用率变化趋势见图47-2。

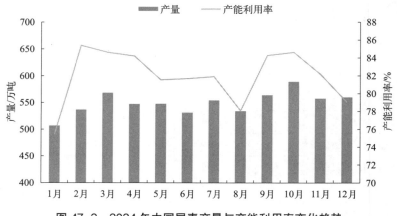

图 47-2　2024年中国尿素产量与产能利用率变化趋势

47.2.2.2　2020—2024年尿素产量及产能利用率趋势分析

　　2020—2024年产能利用率、产量呈上升趋势。2020—2022年，因产能的新旧交替、新产能推迟释放、能耗双控目标下企业限产等多方因素影响，产量及产能利用率增幅有限。2022—2024年，连续三年新增产能持续释放，行业利润也一直保持相对可观的水平。因国家保供稳价的政策引导，行业政策限产力度有所下降，所以产能、产量均呈现上升趋势，而行业内的落后产能所剩不多，有效产能占比提高，因此产能利用率在2023—2024年显著提升，部分企业长期保持超高负荷生产。

　　2020—2024年产量与产能利用率变化趋势见图47-3。

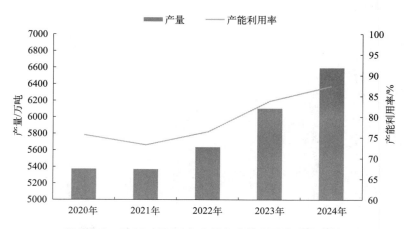

图 47-3　2020—2024年产量与产能利用率变化趋势

47.2.3 尿素供应结构分析

47.2.3.1 2024 年尿素分区域供应结构分析

国内尿素产能区域分布较为广泛,七个行政区域都有尿素装置的分布。详细分析来看,产能分布的特点主要集中在原料的来源地以及需求的集中地,华北地区最为集中,区域内尿素总产能2005万吨/年,占比26.6%;其次为华东地区,产能1617万吨/年,占比21.4%。

2024年中国尿素分区域产能分布见图47-4。

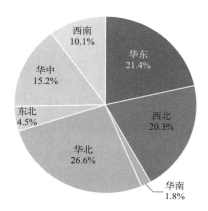

图 47-4 2024 年中国尿素分区域产能分布

47.2.3.2 2024 年尿素分原料供应结构分析

尿素的生产原料主要是合成氨,合成氨的主要原料为煤炭或者天然气。因天然气产业政策限制,以天然气为原料的新建项目较少。固定床企业因装置老旧、污染大,近几年逐渐被淘汰,产能占比从2020年的29.1%下降到2024年的17.6%。新型煤气化装置因技术先进,产能新增较多,产能占比从2020年的35.0%提高到2024年的47.7%。

2024年中国尿素分原料产能分布见图47-5。

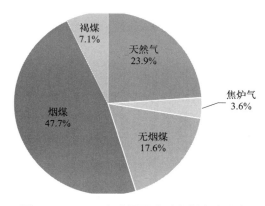

图 47-5 2024 年中国尿素分原料产能分布

47.2.3.3 2024 年尿素分装置规模供应结构分析

根据国内尿素单套设备生产能力大小分析,2024年单套年产能小于或等于30万吨/年企业总产能1008万吨/年，占比13.4%；单套年产能大于30万吨/年、小于或等于50万吨/年的企业，总产能1254万吨/年，占比16.6%；单套年产能大于50万吨/年的企业，总产能5278万吨/年，占比70.0%。尿素装置继续趋向大型化发展。

2024年中国尿素分装置规模产能分布见图47-6。

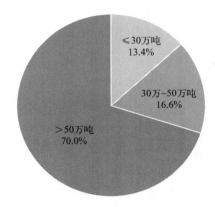

图 47-6 2024 年中国尿素分装置规模产能分布

47.3 中国尿素消费现状分析

47.3.1 尿素消费趋势分析

47.3.1.1 2024 年尿素消费趋势分析

2024年尿素消费量达到6015万吨，较2020年增长19.6%。根据下游终端行业特征，上半年农业旺季需求量较大，下半年农业需求进入淡季，总需求量逐渐下降。工业需求全年基本趋于稳定。因此国内尿素月度表观消费的趋势，一季度逐渐增加，二季度处于年内最高水平，三季度先降后升，四季度稳中略降。

2024年中国尿素月度表观消费量及价格变化趋势见图47-7。

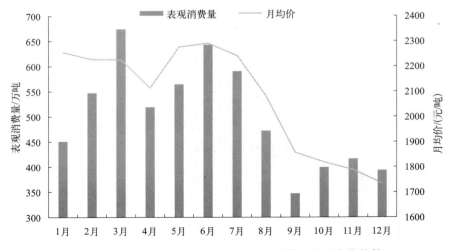

图 47-7 2024 年中国尿素月度表观消费量及价格变化趋势

47.3.1.2　2020—2024 年尿素消费趋势分析

2020—2024年中国尿素消费呈逐年递增趋势，近五年年均复合增长率在5.0%。下游消费结构方面，农业（含复合肥）、火电脱硝、车用尿素是增速较快的行业，承担了近年来尿素消费端的增长主力。脲醛树脂、三聚氰胺等行业则因终端房地产市场表现不佳，需求增量相对有限。

2020—2024年中国尿素年度消费变化趋势见图47-8。

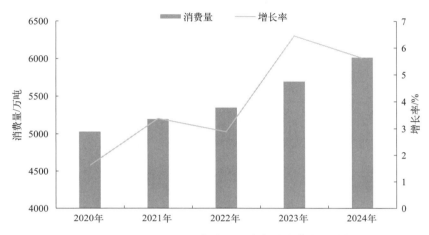

图 47-8　2020—2024 年中国尿素年度消费变化趋势

47.3.2　尿素消费结构分析

47.3.2.1　2024 年尿素消费结构分析

2024年，虽然粮食价格走低，利空农业化肥市场，但在新一轮千亿斤粮食产能提升行动的政策推动下，加上阶段性尿素价格的性价比高于复合肥，推动2024年农需继续增加。火电脱硝行业，三四级的重大危险源改造工程2024年底前完成，需求延续增势。脲醛树脂的终端房地产行业虽有回暖，但尚未明显传递给板材市场，需求依旧延续低迷态势。

2024年中国尿素下游消费占比见图47-9。

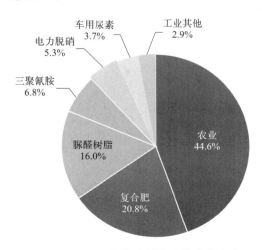

图 47-9　2024 年中国尿素下游消费占比

45.3.2.2 2020—2024 年尿素消费结构分析

农业方面，2022—2024 年高标准农田的持续建设，土地流转、开荒的进行，加上新一轮千亿斤粮食产能提升行动的政策推动，需求连年持续增长。2022—2024 年火电行业对尿素的需求增长突飞猛进，五年间占比需求总量的不足 2.0% 提高到 5.0% 以上。脲醛树脂因其终端需求主要用于房地产行业，而房地产自 2020 年前后进入低迷态势后，五年间对尿素的需求呈现下降趋势，从占比总量的 20.0% 下降到 16.0% 附近。

2020—2024 年中国尿素下游消费变化趋势见图 47-10。

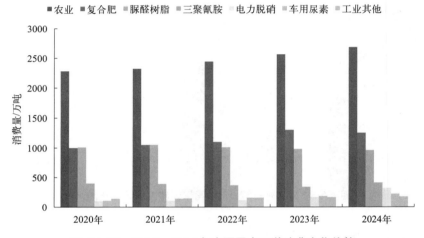

图 47-10 2020—2024 年中国尿素下游消费变化趋势

47.3.2.3 2024 年尿素分区域消费结构分析

尿素的下游需求分为农业和工业。2024 年全国粮食播种面积排名前十的省份依次是黑龙江、河南、山东、安徽、内蒙古、河北、四川、吉林、江苏、湖南；国内发电量前五省份：内蒙古、山东、江苏、广东、新疆；板材行业的主要生产区域：山东、江苏、福建、河北、广西等；需求依旧主要集中华东、华中、西北等地，其中华东地区因工农业需求集中，位居首位，占比27.6%。

2024 年中国尿素分地区消费占比见图 47-11。

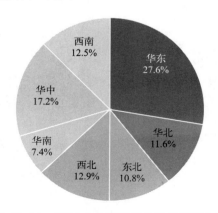

图 47-11 2024 年中国尿素分地区消费占比

47.3.3 尿素出口趋势分析

2024年尿素出口量同比走弱的原因主要是全球产能扩张，印度新增产能投放，减少进口，法检政策趋于严格，这些因素共同导致了尿素出口量的减少。尽管国际市场价格较高，但国内出口商仍面临较大的不确定性。综上所述，当前中国尿素出口确实存在受价格影响较小，而更多的与出口政策有关。在保供稳价政策背景下，国内出口量仍存在很大不确定性。

2024年中国尿素出口量价变化见图47-12。

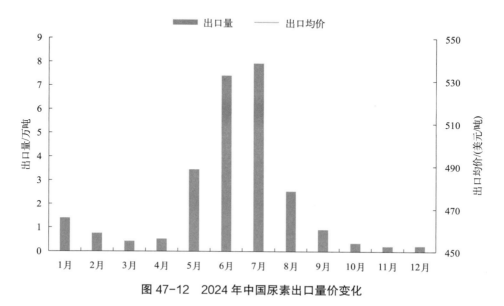

图 47-12　2024 年中国尿素出口量价变化

随着2021年四季度开始执行法检政策，国内出口管控严格，使得2022年出口量骤减。2023年上半年国内日产高达18万吨，为缓解国内供应压力，在2023年下半年法检政策有所放松，同时国内多次参与印度招标，使得2023年出口量高于2022年。由于出口带动国内价格持续上行，使得农资成本提高，为保证国内粮食种植积极性，以及国内尿素供应，出口再次管控，使得2024年月均出口量在2.6万吨附近，1—12月份累计出口量仅26.2万吨，为近五年来的低点。

2020—2024年中国尿素出口量变化趋势见图47-13。

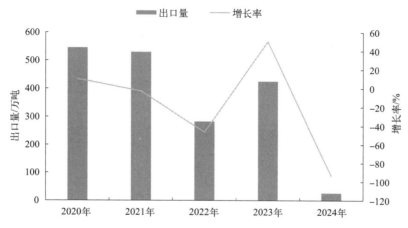

图 47-13　2020—2024 年中国尿素出口量变化趋势

47.4　中国尿素价格走势分析

2024年上半年价格区间震荡，下半年阶梯式下行，产能不断释放叠加出口收紧政策下国内供需矛盾逐渐凸显是造成尿素价格后期大幅下跌的主要因素。2024年年度出厂均价2075.8元/吨，相较于2023年度均价2475.4元/吨，下跌399.6元/吨，跌幅达16.1%。

2024年，国内尿素供应继续走高，日产一度超19.0万吨。上半年因处于全年尿素需求旺季，需求阶段性集中增幅下，价格维持在相对较高水平。其中5—6月份，在下游复合肥集中产销推动下，尿素价格处于2024年的高位水平。下半年，随着尿素产能进一步释放，而国内需求走弱，尿素价格在维持一段时间的偏强震荡后，三季度开启了下行趋势，成交重心不断下移。四季度尿素出口继续收紧，日产明显高于同期，行情大幅下跌，价格一度创年内新低。

2020—2024年山东尿素出厂价格变化趋势见图47-14。

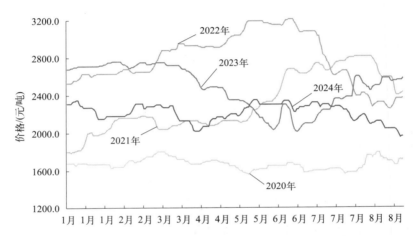

图 47-14　2020—2024年山东尿素出厂价格变化趋势

山东市场尿素2024年月均价及2020—2024年年均价分别见表47-4和表47-5。

表 47-4　2024年中国尿素山东市场月均价汇总表

月份	1月	2月	3月	4月	5月	6月	7月	8月	9月	10月	11月	12月
山东均价/（元/吨）	2255.5	2228.6	2226.8	2114.0	2277.1	2292.3	2242.9	2081.9	1858.0	1819.4	1787.3	1732.9

表 47-5　2020—2024年中国尿素山东市场年均价汇总表

年份	2020年	2021年	2022年	2023年	2024年
山东均价/（元/吨）	1692.9	2423.8	2717.0	2475.4	2075.8

47.5　中国尿素生产毛利走势分析

2024年尿素价格先偏强震荡后，下半年开启下跌通道，虽然尿素成本同步下降，但成本下降幅度小于尿素价格，尿素利润逐渐走低，部分尿素企业出现亏损。上半年，因尿素需求处于旺季，尿素价格上涨后高位震荡，尿素行业利润尚可。下半年后，尿素下游需求逐渐走低，供需矛盾不断加大，尿素价格呈现阶梯式下跌，受其影响尿素行业利润受到冲击。四季度，尿素出口收紧，供需宽松趋势下，价格不断创新低，多数企业逐渐由盈利转为亏损。

2024年中国不同工艺尿素生产毛利对比见图47-15。

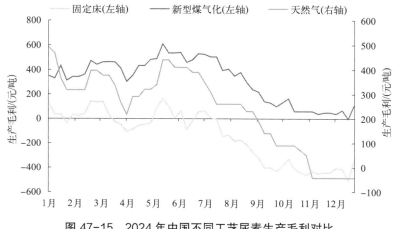

图 47-15 2024 年中国不同工艺尿素生产毛利对比

47.6 2025—2029 年中国尿素发展预期

47.6.1 尿素供应趋势预测

47.6.1.1 2025——2029 年尿素拟在建 / 退出产能统计

2025—2029 年中国尿素新增总产能预计1956万吨/年，主要集中于华东、西北、华中区域。与2020—2024年相比，华南地区首次出现产能增加。2025—2029 年，中国尿素产能继续处于高速扩张期。2025—2026 年因新旧产能交替，总产能波幅可能与预期有误差。而2027—2028 年随着更多大中型装置的陆续投产，行业总产能将达到峰值。届时可能因供需的宽松化发展，部分新增产能的投产时间会受到影响，或者部分产能不一定按照原计划建设。行业内新一轮的产能优胜劣汰也将在这期间展开。

2025—2029 年中国尿素拟在建产能统计见表47-6。

表 47-6 2025—2029 年中国尿素拟在建产能统计

企业简称	产能 /（万吨 / 年）	预计投产时间	省份
江苏晋煤恒盛	60	2025 年一季度	江苏
靖远煤业集团	35	2025 年一季度	甘肃
九江心连心	100	2025 年二季度	江西
新疆新冀能源	100	2025 年上半年	新疆
晋煤集团章丘日月	26	2025 年下半年	山东
安徽晋煤中能	60	2025 年下半年	安徽
江苏华昌化工	20	2025 年年底	江苏
靖远煤业集团刘化	35	2025 年年底	甘肃
甘肃能化金昌能源	52	2025 年	甘肃

续表

企业简称	产能/(万吨/年)	预计投产时间	省份
新疆奥福化工	50	2025 年	新疆
新疆中能万源	100	2026 年	新疆
内蒙古大地远通	52	2026 年	内蒙古
鄂托克旗建元煤焦化	40	2026 年	内蒙古
中石油宁夏石化分公司	80	2026 年	宁夏
内蒙古天润化肥	52	2026 年	内蒙古
云南解化清洁能源	60	2026 年	云南
陕西清水银泉煤业	100	2026 年	陕西
河北正元氢能科技	52	2026 年	河北
湖南省雪天盐碱新材料	50	2026 年	湖南
山西兰花	30	2026 年	山西
新疆塔里木石油化工	80	2026 年	新疆
神木煤化工	52	2027 年	陕西
新疆心连心	80	2027 年	新疆
广西心连心	100	2027 年	广西
江苏晋煤双多	80	2027 年	江苏
灵谷化工集团	200	2027 年	江苏
安徽昊源化工	100	2027 年	新疆
贵州宜兴化工	30	2027 年	贵州
河南晋开化工	80	2028 年	河南
合计	1956		

2025—2029 年尿素行业拟退出产能预计在 414 万吨/年，退出产能中，以固定床工艺的产能和长期停车的产能为主，另外还有部分产能置换项目。

2025—2029 年中国尿素拟退出产能统计见表 47-7。

表 47-7 2025—2029 年中国尿素拟退出产能统计

企业简称	产能/(万吨/年)	预计退出时间	省份
华强化工	20	2025 年	湖北
吉林通化化工	30	2025 年	吉林
大唐呼伦贝尔化肥	30	2025 年	内蒙古
河南金山化工	20	2025 年	河南
新疆大黄山鸿基焦化	21	2025 年	新疆
湖北三宁	60	2026 年	湖北
新疆塔里木石油化工	80	2026 年	新疆
安徽泉盛化工	30	2026 年	安徽
甘肃刘化	70	2026 年	甘肃

续表

企业简称	产能／（万吨／年）	预计退出时间	省份
云南解化清洁能源	23	2027 年	云南
河北正元氢能科技	30	2027 年	河北
合计	414		

47.6.1.2　2025—2029 年尿素产能趋势预测

2025—2029 年中国尿素累计新建产能 1956 万吨／年，年复合增长率预计在 3.0%，较过去五年复合增长率上涨 1 个百分点。总供应增速提升，固定床产能陆续完成停车升级改造，未来新增产能多是大中型装置，在产企业多为有效产能，供应宽松化发展预期明显，行业或将出现新一轮的产能洗牌。

2025—2029 年中国尿素产能预测见图 47-16。

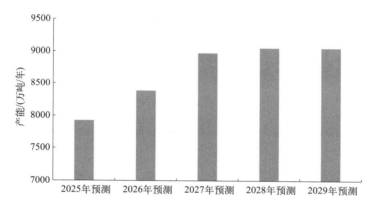

图 47-16　2025—2029 年中国尿素产能预测

根据新增产能释放的节点，考虑到 2025 年固定床产能的改造，结合到未来需求的预期增势，国内供需宽松化的发展，会推动价格逐年走低，继而影响行业的产能利用率，从而出现下行趋势，而这也会影响未来几年内部分新产能的释放情况。

2025—2029 年中国尿素产量及产能利用率趋势预测见图 47-17。

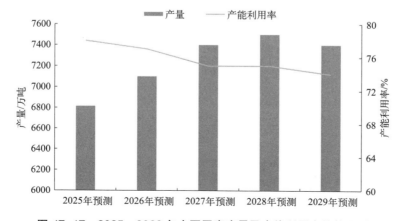

图 47-17　2025—2029 年中国尿素产量及产能利用率趋势预测

47.6.2 尿素消费趋势预测

2025—2029年，尿素下游各大领域将继续呈现需求增长态势，但增幅大概率较2020—2024年周期放缓。种植结构变化、高标准农田的持续建设、玉米密植技术应用等将带动农业需求增加；基于房地产市场的政策推动回暖预期，板材和三聚氰胺行业也会有需求增长概率。环保政策导向推动，未来五年车用尿素需求将继续呈现增长趋势。火电脱硝行业，根据改造时间进度，未来需求增量主要与火力厂发电量的增幅相关。

2025年和2029年中国尿素主要下游消费预测见图47-18。

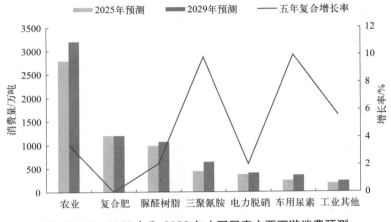

图 47-18 2025 年和 2029 年中国尿素主要下游消费预测

47.6.3 尿素供需格局预测

2025—2029年，中国尿素行业依旧处于产能增长周期，预计未来五年新增产能1956万吨。考虑到因行情表现或产能装置自身投产原因，2029年总产量预计将达7400万吨，产量复合增长率在2.1%。根据新产能释放的时间节点，考虑到供需宽松化的发展情况，预计2026—2027年出口增量相对明显。

2025—2029年中国尿素供需预测见表47-8。

表 47-8 2025—2029 年中国尿素供需预测

单位：万吨

时间	产量	进口量	总供应量	下游消费量	出口量	总需求量
2025 年预测	6815	0.5	6815.5	6213	300	6513
2026 年预测	7100	0.5	7100.5	6399	600	6999
2027 年预测	7400	0.5	7400.5	6583	600	7183
2028 年预测	7500	0.5	7500.5	6840	400	7240
2029 年预测	7400	0.5	7400.5	7095	300	7395

第 48 章

磷酸一铵

2024 年度
关键指标一览

类别	指标	2024 年	2023 年	涨跌幅	2025 年预测	预计涨跌幅
价格	湖北均价 /（元 / 吨）	3136.5	3015	4.00%	3045	−2.90%
供需	产能 /（万吨 / 年）	1903	1841	3.40%	1857	−2.40%
	产量 / 万吨	1129.6	1067	5.90%	1150	1.80%
	产能利用率 /%	59.4	58	1.4 个百分点	61.9	2.5 个百分点
	下游消费量 / 万吨	930.6	863.6	7.80%	950	2.10%
进出口	进口量 / 万吨	1.49	0.21	609.50%	0	−100.00%
	出口量 / 万吨	200.5	203.6	−1.50%	200	−0.20%
毛利	55% 粉磷酸一铵 /（元 / 吨）	201	205	−2.00%	5	−97.50%

48.1　中国磷酸一铵供需分析

近五年中国磷铵供需从相对宽松逐渐向平衡状态转变，市场供应相对紧缺态势阶段性出现。从2020—2024年磷铵供需情况来看，磷铵供需体量震荡调整，近五年总供应量及总需求量的年均复合增长率分别在−0.35%、0.9%附近，五年间供应增速基本低于需求增速，磷铵供需基本处于相对平衡状态。2024年，国内磷酸一铵产量为1129.6万吨，同比增长5.9%，出口方面持续法检及配额，同比小幅下降1.5%；表观消费量升至930.6万吨，同比增长7.8%。

2020—2024年中国磷酸一铵供需变化见表48-1。

表 48-1　2020—2024 年中国磷酸一铵供需变化

单位：万吨

时间	产量	进口量	总供应量	表观消费量	出口量	总需求量
2020 年	1146.1	1.3	1147.4	894.4	253.0	1147.4
2021 年	1227.0	0.0	1227.0	848.6	378.5	1227.0
2022 年	1006.0	0.0	1006.0	804.6	201.4	1006.0
2023 年	1067.0	0.2	1067.2	863.6	203.6	1067.2
2024 年	1129.6	1.5	1131.1	930.6	200.5	1131.1

48.2　中国磷酸一铵供应现状分析

48.2.1　磷酸一铵产能趋势分析

48.2.1.1　2024 年磷酸一铵产能及新增产能统计

2024年磷酸一铵出现新增产能40万吨/年，占当年总产能的2.1%。另外样本企业产能调整22万吨/年，其中，新增1家样本企业中化重庆涪陵产能20万吨/年，样本企业产能调增3家（山东威海恒邦产能从6万吨/年调整至15万吨/年、甘肃瓮福从15万吨/年调整至18万吨/年、安徽六国从25万吨/年调整至30万吨/年），样本企业产能调减1家（湖北祥云从220万吨/年调整至205万吨/年）。最终磷酸一铵年度产能至1903万吨/年。

2024年中国磷酸一铵新增产能统计见表48-2。

表 48-2　2024 年中国磷酸一铵新增产能统计

企业名称	省份	企业形式	产能/（万吨/年）	工艺类型	装置投产时间	下游配套
松滋史丹利宜化新材料科技有限公司	湖北	民企	40	料浆法	2024 年 6 月	有
合计			40			

48.2.1.2　2024 年磷酸一铵主要生产企业生产状况

2024年TOP10磷酸一铵生产企业产能达988万吨/年，占全国总产能的51.92%，行业集中度相对较高。从工艺路线来看，TOP10磷酸一铵生产企业基本都是料浆法生产工艺，仅云天化、贵州磷化有传统工艺生产线；从原料来看，除湖北世龙为硫精砂制酸外，其余9家均为硫黄、冶炼酸都用。

2024年中国磷酸一铵主要生产企业产能统计见表48-3。

表 48-3　2024 年中国磷酸一铵主要生产企业产能统计

企业名称	省份	简称	产能/（万吨/年）	工艺路线
湖北祥云（集团）化工股份有限公司	湖北	湖北祥云	205	料浆法
湖北新洋丰肥业股份有限公司	湖北	湖北新洋丰	195	料浆法
贵州磷化（集团）有限责任公司	贵州	贵州磷化	126	料浆法、传统法
安徽省司尔特肥业股份有限公司	安徽	司尔特	95	料浆法
湖北鄂中生态工程股份有限公司	湖北	湖北鄂中	70	料浆法
湖北世龙化工有限公司	湖北	湖北世龙	65	料浆法
云南云天化集团有限责任公司	云南	云天化	62	料浆法、传统法
龙蟒大地农业有限公司	四川	龙蟒大地	60	料浆法
襄阳泽东化工有限公司	湖北	襄阳泽东	60	料浆法
金正大诺泰尔化学有限公司	贵州	金正大诺泰尔	50	料浆法
合计			988	

48.2.1.3　2020—2024 年磷酸一铵产能趋势分析

2020—2022 年磷酸一铵受疫情影响，在主产区装置开工低位，供不应求以及利润空间大幅提升的驱动下，停产 2 年以上装置重启、产能重新调整、再有装置租赁到期，产能提升。2023 年磷酸一铵样本产能进行调整，剔除连续停产 2 年以上的云南澄江天辰磷肥 15 万吨/年产能，增加钟祥市辉腾 15 万吨/年产能，龙蟒大地 100 万吨/年产能调整至 40 万吨/年，最终磷酸一铵产能至 1841 万吨。2024 年磷酸一铵新建产能仅有 40 万吨/年，另外样本企业产能调整 22 万吨/年，最终产能 1903 万吨/年。

2020—2024 年中国磷酸一铵产能变化趋势见图48-1。

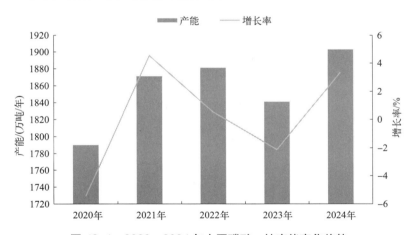

图 48-1　2020—2024 年中国磷酸一铵产能变化趋势

48.2.2　磷酸一铵产量及产能利用率趋势分析

48.2.2.1　2024 年磷酸一铵产量及产能利用率趋势分析

2024 年国内磷酸一铵产量 1129.6 万吨，同比增长 5.9%，产能利用率 59.4%，同比提升 1.4 个百分点。全年来看 3 份产量处于偏高水平，2 月份产能利用率大幅下滑，为年内最低。

5—8 月国内季节性刚需显现，夏季肥集中备货、秋季肥采购启动，新单跟进，叠加出口窗口期分摊产能，磷酸一铵供应提升，产能利用率超 66%，月产量超 100 万吨。9 月秋季需求结束，东北观望，市场供应过剩，装置开工负荷下滑。10—11月装置开工负荷提升，因国庆后下游秋季肥收尾集中采购、东北部分下游及贸易商备货，且原料硫黄价格上涨，需求跟进。12月下游复合肥冬储慢，原料需求低迷，磷酸一铵工厂产销承压，行业产能利用率下降。

2024年中国磷酸一铵产量及产能利用率变化趋势见图48-2。

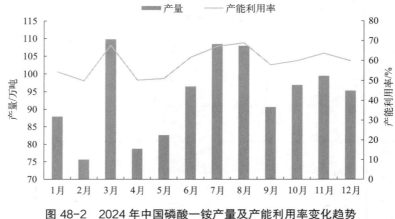

图 48-2　2024 年中国磷酸一铵产量及产能利用率变化趋势

48.2.2.2　2020—2024 年磷酸一铵产量及产能利用率趋势分析

2020—2024年，中国磷酸一铵产量随市场行情变动而呈现出波动起伏之态。在此期间，磷酸一铵产能利用率大多时候在60%以下震荡徘徊，仅在2021年，因处于国际、国内双循环格局，需求旺盛，从而出现了一定程度的提升。2022—2024年，出口政策有所松动，全球粮价上扬，原材料价格频繁波动。在利润提升、下游新增产能以及季节性集中备货等因素的助推下，磷酸一铵企业装置开工率得以提升，行业产能利用率也有所提高。

2020—2024年中国磷酸一铵产量与产能利用率变化趋势见图48-3。

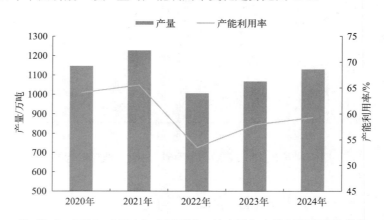

图 48-3　2020—2024 年中国磷酸一铵产量与产能利用率变化趋势

48.2.3　磷酸一铵供应结构分析

国内磷酸一铵产能区域分布较为集中，主要集中在磷矿资源丰富的湖北、云南、贵州、四川地区。详细分析来看，华中地区最为集中，区域内磷酸一铵总产能1013万吨/年，占比53.2%；

其次为西南地区,产能593万吨/年,占比约31.2%;第三为华东区域,产能182万吨/年,占比9.6%;其他地区占比较小。

2024年国内磷酸一铵分区域产能分布见图48-4。

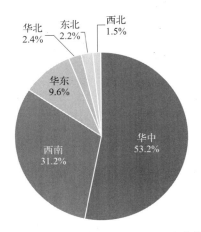

图 48-4　2024 年中国磷酸一铵分区域产能分布

48.3 中国磷酸一铵消费现状分析

48.3.1 磷酸一铵消费趋势分析

48.3.1.1 2024 年磷酸一铵消费趋势分析

2024年中国磷酸一铵表观消费量930.6万吨,同比提升7.8%。其中3月份,受出口利好和下游原料刚需推动,磷酸一铵消费量攀升至高位;4—5月因处于夏季需求淡季,消费量跌入低谷。6—8月装置开工负荷低位时,下游夏季肥原料补单和秋季肥备货,促使消费量上扬。9月秋季肥原料需求收尾,冬储迟缓,消费量逐步下降。四季度下游需求先升后降,国庆后秋季肥收尾备货和冬储提前备货,需求提升、供应增加;后期因需求低迷和政策影响,需求降温、供应缩减,价格走低。

2024年中国磷酸一铵月度表观消费量及价格变化趋势见图48-5。

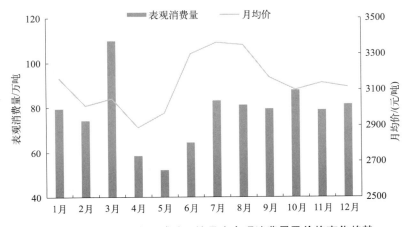

图 48-5　2024 年中国磷酸一铵月度表观消费量及价格变化趋势

48.3.1.2 2020—2024 年磷酸一铵消费趋势分析

2020—2024年，中国磷酸一铵消费趋势先降后升，近五年的年均复合增长率为0.2%。2020—2022年，表观消费量持续走低，其主要原因在于出口在提升至历史高位后出现下滑，同时在国内外需求变动的情况下产量进行了调整，进而导致表观消费量下降。2023—2024年，出口量基本保持稳定，供应有所提升，且随着下游的扩增，需求量也随之增加。总体而言，在这五年间，磷酸一铵的表观消费量经历了一定程度的波动，市场需求在多种不同因素的影响下呈现出动态变化的特征，2024年同比增长7.8%。

2020—2024年中国磷酸一铵年度表观消费量变化趋势见图48-6。

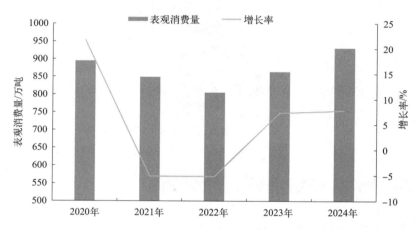

图 48-6 2020—2024 年中国磷酸一铵年度表观消费量变化趋势

48.3.2 磷酸一铵消费结构分析

2024年华中区域成为磷酸一铵最为主要的消费市场，承接了40%以上的下游消费能力，并且近年来持续呈扩大态势，特别是河南地区高塔复合肥新增产能的增加，带动了磷酸一铵消费量的上升。华东和华北地区近年来消费发展较为缓慢，对磷酸一铵的新增消费量有限。西南地区的消费量逐年减少，由于受运距影响，当地复合肥装置停产数量增多，使得磷酸一铵的用量逐渐缩减。此外，东北地区近几年因下游开工负荷偏低，对磷酸一铵的消费量也出现了小幅度的缩减。

2024年中国磷酸一铵下游消费占比见图48-7。

48.3.3 磷酸一铵出口趋势分析

2024年，中国磷酸一铵出口量200.5万吨，同比下降1.5%。其中3月份出现了明显的低谷，主要受国家政策以及国际需求疲弱影响，月度磷酸一铵出口量0吨。出口量高峰出现于5~6月份，单月出口31万~32万吨。主因巴西季节性需求跟进，致使磷酸一铵对巴西出口量有所提升。11月份再次受到国家出口政策限制，月度出口量缩减。

2024年中国磷酸一铵出口量价变化见图48-8。

2020—2024年，中国磷酸一铵出口量波动变化，年均复合增长率为-6%。2021年，出口量攀升至历史最高水平后回落。2021年10月15日起开始执行法检政策，各地政策存在差异，除主产区湖北、云南、贵州、四川及安徽地区外，山东、河南、天津、海南等地出口量显著增加。2022年下半年实行出口配额后，中国磷酸一铵出口大幅萎缩，全年同比降幅约为47%。2023—2024年，

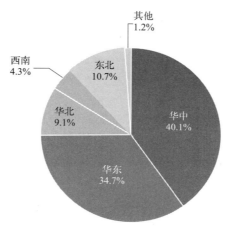

图 48-7　2024 年中国磷酸一铵下游消费占比

国内出口政策频繁调整，最终近三年磷酸一铵出口量基本持平，均维持在 200 万吨左右。

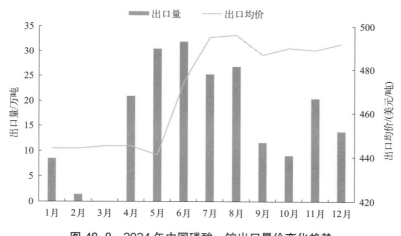

图 48-8　2024 年中国磷酸一铵出口量价变化趋势

2020—2024 年中国磷酸一铵出口量变化趋势见图48-9。

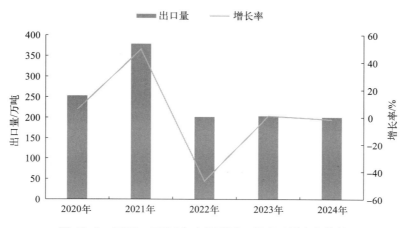

图 48-9　2020—2024 年中国磷酸一铵出口量变化趋势

48.4 中国磷酸一铵价格走势分析

2024年国内磷酸一铵市场行情波动频繁，全年均价3136.5元/吨，同比涨4%。整年来看，全年磷酸一铵市场主要受到供需关系、原料价格、政策等多重因素的影响。其中，上半年市场驱动在成本面和供需面间转换，五一后夏季肥集中备货，供应趋紧，5月价格涨超350元/吨。下半年市场高位整理，磷酸一铵价格处原料高端，原料和消息面影响更明显。7月中旬，上游原料涨价，企业成本承压，价格涨至年内最高，湖北55粉出厂3400元/吨，零星高端3450元/吨。8月需求降温，价格下跌，湖北55粉主流出厂降至3050元/吨。国庆后下游秋季肥收尾集中采购，东北备货，价格反弹。11月下旬受政策影响，需求停滞，价格下滑。年底湖北55粉出厂回落至3000元/吨。

2020—2024年湖北磷酸一铵市场价格走势见图48-10。

图 48-10　2020—2024 年湖北磷酸一铵市场价格走势

湖北市场磷酸一铵2024年月均价及2020—2024年年均价分别见表48-4和表48-5。

表 48-4　2024 年湖北磷酸一铵月均价汇总表

月份	1月	2月	3月	4月	5月	6月	7月	8月	9月	10月	11月	12月
湖北均价/（元/吨）	3164.5	3009.6	3050.0	2890.0	2970.0	3300.0	3364.5	3350.0	3170.0	3100.0	3140.0	3115.8

表 48-5　2020—2024 年湖北磷酸一铵年均价汇总表

年份	2020 年	2021 年	2022 年	2023 年	2024 年
湖北均价/（元/吨）	1865.3	2860.2	3428.7	3015.9	3136.5

48.5 中国磷酸一铵生产毛利走势分析

2024年磷酸一铵两种酸工艺利润均处于盈利态势。从盈利程度来看，硫黄酸生产利润略高，全年均值201元/吨，冶炼酸为174元/吨。年内利润波动大，1—4月春季肥原料补单迟缓，市场低迷，价格降而磷矿价坚挺，4月硫黄酸、冶炼酸利润均值分别降至81元/吨、44元/吨，环比降超60%。5—8月因夏肥原料补货、秋肥备货和刚需采购，价格涨幅超原料，6月利润达年内最高，硫黄酸、冶炼酸利润均值分别为455元/吨、389元/吨。9月后秋肥生产尾声，东北观望，需求减弱，价格和利润回落，9月底硫黄酸、冶炼酸利润均值较最高点分别下滑58%、95%。10—12月市场先扬后抑，国庆后需求推动价格上扬，11月底政策影响新单停滞，行情回落，原料价格高企，磷酸一铵利润不断下滑。

2024年中国不同原料磷酸一铵生产毛利对比见图48-11。

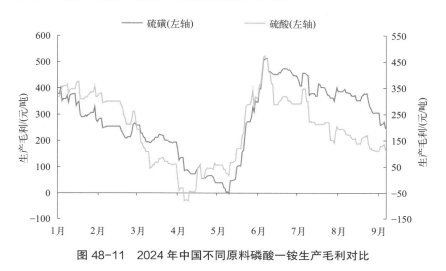

图48-11 2024年中国不同原料磷酸一铵生产毛利对比

2024年中国硫黄制磷酸一铵月均生产毛利及2020—2024年年均生产毛利分别见表48-6和表48-7。

表48-6 2024年中国磷酸一铵月均生产毛利汇总表

月份	硫黄/（元/吨）	硫酸/（元/吨）
1月	334.2	386.8
2月	245.8	328.6
3月	209.4	140.0
4月	83.0	45.8
5月	133.2	195.5
6月	458.5	391.9
7月	399.2	283.6
8月	360.6	204.4
9月	190.5	167.9
10月	81.3	73.5
11月	-3.8	-24.4
12月	-51.0	-76.3

表 48-7 2020—2024 年中国磷酸一铵年均生产毛利汇总表

年份	2020 年	2021 年	2022 年	2023 年	2024 年
硫黄 /（元 / 吨）	110.0	248.0	10.0	205.0	203.4
硫酸 /（元 / 吨）	180.0	114.0	197.0	225.0	176.4

48.6 2025—2029 年中国磷酸一铵发展预期

48.6.1 磷酸一铵供应趋势预测

48.6.1.1 2025—2029 年磷酸一铵拟在建 / 退出产能统计

2025—2029 年，中国磷酸一铵新建产能为 30 万吨 / 年，预计 2025 年 2—3 月出产品。总计产能 54 万吨 / 年的装置处于长期停产状态，分别为湖北中孚 19 万吨 / 年、湖北科海 15 万吨 / 年以及河南晨光 20 万吨 / 年。若装置持续停产满两年，其产能将会被剔除。其中，河南晨光装置已连续停产两年，将于 2025 年将其从产能统计中删除，其他装置则会在 2026—2027 年陆续被删除。

2025—2029 年中国磷酸一铵拟在建产能统计见表 48-8。

表 48-8 2025—2029 年中国磷酸一铵拟在建产能统计

企业简称	产能 /（万吨 / 年）	预计投产时间	省份
湖北宜化	30	2025 年 4 月份	湖北
合计	30		

48.6.1.2 2025—2029 年磷酸一铵产能趋势预测

2025—2029 年，中国磷酸一铵新建产能为 30 万吨 / 年，同时将淘汰产能 54 万吨。在此期间，年复合增长率预计为 -0.4%，相较过去五年的复合增长率下降了 2 个百分点。总供应增速减缓，主要原因在于磷酸一铵产能原本就处于过剩状态。此外，国家对磷铵行业的新增产能管控极为严格，要严格控制磷铵行业的新增产能。

2025—2029 年中国磷酸一铵产能预测见图 48-12。

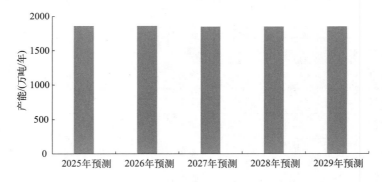

图 48-12 2025—2029 年中国磷酸一铵产能预测

2025—2029 年中国磷酸一铵产量整体呈先升后降的趋势。2025 年产量预计较 2024 年有所增长，达到 1150 万吨，可能是由于市场需求的短期拉动或者部分新增产能的释放。但从 2026 年开始产量逐渐下滑，到 2029 年降至 1050 万吨，主要受到市场饱和度增加、下游需求减弱，以及行业竞争加剧、部分落后产能逐步淘汰等因素的综合影响。

2025—2029年中国磷酸一铵产量及产能利用率趋势预测见图48-13。

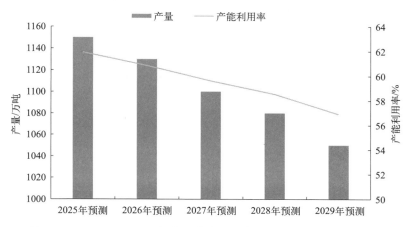

图48-13　2025—2029年中国磷酸一铵产量及产能利用率趋势预测

48.6.2　磷酸一铵消费趋势预测

2025—2029年，磷酸一铵下游复合肥产能呈现出多种变化。在环保政策的持续推进、农产品需求结构的转变、激烈的行业竞争以及对资源的优化配置等多方面因素影响下，上行的趋势将逐渐发生逆转。2025—2029年，周期内产能先增后降，其中2025—2026年增速相较于2023—2024年减缓，在减肥增效大环境下，复合肥消费量达到顶峰，未来新建产能更多来自高效和环保肥料的推动。2027—2029年产能集中度进一步提高，部分落后产能淘汰出局，供应链优化和技术创新将推动行业的持续发展。

48.6.3　磷酸一铵供需格局预测

2025—2029年国内磷酸一铵行业供需面预计将继续呈现窄幅下滑趋势。供应端，2025年产量预达1150万吨，随后因产能调整、市场竞争、环保政策等影响逐年递减，2029年降至1050万吨。需求端，农业领域，粮食安全大背景下，农业用肥需求保持稳定，支撑磷酸一铵，但减肥增效影响下，复合肥产能预计先增后降；工业领域，新能源对磷酸铁锂需求攀升带动工业级磷酸一铵需求，但替代品出现或行业受阻时需求或不及预期。出口受国际市场需求和贸易政策影响。总体来看，磷酸一铵供需逐步趋向平衡。

2025—2029年中国磷酸一铵供需预测见表48-9。

表48-9　2025—2029年中国磷酸一铵供需预测

单位：万吨

时间	产量	进口量	总供应量	表观消费量	出口量	总需求量
2025年预测	1150	0	1150	950	200	1150
2026年预测	1130	0	1130	930	200	1130
2027年预测	1100	0	1100	900	200	1100
2028年预测	1080	0	1080	880	200	1080
2029年预测	1050	0	1050	850	200	1050

第 49 章

磷酸二铵

2024 年度
关键指标一览

类别	指标	2024 年	2023 年	涨跌幅	2025 年预测	预计涨跌幅
价格	湖北均价 /（元 / 吨）	3701.0	3641.0	1.6%	3500	−5.4%
供需	产能 /（万吨 / 年）	2083	2083	0.0%	2143	2.9%
	产量 / 万吨	1414.0	1393.9	1.4%	1480	4.7%
	产能利用率 /%	67.9	66.9	1 个百分点	69.1	1.2 个百分点
	表观消费量 / 万吨	960.8	890.3	7.9%	980	2.0%
进出口	进口量 / 吨	221.6	506.6	−56.2%	200	−9.8%
	出口量 / 万吨	456.3	503.6	−9.4%	490	7.4%
毛利	生产毛利 /（元 / 吨）	204.7	151.2	35.4%	100	−51.2%

49.1　中国磷酸二铵供需分析

2020—2021年磷酸二铵行业供需态势平稳，年产量接近或超过1400万吨，其间出口利润可观，国际需求表现较好，年出口量在573万～625万吨之间。到了2022年国际供应受阻，出口大幅缩减，而上半年出口政策的不明确以及对出口预期不容乐观，导致企业生产降速，供应减少，国内表观消费量出现增长。2023年出口政策宽松，内销价格保持高位，整体保持供需平衡状态，产量及出口量均呈现增长趋势。2024年，磷酸二铵出口继续受到政策面的影响，持续法检，阶段性配额以及禁止出口印度等措施，优先保障国内供应使得出口量为近五年来最低，国内表观消费量大幅增加。

2020—2024年中国磷酸二铵供需变化见表49-1。

表 49-1　2020—2024 年中国磷酸二铵供需变化

单位：万吨

时间	产量	进口量	总供应量	出口量	表观消费量
2020 年	1398.3	6.0	1404.3	573.2	830.8
2021 年	1411.7	0.0	1411.7	625.3	787.3
2022 年	1237.5	0.0	1237.5	357.9	880.0
2023 年	1393.9	0.0	1393.9	503.6	890.3
2024 年	1414.0	0.0	1414.0	456.3	957.7

49.2　中国磷酸二铵供应现状分析

49.2.1　磷酸二铵产能趋势分析

49.2.1.1　2024 年磷酸二铵产能及新增产能统计

2024年国内磷酸二铵产能为2083万吨/年，与2023年产能相比无变化，年内无新建及去除产能。

49.2.1.2　2024 年磷酸二铵主要生产企业生产状况

2024年国内磷酸二铵总产能2083万吨/年，TOP10生产企业产能1906万吨/年，占全国总产能的91.50%。受主要原材料磷矿石资源分布影响，磷酸二铵产能集中度较高，企业多分布在云南、贵州、湖北三省，三省产能占全国总产能的83.58%。其中湖北产能在611万吨/年，占比达到29.33%；云南地区产能590万吨/年，占比达到28.32%；贵州产能540万吨/年，占比达到25.92%。磷酸二铵生产企业以国有大型企业为主，中小企业为辅。

2024年中国磷酸二铵主要生产企业产能统计见表49-2。

表 49-2　2024 年中国磷酸二铵主要生产企业产能统计

企业名称	省份	简称	产能/(万吨/年)	工艺路线
云天化股份有限公司	云南	云天化	520	传统法
贵州磷化（集团）有限责任公司	贵州	磷化	680	传统法
湖北宜化集团有限责任公司	湖北	宜化	210	传统法

续表

企业名称	省份	简称	产能/（万吨/年）	工艺路线
云南祥丰实业集团有限公司	云南	祥丰	120	传统法
宜都兴发化工有限公司	湖北	兴发	105	传统法
湖北大峪口化工有限责任公司	湖北	大峪口	100	传统法
湖北东圣化工集团有限公司	湖北	湖北东圣	60	传统法
安徽六国化工股份有限公司	安徽	安徽六国	40	传统法
湖北三宁化工股份有限公司	湖北	湖北三宁	36	传统法
湖北六国化工股份有限公司	湖北	湖北六国	35	传统法
合计			1906	

49.2.1.3　2020—2024年磷酸二铵产能趋势分析

2020—2024年中国磷酸二铵产能波幅较小。2020年宜都兴发、内蒙古大地新增产能投产，产能增加至2142万吨/年。2021年青海云天化、云南树环等长期停产装置产能剔除，总产能降至2103万吨/年。2022年中化涪陵搬迁完成，青海云天化长期停产，产能调整至2133万吨/年。2023年广东湛化、威海恒邦等长期停车装置去除和其他企业装置产能进行调整，总产能至2083万吨/年。2024年磷酸二铵无新增产能投产，产能基数稳定在2083万吨/年。

2020—2024年中国磷酸二铵产能变化趋势见图49-1。

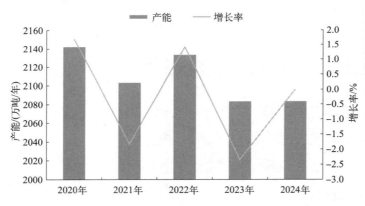

图 49-1　2020—2024年中国磷酸二铵产能变化趋势

49.2.2　磷酸二铵产量及产能利用率趋势分析

49.2.2.1　2024年磷酸二铵产量及产能利用率趋势分析

2024年中国磷酸二铵总产量1414万吨。分阶段看，一季度为国内春耕市场货源流通旺季，供应端生产发运积极，尤其在3月中旬法检恢复后，国内春耕与国际订单重合，3月份供应增量明显，二季度国内市场对磷需求量少，出口虽已进入主要窗口期，而国际需求遇冷，部分装置减产检修，开工呈现下滑趋势。进入三季度国内秋季市场需求启动，孟加拉国招标同时带动国际需求回暖，7—10月份磷酸二铵总供应量达到489万吨，处在年内高频生产阶段。11—12月，进入淡储及冬储阶段，然而近两年来需求后滞，集中走货形势凸显，下游流通环节提前备肥积极性降低，加之12月份出口法检暂停，因此磷酸二铵开工有所下滑。

2024年中国磷酸二铵产量与产能利用率变化趋势见图49-2。

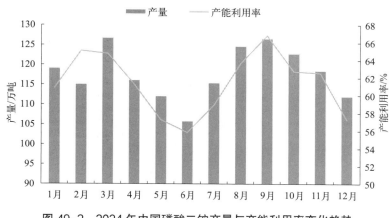

图 49-2　2024 年中国磷酸二铵产量与产能利用率变化趋势

49.2.2.2　2020—2024 年磷酸二铵产量及产能利用率趋势分析

2020—2024年磷酸二铵产量处于波动状态，2020年年初受疫情影响开工低位，加上国际供需格局转变，出口减量，开工窄幅减量。2021年伴随着下游消费需求向好，开工同比提升。2022年出口减量，行业景气度及内外经济环境表现温吞，产量为5年来最低。2023—2024年出口配额增量，加上国内关于粮食安全生产等举措的实施，需求再度恢复，磷铵企业供应提升，2023年与2024年中国磷酸二铵总产量分别在1394万吨、1414万吨。

2020—2024年中国磷酸二铵产量与产能利用率变化趋势见图49-3。

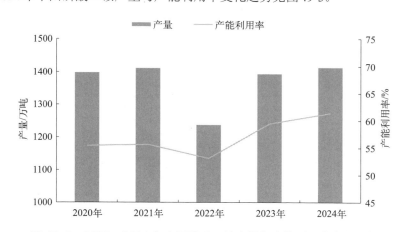

图 49-3　2020—2024 年中国磷酸二铵产量与产能利用率变化趋势

49.2.3　磷酸二铵供应结构分析

49.2.3.1　2024 年磷酸二铵分区域供应结构分析

2024年国内磷酸二铵产能呈现集中状态，西南和华中地区产能占全国总产能的约90%。详细分析来看，西南地区产能最大，区域内磷酸二铵总产能1260万吨，占比60.5%；其次为华中地区，产能611万吨，占比29.3%；第三为西北地区，产能72万吨，占比3.5%。第四、五为华东、华北地区，产能均为70万吨，占比3.4%。

2024年中国磷酸二铵分区域产能分布见图49-4。

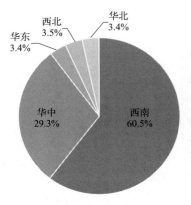

图 49-4　2024 年中国磷酸二铵分区域产能分布

49.2.3.2　2024 年磷酸二铵分企业性质供应结构分析

按企业性质来看，磷酸二铵生产企业主要为国企，国有企业总计产能1783万吨，占比85.6%；其次为民营企业，占比13.4%；合资企业占比较小，仅占企业总数的1.0%左右。磷是农作物生长的必要元素，工业用磷必须大量从磷矿中提取，用于制造磷肥、磷酸盐。磷矿也是不可再生战略资源，多由国有企业掌控，为磷肥的生产奠定了基础。

2024年中国磷酸二铵分企业性质产能分布见图49-5。

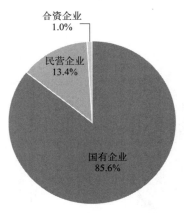

图 49-5　2024 年中国磷酸二铵分企业性质产能分布

49.3　中国磷酸二铵消费现状分析

49.3.1　磷酸二铵消费趋势分析

49.3.1.1　2024 年磷酸二铵消费趋势分析

2024年中国磷酸二铵表观消费量在961万吨，同比增加7.9%。整体来看表观消费随国际季节性需求强弱波动。1—4月份国内春耕需求旺季，且此时出口暂停中，企业保供国内市场为主。

5月份以后随着国内需求减少，企业重心逐步转向出口发运，5—6月国内磷酸二铵表观消费量处在最低位。7—10月份秋季内销市场需求季节，国内磷酸二铵月度表观消费量回升。12月份磷酸二铵市场进入冬储备肥旺季且出口暂停，表观消费量出现增长。

2024年中国磷酸二铵月度表观消费量及价格变化趋势见图49-6。

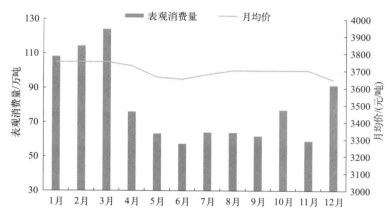

图 49-6 2024 年中国磷酸二铵月度表观消费量及价格变化趋势

49.3.1.2 2020—2024 年磷酸二铵消费趋势分析

2020—2024年中国磷酸二铵表观消费量先降后升。2020—2021年磷酸二铵表观消费量减少，主因2021年持续受到疫情影响，磷酸二铵国内外开工下滑，国际产能释放不足，企业出口量增长。2022—2024年，粮食安全生产力度进一步增加，种植面积继续提升，确保粮食产量保持在1.3万亿斤以上的目标使肥料市场需求刚性增长并长期稳定。因此2022—2024年磷酸二铵国内表观消费量较2020年、2021年相比有所增量。

2020—2024年中国磷酸二铵年度表观消费量变化趋势见图49-7。

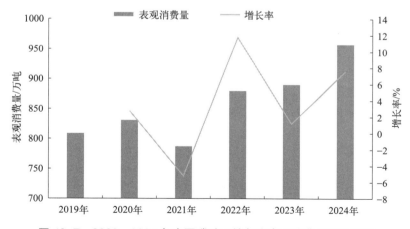

图 49-7 2020—2024 年中国磷酸二铵年度表观消费量变化趋势

49.3.2 磷酸二铵消费结构分析

磷酸二铵为出口型产品，出口国家众多，每年总产量35% ～ 40%以上用作国际出口，其余产量绝大部分直接用于国内农业消费，其中85%用在种植领域。玉米、蔬菜、小麦和水稻是我国磷肥施用的主要作物，其消费份额分别占22%、16%、15%、14%；从消费区域看，东北地区占比最高，达47%左右，其次是西北、华东、华北，分别占比19%、15%、12%左右；磷酸二铵还有很少一部用在工业生产领域，作为浸渍木材及织物、干粉灭火剂，阻燃剂、荧光灯用的磷素等，这一用量相比农业来说要小很多。

2024年中国磷酸二铵分区域消费结构见图49-8。

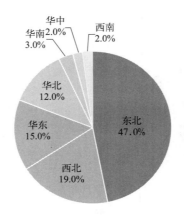

图 49-8　2024 年中国磷酸二铵分区域消费结构

49.3.3　磷酸二铵出口趋势分析

2024年，中国磷酸二铵出口量为456万吨，同比减少9.4%。其中，1—3月出口量最少，此时磷酸二铵出口法检处在暂停状态，其中2月份出口量最低，不足1万吨。3月15日左右法检恢复后，4月份出口量有所提升。在5—9月份主要出口阶段，磷酸二铵出口总量在275万吨，占全年出口总量的60%。10—12月份国际市场仍有部分需求释放，主要体现在孟加拉国及埃塞俄比亚招标。然而在关键冲刺阶段的12月份，因保国内供应，法检再度暂停。

2024年中国磷酸二铵出口量价变化趋势见图49-9。

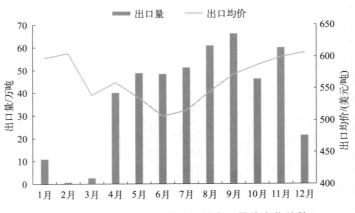

图 49-9　2024 年中国磷酸二铵出口量价变化趋势

2020年受疫情影响，1—4月出口同比大幅缩减，同时北非和西亚对印度供应增加，出口量减少至573万吨。2021年国际需求旺盛，疫情事件延续，主要进口国自身产量不足，出口量达

626万吨。2022年受出口法检、下半年出口收紧以及国际价格高位影响，出口量下降至358万吨。2023年配额情况改善，法检政策在二季度后表现宽松，国际市场的高盈利，吸引企业积极生产集港。2024年配额表现稳定，但受地缘政治因素及调控手段等抑制，整体出口量同比减少。

2020—2024年中国磷酸二铵出口量变化趋势见图49-10。

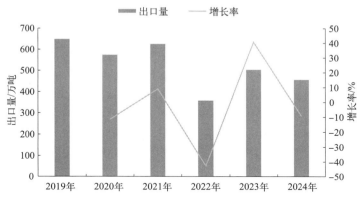

图 49-10 2020—2024 年中国磷酸二铵出口量变化趋势

49.4 中国磷酸二铵价格走势分析

2024年国内磷酸二铵年均价为3701元/吨，同比增加1.65%。1—4月国内春耕需求旺季，磷铵企业秉承保供稳价的宗旨，行情持稳运行，湖北地区64%主流出厂价格约3750元/吨。3月15日左右，中国磷酸二铵法检正式恢复，但国际市场却迎来一轮较大幅度的下跌，此时供应的增加令主要需求国印度极力压价，中国出口离岸价格一度低于国内出厂价，致使国内市场看空情绪浓厚。加之5—6月华北夏季玉米肥需求季节，磷酸二铵用量相对较少，部分企业出货承压，湖北主流企业出厂价窄幅下滑至3600元/吨附近。7—8月份伴随着国内秋季肥及国际需求的逐步恢复提升，磷酸二铵高品位货源供紧，企业出厂价格窄幅上行至3700元/吨后进入稳定状态，生产端积极供应冬储订单。直至11月底12月初，因法检再度停止、价格受到硬性调控影响，湖北64%磷酸二铵出厂价格下调90元/吨至3600元/吨附近。

2020—2024年中国磷酸二铵市场价格走势见图49-11。

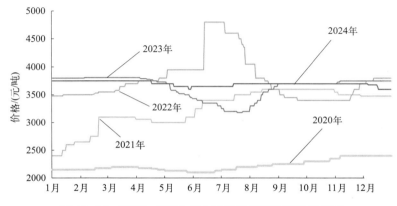

图 49-11 2020—2024 年中国磷酸二铵市场价格走势

2024年磷酸二铵湖北市场月均价及2020—2024年年均价分别见表49-3和表49-4。

表 49-3 2024 年中国磷酸二铵湖北市场月均价汇总表

月份	1月	2月	3月	4月	5月	6月	7月	8月	9月	10月	11月	12月
湖北均价/（元/吨）	3750.0	3750.0	3750.0	3726.7	3660.0	3650.0	3679.0	3700.0	3700.0	3700.0	3700.0	3645.0

表 49-4 2020—2024 年中国磷酸二铵湖北市场年均价汇总表

年份	2020 年	2021 年	2022 年	2023 年	2024 年
湖北均价/（元/吨）	2221.9	3256.6	3767.3	3640.6	3701.0

49.5 中国磷酸二铵生产毛利走势分析

2024年磷酸二铵整体盈利状况良好。其中最高点出现在2月初，利润达到453元/吨，利润低值出现在12月下旬为−109元/吨。2024年各原料行情涨跌互现，其中合成氨同比下滑20%。磷矿石与硫黄价格增长，硫黄同比上涨6%，磷矿石价格上涨4%。2024年磷酸二铵高品位供给受原料矿石采量及新能源消耗的制约，同时政策对出口的影响持续，国际市场供紧价高，国内市场行情高位。因此2024年磷酸二铵价格始终居高运行，理论利润达到205元/吨，同比上涨36%。

2024年中国磷酸二铵生产毛利走势见图49-12。

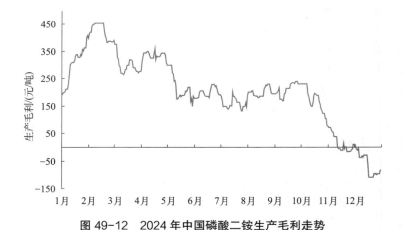

图 49-12 2024 年中国磷酸二铵生产毛利走势

2024年中国磷酸二铵月均生产毛利及2020—2024年年均生产毛利分别见表49-5和表49-6。

表 49-5 2024 年中国磷酸二铵月均生产毛利汇总

月份	1月	2月	3月	4月	5月	6月	7月	8月	9月	10月	11月	12月
生产毛利/（元/吨）	305.0	423.5	298.5	334.8	216.3	198.9	158.5	199.5	211.8	169.2	14.1	−61.0

表 49-6 2020—2024 年中国磷酸二铵年均生产毛利汇总表

年份	2020 年	2021 年	2022 年	2023 年	2024 年
生产毛利/（元/吨）	101.6	193.7	−325.6	151.2	204.7

49.6　2025—2029年中国磷酸二铵发展预期

49.6.1　磷酸二铵供应趋势预测

49.6.1.1　2025—2029年磷酸二铵拟在建/退出产能统计

据隆众资讯调研，内蒙古大地云天2025年底在赤峰30万吨/年的复合肥新建，可以跟磷酸二铵相互转换，内蒙古大地一条前期30万吨复合肥装置2025年计划主要用来生产磷酸二铵，内蒙古大地磷酸二铵新增产能60万吨。2026年辽宁盛海与福建某企业计划在辽宁投产60万吨磷酸二铵装置。2025年中国磷酸二铵产能预计在2143万吨/年。

2025—2029年中国磷酸二铵拟在建产能见表49-7。

表 49-7　2025—2029年中国磷酸二铵拟在建产能统计

企业简称	产能/（万吨/年）	预计投产时间	省份
内蒙古大地云天	30	2025年底	内蒙古
辽宁盛海	60	2026年	辽宁
合计	90		

49.6.1.2　2025—2029年磷酸二铵产能趋势预测

2025—2029年，中国磷酸二铵新增产能预计120万吨/年，暂无退出产能，年复合增长率预计为0.69%。总供应增速处于低位，然而磷酸二铵产能已经处在供应过剩状态，并且随着《推进磷资源高效高值利用实施方案》等措施的进一步深化，磷铵、黄磷等中低端磷酸盐新增产能会受到控制，新增产能批复条件繁琐，这给后面磷酸二铵产能增长注入了一丝不确定性。

2025—2029年中国磷酸二铵产能预测见图49-13。

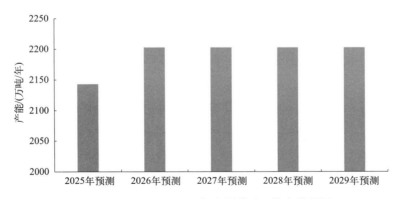

图 49-13　2025—2029年中国磷酸二铵产能预测

2025—2029年国内出口法检政策或将延续，国际产能持续增长，中国出口占比或将缩减，但由于粮食安全是国家安全的重要组成部分，是经济发展的基础，是人类生活的保障，耕地面积18亿亩红线以及粮食产量迈向1.4万亿斤以上的目标，预示着国内化肥需求依旧强势。总体来看，若出口配额平稳，2025—2029年磷酸二铵总供应量预计稳中有增。

2025—2029年中国磷酸二铵产量及产能利用率趋势预测见图49-14。

图 49-14   2025—2029 年中国磷酸二铵产量及产能利用率趋势预测

49.6.2   磷酸二铵消费趋势预测

2024年粮食产量迈上1.4万亿斤以上新台阶，肥料市场需求刚性增长并长期稳定，随着国家各项政策的出台，我国粮食市场化程度明显提升，各类主体价格博弈程度加深，粮食购销活跃，而且行情向好。粮食安全是当今国际上的三大经济安全类型之一，对已有的粮食安全保障体系进行不断的优化和完善，使粮食的供给及流通变得更加稳定。未来粮食行业的发展前景是比较可观的，由于我国政策的利好，而且在粮食种植过程中技术不断提升产量也一直稳定地增长，拥有良好的发展空间。

49.6.3   磷酸二铵供需格局预测

2025—2029 年因有新增产能投产，国内磷酸二铵行业供需预计将处于紧平衡状态，磷酸二铵出口预计延续法检及配额政策，出口额度预计变动不大。2025—2027北非及西亚的产能大幅增长，北非及西亚的国际供应能力持续提升，俄罗斯化肥出口的增量，或将制约中国的国际供应占比，国内市场方面，预计我国粮食行业将持续向好，在粮食生产健康发展的前景下，预计需求量将得到保障，因此预计2025—2029 年磷酸二铵供需面呈小幅增长趋势。

2025—2029 年中国磷酸二铵供需预测见表49-8。

表 49-8   2025—2029 年中国磷酸二铵供需预测

单位：万吨

时间	产量	进口量	总供应量	出口量	表观消费量
2025 年预测	1421	0	1421	460	961
2026 年预测	1413	0	1413	496	917
2027 年预测	1426	0	1426	501	925
2028 年预测	1428	0	1428	498	930
2029 年预测	1430	0	1430	500	930

第九篇

其他

第 50 章

聚酯瓶片

2024 年度
关键指标一览

类别	指标	2024 年	2023 年	涨跌幅	2025 年预测	预计涨跌幅
价格	华东均价 /（元 / 吨）	6761.0	7108.0	−4.9%	6499	−3.9%
供需	产能 /（万吨 / 年）	1963.0	1631.0	20.4%	2343	19.4%
	产量 / 万吨	1560.7	1311.2	19.0%	1713	9.8%
	产能利用率 /%	79.5	80.4	−0.9 个百分点	73.1	−6.4 个百分点
	下游消费量 / 万吨	868.6	768.3	13.1%	938	8.0%
进出口	进口量 / 万吨	4.6	5.0	−8%	5	8.2%
	出口量 / 万吨	584.8	455.3	28.4%	674	15.3%
库存	库存 / 天	24.0	19.4	23.5%	21	−12.5%
毛利	生产毛利 /（元 / 吨）	−243.7	−15.1	−1517%	−204	16.3%

50.1 中国聚酯瓶片供需分析

2020—2024年中国聚酯瓶片产量复合增长率在13.15%，消费量年均复合增速在9.5%。2023年是中国聚酯瓶片新项目高速投产的一年，而下游各行业处于恢复阶段，因此供需差扩大。2024年供应端延续高扩能状态，同时2023年投产的装置释放产量。海外需求明显回暖，且中国聚酯行业一体化趋势下价格优势明显，聚酯瓶片月度出口量屡创新高。国内消费同步回暖，从供需增速来看，供应增速高于需求增速，因此聚酯瓶片供需差进一步扩大。

2020—2024年中国聚酯瓶片供需变化见表50-1。

表 50-1　2020—2024 年中国聚酯瓶片供需变化

单位：万吨

时间	产量	进口量	总供应量	下游消费量	出口量	总需求量
2020 年	952.2	6.2	958.4	604.3	233.7	838.0
2021 年	1024.6	6.3	1030.9	776.7	318.0	1094.7
2022 年	1134.5	5.2	1139.7	735.5	431.4	1166.9
2023 年	1311.2	5.0	1316.2	768.3	455.3	1223.5
2024 年	1560.7	4.6	1565.4	868.6	584.8	1453.4

50.2 中国聚酯瓶片供应现状分析

50.2.1 聚酯瓶片产能趋势分析

50.2.1.1 2024 年聚酯瓶片产能及新增产能统计

2024年中国聚酯瓶片业总产能在1963万吨/年，产能增速20.4%，行业持续高速扩张趋势。年内计划新增产能602万吨/年，实际兑现情况来看，投产402万吨/年，有3套装置投产时间推迟至2025年（2024年剔除长停、转产产能70万吨）。从新装置投产地区来看，以华南与东北地区为主。从投产工厂来看，以逸盛石化扩能为主。

2024年中国聚酯瓶片新增产能统计见表50-2。

表 50-2　2024 年中国聚酯瓶片新增产能统计

企业名称	省份	企业性质	产能/（万吨/年）	工艺类型	装置投产时间
海南逸盛石化有限公司	海南	民企	180.0	直接酯化法	1 月、6 月、8 月
安徽昊源化工集团有限公司	安徽	国企	60.0	直接酯化法	1 月
逸盛大化石化有限公司	辽宁	民企	140.0	直接酯化法	2 月、3 月、5 月、6 月
新疆蓝山屯河化工股份有限公司	新疆	国企	10.0	直接酯化法	2 月
逸普新材料有限公司	新疆	民企	12.0	直接酯化法	4 月
合计			402		

50.2.1.2 2024 年聚酯瓶片主要生产企业生产状况

2024年中国聚酯瓶片总产能1963万吨/年，产能在100万吨/年及以上的企业产能约占总产能的78%。随着大型装置的逐步投产，聚酯瓶片生产规模大型化、集中化的趋势愈发明显。随着聚酯瓶片生产企业扩能的推进，近几年来聚酯瓶片行业集中度进一步提升。且随着更多企业的进入，聚酯瓶片供应端处于宽松状态，行业竞争压力增加。因此聚酯瓶片行业产能逐步向头部企业集中，中小规模企业的扩增压力较大，存一定洗牌风险。

2024年中国聚酯瓶片生产企业产能统计见表50-3。

表50-3　2024年中国聚酯瓶片生产企业产能统计

企业名称	省份	产能/（万吨/年）
江苏三房巷实业股份有限公司	江苏	310
海南逸盛石化有限公司	辽宁＋海南	590
万凯新材料股份有限公司	浙江＋重庆	300
华润化学材料科技股份有限公司	江苏＋广东	330
福建百宏聚纤科技实业有限公司	福建	70
四川汉江新材料有限公司	四川	60
远纺工业（上海）有限公司	上海	55
中国石化仪征化纤有限责任公司	江苏	40
广东泰宝聚合物有限公司	广东	40
安阳化学工业集团有限责任公司	河南	30
腾龙特种树脂（厦门）有限公司	福建	25
安徽昊源化工集团有限公司	安徽	60
江苏宝生聚酯科技有限公司	江苏	15
中国石油天然气股份有限公司辽阳石化分公司	辽宁	10
新疆蓝山屯河聚酯有限公司	新疆	16
新疆逸普新材料有限公司	新疆	12
合计		1963

50.2.1.3　2020—2024年聚酯瓶片产能趋势分析

2020—2024年中国聚酯瓶片产能高速发展，截至2024年底，总产能达到1963万吨/年，复合增长率13.19%。2020—2022年，随着逸盛大化、海南逸盛、重庆万凯、珠海华润装置的陆续投产，中国聚酯瓶片扩能进入一个稳定增长期。2023—2024年行业投产进入高速发展阶段。2023年聚酯瓶片新建产能400万吨/年，占当年总产能的24.52%，年产能增速32.49%。截至2024年底，当年新建产能402万吨/年，占当年总产能的20.48%，产能增速下降至24.65%（2024年剔除长停、转产产能70万吨）。

2020—2024年中国聚酯瓶片产能变化趋势见图50-1。

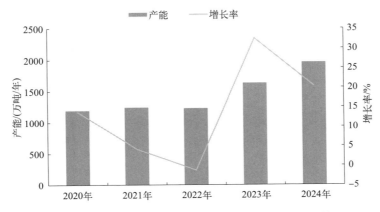

图50-1　2020—2024年中国聚酯瓶片产能变化趋势

50.2.2　聚酯瓶片产量及产能利用率趋势分析

50.2.2.1　2024年聚酯瓶片产量及产能利用率趋势分析

2024年中国聚酯瓶片产量较2023年明显增加。一方面，2023年新增装置在2024年稳定体现产量，另一方面，2024年新投产装置也释放了有限产量。然由于新增产能集中，挤压行业加工费，企业亏损程度加剧，故在2024年三季度开始，工厂集中减产造成产能利用率大幅下滑。四季度随着加工费的恢复，行业开工随之提升。

2024年中国聚酯瓶片产量与产能利用率变化趋势见图50-2。

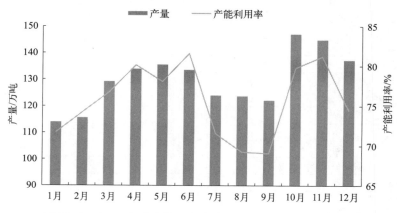

图 50-2　2024年中国聚酯瓶片产量与产能利用率变化趋势

50.2.2.2　2020—2024年聚酯瓶片产量及产能利用率趋势分析

2020—2024年国内聚酯瓶片新装置集中投产，供应量大幅增加，行业加工费明显压缩，因此行业产能利用率高位回落。2023新装置产能投放均主要集中在下半年，使得下半年产能利用率低于上半年，并延续至2024年。2024年供需矛盾扩大，行业加工费压缩，是造成2024年产能利用率低于2023年的主要原因。

2020—2024年中国聚酯瓶片产量与产能利用率变化趋势见图50-3。

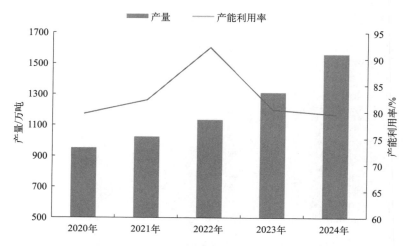

图 50-3　2020—2024年中国聚酯瓶片产量与产能利用率变化趋势

50.2.3 聚酯瓶片供应结构分析

从地区分布来看，华东、华南、西南位列前三，整体格局没有明显变化。华东和华南地区，长三角和珠三角是中国经济最发达的地区，均属中国聚酯瓶片生产集中地与下游软饮料生产集散地。另外靠近沿海港口码头，便于聚酯瓶片国内流转与外贸发货。

2024 年中国聚酯瓶片产能区域分布见图 50-4。

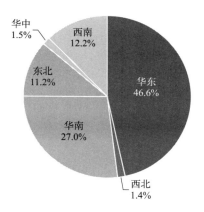

图 50-4　2024 年中国聚酯瓶片产能区域分布

50.2.4 聚酯瓶片进口趋势分析

50.2.4.1 2024 年聚酯瓶片进口趋势分析

2024 年中国聚酯瓶片进口量在 4.6 万吨，较 2023 年同比下降 8%，平均单月进口量 0.38 万吨。其中 12 月份聚酯瓶片进口量是年内低值，为 0.23 吨，年内峰值是 5 月份的 0.48 万吨。国内供应持续增加，因此聚酯瓶片进口量呈现下降趋势。

2024 年中国聚酯瓶片进口量变化趋势见图 50-5。

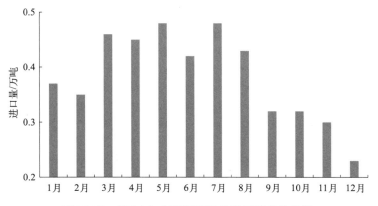

图 50-5　2024 年中国聚酯瓶片进口量变化趋势

50.2.4.2 2020—2024 年聚酯瓶片进口趋势分析

中国是全球聚酯瓶片最大的出口国与消费国，国内聚酯瓶片供应完全满足下游需求，因此进口产品基本是特殊牌号产品，比如rPET或企业间正常调货。2020—2024年，中国聚酯瓶片进口量逐年减少，进口依存度较低。

2020—2024年中国聚酯瓶片进口量变化趋势见图50-6。

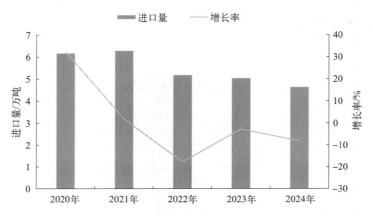

图 50-6　2020—2024 年中国聚酯瓶片进口量变化趋势

50.3　中国聚酯瓶片消费现状分析

50.3.1　聚酯瓶片消费趋势分析

2020—2024年中国聚酯瓶片消费量年均复合增长率在9.5%。聚酯瓶片主要下游软饮料及油脂行业消费季节性规律明显，装置的开工淡旺季差距较大，且对聚酯瓶片的采购淡旺季分化明显。分行业来看，软饮料行业是聚酯瓶片的核心下游群体，随着经济复苏，规模化的行业会议、会展以及演出增多，推动软饮料企业积极扩产，支撑行业开工维持在中等偏上水平。

2020—2024年中国聚酯瓶片消费量变化趋势见图50-7。

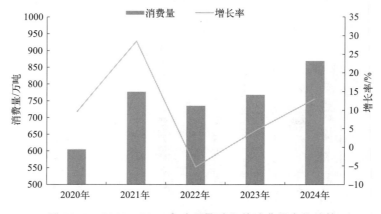

图 50-7　2020—2024 年中国聚酯瓶片消费量变化趋势

50.3.2　中国聚酯瓶片消费结构分析

2020—2024年国内聚酯瓶片下游消费结构相对稳定，饮料包装仍是最大应用领域，片材及其他包装稳定增长，油脂包装增速较慢。三大下游行业因为自身的行业竞争压力不同，发展速度出现差异，2024年各下游行业占比，较2020年出现了一定变化，软饮料包装占比在66%附近，片材及其他包装增加至28%左右，油脂包装占比6%。

2024年聚酯瓶片下游消费占比见图50-8。

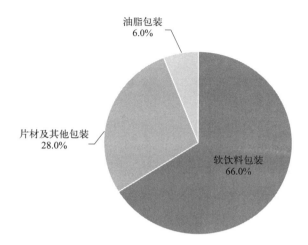

图 50-8　2024 年聚酯瓶片下游消费占比

50.3.3 聚酯瓶片出口趋势分析

2024年中国聚酯瓶片累计出口量在584.8万吨，较去年增加129.5万吨，增幅28.4%。中国聚酯瓶片产业链优势明显，价格较低。海外单套装置产能较低，随着经营压力加大，陆续有老旧装置退出市场。加之海外需求回暖，支撑中国聚酯瓶片年度出口量再创新高。

2024年中国聚酯瓶片出口量价变化趋势见图50-9。

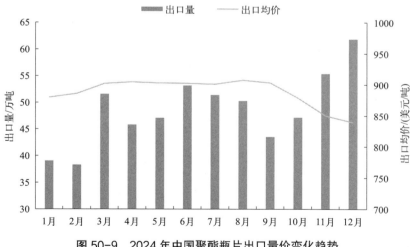

图 50-9　2024 年中国聚酯瓶片出口量价变化趋势

近五年来，中国聚酯瓶片出口整体呈稳步上扬态势。2020年因全球疫情影响，聚酯瓶片出口量明显减少至233.74万吨。随着海外需求的逐步恢复，以及中国聚酯瓶片行业产能的不断扩大，中国聚酯瓶片在全球市场的占有率不断提升。尤其是2024年，国内供应高速增长，竞争态势激烈，越来越多的工厂及贸易商寻找海外市场。叠加今年年初原油价格高位，客户提前购买，地缘不稳定等因素影响，2024年聚酯瓶片出口量增加至584.8万吨。

2020—2024年中国聚酯瓶片出口量变化趋势见图50-10。

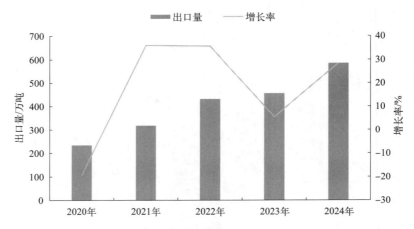

图 50-10　2020—2024 年中国聚酯瓶片出口量变化趋势

50.4　中国聚酯瓶片价格走势分析

2020—2024年国内聚酯瓶片价格震荡下滑，主要供应增速较快，国内供需变化不同频拖累价格变化幅度。2024年聚酯瓶片与上游价格相关性转强，与PTA价格保持高度相关性。2024年上半年聚酯瓶片供需矛盾突出，价格横盘震荡。下半年受宏观因素影响，拖累聚酯瓶片价格下行。

在过去的五年里，聚酯瓶片价格震荡下滑。从过去五年的价格表现来看，2024年聚酯瓶片年均价位于2020年以来的五年内均值附近。就未来的供需表现看，2024年可能是聚酯瓶片价格转弱的转折之年。影响聚酯瓶片价格的因素，既有原油、宏观经济这样的长周期要素，也有供需发展时间差造成的中期影响，同时也会因装置检修、库存变化，造成价格的短期波动。

2020—2024年中国聚酯瓶片价格走势见图50-11。

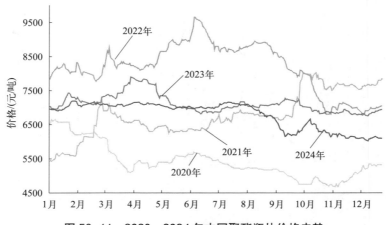

图 50-11　2020—2024 年中国聚酯瓶片价格走势

中国聚酯瓶片 2024 年月均价及 2020—2024 年年均价分别见表 50-4 和表 50-5。

表 50-4 2024 年中国聚酯瓶片市场均价对比表

月份	华东市场 /（元 / 吨）	华南市场 /（元 / 吨）	华北市场 /（元 / 吨）
1 月	7013.9	7063.6	7028.6
2 月	7094.1	7145.3	7117.9
3 月	7067.6	7096.4	7079.8
4 月	7109.1	7136.6	7122.7
5 月	6996.7	7040.5	7006.7
6 月	6988.9	7037.4	6998.4
7 月	7102.8	7143.7	7108.9
8 月	6864.5	6857.5	6868.4
9 月	6299.5	6346.0	6319.3
10 月	6358.9	6333.2	6329.7
11 月	6144.6	6124.3	6170.2
12 月	6090.8	6104.1	6114.6

表 50-5 2020—2024 年中国聚酯瓶片市场均价对比表

年份	2020 年	2021 年	2022 年	2023 年	2024 年
华东市场 /（元 / 吨）	5417	6789	8173	7113	6761
华南市场 /（元 / 吨）	5473	6844	8205	7182	6785
华北市场 /（元 / 吨）	5432	6807	8191	7147	6771

50.5 中国聚酯瓶片生产毛利走势分析

2024 年中国聚酯瓶片生产毛利均值 -243.7 元 / 吨，较 2023 年减少 228.6 元 / 吨。毛利减少的主要原因是供应增速远大于需求增速，国内供需过剩局面显现。具体来看，2020—2022 年聚酯瓶片行业毛利可观，因此新上项目集中在瓶片行业，2023 年新装置陆续投产，而下游需求增加有限，因此行业毛利压缩至负值；到了 2024 年后，虽然新项目投产时间有所延后，但 2023 年投产的装置释放产量，且 2024 年新投产产能也陆续释放，行业竞争激烈，亏损程度加剧。

2024 年中国聚酯瓶片生产毛利走势见图 50-12。

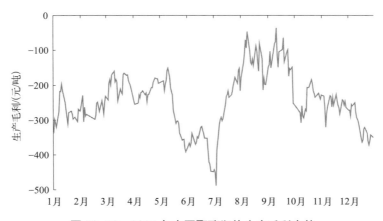

图 50-12 2024 年中国聚酯瓶片生产毛利走势

中国聚酯瓶片2024年月均生产毛利及2020—2024年年均生产毛利分别见表50-6和表50-7。

表 50-6　2024 年中国聚酯瓶片月均生产毛利汇总表

月份	生产毛利 /（元 / 吨）
1 月	−275.8
2 月	−268.1
3 月	−195.3
4 月	−217.4
5 月	−266.6
6 月	−365.7
7 月	−278.3
8 月	−135.0
9 月	−124.7
10 月	−240.3
11 月	−253.8
12 月	−314.9

表 50-7　2020—2024 年中国聚酯瓶片年均生产毛利汇总表

年份	2020 年	2021 年	2022 年	2023 年	2024 年
生产毛利 /（元 / 吨）	309.9	268.0	714.5	−15.1	−243.7

50.6　2025—2029 年中国聚酯瓶片发展预期

50.6.1　聚酯瓶片供应趋势预测

50.6.1.1　2025—2029 年聚酯瓶片拟在建 / 退出产能统计

2025—2029年，中国聚酯瓶片预计新增总产能830万吨/年，产能布局仍以华东区域为主，同时在华南、西北等地也有部分投产。较2020—2024年相比，新增产能规模进一步扩大，且行业新进入者持续增加。2025年中国聚酯瓶片预计新建7套产能，全部位于华东区域，其中，三房巷拥有最大产能，单条生产线年产能达75万吨。若投产顺利，三房巷的聚酯瓶片扩能项目将全部完成。另有2套原有装置的升级改造，分别是浙江天圣与浙江三维，以及1套山东区域的炼化一体化新建装置。考虑行业亏损严重，不排除部分装置延后投产。

2026—2028年，预计惠州恒力240万吨/年装置投产，以及山东富海二期70万吨/年投产，还有一套位于新疆的30万吨/年装置投产，中石化仪征化纤100万吨/年装置预计投产。

2025—2029年中国聚酯瓶片拟在建产能统计见表50-8。

表 50-8　2025—2029 年中国聚酯瓶片拟在建产能统计

企业简称	产能 /（万吨 / 年）	预计投产时间	省份
仪征石化	50	2025 年	江苏
浙江天圣	40	2025 年	浙江
浙江三维	60	2025 年	浙江
三房巷	150	2025 年	江苏
山东富海	60	2025 年	山东
新疆逸普	30	2025 年	新疆
惠州恒力	120	2026 年	广东
新疆逸普	30	2026 年	新疆
惠州恒力	120	2027 年	广东
山东富海	70	2027 年	山东
仪征石化	100	2028 年	江苏
合计	830		

50.6.1.2　2025—2029 年聚酯瓶片产能趋势预测

2025—2029 年中国聚酯瓶片累计新建产能 830 万吨 / 年，年复合增长率预计在 4.40%，较过去五年复合增长率下降 8.79 个百分点。总供应增速减缓，主要是未来新装置投产力度下降，且部分装置存淘汰预期，将限制未来聚酯瓶片供应增幅。

除目前已公布投产项目外，暂无其他新项目成功立项。考虑到未来五年聚酯瓶片行业的竞争压力增加，部分装置存淘汰预期，行业总产能增速或低于预期。

2025—2029 年中国聚酯瓶片产能趋势预测见图 50-13。

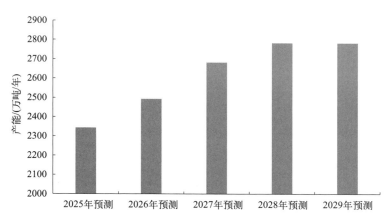

图 50-13　2025—2029 年中国聚酯瓶片产能趋势预测

50.6.2　聚酯瓶片消费趋势预测

从行业发展来看，未来五年下游行业中以软饮料龙头企业扩能为主，2024 年东鹏饮料、景田食品、农夫山泉、华润怡宝等知名饮料品牌均抛出扩产计划。考虑到软饮料行业发展成熟，市场细分迭代较快，行业竞争激烈，预计2029年软饮料消费增幅5.6%。随着新兴领域的快速发展，聚酯瓶片的安全性、环保性能突出，未来能代替其他塑料使用，预计增幅在7.9%。在终端消费者追求健康生活的前提下，油脂行业发展较慢，预计保持1.1%的增速。

50.6.3　聚酯瓶片供需格局预测

根据已公布的供应端投产计划，以及潜在供应和消费增量计算。预计2025—2029年聚酯瓶片理论消费增速略高于供应增速，综合评估预计2025—2026年聚酯瓶片供需格局宽松，但工厂大概率考虑加工费水平，控制供应量，因此预计2027年或开始去库存。2025—2029年，聚酯瓶片行业供需逐步由过剩走向相对平衡。但是下游行业结构决定了产业链下游的盈利能力依旧高于聚酯瓶片。除现货商品属性外，未来五年需要考量金融属性对市场的影响。

2025—2029年中国聚酯瓶片供需预测见表50-9。

表 50-9　2025—2029 年中国聚酯瓶片供需预测

单位：万吨

时间	产量	进口量	总供应量	下游消费量	出口量	总需求量
2025 年预测	1713	5	1718	938	674	1612
2026 年预测	1894	4	1898	1003	746	1749
2027 年预测	1973	5	1978	1068	835	1903
2028 年预测	2155	4	2159	1129	901	2030
2029 年预测	2268	4	2272	1186	993	2179

第 51 章

电石

2024 年度
关键指标一览

类别	指标	2024 年	2023 年	涨跌幅	2025 年预测	预计涨跌幅
价格	乌海均价 /（元 / 吨）	2696.1	3056.4	−11.8%	2550 ~ 2650	−5.4% ~ −1.7%
供需	产能 /（万吨 / 年）	4200.0	4100	2.44%	4250	1.2%
	产量 / 万吨	3108.0	2975.0	4.5%	3200.0	3.0%
	产能利用率 /%	74	72.6	1.4 个百分点	75.3	1.8 个百分点
	下游消费量 / 万吨	3095.6	2962.0	4.2%	3187.0	3.0%
出口	出口量 / 万吨	12.4	13.0	−4.6%	13	4.8%
毛利	生产毛利 /（元 / 吨）	−187.3	−209.0	10.4%	−186.0 ~ −100.0	−0.7% ~ 46.5%

51.1　中国电石供需分析

2020—2024年电石产能出现先降后涨的局面。2021年全国电石产能降至3850万吨。市场供应紧张，电石价格涨至8000元/吨。随后市场投产复产积极性增加，市场供应进一步增多，供大于求背景下价格出现震荡下行的局面，边际亏损加深，行业洗牌加速。

2020—2024年中国电石供需变化见表51-1。

表 51-1　2020—2024 年中国电石供需变化

单位：万吨

时间	产量	进口量	总供应量	下游消费量	出口量	总需求量
2020 年	2888.0	0.0	2888.0	2875.7	12.3	2888.0
2021 年	2900.0	0.0	2900.0	2888.5	11.5	2900.0
2022 年	3000.0	0.0	3000.0	2987.9	12.1	3000.0
2023 年	2975.0	0.0	2975.0	2962.0	13.0	2975.0
2024 年	3108.0	0.0	3108.0	3095.6	12.4	3108.0

51.2　中国电石供应现状分析

51.2.1　电石产能趋势分析

51.2.1.1　2024 年电石产能及新增产能统计

据隆众数据不完全统计，2024年我国电石产能4200万吨，全国总产能增加100万吨，总计8套装置产能退出国内产能，除淘汰装置、僵尸产能外，新疆天业、圣雄能源以产能数据调整为主。近年来电石行业加快产业结构调整，僵尸、落后产能的淘汰促使电石行业逐步向一体化方向发展，行业集中度提升。在市场因素下，电石行业洗牌加速；在政策端引导下，小产能加快退市。

2024年中国电石退出产能统计见表51-2。

表 51-2　2024 年中国电石退出产能投产统计

企业名称	省份	企业性质	产能/（万吨/年）	工艺类型	退出原因	下游配套
新疆天业（集团）有限公司	新疆	国企	22.00	煤制电石	产能数据调整	PVC
新疆圣雄能源股份有限公司	新疆	民企	5.00	煤制电石	产能数据调整	PVC
内蒙古鄂尔多斯电力冶金集团股份有限公司氯碱化工分公司	内蒙古	民企	20.00	煤制电石	产能置换未投产	PVC
锡林郭勒昌鑫化工有限公司	内蒙古	民企	12.00	煤制电石	两年以上停产装置	无
宁夏兴平精细化工股份有限公司	宁夏	民企	18.00	煤制电石	两年以上停产装置	无
宁夏亿唐隆化工有限公司	宁夏	民企	6.00	煤制电石	两年以上停产装置	无
陕西省天桥集团府谷电石股份有限公司	陕西	民企	6.00	煤制电石	两年以上停产装置	无
民和乐华冶炼有限公司	青海	民企	24.00	煤制电石	两年以上停产装置	无
合计			113.00			

51.2.1.2　2024年电石主要生产企业生产状况

2024年中国排名前十的电石生产企业总产能达到1329万吨，占全国总产能的31.64%。我国电石行业集中度主要在西北地区，占比达到87%。西北地区拥有丰富的矿产资源，电力成本优势也比较突出，同时下游PVC、PVA以及BDO等上下游一体循环经济产业较为完善。因此电石行业在西北地区产能占比一直遥遥领先。

2024年中国电石行业产能前十企业产能统计见表51-3。

表51-3　2024年中国电石行业主要生产企业产能统计

企业名称	省份	简称	产能/（万吨/年）	工艺路线
新疆天业（集团）有限公司	新疆	新疆天业	245	一体化
新疆中泰矿冶有限公司	新疆	中泰矿冶	150	一体化
新疆中泰化学托克逊能化有限公司	新疆	托克逊	130	一体化
宁夏大地循环发展股份有限公司	宁夏	宁夏大地	120	一体化
陕西金泰化学神木电石有限公司	陕西	神木电石	120	一体化
内蒙古鄂尔多斯电力冶金集团股份有限公司氯碱化工分公司	内蒙古	鄂绒	110	一体化
茌平信发华兴化工有限公司	山东	山东信发	110	一体化
新疆圣雄能源股份有限公司	新疆	圣雄	100	一体化
安徽华塑股份有限公司	安徽	安徽华塑	87	一体化
鄂尔多斯市双欣化学工业有限责任公司	内蒙古	双欣化学	84	一体化

51.2.1.3　2020—2024年电石产能趋势分析

2020——2024年国内产能变化频繁，"十三五"结束之后，国内电石行业去产能效果显著，2021年全国电石产能出现明显的下降。由于所去除的产能为僵尸产能对实际的供应影响不大，供应整体稳定，但随着2021年国内电石价格与利润的大幅上涨，2022年开始前期批复的产能陆续投产，同时BDO-电石一体化装置导致电石新增产能落地，加快了国内产能的增长，到2024年全国电石产能增长至4200万吨，在成本压力下，电石产能利用率出现下降。

2020—2024年中国电石产能变化趋势见图51-1。

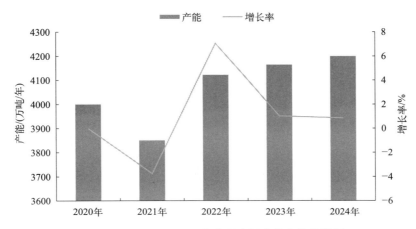

图51-1　2020—2024年中国电石产能变化趋势图

51.2.2　电石产量及产能利用率趋势分析

51.2.2.1　2024 年电石产量及产能利用率趋势分析

2023 年底新投产的电石装置于 2024 年产量陆续释放，从 2023—2024 年月度产量对比来看，大部分月份 2024 年产量均高于 2023 年。5—9 月因传统检修季的到来，两年产量均出现不同程度的下降。造成下降的原因一是主要下游 PVC 的季节性检修，需求下降的同时，部分配套装置同步检修；二是电石装置计划性检修的增多；三是随着高温天气的到来，限电力度加强，生产企业开工不稳定性增加。2024 年受下游需求增加影响，电石产量高于 2023 年。

2024 年中国电石产量与产能利用率变化趋势见图 51-2。

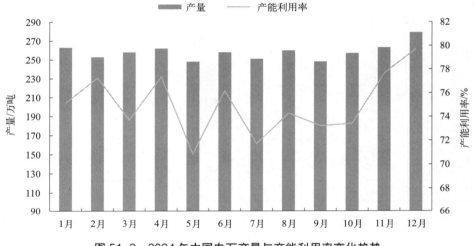

图 51-2　2024 年中国电石产量与产能利用率变化趋势

51.2.2.2　2020—2024 年电石产量及产能利用率趋势分析

2020—2024 年电石行业产能利用率整体保持在 70% 以上的水平。2020—2024 年中国电石产量与产能利用率变化趋势见图 51-3。

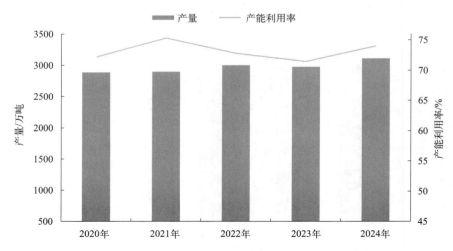

图 51-3　2020—2024 年中国电石产量与产能利用率变化趋势

51.2.3 电石供应结构分析

51.2.3.1 2024 年电石分区域供应结构分析

我国电石行业主要分布在能源跟资源比较有优势的西北地区，占全国总产能的87%，产能为3585万吨。西北地区拥有丰富的矿产资源，以及相对廉价的电力成本，同时配套产业集群化，导致西北地区成为电石的主产区。

2024年中国电石按区域产能分布见图51-4。

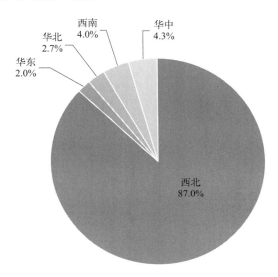

图 51-4　2024 年中国电石按区域产能分布

51.2.3.2 2024 年电石分企业性质供应结构分析

按企业性质来看，民营电石企业已经迅速崛起成为国内电石生产的主力军，如山东信发、鄂尔多斯、乌海君正、乌兰察布白雁湖等，在推动行业发展、带动地方经济方面发挥了重要作用。

2024年中国电石按企业性质产能分布见图51-5。

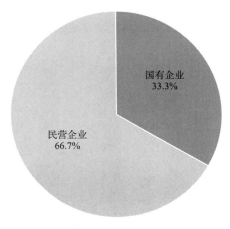

图 51-5　2024 年中国电石按企业性质产能分布

51.3　中国电石消费现状分析

51.3.1　电石消费趋势分析

51.3.1.1　2024 年电石消费趋势分析

　　2024年电石产量达到3108万吨，较2020年增长7.6%，表观消费量在3095.6万吨，同比增长4.2%，当量消费量的增长一是电石法PVC2024年对电石的需求量呈现增长趋势；二是随着行业配套一体化的增加，PVC开工稳定性增加。

　　2024年中国电石月度消费量及价格变化趋势见图51-6。

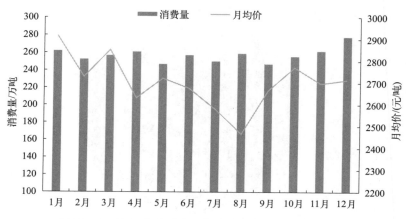

图 51-6　2024 年中国电石月度消费量及价格变化趋势

51.3.1.2　2020—2024 年电石消费趋势分析

　　2020—2024年中国电石下游消费整体呈增长趋势，近五年下游消费量年均复合增长率在1.8%。国内下游消费结构以PVC为主导，近年随着BDO行业的增产速度加快，下游占比不断增加。PVC、BDO、PVC糊树脂以及乙酸乙烯等行业因自身的行业竞争压力不同，发展速度出现差异。

　　2020—2024年中国电石年度消费变化趋势见图51-7。

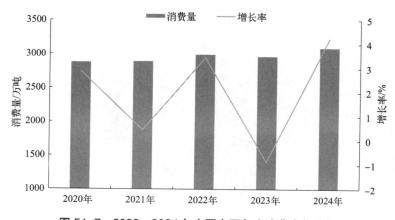

图 51-7　2020—2024 年中国电石年度消费变化趋势

51.3.2　电石消费结构分析

51.3.2.1　2024 年电石消费结构分析

2024年在电石的下游消费占比中，PVC依旧占据着主导位置，因此电石法PVC的开工情况成为影响我国电石消费量的关键因素。其次近年随着BDO投产速度加快，其在电石下游消费中的占比逐年增长。PVC糊树脂行业开工高位，对电石需求有所增加。

2024年中国电石下游消费占比见图51-8。

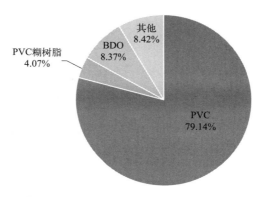

图 51-8　2024 年中国电石下游消费占比

51.3.2.2　2020—2024 年电石消费结构分析

2020—2024年，国内需求整体呈现增长的趋势。目前中国是全球最大的消费国，而PVC在下游需求的消耗占比中占据主导位置。受政策端影响，近年电石法PVC增速放缓，且在成本压力下，陆续有边际企业退市。但需求依旧呈现提升的态势。BDO的投产速度逐渐加快，成为后期需求增长的主力。

2020—2024年中国电石下游消费趋势见图51-9。

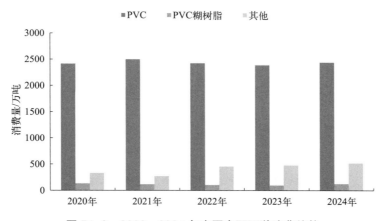

图 51-9　2020—2024 年中国电石下游消费趋势

51.3.2.3　2024 年电石区域消费结构分析

我国电石主要下游PVC集中分布在西北地区，且与电石形成的配套一体化项目已经陆续形成规模效应。2024年的区域消费结构中，西北地区依旧为主要消费地区，占全国总消费量的67.9%。其次为华北、西南、华中地区，分别占电石消费的20.6%、5.4%、4.8%。

2024年中国电石分区域消费占比见图51-10。

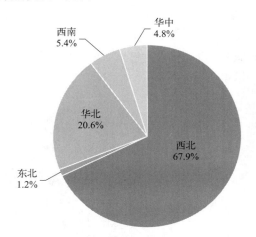

图 51-10　2024 年中国电石分区域消费占比

51.3.3　电石出口趋势分析

2024年，中国电石出口量在12.4万吨，环比减少4.6%。其中，12月出口量最大，为1.2万吨，占2023年出口总量的9.68%；主因是由于临近春节，下游备货。

2024年中国电石出口量价变化趋势见图51-11。

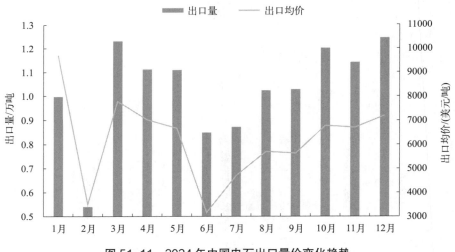

图 51-11　2024 年中国电石出口量价变化趋势

2024年由于货值的变化，海运费的涨幅，导致成交价偏低，叠加税务隐形风险，行业利润普遍降低。出口积极性有所减弱，加上规章检查的加强，出口困难加重。年中因税务相关政策落地，海关更新数据下降。6、7月份出口量调整，同比出现明显的下降，四季度整体出口量有所复苏。

2020—2024年中国电石出口量变化趋势见图51-12。

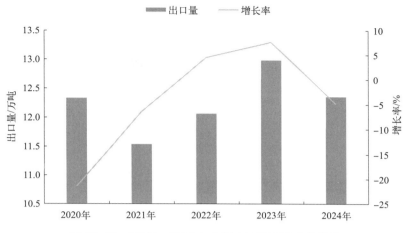

图 51-12　2020—2024 年中国电石出口量变化趋势

51.4　中国电石价格走势分析

2024年随着新增产能的释放，下游PVC的增速却出现放缓，BDO行业产能虽然进入快速增产阶段，但是其需求占比较小，对电石需求的支撑有限。因此电石市场供大于求表现明显。下游PVC价格震荡下行，其高位的库存压力下导致外采电石的PVC企业运营压力增加，价格传导至降本阶段，电石价格呈现易跌难涨的局面。

整体来看，前三季度市场供大于求明显，电石价格持续震荡下行，成本端支撑走弱，PVC价格弱势运行。进入四季度，是电石行业传统的需求旺季，主要下游PVC的季度性检修受温度影响基本结束，同时四季度BDO、PVC的计划性投产增加，需求端持续走强对电石价格形成一定的支撑。

2020—2024年中国电石乌海市场价格走势见图51-13。

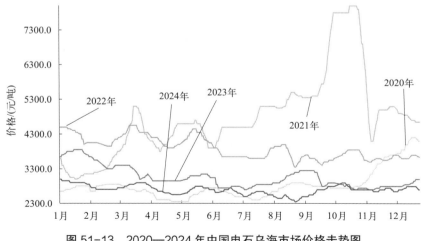

图 51-13　2020—2024 年中国电石乌海市场价格走势图

2024年中国电石乌海市场月均价汇总见表51-4。2020—2024年中国电石乌海市场年均价汇总见表51-5。

表 51-4 2024 年中国电石乌海市场月均价汇总表

月份	1月	2月	3月	4月	5月	6月	7月	8月	9月	10月	11月	12月
乌海均价/（元/吨）	2915.9	2723.5	2847.6	2620.5	2728.6	2664.7	2580.4	2454.5	2669.0	2763.2	2695.2	2713.6

表 51-5 2020—2024 年中国电石乌海市场年均价汇总表

年份	2020 年	2021 年	2022 年	2023 年	2024 年
乌海均价/（元/吨）	2850.4	4766.2	3894.4	3056.4	2696.1

51.5 中国电石生产毛利走势分析

2020—2024 年，电石企业利润波动较大，"十三五"期间随着去产能进程的加快，部分产能被淘汰。2020—2021 年行业盈利水平较强，2021 年电石价格创历史新高，同时带动企业投产与复产的积极性，供应能力走强。2022—2024 年随着供应的增长，价格的下行，电石亏损加深，开工不稳定性增加。2024 年 8 月份的月均亏损在 403 元/吨，成为近年亏损最为严重的月份。

2020—2024 年乌海电石生产毛利走势见图 51-14。

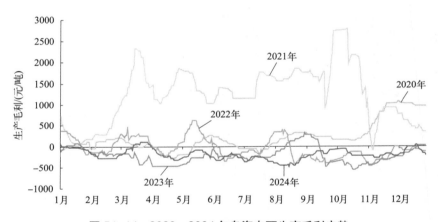

图 51-14 2020—2024 年乌海电石生产毛利走势

2020—2024 年中国电石年均生产毛利汇总见表 51-6。

表 51-6 2020—2024 年中国电石年均生产毛利汇总表

年份	2020 年	2021 年	2022 年	2023 年	2024 年
煤制/（元/吨）	220.4	1221.8	−34.1	−209.0	−187.3

51.6 2025—2029 年中国电石发展预期

51.6.1 电石供应趋势预测

51.6.1.1 2025—2029 年电石拟在建/退出产能统计

2025—2029 年拟在建产能 331 万吨。2025 年计划实现投产落地 100 万吨产能。但受政策端影响，2025年10万吨及以下的电石装置或将退出，因此预计2025年全国电石产能4086万吨，较2024年产能有所下降。

2025—2029年中国电石拟在建产能统计见表51-7。

表 51-7　2025—2029 年中国电石拟在建产能统计

企业名称	产能 /（万吨 / 年）
内蒙古东源科技有限公司	30
内蒙古三联化工股份有限公司	30
乌海市广锦新材料有限公司	60
鄂尔多斯市同源化工有限责任公司	20
新疆金晖兆丰能源股份有限公司	45
甘肃巨化新材料有限公司	20
陕煤集团甘肃投资有限公司	45
甘肃金达化工有限责任公司	12
宁夏锦华化工有限公司	6
陕西新元洁能有限公司	18
山西瑞恒化工有限公司	15
四平市天威电化有限公司	30
合计	331

51.6.1.2　2025—2029 年电石产能趋势预测

由于电石高速扩能期已经在2023年结束，2025—2029年周期内产能扩增速度放缓。政策端来看，对电石行业产能实行总量控制，未来新增产能中重整比例或一体化项目建设为主，未来产能供应增量依旧集中于西北区域，且多数配套下游进行一体化延伸。

2025—2029年中国电石产能预测见图51-15。

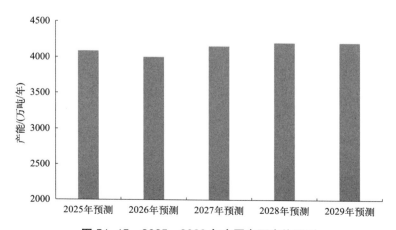

图 51-15　2025—2029 年中国电石产能预测

2025—2029年中国电石扩产受限，总供应收缩，在政策引导以及行业竞争中，部分电石产能或将退出市场。

2025—2029年中国电石产量及产能利用率趋势预测见图51-16。

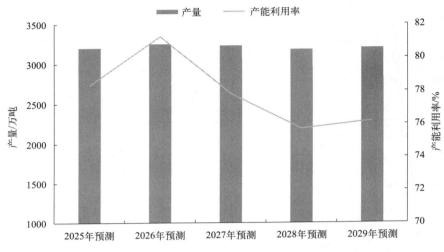

图 51-16 2025—2029 年中国电石产量及产能利用率趋势预测

51.6.2 电石消费趋势预测

就目前已公布下游消费量统计，2025—2029年电石四大主力下游表现不一，但综合来看，对电石消费量有望保持增长，增速预计较2020—2024周期放缓。受政策端影响，近年限制PVC的新增产能，特别是电石法PVC增速出现明显的放缓。而随着国家对可降解塑料的支持，BDO的产能进入快速发展阶段，也成为未来五年对电石需求增速最大的产品。PVC糊树脂、PVA新增产能有限，但对电石的需求也会出现窄幅的提升。整体来看，短期难以改变PVC在电石下游消费结构中的主导地位，但是随着BDO及其下游的投产新增，消费占比逐年走高。

2025年和2029年中国电石主要下游消费预测见图51-17。

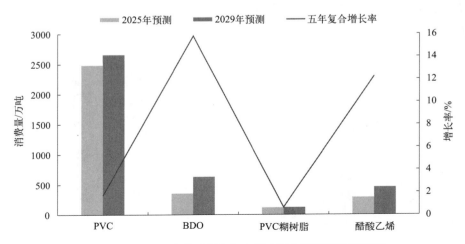

图 51-17 2025 年和 2029 年中国电石主要下游消费预测

51.6.3 电石供需格局预测

2025—2029年中国电石供需预测见表51-8。

表 51-8　2025—2029 年中国电石供需预测

单位：万吨

时间	产量	进口量	总供应量	下游消费量	出口量	总需求量
2025 年预测	3200.0	0.0	3200.0	3188.0	12.0	3200.0
2026 年预测	3250.0	0.0	3250.0	3238.0	12.0	3250.0
2027 年预测	3230.0	0.0	3230.0	3218.0	12.0	3230.0
2028 年预测	3180.0	0.0	3180.0	3168.0	12.0	3180.0
2029 年预测	3200.0	0.0	3200.0	3188.0	12.0	3200.0

第 52 章

可降解材料 PBAT

2024 年度
关键指标一览

类别	指标	2024 年	2023 年	涨跌幅	2025 年预测	预计涨跌幅
价格	华东均价 /（元 / 吨）	11074	12323	−10.1%	9800	−11.5%
供需	产能 /（万吨 / 年）	143.1	138.1	3.6%	185	29.3%
	产量 / 万吨	24.2	22.1	9.5%	25	3.4%
	产能利用率 /%	16.9	16.0	0.9 个百分点	13.5	−3.4 个百分点
	表观消费量 / 万吨	13.6	14.8	−7.9%	12	−11.8%
进出口	进口量 / 万吨	0.23	0.05	360%	0	−100%
	出口量 / 万吨	10.8	7.4	45.9%	13	20.4%
毛利	生产毛利 /（元 / 吨）	−675	−977	−30.9%	−1250	85.2%

52.1   中国可降解材料 PBAT 供需分析

2020—2024年中国PBAT供需整体呈增长趋势，产量年复合增长率为28%，表观消费量年复合增长率为42.5%。2024年PBAT受经济环境和政策等因素影响需求表现不佳，PBAT行业景气度整体呈现下行态势，行业产能利用率逐年下降，供需差逐渐加大。为缓解国内PBAT供需矛盾，企业加大对全球的出口。

2020—2024年中国PBAT供需变化见表52-1。

表 52-1   2020—2024 年中国 PBAT 供需变化

单位：万吨

时间	产量	进口量	总供应量	表观消费量	出口量
2020 年	9	0.1	9.1	3.3	5.8
2021 年	14.6	0.15	14.8	8.7	6.1
2022 年	13.6	0.08	13.7	8.4	5.2
2023 年	22.1	0.05	22.1	14.7	7.4
2024 年	24.2	0.23	24.4	13.6	10.8

52.2   中国可降解材料 PBAT 供应现状分析

52.2.1   可降解材料 PBAT 产能趋势分析

52.2.1.1   2024 年 PBAT 产能及新增产能统计

2024年中国PBAT产能增长放缓，截至年底行业总产能提升至143.1万吨/年，产能增速3.6%，年度行业新投产装置1套，产能合计6万吨/年。

2024年中国PBAT新增产能统计见表52-2。

表 52-2   2024 年国内 PBAT 新增产能统计

企业名称	省份	企业性质	产能/（万吨/年）	工艺类型	装置投产时间	下游配套
济源市恒通高新材料有限公司	河南	民营	6	二步法	2024 年 8 月	无
合计			6			

52.2.1.2   2024 年 PBAT 主要生产企业生产状况

2024年国内PBAT总产能143.1万吨/年，行业占比前十位的企业产能为88.8万吨/年，占全国总产能的62%。2020—2024年，国内PBAT产能扩增主要集中于华东地区，其次是华中、华南地区。华东、华南地区是国内PBAT的主要消费地，装置贴近下游消费市场。华东、华南地区具备良好的水运及陆运条件，便于原料的输入及产品的输出，新建一体化项目多数选址华东、华南。

2024年中国PBAT主要生产企业产能统计见表52-3。

表 52-3   2024 年中国 PBAT 主要生产企业产能统计

企业名称	地址	简称	产能/（万吨/年）	工艺路线
新疆蓝山屯河科技股份有限公司	新疆昌吉	蓝山屯河	12.8	一/二步法
珠海金发生物材料有限公司	广东珠海	金发生物	18	二步法

续表

企业名称	地址	简称	产能/（万吨/年）	工艺路线
康辉新材料科技有限公司	辽宁营口	康辉新材	3.3	一/二步法
金晖兆隆高新科技股份有限公司	山西孝义	金晖兆隆	8	一步法
甘肃莫高聚和环保新材料科技有限公司	甘肃金昌	甘肃莫高	2	一步法
中石化仪征化纤股份有限公司	江苏仪征	仪征化纤	4	一步法
浙江华峰环保材料有限公司	浙江瑞安	浙江华峰	3	二步法
山东睿安生物科技有限公司	山东济宁	睿安生物	6	二步法
中化学东华天业新材料有限公司	新疆石河子	东华天业	6	一步法
万华化学集团股份有限公司	四川眉山	万华化学	6	一步法
浙江长鸿生物材料有限公司	浙江嵊州	长鸿高科	6	一步法
山西华阳新材料股份有限公司	山西阳泉	华阳新材	6	一步法
彤程新材料集团股份有限公司	上海	彤程新材	6	二步法
湖北宜化降解新材料有限公司	湖北宜昌	湖北宜化	6	一步法
安徽昊源化工集团有限公司	安徽阜阳	安徽昊源	6	二步法
山东道恩降解材料有限公司	山东龙口	山东道恩	6	一步法
惠州博科环保新材料有限公司	广东惠州	惠州博科	6	二步法
济源市恒通高新材料有限公司	河南济源	济源恒通	12	一步法
山东瑞丰高分子材料股份有限公司	山东淄博	瑞丰新材	6	一步法
金丹生物新材料有限公司	河南周口	金丹生物	6	一步法
河南开祥精细化工有限公司	河南义马	河南开祥	8	一步法
合计			143.1	

52.2.1.3　2020—2024 年 PBAT 产能趋势分析

2020—2024 年中国 PBAT 产能年复合增长率为 54.2%。产能增长主要集中在 2019 年、2022 年和 2023 年，"限塑"政策的推广带动国内 PBAT 需求增长，在供不应求及高利润的情形下，吸引 PBAT 产能快速增长。PBAT 产能增速在 2022 年达到高点后放缓，2024 年 PBAT 有效产能增加仅一套装置，主要受下游需求不达预期，产能释放延后。

2020—2024 年中国 PBAT 产能变化趋势见图 52-1。

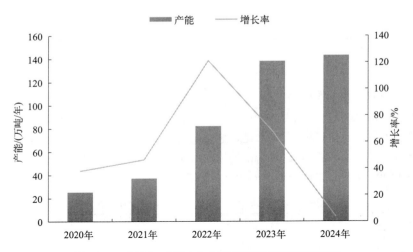

图 52-1　2020—2024 年中国 PBAT 产能变化趋势

52.2.2　可降解材料 PBAT 产量及产能利用率趋势分析

52.2.2.1　2024 年 PBAT 产量及产能利用率趋势分析

2024年中国PBAT产量在24.2万吨，同比增长9.5%，月均产量提升至2万吨，产能利用率同比上涨0.9个百分点至16.9%。

2024年PBAT生产集中期以二、四季度为主。上半年PBAT产量变化原因主要受行业利润情况影响，春节后PBAT供应少，企业报价坚挺略反弹，3—4月份PBAT重启装置增多，产量提升。随着市场竞争加剧，负利润空间扩大，企业陆续停机减产，月度产量逐渐下降。四季度产量增长明显，主要是成本压力减弱，部分PBAT装置重启，产量上升明显。

2024年中国PBAT月度产量与产能利用率变化趋势见图52-2。

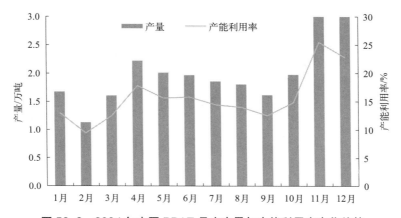

图 52-2　2024 年中国 PBAT 月度产量与产能利用率变化趋势

52.2.2.2　2020—2024 年 PBAT 产量及产能利用率趋势分析

2020—2024年产能利用率整体保持在15%～44%之间的水平。2020—2024年中国PBAT装置投产较为集中，尤其是2022—2023年，需求增长受阻，产量增长有限，行业产能利用率逐渐下降。2024年，由于PBAT产能过剩严重，行业长期处于负利润状态，且市场竞争较大，企业开车积极性较低，行业产能利用率进一步下滑，且部分企业长期处于停产状态。

2020—2024年中国PBAT产量与产能利用率变化趋势见图52-3。

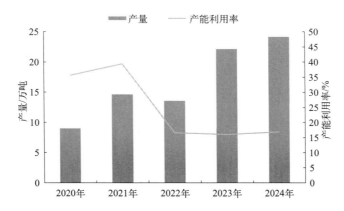

图 52-3　2020—2024 年中国 PBAT 产量与产能利用率变化趋势

52.2.3 可降解材料 PBAT 供应结构分析

52.2.3.1 2024 年 PBAT 分区域供应结构分析

2020—2024年间，国内 PBAT 产能扩增主要集中于华东地区，其次是华中、华南地区，其他地区也有一定增长。华东、华南地区是国内 PBAT 的主要消费地，装置贴近下游消费市场。华东、华南地区具备良好的水运及陆运条件，便于原料的输入及产品的输出，新建一体化项目多数选址华东、华南。其他地区 PBAT 产能小，逐年扩充，供应区域内及周边市场。

2024 年中国 PBAT 按区域产能分布见图 52-4。

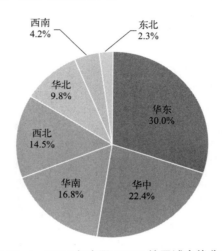

图 52-4　2024 年中国 PBAT 按区域产能分布

52.2.3.2 PBAT 分企业性质供应结构分析

2024 年，民营、国有企业产能分别在94.3万吨、42.8万吨，占比分别在65.9%、29.9%，外企仅占4.2%。民营企业中 PBAT 产能最大的是珠海金发，18万吨/年，且在行业中产能在首位，其次是济源恒通12万吨/年，金晖兆隆8万吨/年。国有企业中新疆蓝山屯河产能12.8万吨/年。

2024 年国内 PBAT 按企业性质产能分布占比见图 52-5。

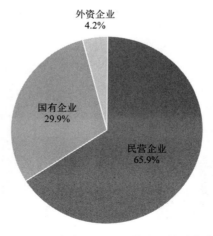

图 52-5　2024 年中国 PBAT 按企业性质产能分布

52.2.4　可降解材料 PBAT 进口趋势分析

2020—2024 年中国 PBAT 进口量年复合增长率为 23.1%。2020—2021 年国内 PBAT 市场供不应求，进口需求增加。2022 年新增产能投产，国产料使用率超越进口料。2023 年由于进口料市场价格偏高，下游使用积极性不高，进口量持续缩减。

2024 年中国 PBAT 进口量约 0.23 万吨，同比增长明显，主要是韩国 LG PBAT 装置新投产，一些产品进口到国内，价格较低，在 960 美金/吨左右，在贸易商手中，暂未流入到终端企业。其他进口量以德国 PBAT 为主，价格是国内市场价格的 2 倍左右，进口量极少。

2020—2024 年中国 PBAT 进口量变化趋势见图 52-6。

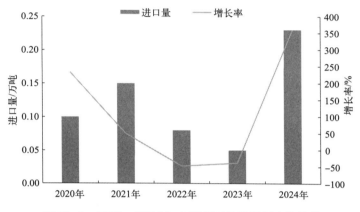

图 52-6　2020—2024 年中国 PBAT 进口量变化趋势

52.2.5　可降解材料 PBAT 消费结构分析

52.2.5.1　2024 年 PBAT 消费结构分析

从下游消费结构来看，2024 年，PBAT 下游占比首位的依然是降解包装膜，占总消费量比例有所下降，在 82.6%。其次是降解地膜，占比在 13.9%。其他消费中，例如复合包装膜、发泡、注塑等领域研发进度慢，政策推动受限，推广效果较弱。

2024 年中国 PBAT 下游消费占比见图 52-7。

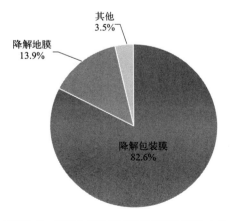

图 52-7　2024 年中国 PBAT 下游消费占比

52.2.5.2 2020—2024 年 PBAT 消费结构分析

2020—2023 年中国 PBAT 消费呈逐年递增趋势，2024 年有所下降，近五年年均复合增长率在 37%。下游消费结构方面，降解包装膜仍是主要应用领域，在下游占比超 80%，增速较快，承担了近年来 PBAT 消费端的增长。

2020—2024 年中国 PBAT 下游消费占比见图 52-8。

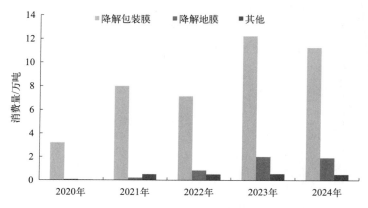

图 52-8 2020—2024 年中国 PBAT 下游消费占比

52.2.5.3 2024 年 PBAT 区域消费结构分析

2024 年中国 PBAT 消费区域集中在华南、华东地区，分别占比 31.8%、20.7%；其次是华中、华北、西南、东北和西北地区，分别占比 13.8%、11.4%、8%、7.9% 和 6.4%。PBAT 主要消费增长区域集中于经济相对发达地区。其中，华南、华东区域是最主要的消费市场，承接了 50% 以上的下游消费能力。华北、华中近年也逐年发展，年消费量 1 万吨以上。东北地区，吉林限塑带动周边消费市场，消费量近万吨。西北、西南地区远离 PBAT 消费市场，消费量在 0.8 万～1 万吨。

2024 年中国 PBAT 分区域消费占比见图 52-9。

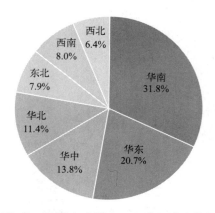

图 52-9 2024 年中国 PBAT 分区域消费占比

52.2.6 可降解材料 PBAT 出口趋势分析

2024 年出口量为 10.8 万吨，同比增加 45.9%。PBAT 出口贸易伙伴主要是欧盟地区，印度、韩国及东南亚地区，出口量超90%以上，其中对欧盟出口量超60%以上。2024年PBAT出口到印度的量达到首位。

2024年中国PBAT出口量变化趋势见图52-10。

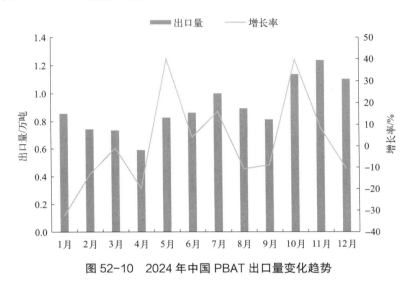

图 52-10　2024年中国 PBAT 出口量变化趋势

2020—2024年中国PBAT出口量复合增长率为16.8%。2020—2021年国内供应提升，欧盟及东南亚等地区对PBAT的需求量增加，出口量逐年增加。2022年上半年疫情暴发，出口不畅，下半年欧洲能源危机PBAT供应紧缺，出口利好出现。2023—2024年国内产能较大，为缓解供应压力，企业积极开拓国外市场，出口量不断增加。

2020—2024年中国PBAT出口量变化趋势见图52-11。

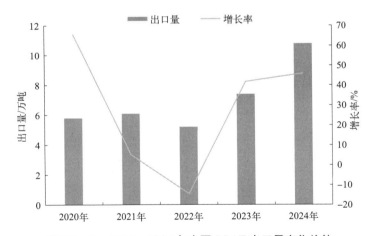

图 52-11　2020—2024 年中国 PBAT 出口量变化趋势

52.3　中国可降解材料 PBAT 价格走势分析

2024年华东PBAT价格波动于10000 ～ 12000元/吨，振幅20%。年度高点出现于3月份，价格在12000元/吨；低点出现于12月份，价格在10000元/吨。2024年PBAT年均价格11074元/吨，相较于2023年的年度均价12323元/吨，下跌1249元/吨，跌幅10.1%。

2024年，PBAT产能严重过剩，行业产能利用率在15.7%左右，生产企业较多，市场竞争压力不断，同时受原料价格下跌影响，成本下降，全年PBAT市场价格走势以下行为主。由于四季度PBAT原料价格回暖，成本提升，同时行业生产负荷提升，供应增加，PBAT市场价格弱势震荡，年底区间价格9800～10300元/吨。

2020—2024年华东市场PBAT价格走势见图52-12。

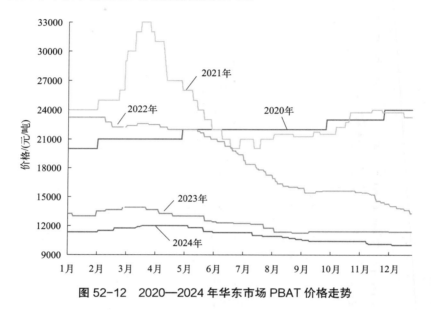

图 52-12　2020—2024 年华东市场 PBAT 价格走势

中国PBAT 2024年月均价及2020—2024年年均价分别见表52-4和表52-5。

表 52-4　2024 年中国 PBAT 月均价汇总表

月份	1月	2月	3月	4月	5月	6月	7月	8月	9月	10月	11月	12月
月均价/（元/吨）	11350	11590	11880	12000	11742	11307	11116	10813	10457	10400	10227	10029

表 52-5　2020—2024 年中国 PBAT 年均价汇总表

年份	2020 年	2021 年	2022 年	2023 年	2024 年
年均价/（元/吨）	21921	24020	18924	12323	11074

52.4　中国可降解材料 PBAT 生产毛利走势分析

2024年PBAT利润表现较弱，年均利润-675元/吨，区间在-1200～200元/吨，同比2023年提升31%。2024年PBAT利润长期处于负盈利状态，短暂出现过正利润。主要是PBAT产能供应过剩严重，降解膜袋需求无明显增长，支撑较弱，市场竞争激烈，PBAT价格低于成本线，利润长期处于负利润水平。2024年PBAT产能利用率降低，企业生产控量，价格略有支撑，同时在原料价格下行时，PBAT价格降幅略窄，维持了短时正利润，整体也缩窄了行业负利润空间。

2024年中国PBAT生产毛利走势见图52-13。

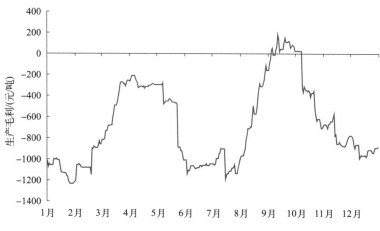

图 52-13　2024 年中国 PBAT 生产毛利走势

中国 PBAT 2024 年月均生产毛利及 2020—2024 年年均生产毛利分别见表 52-6 和表 52-7。

表 52-6　2024 年中国 PBAT 月均生产毛利汇总表

月份	1月	2月	3月	4月	5月	6月	7月	8月	9月	10月	11月	12月
生产毛利/（元/吨）	-1106	-1004	-510	-285	-544	-1066	-1044	-556	53	-363	-765	-910

表 52-7　2020—2024 年中国 PBAT 年均生产毛利汇总表

年份	2020 年	2021 年	2022 年	2023 年	2024 年
生产毛利/（元/吨）	11444	3206	929	-977	-675

52.5　2025—2029 年中国可降解材料 PBAT 发展预期

52.5.1　可降解材料 PBAT 供应趋势预测

52.5.1.1　2025—2029 年 PBAT 拟在建/退出产能统计

预计至 2029 年，国内 PBAT 产能有望增至 307 万吨/年，较 2024 年相比增加 164 万吨。新增产能主要分布在华东、西北地区。从装置类型看，大部分属于上下游配套情况，寻求产业链化发展，降低采购及运输等经营成本。

2025—2029 年中国 PBAT 拟在建产能统计见表 52-8。

表 52-8　2025—2029 年中国 PBAT 拟在建产能统计

企业简称	产能/（万吨/年）	预计投产时间	地址
新疆曙光绿华	12	2025 年一季度	新疆
山西同德	6	2025 年中	山西省
安徽华塑	12	2025 年一季度	安徽省
齐力金瑞	6	2025 年中	山东省
山东昊图	6	2025 年下半年	山东省

续表

企业简称	产能/（万吨/年）	预计投产时间	地址
青州天安	6	2026 年年中	山东省
四川能投	12	2026 年四季度	四川省
四川永盈	6	2026 年四季度	四川省
逸普新材料	9	2026 年底	新疆
江西聚锐德	6	2026 年底	江西省
浙江联盛化学	3	2027 年四季度	浙江省
江苏东方盛虹	12	2027 年底	江苏省
福建百宏石化	6	2027 年底	宁夏
宁夏润丰新材	6	2027 年四季度	宁夏
洛阳海惠新材	12	2027 年四季度	河南省
河南恒泰源	8	2028 年底	河南省
内蒙古华恒	6	2028 年底	内蒙古
内蒙古三维	10	2028 年底	内蒙古
山东斯源	10	2029 年底	山东省
鹤壁宝来化工	10	2029 年底	河南省
	164		

52.5.1.2　2025—2029 年可降解材料 PBAT 产能趋势预测

现有拟在建数据显示，2025—2029 年 PBAT 投产力度依然较大，但根据行业经济性分析、企业扩能以及装置投产经验等方面评估，PBAT 部分规划产能或搁浅，其投产计划落实率略低，预计 2025—2029 年中国 PBAT 产能复合增长率放缓至 13%。

2025—2029 年中国 PBAT 产能趋势预测见图 52-14。

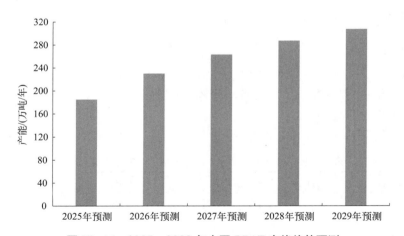

图 52-14　2025—2029 年中国 PBAT 产能趋势预测

2025—2029 年中国 PBAT 产量复合增长率预计达到 11%，低于产能增速。产能、产量预测增长率出现偏差，通常老装置开车比较稳定，新装置投产后需要技改提升工艺和产品品质，属于阶段性开工，行业内能连续生产的企业较少，产能利用率偏低。

2025—2029 年中国 PBAT 产量及产能利用率趋势预测见图 52-15。

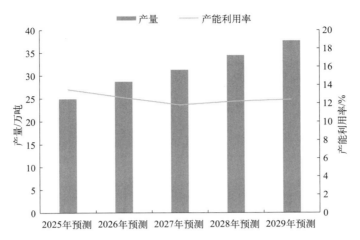

图 52-15 2025—2029 年中国 PBAT 产量及产能利用率趋势预测

52.5.2 可降解材料 PBAT 消费结构预测

未来五年中国 PBAT 消费量将呈增长态势。预计至 2029 年，下游消费量有望增至 16.4 万吨，较 2024 年增量 5 万吨。国内 PBAT 消费量增量远远低于产能增长，意味着国内理论供需矛盾进一步加速，为缓解国内供应压力，企业拓展全球市场，PBAT 出口量将逐年增加。下游降解包装膜在快递、外卖包装等行业逐步实现替代。农业农村部持续推广使用降解地膜，到 2025 年实现 3000 万亩目标，此外，在新应用领域中，随着产品的优化及市场认可，消费量增速会有明显提升。

2025 年和 2029 年中国 PBAT 主要下游消费预测见图 52-16。

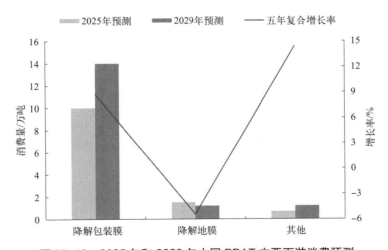

图 52-16 2025 年和 2029 年中国 PBAT 主要下游消费预测

52.5.3 可降解材料 PBAT 供需格局预测

2025—2029 年，中国 PBAT 理论供需矛盾延续，出口缓解国内供应压力，预计净出口量呈现逐年上升态势，PBAT净出口量预期增长至21.3万吨。据监测数据测算，预计未来五年PBAT产量年复合增长率为11%，表观消费量年复合增长率为9%，出口量年复合增长率为13%。

2025—2029年中国PBAT供需预测见表52-9。

表 52-9　2025—2029 年中国 PBAT 供需预测

单位：万吨

时间	产量	进口量	出口量	表观消费量
2025 年预测	24.9	0.015	12.7	12.2
2026 年预测	28.7	0.018	15.3	13.4
2027 年预测	31.3	0.02	16.8	14.5
2028 年预测	34.5	0.018	19.2	15.3
2029 年预测	37.7	0.02	21.3	16.4